Paul Rassinier

Das Drama der Juden Europas

&

Die Jahrhundert-provokation

Paul Rassinier

(1906-1967)

Das Drama der Juden Europas

1964

&

Die Jahrhundert-Provokation

1967

Herausgegeben von

Omnia Veritas Ltd

Omnia Veritas

www.omnia-veritas.com

DAS DRAMA DER JUDEN EUROPAS	**9**
EINLEITUNG	**11**
1. KAPITEL	**19**
HERR RAUL HILBERG, SEINE THEORIE UND SEINE VERFAHRENSWEISE	19
2. KAPITEL	**40**
ZEUGEN, ZEUGENAUSSAGEN UND DOKUMENTE	40
I. Allgemeines	*40*
II. Der Zeuge Rudolf Hoess (Der Lagerkommandant von Auschwitz spricht.)	*50*
III. Der Zeuge Miklos Nyiszli (Arzt in Auschwitz)	*60*
IV. Der Zeuge Kurt Gerstein	*66*
V. Schlussfolgerung	*89*
ANHANG ZU KAPITEL II	103
DAS DOKUMENT GERSTEIN	*105*
DAS DOKUMENT GERSTEIN	*105*
C. ABSCHLUSS VON POLIAKOV	*113*
C. ABSCHLUSS DES GERICHTSHOFES VON JERUSALEM	*114*
3. KAPITEL	**117**
STATISTIK: SECHS MILLIONEN ODER...?	117
I. Nachkriegs-Statistik	*122*
II. Statistiken vor und nach dem Kriege	*127*
III. Die Wanderung der Juden oder „Der Ewige Jude"	*137*
IV. Die jüdische Bevölkerungsbewegung Europas von 1933–45	*152*
Polen	186
Rußland	192
Die baltischen Länder	193
Tschechoslowakei	194
Ungarn	196
Jugoslawien	206
Italien	209
Rumänien	210
Bulgarien	215
Griechenland	215
Deutschland	218
Österreich	221
Dänemark und Norwegen	222
ABSCHLUSS	**224**
DIE JAHRHUNDERT-PROVOKATION	**241**
VORWORT	**243**
ERSTER TEIL DER VERSAILLER VERTRAG HITLER-DEUTSCHLAND UND DIE ALLGEMEINE ABRÜSTUNG	**248**
I. Der Versailler Vertrag und Hitlers Machtübernahme in Deutschland	248
1. Die Wahlen vom 14. September 1930	248
2. Die Reichspräsidentenwahlen vom 13. März 1932	256
3. Die Reichstagswahlen vom 31. Juli und 6. November 1932	261

	4. Hitler als Reichskanzler	272
II.	Hitlers Außenpolitik	280
	1. Vom Versailler Vertrag zur allgemeinen Abrüstung	280
	2. Frankreich gegen die allgemeine Abrüstung	288
	3. Hitler schlägt die allgemeine Abrüstung vor	296
	4. Deutschlands wirtschaftlicher Wiederaufbau	303
	5. Präsident Roosevelts Politik	305
	6. Die Barthou-Note vom 17. April 1934	311
III.	Dem Krieg entgegen	317
	1. Der Rüstungswettlauf	317
	2. Englands Annäherung an Deutschland	325
	3. Der französisch-sowjetische Bündnispakt	333
IV.	Die Judenfrage	347
	1. Hitler und die Juden	347
	2. Die Rassengesetze von September 1935	351
	3. Die Konferenz von Evian	354
	4. Die Reichskristallnacht	356

ZWEITER TEIL ZWISCHEN KRIEG UND FRIEDEN — 364

Einleitung: das Jahr 1938 — 364

V.	Der Anschluß	370
	1. Die Sendung des deutschen Landes Österreich	370
	2. Österreich und der Nationalsozialismus	375
	3. Skrupellose Polemiker	384
VI.	Die Sudetengebiete	388
	1. Ein Mosaik von Minderheiten	388
	2. Hitler und die tschechoslowakische Frage	394
	3. Chamberlains Kampf für den Frieden	402
	4. Das Münchener Abkommen	413

Ein letztes Wort — 424

DRITTER TEIL DEM KRIEG ENTGEGEN — 430

VII.	Die Teilung der Tschechoslowakei	430
	1. Am Tag nach München	430
	2. Die Tschechen verletzen die Münchener Verträge	437
	3. Die polnische Kehrtwendung	445
	4. Die Intervention Pius' XII.	459
	5. Der deutsch-sowjetische Pakt	465
VIII.	Die letzten Tage	480
	23. August 1939	487
	24. August	489
	25. August	491
	26. August	494
	27. August	496
	28. August	498
	29. August	500

30. August	*503*
31. August	*507*
1. September	*510*
2. September	*514*
3. September	*518*
NACHWORT	**523**
Wie die Weltkriege begannen von David Irving	523

DAS DRAMA DER JUDEN EUROPAS

„Ein Freund Platos muß zugleich ein Freund der Wahrheit sein".

Weisheit der Antike

„Laß sie reden, laß sie tadeln, verdammen, einsperren; gib dich verloren, aber veröffentliche deine Gedanken. Das ist kein Recht, sondern eine Pflicht. Die Wahrheit ist alles in allem.

Sprechen ist gut, schreiben ist besser, drucken ist eine gute Sache... Sind deine Gedanken gut, so wird man Nutzen daraus ziehen, sind sie schlecht, so wird man sie verbessern und immer noch Nutzen davon haben. Aber Mißbrauch?...

Dummheit dieses Wort! Diejenigen, die es erfunden haben, mißbrauchen wirklich die Presse, indem sie das abdrucken, was *sie* wollen, indem sie verleumden, täuschen und eine Antwort verhindern..."

Paul-Louis Courrier

„Athener, es ist unmöglich, daß Ungerechtigkeit, Meineid, Lüge zu dauernder Macht gelangen! Solche TrugGebilde können nur eine Zeit lang täuschen. Aber sie werden bald in sich zusammenfallen." –

Demosthenes

Einleitung

Als ich 1950 „Die Lüge des Odysseus" schrieb, hatte ich die Zeugen des Konzentrations-Phänomens in drei Arten eingeteilt, die ich studiert hatte:
- *diejenigen, die durch nichts dazu befugt waren, getreue Zeugen zu sein und die ich, ohne sie abwerten zu wollen, die minderen Zeugen nannte;*
- *die psychologischen Opfer einer, nach meinem Empfinden, ein wenig zu ausgeprägten Neigung, subjektiv zu argumentieren;*
- *und die Soziologen, oder die in dem Ruf standen, welche zu sein. Ich habe keine Historiker gefunden – wenigstens keinen, der dieses Titels würdig gewesen wäre.–*

Mißtrauisch gegen mich selbst, um mich nicht dem Vorwurf auszusetzen, von Dingen zu sprechen, die sich etwas abseits meiner eigenen Erfahrungen abgespielt hätten, und um meinerseits nicht in den gleichen Fehler zu verfallen, den ich den andern vorwarf und so Gefahr laufend, die Spielregeln intellektueller Redlichkeit zu verdrehen, hatte ich entschlossen darauf verzichtet, ein vollständiges Verzeichnis der Konzentrationsliteratur jener Epoche zu geben.

Die Zahl der Zeugen zur Sache war also zwangsläufig in jeder Kategorie begrenzt und betrug insgesamt: drei mindere Zeugen[1] (den Abt Robert Ploton, Bruder Birin von der Christl. Schule in Epernay, den Abt Jean-Paul Renard), einen Psychologen (David Rousset) und einen Soziologen (Eugen Kogon). Dazu ohne nähere Bezeichnung: Martin-Chauffier. Ein sehr glücklicher Umstand fügte es, daß alle, mit Ausnahme eines einzigen, ihre Erfahrungen im gleichen Lager gemacht hatten wie ich selbst, und daß es die Repräsentativsten waren. Diese recht einfache Methode brachte mancherlei Vorteile.

Unterstützt und ermutigt durch eine Politik, wie die amerikanisch-russischen Berichte sie vorschrieben, schoß die Konzentrations-Literatur üppig ins Kraut und wurde mehr und mehr ausgeschmückt, um ihrerseits diese Politik zu unterstützen. Es bedeutet für niemand ein Geheimnis, daß die allgemeine Politik der Vereinigten Staaten dahin zielte, durch eine bestimmte Art von Aufsätzen nicht alle Brücken zu den Russen abzubrechen; so ist das z. B. mit dem Märchen von der Gefahr eines Wiederauflebens des Nazismus und des Faschismus in Europa der Fall.

---

[1] Ich bitte, keinerlei böswillige antiklerikalistische Absichten in der Tatsache zu erblicken, daß es drei Priester sind.

Stalin und Truman (die würdigen Erben Roosevelts) haben gemeinsam gründlich den Auftrag ausgeführt: erstens, Europa zu verhindern, seiner selbst bewußt zu werden und Deutschland in sich aufzunehmen, und zweitens, mangelhaft zu denken. Chruschtschow fährt fort, mit Kennedy das Spiel Stalins und Trumans zu spielen... Mit etwas weniger Glück? Es scheint so; aber darüber kann man noch nichts Abschließendes feststellen.

Wie dem auch sei, so um 1950 herum erwachte in manchen guten Geistern der Gedanke, daß es ein Europa gäbe und nahm Gestalt an. Bestand ehemals eine zeitweise Bewußtseins-Belastung durch die Erfahrung der deutsch-französischen Kriege, so waren diesmal zwei andere Anzeichen bestimmend, einerseits, die an Sicherheit grenzende Tatsache, daß Europa – auf sich selbst gestellt – eine leichte Beute für den Bolschewismus werden könnte und andererseits, daß es überhaupt kein Europa ohne Deutschland geben könnte. In Moskau und Tel Aviv hatte man sofort gespürt, woher dieser Wind wehte: wenn er zu einem Sturm ausartete, konnte er nicht verfehlen, in ein vereinigtes Europa einzumünden, das für die Russen eine Isolierung und für Israel das Ende seiner lebenswichtigen Subventionen bedeuten würde, die ihm von Deutschland unter dem Titel „Wiedergutmachung" ausgeschüttet wurden. (Als Ben Gurion den Präsidenten des Bundestages M. Gerstenmeier empfing, erklärte er am 30. November 1962, daß die 850 Millionen Dollar, auf die sich ihre Höhe bis zum 1. April 1962 belaufen hätte, ein Strohhalm wären.)

Die Gegenoffensive ließ denn auch nicht auf sich warten: zwei Angriffe, die derart aufeinander abgestimmt waren, als seien sie gemeinsam geplant und verteilt, flogen wie Pfeile der gleichen Fertigung und Fälschung historischer Dokumente: der eine im Mantel eines Komitees zur Untersuchung von Kriegsverbrechen und -verbrechern mit Sitz in Warschau und der andere im Mantel eines Weltzentrums zeitgenössisch jüdischer Dokumentation, dessen zwei wichtigste Niederlassungen sich in Tel Aviv und Paris befinden. Gegenstand: Deutschland; Thema: Die Greuel und Gewaltverbrechen, die im zweiten Weltkrieg durch die Nazis mit selbstverständlicher Duldung ganz Deutschlands begangen wurden.

Dies Thema verlangte, daß die Bonner Regierung alle wichtigen nationalen und militärischen Grundsätze zurückstellen müßte, wodurch ein Volk entstand, das unter scharfer Kontrolle recht sorgfältig abseits gehalten wurde.

Die erste Frucht dieser Gegenoffensive war m. W. die „Dokumentation zur Massenvergasung" (1950) von Helmut Krausnick, die zweite „Médecin à Auschwitz" (1951) von einem gewissen Dr. Miklos Nyiszli, ungarischem Juden, der im Mai 1944 in dieses Lager deportiert worden war, und als dritte das „Bréviaire de la Haine" (1951) von Leon Poliakov. Seitdem hat es niemehr aufgehört: jedesmal, wenn sich die geringsten Anzeichen einer Annäherung *zwischen Deutschland und anderen europäischen Völkern zeigte (C.E.C.A., Gemeinsamer Markt, Deutsch-französisches Abkommen, usw.), haben wir es erlebt, wie jedesmal eine Veröffentlichung herauskam, die den deutlichen Stempel des Warschauer Komitees, oder eines hervorragenden Mitgliedes des Weltzentrums für jüdische Dokumentation oder auch des Instituts für Zeitgeschichte in München, das eine Mischung von beiden ist, die jedesmal eine noch schrecklichere Anklage als zuvor gegen das Bonner Deutschland darstellte, und über welche dann die Weltpresse einen spektakulösen Angriff in der Öffentlichkeit startete. So wurde denn nacheinander veröffentlicht: „Das Dritte Reich und die Juden" (1955) von Leon Poliakov und Josef Wulf, „Die Geschichte von Joel Brand" (1956), „Kommandant in Auschwitz. Autobiographische Aufzeichnungen" des Rudolf Hoeß² (1958), usw.... nur um die nachhaltigsten aufzuzählen. Wollte man sie alle aufführen, würde allein diese Liste ohne jeden Kommentar einen ganzen Band füllen. Erst kürzlich ist eine Sammlung dieses Schrifttums von einem Komitee zum Studium des zweiten Weltkrieges aufgestellt worden. Sitz dieses Komitees ist Paris und seine Initiatoren sind eine Dame, Olga Wormser, des jüdischen Dokumentationszentrums und ein berühmt Ahnungsloser namens Henri Michel. Sie hat die Texte von 208 Zeugen-Aussagen entliehen, und ich muß hinzufügen, daß sie nur die zitiert, die ohne die geringste Abweichung jene Linie verfolgen, die als Zeugnis gewünscht wird, denn in meiner Arbeitsbücherei finden sich fast ebenso viele, die nicht zitiert sind, trotzdem sie auch anklagen, und zwar oftmals sehr viel intelligenter, wenn auch mit ebenso wenig Respekt vor der historischen Wahrheit. Es versteht sich von selbst, daß ich nicht zitiert wurde. Titel dieser Sammlung ist „La Tragédie de la Déportation" (1962). Das Erbittern*d*ste ist hierbei, daß sich bösartige Historiker dazu bereit gefunden haben, diese Zeugnisse mit ihrer Autorität zu verbürgen: Labrousse und Renouvin in Frankreich, Rothenfels in Deutschland, usw.... Die Vereinigten Staaten brachten ihrerseits der Sache des Warschauer Komitees und dem jüdischen Weltdokumentationszentrum einen Weiteren zu: Raul Hilberg, dessen Buch „The Destruction of the European Jews" (1961) sicherlich die bedeutendste all jener Veröffentlichungen ist, und der es gelang, sich wenigstens den Anschein – wenn auch nur den Anschein – einer ernsthaften Arbeit zu geben. Zudem ein Denkmal, das zu der Zeit, da ich dies niederschreibe, in Europa noch nicht veröffentlicht wurde, weil die Gemeinschaft der europäischen Juden sich dem widersetzte und zwar auf Grund der Bekenntnisse, die es enthält, und die für meine Arbeit die hauptsächlichsten Grundlagen liefern.*

---

[2] Eine Auflage seines Tagebuches war 1951 in Polen veröffentlicht worden, ist aber m. W. erst 1958 durch den Eisernen Vorhang gedrungen.

Der Vorteil dieser literarischen Überproduktion ist, daß jeder dieser Schwätzer – in dem Bestreben, sich origineller als sein Genosse und noch besser informiert zu geben – die gleichen Tatsachen den einen und den anderen in verschiedener Weise anbietet, sich dabei gegenseitig widersprechend, so daß von Zeit zu Zeit ein Zweifel des einen als Gewißheit des anderen erscheint und alle miteinander schließlich das Gegenteil von dem beweisen, was sie eigentlich beweisen wollten. Das gelang so gut, daß nach dem Urteil im Prozeß von Jerusalem (1961), der allen die Krone aufsetzen sollte, man nun ziemlich genau weiß, was an den 6 Millionen der während des zweiten Weltkrieges in den Gaskammern der Konzentrationslager und anderswo ausgerotteten Juden dran ist.

Und man kann nun endlich mit der Sicherheit, höchstens kleine Irrtümer zu begehen davon sprechen, was zu der Zeit, als ich die „Lüge des Odysseus" schrieb noch nicht der Fall war, weshalb ich mich damals auch noch nicht allzu weit vorgewagt habe. Kurzum: heute weiß man vieles, und der Zweck dieser Schrift ist es, dies bekanntzumachen.

Um vollständig zu sein, müßte man auch all die Filme herzählen, die dazu dienen sollten, die öffentliche Meinung in Einklang mit den Ergebnissen besagter Literatur zu bringen:

„La dernière Étape", „Kapo", „Die Nürnberger Dokumente" usw.... Ich verzichte darauf, denn es würde bedeuten, einen Roman-Katalog der Portiersfrauen von 1946 bis heute aufzustellen, und ich bin keineswegs der Archivar des Amtes der Hausmeister.

So, wie sie sich darbietet, erscheint mir diese Studie – man verzeihe mir – dem Ziel, das sie sich gesetzt hat, völlig zu genügen. Ich glaube, daß man sie ableugnen kann, und sie ist erklärt durch die folgenden Auskünfte, die ich bereits in „Zum Fall Eichmann: Was ist Wahrheit? oder Die unbelehrbaren Sieger"[3] angeführt habe und deren eine vor 16 Jahren vor den Schranken des Nürnberger Tribunals selbst am 29. Januar 1946 und die andere am 24. Februar 1962 vom Führer der Frontkämpfer bekannt gemacht wurde.

In Nürnberg hatte der Ankläger, General Dubost, im Namen Frankreichs am 29. I. 1946 erklärt:

„An Hand der Zählungen, die wir in Frankreich vorgenommen haben, können wir heute sagen, daß über 250 000 Franzosen deportiert wurden, von denen nur 35 000 zurückgekommen sind. Aus Dokument F–497, das als RF–339 eingereicht wurde (...) geht hervor, daß von den 600 000 Verhaftungen, die

---

[3] Der Leser meiner bisherigen Arbeiten wird hier einige Tatsachen wiederfinden, die er bereits kennt, und deren Wiederholung sich daraus ergeben, daß sie als Anhaltspunkte für eine neue Betrachtungsweise dienen, die er ohne sie wahrscheinlich schwer verstehen würde.

die Deutschen in Frankreich vorgenommen haben, 350 000 zum Zwecke der Internierung in Frankreich oder Deutschland durchgeführt wurden. (...) Gesamtzahl der Deportierten: 250 000; Zahl der Zurückgekehrten: 35 000 (Bd. VI, S. 363 des Protokolls der Gerichtsverhandlungen)."

Die Prozentzahl der Überlebenden betrug demnach 14 % und die der Toten 86 %. Aber auf eine Anfrage darüber von einem Abgeordneten, dem Minister für ehemalige Frontkämpfer und Kriegsopfer, antwortete das „Journal Officiel" am 24. Februar 1962 (Débats parlementaires, S. 229): „Auf Grund der statistischen Ermittlungen vom 1. Dezember 1961 des Nationalen Instituts für Statistik und Wirtschaftsforschung über die Verschleppten und Internierten des Krieges von 1939–1945 beträgt die Zahl der an die Deportierten und Internierten oder deren Rechtsnachfolger ausgegebenen Karteikarten:

	Lebend	Gestorben
Verschleppte (Widerständler)	16 702	9 783
Verschleppte (Politische)	13 415	9 235
Internierte (Widerständler)	9 911	5 759
Internierte (Politische)	10 117	2 130
zusammen	50 145	26 907

Am 24. Februar 1962 ergaben sich die Zahlen für die Deportierten folgendermaßen:
Insgesamt deportiert: 49 135
Insgesamt verstorben: 19 018 (ungefähr 38 %)
Überlebende: 30 117 (ungefähr 62 %)

Man sieht, wie schwierig es auf Grund dieser Unterlagen ist, die genaue Zahl der Überlebenden und der Toten vom 8. Mai 1945 anzugeben. Sie kamen nach mehr oder minder langem Aufenthalt in Lagern heim. Die Überlebenden waren recht gebrechlich und die damalige Sterblichkeit war offensichtlich größer als gewöhnlich. Ich würde mich nicht wundern, wenn man mir sagen würde, daß von den 19 108, die am 24. Februar 1962 fehlten, 35 oder 45 % erst nach ihrer Heimkehr gestorben wären. In diesem Falle müßte man also annehmen, daß das Verhältnis am 8. Mai 1945 folgendermaßen war: 75–80 % Überlebende, 20–25 % Verstorbene. Dies ist schon an und für sich tragisch genug, ist aber doch recht weit entfernt von den 86 % Toten und 14 % Überlebenden, die in Nürnberg vom Ankläger Dubost herausgestellt wurden. Es handelt sich sogar fast um das umgekehrte Verhältnis!

Diesen zwei Untersuchungen können sich noch zwei ebenso bezeichnende zugesellen:

1. Bei der Gedächtnisfeier zur Befreiung des Lagers Dachau am 16. März 1962 hielt Monsignore Neuhäusler, Erzbischof von München, vor den Vertretern von 15 Nationen eine Ansprache, die der „Figaro" anderntags folgendermaßen wiedergab:

„Heute Nachmittag haben sich trotz eisiger Kälte und Schneetreiben die Pilger im Lager Dachau zusammengefunden, wo 30 000 Menschen ausgetilgt unter den ursprünglich 200 000 aus 38 Nationen, die hier von 1939–45 interniert waren."

Und alle Zeitungen des gleichen Tages veröffentlichten die gleichen Zahlen.

2. Aber Pastor Niemöller hatte in einer Konferenz vom 3. Juli 1946 und in einer Veröffentlichung mit dem Titel „Der Weg ins Freie" bei Franz M. Hellbach, Stuttgart, behauptet, daß „238 756 Menschen in Dachau verbrannt worden seien", also eine höhere Anzahl als die aller Internierten!

Das Drama der Juden bei alledem? – Es ist dies: Es sind also nicht 6 Millionen von ihnen vernichtet worden, wie behauptet wird; aber allein in der Tatsache, daß sie es behauptet haben, und daß das Gericht in Jerusalem es bestätigt hat, wie aus allen Quellen hierüber hervorgeht, beweist die Übertreibung des Zeitgenössischen jüdischen Weltdokumentationszentrums als von gleichem Rang wie die des Anklägers Dubost im Vergleich zu der Aussage des Führers der ehemaligen Frontkämpfer sowie die des Pastors Niemöller im Vergleich zu der des Monsignore Neuhäusler.

Denn man lügt niemals ungestraft, und es folgt immer ein Tag der Vergeltung.

Man darf nicht vergessen, daß all diese Lügen in die Welt gesetzt wurden, um sich die nötigen Mittel zur Errichtung des Staates Israel zu verschaffen (Deutsche Wiedergutmachung im Verhältnis zur Zahl der Opfer!). Außerdem ist der Staat Israel de facto auf einer Fläche von 20 000 qkm errichtet worden. De jure besitzt er nur 10 000 qkm, die ihm durch Übereinkunft der UNO vom 29. November 1947 zugestanden wurden. Wenn also die 17 457 800 Juden in der Welt, die die Statistik des Zeitgenössischen jüdischen Weltdokumentationszentrums errechnet hat, oder die 18 156 004 des Herrn Raul Hilberg sich dort niederlassen würden, betrüge die Bevölkerungsdichte 875 Personen auf einen qkm oder etwa 915 (die Dichte nach der de-facto Fläche berechnet), eine Tatsache, die den eingeborenen Arabern gegenüber kaum mit Erfolg durchgeführt werden könnte. Gemessen an der Lebensraum-Politik der deutschen Nationalsozialisten könnte sich dieser Staat wirtschaftlich überhaupt nicht erhalten. Mit seinen 2 270 000 tatsächlichen Einwohnern hat er eine Bevölkerungsdichte von 110–115 Personen auf den qkm. Sein Wirtschaftsleben ist bereits äußerst gefährdet, da sein Haushalt jährlich ein Defizit von 85–100 Millionen Dollar aufweist und ist ebenfalls alljährlich nur durch die Wiedergut-machung Deutschlands, die Zuwendungen der Diaspora (milder Ausdruck für die Banken wie Rothschild, Kühn, Loeb & Co.

usw., die diese Gaben in regelmäßigen Abständen auf die Weltbevölkerung umlegen), sowie die verlorenen Darlehen und Zuwendungen verschiedener Staaten. Selbst wenn das Weltjudentum nur etwa 13 Millionen betrüge, wie die Internationale Zionistische Bewegung behauptet, wäre an diesem Phänomen nichts geändert: Denn wenn sie alle nach Israel gingen, würde die Bevölkerungsdichte immer noch 650 Personen auf den qkm ausmachen, und seine Wirtschaft könnte sich ebenso wenig tragen.

Unter den europäischen Staaten, die sich an den verlorenen Zuschüssen beteiligen, neigt eine gewisse Politik, die des Generals de Gaulle dazu, sie sogar noch zu erhöhen, und um ihre Erhöhung mehr und mehr zu erleichtern, den Gemeinsamen Markt daran teilnehmen zu lassen.

Es besteht für mich kein Zweifel daran, daß wenn der Gemeinsame Markt diesen Weg beschreiten würde und die anderen atlantischen Staaten sich dem einfügen, der Staat Israel, also ermutigt, nichts anderes tun könnte, als sich noch stärker auf die von Ben Gurion proklamierte Politik des Lebensraumes (ohne diesen Ausdruck zu gebrauchen) einzustellen (Le peuple et l'État d'Israël, éditions de Minuit 1959, S. 75–81). War dies doch bereits die Veranlassung, sich 10 000 qkm mehr zu genehmigen, als ihm durch Übereinkunft der UNO am 29. November 1947 (Negueew, Pays d'Ammon, Eilath, usw.) zugestanden worden war.

Und am Ende dieser Entwicklung der Ereignisse in diesem Sinne gäbe es wenig Aussicht, daß ein dritter Weltkrieg – wegen der Sorgen um das Öl, dessentwegen die UdSSR nicht gleichgültig bleiben könnten, wie mein Freund Pierre Fontaine sehr richtig sagt – vermieden werden könnte.

Wenn die Internationale Zionistische Bewegung behauptete, daß 6 Millionen Juden in den Gaskammern in Deutschland vernichtet wurden, lieferte sie Chruschtschow das Hauptargument, das er brauchte und mißbrauchte für die Behauptung des Wiederauflebens des Nazismus und des preußischen Militarismus, und daß das Deutsche Volk ein Volk von Barbaren sei, und daß es daher gefährlich wäre, es als Ganzes in Europa aufzunehmen. Damit beabsichtigte er, ein echtes Europa, das ohne Deutschland unmöglich ist, bereits im Keime zu ersticken. Indem sie andererseits eine Rechnung präsentiert, die einer Zahl von 6 Millionen mal 5000 DM entspricht, hat sie keine anderen Sorgen, als die Last des fortgesetzten Defizits des Staates Israel, das auf den Banken der Diaspora lastet, zu erleichtern, es aufzuheben und in einen ansehnlichen Gewinn zu verwandeln.

Und alles dies, um schließlich im Mittleren Osten die Voraussetzungen für einen dritten Weltkrieg zu schaffen!

Möchte doch die historische Wahrheit sich früh genug und mit ausreichender Weite und Macht Bahn brechen, um den derzeitigen Lauf der Dinge aufzuhalten und zu erreichen, daß die Wiedergutmachung nicht derartige Formen annimmt, daß die gesamte Welt noch einmal für die Verbrechen einiger Weniger büßen müßte. In Erkenntnis dieser Bedrohung ist das die Gnade, die ich uns allen wünsche.

P. R., Juli 1963

1. KAPITEL

HERR RAUL HILBERG, SEINE THEORIE UND SEINE VERFAHRENSWEISE

Die *Auslegung der Heiligen Schrift* durch den heiligen Thomas von Aquin (1225–1274) und die übersteigernden Auslegungen der Nürnberger Dokumente durch Herrn Raul Hilberg in „*The Destruction of the European Jews*" sind gewiß nicht mit dem gleichen Maßstab zu messen. Man kann davon überzeugt sein, daß man in 7 Jahrhunderten von letzteren überhaupt nicht mehr sprechen wird, oder wenn man es doch tun sollte, als von einer Sache, die nichts anderes verdient, als eine der schlimmsten Verirrungen unserer Zeit genannt zu werden. Sollte man nach 7 Jahrhunderten noch von Thomas von Aquin reden, so wird man ihn gleichfalls als Ursprung einer verirrten Philosophie bezeichnen, die seit dem 17. Jh. von den Humanisten und Liberalen als *ancilla theologiae* bezeichnet wird. Ich bin der gleichen Meinung. Aber diese Philosophie war immerhin die der Jahrhunderte des Glaubens: sie hatte Gehalt, sie öffnete die Fenster zu einer Welt, die den Traum eines ganzen Zeitalters bedeutete und verdiente es daher zu dem „Thomismus" zu werden, ohne dessen Erwähnung es heute unmöglich ist, den großen Verlauf bis zur heutigen Philosophie zu erklären.

Um sein System aufzubauen, mußte er freilich die Gedanken des Aristoteles verstümmeln. Aber im 13. Jh. hatte man den Druck noch nicht erfunden, die Handschriften waren selten, und die Möglichkeit der Forschung steckte noch derart in den Anfängen, daß nur der Forscher selbst sie kannte. Drei Jahrhunderte später hatte man den Irrtum entdeckt, den die Humanisten und Liberalen als *ancilla theologiae* bezeichneten. Aber es gab keinen Skandal. Man schrieb den Betrug auf Rechnung einer mangelhaften Kenntnis der Schriften des Aristoteles. Heute wissen wir mehr über diese Angelegenheit. Immerhin hat der „Thomismus" seinen Weg gemacht. Hingegen wird es kaum je einen „Hilbergismus" geben, und die 790 Seiten Großformat von „*The Destruction of the European Jews*", die sich auf 1400 Dokumentarberichte gründen, werden, wenn man sie eines Tages beschuldigt *ancilla* gewesen zu sein, dies nur seitens einer Politik wenig edler Geisteshaltung gelten.

Hierin liegt der Unterschied, und er ist nicht eben klein. Zugegeben, daß diese beiden Menschen weder durch ihre Persönlichkeit noch durch den Wert und die Weite ihrer beiderseitigen Arbeiten verglichen werden können. Wenn ich nun trotzdem an Thomas von Aquin denken mußte, nachdem ich Raul Hilberg gelesen hatte, so gab es schon Gründe dafür, und der wichtigste davon ist der, welcher das Hauptthema dieses Kapitels ausmacht. Die Nürnberger Dokumente, an Hand deren Raul Hilberg uns beweist (S. 670), 5 419 500 wären von den Deutschen während des zweiten Weltkrieges vernichtet worden, davon 1 000 000 in den Gaskammern von Auschwitz, 950 000 in denen der 5 anderen Lager, die technisch weit weniger gut ausgestattet gewesen wären. 1 400 000 (wenn ich seine verwickelten Berechnungen, die oftmals in Widerspruch zu sich selbst stehen, richtig verstanden habe) durch die Einsatzgruppen, und der Rest von 1 750 000 lt. S. 767 und von 2 069 500 lt. Seite 670 in den Lagern und bei Gelegenheiten, die man nur als Lügenberichte bezeichnen kann, wenn man sie mit den anderen vergleicht. Sie sind durchaus gleicher Art und von gleichem Wert wie die des Thomas von Aquin und aller Kirchenväter vor ihm, die behaupteten, der erste Weltschöpfungsakt – die Trennung des Lichtes von der Finsternis – sei genau auf das Jahr 4001 vor Chr. anzusetzen, oder daß Josua die Sonne in ihrem Lauf angehalten und Jonas sich eine Weile im Bauch eines Walfisches befunden hätte, usw. –

Ferner ist da das Problem der Pflichtvergessenheit: Herr Raul Hilberg sagt aus den Nürnberger Dokumenten das, was sie erst aussagen, nachdem sie sorgfältig aus ihrem Zusammenhang herausgerissen sind. Das ist im Kleinen dasselbe, was Thomas von Aquin im Großen tat, als er die europäische Geisteswelt des Mittelalters durch die berühmte Formel „Aristoteles sagte" über etwas orientierte, was Aristoteles eben nicht gesagt hatte. In dieser Hinsicht erheben sich beide zu der berühmten Zweckmoral, wenn auch zeitlich im gleichen Abstand zu einem gewissen Ignaz von Loyola, demzufolge der Zweck die Mittel rechtfertigt und alle Mittel recht sind, um das Endziel zu rechtfertigen.

Aber hier muß man, um eine gerechte Würdigung der beiden zu ermöglichen, den ihnen gemeinsamen Ausgangspunkt nachprüfen. Thomas von Aquin fand sich damals den mit so großen Erfolg von jüdischen Rabbinern und arabischen Schreibern in Ost-Europa verbreiteten Schriften des Aristoteles gegenüber. Sie drohten die christliche Gedankenwelt zu erschüttern, und es handelte sich daher für ihn um ein rein philosophisches Problem, während es im Falle des Herrn Raul Hilberg darum ging, durch eine möglichst große Anzahl von Leichen die riesenhaften Subventionen zu rechtfertigen, die unter dem Titel der Wiedergutmachung seit Kriegsende alljährlich an den Staat Israel gezahlt werden – überdies die Wiedergutmachung eines Schadens, der ihm weder juristisch noch moralisch zugefügt wurde, da er doch in der beschuldigten Zeit noch gar nicht bestand. So ist das Ganze weiter nichts als ein nackter Materialismus.

Man erlaube mir in Erinnerung zu rufen, daß der Staat Israel erst im Mai 1948 begründet wurde, und daß die jüdischen Opfer des Nazismus aus den verschiedensten Staaten stammten, nur nicht aus Israel. Um das Ausmaß dieser beispiellosen Büberei noch zu unterstreichen, bedenke man: einesteils schüttet Deutschland an Israel Summen aus, die auf 6 000 000 Tote errechnet sind, andererseits, da mindestens 4/5 dieser 6 Millionen bei Kriegsende noch lebten, zahlt man noch wesentliche Reparationen an die in anderen Staaten außerhalb Israels Lebenden sowie an die Erben der inzwischen Verstorbenen unter der Bezeichnung „Opfer des Nazismus". Das bedeutet, daß man für eine überwiegende Mehrheit doppelt bezahlt.

All diese großmütig gewährten Entschädigungen scheinen im übrigen auch die Träume der Zigeuner beflügelt zu haben. Man könnte behaupten, daß der Staat Israel und der Zionismus Schule gemacht haben. Will man der Zeitung „Le Monde" vom 29. Dezember 1961 Glauben schenken, so haben sich nunmehr die Gitans einen König mit Namen S. M. Vaida Voievod III. zugelegt, der vorgibt, Oberster Chef und Geistiges Haupt des Volkes der Zigeuner zu sein, und daß er von der UNO erwarte, einen Erdenfleck zugewiesen zu bekommen, wo das Herumirren der Karawanen ein Ende finden würde, wie etwa die Schaffung des Staates Israel der Diaspora der Juden ein Ende (?) gesetzt habe. Wenn man aber fragt, welchen Erdenwinkel er fordere und wo sich dieser befinde, so sagt er, es handle sich um Romanestan, und er verlegt es einmal auf eine Insel im Pazifik, ein andermal in ein Land in der Nähe von Israel. Zudem behauptet er, die Zahl der Personen, die sich auf allen Straßen Europas herumtreiben, betrüge 12 Millionen, und wenn sie nicht noch höher wäre, so läge das daran, daß die Nazis 3½ Millionen zwischen 1939 und 1945 ausgerottet hätten.

Aber hierüber gibt es statistische Unterlagen, und diese beweisen, daß die Zigeuneropfer des Nazismus sich auf etwa 300 000 bis 350 000 belaufen, was im übrigen schon abscheulich genug ist.

Da man vorläufig noch nicht so leicht in den Verdacht des Anti-Romanestanismus gerät wie in den des Anti-Semitismus sowie man von den Fantasie-Statistiken des *Zeitgenössischen jüdischen Weltdokumentationszentrums* spricht, und man auf jeden Fall nicht Gefahr läuft, ähnlicher uneingestandener Gesinnung geziehen zu werden, wenn man von den 3½ Millionen Naziopfern S. M. Vaida Voievod III. in humoristischer Weise spricht, braucht man sich dessen nicht zu versagen. Wenn nun, so sagt man, die UNO eines Tages den Zigeunern wirklich zugestehen würde, sich in Romanestan zu sammeln, dessen geographische Lage nurmehr festzulegen wäre, so bliebe Deutschland nur noch übrig, auch dies zu unterstützen. Denn da es Israel eine wesentliche materielle Unterstützung für die Opfer, die der Nazismus das Judentum kostete, zugestanden hat, würde es ihm schwer werden, Romanestan ein Gleiches zu verweigern, und die UNO könnte eine Befürwortung solcher Forderungen, wie sie Israel hat zuteil werden lassen, kaum ablehnen. Die 3½ Millionen Zigeuner, die von den Nazis ausgetilgt sein sollen, würden also in der Weltpresse mit den 6 Millionen Juden in Konkurrenz treten. Aber R. P. Fleury, der Prediger der französischen Gitans verkündet bereits, daß S. M. Vaida Voievod III. ein Betrüger wäre, und viele sind mit ihm der gleichen Meinung. Man muß zugeben, daß bis zum heutigen Tage die Zahl der Menschen, die von den Führern des Staates Israel und seiner Unterstützer ein Gleiches denken, wesentlich geringer ist. Trotzdem deren Politik in allen wesentlichen Punkten sehr ähnlich, ebenso unbegründet und ebenso wenig ernsthaft ist, hat sie doch Erfolg gehabt. In dem Maße als es offenbar wird, daß der Nachkriegs-Zionismus mit dem, was man den Romanestanismus nennen könnte, so nah verwandt ist, verdient die Posse des Helden dieses Abenteuers hier erwähnt zu werden, und wäre es auch nur, um dem Leser eine besondere ebenso genaue Vorstellung von dem Wert der Arbeit zu geben, für die Herr Raul Hilberg sich bereit gefunden hat.

Aber ich möchte noch auf das Problem der Verletzung der Sorgfaltspflicht zurückkommen, und hier merke man gut auf. Nachdem ich selbst eine beachtliche Zahl von Monaten bis 1, 2 und 3 Jahren und bisweilen unter wesentlich schlimmeren materiellen und moralischen Bedingungen in Konzentrationslagern verbracht habe, kann man es mir wirklich glauben, daß ich weiß, wovon ich spreche, und das was ich untersuche, ist lediglich das Ausmaß der Greuel, da die Wahrheit und ihre Hintergründe allein schon genügen, um im menschlichen Bewußtsein festgehalten zu werden. Ein armer Teufel von der Art dieses einen Priesters oder jenes anderen, den ich an anderer Stelle zitieren werde, wollen uns erzählen, der eine: daß Tausende von Menschen in den Gaskammern des Lagers verschwunden wären, in dem wir doch zusammen eingesperrt waren, und wo es gar keine gab, der andere: daß er die Köpfe von lebend begrabenen Opfern gesehen habe, die bis zum Halse zerschmettert gewesen wären und zwar von den Rädern der Schiebkarren, die auf Anordnung der SS von anderen Gefangenen geschoben worden wären. Ich verstehe das so: sie sind die aufgestachelten Opfer eines Rachegefühls auf Grund dessen, was sie selbst gelitten haben, und die Schuldigen sind hierbei die Richter, die ihnen geglaubt haben.

Daß der General einer Einsatztruppe, um sich das Leben zu retten, unter Todesdrohung etwas berichtet, was ihm selbst am zweifelhaftesten erscheint, – daß ein Hoeß, der ehemalige Kommandant des Lagers Auschwitz, ein Gleiches tut und mit ihm noch viele andere, das versteht sich von selbst und bedarf gar keiner Erklärung. Daß, um die Gnade seiner Vorgesetzten zu erlangen, ein anderer armer Teufel einer Einsatzgruppe der SS erzählt, daß seine Einheit Tausende oder Zehntausende von Juden vernichtet habe, wie das in den Dokumenten des Herrn Raul Hilberg berichtet wird, ist wirklich nicht so erstaunlich. Daß ein Martin-Chauffier, der sich selbst allerhand vorzuwerfen hat, sich verzeihen lassen möchte, indem er mit den Wölfen heult, daß ein David Rousset, dessen einzige Sorge im Lager war, sich der Gunst der Kommunisten zu versichern, daß ein Eugen Kogon auch keine anderen hatte, als sich möglichst angenehm im Gleichgewicht zwischen SS und Kommunisten zu halten, und das erzählt haben, was sie erzählt haben, das alles macht einen Teil der Zeugenpsychologie aus, und es ist die Aufgabe des Richters oder eines Spezialisten der Wissenschaft vom Menschen, die Wahrheit von der Lüge zu trennen. Wenn ich darüber empört bin, daß weder der eine noch der andere von diesen dahin gelangt ist, vor allem aber, daß weder der eine noch der andere sonderliche Anstrengungen in dieser Richtung gemacht hat, so bin ich es wesentlich weniger, wenn ein Journalist seine Leser mit Enthüllungen überrumpelt: denn man weiß ja, daß die Journalisten sich meist aus den Versagern der akademischen Berufe rekrutieren! –

Ich gehe sogar noch weiter: ein Mann wie Dr. François Bayle, den ich hinsichtlich seines *„Croix Gammée contre Caducée"*, dessen Verfasser er ist, zitiere, ist gegenüber den Dokumenten und Zeugenaussagen von Nürnberg und den Rückschlüssen, die er daraus zieht, nur halb verantwortlich. Dr. François Bayle ist Arzt, sogar Marinearzt, mithin ein Militär. Wenn man ihn liest, errät man sofort seine Begeisterung für Psychosomatologie und Psychoanalyse. Die Angeklagten von Nürnberg erscheinen ihm vor allem als Kranke oder Beschädigte, was aufs gleiche herauskommt, da er doch die Möglichkeit haben möchte, ihre Fälle zu untersuchen! Das ist doch ein wunderbarer Gegenstand und die Umstände sind so günstig! Am 19. Oktober 1946 wird er in die wissenschaftliche Kommission für Kriegsverbrechen eingestellt, und bald finden wir ihn dabei, direkt an den Originalen der Dokumente und Zeugenaussagen der Nürnberger Prozesse zu arbeiten, indem er diesen beiwohnt und hinter deren Kulissen er freien Zutritt hat. Er ist ein Militär: er fragt gar nicht nach Rechtswert der Aussage, die ihm von seinen hochgeachteten Vorgesetzten zugänglich gemacht werden. Die Herrschaft der Armee beruht mehr als sonst irgendwo auf dem Grundsatz, daß jeder Untergebene jederzeit seinem Vorgesetzten vollkommen Gehorsam zu leisten habe, und er selbst beruhigt sich mit der Voraussetzung, daß ein Vorgesetzter seinen Untergebenen nicht mißbrauchen darf. In dieser Geisteshaltung konnte sich Dr. François Bayle keinen Zweifeln hingeben, und wenn er sich welchen hingegeben hätte, so hätte er keine richtige Antwort darauf gefunden, da er doch auf die Aufgabe, die man ihm stellte, und zu der man ihn ermutigte, gar nicht vorbereitet war. Er ist also zu entschuldigen. Weniger sind es die, die ihn auf diesen Weg gewiesen haben und ihn noch dazu ermutigten. Im Grunde hat sich alles so abgespielt, wie im „Figaro" von Beaumarchais, wo man einem Tänzer die Stellung eines Rechenmeisters gibt: hier mußte ein Historiker her anstatt eines Mediziners. Brauchte man trotzdem einen Mediziner, da es sich doch um die medizinischen Versuche handelte? Meinetwegen, aber ich behaupte nur, daß ein Mediziner, der bei jenen Versuchen nicht selbst zugegen gewesen war, und der nicht zugleich Historiker ist, sie absolut nicht einwandfrei untersuchen kann, wenn er nicht dabei von einem Historiker unterstützt wird, der die Richtigkeit aller

Zeugenaussagen und Dokumente bestätigt hätte, wenn auch nicht die wissenschaftlichen – denn hierzu wäre ein Historiker wieder nicht befugt – so doch die soziologischen Gegebenheiten, und den historischen Augenblick, in dem die Versuche angestellt worden sind. Besonders zu einem so leidenschaftlich bewegten Zeitpunkt wie den, um den es sich hierbei handelt und wenn sie, wie es hier der Fall war, des Verbrechens geziehen wurden.

Und die Verantwortlichen für derart erbärmliche Sitten? Niemand, wenn es nicht die Verwalter der Wissenschaft und der Elitebildung unserer Zeit sind, die auf der einen Seite die Spezialisierung auf Kosten der Allgemeinbildung bis zum Äußersten treiben unter dem Vorwand, daß die Industrialisierung besonders gute und scharf begrenzte Spezialtechniker verlangt und dann je nach Bedarf glauben macht, irgendeiner dieser Spezialisten wäre befugt „*ex cathedra*" für alle Spezialisten zu sprechen. Aber jene Schuldigen sind, glaube ich, nicht irgendwelche Bestimmten, sondern ein wenig der ganze Zeitgeist.

Der Fall des Herrn Raul Hilberg ist nun aber sehr verschieden von dem jener Leute. Er ist nicht verschleppt worden, er ist kein Opfer des Nazismus, er hat keinen ersichtlichen Grund, ein derart schlechtes Gewissen zu haben, wie ein Martin-Chauffier, ein David Rousset oder ein Eugen Kogon. Er ist auch kein so einfältiges Wesen wie dieser arme Priester, den ich als den Erfinder der Gaskammern von Buchenwald und Dora erwähnte, noch auch ein Schmierfink jener Glücksritterkultur, wie die Abenteurer um der Existenz willen, die vor dem Kriege recht niedrig im Kurs standen, wie es eben David Rousset und Eugen Kogon sind, die, von dem Wunsche beseelt, sich ein gutes Gewissen zu verschaffen, sehr wahrscheinlich all das erzählten, was sie erzählt haben, um sich besser und dauerhafter zu sichern – was ihnen übrigens beiden in bemerkenswerter Weise gelungen ist. Er ist sogar nicht einmal ein im Studium historischer Dokumente irregeführter Arzt wie Herr François Bayle. Er ist vielmehr ein „politischer Wissenschaftler", ausgewiesen durch seine biographische Notiz als: „Professor und Spezialist für internationale Beziehungen im Auswärtigen Amt von Nordamerika"; und trotz all seiner Lücken und Unvollständigkeiten, ist es nicht möglich, daß das System der Verwaltung der Wissenschaften und der Elitebildung, das ihn auf die Ausübung seines Berufes vorbereitet hat, in dem die statistischen Wissenschaften einen so wichtigen Raum einnehmen, ihn nicht besser im Studieren von Dokumenten und Zeugenaussagen, auf die diese sich gründen, ausgebildet hat, sowie in der Geschichte, in der die soziologischen Phänomene, die Gegenstand der Statistik sind, ihre Wurzeln haben.

Wenn sich also Herr Raul Hilberg wie jemand beträgt, der keine Ahnung hat weder von der Glaubwürdigkeit, die man einem Zeugen in seiner Aussage zubilligen kann, noch von den Bedingungen, die ein Dokument enthalten muß, um rechtsgültig zu sein oder – was dem gleich kommt – wenn alle die, die erprüft positiv wären – so bleibt für ihn nur eine Entschuldigung, nämlich die der Sorgfaltspflicht-Verletzung. Ich sage „Entschuldigung", weil ich im weiteren Verlauf seiner biographischen Notizen lese, daß er ein Mitarbeiter der *„Jewish Encyclopedia Handbooks"* ist, was alles erklärt. Dies trifft natürlich nicht allein auf Herrn Raul Hilberg zu, sondern auch auf eine Menge andere: auf Frau Hannah Arendt z. B., die von der gleichen Art Intellektueller ist und sich oftmals auf ihn beruft in ihren Berichten über den Eichmann-Prozeß, die *„The New Yorker"* durch fünf Folgen hindurch veröffentlicht hat (Februar-März 1963). Sie war und ist noch Forschungsleiterin der *Conference on Jewish Relations*, Verwaltungsleiterin der *Jewish Cultural Reconstruction* sowie Stipendiatin der *Guggenheim-Stiftung*, usw...., und sie teilt uns kaltlächelnd mit *(„The New Yorker"*, 22. 3. 63), daß „3 Millionen polnischer Juden in den ersten Kriegstagen umgebracht worden wären". Das ist natürlich hierdurch erklärt. Frau Hannah Arendt täte m. E. gut daran, Herrn Raul Hilberg zu schreiben und ihn zu bitten, ihr nachzuweisen, wo er die „2 Millionen polnische Juden, die von 1942–43 in den Tod geführt worden sind" gefunden hat, von denen er auf Seite 311 seines Buches spricht. Denn man muß sich schließlich darüber verständigen: gab es in Polen vor dem Kriege 3,3 Millionen Juden, wie es einstimmig alle Statistiker einschließlich der jüdischen behaupten, oder 5 700 000, wie Frau Hannah Arendt zu behaupten genötigt ist, nachdem 5 000 000 ausgelöscht sein sollen, und nachdem Herr Shalom Baron – seinen Titel als Professor für jüdische Geschichte an der Universität von Columbia vor sich herschwingend – am 14. April 1961 vor dem Tribunal zu Jerusalem behauptete, von denen 700 000 noch gelebt hätten als 1945 das Land durch die russischen Truppen befreit worden sei. (?) Tatsächlich bekommt man Lust, all diese Leute einmal zusammen einzuladen – diese drei und die Vielzahl der anderen gleicher Sorte –, damit sie sich einmal untereinander abstimmen und ins Einvernehmen bringen könnten, bevor wir es unternehmen, uns selbst darüber zu verständigen. Für den besonderen Fall des Herrn Raul Hilberg müßte man diesem sogar empfehlen, sich erst einmal ins Einverständnis mit sich selber zu setzen: auf S. 670 seines Buches sucht er uns tatsächlich klar zu machen, daß die 9 190 000 Juden, die, wie er behauptet, während des Krieges in den von Deutschland besetzten Gebieten lebten, nur 3 770 500 überlebt hätten, was also 5 419 500 Tote ausmachen würde, aber auf S. 767 – man erfährt nicht durch welches mathematische Geheimnis – werden aus den 5 419 500 Toten plötzlich 5 100 000. Außerdem muß man festhalten, daß er in Polen samt Rußland und den Donauländern, in denen die statistischen Schwierigkeiten liegen, nur 50 000 Überlebende gefunden hat, während sein Kollege Shalom Baron deren 700 000 fand, die, lt. einer Zeitung, die in der Schweiz in französischer Sprache erscheint *(Europe Réelle,* Lausanne, Nr. 44, Dez. 1961) der periodisch erscheinende „*Jedioth Hazem*" aus Tel Aviv (Nr. 143 von 1961) ohne mit der Wimper zu zucken schreibt, „daß die Zahl der polnischen Juden, die außerhalb Polens wohnen, ungefähr 2 Millionen betragen". Im Gegensatz hierzu, und wahrscheinlich zum Ausgleich, haben die jüdischen Dokumentationszentren von Paris und Tel Aviv in Übereinstimmung die Zahl der in dem von Deutschland besetzten Teil Rußlands getöteten Juden auf 1½ Millionen geschätzt, und das *Institut für jüdische Angelegenheiten des jüdischen Weltkongresses („Eichmann's Confederates and the Third Reich Hierarchy"),* das ich bereits erwähnte, nennt deren 1 Million. Herr Raul Hilberg aber findet nur 420 000! – Dies alles stimmt nicht gerade sehr ernst, und ich schäme mich ein bißchen für die Zunft, die spezialisierte Professoren besitzt, deren Dokumente, die ja für alle die gleichen sind, eine derart verschiedene Sprache sprechen.

Nachdem dies klargelegt ist, wollen wir dem Kaiser geben, was des Kaisers ist: m. W. ist von allem, was bis heute an derartiger Literatur veröffentlicht worden ist – in der man die Nürnberger Dokumente immer durchknetet nebst den dazugehörigen Zeugenaussagen, die von Jahr zu Jahr umfangreicher werden, wo man sie verdreht und sich das letzte Gehirnfältchen verbiegt, um ihnen das beste abzugewinnen; wodurch sie aber auch immer widersprüchlicher untereinander werden gegenüber der Behauptung, daß mehr oder weniger 6 Millionen Juden im zweiten Weltkriege umgebracht worden seien. „*The Destruction of the European Jews*" ist zweifellos das Genaueste und Vollständigste all dieser Veröffentlichungen. Nichtsdestotrotz, ohne jedoch rechtsgültiger zu sein als alles, was sonst noch vorher in dieser Art veröffentlicht worden ist, ist es das Angreifbarste und einzigartig daher, daß, indem man seine Schwäche offenlegt, man auch zugleich alles andere trifft. So habe ich mich denn entschlossen, ihn für diese neue Studie als Aufhänger zu nehmen. Ich denke, man wird dafür Verständnis haben, daß ich nicht jede einzige der 790 Seiten vornehme, von denen es ungefähr keine nicht verdiente, unter die Lupe genommen zu werden. Um jede Kleinigkeit zu untersuchen, hätte ich ja ebensoviel Seiten nötig, wie Herr Raul Hilberg deren gebrauchte, um seine Behauptungen aufzustellen, und das wäre ermüdend. Ich sagte bereits, daß es Herrn Raul Hilberg nicht gelungen ist, das auszudrücken, was die Dokumente wirklich besagen, weil er sie eben so hingenommen hat, wie sie ihm übergeben wurden, d. h. umgearbeitet und aus ihrem Zusammenhang herausgerissen. Ich werde mich also darum bemühen, den Zusammenhang wieder herzustellen, indem ich sie einander gegenüberstelle und mich nur gelegentlich bei den allzu großen Verstößen aufhalte.

*

Zu Beginn meiner Studie zur Überführung des Herrn Raul Hilberg denke ich vor allem an die Studenten der Politik an der *Universität Vermont*. Ich will ihnen wünschen, daß an dieser Universität der Lehrstuhl für Politische Wissenschaft mit einem Lehrstuhl für Geschichte gekoppelt ist, denn sollte andernfalls zufällig einer von ihnen eines Tages die Ehre haben, die Vereinigten Staaten als Botschafter in Deutschland zu vertreten, so würden die Deutschen ihn sicherlich sofort für einen Abgesandten des Mondes halten, wenn er nichts anderes über den Nationalsozialismus, seine Herkunft, seine allgemeine und vor allem seine soziale Politik weiß, als was ihm von Herrn Raul Hilberg vorgesetzt worden ist. Ich kann mir nicht vorstellen, wie sie auch nur die ersten Schritte in diesem Amte tun könnten, ohne eine ganze Anzahl von Fehlern zu begehen, die jenen unverständlich wären und – für ihn – und die Vereinigten Staaten leider auch! – ebensoviel schmerzliche Demütigungen bedeuten würden. Was die anderen anbelangt, die sich nicht so hohe Ziele gesetzt haben, so stehen auch sie vor empfindlichen Problemen: denn wenn die wirtschaftlichen Begriffe, die Herr Raul Hilberg vertritt, von der gleichen Art sind wie die historischen – und man kann daran kaum zweifeln, nachdem man seine Statistiken gelesen hat –, so werden diejenigen, die selbst Professoren werden wollen, uns vor das Problem stellen, daß die Mittelmäßigkeit von einer Generation auf die andere übertragen wird, und ich wage gar nicht, mir die katastrophale Wirkung auszumalen, die dies auf die Zukunft der allgemeinen Politik der Vereinigten Staaten haben könnte, wenn solche, nachdem sie große Staatsbeamte geworden sind, damit arbeiten müßten. Ich kann es nicht verhehlen, daß mir tatsächlich all dies große Besorgnis einflößt, und um mich recht zu verstehen, muß ich hier einen kurzen Vergleich anführen, dessen Thema die folgende Meinung vertritt: Geschichte ist eine Folge historischer Abläufe. Die Wahrheit des M. de Lapalisse? Der Form nach ja. Durch ihren Widerspruch wird etwas anderes daraus. Manche Historiker sind der Ansicht, daß jeder historische Augenblick dem Menschen nichts als Probleme darbietet, die nur eine einzige Lösung kennen: ihre eilige Erklärung. Daraus folgt, daß von Urzeiten her alle historischen Augenblicke in eine starre Linie eingegliedert werden, die den Sinn der Geschichte ausmachen, und indem man jeden einzelnen untersucht, kann man die Folge voraussehen: ein vorgefaßtes Geschichtsbild. Die einzige Frage, die der Mensch sich stellen kann, ist nicht, wohin er gehen will noch was er tun muß, um sein Ziel zu erreichen, sondern nur noch, wo er tatsächlich hingeht. Die Antwort darauf: es genügt ihm, rückwärts zu schauen und dann die Linie zu verlängern: hinter ihm und vor ihm wird er den Sozialismus sehen. Höchstens könnte er ein wenig zurückweichen (z. B. angesichts der Form, die der Sozialismus in Rußland angenommen hat) und seinen Lauf verlangsamen. Keinesfalls aber kann er anhalten oder die Richtung wechseln. Der Boden brennt unter seinen Füßen und auf beiden Seiten der Straße sieht er den tödlichen Abgrund. Trotzdem geht er auf den Sozialismus zu, nur mehr oder weniger schnell. Solcher Art Historiker sind die Marxisten, und sie besaßen die Gunst des 19. Jh. Aber indem sie sich auf nichts weiter als auf die Stellung des Individuums in der Geschichte zurückzogen, wurde diese Vorstellung derart vereinfacht, daß sie die Gunst des 20. Jh. verloren haben und ihresgleichen heute dabei ist, zu verschwinden.

In ihrer Gesamtheit sehen die heutigen Historiker in der Tat, daß jeder historische Augenblick eine Fülle von Problemen aufrollt, daß vom Menschen aus gesehen jeder einzelne von ihnen eine Unzahl von Lösungen in sich birgt, trotzdem vielleicht – oder sogar selbstverständlich – nur eine einzige gut und richtig ist und die anderen mehr oder weniger schlecht. Zwischen der guten und den mehr oder weniger schlechten hängt die Wahl allein von einem Gewissensfunken ab, um die Lösung richtig zu treffen. Zudem wissen diese Herren, daß ein Mensch sich ein ganzes Leben lang in der Fülle all der Probleme recht häuslich niederlassen kann, ohne je von ihrem Vorhandensein Kenntnis zu nehmen; und denjenigen, die sie gewahr werden, erscheinen sie mehr oder weniger schwerwiegend, wichtig oder gar dringend. Da man nicht alle auf einmal erörtern kann, ist man gezwungen, jedes einzelne in festgelegter Reihenfolge vorzunehmen. Die Festlegung dieser Reihenfolge verlangt aber bereits ein so hohes Maß an Gewissenhaftigkeit, daß, wenn die Entscheidung darüber einmal gefallen ist, die Lösung der Frage sich von selbst anbietet. Je nach dem Maß des Gewissens – man beachte, daß es sich hier um ein Gesamt-Gewissen vor einem Gesamt-Problem handelt, und daß die geistige Reife dieses Kollektivs im umgekehrten Verhältnis zu den Wesen steht, aus denen es sich zusammensetzt – sah jeder einzelne in jedem historischen Geschehen eine mehr oder minder große Fülle von Fragen, die ihm gestellt wurden, und diejenigen, die sie nicht sahen, sind noch nicht einmal durchaus die Unbeachtlichsten. Die Vorstellung von den Dingen, denen der einzelne sich gegenübergestellt sieht, ist also bereits eine Arbeit an der Zahl und Art von Fragen, die er begreifen muß. Gleichwie es letzten Endes eine Arbeit dieser Vorstellung ist, zugleich die Wichtigkeit, Schwere und Dringlichkeit jeder einzelnen Frage zu entscheiden. Außer der Rangordnung, in der er sie entscheiden will und der Lösung die ihr zukommt, können die Umstände, die zu seinem Eintritt in die Ereignisse geführt haben, auch recht verschiedener Art sein.

Und widersprüchlichster Art! Und all dies macht aus dem Wesen der Geschichte einen Ablauf, der vorwärtsdrängt, zurückweicht, einen Zickzackweg einschlägt, im Kreise oder durch Engpässe führt, jedenfalls alles mögliche ist, nur nicht eine gerade Linie.

Zu den zwei Fundamentalgrundsätzen zurückkehrend zeigt sich diese Theorie also folgendermaßen: Die Geschichte räumt dem Menschen ein sehr großes Feld ein. Gleichzeitig war er ihr aber zu allen Zeiten gegenübergestellt und zwar unter immer neuen Umständen, die ihn immer wieder überrascht haben und dann über ihn hinweggeschritten sind. In dieser Rolle ist er immer dazu verurteilt gewesen, sich seiner Erfahrung entsprechend zu verhalten, d. h. ein wenig wie der Zauberlehrling des Märchens, der seine Rolle mit ebensowenig Erfolg gespielt hat. All dies ist eine Frage des Gewissens, und die Grenzen der Wissenschaft sind zugleich die Grenzen der menschlichen Möglichkeiten.

Da man nun um das riesenhafte Mißverhältnis weiß, das zwischen der außerordentlichen Vielschichtigkeit der Fragen, den Umständen jedes geschichtlichen Augenblicks und den sehr begrenzten Mitteln, die der Mensch besitzt, sie im Gedächtnis zu behalten, und weil man andererseits weiß – und das ist eine der wenigen Gewißheiten –, daß diese Tatsachen das Ergebnis der gesamten Auswirkungen früherer Generationen, nicht aber die Schöpfung eines einzelnen Menschen sind, der sie beschlossen hätte – bleibt ihm keine andere Wahl, als sich dem einstweilen zu beugen oder durch Selbstmord zu entziehen; kurz gesagt, daß der Mensch weder verantwortlich für die Lage ist, in der er sich befindet, noch für die begrenzten Mittel, um wieder herauszukommen. Die Historiker und im großen ganzen auch die Spezialisten der Wissenschaft vom Menschen müssen demnach über ein großes Maß von Nachsicht in ihrem Urteil über das Verhalten eines Zeugen verfügen, wenn sie dagegen etwas einzuwenden haben.

Man wird einem ihrer weiteren Vorzüge gegenüber nicht unempfindlich sein: in der Einstellung karthesisch und wie ihr Meister niemals „etwas als wahr hinnehmend", es sei denn sie wüßten, „daß es tatsächlich so wäre", mißtrauen sie überkommenen Ideen aus denen die Dogmen entstehen, die sie verabscheuen, und sie haben keine andere Richtschnur als die Ergebnisse ihrer Beobachtungen, die durch strenge und gründliche Zergliederung erhärtet werden. Der Historiker jedoch, der sich von diesen Zwangsvorstellungen gelöst hat, weil er niemals die Möglichkeit besitzt, alles zu wissen – weder durch Schlußfolgerungen noch durch Nachdenken – hat durch alle Zeiten hindurch seine Rolle gespielt, wenn nicht durch moralische Überlegungen in seinem Inneren, so doch wenigstens nicht durch ausführliches Darlegen seiner Irrtümer und Unvollkommenheiten in Schußweite seiner Akten, also mehr oder weniger – und eher mehr als weniger – nach Erfahrungen. Gleichzeitig aber bedenkt er, daß man die Geschichte in verschiedenartigster Weise betrachten kann, und daß dies immer so bleiben wird, solange man nicht alle Möglichkeiten besitzt sie tatsächlich zu kennen. Diese Verfahrensweise hat den doppelten Vorteil, den Menschen der

Gegenwart in die verschiedensten Richtungen seines historischen Schicksals zu lenken, d. h. alle Wege zu öffnen, die der Gesamtheit des Denkens, durch die sich das auszeichnet, was wir „Kultur" nennen, einerseits, und andererseits durch die Suche nach neueren und dem Zweck besser angepaßten Mitteln alles kennen zu lernen. Dem verdanken wir z. B. die Soziologie und die Biosoziologie, die zwar noch sehr in den Anfängen stecken, da die eine kaum 100 Jahre alt ist und die andere eben erst geboren wurde, die jedoch, vorausgesetzt, daß der Mensch bei dieser Gelegenheit einigermaßen im historischen Denken verbleibt, eine große Hoffnung sein können.

Nun gibt es auch Historiker und Spezialisten für die Wissenschaft vom Menschen, die andere Lehrmeinungen und Arbeitsweisen vertreten. Bei ihnen ist alles vorgefaßte Meinung und Dogma. Ihr einziger Gesichtspunkt ist: die klassenlose Gesellschaft, der sich die Gesellschaft unglücklicherweise ja auch nähert, da alle anderen Wege verstopft sind. Dem Menschen ist einzig die Rolle vorgeschrieben: mehr oder weniger stark oder auch gar nicht ihre endgültige Beschleunigung voranzutreiben wie den Klassenkampf und wenn es nur – wie gesagt – wäre, um mehr oder weniger schnell dazu zu gelangen.

Alles Dazwischenliegende erscheint demgegenüber unwichtig und unbeachtlich.

Daneben gilt es dann noch mehr oder weniger künstlich aufgestellte Dogmen: Die geschichtliche Aufgabe des Proletariats, die Dialektik in einem übertrieben sophistischen Sinn, der historische Materialismus, das Klassenbewußtsein, usw. usw...

Und das alles zwischen 1840 und 1850, d. h. ohne Bezug zur Realität, da doch die Positive Philosophie noch in den Windeln lag und weder die Soziologie und vor allem die Biosoziologie, die beide aus ihr abgeleitet werden, noch gar nicht geboren waren. Das sind offenbarte Wahrheiten, und im übrigen heute von der Geschichte überholt. Ist das nicht eine kindische Methode: Hegel sagt, Marx sagt, Lenin sagt, Stalin, Roosevelt und Ben Gurion sagen...? Kein bißchen Verpflichtungsgefühl, die Richtigkeit dieser Propheten zu untersuchen. Die Leute merken z. B. gar nicht, daß wir nicht mehr im Zeitalter von Hegel und Marx leben und seit ihren Tagen viele Wasser aller Flüsse unter den Brücken der Welt hindurchgeflossen sind, daß die sozialen Unterschiede innerhalb der bürgerlichen Gesellschaft mehr und mehr verschwunden sind, daß sie sich in eine Unzahl von

Arten aufgelöst haben, die sehr nahe beieinanderliegen, jedenfalls wesentlich weniger gegensätzlich zueinanderstehen als zur Zeit der Klassen. Und da fordern sie auch noch den Menschen der Gegenwart dazu auf, auf die Beschleunigung von etwas zu drücken, das gar nicht mehr vorhanden ist und damit eine historische Aufgabe zu erfüllen an einem rein hypothetischen Proletariat, das wenig zum Streik geneigt ist. So gesehen ähneln sie erstaunlich jenen Militärs, denen man nachsagt, ihre Technik hinke immer hinter dem Kriege her und zwar dadurch, daß sie bei einer historischen Epoche oder Augenblick stehenbleiben.

Herr Raul Hilberg ist gleich um mehrere historische Augenblicke verspätet. „Luther sagt"! Kann man so etwas überhaupt noch in den Mund nehmen? 1963! Ich erfinde nichts: In seiner Einleitung zu *„The Destruction of the European Jews"* setzt er uns ganz eingehend und ernsthaft auseinander, daß der Nationalsozialismus in grader Linie aus dem mittelalterlichen Antisemitismus Deutschlands, seinem katholischen Glauben und von Luther stamme! Dies ruft mehrere Anmerkungen hervor:

1. Luther war kein Anti-Semit sondern ein Anti-Jude, was ein großer Unterschied ist... Die Historiker gestehen in der Tat zu, daß es acht semitische Völker gab (Assyrer, Chaldäer, Phönizier, Hebräer, Samariter, Syrer, Araber und Äthiopier), und daß zumindest davon noch drei heute existieren (Araber, Hebräer oder Juden und Äthiopier), und es sind lediglich die Juden, mit denen es der mittelalterliche Katholizismus und Luther zu tun hatte.

2. Jener Anti-Judaismus hatte nur religiöse Bezüge. Die katholische Kirche jener Zeit sowie auch Luther glaubten, daß alle Völker der Erde außer den Juden der Allbegnadigung teilhaftig werden könnten und waren davon durchdrungen im Rausch ihrer Glaubenspropaganda. Weiter ging das nicht.

3. Alle mittelalterlichen Europäer waren Anti-Juden und dies überall mit gleicher Stärke. In Ländern wie die Niederlande, wo das Luthertum sich genauso erhalten hat wie zur Zeit Luthers, in anderen wie Spanien und Ungarn, wo die römische Kirche noch genauso geblieben ist wie im Mittelalter, ist das anti-jüdische Gefühl im Laufe der letzten sechs Jahrhunderte bemerkenswert zurückgegangen, und keines von ihnen wurde Schauplatz einer ähnlichen Erscheinung, wie es der Nationalsozialismus unter diesem Gesichtswinkel gewesen ist. Demgegenüber ist es gerade im heutigen Deutschland, daß sowohl

die lutherische als auch die römische Kirche den Fragen der Wissenschaft gegenüber aufgeschlossen sind.

4. Der Nationalsozialismus war aber nicht etwa aus rassischen Gründen antisemitisch. Er unterhielt z. B. die besten Beziehungen zu den Arabern. Er hätte auch die besten zu den Juden unterhalten, hätten diese nicht die Forderung erhoben, als besonderes Volk – auserwählt obendrein – in Deutschland zu leben, und die Beziehungen zu den Arabern wären kaum besser geworden, hätten sie gleiche Forderungen erhoben. Seine Haltung ist aus folgendem zu erklären: einesteils durch seinen Volkstumsbegriff (auf einem vorbestimmten Raum eine reine Rasse gegen ihre Bastardierung zu schützen), andererseits durch die internationale zionistische Bewegung, der es eine entscheidende Rolle nicht nur an der Entfesselung des ersten Weltkrieges zuschreibt (angeblich um Palästina zu bekommen), und am Versailler Diktat (das angeblich alle Möglichkeiten für das jüdische Volk bot, nachdem es Palästina erhalten hätte, auch noch den ganzen mittleren Orient zu erhalten, indem es sich auf den Bolschewismus stützte).

So kam es denn, daß der Nationalsozialismus von Anfang an die Juden beschuldigte, für alles Unglück, das Deutschland durch Versailles getroffen hatte, verantwortlich zu sein. Zur Macht gekommen, hörte er nicht auf, sie anzuklagen einen zweiten Weltkrieg heraufzubeschwören und andauernd mit dem Bolschewismus zu liebäugeln in der Hoffnung, Deutschland zu vernichten und sich dadurch die Hilfe des Bolschewismus im Mittleren Orient zu verdienen.

Dies sind die beiden hauptsächlichsten Grundlagen für die nationalsozialistische Politik den Juden gegenüber. Antisemitismus? Das heißt gleichzeitig zu viel und zu wenig behauptet. Rassenkampf ist das richtige Wort. Beide Grundlagen haben keinerlei Verwandtschaft, weder durch Angleichung noch als Folge mit dem Anti-Judaismus der katholischen Kirche des Mittelalters und mit dem Luthertum, und man ist etwas peinlich berührt, wenn man einen so hoch renommierten und anscheinend auch sehr anerkannten amerikanischen Professor daran erinnern muß, wenn nicht gar überhaupt erst davon zu unterrichten. Aber 1933 (damals war Herr Raul Hilberg noch ein Junge) und besonders seit 1945 (wo er knapp erwachsen war) haben derart viele Zeitungen der Ansicht gehuldigt, daß der Nationalsozialismus seine Wurzeln in die katholische Kirche des Mittelalters und ins Luthertum tauche, und daß daher der Anti-Semitismus und der Rassenhaß eine deutsche und sogar typisch deutsche Tradition habe, daß Herr Raul Hilberg als ein Mann, der vornehmlich von vorgefaßten Meinungen und Dogmen lebt, dies hingenommen hat, ohne es auf seinen Wahrheitsgehalt zu prüfen. In seinem Falle heißt es also nicht einmal: Luther sagte, sondern: Volksmeinung sagt. Und das ist schlimm für einen Universitätslehrer. Um gründlich unterrichtet zu sein, hätte er dabei nur „*Das Weltbild des Judentums, Grundlagen des Antisemitismus*" des Österreichers Bruno Amman (Wien 1939) oder „*Warumwoher-Aber wohin?*" des Deutschen Hans Grimm (Lipoldsberg 1954) zu lesen brauchen. Trotzdem das eine von einem Parteigenossen geschrieben wurde und das andere von einem unabhängigen Geist, der aber in den höchsten Stellen von Partei und Staat feste Freunde besaß, sind beide Studien besonders ernst zu nehmen, weil sie die begründetsten Unterlagen über die Herkunft des nationalsozialistischen Rassenbewußtseins und über die Lösung der Judenfrage, wie er beabsichtigte, enthalten.

Aber natürlich: Herr Raul Hilberg denkt wie alle seinesgleichen nicht daran, daß man, um hinreichend informiert zu sein, mal auch etwas anderes lesen muß als das, was von Propheten und politischen Freunden stammt.

Einmal in diese Mühle hineingeraten, hat er nun keine andere Sorge mehr, als nachzuweisen, daß diese Verkünder und politischen Freunde recht haben. Und so schreitet man von Irrtum zu Irrtum, denn alles ist ja miteinander verkettet. Nachdem Herr Raul Hilberg z. B. eine falsche Vorstellung vom nationalsozialistischen Rassengedanken hat, kann er keine richtige Vorstellung von dessen echtem historischen Gehalt haben. So erhebt er denn zur Grundlage, daß Hitler entschlossen gewesen wäre, die Juden auszurotten, denn: Chaim Weizmann und Ben Gurion haben es ja gesagt... Auf Grund dieser Behauptung gibt er (S. 257) einen Abriß der berühmten Reichstagsrede vom 30. I. 1939:

„Ich will heute wieder ein Prophet sein: Wenn es dem Internationalen Finanzjudentum inund außerhalb Europas gelingen sollte, die Völker noch einmal in einen Weltkrieg zu stürzen, dann wird das Ergebnis nicht die Bolschewisierung der Erde und damit der Sieg des Judentums sein, sondern die Vernichtung der jüdischen Rasse in Europa."

Ich hatte bereits einmal hinsichtlich der Hoßbach-Dokumente Gelegenheit zu bemerken, daß drohende Reden dieser Art bei den Staatsmännern der ganzen Welt zu finden sind. Die Historiker werten sie für gewöhnlich als Überbleibsel jener Herausforderungen, die sich die antiken Helden zuriefen und maßen ihnen keinerlei Bedeutung bei. Zwischen den beiden Kriegen haben die Staatsmänner Rußlands davon im Überfluß gegen den Kapitalismus Gebrauch gemacht.

Nach dem Kriege hat Herr Chruschtschow Wort für Wort die gleichen Drohungen gegen die Amerikaner geschleudert, indem er sogar bei der UNO-Sitzung 1960 (man verzeihe mir die Wiederholung) mit seinem Schuh auf das Pult schlug. In Nürnberg hat man nur einmal diesen Absatz jener Rede zitiert (Bd. III, S. 588), ohne ihr jedoch Gewicht beizulegen. Er kommt nicht in den Anklagen vor. Herr Raul Hilberg hält dies offenbar für falsch, und er besteht mit aller Bestimmtheit darauf, indem er (S. 266) als Beweis für Absicht der Vernichtung einen weiteren Absatz aus einer Rede im Sportpalast vom 30. September 1942 zitiert:

„Es gab eine Zeit, da die Juden über meine Prophezeiungen lachten. Ich weiß nicht, ob sie heute noch lachen, oder ob sie die Lust zum Lachen verloren haben. Aber ich kann hier nur wiederholen: sie werden überall das Lachen verlernen, und ich werde auch mit dieser Voraussage recht behalten." –

Selbst dieser Abschnitt ist in Nürnberg nicht festgehalten worden. Er wurde nicht einmal vorgebracht! Er ist nicht wichtig. Weshalb? Am 30. Januar 1939 hatte die Zusammenfassung der Juden in Lagern noch nicht begonnen (Nach dem jüdischen Historiker T. L. Jarman gab es bei Beginn des zweiten Weltkrieges nur 6 Konzentrationslager, und sie enthielten alle zusammen 21 300 Internierte, von denen 3000 Juden waren. *„The Rise and Fall of Nazi Germany"*, N. Y. 1959), und am 30 September 42 begann stufenweise mit der Besetzung Europas durch die Deutschen die Konzentrierung der Juden (März 42), die erst nur in Polen stattgefunden hatte (1940–41). Zweifellos hatte Herr Raul Hilberg dies vorausgesehen, denn auf 700 Seiten setzt er uns einen genauen Plan von vier Etappen auseinander, von der erst die letzte die Vernichtung betraf. Die drei anderen folgen einander so: Beschreibung des Judentums, Enteignung und Internierung (im Hinblick auf die sichere Vernichtung und um alles recht leicht verständlich zu machen). Herr Raul Hilberg könnte uns nun entgegnen, daß man – lt. seiner Darstellung – um ein Unternehmen von einer derartigen Spannweite anzulegen, Zeit brauche, und daß man 1942 noch nicht sehr weit mit den Vorbereitungen gediehen sein konnte, was aber nicht hindere, daß es vorgesehen gewesen sei.

Worauf nun eigentlich seine Überzeugung beruht, erfährt man nicht. Herr Raul Hilberg reicht uns kein einziges Dokument ein, das diesen Plan stützt, der selbst in Friedenszeiten sehr viel mehr Zeit zur Ausführung gebraucht haben würde (1933–39) um etwa 600 000 Juden (?) insgesamt für Deutschland 1933 + Österreich ab 1938 + Tschechei 1939, die Deutschland während dieser Zeit in Händen hatte, fortzuschaffen und zu vernichten, geschweige denn 6 Millionen mitten im Kriege (1942–44).

Nicht minder überraschend ist es, daß Herr Raul Hilberg, nachdem er uns auf Seite 177 mitgeteilt hat, daß die Vernichtung der Juden nach diesem genauen Plan vor sich gehen sollte, uns weiter unten (S. 258) erzählt, daß „Hitler mit seiner Politik der Judenvernichtung gezögert habe, bis er davon überzeugt gewesen sei, daß er keine andere Wahl habe. Von 1938–1940 habe er außerordentliche Versuche unternommen, um einen groß angelegten Plan zur Auswanderung anlaufen zu lassen". Bis hierhin nahm ich Herrn Raul Hilberg ernst. An anderer Stelle seines Buches will er uns klarmachen (S. 256), daß 1,4 Millionen Juden von den Einsatzgruppen vernichtet worden seien. Aber nachdem er all seine Beweise erschöpft hat (Berichte der Chefs dieser Einsatzgruppen, Zeugenaussagen der überlebenden Opfer usw.) fehlen ihm noch 500 000 Tote, um zu seiner Gesamtzahl zu kommen. So nimmt er kaltlächelnd aus eigener Vollmacht noch 250 000 als „Auslassungsfehler" und weitere 250 000 unter „als Lücke in unseren Quellen". Tapsiger kann man ja nun schon nicht vorgehen!

Außerdem: Über all diese von Hitler gegebenen Vernichtungspläne, die in Herrn Raul Hilbergs Buch alle 50–100 Seiten wiederkehren, über all diese Reden und Gegenreden sowie über den Ablauf eines methodischen Planes besteht heute bereits Klarheit, und 1961 hinkte Herr Raul Hilberg nur noch hinter einer historischen Entdeckung her. Es ist so, wie ich bereits in *„La Terre Retrouvée"*, Paris, 15. Dez. 1960 gesagt habe: Dr. Kubovy, Direktor des jüdischen *Zeitgenössischen Weltdokumentationszentrums* in Tel Aviv, hat gewußt, daß ein Vernichtungsbefehl weder von Hitler noch von Himmler, Heydrich, Göring usw. vorliegt. –

Wollte man in diese Einzelheiten eingehen, würde man garnicht aufhören, all diese Versuche des Herrn Raul Hilberg – Beweise von Tatsachen vorzubringen – anzuführen, deren er sich schuldig gemacht hat: Seine Darstellung der „Kristallnacht" vom 9./10. November 1938 und die Anklage, die er auf Grund dessen gegen die Führer des III. Reiches schleudert, daß sie sie vorbereitet hätten, beruhen auf Telegrammen eines Polizeikommissars und eines Verantwortlichen der NSDAP, die alle vom 10. November 1938 datiert sind und von ganz kleinen Leuten ausgehen (S. 19 u. 655); die Einsatzgruppen, die er in Polen 1939 in Aktion zeigt, obgleich sie erst 1941 geschaffen wurden (Ohlendorf in Nürnberg, 3–1–46, Bd. IV, S. 346), seine Auslegung des deutschen Begriffes „Judenfrei", der auf ein erobertes Gebiet angewandt bedeutet, daß sich dort keine Juden befinden sollen, weil man sie in Lager zusammengefaßt hat, und von dem er behauptet, daß er ihre „Vernichtung" bedeute, um von ihnen befreit zu sein; eine Dokumenten-Sammlung wie die der Wannsee-Protokolle, in denen der Ausdruck „weitere Lösungsmöglichkeit" – *new solution possibility* –, das er mit *„further solution possibility"* übersetzt (S. 264); die Juden, die er zweimal sterben läßt wie die von Simferopol, „Befreiung von 10 000 Juden, die dort im Dezember 1941 lebten, damit das Heer ruhig Weihnachten feiern könnte" (S. 199), und die dann am 7. Februar 1942 vernichtet wurden (S. 245); all die Juden, von denen er uns auf S. 192 erzählt, daß die Sowjets „die jüdische Bevölkerung zwischen Smolensk und Moskau aus vielen Städten völlig evakuiert hätten" (hinter den Ural, von wo sie mit eigenen Mitteln östlich nach Hongkong oder südlich nach der Türkei und den Mittleren Orient fuhren, um sich Palästina zu nähern, wo sie aber nicht ankommen konnten); die 10 000 von Chernigor, von denen aber nur noch 300 übrig waren, als die Deutschen kamen (ibid); die 100 000 von Dniepropetrovsk, von denen nur noch 30 000 übrig waren (ibid), die von Mariupol und von Taganrog, die bis auf den Letzten von den Sowjets evakuiert waren (ibid), und im ganzen 1 500 000 (S. 190), die von der allgemeinen Statistik der jüdischen Gesamtverluste nicht erfaßt wurden, denn es wäre sonst unmöglich, auf eine Summe von 5 419 500 (S. 670) zu kommen oder auch von 5 100 000 (S. 767); derart dicke Rechenfehler wie diesen: 3 350 000 als 1939 in Polen lebende Juden anzugeben (S. 670), 3 000 000 Tote für 1945 (S. 767) und nur 50 000 Überlebende (S. 670) usw. usw....

Aber wozu weiter darauf herumreiten? Ich nehme an, daß ich ziemlich genaue Vorstellungen von den Methoden und kleinen Tricks des Herrn Raul Hilberg vermittelt habe, so daß der Leser dadurch feuerfest gemacht worden ist. Somit wäre der Augenblick für mich gekommen, von seinen Zeugen, deren Zeugenaussagen und seinen Dokumenten zu sprechen.

2. Kapitel

ZEUGEN, ZEUGENAUSSAGEN UND DOKUMENTE

I. Allgemeines

Beim Durchblättern meiner Tageszeitung vom 17. Mai 1963 stieß ich auf folgende Nachricht: „Juristischer Irrtum in Österreich aufgedeckt. Unschuldige haben 15 Jahre im Zuchthaus verbracht." Die Erklärung dazu erfolgte in Form eines Telegramms vom Vorabend aus Wien.

„Gestern wurden zwei Österreicher, Hubert Ranneth und Joseph Auer, in Freiheit gesetzt, nachdem man sie vor 16 Jahren zu 43 und 30 Jahren Zwangsarbeit verurteilt hatte.

Auf Grund einer neuerlichen Überprüfung, die im vergangenen November vom österreichischen Justizminister angeordnet worden war, ist Licht auf einen der größten Justizirrtümer dieses Jahrhunderts gefallen. 1947 waren Ranneth und Auer verurteilt worden, weil sie drei Arbeiter in einem Stahlwerk mit Eisenstangen erschlagen hätten. Aber erst im vergangenen November wurde eine wichtige Tatsache bekannt: Das „umfassende Geständnis" von Auer, auf das sich die Anklage aufbaute, war unter der Wirkung einer Skopulamin-Spritze erfolgt, einem berauschenden und lähmenden Medikament in starker Dosierung. Außerdem haben die Gerichtsmediziner festgestellt, daß die Eisenstangen, die man damals als Beweisstücke für die Anklage angesehen hatte, gar nicht zur Ermordung der Opfer gebraucht worden waren."

Manche wohlmeinende Leute sind der Ansicht, daß diese Mitteilung eine Erklärung für manche sensationellen Geständnisse in den berühmten Moskauer Prozessen liefert. Es scheint nicht so, als wäre das von der österreichischen Justiz bei dieser Gelegenheit verwandte Mittel auch in Nürnberg angewandt worden. Wenigstens nicht im Verlauf der 13 großen Prozesse. Sehr möglich ist es hingegen bei der Unzahl von kleinen Prozessen in Deutschland gegen ehemalige SS-Männer und untergeordnete Funktionäre des III. Reiches. Die meisten von ihnen sind erst nach langer Gefangenschaft zum Verhör gelangt, nachdem die Prozesse mehrmals zurückgestellt worden waren. Derlei gibt wohl zu Mißtrauen Anlaß. So scheint es z. B. bei dem Prozeß um die „Todesbusse" (März 1963) der Fall gewesen zu sein, bei dem die Angeklagten Angaben über technische Einzelheiten machten, die von Technikern für unmöglich befunden wurden. Das könnte auch der Fall sein bei dem Prozeß des zweiten Lagerkommandanten von Auschwitz, nach dessen Einleitung und viermaliger Zurückstellung von Halbjahr zu Halbjahr es dem Generalankläger bis zum heutigen Tage, da ich dies niederschreibe, nicht gelungen ist, den Beweis dafür zu erbringen, daß 437 000 ungarische Juden in Auschwitz vergast worden wären. Und es ist vielleicht der Grund, weshalb der Angeklagte nicht Selbstmord beging wie Gerstein (weiter unten), sondern plötzlich einem „Herzanfall" erlag. 1963 war es schwierig geworden, Selbstmord zu begehen... Ebenso könnte es schließlich im Falle Eichmann sein. Nachdem eine erste Einspritzung zugegeben wurde, ist man berechtigt anzunehmen, daß ihr weitere gefolgt sind, was mancherlei erklären würde.

Ein zweites Mittel, das die Justiz zu jener Zeit zur Verfügung hatte, war schlechte Behandlung (Streicher, Pohl, Ohlendorf); die Schwatzhaftigkeit ihrer Darstellungen vor dem Tribunal oder in ihren Veröffentlichungen vor oder nach ihrem Tode; die Drohung (Sauckel, dessen Frau und neun Kinder, die in den Händen der Russen waren, wurden nach seiner Aussage im großen Kriegsverbrecherprozeß als Druckmittel durch die russischen Vernehmer gegen ihn verwandt); die Einschaltung von Psychologen oder ganz einfach die Lage selbst, in der sich die Angeklagten angesichts der gegen sie erhobenen Vorwürfe befanden (Hoeß, Kurt Becher, Hoettl, Wisliceny, von dem BachZelewski) usw.

Auf all diese Fälle, die von mir bereits in meiner früheren Untersuchungsarbeit angeführt und erklärt worden sind, würde ich nicht noch einmal zurückkommen, wenn es nicht Hoeß wegen wäre, von dem Herr Raul Hilberg einen wahrlich allzu anfechtbaren Gebrauch macht.

Zu all dem kommen noch die unbelasteten Zeugen, die ohne jeden Zwang aussagten: Parteigänger mit schlechtem Gewissen. Man kann es leicht begreifen, daß der Arzt und tschechische Kommunist Blaha z. B. die Gaskammern in Dachau in Aktion gesehen hat, obgleich es sie gar nicht gab. Es entsprach ganz einfach der kommunistischen

Doktrin, und andererseits, als Gefangener der Selbstverwaltung des Lagers angehörend, konnte dieses Individuum kein sauberes Gewissen haben. Ebenso ist eine entsprechende Aussage des SS-Mannes Hoellriegel über eine ähnlich eingebildete Kammer in Mauthausen leicht zu begreifen: das schlechte Gewissen, das sich seine Teilnahme an dem Drama verzeihen lassen möchte, und der darüber hinaus von einem Tag zum andern vom Zeugen zum Angeklagten werden konnte. Ich habe den Fall Martin-Chauffier, David Rousset und Eugen Kogon bereits erklärt. Ich könnte die Liste solcher Leute beliebig verlängern, die wie der Jesuitenpater P. Riquet, der Professor Pierre Bertaux und viele andere, die während der deutschen Besetzung den Collaborateuren und Gestapo-Agenten gut bürgerliche Zeugnisse ausgestellt hatten und nachher um so wildere Wächter eines orthodoxen Widerstandes zu werden, um sich das Vorhergehende verzeihen zu lassen.

Der bezeichnendste Fall solch schlechten Gewissens scheint mir der deutsche Pastor Martin Niemöller zu sein, dessen Geschichte ich hier in großen Zügen wiedergebe und zwar in einer Dokumentation in der „*Deutschen Nationalzeitung*" (16. 4. 63), die von Herrn Paul Heinz, einem Verwandten von Pastor Niemöller, in einer Biographie geliefert worden ist, die unter dem Titel „*Martin Niemöller*" (bei Rowohlt, Hamburg, Oktober 1959) erschien, sowie dessen Buch „*Vom U-Boot zur Kanzel*", (Berlin-Dahlem 1935). „Martin Niemöller, Sohn eines Pastors, geboren am 14. Januar 1892 in Lippstadt/W., fühlte sich seit seiner ersten Jugend unwiderstehlich zum Meere hingezogen. Er trat 1910 in die Kaiserliche Marine ein, wurde ein ausgezeichneter Torpedo-Offizier, diente als Wachoffizier auf einem U-Boot unter dem Kommando berühmter Kommandanten und wurde schließlich selbst Kommandant des U.C.–67 im Mittelmeer. Nach der Revolution brachte er sein U-Boot getarnt in die Heimat und gab 1919 das Kommando ab, indem er es kategorisch ablehnte, 2 U-Boote an England auszuliefern. Er zog sich zurück, weil er nicht einem Staate dienen wollte, der sich als kommunistische Republik eingesetzt hatte. Mit dem Sturz der Monarchie war für Niemöller eine Welt zusammengebrochen."

„Das ist die Laufbahn eines deutschen Nationalisten, wie es deren 1919 nur wenige gab. Martin Niemöller zog zwar die Uniform aus, blieb jedoch im Grunde seines Herzens Soldat. Er nahm als Bataillons-Kommandeur an den Freikorpskämpfen im Ruhrgebiet teil und hing bei der Taufe seines zweiten Kindes die letzte Flagge seines U-Bootes hinter den Taufstein. Er wurde Pastor und wurde zum Soldaten Christi, wie es viele Offiziere nach den beiden Weltkriegen wurden.

Martin Niemöller wurde ein guter Soldat Christi und blieb ein überzeugter deutscher Nationalist. Als Gegner der Republik hing er dem Nationalsozialismus an, und wurde 1924 Mitglied der NSDAP und wünschte ihren Sieg. Nach der Machtübernahme 1933 brachte er Hitler seine ganze Sympathie entgegen. Als er 1933 erfuhr, daß die Kommunisten in Konzentrationslager gesperrt würden, dachte er: „Gott sei Dank, nun sind wir von der atheistischen Gefahr befreit!"

Nach seinen eigenen Aussagen waren Juden ihm fremd und unsympathisch, was ihm erlaubte, den Maßnahmen des neuen Regimes zuzustimmen. Er hatte auch mit seinen Kindern am 30. Januar 1933 am Aufmarsch in Berlin teilgenommen. Niemöller war einer der Mitunterzeichner des Glückwunschtelegramms an Hitler nach dem Austritt aus dem Völkerbund. Der neue Kanzler konnte darin lesen: „In dieser bedeutungsvollen Stunde für Volk und Vaterland grüßen wir unseren Führer... wir geloben ihm feierlich die Treue und versichern ihn unseres innigsten Gedenkens". Da solche Worte vielleicht von einem Teil der protestantischen Gemeinden mißdeutet werden konnten, sah sich Pastor Niemöller als Präsident des Pfarrerbundes bewogen, ein Rundschreiben zu veröffentlichen, das einen Punkt unter die Sache setzte: „Die Mitglieder des Pfarrerbundes stellen sich bedingungslos hinter den Führer Adolf Hitler."

Das war eine Erklärung, deren Glut sich nur in einem alten, politischen Anhänger offenbaren konnte. Es war ein Zeugnis dafür, daß Niemöller sich mit Hitlers Gedanken über die Welt identisch erklärte. Zu einigen dieser Gedanken sagte im Frühling 1958 der umstrittene Theologe Karl Barth, der von der Schweiz aus die Kräfte des Ostens zur Wiederbewaffnung gegen Deutschland aufputschte: „Ich habe niemals feststellen können, daß Niemöller sich irgendwie gegen das III. Reich erhoben hätte!"

Und doch erhob sich Niemöller, und zwar weniger gegen die politischen Ziele des Reiches als gegen die Aufstellung der Staatsreligion *„Die deutschen Christen"*. Als man einen neuen Reichsbischof einsetzte, wuchs seine Opposition gegen diesen und seine „Deutschen Christen". Hitler, den diese Zwistigkeiten der

Kirche störten, schlug am 25. Januar 1934 eine Aussprache der beiden Parteien vor. „Wir brauchen Ihnen nicht zu sagen, wie dankbar wir Ihnen sind, das Volk aus der inneren Zersplitterung gerissen und nach außen seine Kräfte zu einer neuen Entwicklung geführt zu haben."

Niemöller wurde am 1. Juni 1937 verhaftet und sein Prozeß begann 6 Monate später. Das Urteil überraschte: 7 Monate Festung und 2000 RM Buße. Er wurde ins Lager Sachsenhausen gebracht.
Hier seine Ankunft im Lager:
„Am nächsten Morgen erschien der Lagerkommandant Baranowsky in voller SS-Uniform. Noch zwanzig Jahre später hatte Niemöller die Unterhaltung im Ohr, die sich entspann:
„Sind Sie der Pastor Niemöller?", forschte der hohe SS-Offizier.
„Ja, ich bin's."
„Sie sind uns als persönlicher Gefangener des Führers überstellt. Weiter weiß ich vorläufig nichts. Ich habe noch keinerlei Anweisungen über Ihre Behandlung bekommen. Haben Sie irgendwelche Beschwerden oder Wünsche vorzubringen?"
Persönlicher Gefangener des Führers! Für Niemöller war es klar, daß das die Quittung für den 25. Januar 1934 war. Hitler hatte seine Regierungstreue nicht vergessen. Auf die Frage des Lagerkommandanten, ob er einen Wunsch hätte, hatte Niemöller geantwortet: „Natürlich. Die Sachen, die man mir in der Nacht weggenommen hat, und vor allem geben Sie mir die Bibel zurück und das bitte sofort."
Baranowsky war sichtlich beeindruckt, daß der Gefangene in dieser Weise mit ihm sprach und wußte nicht recht, wie er sich verhalten sollte. Er griff zu einer Ausflucht, um sein Gesicht zu wahren.
„Sie wünschen Ihre Bibel?" murrte er. „Wie können Sie so etwas verlangen. So etwas gibt es bei uns im Lager gar nicht. Das fehlte noch, daß wir hier ein derart gefährliches Buch dulden!"
Aber dann begab sich das Unglaubliche. Er befahl seinem Adjutanten, der an der Tür stand, in halb abfälligem, halb verlegenem Ton: „Gehen Sie ins Büro und bringen Sie diesem Mann seine Bibel wieder. Sie liegt auf meinem Schreibtisch." Es waren noch keine 14 Tage vergangen, daß Niemöller nacheinander seinen Ring, seine Uhr, seine Briefe und sein Gesangbuch wiederbekam. –

Als der zweite Weltkrieg ausbrach, schrieb Niemöller an den Großadmiral Raeder: „Da ich seit langem vergeblich auf den Befehl warte, meinen Dienst wieder aufzunehmen... ich melde mich hiermit in aller Form als Freiwilliger. Ich bin 47 Jahre alt, an Leib und Geist vollkommen gesund, und ich bitte Sie, mich mit irgendeiner Aufgabe im Dienste der Marine zu beehren." –

Während seiner Internierung wurde er wie folgt behandelt: Er durfte seinen Vater einige Zeit vor dessen Tode in Elberfeld besuchen und konnte 1944 in Dachau mit seiner Frau Silberhochzeit feiern und speisen. Er durfte sogar predigen. –

Ein Mann also, der, im ganzen gesehen, in Nürnberg auf der Anklagebank hätte sitzen müssen unter dem Vorwurf des „Verbrechens gegen den Frieden", als Teilnehmer an der „Verschwörung", den der Hauptankläger zu erheben pflegte, und der er doch mindestens von 1920–36, wenn nicht 37 angehört hatte.

Ich wage gar nicht, Auszüge aus seinem Buch „*Vom U-Boot zur Kanzel*" wiederzugeben – außerdem müßte man es ganz zitieren! – Es erschien in Deutschland 1935, als Hitler zwei Jahre an der Macht war, und handelte von dem Thema: „*Damals versank mir eine Welt.*" Niemöllers Buch enthält die schärfsten aller Anklagen gegen den Bolschewismus, die ich bisher gelesen habe, sowie das allerengstirnigste Bekenntnis von nationalem Chauvinismus obendrein und... die vollkommenste Hingebung an die allgemeine Richtung der NSDAP.

Um sich dies alles verzeihen zu lassen, hat Pastor Niemöller, Präsident des Rates der evangelischen Kirchen Deutschlands, entsprechend einer Verhandlung am 3. Juli 1946, die dann unter dem Titel: „*Der Weg ins Freie*" (F. M. Hellbach, Stuttgart 1956) wie bereits erwähnt bezeugt: daß 238 756 Juden in Dachau vernichtet worden wären, trotzdem man doch heute weiß, daß in Wirklichkeit nur 30 000 dort waren. Er bestätigt das Vorhandensein von Gaskammern im Lager, trotzdem man genau weiß, daß dort keine waren. Jedesmal, wenn er seit 1945 den Mund aufmacht, predigt er die Alleinschuld Deutschlands am Kriege und die Kollektivschuld des deutschen Volkes. Heute steht er an der Spitze einer pazifistischen Gesellschaft, an deren Busen er ausnahmslos alle Thesen verteidigt, auf die sich die Außenpolitik Sowjetrußlands stützt. Wenn er sich nicht derart betrügen würde, wäre er zweifellos eine der Zielscheiben aller Anklagen, die die Sowjets nicht aufhören gegen Deutschland vorzubringen. So erklärt sich das! Es ist die gleiche Haltung, die all den vornehmen Leuten oder denen aus der Welt von Kunst und Wissenschaft eigen ist, die mit den höchsten Würdenträgern Deutschlands im besetzten Paris ein süßes Leben führten, sich bei Champagner der Hitlersiege freuend und die, als der Wind sich drehte, der Kommunistischen Partei ihre Anhänglichkeit zutrugen und die strengsten Ankläger der Zusammenarbeit im Nachkriegs-Frankreich wurden, einzig beseelt von dem Gedanken, der Anklagebank zu entgehen.

Das sind jene Leute, die den Anklägern und Richtern ihre durchschlagendsten Beweise geliefert haben und die fortfahren, die Archive von Rehovot (Israel) und Warschau (Polen) mit all den Dokumenten zu bereichern, die ebenso fantasievoll wie neu sind, und die man von Zeit zu Zeit entdeckt und mit Trompetenstößen veröffentlicht, um die antideutschen Gefühle in der Welt wachzuhalten, worauf sich die Weltpolitik des Bolschewismus stützt.

Auf diese Art und Weise haben die Ankläger und Richter in Nürnberg gradezu sensationelle Resultate erzielt. Als Beweis möge ein seltsames Dokument dienen, P. S. 3319 (Nürnberg Bd. XXXII, S. 158–193), das Herr Raul Hilberg zitiert und mit einem Kommentar versieht (S. 502, Fußn. 790). Es handelt sich um einen, vom Außenministerium des III. Reiches einberufenen antijüdischen Kongreß in Krummhübel vom 3. und 4. April 1944 in Gemeinschaft mit allen auswärtigen Geschäftsträgern dieses Ministeriums. Auf 27 Seiten (op. cit.) überliefert uns ein Landesgruppenleiter Ludwig Kohlhammer einen sehr genauen Bericht sowohl über die Anzahl der Teilnehmer – 31 Personen –, deren Namen, als auch was sie gesagt hätten.

Erstens einmal hat dieser Kongreß nie stattgefunden. Vor dem Nürnberger Tribunal hat sich die Sache folgendermaßen herausgestellt:

Am 27. März 1946 wird von Steengracht (Staatssekretär im Auswärtigen Amt des III. Reiches) von Oberst Phillimore, Vertreter des englischen Generalanklägers, verhört. Er fragt: „Jetzt will ich mich der Judenfrage zuwenden. Sie haben ausgesagt, daß Sie und Ribbentrop (...) die Tagung des antijüdischen Kongresses im Jahre 1944 verhinderten. Stimmt das?"

Steengracht: „Jawohl" (Bd. X, S. 146).

Hier das, was er auf Befragen von Dr. Horn, dem Anwalt von Ribbentrops erklärt hatte:

„[Es] wurde uns auch, ich glaube durch unseren Verbindungsmann bei Hitler, mitgeteilt, daß auf Vorschlag von Bormann Hitler die Abhaltung eines antijüdischen Kongresses, durchgeführt durch die Dienststelle Rosenberg, angeordnet habe. Ribbentrop wollte dies nicht glauben; er mußte aber auch dieses, nachdem er mit unserem Verbindungsmann gesprochen hatte, als wahr annehmen. Wir haben dann, da wir auf Grund dieser Entscheidung offiziell nicht mehr die Sache inhibieren konnten, uns eingeschaltet, und wir haben uns bemüht, durch eine Verzögerungs-, Hinhaltungsund Verschleppungstaktik die Durchführung unmöglich zu machen. Und trotzdem der Befehl im Frühjahr 1944 gegeben worden ist, und der Krieg erst im April 1945 beendet wurde, hat dieser Kongreß ja auch in der Tat nicht stattgefunden." (Bd. X, S. 133–134)

Am 2. April 1946. Dieses Mal ist es von Ribbentrop, der von Herrn Edgar Faure, späteren Ratspräsidenten von Frankreich, *damals* Vertreter des franz. Generalanklägers, befragt wird.

Herr Edgar Faure (zu v. Ribbentrop): „Während der Vernehmung Ihres Zeugen Steengracht hat die Britische Anklagevertretung das Dokument 3319–PS vorgelegt, das Beweisstück GB–287 geworden ist. Ich möchte mich gern wegen einer Frage noch einmal auf dieses Dokument beziehen. In diesem Dokument ist der Bericht über eine Versammlung oder einen Kongreß enthalten, dem alle Berichterstatter über die Judenfrage in den verschiedenen, diplomatischen Missionen in Europa beiwohnten. Dieser Kongreß wurde am 3. und 4. April 1944 in Krummhübel abgehalten. Er wurde von Schleier veranstaltet. Es wurde hier neulich verlesen. Ich nehme an, daß Sie über diesen Kongreß Bescheid wußten?"

Von Ribbentrop: „Nein, ich höre hier zum ersten Male. Was ist das für ein Kongreß? Ich habe nie gehört, daß ein Kongreß stattgefunden hat. Was soll das für ein Kongreß sein?"

Herr Faure: „Dieses Dokument wurde dem Gerichtshof vorgelegt. Ich will nur eine Frage stellen. Sie haben ausgesagt, daß Sie nichts von diesem Kongreß wissen, an welchem 31 Personen teilgenommen haben, die fast alle dem diplomatischen Dienst angehörten. Ich will Sie darauf aufmerksam machen, daß während dieser Zusammenkunft der Botschaftsrat von Thadden eine Erklärung abgegeben hat, die folgendermaßen wiedergegeben wurde: ‚Der Redner gab einen Überblick, aus welchem Grunde die zionistische Palästinalösung oder ähnliche Ersatzlösungen abgelehnt und die Aussiedlung der Juden in die Ostgebiete durchgeführt werden müsse.' Ich nehme an, daß durch diese Erklärung, die durch einen Botschaftsrat vor 31 Personen Ihrer Dienststelle gemacht wurde, auch Ihre eigene Anschauung in dieser Sache zum Ausdruck gebracht wird."

v. Ribbentrop: „Ja, also ich weiß überhaupt nicht, was Sie meinen. (...) Ich bitte, mir darüber die Unterlage zur Verfügung zu stellen, damit ich dazu Stellung nehmen kann."

Herr Faure: „Ich habe nicht die Absicht, Ihnen dieses Dokument zu zeigen" (Bd. X, S. 457).

Damit ist die Fälschung erwiesen. Auch war es ein charakteristischer Bruch der Prozeßordnung Nr. 2 des Tribunals selbst, das in seinem dritten Absatz verfügt, daß „alle Dokumente, die zur Anklage gehören, den Angeklagten zur Verfügung gestellt werden müssen, und zwar mindestens im Laufe eines Monats vor Prozeßbeginn" (Bd. I, S. 20). Man sprach niemals mehr von dieser Angelegenheit, und wenn man im Namensverzeichnis (Bd. XXIV) den Namen des Landesgruppenleiters Ludwig Kohlhammer sucht, so steht er gar nicht drin. Aber das Dokument 3319 wurde als Zeugnis zugelassen... Man begreift gar nicht, weshalb. Wenn Herr Edgar Faure beweisen wollte, daß die Endlösung und ähnliche Lösungen auf Weisung des Reichsministers des Auswärtigen im April 1944 zurückgestellt worden sind, so brauchte er wahrlich kein Dokument zu erfinden, denn die Haupthindernisse kamen durch die strategische Lage, und die Abenteuer des Joel Brand geben davon einen Monat später Kunde, als die Alliierten diese Endlösung auf dem Wege über die Neutralen ablehnten. Man begreift aber noch weniger, weshalb Herr Raul Hilberg, Professor für politische Wissenschaft an der Universität Vermont (USA), 17 Jahre später immer noch nicht begriffen hat, daß dieses Dokument eine grobe Fälschung war.

Soll ich mit Herrn Raul Hilberg über seinen Hauptzeugen für die Aufgaben der Einsatzgruppen, den Gruppenführer Ohlendorf sprechen? Am 3. 1. 1946 erklärte dieser in der VormittagsSitzung: „Daß die Führer der Einsatzgruppen über alles, die Juden und kommunistischen Kommissare betreffende, *mündliche* Befehle (sic) über jede Aufgabe erhielten, was (man beachte die Genauigkeit) auf russischem Boden bedeutete, daß sie umgebracht werden müßten"

(Bd. IV, S. 350), und bei der Abend-Sitzung, als die Frage aufgeworfen wurde, ob dies im Einverständnis zwischen OKW und RSHA vorgesehen gewesen wäre, „er sich dessen nicht mehr erinnert, aber daß auf jeden Fall die Liquidations-Aufgabe nicht erwähnt worden wäre" (Bd. IV, S. 377). Man fragt ihn, „ob die Chefs der Einsatzgruppen hauptsächlich aus dem RSHA gekommen wären?" Er antwortete: „Sie konnten von überallher aus dem Reich kommen" (op. cit. S. 352). Zwei Stunden später antwortete er auf die gleiche Frage:

„Sie rekrutierten sich aus der Staatspolizei, der Kripo und in geringem Maße aus dem SD" (op. cit. S. 359). Der Arme, auf dem das drohende Todesurteil lastete – und er wurde in der Tat 1951 gehängt trotz seiner offensichtlichen Nachgiebigkeit und nachdem ihm die schlimmste Behandlung zuteil geworden war –, hatte völlig den Kopf verloren und wußte gar nicht mehr, an welcher Brust er sich bergen sollte, um seinem Los zu entgehen. Bei seinem Prozeß 1948 wollte man seine Nürnberger Aussagen von 45/46 gegen ihn verwenden. Da sagte er, daß alle vorhergehenden Erklärungen ihm unter Druck abgepreßt worden und ohne jeden Wert wären. Also? –

Das sind also alle ehemaligen Zeugen, Zeugenaussagen und Dokumente, auf denen Herr Raul Hilberg sich zur Ruhe setzt. Ich sagte bereits, daß man in Rehovot (Israel) und Warschau seit etwa 15 Jahren eifrig auf der Suche nach neuen Dokumenten war, um die alten noch zu erhärten und die Woge des Hasses gegen Deutschland nicht abebben zu lassen, der ja das Spiel des Bolschewismus unterstützt. Das berühmteste all dieser Zeugnisse, das sich seinen Platz auf allen Bücherborden dieser letzten zwei Jahrzehnte erobert hat, ist zweifellos das Tagebuch der Anne Frank. Dieses Dokument ist der Aufmerksamkeit von Herrn Raul Hilberg bisher entgangen. Es könnte durchaus sein, daß er ihm eines Tages noch auf die Spur käme. Es sei ferne von mir zu behaupten, daß dieses Beweisstück eine Fälschung wäre! Es gibt in der Nähe von Hamburg einen Lehrer, der das behauptet hat und dafür schwer bestraft wurde. Alles unwichtig. Zudem muß ich gestehen, daß diese Frage mich nicht so stark berührt hat, trotzdem ich sie aufmerksam verfolgt habe. Außer den Kommentaren, die sich daran geknüpft haben, ist es mir aufgefallen, daß, wenn man dieses Buch in verschiedenen Sprachen liest, sie auch dem Inhalt nach verschieden sind, und wenn man diese Veröffentlichungen wiederum mit einem anderen Buch: *„Spur eines*

Kindes" von dem Deutschen Ernst Schnabel (1959) vergleicht, so findet man, daß die Handschrift, die der Anne Frank zugeschrieben wird, von einem zum anderen Mal unterschiedlich ist. Hier also zwei Arten der Handschrift von Anne Frank: die eine (Bild 2) ist lt. Angabe des Vaters von Anne

Bild 1   Bild 2

Frank die letzte Seite ihres Manuskripts, die andere (Bild 1) bezeichnet „*Life* "nach Angabe von Schnabel als die richtige, dazu ein von ihr gewidmetes Bild.

Man verstehe mich recht: ich behaupte nicht, daß das Tagebuch der Anne Frank eine Fälschung wäre. Nichts dergleichen. Ich möchte nur, daß man mir sagen könnte, daß diese zwei Handschriften der gleichen Person gehören, denn ich verstehe nichts von Graphologie. Daraus allein kann ich dann auf die Echtheit des Dokumentes schließen.

Vielleicht nimmt Herr Raul Hilberg sich einmal dieser Frage an?... Und jetzt wollen wir vom Allgemeinen zu den Einzelheiten übergehen. Sprechen wir ein wenig von den verstorbenen Herren Rudolf Hoeß, Kurt Gerstein und Miklos Nyiszly, diesen verschiedenartigen Unglückszeugen des Herrn Raul Hilberg.

II. DER ZEUGE RUDOLF HOESS
(DER LAGERKOMMANDANT VON AUSCHWITZ SPRICHT.)

Am 15. November 1900 in Baden-Baden geboren, war Rudolf Hoeß noch Soldat im 1. Weltkrieg. Ab 1922 Mitglied der NSDAP. Im Mai 1923 tötete er mit zwei Mitverantwortlichen jenen Walter Kadow, der Albert Schlageter den französischen Besatzungstruppen an der Ruhr verraten hatte, wo dieser die Sabotage organisiert hatte. Zu zehn Jahren Gefängnis verurteilt, verbüßte er deren sechs und wurde dann amnestiert.

Ab 1934 war er Mitglied der SS. Ende 1934 wurde er Blockführer in Dachau, dann Verwalter des Besitztums der Internierten, dann Adjudant des Lagerkommandanten von Sachsenhausen. Ab Mai 1940 bis Ende November 1943 war er Kommandant des Lagers Auschwitz. (Das Lager war erst am 14. Juni bereit, Gefangene aufzunehmen.)

Zum ersten Mal wurde er 1945 von den Engländern in Heide (Schleswig-Holstein) verhaftet, aber sofort wieder freigelassen. Im Mai 1946 wird er in Flensburg (Schleswig-Holstein) wieder verhaftet, „mit Reitpeitsche und Alkohol vernommen", wie er in seinem Buche (S. 211 der franz. Ausgabe) schrieb, nach ein paar Tagen nach Minden a. d. Weser, dem englischen Vernehmungszentrum, überführt, wo er eine noch brutalere Behandlung durch den Militärbevollmächtigten, einen englischen Kommandeur, „erleiden mußte" (ibid). Ende April kam er als Entlastungszeuge für Kaltenbrunner nach Nürnberg. Als Kriegsverbrecher von den Polen angefordert, wurde er diesen am 25. Mai überstellt und am 30. Juni ins Krakauer Gefängnis gesperrt. Zwischenzeitlich verbrachte er den 15. Mai unter der Drohung, an die Sowjets ausgeliefert zu werden. Wissend, was ihm dort bevorstehen würde, ist es nur zu natürlich, daß er das aussagt, wovon er glaubt, daß es die Amerikaner dazu bestimmen könnte, ihn nicht auszuliefern. Professor Gustave Gilbert, der diesem Prozeß beigeordnete Psychologe, suggeriert ihm, diese Hoffnung nährend, geschickt, was auszusagen nötig ist. Hoeß beklagt sich nicht über die Behandlung, die ihm zuteil wird. Im Gegenteil.

„Eine Gesundungskur" schreibt er (S. 211) „demgegenüber, was er in Heide und Minden ertragen mußte." In Krakau dann Szenenwechsel: „Schlimmer noch als in Heide und Minden, und ohne das Dazwischentreten des Anwalts, hätte man mich physisch fertiggemacht", sagt er (S. 214). Sein Prozeß läuft vom 11.–29. März 1947. Am 2. April durch den Obersten Gerichtshof in Warschau zum Tode verurteilt, wird er am 4. April in Auschwitz gehängt. Im

Gefängnis schreibt er seine Memoiren in Erwartung seines Prozesses. Man hat ihm weder Tinte noch Feder gegeben, aber einen „Bleistift". Das hat für jene, die sie ausbeuten wollen, den Vorteil, daß die *facsimile*, die man davon machen kann – und das Original bestimmt auch – großenteils wenig leserlich sind. Auf diese Weise könnte die Glaubwürdigkeit nur von einem geprüften Spezialisten – etwa nach Art derjenigen, die die ägyptischen Hieroglyphen entziffern – bestätigt werden. Aber wenn ich richtig unterrichtet bin, so haben sie bis heute noch keinem vorgelegen. Das Original befindet sich im Museum von Auschwitz, das *Internationale Komitee* hat es unter Kontrolle sowie auch das Auswertungsmonopol. Man versuche nur einmal, es an Ort und Stelle zu untersuchen! – Soviel mir bekannt, ist ein Teil davon 1951 auf Deutsch als „Autobiographie" veröffentlicht worden; aber diese scheint den Übersetzungen, außer ins Polnische, in andere Sprachen nicht als Unterlage gedient zu haben (immer nur so viel ich weiß), und so sind immer nur kleine Zitatbrocken von irgendwelchen Autoren, die mehr Glück gehabt haben als ich, bis zu mir gedrungen (z. B. Herr Michel Borwicz in der „*Revue d'histoire de la Seconde Guerre mondiale*", Oktober 1956, pp 58–87). Ein anderer Teil ist unter dem Titel: „*Der Kommandant von Auschwitz spricht*" in französisch, englisch, deutsch und polnisch veröffentlicht worden. Es scheint so, als sei noch nicht alles veröffentlicht, und Spezialisten studieren und setzen den Rest zusammen (gleichfalls aus der Bleistiftschrift!), und so stehen den Historikern noch herrliche Tage bevor. Kurz gesagt: Mit der Niederschrift des Verfassers in Nürnberg über das gleiche Thema besitzen wir drei Texte der gleichen Person. Was besagen diese Texte?

Das Urteil des Obersten Gerichtshofes Warschau, das Hoeß zum Tode verurteilt hat, und das als Einleitung zu „*Der Kommandant von Auschwitz spricht*" dient (S. 9–13 der franz. Ausgabe), wirft ihm die Teilnahme am Mord von:

- „ungefähr 300 000 im Lager internierte, im Lagerverzeichnis eingeschriebene Gefangene."
- „eine Anzahl von Personen, deren Höhe es schwierig ist, festzustellen, die aber mindestens 2 500 000 beträgt, meistens Juden, die aus den verschiedensten Teilen Europas hierher geschleppt wurden, um hier vernichtet zu werden, und die daher gar nicht in den Lagerlisten erscheinen."

– „mindestens 12 000 sowjetische Kriegsgefangene, die völkerrechtswidrig ins Konzentrationslager eingesperrt wurden."

Im ganzen also 2 812 000 Personen für einen Zeitabschnitt von Mai 1940 bis Ende November 1943. Hält man diese Zahl für echt und fügt man noch die hinzu, die von Ende November 43 bis Januar 45 vernichtet wurden, die Nürnberger Zeugen sprachen von 4 500 000, und Herr Henri Michel, ehemals verschleppter Schriftleiter der *„Revue d'histoire de la Seconde Guerre mondiale"* schätzt die Gesamtzahl der Toten von Auschwitz auf 4 000 000 in folgender Weise:

„Dieses Lager war das internationalste und das abendländischste der großen Todesmaschinerie, und seine Erde ist mit der Asche von 4 000 000 Leichen getränkt" (S. 3).

Am 15. April 1964 antwortet Hoeß auf die Frage von Dr. Kaufmann, dem Anwalt Kaltenbrunners, „Ist es weiter richtig, daß Ihnen Eichmann erklärte, insgesamt seien in Auschwitz über zwei Millionen jüdische Menschen vernichtet worden?" mit „Jawohl" (Bd. XI, S. 439).

Hinter den Kulissen des Prozesses soll er, durch den amerikanischen Psychologen Gustave Gilbert (aus Long Island) ausgesagt haben: „Zwei Eisenbahnzüge brachten täglich 3000 Personen und das während 27 Monaten" (also während der Zeit von März 42–Juli 44). Das ergibt eine Gesamtzahl von 2,5 Millionen. (Erklärung des Professors vor dem Tribunal in Jerusalem im Eichmann-Prozeß am 30. Mai 1961.)

Aber als es sich darum handelt, Einzelheiten über diese 2,5 Millionen Menschen zu geben, schreibt Hoeß in *„Der Kommandant von Auschwitz spricht"* (S. 239, franz. Ausgabe), wie ich es bereits in *„Zum Fall Eichmann: Was ist Wahrheit? oder Die unbelehrbaren Sieger"* ausgeführt habe:

„Ich für meinen Teil habe die Gesamtzahl nie gekannt und verfüge über keinerlei Unterlagen, um sie festzustellen." Und er fährt fort:

„Ich erinnere mich lediglich an die Zahl der wichtigsten Aktionen, die von Eichmann oder seinen Beauftragten angegeben wurden: Aus Oberschlesien und dem

Generalgouvernement Polen	250 000
Aus Deutschland und Theresienstadt	100 000
Aus Holland	95 000
Aus Belgien	20 000

Aus Frankreich	110 000[4]
Aus Griechenland	65 000
Aus Ungarn	400 000
Aus der Slowakei	<u>90 000</u>
Zusammen	1 130 000

Die Zahlen, die weniger wichtige Handlungen betreffen, sind mir nicht mehr im Gedächtnis, aber sie sind den hier angegebenen gegenüber unwichtig. Ich betrachte die Zahl von 2½ Millionen als bedeutend zu hoch."

Diese Zahlen betreffen ihrerseits auch die ganze Dauer der Deportationen, und Höß erhält sie von Eichmann. Wahrlich hat Eichmann viele Dinge gesagt, aber durch einen Vergleich der Aussage von Höß in Nürnberg mit seinem Buch sieht man, daß diese Dinge nicht immer übereinstimmen. Meine Ansicht: Auschwitz hat nur eine unbedeutende Zahl deportierter Juden aus anderen Ländern aufgenommen gegenüber denen, die in den Listen erscheinen oder aus Ländern, die außerhalb der Aktionen lagen. Es wäre möglich, daß die Gesamtzahl der Wirklichkeit entspräche, trotzdem sie sehr hoch zu sein scheint. Wahrscheinlich hat das *Institut für jüdische Angelegenheiten* sie in *„Eichmann's Confederates and the Third Reich Hierarchy"* irgendwoher genommen, und es hat diese Rechnung aufgestellt, um zu der Feststellung kommen zu können, daß (S. 18) „in Auschwitz (und seinem Tochterlager Birkenau) südlich Krakau 900 000 Juden umkamen".

Vermutlich hat auch Herr Raul Hilberg sich hierauf bezogen, um (S. 572) die Zahl der Juden, die dort umgebracht worden sein sollen, auf 1 Million zu schätzen.

Worauf aber stützen sich nun die beiden Schätzungen von 230 000 und 130 000 Überlebenden? Weder in *„Eichmann's Confederates and the Third Reich Hierarchy"* noch in *„The Destruction of the European Jews"* findet man das geringste Anzeichen einer derartigen Schätzung. Sie bleiben also absolute Mutmaßungen. Und das ist im Falle des Herrn Raul Hilberg ziemlich peinlich, da er (S. 670) nur 50 000 Überlebende in ganz Polen findet, was zum mindesten erstaunlich wäre, hätte es deren allein in Auschwitz 130 000 gegeben.

---

[4] Die Feststellung Nr. 100 des Jerusalemer Gerichts im Eichmann-Prozeß erwähnt nur 52 000 bis 21. Juli 1943. Eine nachträgliche Deportation ist nicht verzeichnet.

Aber greifen wir nicht vor: Hier handelt es sich um den Zeugen Hoeß und nicht um die allgemeine Statistik. Und betreffs der beiden Züge, die während 27 Monaten täglich 3000 Personen nach Auschwitz brachten, scheint sich der Zeuge Hoeß auch nicht so ganz sicher zu sein. In bezug hierauf lege ich drei Meinungen vor und lade den Leser ein, darüber einige Augenblicke nachzudenken:
1. „Soviel ich mich entsinne, enthielten die Transporte, die nach Auschwitz kamen, nie mehr als 1000 Personen" (S. 229 seines Buches).
2. „Auf Grund der Verzögerungen in den Übermittlungen geschah es zuweilen, daß wir 5 Transporte statt der erwarteten 3 am Tage erhielten" (S. 236).
3. „Zur Vernichtung der ungarischen Juden folgten einander Transporte mit 15 000 Personen täglich (S. 239)."

Demnach scheinen unter bestimmten Umständen 1000 mal 5 = 15 000 zu sein! –

Am 15. April 1946 hatte Hoeß vor dem Tribunal erklärt, daß diese Züge 2000 Personen enthalten hätten (Bd. XI, S. 442). Professor Gustave Gilbert gegenüber sagte er, sie hätten[5] 1500 enthalten, und in seinem Buch sinkt er auf 1000 herab. Gewiß ist also allein, daß keine all dieser Schätzungen über den Inhalt der Züge eine Gesamtzahl von 1 130 000 während des genannten Zeitablaufes ergeben. Die letzte, die der Wahrheit einigermaßen nahe kommt, ist auch nur ungefähr und ein Bruchteil der Übertreibung von 300 000. Und wenn Herr Raul Hilberg „6 Tötungszentren" annimmt und für jedes 300 000 übertreibt, so käme die Gesamtübertreibung auf rund 2 Millionen. Das ist immerhin wichtig gegenüber 6 Millionen! –

Die gleichen Beobachtungen gelten für die Gaskammern betreffs der Sicherheit der Zeugenaussage: „Inmitten des Frühlings 1942 fanden hunderte menschlicher Wesen den Tod in den Gaskammern" liest man Seite 178. Aber das Dokument von Nürnberg N. O. 4401 beweist unwiderleglich, was die offiziellen Stellen festgehalten haben: Gaskammern sind erst am 8. August für Auschwitz befohlen worden, und das Dokument N. O. 4463, daß sie erst am 20. Februar 1943 endgültig eingerichtet worden sind. In Nürnberg hatte Hoeß in seiner Zeugenaussage angegeben: „1942 besuchte Himmler das Lager und hat sich einen Vorgang von Anfang bis zu Ende genau angesehen"

---

[5] 3000 für zwei Züge.

(Bd. XI, S. 444). Niemand ließ ihn merken, daß wenn es vielleicht möglich gewesen wäre, daß Himmler 1942 in Auschwitz war, es doch keinesfalls möglich gewesen wäre, daß er einer Exekution von Anfang bis Ende beigewohnt hätte, da doch die Gaskammern noch gar nicht gebaut waren. Außerdem ist es in jedem Falle unmöglich, daß er einer Exekution beigewohnt hat, da wir seit 1946 von seinem Arzt Kersten wissen, daß dies ein Schauspiel gewesen wäre, das er gar nicht ertragen haben würde.

Die gleiche Beobachtung gilt auch für die Vernichtungskapazität der Gaskammern und der Verbrennungsöfen in den Krematorien:

„Die Höchstzahl der Vergasungen und Verbrennungen in 24 Stunden betrug etwa 9000 für alle Installationen" (S. 236).

Aber: „Wie ich bereits gesagt habe, konnten die Krematorien I und II etwa 2000 Körper in 24 Stunden verbrennen. Mehr war unmöglich, da man Zerstörungen vermeiden wollte. Die Installationen III und IV konnten 1500 Körper in 24 Stunden einäschern. Aber soviel ich weiß, ist diese Zahl niemals erreicht worden" (S. 245).

Wie sollte man bei diesen offensichtlichen Widersprüchen nicht feststellen, daß es sich hier um eine Dokumentenfälschung nach Lust und Laune von Nichtfachleuten handelt?

Diese Fälschungen verstehen sich außerdem schon allein durch das Buch an sich: mit Bleistift geschrieben und kostbar im Museum von Auschwitz verwahrt, wo man mindestens ein anerkannter Kommunist sein muß, um es prüfen zu dürfen! Es trägt das Datum vom Februar/März 1947, ist seit dieser Zeit bekannt und erst 1958 veröffentlicht. Da es einem Toten zugeschrieben wird, der sich nicht mehr gegen Aussagen wehren kann, die seine Unterschriften tragen, usw.... Das alles sollte jedes einzelne für sich genug besagen.

Hier noch eine Perle:

„Gegen Ende 1942 wurden alle Massengräber gesäubert (da die Verbrennungsöfen noch nicht gebaut waren, und man in den Massengräbern verbrennen würde). Die Zahl der Leichen, die dort begraben waren, beträgt etwa 107 000. In dieser Zahl sind nicht nur die Masse der vergasten Juden von Anfang bis zum Beginn der Einäscherungen enthalten, sondern auch die im Lager Auschwitz-Birkenau verstorbenen", gibt Hoeß ganz genau an (S. 231).

Hieraus kann man schließen, daß in ungefähr 3 Jahren 107 000 Personen gestorben sind. Ich sage „ungefähr 3 Jahren", da die beiden Zeitangaben „gegen Ende 42" und „bis zum Beginn der

Einäscherungen" widersprüchlich sind, hat man doch mit Einäschern nicht vor dem 20. II. 43 beginnen können lt. offizieller Feststellung, und zwecks Übereinstimmung der beiden Geschehnisse müssen sie absolut auf diesen letzten Zeitpunkt festgelegt werden.

Da das Lager seit dem 14. Juni 1940 eröffnet war, kann man also nur von „nahezu 3 Jahren" sprechen. Oder: 107 000 Leichen vor Februar 1943 und alle anderen später. Von Februar 1943 bis Oktober 1944, dem offiziellen Ende der Vernichtungen, sind es 17 Monate und davon, lt. Aussage von Kasztner, die Gaskammern von Auschwitz 8–9 Monate (Herbst 43 bis Mai 44) nicht funktionsfähig. Es bleibt also festzustellen, wieviel Personen über diese 107 000 hinaus von Februar 43 bis Oktober 44 vernichtet werden konnten, da das Lager 4 Verbrennungsöfen mit je 15 Retorten besaß. Ich würde mich sehr wundern, wenn mir ein Techniker, über diese Gegebenheiten befragt, sagen könnte, es wäre möglich, die Millionen Leichen des Herrn Raul Hilberg oder selbst auch nur die 900 000 des Instituts für jüdische Angelegenheiten zu vernichten. Auch muß man sich vergegenwärtigen, daß Eichmann am 15. Mai 1944 den Befehl Hitlers überbracht hat, die Vernichtungen einzustellen, so daß in diesem Falle die Zeit, in der sie stattgefunden haben – wenn sie überhaupt stattgefunden haben –, nur 5–6 Monate betragen würde (März bis Herbst 43).

Das also ist der Wert, den man den verschiedenen Aussagen von Hoeß in seiner Sache beimessen kann, und nach all dem Angeführten ist er wohl ziemlich gering. Aber das nun Folgende ist – traurig für Herrn Hilberg – auch nicht viel überzeugender. Man beachte, was er über die Entwicklung der Endlösung bis zur Vernichtung sagt.

Nach einem Ausspruch von Hoeß in seiner Autobiographie hat Himmler nach seinem Besuch in Auschwitz im März 41 ihm mitgeteilt, daß man die Absicht habe, das Lager unter zentrale Militärgewalt zu stellen, um dort 100 000 Kriegsgefangene aufzunehmen.

So war also zu diesem Zeitpunkt Auschwitz noch nicht zur Vernichtung der Juden vorgesehen, und dadurch wird die These von Herrn Raul Hilberg widerlegt, nach der seit der Rede von Hitler am 30. I. 1939 die Vernichtung nach einem ganz genauen Plan beschlossen gewesen wäre.

Und dann noch folgendes:

Die erste Anwendung von Gas, um Internierte zu töten, ist ohne irgendwelchen Befehl mit einem Zufalls-Gas vor sich gegangen, als unter den Verantwortlichen des Lagers von oben nach unten in der Rangordnung niemand dergleichen erwartete.

„Während einer meiner Dienstreisen (1942) begann mein Vertreter Fritzsch mit dem Gebrauch von Gas gegen einige politische Funktionäre der roten Armee. Er verwandte auf gut Glück eine Zubereitung von Cyanure (Cyclon B), das er gerade zur Hand hatte, da er es dauernd gegen Insekten verwenden mußte. Er teilte mir dies gleich nach meiner Rückkehr mit (S. 172). So wäre demnach aus der zufälligen Initiative eines Untergeordneten die Methode geboren worden, die hernach im Großen gegen die Juden verwandt worden wäre.

Wiederholt sagt Hoeß im Verlauf seiner Arbeit (oder man läßt ihn sagen!), „daß verschiedene hohe Stellen des III. Reiches und in Sonderheit Himmler ihm mündlich den Befehl wiederholt hätten, die Juden durch Gas zu vernichten", aber:

„Man konnte nie einen klaren Befehl hierüber erhalten" (S. 233). Und so war es er selbst, Hoeß, der für eine Vergasung im Großen eintrat. „Ich habe in meinen Berichten wiederholt diese Frage behandelt, aber ich konnte nichts gegen den Druck von Himmler ausrichten, der immer noch mehr Internierte für die Rüstung einsetzen wollte (S. 189) und sich daher widersetzte."

Auf jeden Fall kann man nicht recht verstehen, wie Himmler „immer noch mehr Internierte für die Rüstung einsetzen wollte", wenn er diese mehr und mehr durch Gas umbringen ließ.

Darüber hinaus muß man festhalten, daß Himmler mündlich von Hoeß verlangt hätte (im Sommer 41), in Auschwitz Gaskammern einzurichten, und Hoeß ihm „einen eingehenden Plan der vorgesehenen Einrichtungen vorgelegt hätte", wo er doch grade (S. 227) sagt: „Ich habe nie eine Antwort oder Entscheidung darüber bekommen." Die Gaskammern sind dann doch eingerichtet worden, weil, wie Hoeß sagt, „Eichmann ihm schließlich so im Vorübergehen mündlich gesagt hätte (in dieser Sache ist alles mündlich!), daß der Reichsführer einverstanden wäre" (S. 227).

So hätte denn Himmler niemals den Befehl zum Bau von Gaskammern gegeben – ein wichtiges Geständnis –, und trotzdem hatte er verlangt, gleichzeitig so viel wie möglich und so wenig wie möglich zu vernichten.

Auf Seite 191 kann man ferner lesen:

„Die Sonder-Internierten (d. h. die Juden), die Himmlers Gewalt unterstanden, mußten mit aller Sorgfalt behandelt werden... man konnte diese gediegenen Handwerker besonders in der Rüstungsindustrie nicht entbehren."

Kann man sich da noch auskennen?

Die Dinge werden nicht klarer, wenn man sich die Art der Ausrottung betrachtet. Man hat oben gehört, daß das verwandte Gas ein Insektenmittel, Cyclon B, gewesen wäre, das – wie Hoeß sagt – zu allen, den Funktionären der roten Armee folgenden Tötungen verwandt worden sei. Ist es aber nicht zumindest merkwürdig, daß man zur Ausführung eines derartigen Befehls, selbst wenn er nur mündlich gegeben wurde, kein anderes Gas vorgesehen hat als ein Insektenvernichtungsmittel.

Wie dem auch sei: das Cyclon B ist folgendermaßen geartet:

„Das Cyclon B erscheint als blaue Kieselsteinchen, die in Kästen geliefert werden, aus denen das Gas sich durch Wasserdampf entbindet" (S. 228). Aber Dr. Miklos Nyiszli behauptet, wie man weiter unten sehen wird, daß es sich bei Luftzufuhr entbindet. Seine Handhabung ist derart gefährlich, daß, wenn man es verwendet, man zwei Tage lüften muß, bevor man den Raum wieder betreten kann (S. 229). Aber die Vergasung „dauert mindestens eine halbe Stunde" (S. 174), wonach man die Tür öffnet und die Sonderkommandos *sofort* mit dem Aufräumen der Leichen (S. 230) beginnen und die Leichen „kauend und rauchend abschleppen" (S. 180), ohne daß je das geringste Unglück geschehen wäre! Noch besser: „Für die erste Vernichtung wurde ein Raum im Gefängnis gewählt, und während man die Wagen (mit den späteren Opfern) ablud, stieß man schnell einige Löcher in Stein und Beton der Leichenstätte, um die Gase abziehen zu lassen" (S. 172). Niemand sagt, wie es gelang, das notwendige Wasser für den Dampf einzulassen, noch auch wie man die Löcher wieder verstopfte nach Einführung der blauen Steinchen. Vermutlich frühzeitig mit alten Lappen...

Nein, wahrhaftig: das ist alles unseriös: „der Roman der Portierfrau"! Und solchen Roman präsentiert man uns als rechtsverbindliches Dokument! – Ich möchte noch hinzufügen, daß die meisten der Widersprüche, die man von Seite zu Seite in *„Der Kommandant von Auschwitz spricht"* im Vergleich zu den Aussagen des Verfassers in Nürnberg und den Zeugnissen über das Lager

Auschwitz-Birkenau entdeckt, diese in einem Stil redigiert sind, die sie seltsam den öffentlichen Bekenntnissen der Angeklagten in den berühmten Moskauer Prozessen ähnlich macht, die niemand in Westeuropa ernst genommen hat.

Hierüber hat Arthur Koestler – man verzeihe mir den Hinweis – in seinem berühmten Buch „*Le Zéro et l'Infini*" alles gesagt.

III. Der Zeuge Miklos Nyiszli
(Arzt in Auschwitz)

Im März 1951 legte ein gewisser Tibère Krémer in der von Jean Paul Sartre herausgegebenen Monatsschrift „*Les Temps Modernes*" unter dem Titel „*SS-Obersturmführer Docteur Mengele*" mit dem Untertitel „*Journal d'un médecin déporté au crematorium d'Auschwitz*" ein falsches Zeugnis über dieses Lager vor, das eine der grauenhaftesten Lumpereien aller Zeiten bleiben wird. Er behauptet, der Verfasser sei ein ungarischer Jude namens Miklos Nyiszli und Arzt von Beruf, wie es ja aus dem Untertitel hervorgeht. Es folgten 17 Seiten ausgewählter Auszüge (1655–1672). Die Aprilfolge der Zeitschrift veröffentlichte weitere 31 Seiten (1855–1886). Dieses falsche Zeugnis wurde von einem Herrn Richard Seaver mit einem Vorwort von Prof. Bruno Bettelheim der amerikanischen Öffentlichkeit vorgelegt. Erst 1961 wurde es dann vollständig und in deutscher Sprache von der Münchener Illustrierten „*Quick*" in fünf Fortsetzungen (Januar-Februar) unter dem Titel „*Auschwitz*" herausgebracht und in französischer Sprache in einem Band von 256 Seiten von dem Verleger Julliard unter dem Titel „*Médecin à Auschwitz*" mit Untertitel „*Souvenirs d'un médecin déporté*".

1951 war das eine Sensation für Frankreich: man befand sich damals in vollem Streit um meine „*Lüge des Odysseus*", und so wurde ich in den Augen der öffentlichen Meinung zu einer noch viel schwärzeren Seele. 1961 wurde es zu einer neuen Sensation, diesmal für die ganze Welt: man war mitten im Prozeß Eichmann.

Der sagte doch noch mal Sachen, dieser Dr. Miklos Nyiszli!! Und zudem brachte er den ersten eingehenden Bericht von ungefähr allen Greueln, deren Schauplatz das Lager Auschwitz gewesen war, besonders natürlich die Vernichtungen in den Gaskammern. U. a. behauptet er, es wären vier Gaskammern von je 200 m Länge (ohne Breitenangabe) im Lager gewesen und ebenso viele gleicher Größe, um die Opfer vorzubereiten. So wurden 20 000 Personen ausgelöscht und 4 Verbrennungsöfen mit je 15 Kammern zu 3 Plätzen hätten sie je nach Anfall verbrannt. Er fügt noch hinzu, daß täglich außerdem noch 5000 andere Personen mit weniger modernen Mitteln beiseite geschafft und in zwei riesenhaften offenen Herden verbrannt worden seien. Auch fügt er noch hinzu, daß er während acht Monaten diesen systematischen Abschlachtungen persönlich beigewohnt hätte. Endlich führt er noch genau aus (S. 50 d. franz. Ausgabe von Julliard), daß bei seiner Ankunft im Lager (Ende 44 oder früher) die Vernichtungen durch Gas, wie er sie geschildert habe, bereits seit vier Jahren gehandhabt worden wären.

1. Feststellung: Der gute Mann wußte nicht, daß, wenn wirklich Gaskammern in Auschwitz gewesen sein sollten, sie nicht vor dem 20. Februar 1943 eingerichtet und in voller Funktionsfähigkeit gewesen sein können (Dokument N. O. 4463, bereits zitiert).

2. Feststellung: Er wußte ferner nicht, daß von diesen Gaskammern, nach offizieller Darstellung, die erste zwar wie er erwähnt 210 qm Bodenfläche, die zweite 400 qm und die beiden anderen je 580 qm hatten. Mit anderen Worten: die Gaskammer, die er gesehen und deren Tätigkeit er so genau beschrieben hat, war 1,05 m breit. Also ein langer Gang. Er behauptet, daß sich in der Mitte eine Reihe Pfeiler mit Löchern befunden hätten, aus denen das Gas abgezogen wäre. (Diese Pfeiler mündeten auf dem Dach, woselbst Krankenpfleger mit Rot-Kreuz-Armbinden die Cyclon-B-Tabletten hineingeworfen hätten.) An jeder Längsseite des Raumes hätten Bänke an der Wand gestanden, auf die man sich setzen konnte. (Diese Bänke können wahrlich nicht sehr breit gewesen sein!) Und daß 3000 Personen (man redet von 3000 je Ofen) bequem darin herumgehen konnten.

Ich behaupte: entweder hat es diesen Dr. Miklos Nyiszli nie gegeben oder, wenn es ihn gegeben hat, so ist er niemals an dem Ort gewesen, den er beschreibt!

3. Feststellung: wenn die Gaskammern in Auschwitz und die offenen Gruben täglich 25 000 Personen während 4½ Jahren vernichtet haben (da sie ja laut Aussage dieses „Zeugen" sechs Monate nach seiner Ankunft immer noch damit fortfuhren), so ergäbe das eine Gesamtzahl von: 365 X 4,5 = 1642 Tage.

Und die Leichen berechnet:

25 000 × 1642 = 41 Millionen Menschen, davon etwas mehr als 32 Millionen in den Gaskammern, und etwas weniger als 9 Millionen in den Freiluftverbrennungsgruben.

Ich füge hinzu: wenn es in den 4 Gaskammern möglich gewesen wäre, 20 000 Personen täglich zu vernichten (bis 3000 bei einer Verbrennung, sagt der Zeuge), so ist es unmöglich, daß die vier Krematorien sie ihren Maßen nach verbrennen können. Selbst wenn sie 15 Brandstellen zu je 3 Plätzen gehabt hätten. Und selbst wenn der ganze Vorgang nur je 20 Minuten erforderte, wie Dr. Miklos Nyiszli behauptet, ist das auch noch falsch.

Legt man diese Zahlen zugrunde, so beträgt die Vernichtungsmöglichkeit aller Öfen gleichzeitig trotz allem nur 540 stündlich bei einer Menge von 12 960 bei einem 24-Stunden-Tag. Und bei diesem Rhythmus wäre es dann erst einige Jahre nach der Befreiung möglich gewesen, sie verlöschen zu lassen, und zwar wohlverstanden unter der Bedingung, daß man während nahezu 10 Jahren keine Minute Zeit verloren hätte. Vergegenwärtigt man sich die Zeit, die auf dem Friedhof Père-Lachaise z. B. zur Verbrennung von drei Leichen gebraucht werden, so wird man feststellen, daß die Öfen von Auschwitz noch immer brennen müßten und man noch nicht annähernd daran denken kann, sie auszulöschen!

Ich übergehe die zwei offenen Feuergruben (die lt. unserem Verfasser 50 m lang, 6 m breit und 3 m tief waren), mit denen es gelungen sein soll, 9 Millionen Leichen innerhalb von 4½ Jahren zu verbrennen.

Da ist ferner noch eine Unmöglichkeit, wenigstens hinsichtlich der Vernichtung durch Gas da, wenn es Gaskammern in Auschwitz gegeben hätte, sie nicht vor dem 20. Februar 43 bis 17. November 44 offiziell gearbeitet hätten, also während 17–18 Monaten. Laut Angabe von Dr. Miklos Nyiszli käme die Zahl der in dieser Art Vernichteten auf etwa 11 Millionen, und wenn man die 9 Millionen der Freiluftgräben hinzufügt, auf etwa 20 Millionen, die durch Gott weiß welche Rechenkunststücke von Tibère Krémer zu 6 Millionen zusammengeschmolzen werden, bei seiner Überreichung dieser „Zeugenaussage". Wirklich verblüffend! Vor allem, wenn lt. Dr. Kasztner die Anlage während 8–9 von den 17–18 Monaten außer Betrieb waren.

Aber das ist noch nicht alles! Im Gegensatz zu all denen, die vor oder nach ihm über Auschwitz ausgesagt haben, ist es dieser Dr.

Miklos Nyiszli nicht weniger mit sich selbst. Gleich den andern sagt er (S. 56), daß die Gase des Zyklon B „durch Zufuhr von Luft" entbunden worden wären. Hoeß sagt: „durch Zufuhr von Wasserdampf". Nyiszli sagt (S. 56), daß „in fünf Minuten" alle Leute tot gewesen wären. Das Cyclon B von Hoeß brauchte „eine halbe Stunde". Und weiter erzählt Nyiszli uns (S. 36), daß die ungarischen Juden in 4–5 Zügen zu 40 Waggons mit je 90 Personen täglich nach Auschwitz gebracht worden wären (S. 15), also im ganzen 3600, aber „ungefähr 5000" (S. 18).

Diese letzte Behauptung muß einen verwundern, wenn man weiß, daß die Deportation der ungarischen Juden 52 Tage gedauert hat (16. Mai bis 17. Juli 44) lt. Bericht von Kasztner und *„Die Geschichte von Joel Brand"*. In Übereinstimmung damit hat Hoeß in Nürnberg gesagt, „eine Periode von 4–6 Wochen" (Bd. XI, S. 442).

Überrechnen wir einmal diese 4 möglichen Hypothesen:
1. Hypothese: 4 Züge zu 3600 Menschen = 14 400 Personen täglich und während 52 Tagen = 748 800 Personen.
2. Hypothese: 4 Züge zu 5000 Menschen = 20 000 Personen täglich während 52 Tagen = 1 040 000 Personen.
3. Hypothese: 5 Züge zu 3600 Menschen = 18 000 Personen täglich während 52 Tagen = 936 000 Personen.
4. Hypothese: 5 Züge zu 5000 Menschen = 25 000 täglich. Während 52 Tagen = 1 300 000 Personen.

Nun sagt aber die jüdische Originalstatistik, die für die ungarischen Juden maßgeblich ist, selbst, daß es höchstens 437 000 Personen gewesen wären. Ich überlasse es der Mühe des Lesers, aus all diesen angegebenen Zahlen seine Schlüsse hinsichtlich dieses seltsamen Zeugen zu ziehen.

Ich möchte noch hinzufügen, daß der Bericht Kasztner uns sagt, daß am 19. März 1944 Eichmann in Budapest mit einem Kommando von 150 Mann ankam, und daß 1000 Waggons zur Verfügung standen, um den Abtransport der Juden vorzunehmen. Wenn die Reise, lt. Dr. Miklos Nyiszli, vier Tage dauerte – was möglich wäre, denn der Transport von Compiègne nach Buchenwald, bei dem ich war, dauerte ebensolange –, so waren doch nach 6 Tagen bereits keine Waggons mehr auf dem Budapester Bahnhof und die Aktion bis zum 9. blockiert. Ohne zu wissen, wie viele Waggons zum Abtransport nötig sein würden, wurden die Juden aus allen Teilen Ungarns auf Sammelstellen zusammengefaßt. Das Urteil des Tribunals von

Jerusalem, das Eichmann zum Tode verdammte, hat diese Zeugenaussage völlig verworfen, indem es behauptet (Feststellung 112), „daß in weniger als 2 Monaten 434 351 Personen, Männer, Frauen und Kinder, in 147 Güterzügen, je Zug 3000 Personen, mindestens 2–3 Züge täglich" befördert worden wären. Wie man weiter unten sehen wird, ist diese Lesart nicht mehr wert.

Die Abschnitte der Aussage des Dr. Miklos Nyiszli, in denen er in Widerspruch mit sich selbst gerät, sind gar nicht zu zählen. Wenn das Krematorium arbeitete, wurden ihm Hals und Nase vom Geruch des brennenden Fleisches und der schmorenden Haare gereizt (S. 19). „Man scheerte die Toten" (S. 60), nachdem sie aus den Gaskammern kamen und bevor man sie verbrannte, dann aber: „grobe Hände haben ihre wohlgepflegten Zöpfe abgeschnitten (S. 168), bevor man sie ins Bad und anschließend in die Gaskammern schickte". Und das alles im Verhältnis zueinander. Aber am aufschlußreichsten wird es, wenn man die französische Ausgabe dieser behaupteten Zeugnisse mit der deutschen vergleicht, die in der Münchener Illustrierten „*Quick*" ab 15. Januar 1951 erscheint. In der letzteren verbrannten die Krematorien nicht mehr als 10 000 Personen täglich gegenüber 20 000. Ein Pistolenschütze, der in der französischen Zeitschrift 40–50 m weit schießt, kommt in der deutschen nur auf 20–30 m. Ein Institut, das im ersten Falle „das berühmteste des III. Reiches" war, ist im zweiten zum „berühmtesten der Welt" geworden. „Hübsche Teppiche" werden zu „Perserteppichen". Das Lager Auschwitz, das „bis zu 500 000 Personen faßte", ist nichts weiter als „riesig". Die Genauigkeit ist offenbar verschwunden, weil zwischen 1951 und 1961 der Verfasser – der schon lange tot ist, wie wir weiter unten erfahren werden – durch Mittesmänner festgestellt hat, daß Hoeß in Nürnberg ausgesagt hat, daß es „bis zu 140 000 Personen erfaßt hätte" (Bd. XI, S. 447). Eine Entfernung von 3 km ist zu 500 m zusammengeschrumpft, usw. usw...

Es gibt nur zwei Möglichkeiten: Entweder handelt es sich um ein echtes Dokument, dann muß es 1951 das gleiche enthalten wie 1961, sowohl in der französischen wie in der deutschen Ausgabe, oder aber es handelt sich um unechte Dokumente. Die Tatsache, daß beide Versionen ungefähr in nichts übereinstimmen, und keine von beiden z. B. mit den Ortsbeschreibungen, die in Nürnberg festgelegt worden sind, berechtigen wohl mindestens zu der Behauptung, daß Miklos Nyiszli niemals in Auschwitz gewesen ist. Ich betone: *mindestens*. Ich hätte von der ersten Seite seiner Aussagen an bereits zweifeln müssen: sagt er doch von dem Transport, zu dem er gehörte: „die Tatra verlassend fuhren wir an den Bahnhöfen von Lublin und Krakau vorbei" (um von der ungarisch-rumänischen Grenze nach Auschwitz zu kommen). Das beweist, daß er das Lager Auschwitz nicht kannte und es nie gesehen hat und auch den Weg nicht kennt, der dorthin führt.

Und da findet sich tatsächlich in Paris ein Verlagshaus, das einen derartigen Unsinn in Umlauf bringt! –

Als im April 1951 die Auszüge seiner Aussagen in „*Les Temps Modernes*" erschienen, schrieb ich hin. Am 24. Oktober des gleichen Jahres antwortete mir der Unterhändler von Herrn Tibère Krémer, daß 2 500 000 Personen in den Gaskammern von Auschwitz vernichtet worden wären... Im Februar 1961 wollte ich Herrn Tibère Krémer schreiben, nachdem ich den vollständigen Text in der „*Quick*" gelesen hatte. Der Brief kam mit der Bemerkung zurück: „wohnt nicht mehr unter der angegebenen Anschrift". Ich schrieb an Quick: man antwortete mir, man könne den Brief an Dr. Miklos Nyiszli nicht weiterleiten, da dieser verstorben sei (!)

Im November 1961, nachdem ich den vollständigen Text in der französischen Ausgabe gelesen hatte, schrieb ich an den Verleger Julliard mit der Bitte, meine Bemerkungen dazu wenigstens Herrn Tibère Krémer zuzuleiten, da er ja seine Anschrift kennen müßte, nachdem er seine Übersetzung veröffentlicht hätte. Ich fügte hinzu:

„Historische Dokumente verdienen Respekt, und man darf nicht einfach Lesarten veröffentlichen, für die man nicht garantieren kann. Im vorliegenden Falle arbeite ich seit fast 10 Jahren daran, die hierzu gehörigen Originaldokumente zu suchen, und noch konnte mir keiner sagen, wo ich sie einsehen könnte. Die namhaftesten Historiker der Welt kennen keines davon. Die veröffentlichten Versionen weichen von Seite zu Seite voneinander ab und widersprechen sich. Der Verfasser spricht von einem Ort, den er offensichtlich nie gesehen hat, usw.... Sollte es Ihnen möglich sein, mir so viel Sicherheit zu geben, daß ich es mir gestatten kann, „authentisches Dokument" in bezug auf die Aussage Dr. Nyiszlis in meine Arbeit zu schreiben, wäre ich Ihnen zu besonderem Dank verpflichtet."

Am 8. Dezember antwortete mir Herr Pierre Javet im Auftrage des Verlages Julliard, dessen einer seiner Lektoren er ist:

„Ich danke Ihnen sehr lebhaft dafür, mir einen Durchschlag Ihres Schreibens vom 16. November übersandt zu haben.

Ich werde es noch heute Herrn Tibère Krémer, dem Übersetzer von Dr. Miklos Nyiszli ‚Arzt von Auschwitz' zur Beantwortung übersenden. Ich kann Ihnen inzwischen versichern, daß Dr. Nyiszli tatsächlich gestorben ist. Aber seine Frau lebt. Zudem habe ich sein Buch mehreren Verschleppten gezeigt, die mir seine Echtheit bestätigten.

Ich bitte Sie, mein Herr, meine besten Empfehlungen hierdurch entgegennehmen zu wollen.

Unterschrift: Pierre Javet"

Ich warte noch immer auf die Antwort von Herrn Tibère Krémer. Vermutlich werde ich sie niemals erhalten. Erstens hat mir Dr. Tibère Krémer, wie schon gesagt, am 24. Oktober 51 eine Antwort von Dr. Nyiszli auf meinen Brief vom April 1951 übersandt. Ferner haben die Nachforschungen, die ich hinsichtlich dieses seltsamen Zeugen weiter anstellte, folgendes ergeben: aus New York, wo das Buch 1951 veröffentlicht wurde, erhielt ich die Nachricht, daß Dr. Nyiszli schon vor der ersten Veröffentlichung seiner Aussage verstorben sei.

Wenn das stimmt, so hätte dieser verstorbene Zeuge – einmal mehr – eine Eigenart besessen, nämlich: mir noch nach seinem Tode persönlich zu schreiben. Damit wäre dann auch das Schweigen von Herrn Tibère Krémer erklärt.

Kommentar überflüssig! –

IV. DER ZEUGE KURT GERSTEIN

6. Juni 1961. Das Tribunal von Jerusalem, das Eichmann verurteilte, findet sich Zeugenaussagen gegenüber, die diesen mit Ermordungen von Juden überhäufen, die, wie es heißt, im Lager von Belzec verübt worden sein sollen. Die Journalisten, die über die Verhöre berichten, drücken sich etwa so aus, wie der Vertreter des *„Figaro"* (Paris):

„Das dritte Vernichtungslager, von dem die Rede war (beim Verhör im Eichmann-Prozeß am 6. Juni), das von Belzec zwischen Lublin und Lemberg, hat nur einen einzigen Überlebenden am Tag nach Kriegsende gehabt, der inzwischen auch verstorben ist.

Der öffentliche Vertreter stützt sich auf eine Reihe von Aussagen, die von Kurt Gerstein, Sanitätsoffizier der Waffen-SS, vor den alliierten Offizieren gemacht wurden, und der sich hernach in einem Militärgefängnis in Paris erhängte. Gerstein war von Eichmann beauftragt, schnellstwirkende Gifte ausfindig zu machen." (Le Figaro, 7. Juni 1961)

Hier steht also wieder einmal der sogenannte Kurt Gerstein auf Posten, wie er es bereits im Januar 1946 in Nürnberg tat, und der seit dem Prozeß in Jerusalem kürzlich wieder in Europa auftrat, und zwar diesmal in einem Theaterstück: „Der Stellvertreter" (herausgegeben von Rowohlt, Reinbeck b. Hamburg, 1963) von einem gewissen Rolf Hochhuth. Es ist dies eine ebenso schaudererregend fantasievolle Geschichte wie jene des Herrn Miklos Nyiszli.

In den ersten Tagen des Mai 1945 (anscheinend am 5.) seien französische Truppen in Rottweil (Württemberg) eingedrungen und hätten einen gewissen Kurt Gerstein in einem Hotel gefunden und verhaftet. Er trug die Uniform der Totenkopf-SS und die Achselstücke eines Obersturmführers. Man brachte ihn nach Paris, wo er inhaftiert wurde – die einen sagen in einem Militärgefängnis, die andern in Cherche-Midi, wieder andere in Fresnes –, wo er sich das Leben genommen hätte. Kurzum, man weiß nicht genau wo. An einem Julimorgen, am 25. sagen nahezu alle Kommentatoren und in Sonderheit Professor H. Rothfels (*Vierteljahreshefte für Zeitgeschichte*, 2. April 1953, S. 185), aber nichts ist ungewisser als dies. Unter dem Datum vom 10. II. 1949 hätte die Witwe Gersteins berichtet, daß sie vom *„ökumenischen Komitee zum geistlichen Beistand für Kriegsgefangene"* mit Sitz in Genf nichts weiter gehört habe, als folgenden knappen Bericht über den Tod ihres Mannes:

„Leider war es trotz mehrfacher Bemühungen nicht möglich, nähere Auskunft über den Tod Ihres Gatten zu erfahren, und auch die Lage des Grabes ist nicht festzustellen."

Damals scheint also weder die Gefangennahme noch der Tod dieses Mannes veröffentlicht worden zu sein. Meines Wissens wenigstens. Jedenfalls hat erst am 30. Januar 1946, also neun Monate später, die Angelegenheit einen sensationellen Charakter angenommen und dies dank der Aufmerksamkeit, die ihr einige schwatzhafte Leute plötzlich verliehen.

Der erste und bemerkenswerteste dieser Angelhakensucher war zweifellos Herr Dubost, französischer Hauptankläger beim Nürnberger Gericht im großen Kriegsverbrecherprozeß. Im Archiv der amerikanischen Abordnung hatte er einige Rechnungen über

Cyclon B gefunden, das mit Datum vom 30. April 1944 durch die Degesch-Gesellschaft in Frankfurt a. M. in die Lager Auschwitz und Oranienburg geliefert worden war. Dem war ein französischer Bericht angehängt, der die Unterschrift eines Kurt Gerstein, Obersturmführer der SS, trug, und sich auf die Judenvernichtungen in den Gaskammern von Belzec, Chelmno, Sobibor, Maidanek und Treblinka bezog (Bd. VI, S. 401). Späterhin sagt uns Herr Rothfels (*Vierteljahreshefte für Zeitgeschichte* op. cit. S. 177), dies Dokument sei in deutscher Sprache in seinen wichtigsten Absätzen als Unterlage für die Anklage gegen die Ärzte in Nürnberg am 16. 1. 1947 verwandt worden, ferner der Absatz über Cyclon B und die angefügten Rechnungen im Prozeß gegen die Degesch-Gesellschaft aus Frankfurt a. M. im Januar 1949.

Das Datum dieses Dokumentes wurde zum erstenmal im Ärzteprozeß mit dem 26. April 1945 angegeben. Und bis zu dem diesbezüglichen Aufsatz von Herrn Rothfels war immer nur von einer französischen Fassung die Rede gewesen, die man zum Prozeßgebrauch ins Deutsche übersetzt habe. Im *„Bréviaire de la Haine"* (Paris 1951, S. 220 und weiter) gibt Herr Poliakov diese französische Fassung immer ohne Datum an. 1959 tun Heydecker und Leeb in *„Der Nürnberger Prozeß"* das gleiche. In *„Der Gelbe Stern"* (Hamburg 1961) gibt Herr Schoenberner das Datum des 4. Mai 1945 an und 1961 gibt die Feststellung 124 des Jerusalemer Tribunals, das Eichmann verurteilte, gar kein Datum und überdies gleicht die sich darin befindliche französische Fassung in nichts mehr derjenigen, die von Herrn Poliakov 1951 veröffentlicht wurde. Bemerkenswert ist, daß wir auch die Kenntnis dieser zweiten Fassung Herrn Poliakov verdanken (*Le Procès de Jérusalem* Paris 1962, S. 224 und weiter), und daß er uns diese übermittelt, ohne sich offensichtlich daran zu erinnern, daß wir ihm bereits die erste Fassung verdanken.

Man mußte ja auch erst den Ärzteprozeß vom 16. Januar 1947 sowie den der Degesch-Gesellschaft im Januar 1949, vor allem aber die Aufsätze des Herrn Rothfels hierüber kennen, um wissen zu können, wie eigentlich dieses Dokument in das Archiv der amerikanischen Delegation geraten war, in dem es dann der Ankläger Dubost fand (Kurt Gerstein war am Tage seiner Verhaftung und den folgenden von Major D. C. Evans und J. W. Haught verhört worden), und dem nicht nur zwei Rechnungen der Degesch-Gesellschaft, sondern ein weiteres Dutzend, gestaffelt vom 14. Februar bis 31. Mai

1944 beigefügt war. Bei dieser Gelegenheit erfuhr man auch, daß die französische Version sechs Schreibmaschinenseiten umfaßte und von einer handgeschriebenen Beglaubigung über die Echtheit des Inhaltes mit der Unterschrift des Verfassers abgeschlossen wurde (*Vierteljahreshefte für Zeitgeschichte*, op. cit. S. 178). Dem waren noch zwei gleichfalls handschriftliche Seiten, aber auf englisch, mit dem gleichen Datum angefügt, in dem er sagt, daß nicht mehr als 4–5 Personen das haben sehen können, was er gesehen hat, und daß dies Nazis wären, ferner eine Seite, auf der er darum bittet, seine Erklärung nicht eher zu veröffentlichen, bis man weiß, ob Pastor Niemöller in Dachau gestorben oder überlebt hätte, ferner 24 Schreibmaschinenseiten auf deutsch mit einer handschriftlichen Anfügung, die aber keine Unterschrift trägt und vom 4. Mai 1945 datiert ist (*Vierteljahreshefte für Zeitgeschichte*, op. cit. S. 179). Es scheint – wenigstens behauptet das Herr Rothfels, der uns das alles erzählt –, daß die deutsche Fassung von 24 Seiten mit der französischen Fassung „im großen und ganzen in allen Punkten übereinstimmt". Da es aber nun zwei französische Fassungen gibt, nämlich die des Herrn Poliakov, 1951 veröffentlicht, und jene, die in der Feststellung 124 des Jerusalemer Gerichts erscheint, so ist es wohl nicht allzu gewagt, wenn man ihn danach fragt, welche von beiden er zum Ausgangspunkt seines Vergleiches nimmt.

Um auf diese oder die beiden französischen Fassungen zurückzukommen, waren die Amerikaner im Januar 1946 noch gar nicht der Wichtigkeit dieses zweifachen – oder dreifachen, wenn man Herrn Rothfels glauben darf – Dokuments gewahr geworden, und sie hatten es nicht für wert befunden, es als Zeugnis gegen die Angeklagten vor dem Gericht zu verwenden. Aber glücklicherweise gab es ja einen Herrn Dubost: am 30. Januar 1946 holte er es aus dem Sack und legte es unter P. S., 1553 R. F. 350 vor.

Und was geschah nun weiter...

*

Aber zunächst einmal: wer war eigentlich Kurt Gerstein?

Auf diese Frage erlaubt die Lektüre von 42 Bänden über die Nürnberger Prozesse keine Antwort. Der Leser verstehe recht: das Gericht hat tatsächlich weder von Kurt Gerstein noch von seinen Aussagen etwas wissen wollen. Aus dem Dokumentenpaket des

Herrn Dubost hat es lediglich 2 Rechnungen vom 30 April 1944 über je 555 kg Cyclon B zurückbehalten, davon die eine für Auschwitz, die andere für Oranienburg.

Am Morgen des 31. Januar 1946 schrieb aber die Weltpresse ohne mit der Wimper zu zucken und jede auf ihre Weise über diese Dokumente, so daß niemand an deren Echtheit zweifeln konnte, und als wären sie vom Gericht als Zeugnisse anerkannt – eben diese Dokumente, die doch am Abend vorher abgelehnt worden waren.

Auf diesem „Pressefeldzug" beruht also die Ausschlachtung dieser Dokumente seit 15 Jahren – man muß eben seinen Lebensunterhalt so gut verdienen, wie man kann! – durch all diese fabelhaften Historiker wie Herrn Poliakov *(Bréviaire de la Haine)* und einige Deutsche: H. Krausnick *(Dokumentation zur Massenvergasung)*, I. J. Heidecker und J. Leeb *(Der Nürnberger Prozeß)*, Gerhardt Schoenberner *(Der Gelbe Stern)* usw., usw. Man verzeihe mir, daß ich nur diese gelesen habe. Man kann nicht alles lesen, vor allem nicht von dieser Literatur (!), die durch den Prozeß Eichmann ihren Kohl hat fett werden lassen. Nach einem Jahr der Veröffentlichungen rund um diesen letzten Prozeß hat man sie in der Tat in die erste Reihe der Aktualitäten aufsteigen sehen, wie die Hefe im Faß – mühsam, das ist wahr, denn wir sind ja nicht mehr im Jahre 1946, und die öffentliche Meinung ist glücklicherweise etwas skeptischer geworden. Kurz und gut...

Soviel man aus den Schriftstücken dieser großartigen Historiker erfahren kann, war Kurt Gerstein ein Chemiker. 1938 geriet er in die Maschen der Gestapo und wurde im Konzentrationslager Welzheim interniert. Wie er da wieder heraus kam, weiß man nicht. Immerhin finden wir ihn 1941 in der SS wieder (wo er sich bemüht hat – wie er angibt – die Vernichtungsarbeit zu sabotieren!), und 1942 in der Waffen-SS im Range eines Obersturmführers bei der „Hygieneabteilung" (Abteilung für Entwesung und Entseuchung im Hauptamt des Sanitätsdienstes). In dieser Eigenschaft war er damit beauftragt, die Anforderungen von Cyclon B zu überwachen, das von der Reichswehr seit 1924 und später von der Wehrmacht als Desinfektionsmittel verwandt wurde, da sie noch nicht das Glück hatten DDT zu kennen. Diese Anforderungen übergab er mit Bestellung an die Degesch-Gesellschaft in Frankfurt a. M. oder ihre Filiale, die Testa in Hamburg. Und dafür bekam er selbstverständlich Rechnungen.

Die Tatsachen, die er vorbringt – man findet sie in dem ihm zugeschriebenen Bericht und sind wohl etwas genauer –, gründen sich auf 1942.

Am 8. Juni des gleichen Jahres empfing er dann den SS-Sturmführer Günther in seiner Geschäftstelle. Dieser sagt ihm, er brauche dringend 100 kg Cyclon B, um sie an einen Ort zu schaffen, den nur der Chauffeur des Transportes erfahren solle.

Einige Wochen später erscheint dieser Chauffeur mit Günther. Man verlädt die 100 kg Cyclon B, nimmt Gerstein mit und fährt zunächst nach Prag, dann nach Lublin, wo man am 17. August ankommt. Am gleichen Tage begegnet man dem Gruppenführer (General) Globocnick, der mit der Judenvernichtung im Warthegau beauftragt ist, und der noch keine andere Möglichkeit gefunden hat, seine Aufgabe zu lösen, als indem er... das Gas aus Dieselmotoren (!!), die er in einem eigens dafür eingerichteten Raum aufstellt, verwendet.

Da nun der Gruppenführer selbstredend Sinn für Vernunft besitzt, fängt er an zu erzählen. In seinem Abschnitt bestehen 3 Einrichtungen, um die Juden mit Dieselgas zu vernichten: zunächst Belzec (auf der Strecke von Lublin nach Lwow) mit der Möglichkeit von 15 000 Personen täglich, ferner Sobibor (er weiß nicht genau, wo das liegt!) mit einer Kapazität von 20 000 Personen täglich und Treblinka (120 km NNO von Warschau) ohne Angabe der Kapazität lt. Herrn Poliakov. Aber die Herren Heidecker und Leeb wissen es genau: 20 000 Personen täglich (denn dieses seltsame Dokument spricht offenbar nicht für alle die gleiche Sprache!). Eine vierte Einrichtung in Maidanek ist in Vorbereitung, aber es gibt keine Angaben von irgend jemand, weder über die Lage noch über die vorgesehene Kapazität. Um in diesem Punkte vollständig zu sein, muß man erwähnen, daß *„Der Gelbe Stern"* (Deutsche Ausgabe) von Herrn Gerhardt Schoenberner diesen Teil des Dokumentes nicht wiedergibt. Zweifellos handelt es sich hier noch um eine andere historische Methode. Aber indem er die vier Orte erwähnt, legt Herr Schoenberner in Gersteins Feder eine Gesamtkapazität von 9000 Personen für alle vier Einrichtungen. Aus dem *„Bréviaire de la Haine"* von Herrn Poliakov und aus der *„Dokumentation zur Massenvergasung"* von Herrn Krausnick kann man noch erfahren, daß der Führer am Vorabend des 15. August mit Himmler in Lublin war, und daß sie den Befehl „die ganze Aktion zu beschleunigen" gegeben haben. (Man schreckt offensichtlich vor nichts zurück im Gebrauch historischer

Fälschungen.) Aber dieser Teil des Dokuments ist weder im *„Gelben Stern"* von Schoenberner noch in *„Der Prozeß von Nürnberg"* von Heidecker und Leeb zu finden.

Endlich setzt Globocnick – immer lt. den beiden Autoren – Gerstein in Kenntnis seiner Aufgabe: nämlich die Arbeit der Gaskammern zu verbessern, besonders durch stärkeres Gas und eine weniger schwierige Anwendung.

Schließlich trennt man sich, nachdem man beschlossen hat, anderntags Belzec aufzusuchen.

Und nachdem er das gesagt hat, was man ihm erzählt hat, erzählt nun Gerstein, was er gesehen hat.

*

Am 18. August in Belzec angekommen, begann Herr Kurt Gerstein damit, das Lager unter Führung eines ihm von Globocnick beigegebenen Menschen zu besichtigen. Herr Poliakov hat den Namen dieses Menschen nicht entziffern können, glaubt aber mit einiger Mühe „Wirth" zu entdecken. Mehr Glück als er hatte Herr Schoenberner. Deutlich las er „SS-Hauptsturmführer Obermeyer aus Pirmasens". Leider aber hat er das Pech, daß, wenn er von einem SS-Mann Wirth spricht, er eine andere Person damit meint, als die von Herrn Poliakov erwähnte, und daß er ihr den Rang „Hauptmann" anhängt, den es bei der SS nie gegeben hat...!

Aber wie dem auch sei, im Verlauf dieses Besuches hat er die Gaskammern mit der Dieselanlage in Tätigkeit gesehen und hat sie ausgemessen: 5 X 5 = 25 qm höchstens, 1,90 m hoch = 45 cbm schätzt er sie. Man wird gegen 2,5 cbm Irrtum nichts einwenden. Auch die Herren Krausnick, Heidecker und Leeb haben darüber nichts gesagt. Etwas besorgter um die Wahrscheinlichkeit hat Herr Poliakov das Dokument berichtigt (wie ich die Ehre habe, Ihnen mitteilen zu können!). Er hat 93 cbm höchstens geschätzt (*Bréviaire de la Haine*, S. 223, 2. Auflage. Die erste habe ich nicht gelesen.). Keine weitere Angabe. Und das war klüger. Aber in *„Le Procès de Jérusalem"* (Paris 1962) gibt Herr Poliakov, der nicht nachtragend ist, die Lesart von 25 qm zu, da das Tribunal dieses Maß als Beweis angenommen hat.

Wie recht hatte er damit, das Dokument zu berichtigen! Im weiteren Verlauf erzählt Kurt Gerstein tatsächlich, daß er am Morgen des 19. August die Gaskammern – die einen sagen 4, die andern protestieren 10 – in Betrieb gesehen hat:

Bei Tagesanbruch kam ein Zug mit Juden, 6700 Personen – Herr Poliakov hat 6000 gelesen –, Männer, Frauen und Kinder in 45 Waggons (148–150 Personen pro Waggon, also ein reichliches Maß für diejenigen, die polnische Güterwagen kennen) von Lemberg auf dem dicht bei Belzec gelegenen Bahnhof an. Bestimmt ist dieser Zug von 45 Waggons mit 6700 oder auch nur 6000 Personen der beklemmendste von allen Deportationszügen. Man erinnere sich, daß Dr. Miklos Nyiszli nicht gewagt hat, „mehr als 5000 Personen etwa" für einen Zug anzugeben. Dieser Kurt Gerstein hat offensichtlich kein gutes Augenmaß, was für einen Ingenieur nicht sehr schmeichelhaft ist.

Aber fahren wir fort:

200 Ukrainer, die Karbatsche in der Hand, werfen sich auf die Türen und reißen sie heraus (!), damit alle Insassen unter Bewachung weiterer, mit geladenen Gewehren bewaffneter Ukrainer aussteigen... „Hauptmann der SS Wirth" leitet dieses Manöver, von einigen seiner SS-Leute unterstützt... Völlig ausziehen, Haare schneiden lassen, alle Wertsachen abgeben und dann hinein in die Gaskammern.

„Die Kammern füllen sich. Schön dicht aufrücken, hat der ‚Hauptmann Wirth' befohlen. Die Leute stehen schon auf den Fußspitzen: 700–800 auf 25 qm zu 45 cbm. Die SS stopft, stopft, soviel sie kann. Die Türen schließen sich", sagt Herr Schoenberner in *Der Gelbe Stern*". Aber die anderen sagen in ähnlicher Weise das gleiche mit Ausnahme von Herrn Poliakov, der bei 93 qm Oberfläche bleibt. In einem jedoch sind alle einer Meinung; und das ist die Dauer der Unternehmung, die von Gerstein mit der Uhr in der Hand gemessen wurde: die 700–800 in den Gaskammern zusammengepferchten Leute mußten 2 Stunden und 49 Minuten darauf warten, bis der Dieselmotor sich in Gang zu setzen bequemte, und dann brauchte es nur noch 32 Minuten, bis alle tot waren. Ich wiederhole: Uhr in der Hand!

Das ist die schauderhafte Geschichte, die Herr Dubost – keineswegs ein Irgendwer, sondern einer der Ankläger und zweifellos anerkannt, da er unter all seinen Kollegen ausgesucht wurde, Frankreich in Nürnberg zu vertreten – dem Internationalen Tribunal am 30. Januar 1946 hat unterbreiten wollen.

Aber das Gericht hat nicht gespurt: geben wir dem Kaiser, was des Kaisers ist...

Man muß festhalten, daß dies doch ein bißchen zu dick aufgetragen gewesen zu sein scheint, da das Gericht nicht gespurt hat, das unter anderen Umständen noch ganz andere Schlangen dieser Güte ohne Stirnrunzeln geschluckt hat.

Dies schließt aber nicht aus, daß die Weltpresse am Morgen des 31. Januar 1946 die Geschichte dieses Kurt Gerstein als ein verbürgtes und unwiderliches Dokument hingestellt hat, um einen im Schlaf noch darüber weinen zu machen.

Noch heute – 15 Jahre danach – erlauben sich Menschen, die sich Historiker nennen, sie als verbürgt und unwiderliches hinzustellen und verlieren dadurch nichts von ihrem Ansehen und der Gunst der Weltpresse. Man hat sie zum Bestandteil des Eichmann-Prozesses gemacht, und wie gesagt, ist sie neuerdings in Deutschland durch den dadurch namhaft gewordenen Rolf Hochhuth in Szene gesetzt worden, der sichtlich auf der Suche nach literarischer Anerkennung durch Skandal war.

Im Falle Eichmann ist der Kurt-Gerstein-Bericht in „einer Reihe fertiger Verfügungen (von interessierter Seite) vor alliierten Offizieren" vom Minister für öffentliche Angelegenheiten präsentiert worden. Von dieser „Reihe von Verfügungen" hat das Jerusalemer Gericht keinerlei Notiz genommen, und sie ist nie veröffentlicht worden. Eine Feststellung zuvor: wir kennen nicht das ganze Aktenbündel Gerstein. Und eine Frage: Warum denn nicht? Im Aufsatz von Herrn Rothfels (op. cit.) findet man:

„So fehlt überdies die im französischen Text eingefügte, verallgemeinernde und sehr übertreibende Schätzung der Gesamtzahl von Opfern" (S. 179) und als Anmerkung (S. 180) „Gerstein schätzt hier auf 25 Millionen" („nicht nur Juden, sondern auch Polen und Tschechen"). Das war in der Tat ein bißchen zu dick!

Erstaunlich ist nur, daß die Ausbeuter dieses seltsamen Dokuments nicht darauf gekommen sind, daß die Geschichte jener Gaskammern von höchstens 25 qm, die 700–800 Leute fassen konnten, die üble Übertreibung eines noch übleren Charakters darstellen, und das besagt genug. Halten wir auf jeden Fall das Bekenntnis als wichtig fest: Es stimmt also, daß von den Erklärungen des Kurt Gerstein vom Gericht nur die veröffentlicht und verwertet worden sind, die für objektiv („sachlich" wie dieser Herr Rothfels auf

S. 179 sagt) angesehen wurden. Nochmals eine entstellte Zeugenaussage.

Meine Meinung ist, daß jene Leute, die damit beauftragt wurden, diese Geständnisse zu verfälschen und nur das zurückzubehalten, was sie zurückbehalten haben, ganz einfach in die Psychiatrie gehören. Im Falle derer aber, die Unterricht erteilen, ist es sehr ernst, daß eine Regierung die sie anstellt, nicht daran denkt, die moralische Gesundheit der studierenden Jugend in aller Welt vor ihren offensichtlichen geistigen Gleichgewichtsstörungen zu behüten.

Im Falle des Theaterstücks sind nur die garantierten Verbürgtheiten, auf die der Verfasser sich stützt, festzuhalten, denn all die Behauptungen im Dokument Gerstein, wie er sie dem Publikum zur Kenntnis bringt, gehen nun auf seine Rechnung, z. B.

„die 700–800 ausgelöschten Personen" in den „höchstens 25 qm Bodenfläche" der Gaskammern. Unter der Zahl seiner Gewährsleute tritt selbstredend auch Pastor Niemöller auf (vom Wert dessen Zeugenaussagen hinsichtlich Dachaus wir bereits gehört haben, und dessen auf S. 35 entworfenes Bild genug über seine Moral aussagt), ferner ein gewisser Professor Golo Mann, der Gaskammervernichtungen in Mauthausen seit 1942 bescheinigt – wo gar keine waren! – und verschiedene Personen gleicher moralischer Höhe und gleichen Wertes, Zeitungsartikeln von unqualifizierten Leuten, allgemeine Gerüchte usw., usw.... bis zu dem bis dahin wenigstens in meinen Augen unbescholtenen Bischof Dibelius, der mehr Unterscheidungsvermögen besitzt.

Das alles geht über den Verstand. Es ist wahr, daß man sich tatsächlich über nichts mehr wundern muß: In diesem EichmannProzeß haben die Richter tagelang die Berichte von Leuten als wahr angenommen, die mit eigenen Augen die Gaskammern in Bergen-Belsen in Tätigkeit gesehen haben wollen, über die sich vom *Institut für Zeitgeschichte* in München bis zum Weltwiderstand alle darüber klar sind, – daß sie nie existiert haben.

Um ein würdiges Gegenstück zum „*Stellvertreter*" des vorgenannten Rolf Hochhut zu schaffen, veröffentlicht man (Ende 1962) in Frankreich „*La Tragédie de la Déportation*", wo unter der Obhut von Frau Olga Wormser und des Herrn Henri Michel Leute wie Fräulein Geneviève de Gaulle und die sanfte Germaine Tillon zu finden sind, die das Vorhandensein der Gaskammern erneut bestätigen, sowie die Gepflogenheiten systematischer Vernichtungen in ihnen in einem oder dem anderen Lager, trotzdem das *Institut für Zeitgeschichte* in München versichert, daß es keine gab.

Tatsächlich erstaunt sich die große Presse mit zitternder Feder über ein Wiedererwachen des Nazismus, Rassismus und Antisemitismus – zwischen denen es übrigens keinen Unterschied macht. Was mich erstaunt, ist, daß der Text-Schwindel von Poliakov und Co. es bis heute noch nicht geschafft hat, ihnen mehr Auftrieb zu geben, wenigstens dem Rassismus und Antisemitismus, der auf die Juden zielt.

Denn man hat nichts dafür zu tun versäumt.

*

Wenn man weiß, daß Kurt Gerstein Ingenieur war, und wenn es stimmt, daß er diese Erklärungen abgegeben hat, von denen man das Ergebnis gelesen hat (man wird sie im ganzen als Anhang zu diesem Kapitel finden, und zwar in der zweimal so unterschiedlich gegebenen Fassung von Poliakov), so war er offensichtlich nicht mehr ganz im Besitz seiner Geisteskräfte, und es ist richtig zu fragen, warum. Diesbezüglich sind die Angaben über die Umstände seines Todes m. E. aufschlußreich. Wenn man dem unbesonnenen Herr Rothfels (op. cit. S. 185, Anmerkung 25) glaubt, daß die verwitwete Frau Gerstein davon benachrichtigt wurde, daß er sich erhängt hätte mit der genauen Angabe: „Der Tod ist der Erhängung zuzuschreiben. Diese Art, sich den Tod zu geben, kann in Gefängnissen absolut nicht verhindert werden", so mag das stimmen. Das ist aber kein Grund, weder zu wissen wo dieses Ereignis stattfand, noch was man mit der Leiche gemacht hat. Diese doppelte Unwissenheit der maßgeblichen Stellen scheint mir allerhand zu erklären.

Wenn z. B. diese beiden bis an die Zähne bewaffneten untergeordneten Leute, die Kurt Gerstein zur Vernehmung brachten, sich einem Manne gegenüber sahen, der bis zu dem Augenblick, da er zu diesem Zweck in ihre Hände geriet, noch nichts geschrieben hatte oder zwischen dem Datum seiner Verhaftung und seiner ersten Vernehmung höchstens das, was er wirklich gesehen hatte, und was schon scheußlich genug gewesen sein kann, wenn man die Wildheit berücksichtigt, die der Krieg im Osten auf beiden Seiten angenommen hatte, so ist die Wahrheit doch nicht durchaus gewährleistet. Man lese nur die Erinnerungen aller derer, die in jener

Zeit und unter jenen Bedingungen in Deutschland verhaftet wurden, so handelt es sich meistens um das, was mit ihnen geschah, als sie von denen, die sie verhafteten, aufgefordert wurden, ihre Bekenntnisse zu schreiben. Ob Kurt Gerstein sie in deutsch oder französisch niedergeschrieben hat ist gleichgültig: er hat es sogar in beiden Sprachen getan, wie man sagt. Nehmen wir an, daß es auch nicht ganz freiwillig geschah, wenn man die militärischen und polizeilichen Sitten kennt, und daß man ihn im französischen Text mit Gewalt das hat sagen lassen, was in dem Dokument enthalten ist, das zwar seinen Namen trägt, das jedoch die augenblickliche Meinung der anderen über die fraglichen Ereignisse darstellt. Es war ja im Lager der Alliierten das Hauptthema der anti-deutschen Propaganda, und wenn man die Geistesstufe der Soldaten und Polizisten in allen Ländern der Erde kennt, so ist es nicht verwunderlich, daß die beiden daraus ihr Glaubensbekenntnis gemacht haben. Sie hätten also selbst an der Redaktion des französischen Textes mitgearbeitet, das sie dann Kurt Gerstein zur Unterschrift vorlegten mit der Aufforderung, noch einige handschriftliche Zeilen unten anzufügen, um die unbestreitbare Echtheit zu bezeugen. Man stelle sich diese Szene vor: der Ingenieur bzw. Chemiker – und wie man sagt, ein wenig Arzt – Kurt Gerstein hätte sich geweigert, all diese technischen Unmöglichkeiten, die keiner Prüfung standhalten, zu beglaubigen, und seine beiden Einbläser hätten ihm die Behandlung zuteil werden lassen, wie sie in solchen Fällen üblich ist. Man ging wahrscheinlich etwas heftig vor, da Kurt Gerstein als ein Mann beschrieben wird, der nicht ohne Widerstreben Dinge sagte, die er nicht sagen wollte. Also war die Behandlung wohl diesem Widerstand angemessen. Das gleiche gilt wohl für den deutschen Text, der zwar viel länger aber von gleicher Art ist: maschinengeschrieben mit einer handschriftlichen Beifügung, die aber nicht unterschrieben ist. Genauere Ergänzung hierzu: die handschriftliche Bestätigung ist hier viel kürzer und ohne Unterschrift, auch fehlt die eidesstattliche Erklärung, die im französischen Text zu finden ist. Ich schließe daraus folgendes: daß man wahrscheinlich Kurt Gerstein derart gründlich vernommen hat, daß er ohnmächtig zu Boden gefallen und gestorben ist, bevor er zu der Formel und zur Unterschrift gekommen ist...

So wäre denn alles klar: in Rottweil (Deutschland) bereits im Zuge des Verhörs und infolge der ihm dort zuteil gewordenen Behandlung, um sein Geständnis zu erzwingen, bereits gestorben, wäre Kurt

Gerstein nicht nach Paris überführt und dem militärischen Sicherheitsdienst zur Verfügung gestellt worden. Seine vorgebliche Überführung hätte nur dazu gedient, seine Leiche verschwinden zu lassen, bei der mangels Leichenschau bereits ein Blick genügt hätte, die Todesursache festzustellen. So wurde ein anschließender Skandal verhindert. Diese Hypothese würde zudem erklären, weshalb die Amerikaner dieses Dokument, das seine Unterschrift trug, im Archiv ihrer Delegation ruhen ließen, wo es Herr Dubost fand. Man begreift, daß sie unter diesen Umständen keine Lust verspürten, die Leiche wieder auferstehen zu lassen, um diese angebliche Aussage vor den Gerichtsschranken vorzulegen. Indem man sie als rechtsgültig ablehnte und sogar Herrn Dubost daran hinderte, sie vorzulesen, wußte der Präsident der Versammlung vom 30. Januar 1946 sehr wohl, was er tat. Aber Herr Dubost, der niemals um einen Winkelzug verlegen war, übergab sie der Presse, und seitdem gibt es keine Möglichkeit mehr, sie zurückzupfeifen. Man muß ihre Rechtsgültigkeit aufrechterhalten, um nicht das Gesicht vor der öffentlichen Meinung und ihrer Wachsamkeit zu verlieren.

Es gibt nur drei verschiedene Möglichkeiten:

– entweder ist Kurt Gerstein in Rottweil in einer derartigen Weise verhört worden, daß er Geständnisse gemacht hat, die offensichtlich mit den technischen Tatsachen in Gegensatz stehen. Vielleicht meinte er, daß er sie vor den Schranken eines Gerichtes bestätigen würde. Dort müßte er sie dann aber zurücknehmen und berichten, in welcher Weise sie ihm entrissen worden waren.

Da er sich aber ausmalen konnte, wie er danach behandelt werden würde im Vergleich zu dem, was er eben erlitten hatte, trachtete er in einem Augenblick tiefster Niedergedrücktheit seinen Leiden ein Ende zu machen und beging Selbstmord. Deshalb war es aber nicht weniger notwendig, seine Leiche verschwinden zu lassen und mit ihr auch die Spuren, die sie trug.

– oder er ist tatsächlich nach Paris überführt worden, und man hat dort, um noch mehr von ihm zu erfahren, die Behandlung von Rottweil fortgesetzt, so daß er aus dem gleichen Grunde Selbstmord beging. Aus dem gleichen Grunde mußte man aber auch hier seine Leiche verschwinden lassen.

– oder, ob in Rottweil oder Paris, haben sich diejenigen, die ihn verhörten, gesagt, daß sie nicht mehr von ihm erfahren könnten, als was er bisher vorgebracht hätte, daß sie es aber auch nicht verhindern könnten, daß er es vor den Schranken des Gerichts widerriefe. Und so hätten sie ihn denn kaltlächelnd beiseite geschafft, um seine angebliche Aussage, der keiner mehr widersprechen würde, gefahrlos der Anklage überreichen zu können. Aber auch in diesem Falle war es notwendig, die Leiche in dem Zustand, wie sie war, verschwinden zu lassen und einen Selbstmord zu erfinden.

Ich behaupte, daß die wahrscheinlichste dieser Hypothesen die erste ist. Und zwar aus folgendem Grunde:

Im Juli 1945 arbeiteten bereits alle Verwaltungsstellen in Frankreich wenn auch nicht gerade vollkommen, so doch wieder normal, und in allen Militär- und Zivilgefängnissen wurden die Gefangenenlisten auf dem laufenden gehalten. Es gibt also nur eins von beiden: entweder würde der Name Kurt Gerstein im Register unter der Rubrik „gefangen am..." auftauchen, dann wäre die Reihe „Gefangenschaft beendet am..." leer, und in der Reihe „Bemerkungen" stünden Datum, Stunde und Umstände seines Todes, die Person oder Organisation, der seine Leiche ausgehändigt sowie der Ort, wo sie begraben wurde. Oder – wie es der Fall ist – man wüßte nichts von alledem, dann wäre Kurt Gerstein nicht in irgendeinem Militär- oder Zivilgefängnis inhaftiert gewesen. Das würde bedeuten, daß, wenn er selbst von Rottweil nach Paris hätte überführt werden sollen, er dort niemals angekommen wäre. Unterwegs ermordet? Möglicherweise! Jedenfalls ist der genaueste von all denen, die uns erzählen, wo er Selbstmord begangen haben soll, immer noch der Märchenerzähler Rothfels. Er schreibt:

„Gerstein ist dann (nach seiner Verhaftung) von der französischen Besatzungsmacht zunächst in einer Art Ehrenhaft gehalten worden, mit der Erlaubnis, sich zwischen Tübingen (wo seine Familie wohnte) und Rottweil zu bewegen. Dann wurde er nach Paris ins Gefängnis gebracht (an welchem Tage sagt er nicht). Dort hat er am 25. Juli 1945 im ‚Prison militaire de Paris' Selbstmord begangen" (op. cit. S. 185).

Außer der Bewegungsfreiheit, die man dem Gefangenen ließ, solange er noch in Rottweil war, und die schon allein kein geringer Gegenstand des Erstaunens ist, bleibt die seltsamste Stelle dieses Berichts, daß er sich im „Militärgefängnis von Paris" umgebracht hätte. Es gibt nämlich in Paris nicht nur ein, sondern mehrere Militärgefängnisse, von denen jedes verwaltungsmäßig seinen eigenen Namen hat, und von denen das berühmteste das Militärgefängnis „Cherche-Midi" ist. Da 1945 eine außergewöhnliche Anzahl

Militärund Zivilpersonen eingesperrt waren, gab es außerdem noch „Militärabteilungen" in la Santé, in Fresnes usw.... Die Verwaltungsakte, die den Tod Gersteins meldet, kann also als Briefkopf nichts anderes tragen als „Militärische Unterabteilung von Paris – Militärgefängnis des Cherche-Midi" (oder Fort de Montrouge, oder Kaserne Reuilly usw.) oder „Staatsgefängnis von La Santé (oder Fresnes) Militärabteilung". Gemäß der Verwaltungsstaffel, die die Verbindung herstellte, könnte sie tatsächlich keine andere Bezeichnung tragen als z. B. „Sûreté Militaire" oder „Sûreté générale" usw., aber niemals „Militärgefängnis von Paris". Und wenn sie es doch trägt, wenn eine Nachricht unter anderer Bezeichnung den Tod Gersteins in Anführungsstrichen meldet, so handelt es sich um ein von irgend jemand zu diesem Zweck hergestelltes Stück, jedenfalls aber von einem, der keine Ahnung von französischer Polizei und Sicherheitsdienst oder von militärischer oder ziviler Sicherheit hat.

Also alles in allem eine grobe Fälschung: noch eine mehr! –

All dies Bisherige hat uns nun zur Aufdeckung einer Fälschung verhelfen, die bislang niemand bemerkt hatte, und erklärt uns nur, weshalb es recht gewichtige Gründe dafür gab, wenn die Kurt Gerstein unterschobenen Erklärungen den Eindruck machen, als sei er nicht mehr ganz im Besitz seiner Geisteskräfte gewesen. Denn nach meiner Hypothese war er bereits durch die angewandte Behandlung dem Tode verfallen, und so konnte er nur noch die französische Fassung unterzeichnen, bevor er starb.

Selbst die Form dieser französischen Fassung, wie sie in der Feststellung 124 des Jerusalemer Prozesses wiedergegeben ist, zeugt nicht zugunsten ihres Inhaltes. Für einen Franzosen, der behaupten kann, seine Muttersprache ziemlich genau zu kennen, macht sie mehr den Eindruck eines von einem Amerikaner oder Engländer geschriebenen Französisch als das von einem Deutschen. Ich wäre gar nicht überrascht, daß, wenn man eines Tages die Möglichkeit hätte, dieses Dokument zu untersuchen, ein Spezialist entdecken würde, daß es auf einer englischen oder amerikanischen Maschine geschrieben wäre. Denn wenn man nach dem Text urteilt, so ist die geistige Höhe derjenigen, die ihn Kurt Gerstein unterschieben wollten, derart niedrig, daß sie bestimmt nicht so weit gedacht haben, daß sie sie auf einer deutschen Maschine schreiben mußten. So wie die Dinge liegen, erscheint die Vermutung nicht einmal abenteuerlich, ob die handgeschriebenen Zusätze sowohl auf der französischen als auf der deutschen Fassung überhaupt von Kurt Gersteins Hand stammen.

*

Ist die Glaubhaftigkeit des Gerstein-Dokumentes an sich somit entschieden, ist es nunmehr von Wichtigkeit, das zu untersuchen, was ihm von Herrn Raul Hilberg zugebilligt wird. Ich sagte schon eingangs, daß Herr Raul Hilberg diesmal sehr klug war: er bringt nur zwei Seiten (570–72) und zwar zwei Seiten, die weder die Vernichtung erwähnen, von denen das Dokument behauptet, daß sein Verfasser ihnen beigewohnt hat, noch die angegebenen Zahlen, die von dem Umfang der Vernichtungen durch Gas Kenntnis geben. Er bringt nur die angefügten Rechnungen für Cyclon B, die lediglich einen Kommentar bilden. Ich muß es deutlich sagen, daß sowohl für diese Rechnungen (es sind zwölf) als auch für die, welche vor den Schranken jenes Gerichts präsentiert wurden, das 1949 die Degesch-Ges. als Herstellerin des Cyclon B verurteilte, Herr Raul Hilberg (S. 570) die Menge durchaus anerkennt, welche die Gesellschaft der deutschen Wehrmacht 1943–44 (160 Tonnen) und dem Sanitätsdienst der SS (125 Tonnen, davon 1943 zwölf nach Auschwitz, 1944 gar keine, aber siebeneinhalb 1942) lieferte.

Im großen und ganzen könnten diese Zahlen wahrscheinlich sein, jedenfalls angemessen (nur in ihrem ungefähren Ausmaß). Wenn die deutsche Wehrmacht von 1942 bis zum Kriegsende 160 Tonnen Cyclon B angefordert und erhalten hat, so ist das sehr möglich, gemessen an den Erfordernissen, denen sie sich bereits beim beginnenden Rußlandfeldzug 1941 gegenübersah. Der Sanitätsdienst der SS hat sie auf 125 Tonnen in der Folge berechnet. In den Einzelheiten aber bin ich sehr viel zurückhaltender, und die Erwähnung von Auschwitz macht mir ernsthafte Sorgen. In den 12 Rechnungen, die dem Gerstein-Dokument angehängt sind, und die aus der Zeit zwischen dem 14. Februar und dem 31 Mai 1944 stammen, soll es tatsächlich welche gegeben haben, die Auschwitz betreffen, wie uns die Herren Dubost und Rothfels versichern. Aber sie erscheinen nicht in den Auslassungen des Herrn Raul Hilberg. Und das ist recht ärgerlich für die Genauigkeit seiner Berechnung.

Da ich in diesen Dingen kein Spezialist bin, kann ich nicht über die Bedeutung einer Lieferung von 19,5 Tonnen Cyclon B für das

Lager Auschwitz urteilen, vorausgesetzt, daß nicht noch eine größere Menge geliefert worden ist, da Herr Raul Hilberg vergessen hat, die Lieferung von 1944 seinen Berechnungen einzufügen. Wäre ich es aber, so würden mir viele Möglichkeiten für eine Zustimmung fehlen:

1. Wenn Cyclon B in ein Konzentrationslager geliefert worden wäre, so würde das noch nicht für die Annahme genügen, daß seine Insassen damit hätten umgebracht werden sollen. Man müßte ja sonst darauf schließen, daß es auch in andere Lager zu diesem Zweck geliefert worden wäre, in denen man doch gar keine Vernichtungen durch dieses Mittel hat feststellen können, und auch nicht bei der deutschen Wehrmacht.

2. Auschwitz war ein „Stammlager". Das bedeutet, daß es noch auswärtige Kommandostellen hatte, zu denen – wie ich vermute, ohne es behaupten zu wollen – auch Chelmno, Belzec, Maidanek, Sobibor und Treblinka gehörten. So war diese Großlieferung nicht nur für das eine Lager Auschwitz bestimmt, sondern auch für alle andern auswärtigen Kommandostellen. Die Liste ist nie veröffentlicht worden. Trotzdem ich kein Spezialist bin, kann ich wohl behaupten, daß 19,5 Tonnen + der Lieferung von 1944 ein bißchen viel selbst für diese Hypothese sind.

3. Um korrekt urteilen zu können, müßte man wissen, wieviel Tonnen dieser Großlieferung verbraucht worden sind und wieviel nicht, ferner wieviel Menschen durch diese Lager gegangen sind, wieviel Kilo Cyclon B gebraucht wurden, um ihre Kleider zu desinfizieren, wenn 1500–2000 Personen pro Transport bei der Ankunft behandelt wurden und weiterhin mindestens zum Desinfizieren der Unterkleidung der ganzen Lagerbesatzung und die deren Nebenstellen alle 14 Tage. Ich weiß: wenn man eines Tages ungefähr erfahren wird, um wieviel Personen es sich handelte und wieviel Tonnen Cyclon B tatsächlich gebraucht worden wären, so wird man doch niemals erfahren, wieviel nicht gebraucht worden sind, da man doch keine Listen geführt hat. Unter diesen Umständen wäre es niemals möglich, einen Vergleich anzustellen und auszusagen, ob mehr Cyclon B gebraucht worden ist, als zur Desinfektion nötig war. Danach erst könnte man von einer Vernichtung durch dieses Mittel reden und was ungefähr dazu gebraucht worden ist. Das bedeutet also, daß man weiter suchen muß, um noch andere Möglichkeiten zur Glaubhaftmachung zu finden.

4. Ist alles nach Auschwitz gelieferte Cyclon B verwandt worden? In diesem Falle wäre es klar, daß mehr verwandt worden wäre als nötig war, und man sähe sich einer offenbaren Gewißheit gegenüber. Aber das ist ausgeschlossen. Alle Lager waren überreichlich mit diesem Mittel versehen, und hierfür will ich nur ein Beispiel anführen: Der Zug, der mich aus Dora fortschaffte, der das Lager in letzter Minute verließ, den ich verlor und dann unter Umständen wiederfand, die ich erzählt habe (cf. „*Lüge des Odysseus*") enthielt einen Waggon, der zu ¾ mit eisenbeschlagenen Kisten, auf deren Etiketten die Warnung „Blausäure" auf rotem Grund und auf weißem Grund „Vorsicht" stand, beladen war. Unter diesem „Vorsicht" standen noch einige Zeilen in kleinerer Schrift, die ich nicht gelesen habe. Ich hatte andere Sorgen, als mich um Inhalte zu kümmern, die als gefährlich bezeichnet wurden. Ich suchte nämlich einen Sack und Schuhe, die offensichtlich nicht da waren, und so interessierte mich alles andere nicht. Ich war außerdem sehr, sehr weit davon entfernt, mir darüber Gedanken zu machen, worum es sich handeln könnte. Erst später bin ich dieser Sache wieder nähergetreten, nachdem ich Kogon gelesen hatte... Was ich nur sagen wollte ist dies, daß gar kein Grund vorhanden ist, daß die anderen Lager und besonders Auschwitz nicht ebenso reichlich wie Dora versorgt gewesen sein sollten, vorausgesetzt, daß die Gesamtmenge an Cyclon B, die nach Auschwitz geliefert worden ist, ebensowenig verbraucht worden ist wie die in Dora. Und da stünden wir denn wieder vor der unlösbaren Frage: wieviel ist denn verbraucht worden?

Wenn man diese Frage nicht beantworten kann, so kann man auch den Lieferungen von Cyclon B nach Auschwitz keine jener Bedeutungen beimessen, die doch so gefällig und ach so unvollständig gemacht worden sind – Herr Raul Hilberg! Besonders da dieses Mittel kein mörderisches, sondern ein Desinfektionsmittel war, wie es seit 1924 von allen deutschen Militärund Zivil-Sanitätsdienststeilen verwandt wurde. Die vorgelegten Rechnungen sind jedenfalls kein Beweis, der über diese Feststellung hinausgeht, ohne sich in mögliche Vermutungen zu verfinstern, von denen sowohl die eine wie die andere undiskutabel sind und meist schändlich ungerecht: alles was man hierüber zu lesen bekommt, beweist das nur zu gut.

So ist denn Herr Raul Hilberg gut beraten gewesen, weder die Beschreibung von Vergasungen, wie das Gerstein-Dokument erzählt, daß sein Verfasser sie gesehen hätte (erinnern wir uns: 700–800 Personen in einem Raum von höchstens 25 qm!), noch die Statistiken über die Lager Belzec, Treblinka und Sobibor einzubehalten. Dadurch vermeidet er wenigstens das Mißgeschick, das diesem armen Rothfels unterlaufen ist.

Erinnern wir uns auch an die angegebenen Statistiken, wie sie sich im deutschen Text finden. (Im französischen Text, der im *„Bréviaire de la Haine"* von Poliakov abgedruckt ist, sind es nicht die gleichen, und zweifellos aus den gleichen Gründen wie bei Herrn Hilberg werden sie in der Feststellung 124 des Jerusalemer Prozesses nicht beibehalten.) Aber Rothfels veröffentlicht sie in seinem Aufsatz (op. cit. S. 187–94), und danach sehen die Vernichtungsmöglichkeiten in den Lagern folgendermaßen aus:

– Belzec: 15 000 Personen
– Treblinka: 25 000 Personen
– Sobibor: 20 000 Personen

Darüber schreibt Rothfels (op. cit. S. 181), daß 600 000 Personen in Belzec umgekommen wären, und daß die Angaben von Gerstein „nichts Unwahrscheinliches" hätten. Dieses Lager, das offiziell erst im März 1942 mit den Vernichtungen begonnen haben soll und im Dezember des gleichen Jahres damit aufgehört hat! (Poliakov, op. cit. S. 224). Das macht neun Monate, also 270 Tage = 15 000 × 270 = 4 050 000 Personen und keine 600 000! So ist also die Beschaffenheit von Professoren, die an Universitäten unterrichten! –

Setzen wir unsere Beweisführung fort: Treblinka und Sobibor haben lt. offiziellen Darstellungen vom März 1942 bis zum Herbst 1943, d. h. während 540 Tagen vergast.

Das bedeutet:
– für das erste Lager: 25 000 × 540 = 13 500 000 Personen
– für das zweite Lager: 20 000 × 540 = 10 800 000 Personen

Im ganzen also allein für diese drei Lager: 28 350 000 Personen. Alles Juden. Und ohne die zu zählen, die in gleicher Weise in Chelmno vernichtet wurden, und die das Dokument Gerstein nicht nennt und in Maidanek, das er als „Vorbereitung" nennt, als er es im August 1942 besucht, ohne aber seine Kapazität schätzen zu können.

So etwas wagt man also, uns als „glaubwürdige" Zeugenaussagen vorzulegen! – Um das Bild zu vervollständigen, wollen wir festhalten: in einer Zusammenfassung geben sie uns ihre Gesamtschätzung der Juden in jedem dieser Lager. Diejenigen, die uns diese Eseleien als ernst anbieten, kommen zu den gleichen Zahlen, die Rothfels in Belzec gefunden hat. Hier eine Aufstellung über die von der *Polnischen Kommission für Kriegsverbrechen* (nach Poliakov, op. cit. S. 224) und von Herrn Raul Hilberg (op. cit. S. 572) geschätzten Verluste:

Lager	*Schätzung der Verluste* Polnische Kommission	Herr Raul Hilberg
Chelmno	300 000	über einhundert Tausend
Belzec	600 000	Hunderttausende
Sobibor	250 000	Hunderttausende
Treblinka	700 000	Hunderttausende
Maidanek	200 000	Zehntausende
Insgesamt	2 050 000	950 000[6]

Man fragt sich, wie die Warschauer Kommission und Herr Raul Hilberg es angestellt haben, um zu diesen Schlüssen zu kommen? Jedenfalls haben sie sich nicht auf das Gerstein-Dokument bezogen. Aber sie zitieren auch kein anderes Dokument von Rang.

Für Auschwitz kommt Herr Raul Hilberg im gleichen Verzeichnis auf eine Million Tote, obgleich m. W. niemand jemals unter zwei Millionen[7] gekommen ist und die meisten Zeugenaussagen von vier Millionen sprechen. Ich glaube, keine allzu gewagte Behauptung aufzustellen, daß, wenn einem gleichen Ereignis gegenüber zwei Leute, die sich für dermaßen befugt halten wie die *Polnische Kommission für Kriegsverbrechen* und Herrn Raul Hilberg, Professor an der Universität Vermont (USA), zu dermaßen verschiedenartigen Resultaten kommen wie hier, ihre Ausgangspunkte reine Mutmaßungen sind, auf keinerlei Tatsachen beruhen und außergewöhnlich zweifelhaft sind. Die Nachprüfung dessen hat mir außerdem sowohl die Kommission wie auch Herr Raul Hilberg

---

[6] Um diese Gesamtzahl zu erhalten, habe ich die von Herrn Raul Hilberg (S. 767) gegebene Gesamtzahl der jüdischen Verluste zugrunde gelegt, die er für fünf Lager und Auschwitz mit 1 950 000 angegeben hat. Ich habe davon seine Schätzung der jüdischen Verluste in Auschwitz von 1 000 000 abgezogen = 950 000. Um nichts zu vernachlässigen muß man betonen, daß in seiner Aufstellung (S. 572) Maidanek unter der Bezeichnung: „Lublin district" angeführt ist.

[7] Mit Ausnahme des Instituts für jüdische Angelegenheiten im jüdischen Weltkongreß in „Eichmann's Confederates and the Third Reich Hierarchy" (op. cit.), die 900 000 sagt (S. 28).

geliefert. Ich habe ein gutes Hundert von Berichten vor mir, auf die erstere sich stützt, um zu den Zahlen zu gelangen, die sich unter ihrer Verantwortung auf obigem Bilde befinden. Da findet man Sachen wie: *Deutsche Verbrechen in Polen* (Warschau 1948), die eine Sammlung von Widersprüchen von Leuten darstellt, von denen man nicht einmal behaupten kann, daß sie existieren, und die als „Überlebende" oder „*Zeugnis von Dr. Rothbalsam* (gestorben!), *erinnert von Frau Novitch*", oder nur: „*Belzec*" (Krakau 1946), ein Erinnerungsbuch über das Lager von einem Reder benannten, „einzigem Überlebenden", von dem man uns im Jerusalemer Prozeß gesagt hat, er „sei inzwischen verstorben" usw....

Was nun Herrn Raul Hilberg anbelangt, so findet man auf jeder Seite seines Buches, oder fast auf jeder, als Beweis „Affidavit von Rudolf Schönberg, Überlebender" (S. 165, Anmerk. 174 u. 180), oder „Ghettoverwaltung, gez. Ribbe" (S. 311, Anmerk. 14), oder „Bor-Komorowski, *The Secret Army*" (S. 315, Anmerk. 32), oder das Zeugnis eines Überlebenden ohne Namen, dessen sich ein Cohen erinnert in „*Human Behaviour in the Concentration Camp*" (S. 625, Anmerk. 22), oder noch ein Zeugnis eines anderen, diesmal Benannten, aber ebenso fragwürdig nach der Erinnerung eines gewissen Friedmann in seinem Buch *Osviecim* (S. 622, Anmerk. 8) usw. usw.... Zahllos sind auch die Auszüge aus während oder nach dem Kriege erschienenen Zeitschriften. Im ersten Falle handelt es sich um Veröffentlichungen unter deutscher Kontrolle: man findet dort Bruchstücke von Statistiken, die nicht immer miteinander übereinstimmen, gezählt oder ausgewertet von Journalisten aber keinen Spezialisten, Aufstellungen von Beraubungen, Konzentrierungen und schlechten Behandlungen usw., deren Opfer die Juden waren. Niemals aber irgend etwas, das eine Auslegung im Sinne von Vergasen oder ähnlichem zuläßt. Das Wort „Judenfrei" erscheint öfters in bezug auf ein Gebiet, eine Gegend oder einen Bezirk, aber es bedeutet immer nur „von Juden befreit", nicht aber ihre Vernichtung, wie Herr Raul Hilberg unterstellt. Im zweiten Falle handelt es sich um freie Veröffentlichungen nach Kriegsende. Darin findet man, kommentiert von Nicht-Zeugen, Berichte von meist unbenannten Zeugen, und wenn sie mit Namen genannt werden, so steht meist dabei „inzwischen verstorben". So ist denn keine Möglichkeit gegeben, sie, falls sie doch noch leben, einem Gegenverhör durch qualifizierte Leute zu unterwerfen. Das ist also alles nicht ernsthafter zu nehmen als das, was die Warschauer Kommission uns liefert. Wie kann man auch in den Fällen, wo sie noch am Leben sind, etwas anderes von den Leuten annehmen als das, was sie selbst zugeben, nämlich daß ihr ganzes Sein und Handeln nur dem Haß gegen Deutschland geweiht ist. – Von dieser Sorte ist eine ganz erhebliche Zahl vor den Gerichtsschranken in Jerusalem erschienen und haben bestätigt, daß sie die Gaskammern in den Lagern gesehen haben, trotzdem alle Welt weiß, daß es sie nie gegeben hat. Und, wenn man der Wochenzeitung *L'Express* (Paris, 20. Juni 1963, S. 22) glaubt, auch Herr Simon Wiesenthal, der zwischen Linz und Wien sein Brot mit der Jagd auf ehemalige Angehörige der NSDAP verdient. – Sind das vielleicht objektive Zeugen?

Das sind alles Ankläger, aber keine Zeugen. Ankläger, die Reparationen verlangen für das, was sie gelitten haben, denen man sie bereits ausschüttet, die aber immer noch mehr haben wollen. In dieser ganzen Vernichtungsangelegenheit gibt es nur Ankläger, die sich gegenseitig stützen, aber keinen Zeugen, oder doch nur Falsch-Zeugnisse, die plump aufgemacht sind und deren Wahrhaftigkeit nur von falschen Zeugen bescheinigt wird. Rothfels gibt sich dem Gerstein-Dokument gegenüber mit erschreckender Gewissenlosigkeit und unvorstellbarer Nichtachtung der Grundsätze seines Berufes, und Herr Raul Hilberg tut, als habe er nichts gesehen. So finden wir uns also einmal mehr vor dem grundlegenden Problem unserer Zeit: der außerordentlichen intellektuellen und moralischen Aufweichung unserer Elite.

Damit ist weder die *Warschauer Kommission für Kriegsverbrechen* noch z. B. Frau Hannah Arendt gemeint. Diese beiden gehören offensichtlich nicht zur Elite. Erstere ist auf der anderen Seite des Eisernen Vorhangs geschaffen, nicht um eine historische Wahrheit zu finden, sondern zu dem Zweck, anfechtbare Argumente zu schaffen, die einer bestimmten Propaganda dienen sollen. Um das zu erreichen, ist es nicht nötig, Historiker zu sein, sondern Kommunist. Genau wie man im Konzentrationslager Arzt werden konnte, wenn man Maurer oder Dekorateur von Beruf war. Und ist Rußland nicht ein riesenhaftes Konzentrationslager und Polen eine seiner Außenstellen?

Was nun die zweite anbelangt, so ist sie eine Agentin des Zionismus, d. h. in dieser Hinsicht von gleicher Propaganda. Das ist offensichtlich ihre einzige Unterhaltsquelle. Die

Zusammenstellungen, mit denen sie ihren Bericht über den Eichmann-Prozeß anreichert (*The New Yorker* op. cit.), stützt sich auf das, was sie im Buch von Herrn Raul Hilberg gelesen hat. Sie hat es sich nach dem Grad ihrer Möglichkeit angeeignet und spuckt sie nun ungehobelter zurück, als er es uns serviert hatte. Womit ich sagen will, daß sie deutlichere und deftigere Aussagen macht. Im übrigen ist Herr Robert Kempner, dieser ehemalige preußische Polizeikommissar, den der Krieg zu einem amerikanischen Ankläger in Nürnberg umwandelte, und der auch ein zionistischer Agent, jedoch höheren Grades ist, gar nicht mit der Art zufrieden, mit der sie sich ihrer Aufgabe unterzieht. Im „*Aufbau*", Bd. XXIX – No 15 – 12. April 1963, gibt er ihr einen Gertenschlag, dessen Lektüre ich nur empfehlen kann.

Um zum Gerstein-Dokument zurückzukommen und es abzuschließen, stelle ich jetzt folgende Frage: wenn es nicht wahr ist, daß die Gaskammern von Belzec, Treblinka und Sobibor 15 000–20 000 Menschen täglich vernichten konnten, wenn es nicht wahr ist, daß ein Raum von 25 qm höchstens 700–800 Menschen fassen konnte, wenn es nicht wahr ist, daß ein Zug von 45 Waggons 6700 Menschen transportieren konnte, wenn es nicht wahr ist, daß Hitler am 15. August 1942 in Belzec war, wie es nichts dergleichen behauptet, so frage ich mich: was es überhaupt an Wahrheit enthält? Etwa die angehängten Rechnungen über Cyclon B? Vielleicht, aber sie beweisen gar nichts.

Von all denen, die die Richtigkeit dieses Dokumentes bestätigt haben, hat nur einer mich geschmerzt: Der Bischof Dibelius von Berlin, dessen schöne Geistesfreiheit und Urteilsvermögen ich besonders im Prozeß von Nürnberg bemerkt hatte (cf. Prozeß Eichmann). Laut Rothfels soll er dem *Institut für Zeitgeschichte* in München mit Datum vom 22. November 1949 einen Brief geschrieben haben, in dem nach einer Fülle von Lobeserhebungen für Gerstein sich folgender Satz befindet: „Dadurch war ich in der Lage, festzustellen, daß Gersteins Mitteilung an mich, soweit seine schwedische Bekanntschaft in Frage kam, absolut wahrheitsgetreu gewesen war. So wird es sein eigentlicher Bericht auch gewesen sein." Von den anderen, den Eugen Kogon, David Rousset, Golo Mann, Rothfels, Hannah Arendt, Raul Hilberg usw.... scheint man kaum etwas anderes erwarten zu können, nach den Studien über jeden einzelnen.

V. Schlussfolgerung

Was die Gaskammern anbelangt, so beweist diese beachtliche Reihe von falschen Zeugen sowie falschen oder gefälschten Dokumenten, die ich dem Leser lang und breit in dieser langen Arbeit und besonders in diesem Kapitel vorgeführt habe, unbestreitbar die eine Tatsache, daß die Machthaber des III. Reiches zu keiner Zeit die Vernichtung der Juden mit diesem Mittel beabsichtigt oder befohlen haben[8], nicht jedoch, daß es sie nicht gegeben hat. Hat es welche ohne Befehl gegeben? Zu dieser Frage, die mich seit 15 Jahren verfolgt, hat das, was ich das falscheste und unmoralischste aller Zeugnisse nenne, das GersteinDokument mich indirekt in die Lage versetzt, endlich eine genaue Antwort darauf zu finden.

Wir waren im Jahre 1963. *„Le véritable Procès Eichmann"* war in deutscher Übersetzung unter der Überschrift *„Zum Fall Eichmann"* mit dem Untertitel: *„Was ist Wahrheit?... oder die unbelehrbaren Sieger"* erschienen. Jedesmal seit 15 Jahren, wenn man mir in irgendeiner beliebigen, nicht von Sowjets besetzten Ecke Europas einen Zeugen benannte, der behauptete, selbst den Vergasungen beigewohnt zu haben, fuhr ich unverzüglich hin, um sein Zeugnis entgegenzunehmen. Und jedesmal begab sich das gleiche: meine Akte in der Hand legte ich dem Zeugen derart viele, genau präzisierte Fragen vor, daß er offensichtlich nur bis zu den Augen hinauf lügen konnte, um schließlich zu erklären, daß er es zwar nicht selbst gesehen habe, aber daß ein guter, leider verstorbener Freund, dessen Aussage nicht in Zweifel gezogen werden könne, ihm die Sache erzählt habe.

---

[8] Man hat gesehen (in *Zum Fall Eichmann: Was ist Wahrheit?*), daß Dr. Kubovy, Direktor des zeitgenössischen jüdischen Dokumentationszentrums in Tel Aviv einverstanden war. In Würdigung dessen bemüht sich Frau Hannah Arendt in *The New Yorker* (op. cit. 9. 4. 64) vergeblich. Sie macht aus dem Befehl des Führers, die Juden zu vernichten, den Hauptpunkt ihrer Reportage über den Jerusalemer Prozeß. Das ist ein Problem, das zwischen ihr und Dr. Kubovy zu regeln wäre, und man kann ihr nur raten, sich vor allem mit dieser einflußreichen Persönlichkeit des Zionismus ins Benehmen zu setzen, die wenigstens einmal – Zufall, Aufmerksamkeit oder Aufrichtigkeit? – mit der historischen Wahrheit im Einklang steht.

Ich habe auf diese Weise Tausende von Kilometern quer durch Europa zurückgelegt.

Eines Morgens im Juni 1963 bekam ich einen seltsamen Besuch: Ein Deutscher, groß, gut aussehend, anscheinend in den sechziger Jahren (während des Gesprächs stellte es sich heraus, daß er viel älter war), etwas Militärisches im Benehmen, sehr vornehm und von ausgezeichneter Höflichkeit. In der Hand hielt er meine erste Arbeit über diese Frage, die deutsche Übersetzung von „*Die Lüge des Odysseus*". An einer Stelle lag ein Buchzeichen.

Zunächst stellte er sich vor und nannte mir den Grund seines Besuches, den er absolut vertraulich behandelt wissen wollte. Das versprach ich ihm, und das ist der Grund, weswegen ich die Umstände dieses Besuches und seine Persönlichkeit hier nur in einer Weise erwähne, die es absolut unmöglich macht, ihn zu identifizieren. Der Inhalt der Unterhaltung, die wir führten, ist trotzdem absolut wahrheitsgemäß.

Der Grund, weshalb er nicht wollte, daß sein Name genannt würde, ist folgender: er war während des Krieges ein Offizier höheren Ranges gewesen und in einer sehr wichtigen Dienststelle. Kein Militär eigentlich, sondern ein Zivilbeamter mit militärischem Rang. Seine Aufgabe war außerdem eine zivildienstliche. Er verhehlte mir nicht, daß selbst, wenn er nicht ein kämpferischer Nationalsozialist gewesen wäre, er doch 1933 seine Stimme der Partei gegeben hätte. Bei Kriegsende war er der Nürnberger Justiz entschlüpft aber entnazifiziert worden wie alle Leute und hatte seine frühere Stellung verloren. Die zahllosen Schererein, die man ihm gemacht hatte, hatten ihm gereicht, und er wollte nicht, daß das noch einmal anfinge. Das Wissen, das er seit zwanzig Jahren in sich trug, erdrückte ihn fast, und man muß ihm die Feigheit verzeihen, die ihm abverlangt hatte, es bis heute für sich behalten zu haben: bei Kriegsende war er fünfzig Jahre alt und hatte fünf kleine Kinder. Eine Lage, die man begreifen kann.

Ich verzieh ihm gerne. Sehr aufrichtig sogar: ich kenne das moralische und materielle Elend, in dem Millionen gelebt haben und heute noch leben, und Millionen Deutsche, die zum Schweigen verdammt sind, und die es nur brechen, um periodisch den Kanzler Adenauer zu wählen, obwohl seine Politik ihnen nicht gefällt, aber von dem sie annehmen[9], daß er der einzige Deutsche ist, der die Möglichkeit hat, sie ein wenig vor den Strafunternehmungen des Generalstaatsanwalts Bauer zu schützen.

Nach seiner Einleitung und den von mir angenommenen Bedingungen, öffnete mein Kritiker *„Die Lüge des Odysseus"* an der bezeichneten Stelle und begann ohne Umschweife sein Eisen zu schmieden:

– „Sie versichern", sagte er im wesentlichen, „und ich glaube Ihnen das auch, daß keiner der Zeugen, die behauptet haben, einer Vergasung beigewohnt zu haben, dies jemals in Ihrer Gegenwart hat aufrecht halten können. Ich habe grade Ihre letzte Arbeit über diese Frage gelesen. Halten Sie fest, daß ich Sie gut verstehe – ich begreife, daß Sie annehmen, es habe gar keine gegeben. Nach dem Widerhall, den Ihre Arbeit gefunden hat, dachte ich mir, daß das sehr gefährlich für Sie und für Deutschland ebenfalls wäre. Wenn Sie nämlich zu dieser Überzeugung kommen, daß Sie über kurz oder lang der Unglaubwürdigkeit verfallen, und das haben Sie nicht verdient. Außerdem würde Deutschland seinen einzigen Verteidiger verlieren, der noch einigermaßen Gehör findet. Also: ich will Ihnen sagen, daß ich einer Vergasung beigewohnt habe."

– „Ich verstehe Sie nicht recht", antwortete ich. „Mir scheint nicht, daß, wenn Sie etwas Derartiges öffentlich aussagten, Sie befürchten müßten, wieder ins Gefängnis zu wandern, wie Sie meinen. Solche Art von Zeugen suchen der Staatsanwalt Bauer und die Internationale zionistische Bewegung geradezu, weil es ja nachgerade keinen mehr gibt, den sie nicht verdächtigen. Wenn Sie Ihrer Sache so sicher sind, so gehen Sie doch hin zu ihnen. Sie werden Ihnen goldene Brücken bauen."

– „Geduld", unterbrach er mich. „Es genügt in Deutschland nicht, daß man erklärt, man habe einer Vernichtung durch Gas beigewohnt, um nicht ins Gefängnis zu wandern. Man müßte sie dann ganz genau so beschreiben, wie sie im Dokument oder von dem für glaubwürdig befundenen Zeugen ausgeführt ist, und das ist nichts für mich. Verstehen Sie mich: ich hatte in Lublin zu tun und kam zu Globocnik, als Gerstein sich anmelden ließ. Die Umstände ergaben es, daß ich anderntags wieder mit ihm in Belzec zusammentraf. Wenn ich nun

---

[9] Seit dies geschrieben wurde, ist der Kanzler Adenauer durch den Kanzler Erhardt ersetzt worden.

aussagen würde, daß ich auch an dieser Vernichtung teilgenommen habe, wie das ihm zugeschriebene Dokument feststellt, dann wäre ich auch verpflichtet hinzuzufügen, daß all das, was bezüglich dieser Vernichtung gesagt worden ist, sowie über die Umstände, unter denen er daran teilgenommen hat in Belzec und den benachbarten Lagern, sowie über seine Unterhaltung mit Globocnik Punkt für Punkt eine Erzlüge ist. Und das würde mich sofort ins Gefängnis bringen."

Ich verstand ihn immer weniger:

– „Wenn das alles falsch ist", wandte ich ein, „so hat es also gar keine Vernichtungen gegeben?"

– „Es gab schon welche", schnitt er mir das Wort ab. „Aber fangen wir beim Anfang an."

Und so erzählte er.

Aus diesem langen Bericht, von dem man verstehen wird, daß ich ihn kürze, um nur das Wesentliche festzuhalten, ergab sich folgendes:

1. In seiner Unterhaltung in Lublin, die er mit Gerstein in Gegenwart von zwei oder drei Personen gehabt hatte, deren Namen er sich nur dadurch erinnert, weil sie im Gerstein-Dokument vorkommen, hat Globocnik nur von Belzec gesprochen, aber von den benachbarten Lagern überhaupt nicht, und bezüglich der Vernichtungsmöglichkeiten hat er kein Wort gesagt. Außerdem hat er überhaupt nicht von Vernichtungen gesprochen sondern lediglich von Kleiderdesinfektion. Nach einiger Zeit entwickelte er die geringen Möglichkeiten zur Desinfektion des Lagers Belzec und sagte dann, daß er selbst jetzt ein beschleunigendes Mittel herausgefunden habe, das zugleich die ganze Judenfrage radikal lösen könnte: sein Dieselmotor in Belzec.

Aber es ist noch nicht beschleunigend genug, es ist eine zu unsichere Anlage, sagte Globocnik. Ich müßte ein stärkeres Gas haben, das auch leicht zu handhaben wäre. Deshalb habe ich Günther zu Gerstein geschickt in der Annahme, daß seine Dienststelle etwas dieser Aufgabe besser angepaßtes besäße. Dann könnte man im großen Stil an die Endlösung der Judenfrage gehen. Wenn Günther und Gerstein mir das bringen, was ich haben will, dann könnte man von den Juden selbst andere Einrichtungen in Belzec anfertigen lassen.

– „Ich war einfach entsetzt", sagte mir mein Gesprächspartner. „Mein Rang ließ mich der einzige von Globocniks Zuhörern sein, der ihm entgegentreten konnte. ‚Das ist aber doch ein Verbrechen', sagte ich zu Globocnik. ‚Sind Sie sicher, daß der Führer so etwas unter der Endlösung versteht?' ‚Und ob ich das bin', versteifte sich Globocnik und zuckte die Achseln. Und mit absoluter Sicherheit, ohne jedoch anzugeben, von wem er den Auftrag hätte, aber in einer Weise, daß man annehmen konnte, er käme vom Führer selbst, bestand er auf Geheimhaltung – äußerster Geheimhaltung. Im Gegensatz zu dem, was im GersteinDokument steht, behauptete er nicht, daß Himmler oder Hitler am Vorabend in Lublin gewesen wären. Das ist also eine reine Erfindung."

2. Im Laufe unserer Unterhaltung hatte mein Gesprächspartner ausgeführt, daß Globocnik Günther zu Gerstein geschickt habe, um ein stärkeres und weniger kompliziertes Gas zu erhalten. Er hatte hinzugefügt, daß das nicht in Ordnung war: weshalb hatte er sich nicht persönlich oder durch Brief an diese Dienststelle gewandt? Das war mehr als ungewöhnlich, das war hinterhältig. Andererseits wußte er, daß Globocnik in den Warthegau strafversetzt worden war wegen verschiedener Übeltaten und Verbrechen, deren er sich in seiner früheren Stellung als Gauleiter von Wien schuldig gemacht hatte. In Berlin scheint er einen sehr schlechten Ruf gehabt zu haben, – so behauptete wenigstens mein Gesprächspartner. Mit der Absicht, bei seiner Rückkehr nach Berlin sofort über diese Sache zu berichten, begab er sich zunächst nach Belzec, wohin sein Auftrag ihn keineswegs führte. Er wollte sich aber mit eigenen Augen von dem überzeugen, was er zu vertreten beabsichtigte.

Er sah das Lager von Belzec. Es war ein ganz kleines Lager, dessen Baracken höchstens 400–500 Leute aufnehmen konnten. Er sah sie im Lager spazierengehen, alles kräftige, wohlgenährte Juden. Er befragte sie, und alle äußerten sich zufrieden über die Behandlung, die ihnen zuteil würde. Ein ganz kleiner Bahnhof, in den auf einem einzigen Schienenstrang hin und wieder eine geringe Anzahl Waggons voll Glaubensgenossen ankam: sie sagten ihm, daß sie beauftragt wären, sie zu empfangen und sie durch Dieselgas in einem kleinen Hause zu vernichten, das sie mir zeigten, und auf dem tatsächlich eine Aufschrift „Gründung Heckenholt" stand. Es war der Name des Juden, der den Motor in Gang zu bringen und an der Arbeit zu halten hatte. Sie erzählten das alles, während sie Marmeladenbrote aßen, auf denen sich Scharen von Fliegen niederzulassen trachteten, die sie mit der Hand zu verscheuchen suchten. Über dem ganzen Lager lag ein übler Gestank von frisch geöffneten Gräbern: Fliegen und Gestank waren das Ergebnis der Großbeerdigungen, die man nach jeder Vernichtung vornahm. Polizeihauptmann Wirth, ehemaliger Kriminalbeamter aus Stuttgart und Lagerkommandant, der meinen Gesprächspartner bei seiner Ankunft empfangen hatte, und sein ihn begleitender Adjutant, ein SS-Offizier, hörten nicht auf, sich über das Kommando zu beklagen, das man ihnen zugeteilt hatte und ihn zu bitten, bei seiner Rückkehr nach Berlin dafür zu sorgen, daß sie woanders hin kämen. Weder der eine noch der andere konnten es begreifen, daß man ihnen eine derartige Arbeit zumutete, und sie waren davon überzeugt, daß man in Berlin nichts von alledem wüßte, was hier vorging.

– „Weshalb bemüht ihr euch nicht selbst um eine andere Verwendung?" fragte sie mein Gesprächspartner. „Nachdem ihr sie bekommen hättet, könntet ihr dann doch diesen Skandal hier aufdecken..."

– „Das scheint das zu sein, was Globocnik befürchtet", erhielt er zur Antwort. „Eine andere Verwendung könnten wir ja nur auf dem Dienstwege erhalten, d. h. über ihn. Aus Furcht, verraten zu werden, wird er sie nicht weitergeben oder er wird uns unter irgendeinem Vorwand sofort erschießen lassen. Wir kennen derartige Fälle... Ein Glück, daß Sie hierher gekommen sind. Nun können Sie doch uns hier herausholen und durch ihre Beziehungen in Berlin diesem Skandal hier ein Ende machen... Ein Glück auch, daß hier nur von Zeit zu Zeit mal ein Transport von wenigen Waggons ankommt. Bis heute sind es etwa zwei oder drei gewesen[10]. Sonst würden wir bei den geringen Möglichkeiten, die uns zur Verfügung stehen, die Leichen zu beerdigen, selbst wenn ein Transport immer nur einige Hundert bringt, hier in einem wahrhaften Infektionsherd von allen möglichen und unmöglichen Krankheiten leben... Sie kommen grade zurecht,

---

[10] Wir befanden uns am 18. August 1942. Die Anlage dieses Lagers, das in Übereinstimmung mit den Beschlüssen der Konferenz von Wannsee angeordnet worden war, hatte erst Ende März begonnen. Sie nahm ungeheure Zeit in Anspruch, vor allem wegen der Schienenwege für den einfachen Verkehr, die man herstellen mußte, indem man sie an die nächstliegenden anschloß. Dieser nächste ging von Budapest nach Warschau über Przemysl und Lublin, oder den von Budapest nach Wilna über Lvov. Mein Gesprächspartner konnte mir nicht sagen, ob die Abzweigung nahe Przemysl oder Lvov gemacht wurde. In beiden Fällen handelte es sich um mindestens 50 km, und dieses Gleis war nicht vor Ende Juli zu gebrauchen.

um solchen Zuwachs zu erleben: morgen früh um 7 Uhr etwa soll ein neuer Transport ankommen...

3. Mein Gesprächspartner sagte mir, daß er sich zum Bleiben entschloß. Von Wirth und dessen SS-Adjutanten begleitet, besuchte er noch das kleine Haus, das zur Vernichtung benützt wurde und beschrieb es mir. Ein etwas erhöhter Fußboden, ein Gang mit drei kleinen Räumen auf jeder Seite, die er nicht ausgemessen hat, aber von denen er annimmt, daß die Bodenfläche sicherlich weniger als 5 X 5 – vielleicht 4 X 5 höchstens betragen habe, jedenfalls waren sie rechteckig und nicht quadratisch. Am Ende des Ganges war der Raum, der den Dieselmotor enthielt. Er stand in der Mitte auf einem etwas geneigten Zementsockel. Ich fragte nach diesem Motor und dem Verhältnis seines Auspufftopfes zu den sechs Räumen. Es sei der Motor eines Wagens von etwa 1,50 m Länge, etwas weniger als 1 m Breite und 1 guter Meter Höhe mit dem Zementsockel. Die Kapazität sei ihnen unbekannt, vielleicht 200 PS, sagte er. Ich machte ihn darauf aufmerksam, daß man gesagt hätte, es sei ein Marinemotor. Dann müßte er aber doch viel größer sein, wenn er für ein Schiff bestimmt gewesen wäre. „Sicherlich nicht", sagte er, „es ist ein Wagenmotor. Wenigstens lassen seine Ausmaße auf einen Wagen schließen." Er erinnerte sich auch der Zylinderzahl: sechs pro Seite. Hinsichtlich der Beschleunigung seines Ausstoßes in die sechs Räume, machte er mir eine Zeichnung. An Hand dieser Zeichnung bemerkte ich, daß das Gas, das doch schwerer ist als die Luft, von unten nach oben ging. Die Techniker, denen ich später – wie man noch sehen wird – diese Frage vorlegte, bemerkten das auch. Aber sie fügten hinzu, daß es sich hier um eine merkwürdige Technik handle, und im vorkommenden Falle wohl um ein verstärktes Gas.

– „Ich wundere mich nicht", sagte ich, „daß Globocnik auf Suche nach einem schnelleren Mittel war: dies muß ja entsetzlich lange gedauert haben."

– „Eine Viertelstunde", antwortete er.

Wenn mir sein Bericht bis dahin annehmbar erschienen war, so lag doch diese Viertelstunde schwer über unserem Gespräch. Wir diskutierten lange darüber, und wir kamen immer wieder darauf. Ich hielt sie für absolut unmöglich. Er aber bestätigte sie immer wieder als wahr. Ich hatte das Dokument Gerstein bereits mit Spezialisten von Explosionsmotoren und Giftexperten studiert und hatte also genügend Argumente. Er hatte nichts anderes als was er gesehen hatte und was, wie er sagte, „dennoch wahr" wäre. Vergeblich versuchte ich, ihm auseinander zu setzen, daß ein Dieselmotor, selbst wenn er eine Kraft von 200 PS und noch mehr besäße, nicht in der Lage wäre, in einer Viertelstunde das unentbehrliche Gift für einen Raum von 250 zu 300 cbm Luft zu schaffen. Selbst auf die Gefahr hin, eine solche Unmöglichkeit anzunehmen, daß man da 700–800 Personen eintreten lassen könnte – vierzig bis fünfzig höchstens, verbesserte mein Gegenüber, – in diese wenigen 40 bis 45 cbm eines jeden Raumes. Grade weil Gerstein die Möglichkeiten eines Dieselmotors kannte, wollte er die Giftmenge vermindern, und immer noch war diese Menge für alle Leute in zweiunddreißig Minuten wirksam. Wenn am Vorabend Globocnik selber gesagt hatte, daß dieses Mittel nicht schnell genug wirke, so war das noch ein Beweis, daß die ganze Operation länger gedauert haben müsse. Nach zwanzig Jahren ist das Erinnerungsvermögen eines derart von dem Erlebten erschütterten Mannes möglicherweise nicht mehr ganz getreu usw. usw...

Es half alles nichts: Er wollte von dieser Viertelstunde nicht ablassen, wenn er auch zugab, daß er nicht nach der Uhr geschaut hätte und daß es eine ungefähre Schätzung sei. Nicht die geringste Verwirrung war in seinem Gesicht zu lesen, nicht einen Augenblick schwand der Zug unwiderleglichen guten Glaubens.

Seitdem habe ich mit der Zeichnung in der Hand eine Menge Spezialisten für Explosionsmotore über die Verbrennung der Flüssigkeit und ihre Giftwirkung befragt: keiner hat eine geringere Zeitdauer als mindestens 1½–2 Stunden zugestehen wollen...

Ich muß sagen, daß ich im weiteren Verlauf unserer Unterhaltung keinen strittigen Punkt mehr entdecken konnte: aber diese Angelegenheit bleibt doch beachtlich und sehr beunruhigend. Freilich gab es da noch eine abweichende Angabe zur endgültigen Beurteilung der Vernichtung: ich weiß nicht, weshalb derjenige, der den Gedanken gehabt hatte, den Raum in sechs Teile geteilt hatte, anstatt einen einzigen zu lassen. Das wäre weniger kostspielig gewesen, weniger kompliziert und hätte weniger Zeit zur Herstellung erfordert. Aber ich bestand nicht darauf.

4. Inzwischen war Gerstein mit drei oder vier Soldaten angekommen. Auf die genaue Zahl besann mein Gesprächspartner sich nicht mehr. Globocnik hatte sie begleitet, war aber gleich wieder weitergefahren. Am Abend vorher hatte Gerstein bei Globocnik erzählt, daß seine Reise von Berlin nach Lublin nicht ohne

Schwierigkeiten vonstatten gegangen wäre: sie hatten nicht, wie man annehmen sollte, Cyclon B in Tablettenform transportiert, sondern flüssige Blausäure in Flaschen, und die zahllosen Schlaglöcher der sehr schlechten Straße hatten es mit sich gebracht, daß eine oder zwei der Flaschen entzweigegangen waren. Sein Fahrer und er hätten rechte Angst ausgestanden. Mein Gesprächspartner fragte ihn, wie dann die Fahrt von Lublin nach Belzec verlaufen wäre? Sehr gut, meinte er, denn wir haben die Ware in Lublin gelassen.

Wir besuchten dann noch einmal das Lager, und am Abend aßen wir gemeinsam, wobei die internierten Juden uns bedienten. Die Stimmung war bedrückend. Der Redseligste von allen war Gerstein. Er machte einen aufgedrehten Eindruck, und nach allem was er sagte, schien er ein Steigbügelhalter von Globocnik zu sein. Er flößte niemand Vertrauen ein. Das sagte mir jedenfalls mein Gesprächspartner. Mehrere Jahre später habe ihm dann ein Freund, der Gerstein als Studenten in seiner Fakultät gehabt hatte, gesagt, es handle sich bei ihm um einen Psychopathen, und er habe sich über nichts gewundert... Am andern Morgen kam der Judentransport zwischen 7 und 8 Uhr an. Es waren etwa vier oder fünf Wagen mit 250–300 Personen, Männer, Frauen, Kinder und Greise, aber keineswegs 6000 bis 6700 in 45 Waggons gepferchte Menschen, wie das Dokument Gerstein behauptet. Auch die angeblichen 200 Ukrainer, die das Dokument erwähnt, waren in Wirklichkeit Juden aus dem Lager, und ihre Zahl betrug höchstens zwei Dutzend. Keine Härte, keine ausgerissenen Türen, keine Schläge mit Gummiknüppeln: vielmehr eine brüderliche Begrüßung von Glaubensbrüdern, die sichtlich bemüht waren, eine vertrauensvolle Stimmung bei den Ankommenden auszulösen.

Die Vorbereitung der Schlachtopfer: Aufstellung in Reihen, Vorbeizug am Schalter einer improvisierten Bank, um Geld und Wertsachen gegen Quittung abzugeben, Gang zum Friseur und dann ausziehen. Dies alles dauerte am längsten, fast den ganzen Morgen. Die Unglücklichen befragten ihre sie also betreuenden Glaubensgefährten über ihr weiteres Schicksal, während einige bewaffnete SS-Leute sie zerstreut bewachten. Man antwortete ihnen, sie sollten desinfiziert und hernach je nach ihren Fähigkeiten in Arbeitskommandos eingeteilt werden. Es wurden ihnen gute Ratschläge bezüglich ihres Verhaltens bei der Desinfektion erteilt, nämlich recht tief zu atmen... Für die Wissenden ein entsetzliches Schauspiel.

Dann ließ man sie in den Ort des Verbrechens eintreten, wo sie sich auf gut Glück in die sechs Räume verteilten. Vierzig bis fünfzig in jeden Raum, wie mein Gesprächspartner wiederholte. Die Türen zum Gang wurden verschlossen, die Lichter gelöscht. Man hörte, wie die Unglücklichen zu beten begannen. Danach Schreckensschreie der Frauen und Kinder... Der Motor begann zu arbeiten, und eine Viertelstunde später holte das mit dieser schrecklichen Aufgabe betraute Judenkommando die Leichen heraus und brachte sie in das vorbereitete Grab.

– „Aber dieses Grab müssen sie doch schon vorher bemerkt haben. Für 300 Menschen muß es doch ziemlich groß gewesen sein."

– „Nein. Es war ziemlich weit hinter dem Hause gegraben worden, und so konnten sie es nicht sehen. Die Körper wurden aus Seitentüren jedes Raumes, ähnlich wie Garagentüren, herausgezogen. Das Ausmaß des Grabes? Es muß ungefähr zwanzig Meter Länge, fünf Meter Breite und kaum zwei Meter Tiefe gehabt haben..."

Und er beschrieb mir die Gefahr dieser Art von Beerdigung: Wirth habe ihm gesagt, daß man Benzin in dieses grauenhafte Grab gösse, um die Leichen zu verbrennen, daß der Erfolg aber nur sehr ungenügend wäre. Es wurde mit Erde zugeschüttet, aber nach zwei oder drei Tagen wölbte diese Erde sich hoch durch den Druck des sich bildenden Gases und verpestete so die ganze Luft, die sich darüber hinaus mit Wolken von jenen Fliegen bevölkerte, die man überall sah.

In der Meinung, nun genug darüber zu wissen, wohnte er diesem Unternehmen nicht mehr bei und begab sich dorthin, wohin sein eigentlicher Auftrag ihn rief.

Ich versuchte, das Gespräch wieder auf diese Viertelstunde zurückzuleiten, von der er behauptet hatte, daß die Vernichtung gedauert habe. Ich äußerte die Vermutung, daß die 2 Stunden 49 Minuten Panne des Diesel, von der das Gerstein-Dokument gesprochen hatte, sich vielleicht mit der Unfähigkeit des Motors erkläre, die Luft in weniger Zeit zu vergiften. Ohne Erfolg: nicht die geringste Panne, Dauer: eine Viertelstunde.

Die Aufgabe meines Gesprächspartners in der Gegend von Lublin dauerte länger, als er angenommen hatte. Er mußte noch über Lodz fahren, dort gute vierzehn Tage zubringen und konnte nicht vor dem

15. September nach Berlin zurückkehren. Dort begab er sich stehenden Fußes zu Dr. Grawitz, seinem Freund und einem direkten Mitarbeiter von Himmler. Bei dem Bericht, den er ihm gab, fuhr dieser entsetzt hoch und eilte sofort zu Himmler.

– „Ich kann die Daten nicht genau angeben", fügte er hinzu, „aber etwa zehn Tage später kam Dr. Grawitz selbst zu mir und sagte mir, indem er mich zu meinem Einschreiten beglückwünschte, daß eine gerichtliche Untersuchung über die Tatsachen, die ich ihm mitgeteilt hätte, eingeleitet wäre. Einige Wochen später – ich erinnere mich, daß es wenige Tage nach Allerheiligen war, – wurde das Lager geschlossen und Globocnik abermals versetzt.[11] Das ist alles, was ich weiß."

Ich sprach mit ihm über die Zeugenaussage des Dr. Morgen in Nürnberg am 7. und 8. August 1945 (I. M. T. Band XX, S. 531–563). Er kannte sie und erkannte ihr keinerlei Glaubwürdigkeit zu. Das Bild, das jener von Wirth entworfen hatte, indem er ihn als einen skrupellosen Verbrecher hingestellt hatte, stimme absolut nicht mit dem überein, wie er selbst ihn kennengelernt hatte. Morgen hatte ihn zum Kommandanten von vier Lagern gemacht und zum *Deus ex machina* aller Dinge (op. cit. S. 538 bis 540). Dabei war er lediglich der verzweifelte Lagerleiter von Belzec und darüber hinaus terrorisiert von Globocnik. Er behauptete, Wirth begegnet zu sein. Wenn er ihm aber begegnet war, so konnte das nur in Belzec gewesen sein. Er verlegte das Datum dieser Begegnung auf „Ende 43" (op. cit. S. 537). Damals war aber das Lager bereits geschlossen, spätestens im Dezember 1942. Dieser Dr. Morgen war ein sehr wichtiger Mann bei der SS (Chef vom Dienst der Reichskriminalpolizei mit sehr weitreichenden Spezialvollmachten von Himmler persönlich), der sich wahrscheinlich allerhand verzeihen zu lassen hatte, wie mein Gesprächspartner vermutete.

Es wurde mir nicht schwer, dieser Vermutung zuzustimmen. Morgen war Hoeß als Kommandanten des Lagers Auschwitz „zwischen Ende 1943 und Anfang 1944" (op. cit. S. 550) begegnet, obwohl Hoeß die Stellung seit November 1943 nicht mehr innehatte.

---

[11] Nach den einheitlichen jüdischen Quellen wäre dieses Lager erst Ende Dezember des gleichen Jahres 1942 geschlossen worden. Wenn es tatsächlich geschlossen worden ist, so scheint es nicht, als ob Globocnik versetzt worden wäre. Wenn er es doch wäre, so wäre das jedenfalls eine leichte Strafe. Vor allem, wenn man sie mit der vergleicht, die den berüchtigten Kommandanten von Buchenwald Koch betroffen hat, der für wesentlich geringere Vergehen erschossen wurde.

Er verlegte die Vergasungen nach Monowitz (op. cit. S. 550), während alle Zeugen sie nachträglich nach Birkenau verlegten. Er behauptete, Wirth habe direkte Befehle aus der Kanzlei des Führers empfangen (op. cit. S. 541) usw., usw...

5. In diesem Augenblick der Unterhaltung warf mein Gesprächspartner einen Blick auf das offen vor ihm liegende Buch „*Die Lüge des Odysseus*", dessen er bis dahin noch gar keine Erwähnung getan hatte.

– „Ich habe Ihr Buch gelesen", fuhr er fort. „Ich bin der Ansicht, daß Ihre Kritiken an den Nürnberger Zeugenaussagen und Dokumenten unangreifbar sind und eines Tages ihre Früchte tragen werden. Dank sei Ihnen dafür. Das, was mich interessiert, das sind die Vergasungen, das einzige, wodurch die Ehre Deutschlands tatsächlich betroffen ist", sagte er, das Buch in beide Hände nehmend. „Deshalb möchte ich Ihnen folgendes sagen: Hierin (er zeigte auf das Buch) haben Sie im Jahre 1950 eine der korrektesten Auslegungen gegeben, indem Sie sagten, daß es wenig Vernichtungen gegeben habe, und daß diese – ich zitiere Sie – auf ein oder zwei Verrückte aus der SS zurückzuführen seien. An Ihrer Stelle hätte ich gesagt: ein oder zwei verbrecherische Sadisten. Glauben sie mir, ich habe diesen Kreis gut gekannt: In der großen Masse war es ein korrekter Kreis, aber er war nicht frei – wie alle sozialen Schichtungen – von irgendwelchen Sadisten, die zu den unvorstellbarsten Verbrechen fähig waren, und zweifellos war Globocnik einer davon. Ich habe Hoeß nur nach dem gekannt, was ich in Berlin von Leuten meiner Dienststelle sagen hörte, die ihn kannten. Auch er hatte keinen guten Ruf. So wäre es möglich, daß er sich in Auschwitz ähnlich wie Globocnik im Raum von Lublin betragen hätte. Ich weiß nichts darüber, ich sage nur, daß es möglich wäre. Und nach dem, was Sie selbst über dieses Lager schreiben, wäre ihm das um so leichter gewesen, als seine Einrichtungen ihm das erlaubt hätten, ohne daß er besondere Gaskammern hätte einzurichten brauchen wie Globocnik in Belzec."

Ich stimmte ihm um so bereitwilliger zu, da ich, der geringen Glaubwürdigkeit der zahllosen falschen Zeugnisse und Dokumente wegen, niemals besonderen Nachdruck auf irgendwelche der bezeichneten Lager gelegt hatte. Es handelte sich um eine Hypothese, die ich selbst für alle Lager aufgestellt hatte, um zu beweisen, daß, wenn es derartige Vernichtungen durch Gas gegeben haben sollte, sich diese in außerordentlich engen Grenzen gehalten haben müßten, mangels unangreifbarer Beweise nach einem alten französischen Sprichwort, daß es „keinen Rauch ohne Feuer" geben könne. Mein Gesprächspartner erinnerte mich sehr gründlich daran. „Es hat Vernichtungen durch Gas gegeben" sagte er abschließend. „Ich habe Ihnen ein Beispiel dafür gebracht. Sie waren nicht zahlreich und nicht von den Maßgebenden des Dritten Reiches mit Vorbedacht angeordnet, wie das die Dokumentation skrupelloser Elemente geboren und als wahr in Nürnberg hingestellt worden ist. *Es war die Tat einiger weniger Verbrecher.* Sicher ist jedenfalls, daß jedesmal, wenn den Maßgebenden des Dritten Reiches derartiges zu Ohren kam, sie dem sofort ein Ende machten. Auch darüber habe ich Ihnen den Beweis erbracht. In Nürnberg hat man ganz einfach diese wenigen verbrecherischen Einzelheiten ausgeschlachtet, um eine unhaltbare Generalwahrheit daraus zu zimmern mit dem Ziel, Deutschland zu entehren: ungefähr so, als würde man behaupten, die Franzosen hätten systematisch alle deutschen Gefangenen, die sie während des Krieges gemacht hätten, abgeschlachtet, unter Hinweis auf die Tatsache, daß sich das am 19. August 1944 in Annecy ereignet hat (cf. *Eichmann-Prozeß*). Verbrecher gibt es in allen Völkern, und ein Krieg, der ihre Instinkte enthemmt, kann ihre Wirkung ins Ungeheuerliche steigern. Denken Sie nur an die französischen Widerstandskämpfe, in denen Leute, wie sie Frankreich und Deutschland und alle möglichen Völker besitzen, sich beeilt haben, ihre Untaten unter diesem Deckmantel zu begehen... Denken Sie an Ihre Miliz unter der deutschen Besatzung..."

Nach einer Weile sagte er:

– „Lassen wir's dabei bewenden, mein Herr. Es geht um Deutschlands Ehre. Die wird bestehen, wenn es einmal klargeworden sein wird, daß die Vergasungen nur Ausnahmen gewesen sind und lediglich die Taten von ein oder zwei Verbrechern, die sofort entfernt worden sind, wenn man ihres Tuns gewahr wurde. Und das übrige? Mein Gott, das übrige war eben Krieg, und da sind wir durchaus im Gleichgewicht mit Deutschlands Gegnern."

Ich beruhigte ihn und sagte, daß, wenn ich mit einer derartigen Halsstarrigkeit alle Dokumente und Zeugenaussagen untersuchte, auf die sich die ungeheuerlichen Anklagen, deren Opfer Deutschland wäre, stützten, und wenn meine Dokumentation mir zu bezeugen erlaubte, daß es sich nur um gemeine und plumpe Fälschungen handle, ich doch niemals behaupten könne, daß es keine Vergasungen gegeben hätte und das auch nie behauptet habe.

— „Ich bin glücklich, dies umsonst befürchtet zu haben. Entschuldigen Sie: Deutschlands Ehre verdankt Ihnen so viel... Und Ihr Verdienst ist so hoch, daß es für immer in Ihrer Schuld bleibt."

Das war der Abschluß. Die Unterhaltung verlor sich in einigen allgemeinen Wahrheiten, zu denen wir durch den Fall Globocnik kamen. Ich meinte, daß, wenn er lediglich versetzt worden sein sollte, was mir nicht so ganz sicher erschien, dies eine mehr als leichte Strafe gewesen wäre.

— „Das ist die Eigentümlichkeit der totalitären Systeme", sagte mein Gesprächspartner, „wenn solche Leute so weit von Berlin fortgeschickt wurden, so hatten sie eine Macht wie römische Prokonsuln... Der Hitlerstaat war totalitär und außerdem rassisch orientiert. Er hielt Verbrechen gegen Juden nicht für so wichtig wie die gegen andere. So war er duldsamer gegen solche, die sich deren schuldig machten. Der Fall Koch, dem Kommandanten von Buchenwald, der für Untaten erschossen wurde, die er an Ariern begangen hatte, ist der Beweis dafür. Aber schauen Sie sich mal das Betragen des Staates Israel an, der die Todesstrafe für alle Kapos verlangt, die sich in Ausübung ihrer Aufgabe als Wachtknechte in den Konzentrationslagern eines Verbrechens schuldig gemacht haben, wenn sie Arier sind. Sind es aber Juden, so haben sie tausend Entschuldigungen, erteilen nur Verweise oder höchstens ein paar Monate Gefängnis mit Bewährung."

Ich erlasse dem Leser die anderen Ereignisse, die wir dann noch kurz gestreift haben: Das Versailler Diktat als verantwortlich für den deutschen Nationalsozialismus und als Folge davon den zweiten Weltkrieg, die Dummheit des Kapitalismus als verantwortlich für dieses Versailler Diktat und die Ausbreitung des Bolschewismus, der Krieg, die Kriege usw. Wenn ich beschlossen habe, dieses Kapitel mit dieser Zeugenaussage zu beenden, so ist es einerseits deshalb, weil ein Historiker, der diesen Titel verdienen will, nichts verheimlichen darf von dem, was er weiß und andererseits, weil ich ihr nur in dem einen Punkt entgegentreten konnte und mir – zu recht oder unrecht – die Glaubwürdigkeit und die Ehrlichkeit des Aussagenden unzweifelhaft erschien. Es ist ein Gesetz der Geschichte, daß man keine Zeugenaussage verwerfen kann, die nur in einem Punkte unzusammenhängend erscheint. Außerdem bietet die Geschichte sozusagen kein einziges Beispiel absolut zusammenhängender Zeugenaussagen. Endlich vertrat diese hier recht wohl jene Meinung, die ich mir bereits nach dem Studium der Akten und der Zeugenaussagen von Nürnberg über die Vernichtung der Juden durch Gas gemacht hatte.

All dies bedeutet im übrigen keineswegs, daß ich mich für diese Zeugenaussage verbürge. „Ein Zeugnis ist kein Zeugnis" ist aber auch eines der historischen Gesetze, und ich weiß nur zu gut, bis zu welchem Grade die Weisheit der Völker recht hat, wenn sie behauptet, daß nichts der Unaufrichtigkeit so ähnlich ist wie die Aufrichtigkeit. Ich gehe nun nicht so weit, zu behaupten, daß dieses Wort auf meinen Gesprächspartner zutrifft, ich will auch nicht die Zufriedenheit und das Interesse in Abrede stellen, das ich an unserer Unterhaltung gehabt habe. Dennoch aber muß ich ihm sagen, daß trotz allem, was zu seinen Gunsten spricht und trotzdem man sein so bedauernswert spätes Eintreten in die Auseinandersetzung durch die Umstände zu entschuldigen vermag, seine Aussage nur mit der allergrößten Vorsicht entgegenzunehmen ist. Man kann von ihr nichts weiter sagen, als daß sie sehr viel annehmbarer erscheint als alles, was wir bisher in dieser Hinsicht gewöhnt sind. Was sich nun wirklich zugetragen hat, das wird man erst dann erfahren, wenn diejenigen, die die historische Wahrheit kennen und sie eifersüchtig unter Verschluß halten, endlich auf die drastischen Maßnahmen verzichten, mit denen sie verhindern, sie ans Licht zu bringen und zu einer freien Aussprache zurückfinden, in der alle jene, die wissen oder zu wissen glauben, wie die Dinge im Kriege wirklich gelegen haben, dies frei und öffentlich aussprechen können, ohne befürchten zu müssen, ins Gefängnis geworfen zu werden.

ANHANG ZU KAPITEL II

Die beiden französischen Lesarten des Gerstein-Dokuments

Man findet hier die französische Lesart des Gerstein-Dokuments, wie es 1951 von L. Poliakov (*„Bréviaire de la Haine"*, S. 220–24) mit dem ausdrücklichen Hinweis gegeben wurde: „Dieser Bericht ist in etwas holprigem Französisch abgefaßt: wir haben im wesentlichen den Stil respektiert." Elf Jahre später, 1962, gibt der gleiche Poliakov dasselbe in seinem Buch „*Le Procès de Jérusalem*" nach der Feststellung des Gerichts Nr. 124 mit folgender Bemerkung wieder: „Dieses Dokument wurde von Gerstein auf französisch verfaßt. Wir stellen es hier gleichwertig wieder her."

Diese beiden Lesarten sind nebeneinandergesetzt, die erste auf der *linken* Seite, die zweite auf der *rechten*, um es dem Leser so zu ermöglichen, sich selbst ein Bild davon zu machen, bis zu welchem Grade Poliakov nichts weiter getan hat als „im wesentlichen den Stil zu respektieren".

Ich wäre erstaunt, wenn er nicht auch einige außerordentliche Unterschiede in der Grundlage entdeckte. Was soll man wohl von einem Dokument halten, daß mit einem Zwischenraum von elf Jahren in zwei derart entgegengesetzten Lesarten vorgelegt werden kann? Man wird feststellen, daß das Jerusalemer Gericht weder die täglichen Möglichkeiten der Vernichtung in den erwähnten Lagern noch den Besuch Hitlers in Belzec festgehalten hat. Und was soll man von einem Manne wie Poliakov denken, der es fertigbringt, ohne Wimperzucken im Laufe von elf Jahren zwei verschiedene Lesarten des gleichen Dokuments vorzulegen?

Ich muß hinzufügen, daß sich noch eine dritte Lesart des Gerstein-Dokuments in „*Das Dritte Reich und die Juden*" (1955, S. 101–115) findet. Diese dritte Lesart schließt ganze Absätze ein, die weder im einen noch im andern dieser beiden hier zu finden sind. Sie schließt auch andere ein, die sich im Gegensatz zu zahlreichen Stellen der einen und der anderen befindet. Und wie diese beiden hier trägt sie die Bemerkung: „Gleichwertig wiederhergestellt". Allerdings mit einem Zusatz: „Nach der deutschen historischen Zeitschrift *Vierteljahrshefte für Zeitgeschichte*, Nr. 2, April 1953."

Kein Zweifel also, daß, wenn er so fortfährt, er bald zum Unternehmer einer Fülle von „Gerstein-Dokumenten" werden wird, die alle ganz verschieden und untereinander widersprüchlich, jedoch alle „authentisch" sein werden! –

Als letzte Bemerkung: Keine der drei erwähnt eine Schätzung, die das Original enthält, und der entsprechend die jüdischen Opfer in Europa etwa 25 Millionen betragen.

Hier folgen die
zwei französischen Lesarten
des Gerstein-Dokuments in Gegenüberstellung

DAS DOKUMENT GERSTEIN

Erste französische Lesart, die Gerstein 1951 von Poliakov im „Bréviaire de la Haine" zugeschrieben wurde:

A. Einleitung von Poliakov

Die Opfer, die dies vor der Welt bezeugen könnten, sind nicht mehr da, die Henker sind gleichfalls verschwunden oder unter der Erde. Unter den wenigen Zeugnissen, die uns von der Tätigkeit in den Lagern überkommen sind, bringen wir hier die Aussage eines tragischen deutschen Widerstandshelden, dem Chemieingenieur Kurt Gerstein. Sein Bericht ist persönlich in stockendem Französisch niedergeschrieben. Wir haben im wesentlichen seinen Stil respektiert.

B. Text des Dokuments

Im Januar 1942 wurde ich zum Chef des technischen Desinfektionsdienstes der Waffen-SS ernannt, der auch eine Abteilung für gefährliche Giftgase einschloß.

In dieser Eigenschaft empfing ich am 8. Juni 1942 den Besuch des SS-Sturmführers Günther vom R. S. H. A., der in Zivil gekleidet war. Er war mir unbekannt. Er gab mir den Befehl, ihm umgehend 100 kg Blausäure für eine hochgeheime Aufgabe zu liefern und dies an einen Ort zu bringen, die nur dem Fahrer bekannt wäre.

Einige Wochen später fuhren wir nach Prag. Ich konnte mir ungefähr vorstellen, wozu die Blausäure dienen sollte und welcher Art der Auftrag war. Ich nahm jedoch an, da der Zufall mir so die Gelegenheit bot, die ich schon lange gesucht hatte, um einmal auf den Grund all dieser Dinge zu kommen. Ich besaß außer-

Forts. S. 118

DAS DOKUMENT GERSTEIN

Zweite französische Fassung, die 1961 vom Gericht in Jerusalem Gerstein zugeschrieben und vom gleichen Poliakov in *„Le Procès de Jérusalem"* der Öffentlichkeit übergeben wurde.

A. Einleitung des Gerichtshofes

Feststellung 124. Hier folgt eine Beschreibung aus der Feder eines Deutschen über den Vernichtungsvorgang im Lager Belzec, der dem von Treblinka sehr ähnlich ist. Der Verfasser ist ein Offizier der SS namens Gerstein, dem sein Wissen keine Ruhe ließ, und der seit 1942 versuchte, der Welt die Vorgänge zu entschleiern, die sich in den Vernichtungslagern zutrugen.

Gleich nach dem Kriege schrieb er das Dokument nieder, das wir jetzt verlesen werden, und gab es alliierten Offizieren. Wir werden auf die Übermittlungen Gersteins noch anderweitig zurückkommen. Im Augenblick wollen wir nur sagen, daß die Erklärungen Gersteins in allen Punkten durch die Zeugenaussagen, die wir gehört haben, bestätigt sind, so daß diese Beweise sich gegenseitig stützen. Wir erachten die Beschreibung, die Gerstein gemacht hat, als die Beschreibung dessen, was er tatsächlich gesehen hat. Hier das, was er geschrieben hat. (T/1309 [1]) N. B. – Dieses Dokument wurde von Gerstein auf französisch niedergeschrieben. Wir geben es gleichwertig wieder.

B. Text des Dokuments

(Das Dokument von 1951 wurde vom Jerusalemer Gericht ignoriert.) dem eine derartige Erfahrung mit Blausäure und so viel Autorität und Befugnis, daß es mir leichtfallen würde, die Blausäure unter irgendeinem Vorwand als unverwendbar zu erklären, z. B. infolge Zersetzung oder dergleichen, und so ihre Verwendung zu Vernichtungszwecken zu verhindern. Wir nahmen, auch mehr durch Zufall, den Professor Dr. med. Pfannenstiel, SS-Obersturmbannführer und Inhaber des Lehrstuhls für Hygiene an der Universität Marburg a. d. Lahn, mit uns. Wir fuhren hierauf mit dem Lastwagen nach Lublin (Polen). Dort erwartete uns der SSGruppenführer Globocnik. Beim Hüttenwerk von Collin ließ ich eigens verlauten, daß die Säure zum Töten von menschlichen Wesen bestimmt wäre. Am Nachmittag bezeigte ein Mann großes Interesse für unseren Lastwagen. Er flüchtete schleunigst, als er sich beobachtet fühlte. Globocnik sagte uns: „Dies ist eine der geheimsten Sachen, die es gibt, wenn nicht gar die geheimste. Wer darüber spricht, wird sofort erschossen. Gestern erst wurden zwei Schwätzer erschossen." Dann erklärte er uns:

„Augenblicklich – es war am 17. August 1942 – gibt es drei Einrichtungen:
1. Belzec, an der Straße Lublin–Lvov. Täglich Maximum 15 000 Personen.
2. Sobibor (ich weiß nicht genau wo), 20 000 Personen täglich.
3. Treblinka, etwa 120 km NNO von Warschau.
4. Maidanek bei Lublin (in Vorbereitung)."

Globocnik sagte: „Sie müssen dort die Desinfektion einer großen Masse jüdischer, polnischer und tschechischer Kleidungsstücke vornehmen usw. Ihre andere Aufgabe wird die Verbesserung unserer Gaskammern sein, die durch den Auspuff eines Dieselmotors funktionieren. Wir brauchen ein giftigeres Gas, das schneller wirkt, etwa wie Blausäure. Der Führer und Himmler – die vorgestern am 15. August hier waren – haben mir vorgeschrieben, alle die selbst zu begleiten, die die Einrichtungen sehen sollen."

Professor Pfannenstiel fragte ihn: „Aber was sagt denn der Führer dazu?" Globocnik antwortete: „Der Führer hat angeordnet, die ganze Aktion zu beschleunigen.

Dr. Herbert Linden, der gestern mit uns war, hat mich gefragt:

Forts. S. 120

Der Teil des Dokumentes
auf der linken Seite
wurde vom Jerusalemer
Gericht ignoriert

‚Aber wäre es denn nicht klüger, die Leichen zu verbrennen, anstatt sie zu beerdigen? Eine andere Generation könnte diese Dinge vielleicht anders beurteilen.' Ich antwortete: ‚Meine Herren, wenn es jemals nach uns eine derart schlappe Generation gäbe, die so weich wäre, daß sie unser so gutes und notwendiges Werk nicht verstünde, dann, meine Herren, wäre der Nationalsozialismus umsonst gewesen. Im Gegenteil: man müßte Bronzetafeln eingraben, auf denen zu lesen wäre, daß wir es waren, daß wir den Mut besessen hätten, dieses gewaltige Werk zu vollbringen!' Darauf sagte der Führer: ‚Jawohl, mein braver Globocnik, Sie haben recht.' " –

Am andern Morgen fuhren wir nach Belzec. Globocnik stellte mich SS...[12] vor, der mir die Einrichtung zeigte. An diesem Tage sah man keine Toten, aber ein pestilenzialischer Geruch lag über dem ganzen Bezirk. Neben dem Bahnhof stand eine große Baracke „Kleiderkammer" mit einem Schalter „Wertsachen". Etwas weiter war ein Raum mit etwa 100 Stühlen „Frisör". Dann kam ein offener Gang von etwa 150 m, der auf beiden Seiten mit Stacheldraht versehen war und Schildern: „Zu den Bädern und Inhalationsräumen". Vor uns lag eine Art Badehaus, rechts und links große Betonvasen mit Geranien und anderen Blumen, auf dem Dach den Davidstern. Auf dem Gebäude die Inschrift: „Stiftung Heckenholt".

Am nächsten Morgen meldet man mir kurz vor 7 Uhr:

In zehn Minuten kommt der erste Zug an! Und tatsächlich, wenige Minuten später kam ein Zug aus Lemberg: 45 Waggons mit mehr als 6000 Menschen. Zweihundert Ukrainer, zu diesem

Forts S. 122

Der Teil des Dokumentes auf der linken Seite wurde durch das Jerusalemer Gericht ignoriert

„Andern Tags fuhren wir nach Belzec. Ein kleiner Sonderbahnhof mit zwei Bahnsteigen erhebt sich auf dem gelben Sandhügel genau im Norden der Straße und der Eisenbahn. Im Süden stehn an der Landstraße einige Diensthäuser mit dem Anschlag: ‚Dienststelle Belzec der SS-Armee.' Globocnik stellte mich dem SS-Hauptsturmführer Obermeyer aus Pirmasens vor, der mir mit großer Zurückhaltung die Anlage zeigte. An diesem Tage sah man keine Toten, aber der Geruch des ganzen Bezirkes, auch der großen Landstraße, war pestilenzialisch. Neben dem kleinen Bahnhof stand eine große Baracke ‚Kleiderkammer' mit einem Schalter ‚Wertsachen'. Dann eine Stube von 100 Stühlen ‚Friseur'. Dann ein offener Gang, Stacheldraht auf beiden Seiten, mit Schildern ‚Zu den Bädern und Inhalatorien'!

---

[12] Dieser Name ist schlecht zu lesen. Wirth? sagt eine Anmerkung von Poliakov.

Vor uns ein Haus wie ein Badehaus; rechts und links große Betontöpfe mit Geranien und anderen Blumen. Nachdem man eine kleine Leiter hinaufgestiegen war, rechts und links je drei Räume wie Garagen, 4 X 5 m, 1,90 m hoch. Im Hintergrund, unsichtbare Holztüren. Auf dem Dach ein kupferner Davidstern. Am Kopf des Gebäudes die Inschrift ‚Stiftung Heckenholt'.

An diesem Nachmittag habe ich nichts weiter gesehen.

Am andern Morgen kündigte man mir einige Minuten vor 7 Uhr an: ‚In zehn Minuten wird der Zug ankommen.'

Tatsächlich erschien der erste Zug aus Lemberg wenige Minuten später. 45 Waggons mit 6700 Personen. 1450 waren bereits bei der Ankunft tot.

Dienst beordert, rissen die Türen heraus und jagten die Juden mit Lederpeitschen aus den Wageninneren. Ein Lautsprecher gab Anweisung: Ablegen aller Kleider, auch der Prothesen und Brillen. Alle Wertsachen und Geld am Schalter niederlegen. Frauen und Mädchen lassen sich beim Frisör die Haare abschneiden. (Ein Unterführer der SS sagte mir: „Das ist, um besondere Sachen für die Ausrüstung der Unterseeboote herzustellen.")

Dann begann der Marsch. Rechts und links die Baracken, dahinter zwei Dutzend Ukrainer mit Gewehren. Sie nahten. Wirth und ich selbst standen vor den Todeskammern. Völlig nackt kamen sie an uns vorbei: Männer, Frauen, Kinder und Greise. In der Ecke stand ein großer SS-Mann und sagte in pastoralem Ton zu den Unglücklichen: „Es wird euch nichts Unangenehmes geschehen. Ihr müßt nur recht tief einatmen. Das stärkt die Lungen und ist ein Mittel, ansteckende Krankheiten zu verhindern. Es ist eine gute Desinfektion!" Sie fragten, was denn ihr weiteres Schicksal sein würde. Er antwortete: Die Männer werden arbeiten, Häuser und Straßen bauen. Die Frauen werden nicht gezwungen. Sie werden sich des Haushaltes und der Küche annehmen."

Das war sicherlich für diese armen Menschen eine letzte kleine Hoffnung, genügend, um sie ohne Widerstand in die Todeskammern zu führen. Die Mehrzahl wußte Bescheid, der Geruch sagte ihnen alles. Sie steigen eine kleine Holzleiter hinauf und treten in die Todeskammern ein, die meisten ohne ein Wort zu sagen, gestoßen von denen, die ihnen folgen. Eine Jüdin von etwa vierzig Jahren verflucht mit flammenden Augen die Mörder, erhält einige

Peitschenhiebe durch Hauptmann Wirth persönlich, dann verschwindet sie in der Gaskammer. Viele beten, andere fragen:

„Wer wird uns Wasser zum Sterben geben?" (jüdischer Ritus). In den Kammern preßt die SS die Leute zusammen. „Gut füllen", hat Wirth angeordnet. 700–800 auf 93 qm. Die Türen schließen sich. In diesem Augenblick verstehe ich den Sinn der Hinter kleinen, stacheldrahtvergitterten Fenstern Kinder, gelb und voller Furcht, Frauen, Männer.

Der Zug hält: 200 Ukrainer, zu diesem Dienst gezwungen, reißen die Türen heraus, und jagen die Insassen mit Lederpeitschen aus den Wagen. Dann gibt ein großer Lautsprecher Anweisungen: ‚Im Freien und in der Baracke alle Kleidung ausziehen, auch Prothesen und Brillen. Mit kleinen Strippen, die ein vierjähriger jüdischer Knabe anbietet, die Fußbekleidung zusammenbinden. Alle Wertsachen und Geld am Schalter abgeben.' Die Wertsachen ohne Gutschein, ohne Quittung. Dann die Frauen und Mädchen zum Friseur, mit ein oder zwei Scherenschnitten die Haare abschneiden, die in großen Kartoffelsäcken verschwinden. ‚Um etwas daraus zu machen, Besonderheiten für die Unterseeboote, Dichtungen usw.', sagt mir der SS-Unterscharführer vom Dienst.

Dann beginnt der Marsch: Rechts und links die Eisengitter, im Rücken zwei Dutzend Ukrainer. Sie nahen, von einem außergewöhnlich schönen jungen Mädchen angeführt. Ich selbst befinde mich mit Hauptmann Wirth und Polizei vor den Todeskammern. Völlig nackt die Männer, die Frauen, die jungen Mädchen, die Kinder, die Säuglinge, die Einbeinigen, alle kommen nackt vorbei. In einer Ecke sagt ein starker SS-Mann in pastoralem Ton: ‚Es geschieht Euch nichts als stark einzuatmen, das stärkt die Lungen. Diese Inhalation ist notwendig, um ansteckende Krankheiten zu verhüten. Es ist eine gute Desinfektion!' – Auf die Frage, was ihr Schicksal sein würde, sagte er ihnen: ‚Die Männer müssen natürlich arbeiten, Straßen und Häuser bauen. Aber die Frauen sind zu nichts verpflichtet. Nur wenn sie wollen können sie in der Hauswirtschaft oder in der Küche helfen.' – Für einige dieser armen Menschen mag es noch einmal eine kleine Hoffnung gewesen sein, genügend, um sie ohne Widerstand in die Todeskammern zu bringen. Die Mehrzahl weiß alles, der Geruch weist ihnen ihr Geschick! – Dann steigen sie die kleine Leiter hinauf und – sehen die Wahrheit! Mütter, Ammen mit den Säuglingen an der Brust, nackt, viele Kinder aller Altersstufen – nackt – sie zögern, aber sie treten in Überschrift „Heckenholt". Heckenholt, das ist der Heizer des Diesels, dessen Auspuffgase dazu bestimmt sind, die Unglücklichen zu töten. SS-Unterscharführer Heckenholt bemüht sich, den Motor in Gang zu setzen. Aber er geht nicht. Hauptmann Wirth erscheint. Man sieht, daß er Angst hat, weil ich dem Unheil beiwohne. Ja, ich sehe alles und warte ab. Meine Stoppuhr hat das ganze festgehalten. 50 Minuten, 70 Minuten, der Diesel springt nicht an. Die Menschen warten in den Gaskammern. Vergebens. Man hört sie weinen. „Wie in der Synagoge", sagt Professor Pfannenstiel, das Auge am Türfenster. Hauptmann Wirth schlägt wütend mit der Peitsche nach einem Ukrainer, der Heckenholts Helfer ist. Nach 2 Stunden und 49 Minuten – die Uhr hat alles festgehalten – setzt der Diesel sich endlich in Bewegung. 25 Minuten vergehen. Viele sind bereits tot. Man sieht es durch das Fensterchen, denn eine elektrische Lampe erleuchtet einen Augenblick das Innere der Kammer.

Nach 32 Minuten sind endlich alle tot! Auf der anderen Seite öffnen jüdische Arbeiter die Holztüren. Man hat ihnen versprochen – für ihre entsetzliche Arbeit – das Leben zu behalten, ebenso wie einen kleinen Prozentsatz der gefundenen Wertgegenstände und des Geldes. Die Menschen stehen noch immer wie Basaltklötze aufrecht, da sie nicht den geringsten Platz zum Umfallen haben. Noch im Tode erkennt man die Familien, die sich an den Händen halten. Man hat Mühe, sie zu trennen, um die Kammern für die nächsten Transporte zu räumen. Man wirft die Körper hinaus, die blau und naß von Schweiß und Urin sind, die Beine voll Kot und periodischem Blut. Zwei Dutzend Arbeiter bemühen sich, die Münder zu untersuchen, die sie mit Eisenhaken öffnen. „Gold nach links, kein Gold nach rechts." Andere untersuchen After und Genitalien, um Geld, Diamanten usw. zu finden... Zahnärzte reißen mit Hämmern Goldzähne, Brücken und Kronen heraus. Inmitten steht Hauptmann Wirth. Er ist in seinem Element, und indem er mir eine große Konservendose zeigt, die mit Zähnen gefüllt ist, sagt er zu mir:

– „Sehen Sie selbst, welche Menge Gold. Das ist allein von gestern und vorgestern! Sie können sich gar nicht vorstellen, die Todeskammern ein, die meisten ohne ein Wort zu sagen, von den andern vorwärts geschoben, aufgeregt durch die Peitschen der SS.

Eine Jüdin, etwa 40 Jahre alt, beschwört mit flammenden Augen das Blut ihrer Kinder auf ihre Mörder herab. Fünf Peitschenhiebe ins

Gesicht durch den Polizeihauptmann Wirth persönlich lassen sie in der Gaskammer verschwinden. Viele beten, andere sagen: ‚Wer gibt uns das Wasser des Todes?' (jüdisches Ritual). In den Kammern drängt die SS die Leute zusammen. ‚Gut füllen', hat Hauptmann Wirth angeordnet. Die nackten Menschen treten einander auf die Füße. 700–800 auf 25 Meter im Quadrat zu 45 cbm! – Die Türen schließen sich. Derweilen wartet der Rest des Zuges nackt. Man sagt mir: – ‚Auch im Winter nackt.'

– ‚Aber sie können sich doch nicht den Tod holen!' – ‚Dafür sind sie doch hier', ist die Antwort! In diesem Augenblick begreife ich, weshalb ‚Stiftung Heckenholt'. – Heckenholt ist der Heizer des Diesels, dessen Ausdünstungen dazu bestimmt sind, die Unglücklichen zu töten! SS-Unterscharführer Heckenholt gibt sich einige Mühe, den Diesel in Gang zu bringen. Aber er springt nicht an. Hauptmann Wirth kommt. Man sieht, daß er Angst hat, weil ich das Mißgeschick sehe. Ja, ich sehe alles, ich warte. Meine Stoppuhr hat alles festgehalten. 50 Minuten, 70 Minuten, der Diesel läuft nicht! – Die Menschen warten in ihren Gaskammern. Vergeblich. Man hört sie weinen ‚wie in der Synagoge', sagt der SS-Sturmbannführer Professor Pfannenstiel, Ordinarius für Hygiene an der Universität Marburg a. d. Lahn, das Ohr an der Holztür. Der wütende Hauptmann Wirth schlägt dem Ukrainer, der Heckenholt hilft, 11-, 12mal mit der Peitsche ins Gesicht. – Nach zwei Stunden und vierzig Minuten – die Stoppuhr hat alles festgehalten – beginnt der Diesel. Bis zu diesem Augenblick leben die Menschen in den 4 bereits gefüllten Kammern, leben 4 mal 750 Personen in 4 mal 45 cbm! – Wieder vergehen 25 Minuten. Viele sind in der Tat gestorben. Das sieht man durch das kleine Fenster, durch das eine elektrische Lampe für einen Augenblick das Innere der Kammer sehen läßt. Nach 28 Minuten leben nur noch wenige. Nach 32 Minuten sind endwas wir jeden Tag finden an Dollar, Diamanten und Gold! Sie werden es selbst sehen!" Dann führte er mich zu einem Goldschmied, der all diese Werte in Verwahrung hatte. Man zeigte mir noch einen Chef des großen Berliner „Kaufhaus des Westens" und einen kleinen Mann, den man Geige spielen ließ: beide Chefs der jüdischen Arbeitskommandos. – „Der ist ein Hauptmann der österreichischen Armee, Ritter des deutschen Eisernen Kreuzes", sagte mir Wirth.

lich alle tot! – Auf der anderen Seite öffnen die jüdischen Arbeiter die Holztüren. Man hat ihnen versprochen – für ihre schreckliche

Arbeit –, daß sie frei sein würden und ein paar Prozente der Wertsachen und des Geldes erhalten würden, die sie fänden. Wie Basaltkolonnen stehen die Toten noch aufrecht, da nicht der geringste Platz zum Fallen oder Neigen vorhanden ist.

Selbst im Tode kann man noch die Familien erkennen, die sich die Hände drücken. Man hat Mühe, sie zu trennen, um die Kammern für die nächste Ladung leerzumachen."

C. ABSCHLUSS VON POLIAKOV

„Anschließend wurden die Körper in eine große Grube von ungefähr 100 X 20 X 12 m geworfen, die in der Nähe der Gaskammern lag. Nach einigen Tagen blähten die Körper sich auf und das Ganze hob sich um 2–3 m durch das Gas, das sich in den Leichen bildete. Einige Tage später hörten die Blähungen auf, die Körper sackten zusammen. Späterhin hat man die Leichen auf Eisenbahnschienen mit Hilfe von Dieselöl verbrannt, um sie verschwinden zu lassen, wie man mir sagte..."

Dieser Beschreibung, die gleichzeitig für Treblinka und Sobibor gilt, bleibt nicht viel hinzuzufügen. Die Einrichtungen waren in genau der gleichen Weise geartet, und das Kohlenoxydgas, das von einem Dieselmotor geliefert wurde, war die angenommene Weise, den Tod herbeizuführen. In Maidanek, das später eingerichtet wurde, und das bis zum letzten Tage der deutschen Besetzung bestand, wurde die Vernichtung durch Blausäure (Cyclon B) in der Art wie in Auschwitz gehandhabt. Andererseits haben wir gehört, daß Maidanek kein ausgesprochenes Vernichtungslager war.

Die Arbeit der *Polnischen Kommission für Kriegsverbrechen* hat ergeben, daß die Gesamtzahl der Opfer sich auf etwa 600 000 für Belzec, 250 000 für Sobidor, mehr als 700 000 für Treblinka und 300 000 für Chelmno beläuft. Zu 90 % waren es polnische Juden, doch gab es keine europäische Nation, die nicht innerhalb der verbleibenden 8–10 % vertreten gewesen wäre. Zumindest wurden von den 110 000 deportierten Juden aus den Niederlanden 34 000 in Sobibor vernichtet.

Nach neun Monaten intensivster Aktivität hörte das Lager von Belzec im Dezember 1942 zu arbeiten auf. Im Herbst 1943, als die „Endlösung" in Polen praktisch vollendet war, wurden Treblinka und Sobidor gleichzeitig aufgelöst, ihre Spuren nach Möglichkeit verwischt, die Gebäude abgerissen oder zerstört, und das Gelände sorgfältig aufgeforstet. Nur das Lager von Chelmno, das erste von allen, funktionierte ohne Unterbrechung bis zum Oktober 1944 und wurde erst im Januar 1945 aufgelöst.

C. ABSCHLUSS DES GERICHTSHOFES VON JERUSALEM

Aus dem Bericht der polnischen Kommission, die das Lager Belzec gerichtlich untersuchte, geht hervor (T. 1316), daß das Lager hauptsächlich zur Vernichtung der Juden aus SüdostPolen diente; aber tschechische, österreichische, rumänische, ungarische und deutsche Juden wurden dort ebenfalls getötet. Die Kommission schätzt die Zahl der in Belzec getöteten Personen auf mindestens 600 000.

125 – Die Zeugenaussagen über das Lager von Sobibor haben ein ähnliches Bild wie das von den Lagern Treblinka und Belzec ergeben. Die dort getöteten Juden kamen aus Polen und den von den Deutschen besetzten Gebieten in Sowjet-Rußland, der Tschechoslowakei, der Slowakei, Österreich und Deutschland. Das Lager wurde infolge einer Revolte der jüdischen Gefangenen, die im Oktober 1943 ausbrach, aufgelöst. Laut Schätzung der polnischen Kommission kamen dort mindestens 250 000 Personen um.

126 – Das Lager Maidanek, ein großes Konzentrationslager nahe Lublin, diente ebenfalls als Vernichtungsort für Juden. Sie wurden dort durch Erschießen und durch Gas getötet. Der Zeuge Joseph Reznik hat uns über ein (Verhör 64) Blutbad durch Juden-Erschießung berichtet, das im November im 5. Feld von Maidanek stattgefunden hätte. Im Bericht der polnischen Kommission findet man die Zahl der Opfer, die an einem einzigen Tage, dem 3. November 1943, getötet wurden, mit 18 000 Juden angegeben. Auch in Maidanek waren Gaskammern eingerichtet. Dorthin wurden Juden aus Polen, der Tschechoslowakei, der Slowakei, Westund Süd-Europa deportiert. Die Kommission schätzt die Zahl der Juden, die dort umkamen, auf 200 000. Das Lager Maidanek hatte Filialen, deren eine, das Lager Travniki, bereits erwähnt wurde als der Schicksalsort der deutschen Judentransporte.

N.B. – Das Manuskript dieser Studie war im Druck, als der Skandal mit dem „*Stellvertreter*" in Paris ausbrach. Ich schrieb an die Zeitung „*Le Monde*", die das Stück unterstützte, daß das Dokument Gerstein ein historischer Fehler wäre, und zwar derart falsch, daß sogar das Nürnberger Gericht es am 30. Januar 1946 als nicht rechtsgültig abgelehnt habe. „*Le Monde*" (26. 12. 1963) veröffentlichte die Information, die ich ihr gegeben hatte, und ließ ihr folgenden Kommentar folgen:

„Es stimmt, daß der Präsident des Nürnberger Prozesses dies von der französischen Anklage eingebrachte Beweisstück ablehnte. Da es aus den Akten der amerikanischen Delegation herausgenommen worden war, war es noch nicht durch Eid rechtskräftig gemacht. Das geschah am 30. Januar 1946 während der Vormittagsverhandlungen. Bei den Nachmittagsverhandlungen aber erklärte der englische Generalanwalt, Sir Maxwell-Fyfe, daß dieser Bericht ebenso wie alle aus der Serie PS durch amerikanische Offiziere glaubwürdig gemacht worden wären. Daraufhin entschied das Gericht, sie in Betracht zu ziehen."

Wiederum schrieb ich an „*Le Monde*", um ihm klarzumachen, daß „von amerikanischen Offizieren für glaubwürdig erklärt" und „in Betracht ziehen" nicht „als Belastungsmaterial einbehalten" bedeute. Ich führte aus:

1. Was die fragliche Nachmittags-Sitzung anbelangt, so war in Übereinkunft vom Gerichtspräsidenten und Herrn Dubost entschieden worden (Gerichtsverh. Bd. VI, S. 401), daß das Dokument PS 1553 lediglich aus 12 Rechnungen über Cyclon B bestände und daß das Gerstein-Dokument nicht dazugehöre. Es war lediglich von Herrn Dubost mit folgendem Satz eingeführt worden: „Dem Dokument 1553–PS (sic) sind die Aussage Gersteins sowie die Erklärungen des Chefs der amerikanischen Dienststelle, die diese Dokumente gefunden hat, *beigefügt*"...

2. Alle PS-Dokumente, die von den „amerikanischen Offizieren für glaubwürdig erklärt" worden waren, wurden dies nicht etwa zwangsläufig auch vom Gericht – weit gefehlt! – Diese letzteren wurden alle entweder in einem der Bücher über die Debatten aufgeführt oder in der Dokumentenliste (Bd. XXIV). Die Erklärung Gersteins ist nicht darin zu finden. Tatsache ist, das, was vom Dokument PS 1553 vom Tribunal zurückbehalten worden ist, befindet sich in Band XXVII, S. 340–342: Dort findet man lediglich

zwei Rechnungen über Cyclon B (von 12), aber kein Wort von der Erklärung Gersteins.

Am 30. 12. 1963 antwortete mir Herr Jaques Fauvet, daß die Aussage Gersteins tatsächlich nicht in Betracht gezogen worden wäre, aber daß er... zögere, die Auseinandersetzung fortzusetzen.

Kurzum: Ich hatte recht, aber die Leser von „*Le Monde*" durften das nicht wissen. Der Streit blieb in ihren Spalten offen, aber nur für jene, die an Wohlbegründetheit der Beweise des Stückes glaubten.

So läuft die Maschinerie der öffentlichen Meinungsmache. Kommentar überflüssig.

3. KAPITEL

STATISTIK: SECHS MILLIONEN ODER...?

Verfolgen wir einmal den Weg der Geschichte zurück. In fünfzehn Jahren der Nachforschung bin ich zu folgendem Schluß gekommen: 1943 wurde das nationalsozialistische Deutschland zum ersten Mal beschuldigt, systematisch und in großem Stil Juden in Gaskammern zu vernichten. Der Urheber dieser ersten, schrecklichen und infamen Anklage war ein nach England geflüchteter polnischer Jude, seines Zeichens Jurist: Professor Rafael Lemkin. Er veröffentlichte sie in jenem Jahr in London in einem englisch geschriebenen Buch: „*Axis rule in occupied Europe*". Zunächst scheint dieses Buch nicht ernst genommen worden zu sein: als ich im November 1943 von der Gestapo festgenommen wurde, war es bei den Bestunterrichteten der französischen Widerstandsbewegung noch völlig unbekannt, und ich hörte zum ersten Male im Lager Dora, etwa Mitte 1944, von Gaskammern sprechen. 1945–46 jedoch war „*Axis rule in occupied Europe*" Gesprächsgegenstand im Hintergrund des großen Kriegsverbrecherprozesses in Nürnberg, wo es als Belastung für Seyß-Inquart (Bd. XIX, S. 72 und 95) genannt wurde, und der Gesichtspunkt, unter dem es verteidigt wurde, stützte sich auf den Bericht Kasztner über die Tragödie der ungarischen Juden, der gleichfalls Gegenstand sämtlicher Gespräche im Hintergrund des Prozesses bildete. Man muß immer wieder herausstellen, daß erst, als der französische Ankläger Dubost am 30. Januar 1946 seine Entdeckung des Gerstein-Dokumentes veröffentlichte, diese an Wichtigkeit gewannen. Tatsächlich fingen erst seit diesem Tage die Gaskammern in der Weltpresse zu tanzen an, und zwar in allen Tonarten und allen Teufelsrhythmen. Diese freche Sarabande voller falscher Tritte ist seitdem nie mehr zum Stillstand gekommen.

Versuchen wir, die Tatsachen zu rekonstruieren. Bis zum 30. Januar 1946 besaßen die öffentlichen Ministerien und die Nürnberger Richter außer „*Axis rule in occupied Europe*" und den Bericht Kasztner, die lediglich Zeugnisse aus zweiter Hand waren, nichts weiter als einige direkte Zeugenaussagen, die juristisch gesehen nicht viel glaubwürdiger waren, in der Art, wie sie von ihren Verfassern hervorgebracht wurden. All diese Leute waren zwar in Auschwitz interniert gewesen, aber sie kannten weder die Gaskammern, noch wußten sie, wie sie benützt worden waren und hatten nur von ihren „glaubwürdigen" Mitgefangenen darüber gehört, deren Namen sie für gewöhnlich nicht nannten, oder die gestorben waren, falls sie sie nannten. Also mithin auch Aussagen aus zweiter Hand. Von der gleichen Sorte war die von Dr. Benedikt Kautsky[13], der zwar nicht vor den Schranken des Gerichts erschien, jedoch, wie man gesehen hat, ein Buch schrieb, der in dieser Weise Zeugnis ablegte und seine Stunde kurzer Berühmtheit erlangte. Oder das Zeugnis von Frau Vaillant-Couturier, die im Januar 1943 im Lager Auschwitz ankam, die Kommunistin war und daher ins Hospital „gesperrt" wurde, wo sie eine wichtige Rolle in der Selbstverwaltung spielte und auf die Frage, ob das Hospital im Krankheitsfalle auch den Jüdinnen offengestanden hätte, dem französischen Ankläger Dubost kalt erklärte: „Nein, als wir ankamen, war es den jüdischen Frauen untersagt, sie wurden direkt in die Gaskammer geführt" (I. M. T. Bd. VI, S. 235). Meines Wissens wurde niemals vor Gericht ein so falsches Zeugnis mit so viel Ruhe vorgebracht, denn im Januar 1943 gab es in Auschwitz gar keine Gaskammern – wenn es dort überhaupt jemals welche gegeben hat! – Die offizielle Lesart ist, daß sie erst Ende Februar 1943 dort eingerichtet worden sind (Dok. N. O. 4463). Aber man könnte nie aufhören, wollte man all die falschen Zeugnisse dieser Art aufzählen. Immerhin hatte man mit dem Dokument Gerstein zum ersten Mal ein Zeugnis aus erster Hand.

War er tot? Ja, aber er hatte eine Erklärung niedergeschrieben oder zumindest unterzeichnet – wenigstens behauptete man das. Diese Erklärung bezog sich nicht auf Auschwitz? Nein, wenigstens für das, was er gesehen hatte. Aber die Rechnungen für Cyclon B, die für dieses Lager ausgestellt waren, waren dem angefügt, und außerdem trugen seine Beschreibungen der Vernichtung durch Gas ein derartiges Maß von Entsetzen, daß die beim Prozeß zugelassenen Journalisten beschlossen, daß der Feldzug über dieses Thema nun zu laufen beginnen könne. Die Richter selbst maßen dem allem viel weniger Wichtigkeit bei, aber sie ließen den Journalisten freie Hand, und wenn sie sie auch nicht grade ermutigten, so dementierten sie doch ihre Ausführungen nicht wie z. B. im Falle des Gerstein-

---

[13] Cf. P. Rassinier, „*Zum Fall Eichmann: Was ist Wahrheit?*", Druffel-Verlag, 1963, S. 89.

Dokumentes, das sie der öffentlichen Meinung als zugelassenes Zeugnis präsentierten, trotzdem es doch ausdrücklich zurückgewiesen worden war (cf. vorhergehendes Kapitel).

Das Buch von Herrn Benedikt Kautzky erschien erst im Jahre 1946: es kann darin also nicht mehr die Rede vom großen Kriegsverbrecherprozeß sein. Als Zeuge aus zweiter Hand wäre er zudem keine große Unterstützung betreffend der Gaskammern gewesen. Um über die Vergasungen im Lager von Auschwitz eine ebenso genaue Beschreibung zu erhalten wie das Gerstein-Dokument sie für das Lager Belzec geliefert hat, mußte man erst das Jahr 1951 abwarten und das Buch *„Médecin à Auschwitz"* des Dr. Miklos Nyiszli, von dem man nach dem vorhergegangenen Kapitel ebenfalls weiß, was man zu halten hat. Seither nichts mehr: keinerlei *Augenzeugen*. Die Literatur über die Konzentrationslager, die Historiker vom Typ Rothfels, Golo Mann und Raul Hilberg, die *Kommission für Kriegsverbrechen in Warschau* und das *Zeitgenössische jüdische Dokumentationszentrum*, ihre Propagandisten wie Poliakov und Hannah Arendt, das *Institut für Zeitgeschichte* in München und die Seiltänzer und Schausteller wie Piskator (dem Inszenierer des *„Stellvertreter"* des genannten Hochhut) haben m. W. nichts weiter als diese beiden hervorbringen können, und die, wie ich bewiesen zu haben glaube, untergeschoben sind.

Nachdem es nicht gelungen war, etwas Greifbares über Regierungsbefehle für Vernichtung durch Gas zu erlangen, hatten die Ritter der Anklage ebensowenig Glück damit, die Verwüstungen menschlichen Lebens mit Zahlen zu belegen. Im großen Kriegsverbrecherprozeß 1945–46 fanden sie sich in folgender Lage:

– Professor Rafael Lemkin sagte nur: „Millionen".

– Dr. Rudolf Kasztner sprach nur von ungarischen Juden, deren Zahl er auf 800 000 schätzte (S. 1 seines Berichtes), und nahm an (S.8), „daß 500 000 zwischen dem 15. Mai 1944 und Anfang Juli auf der Strecke Kaschau–Oderberg deportiert worden wären". – Anfang Juli, d. h. der 7te, sagt er später etwas genauer.

– Die angegebenen Zahlen des Gerstein-Dokuments grenzen an derart astronomische Ergebnisse, daß sie absolut unbrauchbar waren. (Es ist vielleicht nicht überflüssig, daran zu erinnern, daß der Rest seines Inhalts zu jenem Zeitpunkt nur von der Presse verwandt wurde, nachdem das Präsidium des Gerichtshofes sogar abgelehnt hatte, es sich vom französischen Ankläger Dubost auch nur vorlesen zu lassen.)

– Glücklicherweise fand man Hoettl und Wisliceny, die unter den bekannten Umständen, der eine von 6 Millionen und der andere von 5 Millionen sprachen, Schätzungen, die sie von Eichmann gehört haben wollten.

Unter solchen Bedingungen hat der Hauptankläger Jackson, wie man weiß, am 21. November 1945 in seinem Antrag erklärt:

„Von 9,6 Millionen Juden, die in dem von den Nazis beherrschten Europa lebten, sind nach amtlichen Schätzungen sechzig von hundert umgekommen. 5,7 Millionen Juden werden in den Ländern, in denen sie früher lebten, vermißt. Über 4,5 Millionen davon lassen sich weder durch normale Sterblichkeit oder Auswanderung erklären" (I. M. T., Bd. II, Seite 140).

Daraus wurde abschließend die Anklage: 4 500 000 Vernichtete.

Aber es ist nicht recht ersichtlich, wie Herr Justice Jackson zwischen dem 8. Mai und dem 21. November 1945 „nach amtlichen Schätzungen" gekommen sein kann. In diesem Zeitverlauf hatte keinerlei offizielle Volkszählung stattgefunden – wie wäre eine solche auch möglich gewesen bei einem derartigen Chaos durch die Verhältnisse umhergeschobener Bevölkerungen, die in jeder Hinsicht in Bewegung waren. Es handelt sich hier also ganz offensichtlich um eine rein mutmaßliche Schätzung. Wie dem auch sei: das Urteil über die großen Kriegsverbrecher stützte sich nicht darauf, und die Weltpresse hielt die Aussage von Hoettl aufrecht. Mit Ausnahme des Herrn Gerald Reitlinger, der als einziger zu einem Resultat gekommen ist, das mit dem von Herrn Justice Jackson übereinstimmt (4 200 000 bis 4 600 000), hat sich alles so abgespielt, als sei die Schätzung Hoettls nach Eichmann begründet. Alle anderen Statistiker, die in der Geisteshaltung der *Warschauer Kommission*, der *Zentralstelle für zeitgenössische jüdische Dokumentation* und dem *Institut für Zeitgeschichte* in München über den Zahlen gearbeitet haben, hatten niemals ein anderes Ziel, als zu beweisen, daß die Schätzungen von Hoettl und Wisliceny mit der Wahrheit übereinstimmten. Vor allem ist aber eins bemerkenswert: wenn sie auch alle zu einem globalen Ergebnis um diese 6 Millionen kommen, so kommen sie doch keineswegs auf dem gleichen Wege dazu. Die Aufteilung dieses globalen Ergebnisses, das die einzelnen Länder nachweisen, weicht fast in allen Fällen wesentlich voneinander ab. Der auffälligste dieser

Unterschiede scheint mir aus Polen zu kommen, wo Herr Shalom Baron, Inhaber des Lehrstuhls für jüdische Geschichte an der Universität Columbia seit dem Einmarsch der russischen Truppen in dieses Land 700 000 überlebende Juden fand (seine Erklärung vom 24. April 1961 im Eichmannprozeß), die *Zentralstelle für zeitgenössische jüdische Dokumentation* in Paris 500 000 (Mitteilung an den *Figaro Littéraire* vom 4. Juni 1960), das *Institut für Jüdische Angelegenheiten* 400 000 *("Eichmann's Confederates and the Third Reich Hierarchy"*, op. cit. S. 59) und Herr Raul Hilberg, der nur 50 000 fand. *(The Destruction of the European Jews*, S. 670.) Die Aufteilung nach Lager oder nach Vernichtungssektor ist auch nicht die gleiche und bietet ebenso beträchtliche Unterschiede, je nachdem man sich auf einen oder den anderen dieser seltsamen Statistiker bezieht. Beispiele:

– 4 000 000 ungefähr in Auschwitz, der Rest in anderen Vernichtungslagern oder im Kampf mit den Einsatzgruppen, sagen uns Poliakov, Olga Wormser, Henri Michel usw.... Diese Aufteilung hält sich offenbar an das Urteil von Warschau, das Hoeß zum Tod durch Erhängen verurteilte unter der Anklage, er habe 2 812 000 Personen, davon 2 500 000 Juden, von Mai 1940 bis Dezember 1943 in Auschwitz umkommen lassen, was nicht so sehr weit von 4 Millionen entfernt sein dürfte im Hinblick auf die Gesamtdauer des Lagers.

– 1 950 000 für alle Lager, davon 1 Million für Auschwitz (900 000 berichtigt das *Institut für jüdische Angelegenheiten*), 1 400 000 durch die Einsatzgruppen und den Rest im Feldzug („Mobile Operationen"), sagt uns Herr Raul Hilberg (op. cit., cf. Kap. I, S. 18). Man muß dabei herausstellen, daß er selbst nicht ganz genau weiß, ob er zu einer Gesamtzahl von 5 100 000 (S. 767) oder 5 419 000 (S. 670) kommen soll.

– Für alle Lager außer Auschwitz 950 000, sagt uns Herr Raul Hilberg, aber die *Warschauer Kommission* und das Urteil des *Jerusalemer Gerichts* sagen 2 050 000 für die fünf anderen der sechs (Chelmno, Belzec, Sobibor, Maidanek und Treblinka).

Dies alles sagt genug über die Ernsthaftigkeit dieser Berechnungen aus und über die Glaubwürdigkeit der Dokumente, auf die sie sich stützen. Diese sind für alle Statistiker die gleichen, sprechen aber für jeden von ihnen eine andere Sprache. Einig sind sie sich lediglich im Gesamtergebnis der jüdischen Verluste, wenn sie ihre Zusammenrechnung von 5–6 Millionen Menschenleben machen –

ausgenommen Reitlinger, der etwas bescheidener ist, und Poliakov, der „zwischen 5 und 7 Millionen" sagt *(„Das Dritte Reich und die Juden")*, um sich dann endlich in die 6 Millionen einzureihen als der mittleren Berechnung der beiden. Man wird die Eigentümlichkeit dieser Methode noch bewundern können!

Der Leser wird leicht begreifen, daß ich angesichts dieses außerordentlichen Durcheinanders von widersprüchlichen Berechnungen lieber versucht habe, mit Hilfe original-jüdischer Statistiken die Weltbevölkerung der Juden von 1946 Land für Land mit der von 1933 vor Beginn der Machtübernahme des Nationalsozialismus in Deutschland zu vergleichen, anstatt jeder Behauptung und jeder Berechnung einzeln nachzugehen. Zu Recht oder Unrecht erschien mir dieses Vorgehen das beste und wegbereitendste Mittel zu sein, die schamlosen Fälschungen der *Warschauer Kommission,* der *Weltzentrale für zeitgenössische jüdische Dokumentation,* des *Instituts für Zeitgeschichte* in München und all ihrer Zuträger, Literaten, Seiltänzer, Schausteller, Historiker und anderer – ob Juden oder nicht – aufzuzeigen. Daß die statistischen Angaben, die nun folgen sollen, nicht bis auf das kleinste Detail genau angesehen werden können, wird der Leser ebenso leicht begreifen, nehme ich an. Hinsichtlich der Bevölkerungszahlen kann man immer nur zu annähernden Schlüssen kommen, wenn die Statistiken nur auf den Befragungen interessierter Kreise und auf fragwürdigen Antworten beruhen, weil die Zivilbehörden in einer Anzahl von Ländern entweder nicht in Ordnung oder gar nicht vorhanden waren.

Was die jüdische Bevölkerung anbelangt, so hat sie seit den Tagen des Herodes eine instinktive Abneigung gegen Volkszählungen gehabt, was eine andere Möglichkeit des Irrtums in sich birgt. Diese beiden Vorbehalte sind unveränderliche Größen, die alle Statistiken zur Ungenauigkeit verurteilen. Es genügt jedoch, wie alle Statistiker zugeben, wenn zwei oder mehrere Statistiken gleichen Ursprungs sind, damit die verschiedenen Schlüsse, die man durch Differenz etwa daraus zieht, nur einen kleinen Irrtum darstellen, den man als unbedeutend ansehen kann.

Dies sei vorausgeschickt. Was steht nun im Juli 1963 zur Frage?

I. Nachkriegs-Statistik

Im Jahre 1951 veröffentlichte der *World Almanac* eine Statistik, aus der hervorging, daß es in der Welt nur noch 11 303 350 Juden gegenüber 16 643 120 im Jahre 1939 gab. Dies wurde als Arbeitsergebnis des *„Jahrbuch des amerikanisch-jüdischen Kommitees"* und des *„Jüdischen statistischen Büros des Synagogenrates"* angeboten, die es im Laufe der Jahre 1949 und 1950 festgestellt hatten.

Man hat allen Grund anzunehmen, daß die Hauptsorge bei dieser Statistik des *World Almanac* von 1951 die war, auf eine am 22. Februar 1947 in der *New York Times* erschienene Arbeit von Hanson W. Baldwin, dem Experten in Sachen der jüdischen Bevölkerung, zu antworten. Dieser behauptete, daß 1947 aus einer Geheimzählung, die die Juden selbst unternommen hätten, hervorginge, daß in diesem Jahre eine Zahl von Juden in der Welt gelebt hätten, die im Mindestfalle aus 15 000 000, im Höchstfalle aus 18 000 000 bestand. Außerdem gab er an, daß 650 000–700 000 hiervon in Palästina lebten und 500 000 in anderen Staaten des mittleren Ostens. Im Oktober 1959 griff der *„American Mercury"* (S. 14–17) diese Zahlen wieder auf, und nahm sie für wahr, und brachte auf diese Weise die Auseinandersetzung in die vorderste Linie des Zeitgemäßen. Als Antwort hierauf gab die Ausgabe 1960 des *World Almanac* für das Jahr 1959 eine jüdische Weltbevölkerung von 12 299 780 Personen an. Eine letzte Nachricht aus jüdischer Quelle wurde in der gesamten Welt und der gesamten Presse in dem Stil wiedergegeben, wie sie *„Die Welt"*, eine Hamburger Tageszeitung, am 1. 4. 1963 brachte:

Nur 13 Millionen Juden (Sad. 31.3.63)

London, 31. März (sad)

Nur noch etwa 13 Millionen Juden gibt es in der Welt.

1939 waren es 16 763 000. Das gab das *Institut für jüdische Angelegenheiten* in London am Wochenende bekannt.

Die meisten Juden, etwa 5,5 Millionen, leben heute in den USA. In Israel gibt es 2,045, in der Sowjetunion 2,3 und in Großbritannien 0,45 Millionen Juden."[14]

---

[14] *„Die Welt"* sagt es zwar nicht, aber diese Schätzungen sind einer wenige Tage zuvor veröffentlichten Untersuchung der *„The Jewish Communities of the World"*, dem offiziellen Organ des *Jüdischen Weltkongresses* entnommen worden. Sie sind am 19. 4. 63 von der *„Jerusalem Post Weekly"* übernommen worden und danach unter verschiedenen Daten durch die gesamte Weltpresse. Es ist festzustellen, daß der *„World Almanac"* von 1963 (S. 259) für das Jahr 1962 eine jüdische Weltbevölkerung von 12 296 180 Personen angibt. Mit anderen Worten hat die jüdische

Aber im „*Israel Almanach*" (5719 nach jüdischer Zählung, 1958–59 nach allgemeiner Zählung, S. 282) sagt uns ein Herr Eric Peretz, daß „die jüdische Bevölkerung des Staates Israel ein Achtel der jüdischen Weltbevölkerung" ausmacht und beziffert sie auf „eine Million achthunderttausend" (in Worten ausgeschrieben), während ein Herr Marc Cohen dieses Achtel (S. 9) auf „zwei Millionen" festsetzt. In jenem Jahre betragen also die 13 Millionen Juden, die 1962 vom *Institut für jüdische Angelegenheiten* in London für die Welt gezählt worden sind, entweder 14 400 000, wenn man sich an die Schätzung des ersteren, oder 16 Millionen, wenn man sich an die des zweiten hält. Der „*Israel Almanach*" ist in Jerusalem vom „*Departement der Jugend und vom Hehalouts der zionistischen Weltorganisation*" herausgegeben. Ohne weiteren Kommentar.

Lediglich aus Informationsgründen gebe ich hier die kindliche Erklärung des Professors für jüdische Geschichte an der Universität Columbia, Herrn Shalom Baron, wieder, der diese, seinen Titel vor sich herschwingend, vor den Schranken des Gerichts von Jerusalem am 24. April 1961 (lt. *Figaro* vom andern Tag) abgab, und die sich so zusammenfaßte:

1. „Der jüdische Bevölkerungszuwachs in der Welt beträgt seit dem Jahre 1945 zwanzig Prozent.

2. 1939 waren wir 16 Millionen in der Welt. Wir müßten demnach ungefähr heute 19 Millionen betragen, und wir sind nur noch 12 Millionen."

Mangels guter Geschichtskenntnisse, die eigentlich sein Beruf wären, kann dieser Mann wenigstens rechnen: 16 Millionen – 6 Millionen = 10 Millionen + 20 % = 12 Millionen. Rechnerisch undiskutabel! Es bleibt nichts für diesen Professor übrig – offensichtlich gibt es seit dem Kriege alles und gleichgültig woher in diesem Berufe! – als festzustellen, daß erstens der Bevölkerungszuwachs des Weltjudentums 20 % in 16 Jahren ausmacht, und daß zweitens 6 Millionen Juden vernichtet worden sind. Kurzum, gehen wir darüber hinweg.

Wenden wir uns einer Teilauskunft aus der Zeitung „*Die Welt*" zu: „Die jüdische Bevölkerung in den Vereinigten Staaten". Im Jahre 1950 hat das *Jahrbuch des amerikanisch-jüdischen Komitees* und das *Jüdische*

Weltbevölkerung laut Bericht von 1959 nicht nur nicht zugenommen, sondern sie hat sich vermindert.

Statistische Büro des Synagogenrates sie für das Jahr 1949 auf 5 185 000 und im Jahre 1959 auf 5 260 000 für das Jahr 1958 geschätzt. Hieraus kann man bereits folgern, daß, wenn die jüdische Bevölkerung in der Welt um 20 % im Jahre 1961 im Verhältnis zu 1945 gewachsen ist, was 1,25 % jährlich bedeuten würde, nach Angabe des seltsamen Professors Shalom Baron vor dem Jerusalemer Gericht, Amerika zumindesten eine Ausnahme von dieser Regel gemacht hätte – zum geringeren hin.

Was nun Rußland anbelangt, so scheint es, daß die Auskunft des *Instituts für jüdische Angelegenheiten* in London, welche die jüdische Bevölkerung dort im Jahre 1962 mit 2,3 Millionen Juden angibt, kaum ernsthafter genommen werden kann, wenn man Herrn Nahum Goldmann glauben will, der sich in seinem Bericht auf dem Jüdischen Weltkongreß am 12. 9. 1963 folgendermaßen ausdrückt: „Von 1948 bis 1963 beläuft sich die jüdische Kultur in der UdSSR für ungefähr *drei Millionen Juden* auf fünf Bücher verschwundener Autoren, auf ein Jahrbuch und zwei periodische Zeitschriften"... (*Figaro* – Paris 13. 9. 63). 1961 hatte Herr Nahum Goldmann diese Zahl von drei Millionen bereits schon einmal vor dem jüdischen Weltkongreß erwähnt. Von 2,3 zu 3 Millionen bleibt immerhin ein Spielraum von 700 000...

Während des ganzen Jahres 1959 gab die jüdische Bevölkerung der Vereinigten Staaten diesen Vereinigten Staaten Anlaß zu einer recht heftigen Auseinandersetzung bezüglich eines Buches „*The Iron Curtain over America*", das im Jahre 1951 veröffentlicht worden war, und dessen Verfasser, Professor John Beaty, sich darüber beschwerte, daß das Einwanderungsgesetz von 1924 dauernd verletzt würde, und daß „seit dem zweiten Weltkrieg das Problem des ungesetzlichen Zustromes in erschrekkender Weise angewachsen wäre". Dabei führte er die jüdische Einwanderung an. Der „*American Mercury*" war es, der dieser Auseinandersetzung ihre volle Bedeutung gab. Die jüdische Einwanderung betreffend, unterstrich er besonders zwei Tatsachen:

1. „Die hauptsächlichen zionistischen Weltorganisationen verkünden stolz, daß zwei Drittel des Weltjudentums tatsächlich in den Vereinigten Staaten leben", und er zog daraus den Schluß, daß, wenn die Zahlen, die Hanson W. Baldwin am 22. Februar 1948 in der *New York Times* veröffentlicht hatte, auf Wahrheit beruhten, es nicht 5 185 000 oder 5 260 000 wären, von denen man laut Angaben der jüdischen Original-Statistiken zu sprechen habe, sondern 10 766 666

oder 12 800 000 (1947!). Jedenfalls behaupten die jüdischen Statistiken für das Jahr 1959, daß die jüdische Weltbevölkerung in diesem Jahre 12 299 780 Personen betrüge. Wenn es nun stimmt, daß hiervon zwei Drittel in den Vereinigten Staaten leben, so macht das immer noch 8 200 000 oder nach Auskunft in *„Die Welt"* (aus gleichfalls jüdischen Quellen) 8 667 000 für das Jahr 1962 und nicht 5,5 Millionen, wie diese Auskunft behauptet.

2. Der zweite Gesichtspunkt des Problems, auf den der *American Mercury* (op. cit.) hinweist, ist der, daß im Laufe des Jahres 1959 alle Dienststellen der Vereinigten Staaten beschlossen hätten, im Jahre 1960 eine Volkszählung durchzuführen, um die Wichtigkeit der illegalen Einwanderung zu bestimmen, als deren Opfer sie sich fühlten. Die zionistische Weltorganisation protestierte hierauf sofort (und mit Erfolg, wie der *„American Mercury"* feststellt) für den Fall, daß die Dienststellen sich an die Kirchen (oder an die Synagogen) wenden würden, um von ihnen die Zahl ihrer Staatsangehörigen zu erfahren. Die zionistischen Führer erklärten (immer nach dem *„American Mercury"*), daß darin eine „Verletzung des Prinzips der Trennung von Staat und Kirche" läge, und daß „diese Volkszählung den Zorn Gottes herbeiziehen würde". Man kann sich den Grund zu dieser Auflehnung wohl vorstellen: eine Volkszählung auf dieser Grundlage hätte die Gewichtigkeit der jüdischen Einwanderung in die Vereinigten Staaten seit 1933 offenkundig gemacht und den Mythos der 6 Millionen vernichteter Juden in nicht wiedergutzumachender Weise ausgerottet. Daß daraus einige den sich geradezu aufdrängenden Schluß zogen, die jüdische Bevölkerung in den Vereinigten Staaten auf 12 Millionen zu schätzen, ist keineswegs verwunderlich. Vor allem, wenn man den Aufsatz in der *„New York Times"* gelesen hat!

Seitdem hat die Zahl 12 Millionen in der amerikanischen öffentlichen Meinung Fortschritte gemacht. Zeuge dafür ist der eingeschobene Auszug aus dem *„National Observer"* vom 2. Juli 1962:

„Gemeinschaftlicher Angriff auf ein Problem."

„Die hauptsächlichen nationalen Religionsgemeinschaften, die mehr als 40 Bekenntnisse vertreten: Protestanten, Orthodoxe, Katholiken und Juden haben ihre Bemühungen vereinigt, um eines der dornigsten Probleme anzufassen: die Beziehungen der Rassen zueinander.

Sie haben für kommenden Januar eine Nationalkonferenz über Religion und Rasse nach Chicago einberufen. Etwa 600 religiöse und laizistische Leiter, die nahezu 100 000 000 Amerikaner vertreten, werden daran teilnehmen. Der von der Konferenz zu behandelnde Gegenstand ist die Sorge der religiösen Leiter über die rassische Absonderung durch ein ‚Gewissensexamen'.

Es werden daran teilnehmen: der Nationale Kirchenrat, eine 33 Konfessionen umfassende Organisation von Protestanten und Orthodoxen, die etwa 40 000 000 Mitglieder hat, die Nationale katholische Wohlfahrtskonferenz, das Verwaltungsbüro der katholischen Bischöfe (es gibt 43 000 000 Katholiken im Lande), und der Synagogische Rat von Amerika, der die jüdischen Gruppen auf nationaler Stufe vertritt (Rabbinische Gruppen des konservativen, orthodoxen und Reform-Judaismus werden anwesend sein. Es gibt etwa 12 000 000 Juden in den Vereinigten Staaten.). – Robert Schultz – Chicago."[15]

So sind also die Ansichten, die einander gegenüberstehen. Man wird weiterhin sehen, daß für Polen, Rußland und im allgemeinen für ganz Zentral-Europa und den Balkan die jüdischen Originalstatistiken das Rätsel ihrer offensichtlichen Fälschungen nicht weniger brutal anbringen.

II. STATISTIKEN VOR UND NACH DEM KRIEGE

---

[15] Originaltext: "Joint assault on Problem. The nations major religious groups, representing more than 40 Protestant, Eastern Orthodox, Roman Catholic and Jewish denominations have joined forces to tackle one of the countries thorniest domestic Problems: Race relations. They have called the first National Conference on Religion and Race to be held next January in Chicago. About 600 clerical and lay leaders, representing nearly 100 000 000 Americans, are expected to participate. One stated objective of the Conference is to demonstrate the concern of religious leaders over racial segregation by a 'statement of conscience'."
"Participating will be the National Council of Churches, an Organisation of 33 Protestant and Eastern Orthodox denominations with nearly 40 000 000 members; The National Catholic Welfare Conference, the administrative agency of Catholic bishops (There are 43 000 000 Catholics in the nation); and the Synagogue Council of America, which is representative of Jewish bodies at National level. (Rabbinic bodies of Orthodox, Conservative and Reform Judaism are represented. There are about 12 000 000 Jews in the United States.)"

1932 veröffentlichte die New Yorker jüdische Zeitschrift, das *„Menorah Journal"* (2. Februar) eine Aufgliederung der jüdischen Weltbevölkerung und bezog sich dabei auf den derzeit namhaftesten jüdischen Statistiker, Dr. Arthur Ruppin.[16] Dieser hatte, wie *Menorah Journal* sagte, die Juden in aller Welt nach Ländern und Berufen aufgeteilt. Nach Berufen geordnet gab er die Schlußfolgerung so wieder, wie er sie statistisch aufgestellt hatte. Die Länder betreffend gab er in abnehmender Reihenfolge die, welche über 100 000 Juden hatten, und begnügte sich bei den andern damit, sie in drei Klassen einzuteilen: die zwischen 50 000 und 100 000, die zwischen 10 000 und 50 000 und die unter 10 000. Das ergab folgendes:

A Nach Berufen

Handel	6 100 000 = 38,6 %
Industrie und Handwerk	5 750 000 = 36,4 %
Rentner	2 000 000 = 12,7 %
Freie Berufe	1 000 000 = 6,3 %
Landwirtschaft	625 000 = 4 %
Diener, Arbeiter usw	325 000 = 2 %
Insgesamt	15 800 000 = 100 %

B Nach Ländern

Vereinigte Staaten	4 500 000
Polen	3 100 000
Rußland	3 000 000
Rumänien	900 000
Deutschland	500 000
England	330 000
Frankreich	250 000
Palästina	250 000
Argentinien	240 000
Österreich	230 000

---

[16] Inhaber des Lehrstuhls für jüdische Soziologie an der hebräischen Universität in Jerusalem. Sein Hauptwerk: *Les Juifs dans le Monde moderne*, aus denen das *„Menorah Journal"* die Zahlen entnommen hat, wurde erst 1934 bei Payot in Frankreich veröffentlicht.

Kanada	170 000
Litauen	160 000
Niederlande	120 000
Französisch-Marokko	120 000
Irak	100 000
Andere Länder der Welt	<u>1 830 000</u>
Insgesamt	15 800 000

Die übrigen Länder der Erde stellten sich folgendermaßen dar:
1. Länder, die zwischen 50 000 und 100 000 Juden enthalten: Lettland, Griechenland, Jugoslawien, Belgien, Italien, Türkei, Bulgarien, Algerien, Südafrika, Tunesien, Ägypten.
2. Länder, die zwischen 10 000 und 50 000 Juden enthalten: Schweiz, Brasilien, Mexiko, Uruguay, Persien, Syrien, Yemen, Indien, Afghanistan, China, Spanisch-Marokko, Tripolitanien, Australien.
3. Länder, die weniger als 10 000 Juden enthalten: Danzig, Schweden, Dänemark, Estland, Irland, Spanien, Rhodos, Memel, Portugal, Norwegen, Finnland, Kuba, Chile, Japan, Singapur, Neu-Seeland.

Diese Zahlen beruhen auf dem Stand von 1926 bis 1928.

1932 interessierte mich die Bevölkerungsbewegung rein beruflich, das heißt in ihren großen Zügen, und was die jüdische Bevölkerung anbelangt, so erschien mir diese Statistik aufschlußreich genug, um mich genügend darüber unterrichtet zu erachten. Ich erinnere mich, mir aufgeschrieben zu haben, daß von 1877 bis 1932 die jüdische Bevölkerung in den Vereinigten Staaten von 230 000 auf 4 500 000 angewachsen war, die von Frankreich von 150 000 auf 250 000 von 1850 bis zum gleichen Datum, und ich schloß daraus, daß die Wanderung der europäischen Juden über Ost-Europa direkt nach den Vereinigten Staaten liefe. Von Pogrom-Ländern zum Lande der Freiheit. Das war für mich das wichtigste. Als 1934 in Frankreich das Buch „*Les Juifs dans le Monde moderne*" von Arthur Ruppin erschien, zog ich es nicht heran. Das war falsch, denn ich hätte sicher bemerkt, daß *Menorah Journal* z. B. versäumt hatte, Ungarn und die Tschechoslowakei zu erwähnen. Noch falscher war, daß ich nicht vorausgesehen hatte, daß ich späterhin noch genauere Zahlen würde haben müssen, als jene, die in der Veröffentlichung über Belgien, Jugoslawien, Griechenland usw. angegeben waren. Als ich dies alles nach dem Kriege brauchte, konnte ich die Arbeit von Arthur Ruppin erst mit List und Tücke bekommen, sie war geheimnisvoll von der Bildfläche verschwunden. Als ich 1960 *„Was nun, Odysseus?"* veröffentlichte, hatte ich sie immer noch nicht erwischen können, und so mußte ich mich für Ungarn und die Tschechoslowakei damit begnügen, mich auf die statistischen Zahlen der *Zeitgenössischen jüdischen Dokumentationszentrale* zu verlassen. Ich überließ es dem Leser, sie der Gesamtsumme hinzuzufügen, die ich für die europäisch-jüdische Bevölkerung der von Deutschland besetzten Gebiete herausfand, und die sich auf 8 700 000 belief, machte ihn jedoch darauf aufmerksam, daß sie handgreiflich übertrieben waren (404 000 für Ungarn, 315 000 für die Tschechoslowakei). Man verzeihe mir meine Leichtfertigkeit von 1934. Trotz der beiden beunruhigenden Tatsachen: einerseits den Aufstieg des Nationalsozialismus in Deutschland und die Schaukelpolitik des Bolschewismus zwischen ihm und der Demokratie andererseits, hatte ich doch nicht den Zweiten Weltkrieg vorausgesehen, und daß ich eines Tages in eine derart erbärmliche Polemik verwickelt werden würde.

Nun folgt das, was die Statistik von Arthur Ruppin über die von Deutschland besetzten Länder Europas aussagt:

Polen	3 100 000
Rußland	3 000 000
Rumänien	900 000
Deutschland	500 000
Ungarn	320 000
Tschechoslowakei	260 000
Frankreich	250 000
Österreich	230 000
Litauen	160 000
Niederlande	120 000
Lettland	80 000
Griechenland	75 000
Jugoslawien	70 000
Belgien	60 000
Italien	50 000
Bulgarien	50 000
Dänemark	7 000
Estland	5 000
Norwegen	2 000

Finnland   2 000
Luxemburg   2 000

Insgesamt 9 243 000 Von 1932 bis 1939 haben Philosemiten und Antisemiten, kurz alle, die sich über die jüdische Bevölkerung Europas oder der Welt unterhielten, sich auf Arthur Ruppin bezogen: In Europa lenkten erstere die Aufmerksamkeit auf die Tatsache, daß etwa 9 Millionen europäischer Juden vom Nationalsozialismus bedroht wären, die letzteren benützten seine Einteilung in Berufe, um zu der Schlußfolgerung zu kommen, daß nur wenige, laut eigener jüdischer Angabe, tatsächlich arbeiteten, und das war für Deutschland nicht eines der geringsten nationalsozialistischen Argumente, um sie als soziale Parasiten anzuklagen.

Ich muß herausstellen, daß Arthur Ruppin seiner Arbeit vorausschickte, daß der Schwierigkeit wegen, die die statistische Arbeit in Bevölkerungsfragen und insbesondere der jüdischen Bevölkerung bietet, die angegebenen Zahlen keinen absoluten und unbestreitbaren Wert besitzen. In Würdigung dessen möchte ich den Schluß ziehen:

1. Die 9 243 000 Juden im von Deutschland besetzten Europa können ebensogut 9 Millionen wie 9,5 Millionen gewesen sein.

2. Herr Justice Jackson hatte nicht allzusehr übertrieben, als er sie auf 9,6 Millionen schätzte. Wesentlich weniger, sogar ungeheuer weniger auf jeden Fall, als die Nachkriegs-Statistiken des *„World Almanac"* (cf. S. 139, die Schätzung der jüdischen Bevölkerung 1938 nach einer Ausgabe von 1948). Man kann sogar kaum von einer Übertreibung seinerseits sprechen: Er hatte einfach niemand vergessen, das war alles. Sein großer Irrtum war, daß er nicht daran gedacht hatte, daß 1939 die Bevölkerung jener Länder nicht mehr die gleiche war wie 1932, d. h., daß er nicht an die jüdische Auswanderung nach dem Maße der Bedrohung durch den Nationalsozialismus während jener Zeitspanne gedacht hatte. Und vor allem, indem er ohne jeden Beweis erklärte, daß 60 % dieser von ihm beträchtlich überschätzten Bevölkerung (man betrachte weiter unten die jüdische Bevölkerungsbewegung zwischen 1933 und 1945) sich nicht gemeldet hätten, als er seine Anklage erhob, trotzdem er keine „amtlichen Schätzungen" nannte oder gar nennen konnte, wie er so unverschämterweise behauptete.

Weiter unten wird man die Gegenüberstellung zweier Schätzungen der jüdischen Verluste finden. Die eine stammt vom *Zeitgenössischen jüdischen Dokumentationszentrum* (*Figaro Littéraire*, 4. Juni 1960), die andere von Herrn Raul Hilberg von 1961 (*The Destruction of the European Jews*, S. 670). Meine erste Absicht war die, nicht zwei, sondern drei Statistiken nebeneinanderzusetzen, und zwar als dritte die, die vom *Institut für jüdische Angelegenheiten* in „*Eichmann's Confederates and the Third Reich Hierarchy*" (op. cit. S. 59) gleichfalls 1961 veröffentlicht worden war. Sie begrenzt sich aber darin, die jüdischen Verluste nach Ländern ohne Bezug auf ihre Bevölkerung im Jahre 1939 in Prozenten anzugeben. Den Zahlen von Herrn Raul Hilberg noch ein wenig Gewalt antuend, was Polen, die Tschechoslowakei und Rußland anbelangt, erreicht sie 5 717 030 Vernichten, die 68 % der jüd. Bevölkerung 1939 in diesen Ländern ausmachten. Woraus man schließen kann, daß diese Bevölkerung 8 400 000 Menschen betrug. Es ist allein schon für Polen bezeichnend, daß sie 400 000 Überlebende findet gegenüber von 50 000 von Herrn Raul Hilberg, 700 000 von Professor Shalom Baron und 500 000 vom *Zeitgenössischen Jüdischen Weltdokumentationszentrum* in Paris. In Rußland findet sie 2 Millionen Überlebende, in der Tschechoslowakei läßt sie im Jahre 1939 360 000 Juden leben, während Herr Raul Hilberg sich mit 315 000 begnügt und Arthur Ruppin mit 260 000 und einigen anderen kleinen Pflichtvergessenheiten. Diese Phantasiemenge schien mir bei einigem Nachdenken für diesmal zu genügen, um mich auf zwei derartige Statistiken zu beschränken, und so verzichtete ich darauf, auch diese noch anzuführen.

Betrachten wir nunmehr unsere beiden Statistiken. Sie haben folgendes Gemeinsame:
1. Im Vergleich mit der Statistik von Arthur Ruppin legen beide über die jüdischen Wanderungen zwischen 1933 und 1939 Rechenschaft ab, jedoch lediglich für Deutschland und Österreich – ziemlich genau überdies, was das *Zeitgenössische Jüdische Dokumentationszentrum* anbelangt. Alle Welt stimmte darin – welch seltener Fall – überein, selbst die offiziellen Dienststellen des III. Reiches (Statistik von Korherr, Chef des Bevölkerungsbüros des III. Reiches, vom 17. April 1943), daß die Auswanderung aus beiden Ländern 300 000 für Deutschland und 180 000 für Österreich betrugen. Die Übertreibung des Herrn Raul Hilberg ist ohne Belang, da sie in derselben Richtung und um dieselbe Größenordnung in beiden Spalten vorkommt. Sie wirkt sich nicht auf die durch

Differenz berechnete Zahl der Vernichteten aus. Es gibt wohl dafür nur eine Erklärung: ein Aktenstück, das er nicht kannte.

2. Die Opfer, die ihre Entdecker dergestalt verlieren, wirken sich ziffernmäßig breit aus in einer Erhöhung der Vorkriegsbevölkerung und einer Verminderung danach, – überall ein wenig, aber besonders in Polen, Ungarn und der Tschechoslowakei. Man bemerkt, daß für die Vorkriegszeit die Vermehrung sich durchschnittlich auf 50 000 bis 100 000 beläuft, manchmal sogar auf mehr (200 000 für Polen!). Wenn nun die Überlebenden im gleichen Verhältnis abgenommen haben, wenn man annimmt, daß zehn von den zwanzig aufgeführten Ländern von solcher Übertreibung betroffen wurden (sie ist nicht überall möglich, wie z. B. in Dänemark und Norwegen), wenigstens um 50 000 je Land, würden sie sich auf eine Million Unterschied in der Zahl der Vernichteten belaufen, und bei 100 000 pro Land würden daraus 2 Millionen. Aber das ist lediglich eine Vermutung, die ich frei zugebe, und ich bringe sie hier nur, um zu zeigen, wie ein kleiner Bach leicht zu einem großen Strom werden kann. Man wird weiter unten sehen, wie es wirklich um den Wert dieser beiden Statistiken bestellt ist. Jedes Ding zu seiner Zeit.

Weltzentrum für jüdische Dokumentation

Länder	1939	1946	Verluste
Frankreich	300 000	180 000	120 000
Belgien	90 000	50 000	40 000
Holland	150 000	60 000	90 000
Dänemark	7 000	6 500	500
Norwegen	1 500	600	900
Estland	5 000	1 000	4 000
Lettland	95 000	10 000	85 000
Litauen	150 000	15 000	135 000
Polen	3 300 000	500 000	2 800 000
Deutschland	210 000	40 000	170 000
Tschechoslowakei	315 000	55 000	260 000
Österreich	60 000	20 000	40 000
Ungarn	404 000	204 000	200 000
Jugoslawien	75 000	20 000	55 000
Rumänien	850 000	425 000	425 000
Italien	57 000	42 000	15 000

UdSSR	2 100 000	600 000	1 500 000
Bulgarien	50 000	43 000	7 000
Griechenland	75 000	15 000	60 000
Luxemburg	3 000	1 000	2 000
Insgesamt	8 297 500	2 288 100	6 009 400

– Jüdische Verluste: 6 009 400 –

Anmerkung: In Wirklichkeit hatte das *Jüdische Dokumentationszentrum* an die Stelle der jüdischen Verluste für Bulgarien Fragezeichen gesetzt, es sondert Mazedonien aus und läßt Luxemburg weg. Erst späterhin sind die Angaben über diese drei Länder offiziell gegeben worden, so daß ich sie in meinem Buch „*Was nun, Odysseus?*" noch nicht aufführen konnte.

Herr Raul Hilberg

Länder	1939	1945	Verluste
Frankreich.....	270 000	200 000	70 000
Belgien........ .	90 000	40 000	50 000
Holland......	140 000	20 000	120 000
Dänemark......	6 500	5 500	1 000
Norwegen.....	2 000	1 000	1 000
Estland......	4 500		4 500
Lettland......	95 000		95 000
Litauen......	145 000		145 000
Polen....... .	3 350 000	50 000	3 300 000
Deutschland.....	240 000	80 000	160 000
Tschechoslowakei...	315 000	44 000	271 000
Österreich.....	60 000	7 000	53 000
Ungarn......	400 000	200 000	200 000
Jugoslawien.....	75 000	12 000	63 000
Rumänien.....	800 000	430 000	370 000
Italien......	50 000	33 000	17 000
UdSSR......	3 020 000	2 600 000	420 000
Bulgarien......	50 000	47 000	3 000
Griechenland.... .	74 000	12 000	62 000
Luxemburg.....	3 000	1 000	2 000
Insgesamt	9 190 000	3 782 500	5 407 500

– Jüdische Verluste: 5 407 500 –

Anmerkung: Diese Statistik ist in seinem Buch, S. 670 aufgeführt, aber Seite 767 ist sie mit 5 100 000 angegeben, wie bereits erwähnt.

Und nun folgt die Verschiedenheit in beiden Darstellungen:

1. Die Gesamtzahl der Überlebenden unterscheidet sich bei beiden um 1½ Millionen und die der Vernichteten um etwas mehr als 600 000: in beiden Fällen ist das eben ganz beträchtlich.

2. Wenn man näher hinsieht, ergeben sich die Verschiedenartigkeiten aus den beiden Schätzungen, die Rußland und Polen betreffen. Was die erste anbelangt, so bezieht sich die Zahl von 2 100 000, die das *Zeitgenössische jüdische Weltdokumentationszentrum* angibt, nicht auf ganz Rußland, sondern nur auf den von Deutschland besetzten Teil. Das können aber nur diejenigen wissen, die *„Das Dritte Reich und die Juden"* (op. cit.) von Poliakov gelesen haben, aus dem diese Statistik stammt, und in dem diese Besonderheit angegeben ist. Fügt man die Million Juden, die Herr Poliakov so willkürlich getrennt hat, in beiden Zahlenreihen wieder zusammen, so unterscheiden sich die Schätzungen der Überlebenden um genau 1 Million für dieses Land. Die Gesamtzahl der Vernichteten unterscheidet sich jedoch für alle Länder fortlaufend um etwas mehr als 600 000. Man versteht gar nicht, wie Herr Poliakov es eigentlich fertiggebracht hat, die Zahl der Juden, die im von Deutschland besetzten Gebiet Rußlands lebten, mit 2 100 000 zu bestimmen. Er verrät es uns nicht. Aber man kann dessen sicher sein, daß es sich dabei nicht um eine echte Volkszählung handelt, denn das ist ein unmögliches Unternehmen für alle Länder der Welt auf Gebieten, die keine Regierungskreise sind, wie z. B. in diesem Falle. Das O.K.W. hat nicht beabsichtigt, Rußland schrittweise, ein Regierungskreis nach dem anderen, zu erobern, sondern gemäß geographischen Erfordernissen der Strategie. Eine rein mutmaßliche Schätzung hält es also für sicher, daß die Juden in diesem Lande weit davon entfernt waren, vor einer Invasion zu fliehen, von der sie doch wußten, daß sie mörderisch für sie würde. Sie sind schön brav auf ihrem Platz geblieben und haben die Ankunft ihrer Henker abgewartet. Man kann auch nicht begreifen, wie Herr Poliakov 1946 eigentlich auf eine Zahl von 600 000 Überlebenden kommt. Zu jener Zeit war der Krieg just ein Jahr beendet, und man kann als sicher annehmen, daß die Ordnung noch nicht derart wieder hergestellt gewesen sein kann, um ein solches Unternehmen wie eine Volkszählung möglich zu machen: also noch eine über den Daumen

gepeilte Schätzung! 1 500 000 jüdische Verluste in Erscheinung treten zu lassen, war zweifellos das wichtigste für Herrn Poliakov, und ebenso zweifellos hatte er dieses Ergebnis bereits vorher bestimmt, denn er mußte es ja haben, um zu der Legende der 6 000 000 zu gelangen... Er konnte ja nicht wissen, daß Herr Raul Hilberg hinter ihm zurückbleiben würde!

3. Liest man den Kommentar von Herrn Raul Hilberg, so merkt man, daß er eine Flucht der Juden vor den deutschen Truppen berücksichtigt hat. Ob nach Maßgabe der Wahrheit? – Das wird man weiter unten sehen. Jedenfalls muß man feststellen, daß er sich mit Arthur Ruppin im Einklang befindet, wenn er die in Rußland lebenden Juden für 1939 mit 3 020 000 angibt. Wenn er die Zahl der Überlebenden mit 2 600 000 und die Verluste mit 420 000 beziffert, so befindet er sich in Übereinstimmung mit dem jüdischen Journalisten David Bergelsen, der in *„Die Einheit"* (Moskau, 5. 12. 1942) schreibt: „Dank der Aussiedlung hat der überwiegende Teil (80 %) der ukrainischen, weißrussischen, litauischen und lettischen Juden gerettet werden können (zitiert nach *„Der Weg"*, Buenos Aires, Januar 1953). Womit Herr Raul Hilberg nicht mehr in Einklang steht, das ist mit sich selber: Wenn er doch sagt, daß 2 600 000 russischer Juden gerettet wurden, wie kann er dann (S. 190) behaupten, daß für Lettland, Litauen und Rußland nur 1,5 Millionen hinter die russischen Linien während des deutschen Vormarsches geflüchtet hätten. Und wie kann er andererseits aufrechterhalten, daß kein einziger lettischer Jude überlebt habe, wie er das in seiner eigenen Statistik tut?

4. Polen. Hier sind die beiden Statistiken ungefähr einer Meinung hinsichtlich der jüdischen Bevölkerung von 1939. Sie sind es aber überhaupt nicht mehr hinsichtlich der Anzahl der Überlebenden: 500 000 sagt die eine, 50 000 sagt die andere.

Resultat: 1 zu 10, und im Vergleich mit der des Professors Shalom Baron 1 zu 14. Man begreift einfach nicht, wie das *Zeitgenössische jüdische Weltdokumentationszentrum* in Paris zu dieser Schlußfolgerung gelangt sein kann. Keinerlei Auskunft darüber.

Was aber Herrn Raul Hilberg anbelangt, so hat er sich heillos im Urwald seiner um sich versammelten Zahlen verfangen. Man hat bereits gesehen (cf. hieroben, S. 40), daß er in seinem Buch auf Seite 767 rd. 3 000 000 polnische Juden als vernichtet angegeben hat und nur 50 000 als überlebend. Jede weitere Erklärung ist überflüssig.

5. Kleines Gesellschaftsspiel. Diese beiden Statistiken sind vom *Zeitgenössischen jüdischen Weltdokumentationszentrum* und von der *Internationalen zionistischen Bewegung* gleichartig und oft auch gleichzeitig verbürgt worden. Dem Leser bleibt zwischen beiden die Wahl. Man stelle sich einmal vor, daß der eine die jüdische Bevölkerungszahl von 1939 wahrheitsgemäßer nach der Statistik der Zentrale von Paris fände und die Zahl der Überlebenden so, wie Herr Raul Hilberg sie angibt. Oder umgekehrt. In diesem Zahlentanz gibt es keine Wahrscheinlichkeit für eine Annahme. Im ersten Falle erhielte man:

8 297 500−3 782 500=4 515 000 Opfer.

Im zweiten:

9 190 000−2 288 100=6 901 900 Opfer.

Immerhin ein beachtlicher Unterschied.

Um diese Vergleichsstudie über die beiden Statistiken fortzusetzen, könnte man noch mehrere auffallende Abweichungen feststellen. Aber zu was ist das schon gut?

Mir scheint der Augenblick gekommen, von ernsthafteren Dingen zu reden, nämlich von der Wanderung der europäischen Juden zwischen 1933 und 1939, die ich bisher nur gestreift habe. Da sie noch von keinem der Verfasser dieser sich beißenden Statistiken gründlich und fehlerfrei untersucht worden ist, sondern sie meistens mit Stillschweigen übergangen wurde, läßt sie eine Menge Fragen offen, die jeden Taschenspielertrick erlauben.

Wenn das, was der *American Mercury* (op. cit.) behauptet, auf Wahrheit beruht, daß nämlich die *Internationale zionistische Bewegung* eine Zählung der jüdischen Weltbevölkerung ablehnt − welches Eingeständnis! − und sie dadurch unmöglich macht, dann sehe ich nicht, wo man die Wahrheit sonst noch finden könnte außer hier.

Wenn man sie nicht woanders finden kann. −

III. Die Wanderung der Juden oder „Der Ewige Jude"

Um die Bewegung der europäischen Juden zwischen 1933 und 1945 zu begreifen, scheint mir ein kurzes Überfliegen der Geschichte der jüdischen Wanderungen auf Weltebene unausweichlich: Die Geschichte des „Ewigen Juden", nimmt man alles in allem.

Allmählich oder auch gleichzeitig scheint „der Ewige Jude" etwa im XIII. Jahrhundert je nach Landschaft und Zeitpunkt unter den Namen: Cartaphilus, Ahasverus oder Laquedem in der europäischen Tradition Eingang gefunden zu haben. Bild und Lied haben ihn endgültig in das XVIII. Jahrhundert verlegt, und zwar in einer naiven Klage von vierundzwanzig Strophen mit einem „nach der Natur von Brüsseler Bürgern gezeichneten Bild nach seiner letzten Erscheinung am 22. April 1774". Dies übersetzt in seiner Weise eine der ältesten und eigenartigsten historischen Tatsachen: Die Wanderung der Juden.

Eine der ältesten: Unter all den Pilgerschaften, die uns als echt von den Nachkommen Noahs über Sem und Abraham[17] angeboten werden, ist sie in ihrer Legendenund Mythenhaftigkeit ganz und gar vom Stoff des Alten Testaments, das seine ersten Schritte der nicht weniger legendären und mythenhaften Sintflut verdankt.

Die eigenartigste: Der Eintritt in die Geschichte zu einem unbestimmten Zeitpunkt, wahrscheinlich aber zeitgenössisch mit dem Einfall der Hyksos in Ägypten (18. Jahrhundert vor Christus) jedenfalls zwischen dem 20. und dem 12. Jahrhundert vor Christus, nachdem alle übrigen Wanderungen der Menschheit längst beendet sind, sei es durch Angleichung der eingeborenen Bevölkerung, in die sie sich nach Wahl ausgedehnt hatten, sei es, daß sie sich selbst angeglichen hatten. Nicht nur ist diese Auswanderung nicht beendet, sondern sie wird 20 Jahrhunderte nach Christus immer noch wie in der Legende beschrieben, und sie hat immer noch die gleichen Beweggründe. „Die kaufmännische Neigung des jüdischen Volkes hat eine lange Tradition", sagt Otto Heller (*La Fin du Judaïsme*, Guilde, Paris 1933). Tatsächlich, von Sumer, dem ersten Ziel, wenn man dem *Alten Testament* glauben darf, bis nach New York, das gegenwärtig ihr Zielpunkt zu sein scheint, so ist die jüdische Wanderung den großen

---

[17] Nach dieser Lesart der Genealogie der Völker, sind die Araber gleichfalls Nachkommen von Noah – wie bei Gott alle Welt! – aber durch die Verbindung Abrahams mit Hagar, der Dienerin seiner Ehefrau Sarah, als unehelicher Zweig betrachtet. Und wir, die wir nur über Japhet und diejenigen, die über das vom Alten verfluchte Kanaan von ihm abstammen, werden als unbestimmte Seitenlinien ganz am Ende, degeneriert und darüber hinaus für immer jeder Ehrbarkeit verlustig durch den Untergang in zahlreichen Ketzereien. Dies ist die fundamentale Berechtigung, sich für ein „auserwähltes Volk" zu halten, wie Israel behauptet – Gnade uns Gott! – und dies wird wie eine geschichtliche Tatsache an allen hebräischen Universitäten gelehrt. An der Schwelle des XXI. Jahrhunderts!

Naturadern gefolgt, wie alle menschlichen Wanderungen. Nicht aber hat sie sich wie diese dabei dem Zufall überlassen, indem sie sich nach dem Lauf der Sonne richteten und sie nur als Verbindungswege von einem Platz zum anderen betrachteten. Sie richteten sich nur nach dem Maß, wie aus diesen natürlichen Adern Handelsadern wurden, und sie richteten ihren Weg mit folgerichtigem Spürsinn immer auf den Punkt oder das Land auf dem Globus, wo das höchstentwickelte Geschäftsleben zu finden war. Das ist der Grund, weshalb sie, anstatt gradlinig von Osten nach Westen zu gehen, wie alle anderen menschlichen Wanderungen, im Zick-Zack in alle Richtungen vorrückten.

Daß die geschichtlichen Umstände und namentlich die Feindseligkeiten, die sie sich in einigen ihrer gewählten Ausdehnungsgebiete zuzogen, unangenehm waren, ist bei diesem Zick-ZackWeg nicht weiter erstaunlich. Aber diese Umstände haben ihre Bewegungen kaum gemäßigt im Hinblick auf das Ziel, das sie immer festhielten. Diese Feindschaft war im übrigen, um historisch zu reden, niemals systematisch und niemals dauernd, und das kam wahrscheinlich daher, daß sie im Gegensatz zu allen anderen menschlichen Wanderungen kaum, oder sozusagen niemals massiv oder aggressiv war. Hier galt die Geschmeidigkeit des Handelsmannes aus Berufung. Mit zwei Ausnahmen: im Ablauf des biblischen Zeitalters, wo nacheinander Saul, David und Salomon versuchten, ihm Wohnsitz und Macht an der Kreuzung der beiden großen Handelswege jener Zeit, die Europa, Asien und Afrika verbanden, zu verschaffen, d. h. in Palästina, in der Hoffnung, von den Zöllen leben zu können, mit denen sie alle Warenzüge belegten, die diese Wege zu benutzen gezwungen waren. Und heute, wo die *Internationale Zionistische Bewegung* wiederum versucht, in Palästina das Königreich Salomos in Form eines Handelsstaates aufzurichten, ist dieses Land wieder auf der wichtigsten Handelsader der modernen Welt, die von New York nach New York die Erde umkreist und dabei London, Paris, Tel Aviv, Kalkutta, Singapur, Hong-Kong, Schanghai und Tokio berührt. Dies ist jedenfalls das Ergebnis der Lektüre eines kleinen Buches von Kadmi Cohen, dem internationalen zionistischen Wortführer, der zwischen beiden Weltkriegen die große Stunde seiner Berühmtheit hatte (*L'État d'Israël*, Kra – Paris 1930). Er trägt zwar seine Meinung ziemlich unklar vor, um nicht die Katze allzusehr aus dem Sack zu lassen, aber der Sinn scheint doch wohl der zu sein, daß die *Internationale Zionistische Bewegung* sich nicht darauf beschränken soll, alle Juden der Welt in einem Staat von der Größe des Königreiches von Salomo zu sammeln, und diesen zu einem modernen Staat zu organisieren. Er soll vielmehr ein beweglicher Flügel sein mit der Aufgabe, einen Ankerplatz für eine Diaspora zu bilden, in der alle Reichtümer der Welt zusammenfließen und sich darauf niederschlagen. Auf Weltebene wäre das verhältnismäßig die Wiederholung jener Begebenheit des 1. Jh. vor Christus in der römischen Welt, wie sie Cicero in seiner berühmten Verteidigungsrede *Pro Flacco* beschrieben hat. Dabei wurde periodisch auf Galeeren mit Ziel Judäa alles Gold jener Welt verladen, das damals in Rom zusammenlief. Wenn Rom zweimal hintereinander erst Titus (70 Jahre nach Christus) und dann Hadrian (135 Jahre nach Christus) damit beauftragte, das jüdische Königreich zu zerstören und all seine Bewohner über das Kaiserreich zu zerstreuen, so hatte es neben anderen Gründen zum mindesten den: das Gold wiederzuerlangen, das es als das seine betrachtete. Bis zu Titus war Rom sehr wohlwollend den Juden gegenüber gewesen, wie die Geschichte von Berenice beweist.

Heute ist es, bildlich gesprochen, das Gold von Fort Knox, das angepeilt wird. Gelänge diese Unternehmung – und dazu würde genügen, daß der amerikanische Zweig der *Internationalen Zionistischen Bewegung* seine Hand auf die Wall Street legte, damit es dazu käme – so würde der israelische Ankerplatz der Diaspora nicht nur das geschäftliche Dach der atlantischen Welt, sondern auch der Befehlsstand seiner gesamten Industrie; und die Kontrolle des für seine Entwicklung so unentbehrlichen Öls als der wichtigsten Energiequelle vom mittleren Orient bis Texas wäre ihm gesichert.

Wie stehen nun die Aussichten auf einen Erfolg dieses Unternehmens? 1934 sagt uns Arthur Ruppin (*Les Juifs dans le Monde moderne* – op. cit.), daß 1927 in den Vereinigten Staaten die dort lebenden 4 500 000 Juden über folgende schriftliche Propaganda-Möglichkeiten verfügten: 9 Tageszeitungen, 68 Wochenzeitungen, 18 Monatsblätter und 16 unregelmäßig erscheinende. Außerdem stellte er fest, daß 65 dieser Veröffentlichungen in englischer Sprache erschienen, 41 in jiddisch, 3 in hebräisch und 2 in deutsch. Die am meisten gelesene der Tageszeitungen, der *New York Vorwärts*, hatte eine Auflage von 250 000 Stück. Es handelt sich hierbei nur um die interne Presse der Juden mit dem Ziel, ihre Gleichartigkeit zu versichern, d. h., daß dabei keine Rede von den finanziellen Anteilen der Juden an der allgemeinen Presse war, von denen Arthur Ruppin nur erwähnt, daß sie ziemlich maßgeblich wären. Und was ist heute? Man wird es weiter unten sehen, wenn man über die Bedeutung der jüdischen Bevölkerung für die Vereinigten Staaten nachsinnt. Über die Bedeutung der internen Presse der zionistischen Bewegung steht mir leider kein Material zur Verfügung, aber es ist kaum anzunehmen, daß sie geringer sein sollte als 1927. Und was die jüdische Finanzbeteiligung in den Blättern der öffentlichen Meinung anbelangt, so genügt es mir, um mir eine Vorstellung davon zu machen, festzuhalten, daß die Tagespresse in bemerkenswerter Gemeinsamkeit und unter eigener Verantwortung alle Lehrmeinungen des *Amerikanischen Rates der Juden* verbreitet. Daß diese Lehrmeinungen nicht immer in vollständigem Einklang mit denen des *Zeitgenössischen Jüdischen Weltdokumentationszentrums* und seinen Zweigstellen stehen, deren Propaganda von Ben Gurion befruchtet wird, muß man aus der politischen Meinungsverschiedenheit des letzteren mit Herrn Nahum Goldmann, dem Vater des *Amerikanischen Rates der Juden*, verstehen. Die Unstimmigkeit zwischen den beiden Männern und den beiden Organisationen beruhen im übrigen nur auf Einzelheiten und unterscheiden sich nur in Schattierungen. Wenn es sich um Beschlüsse handelt, so finden sie sich immer in Einmütigkeit über das Generalthema wieder. Und ihre beiderseitigen Stützen folgen ihrem Beispiel: Herr Raul Hilberg und Frau Hannah Arendt liefern uns das allerschönste Beispiel hierfür. Im Dienste Nahum Goldmanns setzen sie für Auschwitz eine Million vernichteter Juden an (also fast drei Millionen weniger als Poliakov, Olga Wurmser oder Henri Michel vom *Zeitgenössischen Jüdischen Weltdokumentationszentrum* und dessen Zweigstellen!) und 950 000 für die fünf anderen Gas-Vernichtungsanstalten. (Also über eine Million weniger. Also im ganzen genommen ein abweichender Spielraum von fast vier Millionen auf eine Gesamtzahl von sechs Millionen!) Machen sie aber ihre Zusammenzählungen, um die Generalbilanz der jüdischen Verluste aufzustellen, so finden sie immer Mittel und Wege, zu einer annähernd gleichen Zahl zu kommen und zu einer annähernd gleichen Größenordnung – hier liegt die Nuance im Generalthema – als die sechs Millionen des *Zeitgenössischen Jüdischen Weltdokumentationszentrums* und dessen Filialen im Dienste von Herrn

Ben Gurion. Das gleiche ist bei der Aufgliederung der jüdischen Verluste nach Ländern zu bemerken, wo man, wenn man sich auf die Thesen des *Amerikanischen Rates der Juden* bezieht, die von Herrn Raul Hilberg und Herrn Shalom Baron aufgestellt sind, oder auf die des *Zeitgenössischen Jüdischen Weltdokumentationszentrums*, das von der Poliakov-Clique stammt, wo man zwar auf eine Zahl von Überlebenden kommt, die von 50 000 zu 700 000 für Polen, von 500 000 zu 2 600 000 für Rußland, von 0 zu 85 000 für Lettland und von 0 zu mehreren Millionen für jedes von einem Dutzend anderer Länder kommt, ohne daß davon die Generalsumme der Verluste aller Länder irgendwie merklich berührt würde.

Der Erfolg davon ist, daß sich in ihrem Generalthema von sechs Millionen ermordeter Juden diese zwei Thesen sich gegenseitig zerstören, wenn man in die Einzelheiten eindringt.

Aber kommen wir auf die jüdischen Wanderungen zurück, die ihr – auch gemeinsames – Unglück sind.

Von den zufälligen geschichtlichen Umständen, die die jüdischen Wanderungen beeinflußten, scheinen die Babylonische Gefangenschaft (588–536 vor Chr.), das Dazwischentreten von Titus (70 nach Chr.) und Hadrians (135), die Gegenströmungen der mittelalterlichen Christenheit (genauer gesagt die des 13.–16. Jahrhunderts), die Politik der russischen Zaren in der Mitte des 19. Jh., der Bolschewismus und die sozusagen atavistische Feindseligkeit der Polen seit dem ersten Weltkrieg und schließlich Hitler von 1933–1945 die wichtigsten gewesen zu sein. Aber es gab nicht nur feindselige Umstände: Seit 1850 ist der Aufstieg der Vereinigten Staaten zur industriellen und Handels-Führerschaft der Welt von einer Anziehungskraft, die sich entscheidend auf die gegenwärtige Richtung der jüdischen Wanderung ausgewirkt und sie ebenso entscheidend beschleunigt hat. Wenn man Herrn John Beaty *(The Iron Curtain over America)* glauben darf, so ergeben die verschiedenen öffentlichen amerikanischen Volkszählungen folgendes: In den Vereinigten Staaten lebten 1877 = 230 000 Juden, 1896 = 475 000, 1906 = 1 775 000, 1916 = 3 300 000, 1926 = 4 461 184. Das bedeutet, daß sich die jüdische Bevölkerung in den Vereinigten Staaten in fünfzig Jahren verzwanzigfacht hat: Eine absolute Überschwemmung. Es stimmt natürlich, daß es während dieser fünfzig Jahre nicht nur die Juden waren, die von den Vereinigten Staaten angezogen wurden. Die letzte offizielle Statistik, auf die Herr

John Beaty sich bezieht, stammt von 1926 und weist bei einer Gesamtbevölkerung von 150 Millionen 107 Millionen Weiße auf. Von diesen 107 Millionen waren 33 Millionen entweder von Fremden in der ersten Generation geboren oder selber Fremde *(Larousse, XX. Jh.)*. Diese 50 Jahre haben dem entsprochen, was man in Europa das *„Goldfieber"* nannte, zu dem die 1848 in Kalifornien entdeckten Goldminen den Anstoß gaben, die auch zur Gründung und außerordentlichen Entwicklung San Franziskos führten.

Trägt man dem Rechnung, daß die Deutschen oder Nachkommen von Deutschen im Jahre 1926 die stärkste ethnische oder ausländische Gruppe der Vereinigten Staaten mit 7 250 000 Menschen waren, die Engländer mit 5 Millionen, die Italiener mit 3 500 000, so bildete die jüdische Gruppe mit ihren 4 461 184 Personen neben den Iren mit 4 Millionen den verhältnismäßig zu ihrer Weltbevölkerung größten Anteil – und das bei weitem! Man muß noch hinzufügen, daß, während alle anderen fremden Volksgruppen sich zwischen 1850 und 1900 in den Vereinigten Staaten niederließen, die Juden mit Masse erst um 1900 ankamen, vor allem nach 1906, wie die Statistik ausweist. Sie stammten zum größten Teil aus Rußland und Polen, und im übrigen aus Deutschland. Es scheint also, als könne man den Ausgangspunkt der geballten jüdischen Auswanderung in die Vereinigten Staaten auf zwei gleichzeitige Ereignisse zurückführen: der Mißerfolg von Theodor Herzl (1904 gestorben) in seinem Versuch, einen jüdischen Staat in Palästina zu errichten, was besonders die russischen und polnischen Juden interessierte, die ja die Opfer regelmäßig wiederkehrender Pogrome waren, sowie die ersten Maßnahmen, die von den Vereinigten Staaten unternommen wurden, Einwandererquoten einzuführen (1901–1903). Nach den hier angegebenen Zahlen erscheint es fast so, als wären die Juden in aller Heimlichkeit zwischen 1906 und 1926 eingewandert. Was sie seitdem getan haben, wird man sofort gewahr werden: Man kann ruhig sagen, daß die russischen, polnischen und deutschen Juden keinen geringeren Raum einnehmen als das seit dem Anfang des Jahrhunderts der Fall gewesen war, und daß sie es besonders zwischen 1933 und 1945 nicht weniger heimlich getan haben trotz der Verschärfungen der Einwandererkontrolle von 1924 *(The national origins Law)*, die aber nach Lage der Dinge, deren Opfer die europäischen Juden waren – zu Ehren Amerikas sei's gesagt –, niemals während dieser Zeit gegen sie angewendet wurden, trotzdem sie offiziell niemals außer Kraft gesetzt worden sind.

Wo immer das jüdische Problem in der Welt aufgetaucht ist, da hat es sich stets um russische, polnische oder deutsche Juden gehandelt, zumindest in der sogenannten zeitgenössischen Periode der Geschichte. Mehr oder weniger verdankt man das Titus und Hadrian, die mit ihrem zerschmetternden Dazwischentreten das verschoben haben, was man je nach Wunsch den Schwerpunkt oder das Nahrungsbecken der jüd. Migration im europäischen Dreieck bezeichnen kann, das von den Mündungen der Wolga, der Donau und der Weichsel gebildet wird. Damals von Rom übel behandelt, fühlten sich die dem Blutbad Entronnenen keineswegs von dem gleichfalls römischen Ägypten angezogen, wie es ihre Väter zu Zeiten des Herodes getan hatten, sondern sie trachteten danach, außerhalb des Limes zu gelangen, zum größten Teil über den Kaukasus. Der Rest richtete sich in Babylon ein, das ihren Ahnen während der großen Gefangenschaft von Nebukadnezar angewiesen worden war (6. Jh. v. Chr., cf. Otto Heller op. cit.). Unter der duldsamen Regierung der Arsakiden bildeten diese eine Art von Vasallenstaat vom 3.–5. Jahrhundert, der geistig durch seine theologischen Akademien von Sora, Poumbadita und Nahardea auf die gesamte Judenheit ausstrahlte. Während dieser Zeit entstand der Babylon zugeschriebene Talmud. Aber dieser Zweig gewann mehr und mehr den Anschluß an die Wanderung wieder und ging ganz in ihr auf.

Hatten ihre palästinensischen Erfahrungen sie etwas gelehrt? Sehr wahrscheinlich. Alle Schriftsteller, die diese Ereignisse erzählt oder kommentiert haben, sind sich darin einig, daß jenseits des Kaukasus die Juden von der eingeborenen Bevölkerung sehr gut aufgenommen wurden. Sie erschienen ihnen nicht als Rassisten wie ihre Nachfahren heute, sondern als die Träger einer neuen Religion, zu der sie sich bekehren ließen. Im Zuge der Bekehrung, die sie dort betrieben, vermischten sie sich ihnen, schwärmten aus und gewannen zunächst eine Linie, die sehr schnell von der Mündung der Donau zu der der Wolga führte. Als geschickte Kaufleute, die sie geblieben waren, fühlten sie sich vom Baltischen Meer angezogen und bildeten bald mit der Weichselmündung ein Dreieck, wo zwangsläufig alle Handelswege der Erde, ob zu Wasser oder zu Land, sich trafen und mit ihnen der Warenaustausch zwischen dem kontinentalen Europa, Asien, dem Schwarzen und dem Kaspischen Meer.

Caracalla hatte die Ausnahmemaßnahmen, unter die Titus und Hadrian sie bis ins 3. Jahrhundert gestellt hatten, aufgehoben. Constantin führte sie Anfang des 4. Jahrhunderts wieder ein. Zwischenzeitlich war ihr kaufmännischer Aufschwung durch die Normalisierung ihrer Beziehungen zu den im Kaiserreich verbliebenen Glaubensgenossen begünstigt. Auch dort erschienen sie als die Bringer eines neuen, bis dahin in jenen Völkerstämmen ungekannten Wohlstandes, was sie fast noch anziehender machte als ihre Religion. Die nachfolgenden Bekehrungen und Mischehen verhalfen dazu, aus den 12 000 oder 13 000 Juden, die vor den Soldaten des Titus und Hadrian flüchtend den Kaukasus überschritten hatten, bis zum Mittelalter Hunderttausende werden zu lassen, die in Handelsgemeinschaften zusammen lebten, die den Nicht-Eingeweihten verschlossen blieben, und deren Synagogen gleichzeitig Bindeglied und Grundpfeiler waren. Das ganze aber bildete eine ethnische Gruppe, die sich stark von der ursprünglichen Gruppe unterschied. Am Vorabend des Krieges von 1939 gab es mehrere Millionen in der jüdischen Weltgemeinschaft, die man Ashkenasim nannte im Gegensatz zu den Sepharden, die über das Mittelmeer nach Westeuropa gelangt waren, sich nicht mit der eingeborenen Bevölkerung vermischt und daher ihren echten Typus behalten hatten.

Ich nehme hier die sich bietende Gelegenheit wahr, um festzustellen, daß sowohl bei den Ashkenasim wie den Sepharden die jüdische Weltgemeinschaft des zwanzigsten Jahrhunderts sich aus Männern und Frauen zusammensetzt, die unendlich verschiedenartig in ihrem Menschenbilde sind – es gibt sogar schwarze Juden und gelbe Juden! – Aber sie sind alle untereinander durch eine Religion, durch Gebräuche und eine Lebensweise, kurz gesagt durch eine Tradition verbunden, die den Zement zu einer Einheit und einer Solidarität in allen Lebenslagen bildet, die aber nicht genügt, um daraus eine Rasse im biologischen Sinne abzuleiten. Indem Hitler und Ben Gurion ihrem beiderseitigen Kampf einen rassischen Charakter gaben, begingen beide den gleichen Irrtum: dieser, der durch Schaffung eines Staates Israel nicht nur Menschen retten wollte, sondern einen imaginären Menschen-Typ, den es kaum oder gar nicht mehr gibt; jener, indem er eine deutsche Gemeinschaft, die er zum germanischen Typ erhob, vor der Vermischung mit jenem imaginären

Menschen-Typ hüten wollte. Rassisch gesehen war sie ebensowenig germanisch, wie die heutige israelische Gemeinschaft jüdisch ist.

Vom Bevölkerungsstandpunkt aus betrachtet ist der Staat Israel von Ben Gurion eine Sammlung von Menschentypen, die von durch Araber gemischten yemenitischen Juden bis zu von Deutschen gemischten reicht, auf dem Wege über russische und rumänische oder ungarische, von Slawen vermischten. All diese Typen haben untereinander wenig menschlich-charakterliche Gemeinsamkeiten. Der einzige Erfolg, den die zionistische Bewegung sich von dieser wunderlichen Sammlung erhoffen kann, ist, ethnisch oder rassisch gesprochen, die Geburt eines neuen JudenTyps, der aus dem allmählichen Durcheinanderrühren all dieser Typen entstehen könnte, falls nämlich sie mit diesem Durcheinanderrühren einverstanden sind. Politisch könnten sie zu einem theologischen Staat werden, d. h. zu der tatsächlich frühesten Form, die wir von diesem Volkstum haben. Das aber würde keinen anderen Vorteil einbringen, als dem zu entsprechen, was offensichtlich das mittelmäßige geistige Niveau dieser Masse ausmacht, das vielleicht vom religiösen und mystischen Standpunkte aus sehr hoch ist, jedoch sicherlich sehr niedrig oder sehr zurückgeblieben vom philosophischen Standpunkt aus. Hieraus kann man ersehen, daß die Internationale Zionistische Bewegung gegen derart rückständige oder gar primitive Bevölkerungen wie die Juden vom Yemen – mit welchen sie wenigstens in Theorie vorhat, sie mit allen Juden der Welt zu einem einzigen Volk auf dem Land der Vorfahren zu verschmelzen, wobei letztere offensichtlich viel weniger Gemeinsames haben, als die Bewegung behauptet – nicht die gleiche unüberwindliche Abneigung vorweist, wie unaufhörlich seit der Zeit, da Theodor Herzl sie aus der Taufe hob, gegen die europäischen Völkern an der Spitze der Zivilisation. Man weiß wohl, mit welch empörter Entrüstung die zionistische internationale Bewegung niemals aufgehört hat, die Thesen des m. E. größten jüdischen Philosophen aller Zeiten, Moses Mendelssohn (1729–1786), abzulehnen, der der jüdischen Absonderung ein Ende machen wollte und die Angleichung der Juden an die jeweiligen Völker, in denen sie lebten, befürwortete. Der Grund für dieses Verhalten war folgender: der Versuch, das Judentum aus seiner Religion und seinem Rassenmythos in die Philosophie zu überführen, wie die Thesen von Moses Mendelssohn es vorschlagen, wäre, hätte man ihn ernsthaft in Erwägung gezogen, zum Tode des Rabbinats geworden. Dieses aber ist ein guter Schirm, in dessen Schatten die anspruchsvollste, weitgespannteste und festgefügteste Handelsunternehmung aller Zeiten geboren wurde und nie zu blühen aufgehört hat. Vom Untergang bedroht oder zum mindesten von der Ablenkung ihres Profits zugunsten einer durch die jüdische Angleichung an die zivilisierte europäische Welt sehr viel größer gewordenen Gemeinschaft wählten sie die kaufmännisch gesehen geringere Gefahr der Kreuzung mit den yemenitischen Juden auf dem Boden von Israel. Aber man bebt bei dem Gedanken, wie der jüdische Typ der Zukunft wohl beschaffen sein könnte, wenn das Judentum bei den Schwarzen und Gelben ebenso wüchse, wie es bei den Europäern gewachsen ist und die *Internationale Zionistische Bewegung* sich einfallen lassen würde, auch diese an dem Kreuzungsunternehmen auf einer Erde teilhaben zu lassen, die ihnen ja wahrhaftig auch „versprochen" worden ist.

Was aber war nun das Deutschland Hitlers unter dem gleichen Gesichtswinkel betrachtet? Es war eine Gemeinschaft von Menschen mit einer Vielzahl von Typen, unter denen die als germanisch Anzusprechenden, die mit hohem Wuchs, Langschädel und Pigmentarmut (weißer Haut, blonden Haaren) nur eine Minderheit darstellten. „Zwischen 1874 und 1877", sagt uns Pierre Gaxotte (*Histoire de l'Allemagne*, Paris, 1963, bei Flammarion, Bd. I, S. 21), „erbrachte eine Untersuchung in deutschen Schulen von sechs Millionen Kindern nur einunddreißig Prozent blonde."

„Nach anderen Untersuchungen" sagt er genau, „wiesen die Norddeutschen, die man doch als die am besten Erhaltenen ansieht, nur 18 % Langschädel auf." In einem westlichen Europa, dessen Bevölkerung das Ergebnis von Vermischungen vieler Jahrtausende von Wanderungen, Begegnungen und Kriegen ist, gibt es kein gleichartiges Volk mehr vom anthropologischen Standpunkt aus, nicht einmal, wenn ein besonderer Menschentyp aus solcher Wanderung zugleich überwiegend und vollkommen erhalten geblieben sein sollte. Vorausgesetzt es wäre möglich, einen original jüdischen Typ mit der gleichen Genauigkeit wie einen germanischen oder keltischen festzustellen, so würde man wahrscheinlich bei seiner Erforschung in der jüdischen Weltgemeinschaft zu einem gleichartigen Ergebnis kommen. Die sephardischen Juden, die dem Originaltyp zweifellos am meisten entsprechen, bilden auf jeden Fall eine winzige Minderheit. Das aber beweist, bis zu welchem Grade

Hitler und Ben Gurion sich beiderseitig in einem Kampf um einen Mythos verfangen haben. Wenigsten was die Rasse anbelangt. Daß die Menschheit des zwanzigsten Jahrhunderts mit einem Rassenproblem konfrontiert ist, scheint kaum zweifelhaft. Das, was z. B. in den Beziehungen der weißen und farbigen Rassen bestehen kann und muß, sowie in denen dieser Rassen untereinander, das beruht auf einer anderen Wertordnung und einem anderen geistigen Niveau und steht etwas mehr in Beziehung mit der modernen anthropologischen Wissenschaft. Was nun die Juden im besonderen anbelangt, so stellen sie heute keine Rasse mehr dar, sondern eine Lebensform und ein Streben, und so ist es kein Rassenproblem, das sie darstellen – der Staat Israel beweist es nur zu gut – sondern ein ökonomisches und soziales Problem, soweit sie sich im Schutz religiöser Tradition zu einer merkantilen Herrschaft erheben wollen, die wie bereits erwähnt, die gesamte Welt umschließen würde.

Diese Abschweifung schließt sich von selbst durch die Schlußfolgerung, zu der man immer wieder gelangt, wenn man die jüdischen Wanderungen von dort aus weiter verfolgt, wo ihr Beginn gewesen ist. Zunächst muß festgestellt werden, daß es die Ashkenasim sind – bei weitem die zahlreichsten – von denen Westeuropa ebenso betroffen war wie jetzt die Vereinigten Staaten. Von Constanza die Donauader entlang, die bis ungefähr zum XI. Jh. ihren einzigen Weg nach Westen bildete, von Warschau durch die Länder der Hansa (deren kaufmännischer Aufschwung sie naturgemäß anzog) entstand ihnen auf die Länge ein komplementärer Weg, auf dem sie allmählich zur großen Ader Rhone-Rhein gelangten, die das Nordund das Mittelmeer verband. England interessierte sie natürlich zu den Zeiten der Hansa, besonders aber seit der Entdeckung Amerikas.

Eine besondere Erwähnung verdienen Spanien und Südfrankreich, die ihre im Imperium verbliebenen Glaubensgenossen angezogen hatten, und zwar seit dem Sturz des Westreichs (4. Jh.!) und den durch Constantin wieder hergestellten Ausnahmemaßnahmen, deren Aufhebung im oströmischen Reich erst allmählich und im Laufe des Zerfalls erfolgte, in den Gebieten, die sich vom Reich trennten, und endgültig nach dem Untergang und der Eroberung durch die Türken (XV. Jh.). Dies ist der Teil der Wanderung, der Westeuropa über die Gestade des Mittelmeers erreichte. Im Augenblick, wo Amerika entdeckt wurde, waren sie auf dem Posten – das heißt, was noch von ihnen übrig war, denn inzwischen hatte sich die Inquisition über sie hergemacht –, und der vorgeschobene Posten des Judentums fand sich von einer Linie Madrid–London getragen, die genau diejenige war, auf die sich die neuen Handelszentren verlagert hatten, die einst Eurasien, und nun die ganze Welt umfaßten.

In dem von den römischen Kaisern befreiten Europa kann man die ersten heftigen Rückschläge gegen die Juden wohl für das X. Jh. Festsetzen.[18] Es ist aber auch im X. Jh., dass der Einfluss der christlichen Kirche, die von Karl dem Großen bestätigt, und von den Kreuzzügen endgültig als die wichtigste der geistlichen Mächte etabliert wurde, sich ein wenig überall spürbar macht. In seltsamer Übereinstimmung haben die meisten Historiker diese heftigen Gegenwirkungen der Christenheit zugeschrieben, wobei das Wort vom Christentum entlehnt ist. Die Inquisition, von der man leicht geneigt ist zu vergessen, daß sie nicht nur die Juden, sondern alle Ketzer angriff, kann aus Gründen der Folgerichtigkeit nicht als eine antisemitische oder rassische Vorstellung angesehen werden. Sie machte sich im XII. und XIII Jh. auf den Weg und war in Spanien und Südfrankreich die tragischste aller Verfolgungsepochen und bestärkte sie nur in ihrer Überzeugung. In der Tat: die Kirche liebte die Juden keineswegs. Sie warf ihnen nicht ihre Rasse vor. Denn allem zum Trotz muß man doch anerkennen, daß es eine historische Beständigkeit ihrer Lehre bis hinein in die übelsten Finsterlings-Unternehmungen gewesen ist, immer nur das allgemeine zu sehen und den Menschen nur als ausführendes Organ einer Ketzerei gegen ihr Dogma. Aber als das größte aller Verbrechen sahen sie die Kreuzigung Christi an.

Die Feindschaft der westeuropäischen Völker gegen die Juden stammt allerdings aus einer sehr viel früheren Zeit, bevor die christliche Kirche einen Einfluß darauf hatte, und es scheint so, als läge der tiefere Grund dafür in der Art, wie sie ihre Gemeinden nach Maßgabe ihres Vordringens gegen Westen aufbauten: Durch Handel und Wucher zogen sie alle Reichtümer aus den Gegenden, in denen sie sich niederließen. Man hatte ganz einfach Angst, ihnen in die

---

[18] Vor dieser Zeit hatte der König Wisigoth Sisebrut sie aus Spanien (613) mit allen ihren orientalischen Eigentümlichkeiten verjagt und der König Dagobert aus Frankreich (629). Aber diese Verbannungen hatten nur kurze Zeit gedauert.

Hände zu fallen und sich alsbald enteignet zu finden. Das aber konnte bei ihrem Händlergenie gar nicht ausbleiben, je nachdem wo immer sie auftauchten. Die angestammten Herrscher untersagten ihnen dies, klagten sie an, das Volk auszusaugen, sich die Bodenschätze anzueignen. Auch hierbei sprach man nicht vom Christentum, denn bereits das römische Patriziat hatte sich in gleicher Weise dagegen gewehrt. Infolgedessen scheint es angebracht zu glauben, daß die Kirche lediglich den wirtschaftlichen Gründen der Herrscher und des Patriziats noch religiöse hinzugefügt hat, nicht aber umgekehrt. Wenn diese Betrachtungsweise richtig ist, so wäre das, was ich die Verirrung der Geschichtsschreiber nenne, nur insofern von Wichtigkeit, als es sich darum handelt, die Ursachen für die mittelalterliche Reaktion gegen die Juden festzustellen. Diese Verwirrung ist übrigens recht leicht zu erklären: Als die ersten Gegenschläge verzeichnet wurden, hatte Europa noch keinerlei Bewußtsein von sich selbst als einem Europa. Das war politisch etwas völlig Unbekanntes. Man wußte nur von einer Christenheit, die sich gegen das Heidentum bekannte, das mit Barbarei gleichbedeutend war. Und zudem war es die Kirche, ganz gleich, ob katholisch oder reformiert, die im Kampf gegen die Juden voranging, sei es, indem es die Ehre für diesen Kampf gegen das Ketzertum für sich beanspruchte oder in den Augen jener, die ihr das als Verbrechen auslegten, die Verantwortung dafür trug. Aber das ist ein Problem für Mandarine. Von welchen Voraussetzungen man auch immer ausgehen mag, die greifbare Tatsache bleibt für die Juden die, daß sie seit dem X. bis etwa zum XVI. Jh. in der gesamten Christenheit hier oder da in immer wiederkehrenden Zeitabständen ihrer Reichtümer entblättert wurden, indem Prinzen, Könige und Kaiser ihnen vorwarfen, sie hätten sie unrechtmäßig erworben oder durch Segnungen, indem man die Kirche zum Teilhaber der Unternehmungen machte. Der Vorgang ist ganz einfach: die Beschlagnahme der Güter stellte Gefängnis oder Exil zur Wahl. Und der Anlaß war immer der gleiche: Entweihung eines heiligen Ortes oder Gegenstandes oder beides. Man kann sogar zahlreiche Fälle anführen, wo Bürger – von Beruf Kaufleute und in den Städten geboren, sie als ihre gefährlichsten Konkurrenten empfindend – die Juden irgendwelcher Entweihungen bei der kirchlichen Obrigkeit anklagten, um zu erreichen, daß sie ins Gefängnis kamen oder ausgewiesen wurden und sich selbst von den Schulden befreiten, die sie bei ihnen gemacht hatten.

Dieser Zeitraum war zweifellos der härteste für die Juden, und er erstreckt sich über das XIII., XIV. und XV. Jh.[19], in dessen Verlauf man eine Rückwanderung ihrer Gemeinden in den europäischen Osten, der ihnen gegenüber ziemlich freisinnig geblieben war, feststellen und auch Bekehrungen zum Judentum verzeichnen kann.

Erst viel später, als die orthodoxe Kirche diese Gebiete eroberte und die Kenntnis vom Kaiserreich aller Russen geboren wurde, wurde auch gleichzeitig eine Feindseligkeit gegen die Juden geboren. Aber sie wirkte sich in viel grauenhafterem Maße aus als im Westen: Das Wort Pogrom gehört dem russischen Wortschatz an. Im Westen dagegen brachte die Erscheinung des Humanismus als intellektueller Bewegung eine erste Erleichterung für die Lebensbedingungen der Juden, und die Enzyklopädisten führten den entscheidenden Schlag gegen die Feindseligkeit, deren Gegenstand sie gewesen waren. Die französische Revolution bürgerte sie (1791) wie alle übrigen Menschen ein. Diese Bewegung gewann Europa, Preußen (1812), den Deutschen Bund (1848), England (1858), Italien (1870). Aber die Zeit der „Pogrome" hatte in „ganz Rußland" begonnen. Wiederum setzte die Wanderung gen Westen ein, wo sie in der zweiten Hälfte des XIX. Jh. als Gegenschlag das Wort Antisemitismus in allen Wörterbüchern auslöste, und das damit Bezeichnete – ziemlich ungenau, wie schon ausgeführt – in jeglicher nationalen Politik.

In dieser zweiten Hälfte des XIX. Jh. war es auch, daß ihre ersten Elemente den Atlantik überquerten, wo „die Straße zum Gold" sie hinzog. Zum größten Teil kamen sie aus „ganz Rußland", inbegriffen Polen und Deutschland. Die Juden, die laut Statistik mehr als zwanzig Jahrhunderte gebraucht hatten, um 10 Millionen im Rest der Erde zu werden, brauchten nicht mehr als fünfzig Jahre, um sich in den Vereinigten Staaten fünf Millionen anzunähern (cf. hierüber S. 131), was bedeutet, daß sie darin ebenso zahlreich wurden wie im Zarenreich vor 1914.

Im XX. Jh. beschleunigten die russische Revolution, die allgemeine Politik der Polen, besonders als ab 1932 General Beck seine Rolle zu spielen begann, und endlich Hitler den Zug nach den Vereinigten Staaten. Nur diejenigen, die keinerlei Möglichkeit hatten dorthin zu kommen, hielten sich noch in Holland, Belgien, England

---

[19] Durch Verbannung wurden sie aus England (1220), Frankreich (1394) und Spanien (1492) vertrieben.

und Frankreich auf. Ein Teil von ihnen versuchte, den „Nationaljüdischen Herd", der in Palästina am 2. November 1917 durch die Kommission Balfour gegründet worden war, zu erreichen, und es gelang ihnen trotz der Feindseligkeit der Engländer, die Einwanderungsquoten aufgestellt hatten. Aber die Vereinigten Staaten bildeten den Anziehungspunkt Nr. 1. Im Jahre 1928 schloß die stalinistische Politik, die den Juden nicht besonders wohlwollend gegenüberstand, sie aber doch in ihren Grenzen behalten wollte, ihnen die Ausgangstüren nach Westen wie allen russischen Untertanen und errichtete mit Birobidjan, an der Grenze der Mandschurei, ein autonomes Territorium innerhalb der UdSSR, um sie sich zur Verfügung zu halten. Bald aber mußte Stalin bemerken, daß, wenn zwar die Zahl der Juden in der Ukraine und Weißrußland abnahm, sie doch in Birobidjan nicht zunahm, obgleich sie sich dorthin begaben. Sie begaben sich aber nur dorthin, um der russischen Herrschaft zu entgehen und die nahe chinesische Grenze zu überqueren. Das Spiel gelang nur durch Mithilfe der Chinesen, die damals Rußland gegenüber feindlich eingestellt waren. Von dort aber gingen sie über Hongkong und Shanghai nach den Vereinigten Staaten, wo die Mithilfe derer, die vor ihnen dorthin gekommen und inzwischen recht mächtig geworden waren, ihnen erlaubte heimlich einzuwandern. Am Vorabend des Krieges sprach in Rußland kein Mensch mehr von Birobidjan. In der übrigen Welt natürlich auch nicht. Notgedrungen mußte man während des Krieges wieder davon sprechen, und zwar unter Umständen, die weiter unten noch erwähnt werden sollen. Für den Augenblick genügt es zu sagen, daß es ihren Wanderungsbewegungen nach den Vereinigten Staaten hin über den Osten einen starken Rückhalt gab, wenn die Juden den Weg über Sibirien – die aus Rußland neu angekommenen sagten Zentralasien – nach Amerika nahmen.

IV. Die jüdische Bevölkerungsbewegung Europas von 1933–45

1933 ist Ausgangspunkt für die jüdische Wanderung, oder wenn man so will sein Nährraum, nicht mehr das Dreieck zwischen den Mündungen der Weichsel, der Donau und der Wolga; hinzu kamen allmählich die europäischen Donauländer, deren politische

Unsicherheit und Nöte als Folge des ersten Weltkrieges sie an der Ausreise hinderten und schließlich Deutschland, Österreich und die Tschechoslowakei. Darüber hinaus gab es außer den Vereinigten Staaten nun noch ein anderes Einwanderungsziel seit 1917 (Balfour-Konvention): Palästina.

Trotz allem Durcheinander und sehr zum Glück für die historische Wahrheit, die von der *Internationalen Zionistischen Bewegung* über diese Wanderungszeit nach 1933 mehr systematisch als wissenschaftlich und geschickt vertreten wird, gibt es einige, heute absolut bekannte und unbestreitbare Tatsachen über die Ausgangspunkte nach diesen beiden Zielen hin. Sie stecken für Zeit und Ewigkeit die Wege ab, die sie genommen haben, und zerstören unwiederherstellbar die These über die 6 Millionen vernichteter Juden. Für die Mehrzahl von ihnen ist es außerdem die *Internationale Zionistische Bewegung* selbst, die uns diese Tatsachen enthüllt hat, und zwar durch ihre allgemeine Politik gegenüber Deutschland und besonders durch die unschätzbar gewordene Zahl von Prozessen, die sie gegen Deutschland angestrengt hat, um noch und noch und unaufhörlich zu beweisen, daß diese sechs Millionen tatsächlich vernichtet worden sind. Wollten wir diese Tatsachen unbeachtet lassen, oder ihr Vorhandensein zur Kenntnis nehmen oder auch im Geiste bezweifeln: eine unzählbare Fülle von Prozessen verlangt eine noch unzählbarere Fülle von Zeugen, um die Anklage zu unterstützen, und von Journalisten, um über die Verhandlungen zu berichten. Nach dem Gesetz der großen Zahlen war es unvermeidbar, daß sich unter diesen derartige Toren befanden wie Shalom Baron (Professor an der Universität Columbia – nicht zu vergessen und Zeuge im Eichmann-Prozeß, der aber nichts besonderes gesehen hatte!) oder Hannah Arendt (die als Spezialberichterin vom „*The New Yorker*" zum gleichen Prozeß entsandt worden war — ihren Steckbrief siehe an anderer Stelle) um die Katze aus dem Sack zu lassen. Nicht weniger vermeidbar war es, daß eines Tages vor den Schranken der Geschichte ein Hans-tapps wie Herr Raul Hilberg erschien, und daß dieser Hans-tapps all diese Prozesse in einer Weise auswertete, daß er alles, was bereits vor ihm gesagt worden war, und indirekt auch alles, was er selbst sagte, zerkrümelte. Das Sprichwort sagt: „Wer zuviel beweisen will..."

All diese völlig bekannten und unwiderleglichen Tatsachen, die uns auf den Weg der historischen Wahrheit geführt haben, werden unglückseligerweise heute nur von Spezialisten vertreten, die sie aus Gleichgültigkeit, politischen Sorgen oder Vorteil verschweigen oder sich bemühen – und zwar in übler Weise, wie man hinsichtlich der *Internationalen Zionistischen Bewegung* sehen wird –, sie unter Verschluß zu halten. Ich bin nun aber einmal ein Mensch, der aus Ehrfurcht vor seinem Beruf und aus der moralischen Unterordnung unter das, was diesem eigentümlich ist, ganz großen Wert darauf legt, daß sie einem großen Publikum zugänglich werden. Aus Sorge auch um die Entwicklung der menschlichen Gesellschaft, die durch ihre Unkenntnis in Sackgassen und Katastrophen geführt wird. Denn da die Politik im allgemeinen auf Vermutungen und nicht auf verbürgten Wahrheiten beruht und oft, wenn nicht immer mit den persönlichen Interessen der Politiker, die sie zum Tragen bringt, verquickt ist, wird die Gesellschaft in regelmäßigen Abständen in Sackgassen geführt und in Katastrophen geschleudert. Daher die Notwendigkeit zu forschen und festzustellen, damit diese Wahrheiten der Masse der ehrlichen Leute gestatten, sich gegen die Übergriffe der politischen Interessengruppen zu wehren.

Die Historiker sagen, daß die Geschichte unterrichtet wird, indem man ihrem Laufe folgt, und verifiziert wird, indem man ihn zurückverfolgt. Die Politiker drücken diesen Gedanken in ihrer Sprache so aus, daß die Wahrheit offenbar wird, wenn man „die Fäden hinauf verfolgt", nicht aber hinab.

Da es sich um die Prüfung einer Statistik, in diesem Falle einer Zusammenzählung handelt, machen wir noch eine Anleihe bei der Sprache der Mathematiker. Sie unterrichten uns über den Brauch der Zählenden, daß sie, um eine Addition zu prüfen, das Ganze von unten nach oben wiederholen, wenn es von oben nach unten gemacht wurde und umgekehrt. Oben ist in unserem Falle der Ausgangspunkt der jüdischen Wanderung. Dieses Drama hat sich in Europa vollzogen. Ein Wald von Zeugenaussagen, die nichts ausdrücken als Teilergebnisse, die sich ineinanderfügen und noch dazu durch die psychologische Verfassung der Zeugen verfälscht sind, ist das Ergebnis. Von dieser Höhe aus haben die Historiker und Statistiker der *Internationalen Zionistischen Bewegung* begonnen, ihre Toten zu zählen, und zwar, indem sie vorgaben – weil sie wünschten, daß es so wäre –, nicht zu sehen, daß die erhaltene Summe sich ins Unendliche vermehrte, wie sich z. B. auch eine Landschaft ins Unendliche vergrößern könnte, wollte man alle jemals aufgenommenen

Teilfotografien zusammensetzen, auf denen man vorher alles Gemeinsame hat verschwinden lassen, um so die Ansichten übereinanderzufügen. Die Teilansichten der Zeugen fügten sich ebenso übereinander wie die Objekte der Fotografenapparate, und eine natürliche Landschaft ist nicht mehr das Ergebnis des unüberarbeiteten Zweitdruckes eines Ortsbeschreibers, wie eine historische nicht die Summe der ersten unüberarbeiteten Korrekturen eines Historikers ausmacht. Bis diese General-Überarbeitung nicht gemacht sein wird, wird alles verwirrt bleiben, ungewiß und auf Vermutungen gestützt bis hin selbst zum Ort der Begebenheiten. Aber wir scheinen nicht einmal auf dem Wege dorthin zu sein, dank des wahnwitzigen Gesetzes der fünfzig Jahre oder des Vergnügens der Politiker. Bis zum Ablauf dieser Frist werden die Historiker, die trotzdem versucht sind, die Umstände dieses Dramas aufzuklären – und die dringende Notwendigkeit des Kampfes gegen die historische Lüge stößt sie täglich darauf –, gezwungen sein, die verbürgten Tatsachen langsam einander anzunähern.

Das Unten der Addition sind die beiden Ankunftspunkte der Wanderung: die Vereinigten Staaten und Israel, wovon im Gegensatz fast alles bekannt ist, wenn auch ertränkt in dem, was man den Film *„Nacht und Nebel"* der zionistischen Propaganda nennen könnte. Dem Rat der Historiker folgend, den Lauf der Geschichte wieder hinaufzusteigen, dem der Politiker, den Faden zurückzuspinnen und dem der Mathematiker, die Zusammenzählung von unten anzufangen bedeutet, die Inventur der jüdischen Weltbevölkerung aufzunehmen, in dem was sie heute in den Vereinigten Staaten und in Israel darstellt. Diese Methode bietet den besonderen Vorteil, der goldenen Regel aller wissenschaftlichen Forschung zu folgen: vom Bekannten ausgehend ins Unbekannte vorzustoßen und das Geheimnis vermittels des Bekannten zu entschleiern.

Ehre, wem Ehre gebührt: Israel zuerst.

Arthur Ruppin sagt uns (cf. Statistik, S. 146), daß 1926 250 000 Juden in Palästina waren. Aber die offiziellen Statistiken des Staates Israel, die uns Herr André Chouraqui (*L'État d'Israël*, op. cit. S. 62) liefert, sagen uns, daß es 1927 nur 150 000 und 174 610 im Jahre 1931 waren, am Vorabend der Machtübernahme des Generals Beck in Polen und Hitlers in Deutschland. Meine Studie will beweisen, daß sämtliche Statistiken, die aus jüdischer Quelle stammen und nach dem Kriege veröffentlicht wurden, nicht nur untereinander nicht übereinstimmen, sondern auch nicht mit der von Arthur Ruppin, die vor dem Kriege veröffentlicht und zum Ausgangspunkt gemacht wurde. Will man gültige Vergleichsmöglichkeiten mit diesem letzteren haben, so muß man erst einmal genau wissen, was die ersteren über die Entwicklung der jüdischen Bevölkerung in Israel aussagen.. Für die Zeit nach 1931 sagt uns Herr André Chouraqui: 1947 = 629 000; 1952 = 1 450 000; 1957 = 1 763 000.

Über die Höhe, die sie 1962 erreichte, besitzen wir außerdem noch zwei Nachrichten, die vielleicht bestreitbar, aber auf jeden Fall übereinstimmend sind, und deren eine dem Leser bereits bekannt ist:
– Die Berichtigung des Instituts für jüdische Angelegenheiten in London vom 31.3.63, die am 1. April in *„Die Welt"* in Hamburg (cf. S. 140) veröffentlicht wurde, und in der gesagt wird, daß diese Bevölkerung auf 2,045 Millionen angewachsen ist.[20]
– Eine Rede von Herrn Levi Eskhol (dem Nachfolger von Ben Gurion), der am 17. Juli 1963 vor dem Knesseth (dem israelischen Parlament) verkündete, daß auf die 2,27 Millionen Einwohner des Staates Israel 2,05 Millionen Juden kämen.

Wir geben zu, daß Herr Levi Eskhol als Ministerpräsident von Israel vermutlich besser unterrichtet sein wird als das *Institut für jüdische Angelegenheiten* in London, und so halten wir diese Zahl fest. Jedenfalls ist der geringe Unterschied um 5000 ohne Belang.

Nun sind wir also bei vier bedeutsamen Entwicklungspunkten der jüdischen Bevölkerung in Israel angelangt: 1931 (dem Vorabend der Machtergreifung des Generals Beck in Polen und Hitlers in Deutschland) 1947 und 1952 (vor und nach der Schaffung des Staates Israel) und schließlich 1962.

Für die Bedeutung der jüdischen Einwanderung in Israel zwischen 1931 und 1962 fehlt uns noch eine dritte Auskunft: das natürliche Anwachsen der jüdischen Weltbevölkerung. Deren eine hat uns Herr Shalom Baron, Professor (für jüdische Geschichte – oder wie es richtiger heißen müßte „jüdische Geschichten") an der Universität Columbia geliefert. Am 23. April 1961 hat er vor dem Gericht von

---

[20] *„The Jerusalem Post Weekly"* (19. 4. 63 op. cit. cf. S. 108, Note 1) sagt 2,3 Millionen. Andererseits sagt Ben Gurion in seinem Buch *„Le Peuple et l'État d'Israël"* 2 Millionen für 1962 (S. 66). Das bedeutet nicht nur, daß das natürliche Wachstum Israels nicht 1 % jährlich beträgt, sondern daß auch die Einwanderung gestoppt worden ist. Vielleicht könnte man sogar von Auswanderung sprechen...

Jerusalem erklärt, daß gegenüber 1945 die jüdische Weltbevölkerung um 20 % zugenommen habe.

Es ist nicht üblich, so etwas einfach hinzusagen. Ich weigere mich energisch, eine solche Schätzung als fundiert hinzunehmen. Eine Schätzung über das natürliche Anwachsen auf 20 %, über 16 Jahre verteilt, würde einen Jahresdurchschnitt von 1,25 % ergeben, das heißt von der Weltbevölkerung, von der die Demographen annehmen, daß sie sich im tatsächlichen Rhythmus des Anwachsens alle 80 Jahre verdoppeln müßte. Aber sie erreicht es nur alle vierundachtzig Jahre. Was nun die sechzehn anbelangt, so scheint man sie nicht errechnet zu haben, oder wenn man es getan hat, so habe ich es nicht gewußt: sicher ist nur, daß sie viel geringer ist. Frankreich z. B. scheint dem Weltrhythmus entsprechend von etwas weniger als 42 auf etwas mehr als 46 Millionen Einwohner in 16 Jahren angewachsen zu sein, das gäbe ein globales Anwachsen von 10 % und einem Jahresdurchschnitt von 0,62 %. Während der gleichen Zeit ist Italien, das etwas über dem Weltrhythmus liegt, trotzdem nur von etwas mehr als 43 auf etwas weniger als 50 Millionen gestiegen, also im ganzen um 14 % und als Jahresdurchschnitt um 0,89 %. Die Vereinigten Staaten scheinen in der gleichen Zeit von 168 auf 186 Millionen gestiegen zu sein. Das ergibt ein Gesamt von 12 % und einen Jahresdurchschnitt von 0,75 %. Aber hier muß man mit einer bedeutenden Einwanderung rechnen, welche die gesetzlichen Maßnahmen von 1901 bis 1924 nicht einschränken konnten. Was ist nun mit der jüdischen Weltbevölkerung? Vergleichen wir sie zunächst einmal mit der Stufenleiter der 80 Jahre, auf die sich die Demographen berufen und den Zeitabschnitt des Herrn Shalom Baron, um zu erfahren, was er annimmt, das heißt, was bestimmt nicht ist:

– im 16. Jahr:
10 Millionen + 20 % = 12 Millionen (+ 1,25 % jährlich)
– im 32. Jahr:
12 Millionen + 20 % = 14,4 Millionen (+ 1,37 % jährlich)
– im 48. Jahr:
14,4 Millionen + 20 % = 17,28 Millionen (+ 1,51 % jährlich)
– im 64. Jahr:
17,28 Millionen + 20 % = 20,74 Millionen (+ 1,68 % = mehr als verdoppelt)
– im 80. Jahr:

20,74 Millionen + 20 % = 24,88 Millionen (+ 1,86 % jährl.)
– im 96. Jahr:
24,88 Millionen + 20 % = 29,86 Millionen (+ 2,06 % jährl.).

Das würde bedeuten, daß sich die jüdische Weltbevölkerung nicht nur im 64. Jahr bereits verdoppelt, sondern nach dem 64. Jahr fast verdreifacht hätte: So wären denn die Juden ebenso fruchtbar wie die Chinesen, was ihre anderen Behauptungen über diese Sache trotzdem nicht überzeugender werden läßt.

Mangels aller urkundlichen Nachrichten hierüber habe ich mich über den jährlichen Durchschnitt eines natürlichen Anwachsens erkundigt, den man ihnen zubilligen kann, und bin dabei zu folgendem Schluß gekommen:

Die jüdische Weltbevölkerung ist immer auf der Wanderung.

Die auf Wanderung befindlichen Völker wachsen verhältnismäßig weniger als die seßhaften.

Eine seßhafte Bevölkerung, die sich alle 80 Jahre verdoppelt, erreicht einen Jahresdurchschnitt von 1 % vom 64. Jahre an.

In den Grenzen von 1931 zu 1962 könnten die in folgenden Berechnungen in Betracht gezogenen Zeitabschnitte 31 Jahre nicht nur nicht übersteigen, sondern lägen sogar um 16, um 10 oder sogar nur um 5 oder 4 Jahre. Das würde bedeuten, daß der Mittelwert von jährlich 1 % – wollte man ihn der Berechnung zugrunde legen – für die Juden – im Zustande der Wanderung – höher läge als für die seßhaften Italiener, d. h. über dem normalen.

Seien wir anständige Spieler: Halten wir trotzdem an dieser Berechnung fest – nach dem Grundsatz, daß der Zweifel immer zu Gunsten des Angeklagten geht.

Jetzt zur Methode der Berechnung. Das natürliche Wachstum einer Bevölkerung besteht immer aus dem Unterschied zwischen der Zahl der Geborenen und der der Gestorbenen. Wenn es einem gelänge, von den vier bedeutsamen Punkten der jüdischen Einwanderung in Israel das natürliche Anwachsen aller vier Wellen zu bestimmen, dann müßte es genügen, diese von der jüdischen Bevölkerung Israels vom Jahre 1962 abzuziehen, die Zahl der dort Verstorbenen hinzuzufügen, um so die Zahl der tatsächlichen Einwanderer zwischen 1931 und 1962 zu erlangen. In diesem besonderen Falle müßte man dann noch alle jene feststellen, die nach Israel eingewandert, sich in ihren Erwartungen enttäuscht sahen und wieder fortgezogen sind, und diese Zahl gleichfalls dem Ergebnis zufügen.

1. *Natürliches Anwachsen*

– Von 1931 bis 1962 sind die in Palästina eingetragenen 174 610 Juden von 1931 um 31 % = 54129 angewachsen, ergibt 54 129

– Von 1947 bis 1962 sind die 1947 Eingetragenen 629 000 um 15% = 94 350 angewachsen; ergibt 94 350

– Von 1952 bis 1962 sind die 1952 Eingetragenen 1 450 000 seit 1952 um 10 % auf 145 000 angewachsen, ergibt 145 000

Dem muß man das natürliche Wachstum hinzufügen:

– Von den 1947 eingetragenen Juden, die in Israel zwischen 1931 und 1947 angekommen sind;

– Von den 1952 1 450 000 eingetragenen Juden, die zwischen 1947 und 1952 angekommen sind;

– Und schließlich von den 1962 eingetragenen 2 050 000, die zwischen 1952 und 1962 angekommen sind.

Und nun das Ergebnis dieser zweiten Berechnung nach den Regeln, die man mir in der Grundschule beigebracht hat:

a) Von 1931 bis 1947 sind die 1931 eingetragenen Juden um 16 % gewachsen und $\frac{174\,610 \times 116}{100} = 202\,547$ geworden.

Hieraus ergibt sich, daß die Neuankömmlinge samt natürlichem Anwachsen in diesem Zeitraum 629 000 – 202 547 = 426 453 betrugen. Ihr natürliches Wachstum: $\frac{426\,453 \times 16}{116} = 58\,821.$

b) Von 1947 bis 1952 sind die 1947 eingetragenen Juden um 5 % gewachsen und $\frac{629\,000 \times 105}{100} = 660\,450$ geworden.

Hieraus ergibt sich, daß die Neuankömmlinge samt natürlichem Wachstum in diesem Zeitraum 1 450 000 – 660 450 = 789 550 betrugen. Ihr natürliches Wachstum: $\frac{789\,550 \times 5}{105} = 37\,598.$ 37 598

c) Von 1952 bis 1962 sind die 1952 eingetragenen Juden um 10 % gewachsen und $\frac{1\,450\,000 \times 110}{100} = 1\,595\,000$ geworden.

Hieraus ergibt sich, daß die Neuankömmlinge samt natürlichem Wachstum in diesem Zeitraum 2 050 000 – 1 595 000 = 455 000 betrugen. Ihr natürliches Wachstum: $\frac{455\,000 \times 10}{110} = 41\,364.$

Demnach gesamtes natürliches Wachstum[21] 131 262

---

[21] Gesamtsumme der unterstrichenen Zahlen.

2. *Die tatsächliche Einwanderung während dieser Zeit* (die Sterblichkeit an Ort und Stelle nicht eingerechnet)

Um diese Zahl zu erhalten, muß man nicht nur diese Summe von der jüdischen Bevölkerung des Staates Israel im 1962 abziehen, sondern auch die 174 610 im Jahre 1931 eingetragenen Personen, die darin enthalten sind. Das ergibt:

2 050 000 − (431 262+174 610) = 1 444 128.[22] Also: <u>1 444 128</u>.

3. *Die Sterblichkeit der Einwanderer an Ort und Stelle*

Über die Gesamtzahl der Sterblichkeit sind die jüdischen Quellen nicht ausführlich, über die Gesamtzahl der Geburten im übrigen auch nicht. Meines Wissens wenigstens. Was die letztere anbelangt, so findet man von Zeit zu Zeit Nachrichten folgender Art: „Der Durchschnitt der Kinderzahl beträgt pro Familie 3,8" (*L'État d'Israël* − André Chouraqui, S. 77). Das besagt gar nichts. Was die erstere anbelangt, so veröffentlichen Journalisten von Zeit zu Zeit eine Zahl: 13 ‰, 14 ‰, und einige versteigen sich auf 10 ‰. Die Spezialisten vom Schlage Shalom Baron sind vom natürlichen Wachstum derart hingerissen, daß sie die Höhe der jüdischen Weltbevölkerung nicht auf Grund der Geburtenzahl und der Todesfälle errechnen, sondern auf Grund der Vorstellung, die sie der Welt für die Zeit von 1946 bis 1962 zu geben wünschen, nachdem sie im voraus die sechs Millionen Vernichteter abgezogen haben. Das ist eine Schätzung, die von der Unterwerfung unter politische Gebote diktiert ist. Und abirrend, wie man gesehen hat. Die israelitischen Juden sind eine junge Bevölkerung. Bei allen Wanderungen sind es immer die Jungen, die gehen, und die Alten, die bleiben. − In Buchenwald, wo es internierte Juden gab, erinnere ich mich nur solcher, die mindestens 50 Jahre alt waren. Unter den Völkern West-Europas schätzt man die Sterblichkeit auf ungefähr 17 ‰. Daß es 13 bis 14 ‰ in Israel sind, ist durchaus möglich. Aber 1946, 47 und 48 gab es kriegerische Ereignisse, die die Gesamtzahl wohl etwas angehoben haben. Sagen wir also: 14 ‰. Sollte ich mich also irren, so kann es sich nur um einige Hundert handeln oder höchstens um einige Tausend, und ich bin gern bereit, dies unter Umständen richtigzustellen. Aus der

---

[22] Machte man diese Berechnungen anhand von der jährlichen natürlichen Wachstumsrate von 1,25 % (oder 20 % alle 16 Jahre) des Professors Shalom Baron, so betrüge das Gesamtwachstum für die Periode 1931–1962 523 308 Einheiten, also um 92 046 erhöht, und die Zahl der tatsächlich lebenden Einwanderer in das Land wäre um soviel vermindert und auf 1 444 128 − 92 046 = 1 352 082 gebracht.

Emigration zwischen 1931 und 1962 wird also, wenn man die Sterblichkeit einbezieht: $\frac{1\,444\,128 \times 1000}{986}$ = 1 464 632 Ergibt 1 464 632

4. *Emigration*

Es gibt nun Leute, die es wie oben gesagt ansehen. Aber es gibt auch welche, die erst einmal Palästina betrachten und dann erst Israel, wie eine durch die Umstände eingeschobene Etappe, um dann woanders hinzugehen. Bis 1939 z. B. hatten eine bestimmte Anzahl Juden aus Polen, Rußland und Deutschland usw. keine finanziellen Möglichkeiten, weiterzugehen: Einige konnten nicht einmal über Nord-Afrika hinauskommen, sei es aus diesem Grunde, sei es, weil England ihre Einwanderung begrenzte. Zwischen 1939 und 1945 war Palästina für diejenigen, die weiterhin heimlich flohen, sei es über Istambul, sei es über Konstanza, der einzig zugängliche Ort. Für diejenigen, die von den deutschen Heeren von diesseits des Urals und der Wolga zurückgedrängt wurden, und deren Zahl nicht gering ist, denen es 1962 noch nicht gelungen war, das sowjetische Land zu verlassen, bleibt Israel das zugänglichste, wenn sie näher dabei sind als an China, von wo diejenigen, die diesem näher sind, direkt über Hongkong und Schanghai nach den Vereinigten Staaten gehen. Kurzum: Herr André Chouraqui sagt uns: „Von 100 Emigranten haben es 95 geschafft, die Schwierigkeiten der Angleichung an das Land zu erreichen und dort Wurzeln zu schlagen, während 5 nach den gemachten Erfahrungen aufgaben" (op. cit. S. 75). Das ist wenig. Aber streiten wir nicht darüber.[23]

Gesamteinwanderung also:

$\frac{1\,464\,632 \times 100}{95}$ = 1 541 718.   Ergibt 1 541 718

zwischen 1931 und 1962.

Und nun die letzte Berechnung, um mit Israel zu Ende zu kommen: Sie betrifft diejenigen, die von diesen 1 541 718 aus Europa gekommen sind. Hier die Veranschlagung, die uns Herr André Chouraqui geliefert hat: „Asien", sagt er uns (op. cit. S. 65), „hat seit 1948 258 181 Einwanderer nach Israel gesandt, mithin 28,8 % der Gesamt-Einwanderung. Diese 258 181 Personen kamen aus der Türkei (34 797), dem Irak (122 987), dem Iran (31 274), dem Yemen

---

[23] In einer Arbeit für die Studenten der Wirtschaftsoberschule (*Principes et tendances de la planification rurale en Israël*, Paris 1963) behauptet Professor Albert Meister daß „von zehn israelitischen Einwanderern einer nach kurzem Aufenthalt in die Diaspora zurückkehre" (also 10 %)

(45 887); Syrien, der Libanon, Aden, Indien und China haben insgesamt 14 092 Seelen gestellt. Afrika kommt an dritter Stelle (24,8%) nach Europa (43,4 %) und Asien mit 28,8 %; sie sandten Israel einen Beitrag von 222 806 Einwanderern, die 24,8 % der neuen Einwanderung darstellen. Nord-Afrika steht an der Spitze des afrikanischen Kontinents mit 150 000 meist aus Tunis und Marokko stammenden Einwanderern."

Man halte fest: dies wurde 1958 geschrieben und 1959 veröffentlicht und die darin wiedergegebenen Nachrichten stammen von 1957.

Erste Schlußfolgerung: Der verworrene Stil, in dem diese Nachricht zu Papier gebracht ist, sät einigen Zweifel über die Glaubhaftigkeit des Prozentsatzes der afrikanischen Einwanderer, der in einem Satz in Verhältnis zur „Gesamt-Einwanderung" vorgebracht wird, und im folgenden als Anteil der „neuen Einwanderung". Demnach könnte man annehmen, daß die übrigen Berechnungen auch nicht wahrhaftiger und bedeutsamer wären.

Zweite Schlußfolgerung: Die 3 %, die in dieser Aufstellung nicht aufgeführt sind (100 % − 24,8 % − 43,4 % − 28,8 % = 3 %) und von denen man hinsichtlich des Vorhergegangenen nicht weiß, ob sie ein Maß der *Gesamt*-Einwanderung oder der neuen Einwanderung sind, betreffen den amerikanischen und den australischen Kontinent. Trotzdem aber ist er genau genug, um feststellen zu können, daß nur wenige Juden aus diesen beiden Kontinenten gekommen sind.

Dritte Schlußfolgerung: Mit Ausnahme der aus dem Yemen gekommenen, deren bekannte Odyssee das nicht uninteressante Thema zu einem Roman voll finsteren Humors abgeben könnte[24], können alle anderen Emigranten, die Herr André Chouraqui erwähnt, Juden sein, die Europa nach 1931 verließen oder in Afrika oder Asien geborene Nachkommen zweiten Grades sind. Ich sage mit Bedacht „können sein", nicht „sind". Bitte, das festzuhalten. Palästina z. B. ist

---

[24] Als das Flugzeug sie in mehreren Reisen in das Versprochene Land, das sie nicht mehr erhofft hatten, und von dem die meisten nicht einmal wußten, wo es eigentlich lag, zurückbrachte, glaubten sie zunächst an das Ende der Welt, von dem die Schrift sagt, es sei „der Tag, an dem die Menschen fliegen werden". So ungefähr sagt Herr Leon Uris *(Exodus)*. Und sie kamen in Israel an, um derart unvermutete Dinge wie Tische, Stuhle und Gabeln usw. zu entdecken, aber auch mit der Überzeugung, daß sie das „auserwählte Volk" waren und dazu ausersehen, im XX. Jahrhundert die Zukunft der Welt in Obhut zu nehmen.

Asien, und alle Israelis, die aus seinen nicht-israelischen Bezirken nach 1948 gekommen sind, können in Herrn André Chouraquis Auskünften von Asien „geliefert" worden sein. Das mag für die, die dort geboren sind, angehen. Aber ihre Eltern? Die Türkei, der Irak, der Iran, Syrien und der Libanon sind auch Asien, und das sind grade die Länder, die vor und während des Krieges praktisch die am leichtesten erreichbaren für die Juden waren. Zuweilen sogar die einzigen. Es gibt welche, die Afrika über Frankreich erreichten, wohlgemerkt bis 1939, und man kann hinsichtlich ihrer zu den gleichen Schlußfolgerungen kommen. Man versetze sich in die Lage eines polnischen Juden, der sein Vaterland 1932 oder 1933 verließ, und der nicht vor 1948 nach Israel kommen konnte, da ein Staat dieses Namens gar nicht vorhanden war. Er ist in vielen Fällen erst 1948, oft auch lange nachher dorthingekommen, und das mit zwischenzeitlich geborenen Kindern, d. h. nachdem er 15 oder 16 Jahre in Palästina, dem Irak, Syrien, Algerien, Tunis oder Marokko usw. verbracht hatte. Wenn man ihn dann fragt, woher er stammt, so hat es nichts Erstaunliches, wenn er dasjenige Land nennt, in dem er zuletzt gewohnt hat. Da das Weltbürgertum sozusagen durch Atavismus eine charakteristische Eigenschaft der jüdischen Seele ist, so ist er längst nicht mehr Pole, selbst wenn er sich daran erinnert, es einmal gewesen zu sein. Für ihn ist Polen, wo er geboren ist, niemals ein Vaterland gewesen, sondern ein „Aufnahmeland", wie der Ausdruck aller Juden der Welt lautet, wenn sie unter sich reden, um das Land zu bezeichnen, wo sie wohnen, selbst wenn sie dort geboren worden sind. In seiner Vorstellung ist Polen zu einem schlechten Aufnahmeland geworden und sein wahres „Aufnahmeland" ist dasjenige, wohin er sich flüchten konnte, als er gezwungen war es zu verlassen. Das gilt auch für diejenigen, denen es zwischen 1939 und 1945 gelang, nicht nur Polen, sondern auch die Tschechoslowakei, Ungarn, Bulgarien, Rumänien und Rußland heimlich zu verlassen, wenn sie nicht jenseits des Urals oder des Kaspischen Meers zurückgedrängt wurden, aber trotzdem erst in den letzten Jahren in Israel angekommen sind oder noch ankommen – Herr André Chouraqui studiert lediglich die Einwanderung in Israel. Das ist das einzige, was diesen Mann interessiert, und das ist sein Recht. Das ist sogar der Gegenstand, den er behandelt, und man kann ihm gar nicht vorwerfen, daß er sich darauf begrenzt. Aber es ist ein sehr bequemer Standpunkt: er kann dadurch nach Lust und Laune die Zahl der in

Israel eingewanderten europäischen Juden vermindern, indem er sie von ihrem letzten Wohnsitz nach 1948 ankommen läßt – Entschuldigung: dem letzten „Aufnahmeland" –, das in Afrika oder Asien lag. Auch kann man um so mehr die Zahl der Vernichteten erhöhen. Bis zu welchem Grade ist diese Ausflucht ausgenützt worden? Die Hauptgrundlage zur Beantwortung dieser Frage wird uns im nachfolgenden Abschnitt gegeben.

Vierte und letzte Schlußfolgerung. Wie ich bereits sagte, trägt das Buch von Herrn André Chouraqui das Datum von 1959, und die Sachlage, die er uns vorstellt, ist die von 1957. Auch sagt er uns 1959, daß „Asien" von 1948 bis zum 31. Dezember 1957 258 181 Emigranten und damit 28,8 % der Gesamt-Emigration geliefert habe.

$$\frac{258\,181 \times 100}{28,8} = 896\,462$$

Nun ist aber die jüdische Bevölkerung Israels von 1 763 000 am 31. Dez. 1957 (André Chouraqui, op. cit. S. 74 und offizielle Statistik für das besagte Jahr) auf 2 050 000 bis zum 31. Dez. 1962 angestiegen. Das bedeutet eine Vermehrung von 2 050 000 − 1 763 000 = 287 000, was nach Abzug des natürlichen Wachstums 189 381 neue Einwanderer[25] für einen Zeitraum von fünf Jahren darstellt. Da es bereits am 31. Dez. 1957 im ganzen 1 541 718 − 189 381 = 1 352 337 besaß, waren es also nicht 896 462. Rechnet man mit seinen eigenen Zahlenangaben, so beträgt der Irrtum des Herrn André Chouraqui, ich meine seine Untertreibung 1,51. Ein anderes Beispiel: das der tunesischen und marokkanischen Juden, die laut Herrn André Chouraqui sich in Israel mit 150 000 Mann eingefunden haben. Schauen wir mal nach. In Marokko waren 1926 lt. Herrn Arthur Ruppin 120 000 und in Tunesien 60 000. Die Gesamtsumme also für beide Länder 180 000, 1948 hätten es sein müssen: 180 000 + 22 % = 219 600. Wenn davon 150 000 sich nach Israel begaben, hätten zu diesem Zeitpunkt noch 219 600 − 150 000 = 69 600 zurückgeblieben sein müssen, aus denen 1962 dann 69 600 + 14 % = 79 344 geworden wären. Aber die Studie von *The Jewish Communities of the World* (op. cit. hierüber S. 140, Anmerkung 10) belehrt uns, daß

---

[25] Um eine langweilige Wiederholung zu vermeiden, habe ich diese Berechnung nicht unter den Augen des Lesers vorgenommen : wenn er das Verlangen hat, sie zu bestätigen, so kann er sie selbst machen. Die Methode dazu hat er auf S. 181 und folgende erhalten. Die Möglichkeiten der Berechnungen sind in allen Punkten gleichartig.

1962 noch 125 000 Juden in Marokko + 35 000 in Tunis = 160 000 übrig waren. Die *Jerusalem Post Weekly* (vom 19. 4. 1963 op. cit.) bestätigt das. Daraus geht hervor, daß 160 000 − 79 344 = 80 656 der als Marokkaner und Tunesier ausgegebenen Juden von Herrn André Chouraqui gar keine waren. Das waren vielmehr die, die aus irgendwelchen persönlichen oder anderen Umständen nicht weiter gekommen waren. Tatsächliche Marokkaner oder Tunesier waren also nur 150 000 − 80 656 = 69 344. Hier handelt es sich also um eine Übertreibung. (Das kommt aufs gleiche heraus. Diese jeweilige Zahlenspielerei hat nur den Sinn, die Zahl der in Europa Vernichteten zu erhöhen, indem man mit allen Mitteln die Zahl derer, die es verließen, verkleinert.) Und es handelt sich um mehr als vom Einfachen zum Doppelten: genau um 1 zu 2,16.

Drittes Beispiel: Die deutschen Juden. Herr André Chouraqui sagt uns (op. cit. S. 66): „Die deutschen Juden sind fast vollständig von den Nazis ausgerottet worden."

Nun sind sich aber alle jüdischen Historiker und Statistiker darüber einig, und sogar auch Herr André Chouraqui, daß auf die 500 000, die Herr Arthur Ruppin 1926 als in Deutschland lebend angibt, oder auf die 540 000 von der jüdischen Nachkriegsstatistik als 1933 dort lebend, ungefähr 300 000 zwischen 1933 und 1939 das Land verlassen haben, und daß laut Herrn Poliakov und dem *Zeitgenössischen jüdischen Weltdokumentationszentrum* 1945 rd. 40 000 und laut Herrn Raul Hilberg (cf. hierüber S. 152, beide Statistiken Seite an Seite) noch 80 000 gelebt haben. Die Gesamtzahl der Entkommenen beträgt also entweder 300 000 + 40 000 = 340 000 oder 300 000 + 80 000 = 380 000 gegenüber 500 000 oder 540 000. „Fast völlig vernichtet", macht der gute Mann daraus. Woraus man sieht, daß der verworrene Stil, der jeden Irrtum gestattet, gleichfalls erlaubt, die sensationelle Wirkung zu pflegen (cf. hierüber Schlußfolgerung 1 und 2). Das entbindet leider nicht von der Leichtfertigkeit: Die Auswanderungsziffer vom 31. Dezember 1957 ist 896 462 nach seiner Angabe auf S. 65, 896 085 nach einer anderen auf S. 66, und schließlich werden es 905 655, als er sich auf die Statistik bezieht. Das gleiche gilt für die Gesamtbevölkerung von Israel, die, immer nach dem Datum vom 31. Dez. 1957 auf S. 64 1 954 954 ausmacht, um auf S. 74 zu 1 763 000 Juden + 213 000 Christen und Mohammedanern = 1 976 000 zu werden. Wenn es sich um Größenordnungen handelte, würde man darüber hinweggehen, aber in allen Fällen sind diese Schätzungen bis auf eine Einheit genau. Es ist also ein Test. Ich muß bekennen, daß Frau Hannah Arendt und Herr Raul Hilberg es nicht viel besser gemacht haben.

Man könnte kein Ende finden, Beispiele anzuführen. Kurzum: Was ich hier sagen will, ist, wenn diese Übertreibungen gleicher Art sind – und warum sollten sie nicht, da es sich dabei nicht um Irrtümer, sondern um leichtfertige Berechnungen handelt –, was den Prozentsatz der europäischen, afrikanischen und asiatischen Juden anbelangt, die nach ihm in Israel eingewandert sind, so genügt es, ihnen den Mittelwert ihrer Übertreibungen vorzuhalten, um sie annähernd zu einem wahrhaftigen Bericht zusammenzuführen.

Mittlere Größe: $\frac{1{,}51 + 2{,}16}{2} = 1{,}83$

Folglich für die Juden aus Afrika und Asien: $\frac{24{,}8\% + 28{,}8\%}{1{,}83} = 29;3\%$

Und für die europäischen Juden: 43,4 % + (53,6 % − 29,3 %) = 67,7 %. Fehlen immer noch die nicht belegten 3 % (cf. hierüber, 1. Schlußfolgerung betreffs der Angabe von Herrn André Chouraqui).

In Zahlen ausgedrückt beträgt also die Anzahl der europäischen Emigranten:

– nach der Gesamt-Emigration berechnet (Sterblichkeit und Emigration zusammen)

$\frac{1\,541\,718 \times 67{,}7}{100} = 1\,043\,743$

berechnet nach denen, die überlebt und sich seßhaft gemacht haben: $\frac{1\,444\,128 \times 67{,}7}{100} = 977\,674$.

So will es die Arithmetik – jedenfalls die, die ich gelernt habe. Darüber hinaus ist das sehr wahrscheinlich, und zwar deshalb: Diese Zahlen stimmen fast genau mit denen überein, die ihm sein Gewährsmann Hanson W. Baldwin geliefert hat und die die *New York Times* am 22. Februar 1948 veröffentlichte, und die ich, um alle Mißverständnisse zu vermeiden, mir im Wortlaut wiederzugeben erlaube:

"There are 650 000 to 700 000 Jews in Palestine. Another 500 000 inhabit other countries in the Middle East... In these countries the Jews are tied by bonds of religion to the rest of fifteen to eighteen million Jews of the world."

In diesen 1 150 000 bis 1 200 000 derart für Palästina und den anderen Ländern des Mittleren Orients festgestellten Juden im Jahre 1947 und nach Abzug derer, die nach jüdischen Quellen 1931 dort lebten, waren es etwas mehr oder etwas weniger als 750 000 Einwanderer, wenn man sich auf die jüdischen Vorund Nachkriegs-Statistiken berufen will. Und diese Einwanderer kamen fast alle aus Europa, und zwar aus dem einfachen und guten Grunde, weil die übrigen mit wenigen Ausnahmen keinerlei Anlaß hatten, sich in Massen dorthin zu begeben und das auch gar nicht wünschten. Jene waren die ersten, die sich Israel anschlössen, da sie ja praktisch bereits am Platze waren. Daß ihnen hernach 200 000 bis 250 000 europäischer Juden nachfolgten, führt dazu, daß wir für die Emigration von dorther zu den Zahlen gelangen, die sich aus meiner Berechnung ergeben.

Wenn ich mich auf Herrn Hanson W. Baldwin als Stütze für meine Angaben berufe, so geschieht das nicht nur, weil seine Schätzungen wahrscheinlich sind, sondern aus haltbareren Gründen: Was die jüdische Bevölkerung in Palästina anbelangt, so ist sie durch die offizielle Statistik belegt, die aus jüdischen Quellen stammt und Anfang 1949 für das Jahr 1947 mit einer Zahl von 629 000 veröffentlicht wurde. Sie wurde es auch von Herrn Ben Gurion selbst unter dem Datum des Mai 1948, der die jüdische Bevölkerung Palästinas auf 650 000 schätzte (*Le Peuple et l'État d'Israël* – Paris 1959 – S. 102). Das sind also keine Mutmaßungen, sondern festgestellte Werte. Und das bestätigt auch die Richtigkeit meiner Angaben.

Ich möchte sogar noch mehr sagen: Wenn Hanson W. Baldwin so gut über die Bevölkerungszahl der palästinensischen Juden von 1947 unterrichtet war, so liegt kein Grund vor, daß er es nicht auch über die jüdische Weltbevölkerung gewesen wäre, und daß er der Wahrheit nicht ebenso nahe käme, wenn er sie im gleichen Zeitraum mit 15 bis 18 Millionen angibt. Nach dem, was die „*New York Times*" wissentlich, daß diese Angaben aus jüdischen Quellen stammen, wörtlich sagt: „from the secret census made by them in every country in the world", erklärt sich alles: Irgendwie hatte Hanson W. Baldwin Kenntnis von diesem „*Secret census*" (geheime Volkszählung). Aber das ist gleichgültig: Wenn diese geheime Volkszählung wirklich stattgefunden hat, wenn die *Internationale Zionistische Bewegung* so genau über die tatsächlichen jüdischen Verluste unterrichtet war, so handelte es sich um eine grundsätzliche Nötigung (Entschädigung Israels durch Deutschland), die mit Vorbedacht hochgespielt wurde..

Ich sage ausdrücklich „wenn". Und ich bitte, diese Feinheit zu beachten, denn ich glaube nicht an diese „geheime Volkszählung".

Aber kommen wir zu unseren europäischen Juden zurück, die zwischen 1931 und 1962 nach Israel ausgewandert sind: 1 043 743 Personen, haben wir gesagt, einschließlich der Sterblichkeit und Rückwanderung aus Israel.

Die jüdischen Quellen geben unter dem 31. Dezember 1957 388 901 zu und 1963 fährt die Weltpresse fort, diese Zahl zu veröffentlichen. Nun haben wir also bereits 1 055 657 – 388 901 = 666 756 europäische Juden, die nicht von den Nazis ausgerottet worden sind, trotzdem aber weiter in Statistiken jüdischer Quellen als Vernichtete geführt werden. Oder, wenn man das lieber möchte: 1 055 657 von den 9 243 000 von Arthur Ruppin (cf. seiner Statistik, S. 148) als in den von den Nazis kontrollierten Weiten Europas während verschiedener und veränderlicher Zeiträume zwischen 1933 und 1945 lebend angegeben, abziehen, oder auch von den 9 600 000, die Justice Jackson in Nürnberg angegeben hat. Stelle anheim.

Die Schätzungen, die aus meinen Berechnungen hervorgehen, sind durch die Einheit gegeben, aber nur deshalb, weil man beim Rechnen ihren Gesetzen nicht ausweichen kann. Soviel ich weiß, haben die Mathematiker noch keine andere Rechenmethode erfunden. Ich denke, der Leser versteht, daß es sich nur um aufzurundende Größenordnungen handeln kann. Alle Grundbestandteile dieser Berechnungen sind auf dem niedrigsten Niveau gehalten worden, damit man mich nicht anklagen kann, den Thesen der *Internationalen Zionistischen Bewegung* und dem *Zeitgenössischen Jüdischen Dokumentationszentrum* einen größeren Vorwurf zu machen, als es sich gehört. Alles in allem ist meine Meinung die, daß diese Schätzungen bedeuten, daß 1 100 000 europäische Juden von der Statistik vor Hitlers Machtübernahme in Deutschland abgezogen werden müssen und 700 000 von den angemeldeten 6 Millionen, je nachdem, welche Methode man vorzieht. Würden tatsächlich neuere Nachrichten aufgefunden, die eine Revision nötig machten, so ist es für mich keine Frage, daß sie höher aber nicht tiefer ausfallen würden. Gerade weil, um das Niveau so niedrig zu halten wie möglich, es gar nicht anders sein kann, als daß es mir mehr als einmal geschehen sein muß, die Zahl der Überlebenden zu gering eingeschätzt zu haben.

Für die Liebhaber panoramischer Übersichten gebe ich hier – nach Größenordnung und Einheiten dargestellt – eine Übersicht, die die vorhergehende Arbeit wiederholt und gleichzeitig das Gefüge der jüdischen Bevölkerung Israels im Jahre 1962 wiedergibt und das der Auswanderung von 1931 bis 1962. (Siehe vorstehende Tabelle.)

Gefüge der Bevölkerung Israels

Wesen	Jüdische Auswanderung zwischen 1931 und 1962			Jüdische Bevölkerung von 1931 bis 1962		
	europäisch	nicht europäisch	Summe	1931	natürliches Wachstum	1962
Im ganzen	1 048 368	493 350	1 541 718	→	→	→
Festgestellt	982 007	462 121	1 444 128	+ 174 610	+ 431 262[5]	= 2 050 000
Sterblichkeit	13 943	6 561	20 504[1]		→	
Auswanderung	52 418	24 668	77 086[2]	Rede von Dr. Levi Eskhol[4]		
Nachprüfung[3]	1 048 368	493 350	1 541 718			= 2 050 000

[1] Die Sterblichkeit ist S. 183, Abs 3 errechnet und im Verhältnis von 2/3 – 1/3 in Europäer und Nicht-Europäer in der Emigration aufgeteilt.
[2] Die Emigration ist S. 184, Abs. 4 errechnet und im gleichen Verhältnis aus den gleichen Gründen aufgeteilt.
[3] Bei Zusammenzählung aller Zahlen, die auf den Linien 2, 3 und 4 erscheinen, muß die Gesamtsumme die Zahl der Linie 1 ergeben.
[4] cf. S. 178
[5] Ich mache den Leser, der mit demographischen Studien nicht vertraut ist, darauf aufmerksam, daß wenn er versucht sein sollte, das natürliche Auswachsen der tatsächlich in Israel lebenden Juden, die weniger als 31 Jahre alt sind, entsprechen müßte, er einen großen Irrtum begehen würde. Diejenigen z. B., die 1938 Deutschland zu den Armen ihrer Eltern verließen, sind 1962 erst 24 Jahre alt und gehören zu den 1 441 128 Emigranten. Desgleichen alle europäischen Kinder, die in Nordafrika oder sonstwo geboren sind. Unter diesen sind auch Kinder die 1957 und 1958 angekommen sind und 1962 erst 4 oder 5 Jahre alt waren und trotzdem nicht in den Aufzählungen des natürlichen Wachstums angegeben sein können; Sie sind ebenso Emigranten wie ihre Eltern.

Und dann wenden wir uns den Vereinigten Staaten zu.

*

Das Studium der jüdischen Bevölkerung Israels hat uns vorerst nur erlaubt, die europäischen Juden zu finden, denen es gelungen war, nach Palästina und hernach selbstverständlich nach Israel zu gelangen, sei es auf dem Donau-Wege über Konstanza oder Konstantinopel oder beides. Es gibt aber noch einen anderen Gesichtspunkt für die Wanderung der europäischen Juden zwischen 1933 und 1945: ihre Wendung nach Osten.

Dieser andere Gesichtspunkt wird uns von wenigstens zwei jüdischen Quellen enthüllt: von Dr. Rezsö Kasztner (*Bericht des jüdischen Rettungskomitees aus Budapest*, op. cit.) und Alex Weisberg in Zusammenarbeit mit Joel Brand (*Die Geschichte von Joel Brand* – ein ungeheuerlicher Tausch: eine Million Juden gegen zehntausend Lastwagen – op. cit.). Dies ist von Herrn Raul Hilberg selbst bestätigt – natürlich auch von Frau Hannah Arendt. Aber letztere möge mir verzeihen: auf die Gefahr hin, unhöflich zu wirken, erlaube ich mir doch zu sagen, daß ihre Angaben sehr viel weniger Wert und Bedeutung haben.

Und nun, was der erstere sagt: „Bis zum 19. März 1944 galt unsere Arbeit hauptsächlich der Betreuung und Rettung polnischer, slowakischer, jugoslawischer Flüchtlinge. Mit der deutschen Besetzung Ungarns erstreckten sich unsere Anstrengungen auf die Verteidigung der ungarischen Juden... Die Besetzung brachte das Todesurteil für die nahezu 800 000 Seelen zählende ungarische Judenheit" (op. cit. S. 1 – Einleitung). In Ungarn wurden die Juden von der Regierung des Admirals Horthy nicht verfolgt. Ein Jude, der Bankier Stern, war sogar Hofrat, zahlreiche andere waren Abgeordnete. So wurde Ungarn tatsächlich zu einem Zufluchtsort für die polnischen, tschechischen und jugoslawischen Juden. Mit der Feststellung dieser Tatsachen gibt uns der Text auch seine Bedeutung an: 800 000 – 320 000 (nach Arthur Ruppin) = 480 000 polnische, tschechoslowakische und jugoslawische Juden befinden sich am 19. März 1944 in Ungarn.

Herr Kasztner berichtet uns auch, auf welche Weise das *Jüdische Rettungskomitee* aus Budapest sich um diese Rettung bemühte. Aber das Gespann Alex Weisberg – Joel Brand ist genauer: durch die

Emigration über Konstanza nach Versorgung mit echten und falschen Pässen. Einmal in Konstanza angekommen, waren sie gerettet. Die Rumänen haben die Juden nur während einer ganz kurzen Zeit zwischen 1939 und 1945 verfolgt. Um alle Diskussionen darüber abzuschneiden, wollen wir unsere beiden Genossen reden lassen:

„In ihrer Eile, sich der Juden zu entledigen, machte es den Deutschen wenig aus, ob sie in der Fremde oder in den Gasöfen verschwanden... Fremde Pässe waren der sicherste Schutz... Nach einigen Wochen gab es (in Ungarn) mehr Auswanderer aus der Republik San Salvador als aller anderen Länder zusammen... Durch Vermittlung des Papstes und des Präsidenten Roosevelt, gaben die schwedische und die schweizer Regierung Tausende von Pässen aus, und wir fügten ihnen dreißigbis vierzigtausend hinzu. Die Besitzer solcher Pässe waren vor einer Deportation sicher" (op. cit. S. 55–56).

Wenn eine Bewegung derart ungehindert „dreißigbis vierzigtausend" falscher schwedischer und schweizer Pässe in einem doppelt von ungarischer und deutscher Polizei überwachtem Land wie Ungarn in Umlauf setzen kann, müssen die Schweiz und Schweden mindestens soviel – wenn nicht mehr ausgegeben haben. Und da von der Republik San Salvador „mehr als von allen andern Ländern zusammen" im Umlauf waren, so werden es nicht sehr viel weniger als 200 000 „vor einer Deportation sicher" gewesen sein.

Aber diese „Sicheren" werden durch ihre echten oder falschen Pässe nicht durchaus über ihr Schicksal beruhigt gewesen sein. Die meisten werden sich ihrer bedient haben, um Ungarn leichter verlassen zu können. Es gab sogar welche, die Ungarn ohne Paß verließen. Sogar fast mit Beihilfe Eichmanns, denn wie unsere Autoren uns sagen, hatte dieser „der vor dem Kriege die jüdische Auswanderung in großem Stil betrieben hatte, und darin nur von dem Krieg zwischen Deutschland und Rußland unterbrochen wurde... diesen Gedanken seit seiner Ankunft in Budapest wieder aufgegriffen" (op. cit. S. 23). Weiter unten sagen sie uns – im wesentlichen, daß sie mit oder ohne Paß Konstanza erreichten und von dort aus versuchten, ein Schiff zu finden, daß sie nach Haifa brächte, was nicht immer einfach gewesen wäre, wie sie betonen. Wenn sie keines fanden, versuchten sie, wenigstens Konstantinopel zu erreichen. Es war auch nicht immer einfach, in Haifa an Land zu gehen. Diejenigen, denen das gelang, konnten auch nicht alle in

Palästina bleiben auf Grund der Einwanderungsbegrenzung durch die Engländer. Um nicht verhaftet zu werden, waren viele von ihnen gezwungen, sich auf die übrigen Länder des Mittleren Orients zu verteilen, von wo aus sie versuchten, Hongkong und von da aus die Vereinigten Staaten oder andere Länder des amerikanischen Kontinents zu erreichen (Argentinien, Brasilien, Kanada...). Gleiche Bewegungen auf den gleichen Wegen ab Konstantinopel.

Aber es ist Herr Raul Hilberg selbst, der uns durch seine unfreiwillig gegebenen guten Auskünfte, die er so schlecht übermittelt, weil er selbst gar nicht merkt, daß er sie uns gibt, gestattet, die gesamte Wanderung der europäischen Juden über Hongkong nach dem amerikanischen Kontinent in ihrem ganzen Ausmaß vollständig zu verfolgen. In Wirklichkeit wäre es richtiger zu sagen, daß er mit seinen Angaben nichts weiter getan hat, als ihre Wahrheit zu bestätigen, denn wir besaßen sie bereits und hatten sie auch ausgewertet und die meisten von ihnen bereits veröffentlicht. Ich möchte hier von den polnischen und russischen Juden sprechen, die zwischen 1939 und 1945 sich während der Kriegshandlungen niemals diesseits der deutschen Kampflinie befanden. Ihre Anzahl war beträchtlich und das Studium der Greuel des zweiten Weltkrieges, dem ich mich seit fünfzehn Jahren hingebe, hat mich davon überzeugt, daß es die Vereinigten Staaten waren, die davon die klarste und richtigste Vorstellung hatten – oder genauer gesagt: vom amerikanischen Kontinent aus begannen die Vereinigten Staaten sie zu studieren. Eingerechnet die kleinen Haken, die wir im Laufe unserer Studien gezwungen werden, in Europa zu schlagen, werden wir doch die Zahl derer feststellen können, denen es gelang, über den Westen dorthin zu kommen.

Was nun die Vereinigten Staaten anbelangt, die der Ausgangspunkt unserer Beschreibung sind, wäre hier gleich eine offensichtliche Unwahrheit zu melden, die in erster Linie ins Auge springt: Es ist nicht wahr, daß 1962 5,5 Millionen Juden dort lebten, wie das *Institut für jüdische Angelegenheiten* in London behauptet (cf. S. 140). Für das Jahr 1926 hat uns Arthur Ruppin die Zahl von 4 500 000 angegeben und die offizielle Zählung des E. U. die von 4 461 184: also eine übereinstimmende Schätzung.

Seltsam: für dies eine Mal sind sich alle Historiker und jüdische Statistiker über diese Zahl einig. Fügen wir dem die Zahl des natürlichen Wachstums mit 1 % jährlich hinzu, so haben wir 1962, also 36 Jahre später eine jüdische Bevölkerung in Amerika von 4 461 184 + 36 % = 6 067 210. Hätte ich die des Professor Shalom Baron von 20 % alle 16 Jahre hinzugefügt, so hätte ich folgendes Ergebnis erhalten:

4 461 184 + 20 % = 5 353 421 im Jahre 1942
5 353 421 + 20 % = 6 424 105 im Jahre 1958
und 6 424 105 + 5 % = 6 745 310 im Jahre 1962

Mir hätte nichts Lieberes passieren können, als das *Institut für jüdische Angelegenheiten* in London einer Übertreibung von 1 245 310 zeihen zu können anstatt nur von 567 000 und einigen. Aber das ist nicht mein Stil, und so genügt es mir zu zeigen, bis zu welchem Grade zwei jüdische Autoritäten miteinander uneins sind.

Wohlan denn: 6 067 310. Halt, Vorsicht: ohne die Einwanderung zu berücksichtigen. Das ist wichtig. Auch eine weniger wichtige Auswanderung ist dabei nicht berücksichtigt: Herr André Chouraqui sagt uns (op. cit. S. 67) in der Tat, daß zwischen 1933 und 1957 nur 7232 aus Amerika und Ozeanien nach Israel gekommen wären. Man kann den Grund nicht recht einsehen, weshalb nicht andere woanders hingegangen sein sollten.

Wie dem auch sei, wir untersuchen jetzt die jüdische Einwanderung in die Vereinigten Staaten.

Wir haben bereits gesehen, daß sie sich seit 1848, besonders aber seit 1880 in die allgemeine Bewegung der europäischen Völker zu dem hin einreihten, was man „die Straßen des Goldes" zu nennen pflegt. Zwischen den beiden Kriegen war Frankreich der beste Platz, um das zu beobachten, weil Frankreich dank seiner Westlage ein sozusagen zwangsläufiges Überfahrtsland ist. Bis 1930 war der Fluß ziemlich langsam. Ab 1932, als Oberst Beck Minister des Auswärtigen für Polen wurde, bemerkten wir, wie die polnischen Juden massenweise ankamen. Und von 1933 an die deutschen. Die ersten ließen sich im Handel nieder und führten dort Methoden ein, die bei den einheimischen Kaufleuten derart unbekannt und unorthodox waren, daß sie oft empörte Protestaktionen gegen sich auslösten. Eines schönen Tages verschwanden sie, merkten aber bald, daß sie in ihren Handelsspitzen nur von anderen polnischen Juden abgelöst worden waren. Die deutschen Juden taten für gewöhnlich nichts weiter als herüberkommen. Ende 1937 erschienen die österreichischen Juden, deren Zulauf sich nach dem Anschluß 1938 verstärkte. Bis 1932 und seit dem Ende des Ersten Weltkrieges haben wir für gewöhnlich nur die Feststellung oder die Überfahrt von russischen, rumänischen und bulgarischen Juden verzeichnet, denen sich lediglich einige polnische Juden zugesellten, alle miteinander aus ihren Ländern vertrieben oder durch den bolschewistischen Sturm und seine nachfolgende Unsicherheit. Aber ich wiederhole: in kleinerer Zahl. Daß es sich nur um eine Wanderung gehandelt haben kann, bestätigen sowohl die jüdischen als auch die Regierungsstellen, die das Anwachsen der jüdischen Bevölkerung von 250 000 auf 300 000 (Herr Raul Hilberg sagt 270 000) zwischen 1926 und 1939[26] angibt. Das mag genau das natürliche Anwachsen ausmachen oder kaum mehr.

Wieviel sind also so gekommen und wo gingen sie hin?

Was die Zahl anbelangt, so ist sie für die deutschen Juden leicht festzustellen. 1939 waren ihrer nur noch 210 000 in Deutschland laut dem *Zeitgenössischen Weltdokumentationszentrum* und 240 000 laut Herrn Raul Hilberg. Die offizielle deutsche Statistik von Herrn Korherr, Chef des hitlerschen bevölkerungspolitischen Dienstes gibt ähnliche Zahlen an. 220 000 sagt er. Sagt man also, daß etwa 300 000 Juden vor 1939 Deutschland verlassen haben, wird alle Welt dem zustimmen. Nun sagt uns aber Herr André Chouraqui (op. cit. S. 66) „zwischen 1933 und 1939 sind 120 000 nach Israel emigriert", das bedeutet, das mindestens 180 000 woanders hingegangen sind. Hier wird man mir erlauben, meine eigene Zeugenschaft anzurufen. In Belfort, der nächsten Grenzstadt zwischen Frankreich und Deutschland, die sich für die größte Zahl als Marschweg wegen ihrer Nähe der französisch-schweizerischen Grenze anbot, war ich zwischen 1933 und 1939 Führer der Sozialistischen Partei. Daher wußten alle, die Sozial-Demokraten waren und denen es gelang, die Grenze zu überschreiten, im allgemeinen meine Anschrift, und wenn sie weiterziehen wollten, so zogen sie meist meine Hilfe der der jüdischen Gemeinde vor. Die meisten sagten mir, daß sie vorhätten, nach den Vereinigten Staaten zu gehen, wo sie Verwandte hätten, was ihnen die Einwanderung erleichtere sowie auch das Dortbleiben trotz der Einwanderungsbeschränkungen, von denen sie allerdings wußten, daß sie der besonderen Umstände wegen ihnen gegenüber recht selten angewendet würden. Einige gaben mir Kanada aus dem gleichen Grunde an. Selten Brasilien und Argentinien. In diesen

---

[26] Trotzdem notiert der „*World Almanac*" 1945 nur 240 000 (S. 494).

beiden letzteren Ländern hat die Einwanderung erst nach dem Kriege größere Ausmaße angenommen. Während der Besatzungszeit war ich immer noch in Belfort, jetzt aber als Verantwortlicher für die Widerstandsbewegung, und zwar für die wichtigste, ernsthafteste und vernünftigste (*Libération-Nord*), die einzig wirksame Instanz für sie, um sie zunächst in die Schweiz zu bringen, wo sie dann mit Hilfe der *Joint Distribution*, deren Leiter Saly Mayer war, einen regulären Paß für Amerika oder Kanada zu bekommen hofften. Niemals hat mir einer weder vor noch während des Krieges als Ziel England angegeben, gegen das sie einen handfesten Haß hegten. Von 1937/38 ergab sich das gleiche mit den österreichischen Juden und 1938/39 für die tschechoslowakischen Juden. Von diesen zwei Nationalitäten sah man während des Krieges nichts mehr in Frankreich. Sie nahmen den Weg über die Donau: die ersteren seit dem Anschluß, die letzteren nach den Ereignissen im Sudetenland. Für die ersteren ist die Statistik des *Zeitgenössischen jüdischen Weltdokumentationszentrums* mit der des Herrn Raul Hilberg und den deutschen Quellen einig: Vor 1939 war es 180 000 bis 240 000 gelungen, Österreich zu verlassen. Und Herr André Chouraqui findet die Zahl der österreichischen Juden, die in Israel eingewandert sind, so wenig wichtig, daß er nicht einmal den Wunsch verspürt, sie zu veröffentlichen. Wo sind sie also hin? Ich kann nur wiederholen: Alle, die sich vor oder während des Krieges an mich gewandt haben, gaben mir vornehmlich die Vereinigten Staaten an, jedenfalls ein Land auf dem amerikanischen Kontinent.

So haben wir denn 300 000 + 180 000 = 480 000 deutsche und österreichische Juden, denen es gelang, Europa zwischen 1933 und 1939 zu verlassen. Ausnahmsweise besaßen das *Zeitgenössische jüdische Weltdokumentationszentrum* sowie auch Herr Raul Hilberg so viel Ehrlichkeit, sie nicht in ihren Statistiken als vernichtet aufzuführen. Wenn sie sie in den Zahlen derjenigen aufführen, die die jüdische Bevölkerung in andern Ländern außer Israel vermehrt haben, wo sie sich ja zwangsläufig hinbegeben haben müssen, da sie nicht mehr in Frankreich sind, so werden wir das in der Wiederholungstafel der tatsächlichen europäischen Emigranten sehen.

Über die Zahl der polnischen Juden oder der der Donauländer, die nach Westen gingen, um Amerika oder Afrika zu erreichen, besitze ich keine genauen Angaben, um mir eine andere Schätzung als unter der Formel „eine sehr wahrscheinliche Zahl" zu erlauben. Glücklicherweise hat meine ausgezeichnete Mitarbeiterin Hannah

Arendt meine Dokumentation sehr nutzbringend ergänzt. Auch Herr Raul Hilberg, dem sie sicherlich ungefähr alles entliehen hat, was sie sagt. Wenn ich vorziehe, Frau Hanna Arendt zu zitieren, so nur deshalb, weil sie alles sehr viel klarer darstellt: Sie weiß selbst gar nichts, sie entleiht alles, aber man muß ihre Klarheit anerkennen. Hinsichtlich der luxemburgischen, belgischen, holländischen und französischen Juden hat sie meine Dokumentation über die polnischen und die aus den Donauländern, die Europa über den Westen verließen, vervollständigt.

Im *The New Yorker* vom 9. März 1963 (op. cit.) sagt sie uns, daß in Frankreich ungefähr 300 000 Juden im Jahre 1939 gewesen wären. Das wußte ich. Im Februar/März 1940 wären vor jenen Ereignissen, die die Besetzung des Landes herbeiführten, 170 000 fremder Juden hinzugekommen. Dies wußte ich nur sehr ungewiß. Zu jener Zeit erinnere ich mich, daß alle französischen Zeitungen von etwa 200 000 fremden Juden sprachen, die ihr Land vor dem Nazismus hätten verlassen müssen und denen man helfen sollte. Aber ich hatte darüber keinerlei Unterlagen behalten. Ich war viel zu sehr damit beschäftigt, ihnen zu helfen als sie zu zählen. Unter ihnen 40 000 Belgier und ebenso viele Holländer. Und andere? Keine genauen Angaben. Alles in allem auf jeden Fall 170 000: Man kann sicher sein, daß Frau Hannah Arendt die Zahl nicht hochgetrieben hat. Marschall Petain hatte die Auslieferung der französischen Juden an die deutschen Behörden abgelehnt und ihnen der fremden Juden wegen so viel Schwierigkeiten gemacht, daß infolgedessen von dieser Masse der 300 000 + 170 000 = 470 000 Personen nur 6000 französische Juden unter 52 000 bis Ende des Sommers 1943 deportiert worden sind, also in 18 Monaten, da die Deportationen im großen Stil erst im März 1942 begannen. Im April 1944, zwei Monate vor der Invasion, waren noch 250 000 Juden in Frankreich – so sagt sie – und es wurden keinerlei Maßnahmen mehr gegen diese ergriffen. Demnach wurden sie also gerettet. Das verhindert aber nicht Herrn Raul Hilberg, nur 200 000 in seiner Statistik als Überlebende aufzuführen. Man muß jedoch nicht glauben, daß etwa der Unterschiedsbetrag von 470 000 – 250 000 = 220 000 deportiert worden wäre. Über diese Differenz gibt uns Frau Hannah Arendt, ausgenommen ihren Hinweis auf „52 000, von denen 6000 französischer Nationalität" Ende des Sommers 1943 waren, keinerlei Auskunft. Aber das *Zeitgenössische Jüdische Weltdokumentationszentrum* sagt uns, daß im ganzen 120 000 Juden aus

Frankreich deportiert worden wären, ohne uns die Anzahl derer von französischer Nationalität anzugeben, was es jedoch nicht daran hindert, alles umstoßend bei der Berechnung der Überlebenden 470 000 – 120 000 = 180 000 festzustellen, wie man es in der Wiederholungstabelle für Frankreich, Belgien, Holland und Luxemburg sehen wird. Es hat diesen Unterschied zwischen der Zahl derjenigen, die 1939 in Frankreich lebten und jener Zahl berechnet, ohne die Einwanderung einzubeziehen.

Für Belgien hier die folgende Tabelle: die 40 000, die vor der deutschen Besetzung nach Frankreich geflüchtet waren, + 25 000 Fremder im Lande, die, wie sie sagt, fast alle deportiert und vernichtet worden sind, + den 50 000, die das *Zeitgenössische Jüdische Weltdokumentationszentrum* 1945 dort lebend wiedergefunden hat = 115 000. Allein die Statistiken aus jüdischen Quellen geben nur 90 000 Juden für Belgien im Jahre 1939 an. Wichtige genaue Feststellung: Kein belgischer Jude ist deportiert worden, da – wie Frau Hannah Arendt uns in ihrer eigenartigen Weise mitteilt – in Belgien kein Judenrat war, um sie zu registrieren und für die Deportation zu bestimmen. Die fremden Juden in Belgien wurden es hingegen alle: es waren fast alles polnische und russische und ihre Verhaltensweise entlarvte sie den deutschen Regierungsstellen auf den ersten Blick, fügt sie noch hinzu.

Und nun zu Holland: die 40 000, die nach Frankreich flohen, + 118 000, die deportiert (und selbstverständlich auch vernichtet wurden!), + 60 000 Überlebenden, die das *Zeitgenössische Jüdische Weltdokumentationszentrum* 1945 wiedergefunden hat, = 218 000. Aber nach offiziellen jüdischen Quellen gab es 1939 in Holland nur 150 000 Juden.

In Luxemburg: 3000 Juden im Jahre 1939, 2000 deportiert und vernichtet = 1000 im Jahre 1945.

Wenn man eine zusammenfassende Tabelle dieser vier Länder für das Jahr 1945 aufstellt, so zeigt sie sich folgendermaßen (siehe vorstehende Tabelle):

Das Drama der Juden Europas

Die Deportation der Juden aus dem Westen

Länder	1939	1940[1]	Deportierte	tatsächlich	Überlebende im Jahre 1945 + oder – zu 1939	offiziell	Vernichtete offiziell
Frankreich	300 000	470 000	120 000	350 000	+ 50 000	180 000	120 000
Belgien	90 000	115 000	25 000	90 000	—	50 000	40 000
Holland	150 000	218 000	118 000	100 000	– 50 000	60 000	90 000
Luxemburg	3 000	3 000	2 000	1 000	– 2 000	1 000	2 000
Insgesamt	543 000	806 000	265 000	541 000	– 2 000	291 000	252 000

[1] In Wirklichkeit müßten auf dieser Tabelle für das Jahr 1940 zwei Zahlenreihen erscheinen: eine mit den Zahlen vor der Invasion in Belgien und Holland (im Frühling). Das ist die obige, und eine mit den Zahlen nach dieser Invasion, die die 40 000 Juden aus Belgien und die 40 000 aus Holland angeben würden, die nach Frankreich geflüchtet waren. Sie würden sich dann so darstellen: 75 000 Juden in Belgien, 178 000 in Holland und 550 000 in Frankreich im Juli 1940. Das Gesamtergebnis hätte sich dadurch für die vier Länder nicht verändert, ebenso wie die anderen Angaben, noch auch die Umstände. So scheint es nicht sinnvoll, die Berechnung unnötig zu komplizieren, da sie doch zum gleichen Schluß gekommen wäre.

[2] Ich wiederhole, daß die Feststellung Nr. 100 des Jerusalemer Gerichts nicht mehr als 52 000 Deportierte aus Frankreich für das Datum des 21.7.1943 festlegt. (cf Anmerkung S. 57)

So ist also eine bestimmte Anzahl Juden während des Krieges in Frankreich, Belgien, Holland und Luxemburg festgenommen worden, 265 000 von ihnen sind in den Konzentrationslagern umgebracht, in die sie verschleppt wurden. Bei Kriegsende blieben in den vier Ländern zusammen noch 541 000 übrig, also nur 2000 weniger als 1939. Dies sage nicht etwa ich: das sind vielmehr Frau Hannah Arendts eigene Zahlen und die des *Zeitgenössischen Jüdischen Weltdokumentationszentrums*. Aber wenn man nicht weiß warum und wie, und es sich nur darum handelt, nach diesen Zahlen zu urteilen, so ist die letzte wortführende offizielle Verlautbarung, daß nur 291 000 Überlebende geblieben sind. In der Aufstellung der Vernichteten findet man eine benachbarte Zahl: 252 000.

Um sich etwas zu unterscheiden und vermutlich um seine selbständige Persönlichkeit zu beweisen, findet Herr Raul Hilberg, ohne daß man wüßte weshalb und wie, 261 000 Überlebende und 242 000 Vernichtete. Aus den gleichen Zahlen errechnet. Frau Hannah Arendt fügt sich seinem Schritt bei ihrer Schlußfolgerung an. In *„Eichmann's Confederates and the Third Reich Hierarchy"* (op. cit. S. 59) findet das *Institut für jüdische Angelegenheiten im Jüdischen Weltkongreß* 261 000 Überlebende und 292 000 Vernichtete. Also bis auf einen winzigen Unterschied völlig übereinstimmend.

Die Handhabung dieser Unternehmung ist derart plump, daß sie einem in die Augen sticht. Man findet sie in allen Berechnungen dieser Leute sehr einfach, wenn nicht einfältig wieder: 1945 sind am Morgen nach Beendigung aller Mühsal angeblich alle jüdischen Gemeinden dazu eingeladen worden, ihre Verluste so schnell wie möglich anzugeben, damit der Justice Jackson sie in seiner Anklageschrift für den Nürnberger Prozeß verwenden könnte. – Denn schließlich, um so wenig skrupelhaft, wie man ihn kennt, erklären zu können (I. M. T. Bd. II, S. 140), „nach amtlichen Schätzungen"[27] usw.... (cf. S. 136) ist es gewiß, daß er seine Überzeugung auf irgend etwas aufgebaut haben muß, selbst wenn er nicht sagt, warum. Dieses „irgend etwas"

---

[27] Dies ist noch eines der Machiavellismen von Nürnberg, daß jedesmal, wenn die Ankläger eine Anklage hervorbrachten, deren Quelle sie weder klar legen konnten noch wollten, sie sich des Ausdrucks „in voller Kenntnis der Ursache" oder „aus sicherer Quelle" bedienten – Das geschah meist, wenn die Quelle jüdisch war – und es den Angeklagten oblag, ihre Unschuld zu beweisen. Denn in Nürnberg hatte nicht die Anklage den Beweis für die Schuld anzutreten, sondern der Angeklagte mußte seine Unschuld beweisen. Mit gewissen Ausnahmen, versteht sich.

konnten nur Auskünfte aus diesen Quellen sein – sie haben sie nicht auf Grund all der Juden errechnet, die in dem betreffenden Lande am Leben geblieben waren, sondern allein auf Grund derjenigen, die auch seine Nationalität besaßen und 1939 zu ihren Mitgliedern zählten. Aber in allen europäischen Ländern hat man das gleiche gemacht, und im vorliegenden Falle ergibt sich daraus, daß 541 000 – 291 000 = 250 000 Juden nirgendwo als Überlebende gezählt, sondern überall in den Statistiken als Vernichtete aufgeführt wurden. Durch dieses durch die Zahl der Länder vervielfältigte Verfahren ist man auf sechs Millionen vernichteter europäischer Juden gekommen.

Denn es gilt ja nicht nur für diese vier Länder, daß sie in diese Lage kamen. Es gibt auch Personen, die die Nationalität besaßen, aber noch nicht in das Land zurückgekommen waren – viele sind nie wiedergekommen –, also in dem Augenblick, wo diese Schwindelinventur aufgestellt wurde, nicht gegenwärtig waren. Da sie nicht dawaren, wurden sie einfach als vernichtet angesehen. Trotzdem die meisten ausgewandert waren. Damals, 1945, konnte man das nicht beweisen: heute kann man es. Man weiß z. B. – und wenn es auch nur durch das Paar Hilberg Hannah Arendt ist –, daß bei Ankunft der deutschen Truppen in Belgien nur 5000 Juden dortblieben, die die belgische Nationalität besaßen und die, weil kein jüdischer Rat sie den Deutschen angezeigt hat, nicht verhaftet wurden (Hannah Arendt, op. cit.). Daraus kann man folgern:

– Da 1926 dort laut Arthur Ruppin 60 000 lebten, also durch das natürliche Anwachsen nicht weit von 70 000 im Jahre 1939, so sind nicht 40 000 nach Frankreich geflüchtet, sondern 60 000 bis 65 000. Diese prächtige Person, die viel entleiht, gibt alles Geliehene wieder, ohne das Geld zu prüfen.

– und wenn das *Zeitgenössische Jüdische Weltdokumentationszentrum* 40 000 belgische Juden in den Listen der Vernichteten aufkreuzen läßt, so ist das eine unglaubliche Gaunerei.

Das gleiche gilt für Frankreich, von dem man auch weiß, daß von dort Ende des Sommers 1943 nur 6000 eingebürgerte Juden deportiert worden waren. Auch hierin ist das Gespann Raul Hilberg-Hannah Arendt noch einer Meinung. Für die Zeit von Ende Sommers bis Kriegsende ist, meines Wissens, keinerlei genaue Angabe veröffentlicht worden. Aber die Herren Poliakov *(Das Dritte Reich und die Juden)*, Michel Borwicz („*Les solutions finales à la lumière d'Auschwitz-Birkenau*" in der Revue d'Histoire de la Seconde Guerre mondiale, Okt. 1956) und Joseph Billig *(Le Dossier Eichmann)* sagen alle, daß im Laufe des Jahres 1942 die größte Anzahl französischer Juden festgenommen und deportiert wurden, um dann jedoch in hervorragend jesuitischer Weise zu dem Schluß zu kommen, daß „im ganzen etwa 120 000 Juden aus Frankreich deportiert wurden". Wenn jedoch die größte Zahl deportierter französischer Juden 6000 betrug, so ist arithmetische Aussicht vorhanden, daß die Gesamtzahl 11 999 übersteigt. Denn da die größte Anzahl auf 6000 festgelegt ist, so kann die kleinere 5999 nicht übersteigen. Frage: Wo sind die übrigen etwa 110 000 (mindestens 108 000) hingekommen, die in den 120 000 französischen Vernichteten aufkreuzen, wenn doch feststeht, daß sie nicht einmal gefangen genommen und aus gewichtigen Gründen nicht deportiert worden sind? Wenn ich darauf antworte, daß sie Frankreich verlassen haben, so glaube ich nicht, daß man mich der Mutmaßung anklagen kann. Denn wenn sie nicht deportiert und auch nicht vernichtet worden sind, und wenn sie trotzdem nicht mehr dawaren, so müssen sie zwangsläufig woanders hingegangen sein.

Aus Holland ist die größte Anzahl Juden holländischer Nationalität deportiert worden. Wieviel? Die widersprüchlichen Angaben der Zusammenstellungs-Tabelle berechtigt zu zwei ebenso widersprüchlichen Antworten, von denen die eine notwendigerweise wertlos ist:

– Wenn einerseits 40 000 holländische Juden nach Frankreich geflüchtet sind, von wo sie nicht deportiert wurden, und wo man sie 1945 nicht wiedergefunden hat, und wenn man 1945 60 000 Überlebende in Holland wiedergefunden hat, so sind es unter Bezugnahme auf die Statistik von 1939 150 000 – (40 000 + 60 000) = 50 000 tatsächlich deportierte Juden holländischer Nationalität, die nicht zurückgekehrt sind – wenigstens nicht im Jahre 1945.

– Wenn man andererseits 1945 von den 543 000 der Gesamtstatistik für die vier Länder, die 1939 dort lebten, nur 291 000 mit entsprechenden Staatsangehörigkeiten wiederfand, so bedeutet das, daß 541 000 – 291 000 = 250 000 von ihnen weder die eine noch die andere Staatsangehörigkeit besaßen, folglich Fremde waren, so daß 250 000 französische, belgische, holländische und luxemburgische Juden sich Mann für Mann dort befanden, dortselbst weder verhaftet noch deportiert worden sind und trotzdem nicht mehr da waren. Aus sicherer Quelle weiß man, daß zu diesen mindestens 108 000 französische und 60 000 belgische gehörten. Es gab 1000 luxemburgische, die offiziell dawaren. Mithin ein Maximum von 250 000 − (108 000 + 60 000 + 1000) = 81 000 holländische Juden. In der Reihe der nicht wiedergekommenen Deportierten finden sich 1945 also 150 000 − 81 000 = 69 000. Und das ist die einzige Wahrheit, die man − bezeugt von den jüdischen Quellen selbst − hinsichtlich der Einzelheiten, die sie wiedergeben, annehmen kann. Ob sie es auch bezüglich der anderen Tatsachen ist, steht auf einem anderen Brett. Und ob die 69 000 holländischen Deportierten vernichtet worden sind, steht wieder auf einem anderen. Es ist jedenfalls weit davon entfernt, festzustehen, denn dazu wäre es erforderlich, daß kein einziger von der Deportation wiedergekommen wäre. Das aber ist unhaltbar, und das gilt nicht nur für Holland, sondern ebenso für Frankreich und Luxemburg. Für Belgien ist das kein Problem, da kein einziger belgischer Jude deportiert worden ist − mit geringsten Ausnahmen.

Für Frankreich, Belgien, Holland und Luxemburg insgesamt drängt sich folgende Schlußfolgerung auf: im Höchstfalle sind 12 000 französische + 0 belgische + 69 000 holländische + 2000 luxemburgische = 83 000 Juden laut Einzelheiten aus jüdischer Quelle deportiert worden und nicht 252 000, wie sie allgemein behaupten. Selbst wenn keiner zurückgekommen wäre, was ausgeschlossen ist, wäre doch noch eine Übertreibung von 252 000 − 83 000 = 169 000 Juden von der Liste der Vernichteten abzuziehen. Allein von diesen vier Ländern.

Aber auch noch andere Schlußfolgerungen drängen sich auf:
− Von den 250 000 Juden aus diesen vier Ländern, die weder deportiert noch umgebracht worden waren, befand sich 1945 keiner mehr an Ort und Stelle. Da ergibt sich von zwei Lösungen nur eine: entweder sind sie nach 1945 zurückgekehrt, dann muß man sie der europäischen Judenheit wieder zurechnen, oder sie sind nicht zurückgekehrt, dann gehören sie zur Judenheit des Landes, in das sie sich begeben haben und in dem sie geblieben sind. Man muß schon den zweiten Fall annehmen, da keinerlei jüdische Statistiken sie als zurückgekommen ausweist. Frage: Wo befinden sie sich? In den Vereinigten Staaten? In Kanada? In Argentinien? In Nord- oder Südafrika? Auf diese Fragen wird man erst antworten können, wenn man die Gesamtzahl der Juden kennt, denen es gelang, Europa zu verlassen sowie durch eine Gesamtforschung, wo die jüdische

Bevölkerung aller Länder zugenommen hat, worüber es nur eine Unbekannte aus jüdischer Quelle gibt: die Vereinigten Staaten. Wie dem auch sei, da diese 250 000 offiziell nicht nach Europa zurückgekehrt sind, müssen sie, die Europa erst nach 1940 verlassen haben können, den 300 000 deutschen + 180 000 österreichischen (die vor 1940 herausgekommen sind) = 730 000 europäischen Emigranten zugerechnet werden. Also...... 730 000 = hinsichtlich der 250 000 Juden, die weder die Nationalität des einen noch des anderen der vier Länder hatten, und von denen wir im vorigen Absatz gesagt haben, daß sie 1945 Mann für Mann lebend wiedergefunden worden sind; in den Statistiken der Länder, aus denen sie gekommen sind, werden sie als vernichtet geführt. Um nun die Berechnung der Lebenden und der Toten dieser Länder aufzustellen, was die wichtigste Aufgabe wäre, müßte man sie unter die Lebenden einreihen. Aber sie sind gewiß nicht in diese Länder zurückgekommen, um in die Statistik eingereiht werden zu können: denn offiziell ist keiner zurückgekommen, da keiner offiziell in die Statistik aufgenommen ist, und vor allem deshalb nicht, weil diese Länder alle, mit Ausnahme Westdeutschlands, auf der anderen Seite des Eisernen Vorhanges liegen. Aus den gleichen Gründen sind sie auch weder in Frankreich, noch in Belgien, noch in Holland, noch in Luxemburg. Die zweite Aufgabe wäre demnach die, sie in die Statistiken der Länder einzufügen, in die sie gegangen sind, falls man dies feststellen kann. Jedenfalls ist es bereits jetzt möglich zu sagen, daß weitere neue 250 000 europäische Juden vorhanden und emigriert sind, und das ergibt im Augenblick insgesamt 730 000 (cf. hierüber) + 250 000 = 980 000. Mithin...... 980 000.

– Von den 265 000 Juden, die in Frankreich, Belgien, Holland und Luxemburg festgenommen wurden, hatten, wie man gesehen hat, 83 000 die Staatsangehörigkeit des einen oder des anderen der vier Länder. Daraus folgert, daß 265 000 – 83 000 = 182 000 die Staatsbürgerschaft weder des einen noch des andern besaß. Hier ist der gleiche Einwand am Platze wie oben. Man müßte die 182 000, die auf den Listen der Vernichteten (besser gesagt: der 1945 fehlenden) stehen, den Ländern einfügen, aus denen sie gekommen waren.

Um diese 250 000 Lebenden, die totgesagt werden + 182 000 Vernichteten, die es bestimmt nicht alle sind, = 432 000 Juden in die Statistik der Länder, aus denen sie gekommen sind, korrekt wieder einzugliedern, wäre es zunächst nötig, diese Länder zu kennen. Kann man das genau? Frau Hannah Arendt läßt sich von Herrn Raul Hilberg sagen, daß es „Polen, Russen, Deutsche usw...." waren (op. cit.). Aber man kann längst nicht entdecken, was dieses „usw...." bedeutet. Die Jugoslawen, die Europa verlassen wollten, taten dies über Italien, Griechenland oder über Ungarn, wie Dr. Kasztner es festlegt. Die Russen konnten nicht anders als über Konstantinopel, das Kaspische Meer oder Biribidjan ausreisen. Während des Krieges konnten nur die Deutschen noch heimlich über Holland, Belgien und Luxemburg emigrieren, und zwar, weil sie nur über den Rhein auf das andere Ufer mußten, und ihnen das auf deutschem Boden leichter war als da, wo er die Grenze bildet. Also gab es demnach Deutsche? Ein gewisse Anzahl bestimmt, wenn auch keine bedeutende; nur jene, die Deutschland nach dem September 1939 verließen – von den andern sagt uns Herr Chouraqui, daß sie Europa bereits verlassen hätten und 120 000 davon sich in Israel befänden – und bei der Offensive im Mai 1940 von den deutschen Truppen eingeholt und überholt wurden, wodurch ihnen der freie Weg in die Emigration abgeschnitten war. Bleiben noch die Polen übrig; für sie begann die Auswanderung großen Stils bereits im Frühjahr 1939, als die Beziehungen zwischen England und Deutschland sich zu verschlechtern begannen, und ihre Marschroute war ebenfalls Belgien, Holland und Frankreich. Bis Ende August 1939 konnten sie mit polnischen Pässen sogar durch Deutschland reisen. Sie stellen in der Hauptsache jene 432 000 Juden, die weder Franzosen, noch Belgier, noch Holländer oder Luxemburger waren und sich im Mai 1940 in dem einen oder anderen dieser Länder befanden...

Ich besitze keinerlei genaue Informationen, die es mir erlauben würden, diese 432 000 Juden genau unter all die oben angeführten Nationalitäten aufzuteilen. Da sie nicht mehr gezählt werden konnten, wäre es richtig, sie von den jüdischen Statistiken von 1939 abzuziehen, oder sie denen von 1945 hinzuzufügen, indem man sie in Tote und Lebende aufteilt. Ausgenommen dies: daß alle, die nicht polnisch noch deutsch von ihnen waren, eine Ausnahme bildeten und übersehen wurden. Die Deutschen selbst hatten daran nur einen schwachen Anteil: 20 000, 30 000, 40 000 vielleicht. Man weiß das nicht. So ungefähr jedenfalls. Seitdem sind zwei Arbeitsweisen möglich:

– Die jüdische Bevölkerung aller oben angeführten Länder insgesamt gründlich zu untersuchen und die 432 000 Personen insgesamt von der Auswanderungsstatistik von 1939 abzuziehen oder als Endergebnis der Berechnungen, die 182 000, die in den übereinstimmenden Angaben festgehalten sind, dem Ergebnis von 1945 zuzuzählen. Wir suchen ja die europäischen Juden und nicht die nach Nationalitäten, und so wäre rechnerisch und auf dieser Ebene eigentlich kein Irrtum möglich gewesen. Aber dem stehen zwei Umstände entgegen: die Aufgliederung der polnischen Juden in die russische und die deutsche Zone nach der deutsch-russischen Invasion und ihre Wanderung in Richtung Ungarn. Beide Berechnungen zogen eine derart gewichtige Menge wie 350 000 bis 400 000 polnischer Juden ab. Das konnte nur zu einem Ergebnis führen, dessen vom polnischen Plan abweichender Charakter gleichfalls nicht verfehlt haben würde, sich um ein Vielfaches vermehrt auf die europäische Berechnung auszuwirken.

– Oder aber, diese 432 000 Juden, die mit überwiegender Mehrheit polnisch waren, rechnerisch alle als polnisch gelten zu lassen und sie nur der polnischen Statistik einzuverleiben. Am Schluß dieser Berechnungen wäre das Ergebnis nicht viel falscher als durch die 20 000, 30 000 oder 40 000 unter ihnen, die nicht polnisch wären. Der Irrtum würde im ganzen ein oder zwei Zehntausende von Menschen nicht übersteigen und andererseits rechnerisch automatisch genau korrigiert werden hinsichtlich der jüdischen Bevölkerung Europas, und zwar durch einen ebenso genauen Irrtum im gegenteiligen Sinne, wenn ich mich dazu entschlösse, die 20 000, 30 000 oder 40 000 in der Studie über die jüdische Bevölkerung Deutschlands ebensowenig in Rechnung zu stellen.

Ich habe diese zweite Methode angewandt. Es ist im ganzen gesehen die Lösung eines Problems, durch das wohlbekannte kindliche Betragen der falschen Voraussetzung.

Mit dieser unumgänglich notwendigen Erklärung für das, was nun folgen soll, wollen wir zu den Einzelheiten übergehen...

Polen

Arthur Ruppin sagt uns, daß 1926 in Polen 3 100 000 Juden gelebt haben. Das *Zeitgenössische Jüdische Weltdokumentationszentrum* sagt uns, daß 1939 dort 3 300 000 gewesen sind. Das gleiche sagt das *Institut für jüdische Angelegenheiten* in New York, während Herr Raul Hilberg ein Überangebot von 3 350 000 macht. In normalen Zeiten wäre die polnisch-jüdische Bevölkerung zwischen 1926 und 1939 sicherlich von 3 100 000 auf 3 350 000 angewachsen. Aber man bedenke: das war ja bereits die Zeit, als sie sich sehr merkbar seit 1932 auf Wanderschaft begab und daher unmöglich. Sagen wir also: 3 100 000 im Frühling 1939, als die Wanderung im Großen begann. Wir haben uns für die Berechnung entschieden, daß 432 000 sich auf Hollands, Belgiens und Frankreichs Straßen befanden, als die Invasion dieser Länder durch die deutschen Truppen begann. Demnach hätten also zu diesem Zeitpunkt in Polen 3 100 000 − 432 000 = 2 668 000 verbleiben müssen. In Wirklichkeit verblieben aber weniger, denn die polnischen Juden hatten ja auch versucht, den Donau-Weg zu erreichen. Der Kasztner-Bericht sagt uns, wie wir gesehen haben, daß sich eine bestimmte Anzahl davon noch in Ungarn befanden, und zwar am 19. März 1944, vermischt mit tschechoslowakischen und polnischen. Und erst bei der Invasion in Ungarn am 19. März 1944 sind sie unter den deutschen Schlägen gefallen. Wieviel??

Und zunächst einmal: wieviel für die drei Nationalitäten insgesamt? Laut Dr. Kasztner (op. cit.) lebten in Ungarn für dauernd ungefähr 800 000 Juden seit Anfang des Krieges. Für 1926 hatte uns Herr Arthur Ruppin 320 000 angegeben. Durch natürliches Wachstum wurden diese 320 000 + 13 % = 361 600 im Jahre 1939 und nicht zu 404 000, wie das *Zeitgenössische Jüdische Weltdokumentationszentrum* behauptet. So hätten denn polnische, tschechoslowakische und jugoslawische alle miteinander 800 000 − 361 600 = 438 400 Personen ausgemacht. Und im einzelnen für jede Nationalität:

1. Tschechoslowakische: Die von dem bereits erwähnten Deutschen Korherr für die Wannsee-Konferenz, die am 9. Dezember 1941 stattfinden sollte, aber erst am 20. Januar 1942 stattfand (cf. *Wannsee-Protokoll* in *Eichmann und Komplizen* von Robert Kempner, op. cit.) aufgestellten Statistiken gelten für den Zeitraum vor Beginn der Juden-Deportationen und sagen, daß in Böhmen-Mähren noch 74 200 verblieben wären, während die übrigen seit der Loslösung der Tschechei nach der Slowakei geflüchtet wären (1938/39). In der Slowakei seien 88 000. Die Statistik von Arthur Ruppin sagt für das Jahr 1926 260 000. Das jährliche Wachstumsmittel von 1 %, an dem in dieser ganzen Studie festgehalten wurde, ergibt 260 000 + 13 % = 293 800 für 1939, nicht aber 315 000. Daß bedeutet, daß sie in

Ungarn, wohin ihr Fluchtweg gegangen war, 293 800 – (74 200 + 88 000) = 131 600 tschechoslowakische Juden haben konnten.

2. *Jugoslawische:* Frau Hannah Arendt hat von Herrn Raul Hilberg, daß, als Hermann Krumey Ende 1943 in Zagreb ankam, er eine gewisse Menge von Juden antraf und deren 30 000 deportierte. Über diesen Punkt sind sich alle jüdischen Quellen einig. Das Wannsee-Protokoll erwähnt 40 000 für Ende 1941. Die übrigen waren nach Italien und Ungarn geflohen. Arthur Ruppin sagt, daß im Jahre 1926 in Jugoslawien 75 000 Juden gewesen wären, und diese Zahl stimmt mit der des *Zeitgenössischen Jüdischen Weltdokumentationszentrums* überein. Es kann nach allem durchaus möglich sein, daß die Auswanderung der jugoslawischen Juden dem natürlichen Anwachsen gleichzusetzen ist, denn es ist ein Land, wo zu allen Zeiten nicht nur die Juden, sondern alle Bevölkerungsgruppen zahlenmäßig sehr schwankend waren. Der Unterschied, sei er 75 000 – 40 000 = 35 000, kann sich möglicherweise gleichmäßig auf Italien und Ungarn verteilt haben, sei er 17 000, ein bißchen mehr oder ein bißchen weniger von einer oder der anderen Seite. Das *Zeitgenössische Jüdische Weltdokumentationszentrum* hatte 1945 davon 20 000 wiedergefunden. Das würde bedeuten, daß von den von Krumey deportierten 40 000 aus den Konzentrationslagern, in die man sie geschickt hatte, 20 000 zurückgekommen wären, und daß 50 % in den Lagern gestorben wären.

3. *Polnische:* 438 400 – (131 600 tschechoslowakische + 17 500 jugoslawische) = 289 300. Ungerechnet diejenigen, die mit oder ohne echte oder falsche Pässe, die ihnen vom *Jüdischen Wohlfahrtsausschuß* in Budapest (lt. Joel Brand) ausgehändigt worden waren, Polen seit 1939 verlassen konnten und nach Ungarn gelangten.

Schlußfolgerung: Demnach sind in Polen unter deutsch-russischer Herrschaft 2 668 000 – 289 300 = 2 378 700 Juden verblieben, und diese Anzahl verteilt sich auf die deutsche und die russische Zone. Nicht aber 3 100 000, 3 300 000 oder 3 350 000.

Nächste Frage: Wie haben sich diese 2 378 700 Juden auf die beiden Zonen verteilt? Mit jener schönen Unbekümmertheit, die es ihm absolut zu verbieten scheint, die einfachste Verrichtung genau auszuführen, findet Herr Raul Hilberg 3 500 000 polnische Juden im Jahre 1939, und zwar in der deutschen Zone 2 100 000 und in der russischen 1 200 000. Jedenfalls muß man das daraus verstehen. Schätzen wir ohne Bewertung: Auf Grund des vorhergehenden, das historisch und demographisch unwiderlegbar ist, kann seine Angabe einer Prüfung nicht standhalten.

Also wieviel auf beiden Seiten? Um so genau wie möglich antworten zu können, muß man zweierlei festhalten: die Flucht der Juden vor den in Polen eindringenden Deutschen und die Maßnahmen gegen sie nach 1940.

Genau wie die holländischen und belgischen flohen auch die polnischen Juden vor den deutschen Truppen, entweder in Richtung Ungarn oder in jene polnische Zone, die dazu bestimmt war, von den Russen besetzt zu werden. In welcher Anzahl in die letztere, wird man anscheinend erst feststellen können, wenn man die Zahl derjenigen festgestellt hat, die sie nicht erreicht haben. Zweifellos war es eine bedeutende Anzahl, die geflohen ist, denn eine Zeitlang bestand eine deutsche Politik darauf, den Russen die aus der deutschen Zone stammenden Juden auszuliefern. Das ist von zwei Belastungszeugen im Jerusalemer Prozeß, den Herren Zwi Patcher und Yacov Goldfine bestätigt, die es am 1. Mai 1961 vor Gericht aussagten. Der erstere sagte folgendes aus:

„Man hatte uns unser ganzes Geld und unseren Schmuck weggenommen. Dann wurden wir in Viererreihen nach Osten dirigiert. Es war im Dezember. Es war kalt und regnerisch und wir froren. Wenn einer von uns vor Müdigkeit hinfiel, wurde er abseits geführt und ein Pistolenschuß setzte seinen Leiden ein Ende. Den übrigen wurde verboten, den Kopf umzudrehen, sonst wurde er auch erschossen. Nach drei Tagen war unser erbärmlicher Trupp stark dezimiert. Wir gelangten an die Grenze der sowjetischen Besatzungszone von Polen. Unsere Schergen hatten uns befohlen, unsere Hände auf dem Kopf zu verschränken und „Hoch Stalin" zu rufen! Aber die russischen Wachen drängten uns trotzdem auf deutsches Gebiet zurück und schließlich wurden wir uns selbst überlassen. Während der Nacht überschritten wir die Grenze, um in ein kleines jüdisches Dorf in der russischen Zone zu gelangen, wo unsere Glaubensbrüder uns beherbergten („*Le Figaro*", 2. Mai 1961).

Der zweite machte eine ähnliche Aussage.

Wenn ihnen auch ziemlich brutal von den Deutschen geholfen wurde die russische Zone zu erreichen, so müssen die polnischen Juden doch sehr zahlreich gewesen sein, um es fertigzubringen.

Die Geschichte der Maßnahmen gegen sie ist genauer. Frau Mary Berg erzählt uns (*Le Ghetto de Varsovie*, Paris 1947), und Herr Léon

Poliakov, der die Auskünfte von ihr erhalten zu haben scheint, bestätigt es (*Bréviaire de la Haine*, op. cit.), daß die Deutschen sich erst nach Beendigung des Westfeldzuges, also 1940, ernsthaft um die Juden gekümmert haben. Bis dahin wurden die Juden überwacht und waren Gegenstand zahlloser Prellereien und Beleidigungen, aber sie waren nicht an Aufenthaltsorte gebunden. Das nahmen sie wahr, um über die Slowakei nach Ungarn zu entkommen. Von dem Tage an, wo die Einrichtung des Warschauer Ghettos beendet war (16. Oktober 1940), war es ihnen nur noch unter Gefahren möglich: Sie wurden alle dorthin zum Aufenthalt eingewiesen, und es begann eine Jagd auf die Juden, um sie dort zu konzentrieren. Aber im Juli 1941 hatte die 1939 in Warschau gezählte jüdische Bevölkerung 359 827 nicht überstiegen, das heißt, daß etwa eine halbe Million im Warschauer Ghetto konzentriert war.

Schlußfolgerung: In der gesamten deutschen Zone hatte die deutsche Polizei ihrer nicht mehr als 140 000 bis 150 000 gefunden. Um den Maßnahmen der Konzentration zu entgehen, begannen die Juden nach allen verborgenen Orten zu flüchten, in die Berge und in die Wälder. Wurden sie gefunden, so wurden sie überdies als Partisanen angesehen: Es gab Kämpfe, im Verlauf derer viele umkamen. Aber selbst wenn es den Deutschen, die sie überall umstellten, nicht gelang, während dieser Zeit mehr als ein Viertel oder ein Fünftel wiederzuerlangen – wer die Arbeitsweise der deutschen Polizei kennt, weiß, daß das sehr wenig war – so ist das doch wahrscheinlich. In Frankreich hatten sie ein ähnliches Ergebnis, als sie begannen, auf die Unterworfenen Jagd für den Arbeitsdienst zu machen. – Das würde also trotzdem für die jüdische Bevölkerung der ganzen deutschen Zone, einschließlich des Warschauer Ghettos, nicht mehr als etwa 1 100 000 ausmachen. Auf die 2 378 000 als Gesamtsumme der jüdischen Bevölkerung beider Zonen machte das: 2 378 000 – 1 100 000 = 1 278 700 in der russischen Zone. Läßt man zu, daß Herr Raul Hilberg eine Unterschlagung zu machen verstand, so befindet sich diese Zahl noch nicht einmal so sehr weit entfernt von der Seinen. Beglückwünschen wir ihn also trotzdem. Immerhin müssen wir bedauern, daß er kein ebenso annäherndes Ergebnis für die deutsche Zone fand. Was die Juden anbelangt, die hinter die russischen Linien gingen, so ist ihr Fall bekannt. Der jüdische Journalist David Bergelson hat uns gesagt (*Die Einheit*, 5. 12. 1942, op. cit.), daß sie dank der Evakuierungsmaßnahmen zu 80 % gerettet und von den Sowjets nach ZentralAsien transportiert wurden. Folglich sind nur 1 278 700 X 20 : 100 = 255 740 in die Hände der Deutschen gefallen und 1 278 740 X 80 : 100 = 1 022 960 sind es nicht.

Und in der deutschen Zone? Hier scheint es so, als könne man nur durch die Differenz dazu gelangen, es zu wissen. Einerseits hat man 1 022 960 in der russischen Zone wiedergefunden. Andererseits hat unser sehr berühmter Professor Shalom Baron 1945 für beide Zonen 700 000 Überlebende wiedergefunden (Seine Erklärung vor den Schranken des Jerusalemer Gerichts, op. cit.). 1945 betrug die Gesamtzahl der Nicht-Wiedergefundenen: 2 378 700 − (1 022 960 + 700 000) = 655 740 für ganz Polen. Aber dem muß man 182 000 in Holland, Belgien, Frankreich und Luxemburg zurückgehaltene hinzufügen. Das ergibt: 655 740 + 182 000 = 837 740 aus jüdischen Quellen, da in dieser Berechnung keine einzige Zahl aus anderen stammt. Daß sie alle zurückgehalten worden sind, wird man nicht bestreiten. Daß sie alle vernichtet worden sind, darf man trotzdem bezweifeln.

Schließlich die Gesamtsumme der Überlebenden − denn man muß der Statistik auch die 250 000 einfügen, die 1945 lebendig in Holland, Belgien, Luxemburg und Frankreich wiedergefunden wurden, 1 022 960 der russischen Zone + 700 000 des Professors Shalom Baron + diesen 250 000 = 1 972 960 nur auf die Gesamtsumme der Juden berechnet, die nach 1939 in Polen geblieben sind. Man müßte noch die Überlebenden von denen hinzufügen, die auf den Straßen nach Westen oder in Ungarn angehalten wurden. Ich sehe leider keinerlei Möglichkeit, darüber eine genaue Aufstellung zu geben. So ist alles nur ein Überschlag und ein Minimum. Aber wir wollen Polen noch nicht verlassen. Herr Raul Hilberg hat dort 50 000 Überlebende gefunden, das *Zeitgenössische Jüdische Weltdokumentationszentrum* 500 000 und das *Institut für jüdische Angelegenheiten* in New York deren 400 000. Und aus den Berechnungen nach den Angaben, die Herr Professor Shalom Baron in seiner historischen Beurkundung niedergelegt hat − und die doch ihre Nützlichkeit hat −, geht hervor, daß es wirklich mindestens 1 972 960 waren.

Seit 1945 ist es dem *Zeitgenössischen Jüdischen Weltdokumentationszentrum* ein Leichtes, Berechnungen aufzustellen, indem es alle jüdischen Gemeinden bittet, ihre tatsächliche Lage nach Nationalitäten anzugeben. Diese hätten dann in seiner Statistik aufgeführt werden können. Man hätte sogar auch die deportierten und in Ungarn lebend wiedergefundenen polnischen Juden aufführen können, was uns all diese Berechnungen erspart hätte, falls sie nämlich das Ergebnis ihrer Forschungen ehrlich angegeben hätten. Statt dessen gibt es für Polen nur 500 000 Überlebende an. *So sind also 1 972 960 – 500 000 = 1 472 960 in allen europäischen Statistiken als tot betrachtet, sind aber tatsächlich am Leben.* Sie werden jedoch in keiner Statistik irgend eines Landes der anderen Kontinente als solche aufgeführt. Als Abschluß unserer Untersuchung über die Länder des Westens, hatten wir auf diese Weise bereits 980 000 gefunden. Also demnach: 980 000 + 1 472 960 = 2 452 960. Hier:....... 2 452 960.

Rußland

Hier gibt es keine langen Entwicklungen, denn die Lage ist sehr klar. Herr Raul Hilberg, der 1939 3 020 000 Juden findet, beschließt 420 000 Vernichtete und 2 600 000 Überlebende. Arthur Ruppin gab 1926 3 000 000 Juden an. Zwischen 1926 und 1939 ist die Emigration ungefähr dem natürlichen Wachstum gleichzusetzen und im Bereich der Möglichkeit; war doch Rußland von jeher im Zustand ständig auftretender Wanderung. Und wenn man sich auf David Bergelson bezieht, so bekommt man 3 000 000 X 80 : 100 = 2 400 000 sicherlich Überlebende und 600 000, die 1945 fehlen. Herr Raul Hilberg findet nur 420 000 Vernichtete, was nur eines bedeuten kann, nämlich: daß, wenn 600 000 in die Hände der Deutschen gefallen sind, 600 000 – 420 000 = 180 000 nicht vernichtet worden sind, – vielleicht nicht einmal gefangengenommen und auch nicht deportiert, oder wenn sie es doch gewesen sind, aus den Internierungslagern zurückkehrten. Im letzteren Falle macht der Prozentsatz der Vernichteten 70 % aus (420 000 auf 600 000) und der Überlebenden 30 %. Entsetzlich genug. Das *Zeitgenössische Jüdische Weltdokumentationszentrum* findet 1 500 000 Vernichteter (alle in der deutschen Zone, keine in der russischen Zone). Das bedeutet 1 500 000 Überlebende. Aber um Sensation zu liefern, gibt es die 600 000 für die deutsche Zone in einer Form, daß der Leser glauben muß, das sei für beide Zonen. Über die gleichen Angaben findet das *Institut für Jüdische Angelegenheiten* in New York 1 000 000 Vernichtete und 2 000 000 Überlebende (op. cit. S.59).

Aber im ganzen genommen klagt Herr Raul Hilberg das *Institut für Jüdische Angelegenheiten* einer Übertreibung von 1 000 000 – 420 000 =

580 000 deportierter Vernichteter in seiner Statistik an und das *Zeitgenössische Jüdische Weltdokumentationszentrum*, daß es eine von 1 500 000 − 420 000 = 1 080 000 in der seinen begangen habe. Diese Übertreibung rechnen wir zu Lasten der Statistik des letzteren.

Schlußfolgerung: Wieder einmal 1 080 000 Juden, die zu Unrecht in den Listen der Vernichteten erscheinen und die 1945 noch schön am Leben waren, und wenn sie nicht mehr in Rußland oder anderswo in Europa sind, so leben sie trotzdem kräftig mit ihren Nachkommen seit 1945! − in einem anderen Lande eines anderen Kontinents. Bei Beendigung unserer Studie über die polnische jüdische Bevölkerung waren wir bei 2 452 960 angekommen. Demnach also: 2 452 960 + 1 080 000 = 3 532 960. Hier:……..3 532 960.

Die baltischen Länder

Der Fall liegt für die Juden der baltischen Länder ebenso klar wie für die russischen Juden. Meines Wissens hat niemals jemand finnische Vernichtete angegeben. Für die drei anderen Länder gibt Arthur Ruppin für 1926 folgende Zahlen an: Estland 5000, Lettland 80 000 und Litauen 160 000. Insgesamt: 245 000. Indem es 10 000 bis 15 000 Personen von einem Land ins andere verschiebt, kommt das *Zeitgenössische Jüdische Weltdokumentationszentrum* zum gleichen Gesamtergebnis und Herr Raul Hilberg findet 244 500 im Jahre 1939. Das natürliche Wachstum von 1926 bis 1939? Darüber wird nicht gesprochen. Es ist auch möglich, daß es durch Auswanderung ausgeglichen wurde. Nach David Bergelson wären also 245 000 X 80 : 100 = 196 000 Überlebende sicher, und es fehlen 1945 245 000 − 196 000 = 49 000. Das *Zeitgenössische Jüdische Weltdokumentationszentrum* findet 219 000 Vernichtete und 26 000 Überlebende. Was Herrn Raul Hilberg anbelangt, so zeichnet er sich noch einmal durch ein Überangebot aus. Gehen wir darüber hinweg. Man kann wirklich nicht einsehen, weshalb die russische Regierung, die die Juden auf allen Frontabschnitten evakuierte, kurz entschlossen mit denen aus dem Baltikum eine Ausnahme gemacht haben sollte. Mit dieser Tatsache stimmt Herr Raul Hilberg zwar überein, ist aber nicht im Einklang mit ihrer Bedeutung. Er behauptet, ohne zu erklären. Kurz und gut: Hier sind noch 196 000 − 26 000 (der offiziellen Statistik) = 170 000 überlebende Juden, die in den Listen der Vernichteten erscheinen und die, da sie nicht mehr in den baltischen Ländern sind, mit ihren seit 1941/42 geborenen Nachkommen durch die Welt ziehen. Insgesamt nach dem Stande der Forschung: 3 532 960 (cf. Gesamt der vorigen Berechnung) + 170 000 = 3 702 960.

Hier:..........3 702 960.

Tschechoslowakei

Wir haben gesehen, daß die von 1926 festgestellten 260 000 Juden von Arthur Ruppin bis 1939 höchstens auf 293 800 angewachsen sein konnten, nicht aber auf 315 000, wie es die jüdischen Quellen behaupten. Wir haben auch gesehen, daß sicherlich 131 600 von ihnen über die Slowakei nach Ungarn geflüchtet sind, so daß 162 200 noch verblieben waren, als die Deportationen begannen, wie das der deutsche Statistiker Korherr (cf. S. 213) sagt, der sicherlich eher dazu neigte, das zu übertreiben, was er „die jüdische Gefahr" nannte, als es zu vermindern (1941 fand er 11 Millionen Juden in Europa!). Das *Zeitgenössische Jüdische Weltdokumentationszentrum* hat im Jahre 1949 55 000 Überlebende wiedergefunden. Logischerweise hätten also aus der Tschechoslowakei deportiert sein müssen: 162 200 – 55 000 = 107 200. Selbst wenn man das Jerusalemer Gericht ernst nimmt, das sehr umstrittenerweise die Deportation von 15 000 Juden des Protektorats nach Lodz für den 15. Oktober 1941 feststellt, so wären das immer noch nur 107 200 + 15 000 = 122 200.

Im Nachklang zu diesem 15. Oktober 1941 erwähnte das Jerusalemer Gericht keinerlei Deportationen aus Böhmen-Mähren (dem Protektorat) mehr und gab lediglich eine Gesamtsumme, ohne jede Begründung: 35 000. Selbst wenn man das annimmt, so sieht das Gesamtergebnis immer noch so aus: 122 200 + 20 000 = 142 000. Außer dieser Angabe gebaren sich sämtliche anderen Juden des Protektorats, als wären sie die Opfer einer VorkriegsEmigration, die von Eichmann organisiert worden wäre. (Feststellung 66, die keinerlei Zahl aufweist.) Nur für die Slowakei gibt das Jerusalemer Gericht eine Aufstellung der jüdischen Verluste: „insgesamt 70 000 bis 90 000" (Feststellung 104), davon 58 000 bis Ende Mai 1942 und mehr als 12 000 von September 1944 bis März 1945. Wenn man sich dieses Urteils erinnert, um die jüdischen Verluste der ganzen Tschechoslowakei abzuschätzen, so findet man 70 000 in der Slowakei + 35 000 in BöhmenMähren = 105 000. Und das bedeutet, daß, wenn es behauptet, 1945 nur 55 000 lebende Juden gefunden zu haben, das

Zeitgenössische Jüdische Dokumentationszentrum versucht hat, eine Wahrheit in die Welt zu setzen, die das Jerusalemer Gericht nicht zugelassen hat, da es eine von ihm selbst als offiziell gelieferte Dokumentation ist, auf die sich ihre Überzeugung stützt. Aber diese Ableugnung gewinnt an Wichtigkeit hinsichtlich der Zahl der tschechoslowakischen Juden, die diese Organisation in ihrer Gesamtstatistik als vernichtet angibt, und folgende Zahl feststellt: 315 000 – 55 000 = 260 000 (!). Tatsächlich muß die Rechnung so aussehen:

– Jüdische Bevölkerung in der Tschechoslowakei 1939 – 293 800
– Nach Ungarn hinübergegangen (wo das Ausmaß der Deportierten und der Überlebenden unter ihnen in das Gesamtergebnis einbezogen werden wird, das aus der Berechnung über Ungarn folgern wird, da es unmöglich ist, anders zu verfahren[28] 131 600

Bleiben……………..162 200
– Vom Jerusalemer Gericht als deportiert bestimmt 105 000
– Nicht aus der Tschechoslowakei deportiert 57 200
– Vom Zeitgenössischen Jüdischen Weltdokumentationszentrum als nicht deportiert bestimmt 55 000
Mindestens also übrig 2 200

Hier haben wir also noch 102 200 europäische Juden, die in den Todesstatistiken auftreten und 1945 schön am Leben sind, und die, da sie nicht mehr in Europa sind – offiziell – in den Statistiken der Lebenden eines anderen Landes auftreten müssen. Am Schluß der Studie über die Juden im Baltikum waren wir bei 3 710 960 für die Gesamtheit der sich im gleichen Zustand befindlichen angekommen. Nun kommen also hinzu: 3 702 960 + 2 200 = 3 705 160. Hier: 3 705 160.

---

[28] Die tschechoslowakischen Juden, die nach Ungarn gegangen waren, wurden dort mit ihren polnischen und jugoslawischen Glaubensbrüdern durcheinander ohne Unterscheidung der Nationalität festgenommen. Die Überlebenden und die Deportierten, die aus den Berechnungen im Kapitel über Ungarn herauskommen werden, können auch nicht nach Nationalitäten unterschieden werden, da keinerlei Angabe das gestattet. Das kann zwar für die Aufstellung der nationalen Verluste von Wichtigkeit sein, nicht aber für die Aufstellung der europäischen Verluste, und die sind es ja, die wir suchen.

Ungarn

Hier war die Lage der tatsächlichen Juden ebenso verzwickt wie in Polen. Arthur Ruppin hatte 1926 320 000 Juden festgestellt und wir haben gesehen (cf. hieroben, S. 212), daß es 361 600 bis 1939 geworden sein konnten. Das *Zeitgenössische Jüdische Weltdokumentationszentrum* gibt 404 000 und Herr Raul Hilberg 400 000 an.[29] Dr. Kasztner gibt unaufhörlich seit Kriegsbeginn 800 000 an, wie wir gesehen haben[30], und bezieht darin 205 800 tschechoslowakische, 215 000 polnische und 17 500 jugoslawische ein. Gesamtergebnis für Ungarn: 800 000 − (131 600 + 289 300 + 17 500) − 361 600. Wir wollen also diese durch Rückrechnung hergestellte Zahl festhalten. Aber das ist ohne Belang, da sie sich nur auf die Angaben von Dr. Kasztner bezieht. Die Frage ist die: Wieviel von diesen 800 000 Juden sind festgesetzt und deportiert worden? Und hier liegt der Hase im Pfeffer. Denn bezüglich der Deportation und des Schicksals der ungarischen Juden klaffen Widersprüche: die Zeugnisse der *Internationalen Zionistischen Bewegung* und alle Auslegungen, die uns von jenen gegeben worden sind, die seit Kriegsende ein Geschäft daraus machen, das Drama der Juden zu kommentieren. Es sind insgesamt die zahlreichsten, gründlichsten und widersprüchlichsten. Von diesen Widersprüchen hat sich der Leser bereits eine Vorstellung machen können, und zwar durch meine Untersuchung der Zeugnisse im Falle Hoeß, dem Lagerkommandanten von Auschwitz, und den hektoplasmatischen Dr. Miklos Nyiszli, dessen Treffsicherheit in allen Punkten ich bereits in meinen Hinweisen auf den Bericht des Dr. Kasztner und das Buch von Joel Brand bestätigt habe. Sie gaben die Meinungen der *Internationalen Zionistischen Bewegung* derart anfechtbar in ihrer Gesamtheit über die Deportation der ungarischen Juden wieder, und zwar in der Hoffnung, durch eine offiziell anfechtbare Wahrheit die Einmütigkeit der ganzen Welt dadurch zu befördern, daß das Urteil des Jerusalemer Gerichts das genaueste gewesen ist: Es ist zum Beispiel offensichtlich, daß die fünf Züge täglich, jeder einzelne mit 4000 Personen, zu einem bestimmten Ort hin und 5000 zu einem anderen eine Dummheit war, die man auf diese Weise aus dem

---

[29] Das Urteil des Jerusalemer Gerichts sagt 480 000 in seiner Feststellung 111.
[30] Beglaubigte Zahl durch die Feststellung 111 des Jerusalemer Gerichts.

Verkehr ziehen mußte, da es andernfalls während dieser 52 Tage, die die Deportation der Juden gedauert haben soll, zu 260 Zügen mit 1 040 000 bis 1 300 000 im Höchstfälle geworden wären, wo man doch nur 800 000 finden konnte, von denen man anderswo feststellte, daß davon 200 000 gar nicht deportiert worden waren.[31]

Das Urteil des Jerusalemer Gerichts hat also bestimmt, daß zwischen dem 16. Mai und dem 17. Juli 1944 „in weniger als zwei Monaten 434 351 Personen in Güterwagen deportiert wurden, ungefähr 3000 Personen pro Wagen, Männer, Frauen und Kinder, was 2–3 Züge mindestens täglich ausmacht" (Feststel-lung 112); und „daß 12 000 in Kamenez-Podolsk während des Sommers 1941 getötet worden wären", daß „15 000 bis 50 000 bei der Arbeit in Galizien und der Ukraine umkamen während 1941/42" (Feststellung 111); daß „am 20. Juli 1944 (Feststellung 113) 1500 in das Lager Kistarza deportiert wurden"; daß „50 000 Budapest zu Fuß in Richtung österreichischer Grenze (220 km) am 10. November verließen" (Feststellung 115); und schließlich „15 000, die in das Lager Wien-Straßhof nach Österreich geschickt wurden, um dort in Eiskellern konserviert zu werden" (Feststellung 116). Das Datum ist nicht genauer als mit „nach dem 30. Juni 1944" angegeben. Insgesamt also: 557 851 bis 562 851. Die Feststellung 115, die 50 000 Juden nennt, die zu Fuß von Budapest gehen mußten, sagt es nicht, aber der Bericht des Dr. Kasztner stellt fest, daß dieser Marsch auf Befehl Himmlers am 17. oder 18. November unterbrochen wurde, und daß 7500 Personen gerettet und nach Budapest zurückgebracht wurden, und daß nur 38 000[32] Deutschland erreichten. Unabhängig von dieser Berücksichtigung: – denn man kann ja nicht von allen Leuten erwarten, daß sie den Bericht Kasztner gelesen haben, und das um so weniger, als er erst im Jahre 1961 (in welchem Zustand, großer Himmel!) im Verlag von Kindler, München, veröffentlicht wurde – wenn man also die 200 000 von der Statistik des *Zeitgenössischen Internationalen Jüdischen Dokumentationszentrums* festgestellten Überlebenden annimmt (darüber Seite 152), wären also 1944 am 19. März in Ungarn insgesamt 757 851 oder 762 861 Juden gewesen. Und vermutlich hat Herr Raul Hilberg diese Zahl auf 750 000

---

[31] 300 000 sagt Dr. Kasztner („800 000 von denen 500 000 deportiert wurden", S.1 seines Berichtes).
[32] Diese Zahl wurde von Dr. Kasztner als von Eichmann selbst stammend angegeben

zurückgesetzt, weil er, wie ich, den KasztnerBericht im Original gelesen hatte. Da kann man einmal unsere verschiedene Arbeitsweise und unsere verschiedenartigen Temperamente sehen: Ich ziehe für meinen Teil daraus den Schluß, daß von „800 000 Seelen der jüdischen Gemeinde in Ungarn" (Feststellung 111) das Jerusalemer Gericht von 40 000 bis 50 000 nicht hat feststellen können, was wohl aus ihnen geworden war.

Nehmen wir also die ganze Sache in Einzelheiten:

1. Die Zahl der Züge. Wenn wir mit einer Fülle an Einzelheiten über die Zahl der Züge nach Auschwitz-Birkenau unterrichtet sind, so sind wir es wesentlich weniger über ihre Abfahrt von Budapest. Ich fange also damit an zu sagen, daß das Sammeln von 3000 Personen in einem Bahnhof und das Verladen in 40 Waggons keine Kleinigkeit ist. Um dieses auch den Nichtfachleuten im Transportwesen klar werden zu lassen, kann ich nichts besseres tun, als es an meinem eigenen Beispiel zu zeigen: nämlich der Abfahrt des Zuges von Compiègne, mit dem ich nach Buchenwald gebracht wurde.

Das Lager Royallieu, wo wir zunächst untergebracht waren, konnte nur etwa 10 000 Personen fassen. Ab 1943 kamen jede Woche ungefähr 1500 an, und es gingen ebensoviel fort. Der Transport, zu dem ich gehörte, hatte 1500 Gesunde und vielleicht 50 Kranke.

Wecken um 6 Uhr morgens, auf dem Appell-Platz sammeln in Reihen von 5 zu 5 und Zügen von 100. So verließen wir um wenig vor 8 Uhr das Lager, die 15 Züge zu 100 voran, ein Lastwagen fuhr langsam mit den 50 Kranken hinterher. Ein Zug von 15 Gruppen zu 100, die zu 5er-Reihen in jeder Gruppe folgten, ist ein langer Heerwurm. Am Anfang und am Ende jeder Gruppe gingen zwei Soldaten mit der Waffe in der Hand zu beiden Seiten der Gruppe: 350 bis 400 Meter Abstand zwischen den Gruppen, ein starker Sicherheitsdienst am Anfang und am Ende der Kolonne.

Etwas vor 9 Uhr fanden wir uns in Reih und Glied auf dem Bahnhof. Jeder Haufen von 100[33] stand mit dem Gesicht zu den Waggons, in die wir steigen sollten. Der Zug: Ein langer Faden, der uns unendlich erschien – Güterwagen. Wieviel? Ich habe sie nicht

---

[33] In Frankreich und Deutschland sind die Güterwagen größer als in Polen, in der Tschechei und in Ungarn. Ich habe das selbst bei unserer Evakuierung aus Dora erlebt im April 1945. Von 80 Waggons eines Zuges bestand die Hälfte aus letzteren: wir waren darin auch eingeengt, wenn auch nicht mehr als zu 100 in einem französischen Waggon.

gezählt. Ein Waggon für jede Gruppe = 15. Dann ein besonderer Waggon für die Kranken. Bei je drei Wagen bemerkten wir einen, auf dessen Dach ein Maschinengewehr montiert war und eine andere Maschinerie, die wir in meiner Gruppe als Projektionsapparat ansprachen. Am Anfang und am Ende zwei Personenwagen: das Begleitkommando, das bei Bedarf und unterwegs sich in die Sicherung der gepanzerten Wagen teilen oder sie verstärken sollten. Im ganzen 25 bis 30 Waggons – mindestens 25. Ein Zug von 25–30 Waggons ist sehr lang. Und er transportiert trotzdem weniger als 1600 Personen zu je 100 in einem Waggon.

Ein wenig nach 10 Uhr scheint der Zug zur Abfahrt bereitzusein: Kein Mensch mehr auf dem Bahnsteig, melden uns die, die ihren Platz an den Luken am Anfang und Ende des Waggons haben. Ein Eisenbahner erklärt uns, daß es nicht so einfach wäre, einen nicht im Tageskurs vorgesehenen Zug abfahren zu lassen. Erst müsse man alle Bahnhöfe des Umkreises verständigen, und das kann man erst im Augenblick, wo er zur Abfahrt bereit ist. Also noch eine lange Stunde des Wartens: der Zug setzt sich ein wenig vor Mittag in Bewegung...

Im ganzen also ein guter halber Tag. Und wir haben „Los!" und „Schnell!" gehört... Bei der Ankunft in Buchenwald sind wir etwas leichter und etwas schneller ausgeladen worden; trotzdem wurde jeder Waggon einzeln an die Rampe gebracht. Die Laderampe war etwas kürzer als der Zug: So vergingen zwei gute Stunden damit, alle Waggons völlig auszuladen, damit sie leer bis Weimar fahren könnten.

Ich will nicht behaupten, daß das, was sich in Compiègne zutrug, nun in Budapest genauso abgelaufen wäre, jedoch war man hier wie dort den gleichen Bedingungen unterworfen. Man mußte die gleichen Methoden und die gleichen Prinzipien anwenden, wenn auch vielleicht in anderem Maße. Hier wie dort mußte man Menschen zusammensammeln, die Waggons beladen usw... alles Dinge jedenfalls, die überall ungefähr die gleiche Zeit erforderten.

Wenn man den Kasztner-Bericht und das Buch von Joel Brand gelesen hat, gewinnt man den Eindruck, daß sich in Budapest 200 000 bis 250 000 Juden befunden hätten, ohne daß man jedoch eine feste Schätzung weder vom einen noch vom andern erhält. Die Organisationen, denen sie vorstanden, scheinen sich tatsächlich bemüht zu haben, eine allzu große Ansammlung von Juden in der Hauptstadt zu verhindern, und die 400 000 Polen, Tschechen und Jugoslawen, die in unaufhörlichen Wellen ankamen, über das ganze

Land zu verteilen. Wo sie die Konzentrierung nicht vermeiden konnten, das war im Grenzgebiet von Ungarn und Rumänien, das alle schnell zu erreichen trachteten, und deshalb wurden ein oder zwei Bezirke dieser Gegenden gewählt (im Osten der Theiß), um als Sammelpunkt zu dienen, von wo aus die Züge direkt nach Auschwitz fahren konnten, ohne Budapest zu berühren.

In Budapest selbst scheinen die Juden zunächst in eine vom Bahnhof entfernte Gegend geleitet worden zu sein, die Dr. Kaßtner und Joel Brand unter der Bezeichnung „Brikettfabrik" angeben, und von der man annehmen kann, da weder der eine noch der andere eine genaue Zahl angibt, daß dort höchstens 10 000 untergebracht werden konnten. In der offiziellen Verlautbarung heißt es: Von dort ging es in Zügen zu 3000 zum Bahnhof, Männer, Frauen, Kinder und Greise – und Gepäck, wie alle Zeugen genau angeben, die behaupten, daß die Juden alles, was sie konnten, mit sich schleppten.

Jedenfalls: hier oder jenseits der Theiß mußte man konzentrieren: mit Lastwagen nach dem nächsten Bahnhof – oder zu Fuß – mit der Bahn, vom nächsten Bahnhof beim Sammelplatz. Komische Geschichte: In Budapest sind es nicht etwa die Juden aus der Stadt, die man in der „Brikettfabrik" unterbringt, sondern die aus anderen Bezirken, die man 100, 150 km oder noch weiter herholte. Die „Brikettfabrik" konnte außerdem nicht mehr als 10 000 auf einmal aufnehmen, die man – wie offiziell behauptet – in Schüben von je dreitausend abtransportierte. Jeder wurde von einem ungefähr gleichen Schub ersetzt. Kurz gesagt: In der „Brikettfabrik" von Budapest oder sonstwo mußte man Waggons zum Hinbringen haben, und diese Waggons mußte man zu je 1000 aufteilen, damit das Kommando Eichmann sie zur Verfügung hatte, wie Kasztner sagt. Diese beiden Maßnahmen gingen Hand in Hand: Man konnte die Juden nur in der Menge ersetzen, wie man sie deportierte, und dazu holte man sie von ebensoweit her, wie man sie deportierte. Dazu mußten also gleich viel Waggons vorhanden sein. Aber man deportierte sie etwa 500 bis 550 km weit und holte sie von 100, 150 oder 200 km her.

Schlußfolgerung. Es können höchstens zwei Drittel der Waggons zu Deportationszwecken verwendet worden sein, kaum mehr. Sagen wir 700. Und überlegen wir einmal: 4 Tage, um nach Auschwitz zu kommen, + 4 Tage, um zurückzufahren, + einem guten halben Tag, um 3000 Personen einund auszuladen. Jeder Zug aber konnte nur leer zu seinem Ausgangspunkt zurückkehren, um am Abend des neunten Tages, nachdem er ausgefahren war, beladen wieder abzufahren. Wären drei Züge zu 40 Wagen täglich ausgefahren, so wäre das ganze Schienennetz vom sechsten Tage nach Abfahrt des zweiten Zuges blockiert gewesen. Bei zwei Zügen am Tage wäre es erst am neunten Tage nach Abfahrt des ersten Zuges blockiert gewesen; aber am Abend hätte der zweite abfahren können, nachdem der erste von Auschwitz zurückgekommen wäre. Und auch diese Abwicklung konnte nur dann funktionieren, wenn die Züge mit der Gleichmäßigkeit eines Uhrwerks gelaufen wären.[34]

Tatsache aber ist, daß nach dem, was er Saßen erzählte, und woraus „*Life*" (28.11.–5.12.1960) die fürchterliche Gemeinheit gemacht hat, die es seinen Lesern als „authentische Memoiren" überreichte, Eichmann gesagt hat, daß es ihm selten gelungen wäre, zwei Züge täglich vom Budapester Bahnhof abfahren zu lassen. Etwa nicht glaubwürdig, weil er am verniedlichen interessiert war? Gewiß. Aber betrachtet man sich die Schriftsätze, die geliefert worden sind, so sind es die Richter und ihre Zeugen nicht wesentlich weniger, denn sie waren ja am Gegenteil interessiert, und haben es sich in keiner Weise nehmen lassen, alles darüber nach Strich und Faden zu dramatisieren.

2. Die Zahl der Zuginsassen. Genau so wie ungefähr alle Angaben aus jüdischer Quelle ist die Beurteilung des Jerusalemer Gerichts in offenbarer Unstimmigkeit mit sich selbst: In der Feststellung 112 sagt es uns, daß die Juden „ungefähr 3000 täglich pro Zug" aus Ungarn deportiert worden wären. In der Feststellung 127 sind es nur noch „im Durchschnitt 2000 Juden pro Zug". Und mindestens eine Nachlässigkeit verrät diese These: Man kann nicht recht einsehen, weshalb Eichmann, der so hingestellt wird, als sei er geradezu versessen darauf gewesen, möglichst viel Juden zu deportieren, und der die Angewohnheit hatte, „ungefähr 3000 Personen pro Zug" und „70 bis 100 Personen pro Waggon und sogar mehr" – wie die Feststellung 154 besagt – (die 3000 Personen der Feststellung 112 ergeben einen Durchschnitt von 70 bis 80 pro Waggon, von denen

---

[34] Man sieht also, was bei dem System von Joel Brand herausgekommen wäre: „Täglich werden 12 000 in Waggons geworfen", erklärt er den Juden von Konstantinopel, mit denen er um den 18 Juni 1944 herum Kontakt aufgenommen hat (Geschichte des Joel Brand, p 125). Schlußfolgerung: 4 Züge pro Tag und die ganze Unternehmung wäre vor dem Abend des fünften Tages blockiert gewesen.

der Zug 40 besaß), auf einmal nur 1500 laut Feststellung 113 verladen und nach Kistarza gebracht haben soll.

Ich erinnere daran, daß Hoeß dem Professor Gustave Gilbert in Nürnberg gesagt hat, die Transporte hätten 1500 Personen enthalten. Vor den Gerichtsschranken sagte er, es wären im Durchschnitt 2000 Personen gewesen (cf. hierüber S. 47 franz. Ausg.). In seinem Bekenntnis spricht er von über „fünf Züge zu 3000 Personen täglich", aber ebenso, daß „sie niemals mehr als 1000 Personen enthielten" (cf. S. 47 franz. Ausg.). Eichmann – immer nach dem, was er Saßen erzählt hat – gibt an, daß er höchstens 200 000 Juden aus Ungarn deportiert habe. Er gibt jedoch keinerlei genauere Angaben über die Anzahl jedes Transportes. Er vermerkt zwar die fünf, die Hoeß angegeben hat, sagt aber bei dieser Gelegenheit, daß er selten mehr als höchstens zwei erreicht habe. Und er protestiert lebhaft. Er bemerkt auch die 3000 und protestiert gleichfalls lebhaft. Die 200, von denen Hoeß gesprochen hat, bringen ihn jedoch nicht aus der Fassung: Das wäre schon viel, sagt er. Meine Meinung ist hingegen, daß das sehr wahrscheinlich ist. Was es nicht ist, das sind die 3000 Personen. Wieviel also tatsächlich? Überlegen wir ein wenig: Zwischen Budapest und Auschwitz sind es ungefähr 500 km, und die Züge brauchen mindestens 4 Tage, um diese Strecke bei einer mittleren Schnelligkeit von 125 km täglich zu bewältigen. Und das aus zwei Gründen: Erstens sind diese Züge nicht im Tagesfahrplan vorgesehen – „außerhalb der Gleise", sagen die Eisenbahner in ihrer Sprache –, und so müssen sie alle Augenblicke anhalten, um die regulären Züge vorbeifahren zu lassen. Zweitens: Wir waren mitten im Kriege, und das besagt, daß sie mindestens ab Mai/Juni 1944 oftmals durch Luftangriffe – aber auch von Partisanen bedroht – angehalten wurden. So war es also notwendig, sie von einem gleichmäßig auf die ganze Strecke verteilten Schutzdienst behüten zu lassen. Teilweise mußten sie aber auch ihre eigene Sicherheit selbst behüten. Also mußte eine Begleitmannschaft mitfahren. Man hat gesehen, daß man um weniger als 1600 Mann in 16 Waggons von Compiègne nach Buchenwald zu bringen, einen Zug von nicht weniger als 25 Waggons benötigte. Auf die 40 Waggons, die von Ungarn abfuhren, kann man mindestens 10 Waggons für die Sicherheitsbegleitmannschaft hinzurechnen (10 = 1 auf 4). Zudem mußten noch Waren mitgenommen werden. Rechnen wir 15 Personen pro Wagen mit ihren Waffen und Lebensmitteln für acht

Tage. Um einen Transport von 40 Waggons zu begleiten, sind 150 bewaffnete Männer eine Mindestzahl. In allem, was ich über die Juden-Deportation in Ungarn gelesen habe, habe ich nirgends die geringste Erwähnung dieses Problems gefunden. Es ist indessen notorisch sicher, daß kein Transport dieser Art jemals ohne Bewachung auf eine deutsche Eisenbahnstrecke während des Krieges gegangen ist. So gefügig auch die Juden gewesen sein mögen, sich dem ihnen zugedachten Schicksal hinzugeben, so versiegelt auch die Waggons gewesen sein mögen, bei einer Geschwindigkeit von 125 km pro Tag gäbe es nicht einen Zug, der nicht fast leer in Auschwitz angekommen wäre. Und das um so mehr, als in allem, was sie mit sich schleppten, sicherlich alles zum zersägen, zerschneiden und ausreißen der Planken aller Wagen dagewesen ist. Aber 147 Züge mit etwa 150 Personen als Bewachung und Sicherung = 22 050 ungarischer Gendarmen – da das Kommando Eichmann nur aus 150 Mann bestand und es nirgends erwähnt worden ist, daß irgendeine Einheit der SS oder der Wehrmacht oder der Polizei ihm als Helfer für seine Arbeit gesandt worden wäre.

Und ich wiederhole meine Frage: Wieviel Juden? Antwort: 30 Waggons, höchstens pro Zug = 2400 Personen, höchstens in 80 Waggons. Strittig ist als demnach nur die Zahl 80 pro Waggon. Hierzu noch einmal eigenes Zeugnis: Die ungarischen Juden, deren Transport Budapest in Richtung Auschwitz verließ, kamen im Mai 1944 in Dora an. Von den einigen 1500, die zu diesem Transport gehörten, wurden eine bestimmte Anzahl auf andere Lager, die zu Dora gehörten, verteilt (Hellrich und andere). Wieviel bei uns verblieben, weiß ich nicht: jedenfalls der Inhalt eines Blocks. Die Rassengrundsätze der Nazis verlangten, daß sie völlig von den anderen Internierten abgesondert wurden. So war dieser Block völlig von Stacheldraht eingezäunt. Von diesem bewachten Block aus gingen sie zur Arbeit wie alle anderen auch, aber als Sondergruppe. Für sie war auch der Appell in ihrem Block angesetzt, und zwar vor und nach der Arbeit. Wir beneideten sie. Vierzehn Tage nach ihrer Ankunft brauchte man nur, wenn man uns nachts die Musikinstrumente oder Brot gestohlen hatte, oder wenn man Tabak oder sonst irgend etwas haben wollte, morgens zwischen Wecken und zum Appellantreten oder abends vor dem Lichtausmachen einen schnellen Sprung zu ihrem Block zu machen, so bekam man von den Juden im Austausch gegen andere Dinge so ungefähr alles, was man haben wollte: Es war ein richtiger Markt. Wir bewunderten sie: Am Lagereingang hatte man sie sich völlig entkleiden lassen, um sie zur Desinfektion zu schicken. Völlig nackt waren sie dort hineingegangen, der Kontakt zu den anderen war begrenzt und... es war ihnen trotzdem gelungen, sich von allem etwas zu verschaffen, was man sonst nur mit größten Schwierigkeiten oder zu ungeheueren Preisen im Lager auftreiben konnte.

Nach einiger Zeit war die Sonderbewachung für sie nur noch eine reine Äußerlichkeit: Hinsichtlich des Kontakts konnten wir also mit ihnen einige Worte wechseln und selbst kurze Gespräche führen. So erfuhren wir ihre Odyssee: Sie erzählten uns von dem, was sie am Lagereingang hatten zurücklassen müssen[35] und fragten uns, die wir schon länger dawaren, ob sie sie wiederbekommen würden und wann und wie usw.... Kurz: Sie waren von Ungarn nach Dora in Waggons zu 70 bis 80 Personen mit ihrem ganzen Gepäck befördert worden. Sie hatten einen langen Umweg von 6 bis 7 Tagen gemacht bis zur Ankunft. Bei der Abfahrt hatte man ihnen gesagt, daß man sie nach Auschwitz brächte, und als sie dann wußten, daß sie in Dora landen würden, wären sie glücklich gewesen. Von Auschwitz erzählten sie die fürchterlichsten Dinge. Eines war merkwürdig: Sie hatten weder Frauen noch Kinder bei sich. Diese waren bei der Abreise von ihnen

---

[35] In Auschwitz wurde die derart eingesammelte „Bagage" in einer Ecke des Lagers gestapelt. Nach einem offiziellen Plan des Nürnberger und anderer Prozesse waren es voneinander getrennte Blocks, die streng bewacht wurden: „Kanada" nannten es die Deportierten. Die offizielle Meinung behauptet, daß die SS beim Anrücken der Russen versucht habe, Feuer darin anzulegen, daß es ihr aber nicht gelungen sei. Bei ihrer Ankunft fanden die Russen in den sechs Blocks, die für Kleidung reserviert waren, 348 820 komplette Männerbekleidungen, 836 525 Frauenbekleidungen, aber nur 5.255 Männerschuhe und 38 000 Frauenschuhe. Es gab auch 13 694 Teppiche (*Auschwitz*, offizielle Bekundung der Museumskommission von Auschwitz – Panstwowe Museum W. Oswiecimiu – verlegt in Krakau 1947) So kann man sich ein Bild davon machen, was die Juden mit sich schleppten. Die Frauen blieben Frauen bis zu den ärgsten Umstanden vergleicht man das, was man bei ihnen fand mit dem, was man bei den Männern fand. Andere Baracken enthielten die verschiedenartigsten Wertgegenstände, Die Kommission gibt weder die Zahl noch den Kaufwert an, aber man brauchte Züge und Lastwagen, um das alles abzutransportieren Aber all diese Sachen beanspruchten bestimmt sehr viel Platz in den Waggons „70 bis 100 Personen und selbst noch mehr" von denen die Feststellung 154 des Jerusalemer Gerichts spricht. Schlußfolgerung: In den Waggons jener Juden, die die meisten Sachen mitschleppten, waren weniger Personen und in anderen mehr als vorgesehen.

getrennt worden und darüber waren wir zunächst keineswegs überrascht, war uns doch das gleiche geschehen.

Schlußfolgerung: „70–80 Personen oder mehr pro Waggon", wovon die Feststellung 154 des Jerusalemer Gerichts spricht, bedeuten einen Durchschnitt von 80 pro Waggon. Die Aufteilung der Juden auf die Waggons hatte sich auf dem Abfahrtsbahnhof vollzogen, und zwar nach dem, was sie mit sich Schleppten: in den einen weniger, in den anderen mehr (Fußnote 35). Mit diesen „etwa 3000 Personen pro Zug" wird behauptet, daß wenn sämtliche Waggons von deportierten Juden besetzt waren, ein Durchschnitt von 75 pro Waggon herauskommt, was die Feststellung 112 zugibt.

Die Züge waren zudem nicht alle gleichmäßig mit Juden beladen. Derjenige, der laut Feststellung 113 in Kistarzea beladen wurde, führte nur 1150 nach offizieller Angabe mit sich. Er bestand vermutlich auch aus 40 Waggons, von denen gut zehn den Überwachungsund Sicherheitsbeamten diente, wie alle anderen, sagen wir im Durchschnitt 50 Waggons ... Im ganzen genommen wäre es möglich, daß diese Ladungen von einem Fall zum andern sich zwischen dem Minimum von Hoeß an Gilbert von 1500 und 2400 schwankten. Also kann der mittlere Wert der 75 pro Waggon in der Feststellung 112 den Gesamtdurchschnitt von 2200 für den Zug ergeben.

Diese Behauptung hat den Vorteil – wenn es stimmt, was er behauptet –, daß es Eichmann gelungen wäre, im ganzen 200 000 ungarische Juden zu deportieren, davon 38 000 zu Fuß, was 168 000 per Bahn ergeben würde. 168 000 : 2200 = etwa 77 Züge während der 52 Tage, die die Deportation der ungarischen Juden gedauert hat. Sie hätte außerdem den zweiten Vorteil, daß sie im Bereich der technischen Möglichkeiten liegt – an der Grenze des Möglichen! –, mit 1000 Waggons. Wenn nun Eichmann behauptet, daß es ihm selten gelungen sei, 2 Züge täglich fahren zu lassen, so könnte man meinen, es handle sich hier um den Eindruck eines eifrigen Beamten, der nicht sein verlangtes Ziel erreicht hat, und der seine Leistung vor sich selbst übertreibt. 77 Züge in 52 Tagen ergibt trotzdem 2 Züge pro Tag, ein Tag auf 2. Und unter den gegebenen Umständen ist das eine 50 prozentige Erfüllung.

3. Generalabrechnung über die aus Ungarn deportierten Juden.
– Im März 1944   800 000
– Bis Ende November 1944: Deportierte   <u>200 000</u>

nicht Deportierte   600 000
– Die Feststellung 111 des Jerusalemer Prozesses hält 57 000[36] in Ungarn verstorbene Juden fest, und man findet auch im Urteil keine weiteren 57 000
– Überlebende unter den Nicht-Deportierten 543 000
Die offizielle Statistik des *Zeitgenössischen Jüdischen Weltdokumentationszentrums* stellt 1945 nur 200 000 lebend Wiedergefundene fest. Das ergibt 543 000 – 200 000 = 343 000, die zwar sehr lebendig, aber zweifellos nicht alle ungarischer Herkunft waren. Sie erscheinen jedoch in den Totenlisten, sei es in Ungarn, sei es in den anderen Ländern, aus denen sie gekommen waren. Bei den Leuten, die nirgendwo in Europa in irgendeiner Statistik der Lebenden aufgeführt werden und die nicht in Europa sind, waren wir – wenigstens offiziell – bei einer Gesamtzahl von 3 705 160 bei Beendigung unserer Untersuchung über die jüdische Bevölkerung in der Tschechoslowakei angekommen (cf. hieroben, S. 222). Die Gesamtsumme der jüdischen Bevölkerung Ungarns ergibt bei Beendigung dieser Untersuchung: 3 705 160 + 343 000 = 4 048 160, die – mit ihrer Nachkommenschaft seit 1945 – irgendwo anders leben müssen, wenn sie nicht in Europa sind. Man muß natürlich hinzufügen, daß all die Deportierten wie überall, auch hier lebend zurückgekommen sind, und daß auch sie sich in der gleichen Lage befinden.

Hier.......... 4 048 160.

Mit Ungarn verbunden sind: Jugoslawien, durch den Zufluß der Juden, die dort hinkamen, und Rumänien, wohin sie gingen. Jugoslawien ist wiederum mit Italien verbunden durch diejenigen Juden, die dort hinflohen.

Jugoslawien

Wir sahen, daß das *Zeitgenössische Jüdische Weltdokumentationszentrum* 75 000 Juden für das Jahr 1939 gefunden hatte und 1945 davon nur noch 20 000 Lebende (cf. S. 152 und 213) Im April 1941 wurde Jugoslawien von den deutschen Truppen eingenommen. Die Achse Berlin–Rom schuf daraus zwei neue Staaten: das unabhängig erklärte Kroatien und das unter deutscher Verwaltung stehende Serbien.

---

[36] In Wirklichkeit sagt er: 57 000 bis 62 000.

Italien bekam außerdem Slovenien, das es in ähnlicher Weise besetzt hatte wie einen großen Teil von Kroatien, wo sie systematisch die Politik des anti-jüdischen Regiments der Regierung Pavlevich zu hintertreiben suchte, die mehr hitlerisch als mussolinisch gesonnen war.

Im Osten wurde der Bereich von Ober-Vardar mit Skopje und Monastir Bulgarien zugesprochen. Der Jerusalemer Gerichtshof teilte nun die jugoslawischen Juden in diesem Puzzlespiel folgendermaßen auf: (Feststellung 105 und 106) 30 000 in Kroatien, 47 000 in Serbien – 77 000. Kommentieren wir das nicht erst, denn wir sind ja an das Nicht-Übereinstimmen der jüdischen Quellen gewöhnt. Andere Unstimmigkeiten: Das Urteil des Jerusalemer Gerichts findet 1945 nur noch 1500 Juden in Kroatien + 5000 in Serbien = 6500 (Feststellung 105 und 106). Nun aber kommt das Schwerwiegendste: Die gesamte jüdische Bevölkerung von Slovenien, die, dank der Nähe von Triest, historischerweise dort immer am dichtesten gewesen ist, hat sich nach Kroatien und Serbien begeben, um entweder näher an Deutschland zu sein oder auf direkte Anordnung. Zwischen Deutschland und dem nicht antisemitischen Bulgarien haben die aus dem Bezirk von Ober-Vardar stammenden auch nicht gezögert: Sie sind nach der von den Deutschen besetzten serbischen Zone geeilt. Auch nach Ungarn ist keiner gegangen, sonst hätte Dr. Kasztner doch eine größere Anzahl gefunden, die er in seinem Bericht aufgeführt haben würde. Man ist sogar versucht zu glauben, daß 2000 (die das Urteil des Jerusalemer Gerichts mehr findet als die Statistik des *Zeitgenössischen Jüdischen Weltdokumentationszentrums*) aus Gegenden stammen, wo sie keinerlei Gefahr liefen und sicher waren, nicht vernichtet zu werden. Man hat oft gefunden, daß die Juden ihr Schicksal mit großer Ergebung hinnahmen: Die jugoslawischen Juden müssen aber nicht nur ergeben, sondern geradezu Masochisten gewesen sein.

Bis zum Jerusalemer Prozeß bildete Jugoslawien ein Rätsel: Herr Poliakov, als Wortführer des *Zeitgenössischen Jüdischen Weltdokumentationszentrums*, hatte uns erklärt (*Bréviaire de la Haine* und *Das Dritte Reich und die Juden*), daß „die Juden sich zu Tausenden in die italienische Besatzungszone geflüchtet hätten": Als Krumey am 16. Oktober 1943 in Kroatien angekommen war, hatte er weniger Juden deportieren können als sein Kollege Alois Brunner aus Nizza, dem es dort auch nur gelungen war, 10 000 in die Konzentrationslager zu leiten[37], und daß nach dem Staatsstreich von Badoglio (Sept. 1943) die Juden den sich aus Kroatien zurückziehenden Italienern gefolgt wären, usw.... Man sieht, daß sich das alles nicht sehr gut mit den Feststellungen 105 und 106 des Jerusalemer Gerichts deckt. Es steht jedenfalls in völligem Widerspruch sowohl mit der Aufteilung der Juden in die verschiedenen Gebiete nach der Zerstückelung und mit der aus Kroatien deportierten Anzahl, von denen die Feststellung 105 uns sagt, daß es 28 500 gewesen wären, wobei auf die Rechnung von Krumey die Ausnahme von 2800 kommen.

Über die serbischen Einzelheiten ist Herr Poliakov nahezu stumm: Unter dem Stempel des *Zeitgenössischen Jüdischen Dokumentationszentrums* heißt es: „Keine Deportationen in Serbien, alle Juden an Ort und Stelle getötet." Es beschränkt sich darauf zu bestimmen, daß man für ganz Jugoslawien auf 20 000 Überlebende und 55 000 Tote käme (*Bréviaire de la Haine*, S. 180). Um Einzelheiten zu erhalten, mußte man sich nach anderen Schriftstellern umsehen (der Herren Michel Borcwicz, Joseph Billig usw. usw....), aber das Unglück wollte es, daß wenn man all diese Einzelheiten zusammenfaßt, man nur mühsam auf 30 000 kommt. Und man muß daraus schließen, daß die unbelegten Schätzungen des Herrn Poliakov blanke Fantasie sind. Wenn diese Zahl von 30 000 auf wahrscheinlichen Beweisen beruht, so ergibt sich als logische Konsequenz daraus, daß man sie für das gesamte Jugoslawien in Betracht ziehen und sie aus der anderen Schlußfolgerung herauslösen muß. Alle Welt wäre sich darüber einig, daß die Italiener den Deutschen keinen einzigen Juden ihrer Besatzungszone ausgeliefert hätten. Bezüglich der Juden aus Kroatien hatte Herr Poliakov sicherlich recht. So waren es also die aus Serbien, die den größten Tribut an Deportierten und Toten zu zahlen hatten. Das war überdies logisch: Die Deutschen hetzten sie seit 1941, und wenn sie sie auch nicht vor 1942 deportierten, so waren sie doch bereit, es zu tun, während sie es in Kroatien nicht waren.

Verfolgt man die Ereignisse in der Reihenfolge, in der sie abliefen, macht man noch eine andere Entdeckung: die für die Wannsee-Konferenz von dem deutschen Korherr aufgestellte Statistik – also bevor die Deportations-Maßnahmen in Jugoslawien ergriffen wurden – ergibt eine Zahl von 40 000 Juden, die sich noch im gesamten

---

[37] Im „*Bréviaire de la Haine*" gibt er genau „3000 Deportierte im ganzen aus Kroatien" an.

Jugoslawien befanden. Man muß schließen, daß 75 000 − 40 000 = 35 000 nach Ungarn und Italien geflüchtet waren (cf. S. 213), da sie nicht mehr da und auch nicht festgenommen waren. Rechnet man, daß von diesen 40 000 ungefähr 30 000, die in Einzelheiten als festgenommen behauptet werden, erwischt worden sind, so läge das durchaus im Bereich der Möglichkeiten. Und für Serbien läge es ebenso, da doch etwa 10 000 bei den Kroaten befindliche sich den sich zurückziehenden Italienern angeschlossen hatten.[38]

Das *Zeitgenössische Jüdische Weltdokumentationszentrum* ist also nicht berechtigt, 30 000 Juden in der Liste der Vernichteten in seiner Statistik anzugeben – unter der Begründung, sie seien alle nach ihrer Festnahme vernichtet worden. Man hat dort also 55 000 − 30 000 = 25 000 zuviel angegeben. Da die festgenommenen Juden in Jugoslawien, von denen 30 000, die man als beglaubigt annimmt, gestorben sind, bereits teilweise in den Berechnungen über die jüdische Bevölkerung Ungarns aufgeführt wurden und der Rest vermutlich in denen für Italien aufgestellten, so kann man sagen, daß hier noch weitere 25 000 lebende, europäische Juden den 4 048 160 in der gleichen Lage, zu denen wir am Ende unserer Studie über die ungarischen Juden kamen, zugefügt werden können. Also 4 048 160 + 25 000 = 4 073 160. Hier...... 4 073 160.

Italien

Hierfür gibt Arthur Ruppin 50 000 Juden im Jahre 1926 an und das *Zeitgenössische Jüdische Dokumentationszentrum* 57 000 im Jahre 1939. Das ist wohl möglich. Die Gesamtsumme eines mittleren Jahresdurchschnitts wäre für ein natürliches Anwachsen: 50 000 + 13 % = 65 500. Also nehmen wir 57 000 an. Man muß jedoch die 16 500 jugoslawischen Juden hinzufügen (cf. S. 213). Das ergibt: 57 000 + 16 500 = 73 500. Im Jahre 1945 fand das *Zeitgenössische Jüdische Weltdokumentationszentrum* 15 000 Vernichtete und 42 000 Lebende. Logischerweise hätte es 73 500 − 15 000 = 58 500 Überlebende finden müssen, und die Übertreibung hinsichtlich der Zahl der Toten hätte 58 500 − 42 000 = 16 500 betragen. In Wirklichkeit ist das viel

---

[38] Sie sind erst am 19. Januar 1943 für Kroatien beschlossen worden und begannen erst ernsthaft als Krumey am 16. Oktober 1943 eintraf. In Marsch gesetzt wurden sie im März 1942.

wichtiger, denn selbst Herr Rolf Hochhuth, der sich vor kurzem durch seine abscheulichen Gemeinheiten über das Dokument Gerstein in *„Der Stellvertreter"* hervorgetan hat (op. cit.), hat in Italien nur 8000 festgenommene und deportierte Juden gefunden, und da die Richter in Jerusalem nur „7500 Deportierte, deren Anzahl an Überlebenden 600 nicht übersteigt" (Feststellung 109) = 6900 Getötete. Hier die Übertreibung des *Zeitgenössischen Jüdischen Weltdokumentationszentrums*: 66 600 – 42 000 = 24 600. Diese Zahl muß den 4 073 160 außerhalb der Statistik Lebenden, zu denen wir am Ende unserer Studie über die jüdische Bevölkerung Jugoslawiens kamen, und die – offiziell! – nicht mehr in Europa sind: 4 073 160 + 24 600 = 4 097 760. Hier.........4 097 760.

Rumänien

Arthur Ruppin hatte 900 000 Juden im Jahre 1926 dort festgestellt und das *Zeitgenössische Jüdische Dokumentationszentrum* findet für 1939 nur deren 850 000. (Das *Institut für jüdische Angelegenheiten* ist damit einverstanden, aber Herr Raul Hilberg findet nur 800 000.) Das wäre für Rumänien nichts unnormales, denn die jüdische Bevölkerung ist von dort immer in ziemlich starker Anzahl ausgewandert. Was nun das Kapitel der Deportierten, der Getöteten und der Überlebenden anbelangt, sagt der eine Halbe-Halbe, der zweite ist mit 5000 pro Partie einverstanden, und der dritte ist natürlich völlig anderer Meinung: 380 000 Überlebende und 420 000 Getötete, sagt er. Ein anderes Anzeichen, das beweist, inwieweit all diese Leute sich dessen bewußt sind, was sie sagen: Der Verfasser der Statistik des *Zeitgenössischen Jüdischen Weltdokumentationszentrums*, wie man weiß, Herr Poliakov (cf. S. 154), sagt uns, indem er die Zahlen seiner eigenen Statistik kommentiert (*Bréviaire de la Haine*, S. 186), daß 1939 in Rumänien 700 000 Juden gewesen wären und 1945 nur noch 250 000 (op. cit. S. 188). Die Feststellung 110 des Jerusalemer Gerichts, das das jüdische Drama in Rumänien zusammenfaßt, ist sehr klug: „Auf diese Weise wurde ungefähr die Hälfte der Judenheit in Rumänien vor der Vernichtung gerettet", sagt es, seine Behauptung mit einer schriftlichen Aussage des Dr. Safran, des Groß-Rabbiners von Rumänien begründend, aber ohne irgendwelchen Hinweis auf das, was in dieser Aussage steht.

Wenn sich übrigens der Verfasser dieser Feststellung zum Ziel genommen hätte, zu beweisen, daß kein rumänischer Jude jemals von Deutschen deportiert worden ist, so glaube ich nicht, daß es ihm besser hätte gelingen können: Er hat in der Tat nur einen einzigen Plan zur Deportation von 200 000 Juden vorgebracht, der am 26. Juli 1942 erstmalig für den darauffolgenden 16. September beschlossen, dann ein zweites mal am 17. September durchgesprochen, dann am 26. und 28. September, wo man sich schließlich einigen konnte. Aber am 22. Oktober, als die Deportationen noch immer nicht begonnen hatten, läßt die rumänische Regierung ihre deutschen Gesprächspartner wissen, daß sie es selbst unternehmen will, das jüdische Problem in Rumänien zu regeln.

Bis dahin war es die deutsche Meinung gewesen, daß die Rumänen sich um ihre eigenen Juden kümmern sollten, und ein dicker diplomatischer Briefwechsel bestätigt es, daß diese nicht aufgehört hatten, den Deutschen vorzuschlagen, sie ihnen zu übergeben. Aber ohne Erfolg: Die Deutschen wollten das nicht. Im gleichen Augenblick, als sie es annehmen wollten, wollten die Rumänen sie ihnen nicht mehr übergeben.

Der Groß-Rabbiner von Rumänien behauptet in seiner Aussage – wenigstens sagen das die Schreiber der über den Jerusalemer Prozeß verbreiteten Geschichten – daß die Rumänen bis zum August 1942 ihre Juden vernichteten, weil es ihnen nicht gelang, sie den Deutschen aufzuhalsen. Und er beschreibt die Niedermetzelung der Juden von Odessa durch die rumänische Armee (60 000 Opfer), Pogrome in Bukarest, Ploesti, Jassy, Constanza usw. usw...., „die Zehntausende von Opfern ergaben", ohne nähere Angaben. Er schätzt, daß insgesamt vom Februar 1941 bis August 1942 „25 000 bis 30 000 Juden auf diese Weise getötet wurden". Von den Rumänen wohl gemerkt, nicht von den Deutschen.

Diese Behauptung ist sehr anfechtbar. In Paris, wo zu gleicher Zeit sich alle diejenigen, die sich mit mir zusammengefunden hatten, um als Nothilfe für die europäischen Juden auf den Wegen der Emigration während des Krieges zu dienen, es genau wußten – und zwar von den Juden selbst, mit denen sie in Berührung kamen –, daß wenn ihnen die rumänische Regierung auch nicht gerade Sympathie entgegenbrachte, sie ihnen doch Touristenpässe ausstellte, die es ihnen erlaubten, weiter fortzugehen, falls sie 1000 Dollar im voraus zahlten. Der Groß-Rabbiner versichert, daß diese Politik erst ab

Oktober 1942 üblich wurde, und zwar gerade deswegen, weil die Regierung Antonescu sie plötzlich entdeckte, nachdem sie Deutschland so sehr gebeten hatte, die Juden anzunehmen, die sie diesem übergeben wollte.

Im Augenblick jedoch, als die Deutschen bereit waren, sie anzunehmen, weigerte Antonescu sich. Frau Hannah Arendt macht sich zu seinem Echo (*The New Yorker*, 16. 3. 1953). Eine einzige Unstimmigkeit besitzen wir mit diesen Nachrichten aus Paris: Der Preis des Passes scheint nicht 1000 sondern 1300 Dollar gewesen zu sein!

Kurzum: Diese These der vernichteten *Hälfte* der rumänischen Judenheit (= 425 000 bei 850 000) trägt hinsichtlich der Deportation durch die Deutschen einen Unterschied zwischen „250 000 und 300 000" und 425 000, und meinetwegen 125 000 bis 175 000 rumänische Juden, und scheint aus einem anderen Grunde stark anfechtbar zu sein: die territorialen Veränderungen, die Rumänien zwischen 1939 und 1945 über sich ergehen lassen mußte.

Im August 1939 hatte der deutsch-russische Vertrag ihm einen harten Tribut an die Vertragsschließenden und ihre Freunde auferlegt: Den Verlust der Bukowina im Norden und Bessarabiens an die UdSSR (Juni 1940); einen großen Teil von Transsylvanien an Ungarn und die Dobrudja an Bulgarien (August 1940). Die Bevölkerungsbewegung der Juden dieser Gegenden bei diesem Anlaß haben niemals den Gegenstand von Studien gebildet, die zu meiner Kenntnis gelangt wären. Die allgemein angenommene These ist, daß sie beständig geblieben ist oder sich nur wenig bewegt hat. Es gibt außerdem Verträge über Volksverschiebungen, die noch nicht ganz geregelt waren, als der russisch-deutsche Konflikt im Jahre 1941 ausbrach. Für diejenigen, die Interesse an diesen Verträgen haben, verweise ich auf die ausgezeichnete Studie des *National-statistischen und ökonomischen Instituts* von Paris, das im Jahre 1946 in der „*Presses Universitaires de France*"unter dem Titel: „*Les Transferts internationaux des populations*"erschienen ist.

Man kann sich denken, daß Rumänien seit 1940 die Entwicklung der deutsch-russischen Beziehung belauert hatte und auf die Möglichkeit wartete, die ihm genommenen Gebiete wiederzuerlangen, besonders das größte davon, Bessarabien. Im Juni 1941 trat es auf Seiten der Achse in den Krieg gegen Rußland ein, und es wurde ihm nicht nur Bessarabien zugesprochen, sondern auch noch ein Teil des besetzten Gebietes, das sich Transnistrien nannte und sich von seiner Grenze von 1939 am Dnestr bis zum Bug erstreckte. Deutschland verleibte sich die Zone von jenseits des Bugs bis zum Dnepr ein.

Man kann sich vorstellen, daß die Russen, als sie sich aus der Bukowina und Bessarabien zurückzogen, gleichzeitig eine große Anzahl der Bevölkerung evakuiert hatten, die sich im übrigen von selbst evakuierte, indem sie, wie überall anderswo auch, vor den deutschen Truppen flüchtete. Immerhin schickte das *Internationale Rote Kreuz* am 11. Dezember 1943 einen seiner Beauftragten, Herrn Charles Kolb, nach Rumänien. Er blieb dort vom 11. Dezember 1943 bis zum 14. Januar 1944. Bei seiner Rückkehr verfaßte er einen Bericht, in dem er angab, daß 206 700 Juden in Bessarabien-Transistrien und 88 600 in der Bukowina fehlten. Sonst bemerkte er nichts besonderes. Wenn man diesen Bericht ansieht, konnte man meinen, daß die Gesamtheit dieser 206 700 + 88 600 = 295 300 rumänischer Juden, die russisch geworden waren und sich in den russischen Linien befanden, wie ihre polnischen Glaubensbrüder in Polen im September 1939 vor den deutschen Truppen geflohen wären, um sich vor der deutschen Deportation zu retten. Man könnte es glauben, aber man kann es nicht behaupten. Jedenfalls erklärt Herr Poliakov, der diesen Bericht (*Bréviaire de la Haine*, S. 391) zitiert: „Am Vorabend des deutschen Angriffs konnte ein Teil der jüdischen Bevölkerung von den Russen evakuiert werden." Wie dem auch sei: Dieser Bericht wurde 1943/44 in eine Untersuchung aufgenommen, d. h. zu einem Zeitpunkt, als den Juden in Rumänien keine Gefahr mehr drohte, und da sie auch keine anderweitigen Verluste angeben, so kann man mit Sicherheit darauf schließen, daß zu diesem Zeitpunkt noch 800 000 − 295 300 = 504 700 dort lebten und weder inhaftiert noch deportiert noch nachträglich umgebracht worden waren. Man kann das um so sicherer glauben, da es irgendwie durch das Jerusalemer Gericht verbürgt ist, das in der Feststellung 119 keinerlei Deportation rumänischer Juden durch die Deutschen behauptet. Und wenn es das behauptete, so könnte es nur für nach dem 22. Oktober 1942, und das würde auch nicht stimmen, da bis dahin Deutschland es abgelehnt hatte, dem Ansinnen Rumäniens nachzugeben.

Seltsames Zusammentreffen: Die 295 300 Juden, von denen Herr Charles Kolb festgestellt hat, sie seien nicht in Rumänien, finden sich in der Aufstellung von „250 000 bis 300 000", die der Groß-Rabbiner als von Rumänen umgebracht angibt. Man kann sich nur vorstellen, daß es die gleichen sind, von denen die Russen, die sie gerettet hatten, behaupteten, sie wären umgebracht, damit Antonescu gehenkt werden konnte...

Herr Raul Hilberg ist noch spitzfindiger: Nachdem er die Untaten der Einsatzgruppen in Rußland untersucht hatte und der russischen Statistik die durch diese umgebrachten Juden von Odessa, Chisinau, Cernauti und ähnlichen Städten eingefügt hatte (op. cit. S. 190), macht er die Rechnung von den in Transnistrien fehlenden und den in Odessa gefundenen von 1941–1944 auf, und die aus der Bukowina, wo die beiden anderen sich befanden, fügt er der rumänischen Statistik zu (S. 485–509), das heißt, er zählt sie zweimal.

Schlußfolgerung für Rumänien: Um genau feststellen zu können, wieviel Juden 1945 als fehlend gebucht werden müssen, wäre es nötig, genau feststellen zu können, wieviele von den von Herrn Charles Kolb für Ende Dezember 1943 – Anfang Januar 1944 als fehlend registrierten 295 300 von den Russen evakuiert worden sind, und wieviele auf das Konto der Deutschen und der Rumänen kommen. Aber das weiß man nicht. Auch müßte man wissen, wieviele emigriert sind. Und das muß eine ganz stattliche Anzahl gewesen sein, da die rumänischen Juden die besten Möglichkeiten gehabt haben. Sie hatten ja den kürzesten Weg und die wenigsten Anstrengungen zu überwinden, um Europa zu verlassen. Aber wenn die Russen die Hälfte der von Herrn Charles Kolb als fehlend angegebenen gerettet hatten, und die andere Hälfte in die Hände der Rumänen gefallen und bei den Pogromen von Odessá, Bukarest, Ploesti, Konstanza usw.... umgekommen waren (cf. hierüber), könnte sich die jüdische Bevölkerung Rumäniens wie folgt aufteilen:

– umgebracht $\frac{295\,300}{2} = 147\,650$

– von den Russen gerettet: $\frac{295\,300}{2} = 147\,650$

– Emigriert und 1945 lebend gefunden: 800 000 − 295 300 = 504 700

Insgesamt 652 350

– vom Zeitgenössischen Jüdischen Weltdokumentationszentrum offiziell als lebend wiedergefunden 425 000

wären es 227 350

die, wenngleich 1945 lebend, in den Berechnungen der Vernichteten des *Zeitgenössischen Jüdischen Weltdokumentationszentrums* fälschlich aufgeführt wären. Nach allem bisherigen ist es wohl möglich, daß sich das so verhält.

So sind es also weitere 227 350 europäische Juden, die man den 4 097 760 gleichartigen, die wir am Ende unserer Studie über die jüdische Bevölkerung Italiens gefunden hatten, hinzufügen kann. Das ergibt für den augenblicklichen Stand der Dinge: 4 097 760 + 227 350 = 4 325 110.

Hier 4 325 110.

Bulgarien

Die Statistik auf Seite 122 nennt nur die jüdische Bevölkerung von 1933, ohne seine Verluste anzugeben. Seitdem hat das *Zeitgenössische Jüdische Weltdokumentationszentrum* uns andere Statistiken übermittelt, indem auf 50 000 Personen im Jahre 1939 7000 Tote kommen. Herr Raul Hilberg findet deren nur 3000 und das Jerusalemer Gericht in der Feststellung 108 gar nur 4000 Deportierte aus Thracien + 7000 aus Mazedonien = 11 000, ohne Verluste anzugeben. Das ist kein Problem: 50 000 im Jahre 1939, 11 000 Deportierte, davon 7000 Getötete, ergibt 43 000 Überlebende. Die 7000 Getöteten von 11 000 Deportierten sind nirgends bezeugt. Man weiß nicht, woher sie kamen, noch wohin sie gingen. Herr Poliakov, der diese Statistik, deren Verfasser er ist, auslegt (*Bréviaire de la Haine*, S. 188), kann sich nicht einmal selbst getreulich zitieren: 13 000 Deportierte bis etwa 20 000 überschläglich, sagt er, und nichts über die Zahl der Überlebenden.

Griechenland

Das gleiche wäre für Griechenland zu bemerken. Hier verzeichnet die Statistik, die ich auf S. 152 zitierte, für Mazedonien getrennt 7000 Vernichtete, ohne daß man weiß, von wievielen im Jahre 1939. Seitdem ist diese Sonderrechnung aus der offiziellen griechischen Statistik verschwunden und es bleiben dort nur noch 75 000 Juden für 1939 und 60 000 deportierter Getöteter für 1945, mithin 15 000 Überlebende. Herr Raul Hilberg gibt folgende Ziffern: 74 000 im Jahre 1939, 62 000 Vernichtete und 12 000 Überlebende. Die

Feststellung 107 des Jerusalemer Gerichts stellt für 1939 80 000, davon 70 000 Vernichtete und 10 000 Überlebende. Arthur Ruppin aber hatte bereits für 1926 75 000 Juden in Griechenland festgestellt. Sollte die Emigration dem natürlichen Wachstum gleichkommen? Das wäre möglich.

Griechenland war in zwei Besatzungszonen geteilt: im Norden die Deutschen, die ihr Hauptquartier in Saloniki, im Süden die Italiener, die das ihre in Athen hatten. Die Juden gliederten sich etwa so auf: 55 000 bis 60 000 um Saloniki herum bei den Deutschen und 15 000 bis 20 000 in der italienischen Zone um Athen herum gleichfalls konzentriert. Alle jüdischen Quellen sind sich darin einig zu sagen, daß die Deutschen erst im Juli 1942 begannen, sich um die Juden zu kümmern (Tragen des gelben Sternes), aber nur in der deutschen Zone. Nichts dergleichen in der italienischen. Erst im Februar 1943 begann ihre Sammlung in Ghettos in Saloniki und Umgebung. Diese Maßnahmen wurden von einem Dr. Max Merten, dem Verwalter der Zone, durchgeführt, mit Hilfe von zwei dazu Abgeordneten aus dem R.S.H.A., Wisliceny und Günther vom 15. Januar 1943 an.

Herr Poliakov behauptet (op. cit. S. 182), daß die Deportationen am 15. März 1943 begonnen und zunächst am 9. Mai geendet hätten. 43 000 Juden in 16 Transporten (2700 Personen pro Transport, ein Transport alle 3/4 Tage). Folglich scheint die Deportation hier, wo die Juden auf einem Haufen saßen, nicht so schnell vonstatten gegangen zu sein wie in Ungarn, wo die nicht zusammengefaßten Juden in 2 bis 3 Transporten zu 3000 Personen täglich nach Auschwitz gebracht wurden. Das ist der Schluß, der sich einem aufdrängt. Der Rest, vielleicht gute 12 000, wurde im Juli/August 1943 in drei Transporten deportiert: also mindestens 4000 pro Transport. Die Reise von Saloniki nach Auschwitz dauerte mindestens zehn Tage, und Herr Poliakov weiß es ganz genau, daß die Juden direkt nach ihrer Ankunft im Gesamtverband in die Gaskammern geschickt wurden, ohne vorher die Kranken auszulesen. In einem derart schlechten Zustand waren sie. Dies ist in der Tat das, was Wisliceny behauptet hat, daß Hoeß es angegeben, aber Hoeß hat dem nicht zugestimmt. Mit dieser Ansicht über die Deportation der griechischen Juden ist die Feststellung 107 des Jerusalemer Gerichts nicht einverstanden: „Die 56 000 Juden des Bezirks um Saloniki sind sämtlich vom 15. März bis Ende Mai 1943 deportiert worden", sagt es. Also keine Transporte mehr im

Juli/August. Aber es sagt weder die Zahl der Transporte noch die Zahl der Personen pro Transport. Der Rechtsanwalt Max Merten (1946 zu 25 Jahren Gefängnis verurteilt, aber fast ebenso schnell wieder auf freien Fuß gesetzt und im Jerusalemer Prozeß Entlastungszeuge), behauptet, daß dank Eichmanns und trotz gegenteiliger Bemühungen von Wislisceny, etwa 20 000 Juden der Deportation entkommen wären. Außerdem behauptet er, daß seit Juli 1942, als man damit begann, ihnen den gelben Stern anzuheften und sie in Ghettos zu konzentrieren (Februar 1943), viele Juden der deutschen Zone in die italienische geflüchtet wären. Da er selbst mit den in Aussicht genommenen Maßnahmen der Deportation nicht einverstanden war, habe er, weil die Betroffenen ihm keinerlei Ärger machten, nicht nur keine Ungehörigkeit darin gesehen, sondern er habe ihnen sogar noch, soviel er konnte, dabei geholfen, daß sie herauskämen, ohne die Aufmerksamkeit von Wislisceny und Günther zu erregen. Das ist überdies der Grund, weshalb er wieder in Freiheit gesetzt wurde, nachdem er zu 25 Jahren Gefängnis verurteilt worden war.

In der italienischen Zone wurden die Juden erst nach dem Staatsstreich von Badoglio im September 1943 beunruhigt. Die Aufgaben der Deportation wurden Wislisceny und Günther anvertraut. Vor dem Gericht von Breslau, das sie zum Tode verurteilte, hat der erstere (27. Juni 1947) in einer Niederschrift behauptet, daß 8000 bis 10 000 von jener Zone deportiert worden seien. Die Feststellung 107 des Gerichts von Jerusalem sagt für die Stadt Athen: „Es war einer großen Anzahl gelungen, sich zu verstecken oder zu fliehen, so daß nur noch 12 000 übrig waren." Man hatte also erst einmal die anderen zu suchen und zu sammeln: Wislisceny hat sich recht bemühen müssen, um 8000 bis 10 000 deportieren zu können, und man hat bemerkt, daß er seine Schuld nicht zu verkleinern gesucht hat. Nehmen wir also diese Zahl an und überlegen wir:

– Wir wissen nicht, wieviel Juden es gelang, von der deutschen in die italienische Zone überzuwechseln, aber wir wissen, daß aus dieser Zone 19 Transporte deportiert worden sind und hernach keine mehr verblieben. Bei einem Durchschnitt von 2200 in einem Zug von 40 Waggons, wie wir das in unserer Berechnung für Ungarn festgestellt und festgehalten haben, kommen wir auf eine Gesamtsumme von 2200 X 19 = 41 800.

– In die italienische Zone geflüchtet waren: 56 000 (Zahl des Jerusalemer Gerichts) – 41 800 = 14 200, was den Stand der jüdischen Bevölkerung, der eigentlich 75 000 – 56 000 = 19 000 betragen sollte, auf 19 000 + 14 200 = 33 200 bringt.

– wenn Wisliceny, wie gesagt wird, hiervon 8000–10 000 deportiert hat, so müßten 33 200 – 8–10 000 = 23 200 bis 25 200 in ganz Griechenland verstreut verbleiben.

Mindest-Übertreibung des *Zeitgenössischen Jüdischen Weltdokumentationszentrums*: 25 200 – 15 000 = 10 200, unter der Voraussetzung, daß tatsächlich 19 Züge von Saloniki mit einem Durchschnitt von 2200 Personen abgefahren sind, was immerhin möglich wäre aber nicht sicher.

Demnach wäre also der der Studie über die jüdische Bevölkerung Rumäniens abschließenden Gesamtzahl (cf. S. 244) hinzuzufügen 4 325 110 + 10 200 = 4 335 310.

Hier.........4 335 310.

Bleibt uns noch Deutschland, Österreich, Dänemark und Norwegen zu untersuchen.

Deutschland

Hierüber wurde bereits in der Studie über die jüdische Bevölkerung von Holland, Belgien, Luxemburg und Frankreich gesprochen (cf. S. 198–204). Man erinnert sich, daß bei der Invasion Frankreichs durch die deutschen Truppen die jüdischen Quellen 250 000 fremde Juden aufführten, deren Nationalität nicht festzustellen war. Man könnte sagen, daß außer 30 000 oder im Höchstfalle 40 000 deutscher Juden, alle anderen polnischer Herkunft waren. Sucht man also die europäischen Überlebenden, so kann man sie ebensogut alle als polnischer (oder als deutscher) Herkunft erklären. Aber man muß jetzt festhalten, daß 40 000 deutsche Juden bereits gezählt worden sind, wenn man sie nicht zweimal zählen will.

Im Jahre 1939 war das Gefüge der jüdischen Bevölkerung Deutschlands folgendermaßen: 210 000 Juden waren in Deutschland verblieben, 510 000 waren emigriert, wie das *Zeitgenössische Jüdische Weltdokumentationszentrum* sagt. Herr Raul Hilberg meint: 240 000 sind in Deutschland verblieben und 300 000 emigriert von im ganzen 540 000. Berechnet man das natürliche Wachstum, so müßte er der Wahrheit näherkommen. Aber dem ist nicht so: Von 1926 bis 1939 sagt uns Herr Poliakov (*Bréviaire de la Haine*, op. cit. S. 11) war die demographische Kurve der jüdischen Gemeinden, die durch das Aufsteigen der Hitlerbewegung um ihre Zukunft besorgt waren, absinkend. Sagen wir also: 210 000 Juden in Deutschland im Jahre 1939. Offiziell hat man nur 40 000 im Jahre 1940 wiedergefunden. Das würde 170 000 Vernichtete bedeuten.

Auf Grund der Einzelheiten, die er angibt, um diese 170 000 Vernichtete und diese 40 000 Überlebende zu rechtfertigen, beruft sich Herr Poliakov auf die Statistik, die auf Wunsch Himmlers am 17. April 1943 für den 31. Dezember 1942 aufgestellt wurde, und die er als „mit großer Gründlichkeit ausgearbeitet" vorlegt (*Bréviaire de la Haine*, op. cit. S. 383–394). Ich bin seiner Ansicht. Der Deutsche Korherr scheint ein sehr gründlicher Mann gewesen zu sein, und ich habe mich infolge dessen auch auf seine Informationen bezogen. Trotzdem liegt ein ärgerliches Bestreben vor, überall ein wenig zuviel Juden zu sehen. Dies nebenbei bemerkt. Aber wenn ich die Tabelle der Judenheit in Deutschland so annehme, wie er sie für den 31. Dezember 1942 vorlegt, so weiß ich wahrhaftig nicht, wieso Herr Poliakov, der sich doch auch darauf bezieht, derartige Schlußfolgerungen daraus ableitet. Hier das, was in der zusammenfassenden Aufstellung über die deutschen Juden gesagt wird:

– bis zum 31. Dezember 1942 wurden festgenommen 100 516
– noch nicht festgenommen 51 327
Gesamtsumme 151 843

Zwar sind diese Angaben als „das Altreich und die Sudeten" betreffend gemacht, aber das ist ohne Belang: Am 17. 5. 1939 waren nur noch 2649 Juden im Sudetenland. Die anderen waren nach Böhmen-Mähren geflüchtet, dann nach Ungarn, dann...? Gleich, ob tausend mehr oder weniger –, ich will nur sagen, daß diese Rechnung nur Deutschland betraf. Ich wiederhole: Herr Poliakov stimmt dieser Berechnung zu.

Wenn aber nun am 31. Dezember 1942 nur noch 151 843 Juden in Deutschland waren (frei oder im Konzentrationslager), und wenn man davon nicht mehr als 100 516 hatte festsetzen können, so bedeutet das, daß 210 000 − 151 843 = 58 157 noch nach 1939 emigrieren konnten. Das bedeutet andererseits, daß es nach dem 31. Dezember 1942 nicht möglich gewesen ist, mehr als 51 327 festzusetzen. Im darauffolgenden Juli war es geschafft: Das Gesetz, daß Deutschland für „Judenfrei" (befreit von seinen Juden) erklärte, wurde feierlich bekanntgegeben. Herr Poliakov sagt uns: „Kein einziger Jude war mehr in Freiheit außer den arischen Ehegatten" (op. cit. S. 68). Korherr sagt uns in seinem Bericht, daß deren Anzahl 16 760 betrug. Man weiß, daß späterhin auch diese festgesetzt und deportiert wurden – wenigstens offiziell.

Bereinigen wir nunmehr den unumgänglichen Irrtum, den wir beherzt begingen, als wir nicht umhin konnten, das Problem aufgrund falscher Voraussetzungen anzufassen, daß nämlich die 40 000 europäischen, in Holland, Frankreich, Belgien und Luxemburg lebend wiedergefundenen Juden als polnischer Herkunft anzusehen, obgleich wir wissen, daß sie das nicht waren. Sie finden sich unter den 58 157 Juden, die Deutschland nach 1939 und vor dem 31. Dezember 1942 verlassen haben und sind in der Untersuchung über die jüdische Bevölkerung aus Polen enthalten. Wenn wir sie nun nicht zweimal zählen wollen, so müssen wir sie von den deutschen Emigranten abtrennen und nur deren Anzahl rechnen: 58 157 − 40 000 = 18 157.

Nehmen wir eine Höchstzahl deutscher Juden an, die nicht zurückkehren konnten, da sie festgesetzt und deportiert waren. Wenn das *Zeitgenössische Jüdische Weltdokumentationszentrum* von 151 843 Personen 40 000 Überlebende im Jahre 1945 wie-dergefunden hat, so sind das 151 843 − 40 000 = 111 843, die nicht wiederkamen (wenigstens 1945 noch nicht). Und da es 170 000 in der Liste der Vernichteten aufführt, so ergäbe das: 170 000 − 111 843 = 58 157.

Die Gesamtzahl der deutschen Juden, die für tot angesehen wurden, die offiziell weder in Deutschland noch in Europa sind und trotzdem in der Liste der Lebenden in einem anderen Lande auf einem andern Kontinent geführt werden müssen.

Also 18 157 + 58 157 = 76 314.

Demnach wäre also der Gesamtsumme der am Ende der Studie über die jüdische Bevölkerung Griechenlands (cf. S. 248) gefundenen 4 335 310 76 314 hinzuzufügen: 4 335 310 + 76 314 = 4 411 624. Hier..........4 411 624

Man verzeihe mir, daß ich die deutsche Judenfrage ohne irgendwelche Beziehung auf das Urteil des Jerusalemer Gerichts behandelt habe. In seinen Feststellungen (56, 57, 75, 83, 90 und 91) die die Schlußabrechnung bilden, können sie kaum 10 bis 15 000 Festgenommene und Deportierte nachweisen. Es hieße sich selbst lächerlich machen, wenn man die Lächerlichkeit, mit der sie sich

Punkt für Punkt selbst charakterisieren, unterstreichen wollte, und zwar nicht einmal, um es ernst zu nehmen, sondern es überhaupt nur in Betracht zu ziehen.[39]

Österreich

Für das Jahr 1939 stellt das *Zeitgenössische Jüdische Weltdokumentationszentrum* 60 000 Juden fest, die sich noch dort befanden. Die Zahl ist aus der Emigration von 180 000 von 240 000 errechnet, seit der Machtübernahme Hitlers in Deutschland, und der 20 000 Überlebenden, die man 1945 wiedergefunden hat. Demnach 40 000 Vernichtete. Arthur Ruppin zählte im Jahre 1926 230 000 österreichische Juden: Unter den gleichen Bedingungen wie die deutschen Juden, was die demographische Kurve bezüglich des natürlichen Wachstums anbelangt.

Über das Drama der österreichischen Juden, ist die zionistische Literatur nicht sehr weitschweifig. Auch das Jerusalemer Gericht nicht. In einer Gesamtuntersuchung mit den deutschen und den böhmisch-mährischen Juden (cf. Fußnote 35) und in der gleichen Feststellung, zeigt dieses Gericht die Festnahme und Deportation von 5000 von ihnen am 15. Oktober 1941 und von 3000 anderen am 25., 28. November und am darauffolgenden 2. Dezember. Unter dem Datum von 1943–44 nennen der Kasztner-Bericht und Joel Brand eine heimliche und wenig belästigte jüdische Gemeinde, von denen

---

[39] Man muß hier die Methoden der Richter von Jerusalem unterstreichen. Der Fall der deutschen Juden ist in ihrem Urteil global mit dem der österreichischen und böhmisch-mährischen Juden untersucht. Um das Lächerliche an der Zahl der deutschen Juden, die sie aufzustellen wünschten, zu verbergen, und im Gegensatz zu den Methoden, die sie für andere Länder anwandten, haben sie keine Gesamtsumme aufgestellt. Um den Eindruck einer ansehnlichen Menge hervorzurufen, haben sie in dem deutschen Fall 55 000 polnische Juden eingeschlossen, die sich damals in Deutschland befanden, als die polnische Regierung am 7. Oktober 1938 beschloß, sie die polnische Staatsangehörigkeit verlieren zu lassen und ihre Pässe nicht zu erneuern. Hierdurch wurden sie staatenlos, und Deutschland wollte keine Leute ohne Pässe auf seinem nationalen Boden. Polen, das sie staatenlos gemacht hatte, ebenso wenig. Da keine andere Nation sie haben wollte, wurde es ein entsetzliches Drama. Man weiß, daß die Ermordung des Legationsrates vom Rath am 7. November 1938 durch Grynspan, dem Sohn eines dieser 55 000 polnischen Juden, erfolgte und von der „Kristallnacht" vom 9. auf den 10. November in Deutschland.

sie nichts Genaues berichten, die aber der Art nach, wie sie von ihr sprechen, ziemlich beträchtlich gewesen sein muß. Die Feststellung 97 des Jerusalemer Gerichts gibt an, daß die Festnahmen und Deportationen in Österreich nicht Sache des R.S.H.A. wie überall sonst gewesen wäre, sondern der *Jüdischen Auswandererzentrale*, die von Eichmann in Wien 1938 gegründet wurde, und die während des ganzen Krieges bestand. Das erklärt sicherlich, weshalb sie weniger verfolgt und schikaniert wurden. Die Statistik des Deutschen Korherr (op. cit.) vom 31. Dezember 1942 besagt, daß im ganzen 47 655 von ihnen festgenommen wurden und 8 102 in Freiheit verblieben. Das bedeutet, daß insgesamt und während des Krieges demnach 47 655 + 8102 = 55 757 und nur 60 000 − 55 757 = 4243 nach 1939 emigrierten. Das bedeutet gleichfalls, daß wenn von diesen 55 757 Juden nur 20 000 lebend im Jahre 1945 wiedergefunden wurden, die Übertreibung des *Zeitgenössischen Jüdischen Weltdokumentationszentrums* nur diese 4243 nach 1939 ausgewanderten Juden betragen würde, die fälschlich als tot angesehen werden. Ich sage ausdrücklich: Wenn nur 20 000 lebend wiedergefunden wurden. Ich habe aber bereits betont, daß die Bilanz der jüdischen Verluste zwischen Mai und Oktober 1945 aufgestellt worden ist. – Sie trägt das Datum des August, wie Herr Poliakov ausdrücklich sagt (*Le III. Reich et le juifs*, op. cit., S. 196 frz. Ausg.) – um rechtzeitig Justice Jackson zur Verfügung zu stehen, und in dem Wirrwar in ganz Europa von *„displaced persons"*, mögen viele deportierte aber lebende Juden noch nicht zu ihren ehemaligen Wohnsitzen zurückgekehrt sein. Diese alle sind einfach als tot angesehen worden, und sollten sie sich inzwischen lebend in ihre Wohnorte zurückgefunden haben oder anderswo sein (da viele nie zurückgekommen sind), so sind die Statistiken niemals irgendwie bereinigt worden.

Schlußfolgerung für Österreich: 4243 europäische Juden sind als *sicher* in die statistischen Listen der Lebenden einzutragen, und zwar mit Datum von 1945 und der augenblicklichen Gesamtsumme von 4 411 624 zuzufügen. Ergibt: 4 411 624 + 4243 = 4 415 867. Hier........4 415 867.

Dänemark und Norwegen

Zum Abschluß: 7000 Juden in Dänemark 1939 und 1500 in Norwegen, sagt das *Zeitgenössische Jüdische Weltdokumentationszentrum*.

Insgesamt 8500 für beide Länder. Gesamtzahl der Vernichteten: 500 für Dänemark (in den Tagen, die dem für die Inhaftierung vorgesehenen vorausgingen, hatte die dänische Regierung, die darüber Bescheid wußte, die jüdische nationale Gemeinde benachrichtigt) und 900 für Norwegen = 1400. Das Gericht von Jerusalem gibt den Gesamtverlust mit folgender Zahl an: 737 in Norwegen und 422 in Dänemark = 1159.

Die Übertreibung des *Zeitgenössischen Jüdischen Weltdokumentationszentrums*: 1400 − 1159 = 241. Man kann annehmen, daß diese Übertreibung zur Abrundung der Zahlen dienen soll, das heißt, daß sie nicht absichtlich ist. Trotzdem müssen sie der vorhergegangenen Gesamtzahl zugerechnet werden (mit Ausnahme der 480 000 deutschen und österreichischen vor 1939 ausgewanderten Juden, die darin erscheinen und von der ganzen Welt 1945 als lebend anerkannt wurden), von der man sagen kann, daß sie *fälschlich in den Listen der Vernichteten* in der Statistik des *Zeitgenössischen Jüdischen Weltdokumentationszentrums* eingetragen sind: 4 415 867 + 241 = 4 416 108 *fälschlich Eingetragene*. Hier die Gesamtzahl der Verdrehungen: 4 416 108.

ABSCHLUSS

Die Vernunft würde es gebieten, daß diese demographische Untersuchung mit einer Gesamt-Statistik abschlösse, die für jede der europäischen Nationen, die ich hier vorgestellt habe, vier Bedingungen erfüllte:
1. Die Zahl der Juden, die dort am Vorabend der Machtübernahme von Oberst Beck in Polen (1932) und Hitlers in Deutschland (1933) lebten;
2. die Zahl derer von ihnen, die um der Verfolgung zu entgehen, zwischen diesem doppelten Ereignis und 1945 auswanderten;
3. die Zahl derjenigen, die 1945 lebend wiedergefunden wurden;
4. und schließlich die Zahl der Toten.

Um vollkommene Klarheit in diese düstere Geschichte zu bringen, müßte diese Statistik von einer zweiten begleitet sein, die das völkische Gefüge des Weltjudentums am Ende des Jahres 1962 vorwiese. Auch hier vier Bedingungen für jede Nation der anderen Kontinente:
1. Die Zahl der Juden, die dort vor der Machtübernahme des Obersten Beck in Polen und Hitlers in Deutschland lebten;
2. das natürliche Wachstum von 1932 bis 1962;
3. der Anteil der jüdischen Bevölkerung am Ende des Jahres 1962;
4. und endlich die Zahl der jüdischen Emigranten, die sich aus dem Unterschied aus der Gesamtberechnung von 2 und 3 ergeben würde. Es ist kein Zweifel, daß dieser Unterschied eine Größenordnung von 4 416 108 betragen würde.

So war meine Absicht, als ich begann. Schließlich aber ergab sich diese doppelte Arbeit als unmöglich. Die zweite Statistik kann nicht eher aufgestellt werden, bevor nicht die *Internationale Zionistische Bewegung* einer jüdischen Welt-Volkszählung zustimmt, und man hat gesehen (cf. S. 143), daß sie nicht im Traum daran denkt, dem zuzustimmen. Was nun die erste Statistik anbelangt, so ergibt sich eine ganze Serie von Schwierigkeiten anderer Art, so daß ihre Aufstellung immer noch nicht exakt ist, trotz aller Genauigkeiten, die diese von mir gemachte Untersuchung bringt.

Die hoffnungsloseste dieser Schwierigkeiten, die alle anderen in sich schließt, ist die folgende: Wenn wir jetzt wissen, daß es mindestens 4 416 108 Juden gelang, Europa zwischen 1931 und 1945 zu verlassen, so sind wir leider über die Nationalität jedes einzelnen weniger unterrichtet. Für Länder wie Dänemark, Norwegen, Deutschland, Österreich, Bulgarien sowie ein oder zwei andere, selbst Griechenland und zum Beispiel die Baltischen Staaten, ist das kein Problem. Sie gehörten nicht zur Marschroute der jüdischen Wanderung. Die Deutschen sind dort nur Nationaljuden begegnet und damit war alles klar. Aber so ist es für die anderen nicht. In Holland, Belgien, Frankreich, Italien, Ungarn und Rumänien, den Durchgangs- oder Zufluchtsländern vor der Besetzung durch die deutschen Truppen, wurden die Juden bunt durcheinander gefangen genommen und deportiert, und so ist es einfach unmöglich, sie in Nationalitäten aufzugliedern: Sowohl jene, die es wurden als jene, denen es gelang, es nicht zu werden. Ungarn ist geradezu ein Musterbeispiel für diese Schwierigkeit: Es ist uns gelungen festzustellen, daß von den 800 000 Juden, die dort am 19. März 1944 lebten, 543 000 nicht deportiert, ungefähr 200 000 aber deportiert worden sind, und daß etwa 57 000 sehr wahrscheinlich durch Polizeiaktionen umgebracht worden sind, und daß es 343 000 gelang zu emigrieren, aber... Aber wer von all diesen war Ungar, war Jugoslawe, war Tschechoslowake oder Pole?

Die gleiche Frage für Rumänien, wo wir 147 650 Ermordete und 652 350 Überlebende fanden, von denen 227 350 emigrierten. Die gleiche Frage für Holland, Belgien, Luxemburg und Frankreich, wo wir gefunden haben, daß nur 83 000 Juden einer oder der anderen der vier Nationalitäten verhaftet und deportiert worden sind. Hier wissen wir wenigstens, daß sich keine Belgier darunter befanden und daß die Zahl der Franzosen sich verbindlich zwischen 6000 und 11 999 hält, die der Luxemburger zwischen 0 und 2000. Alle anderen waren Holländer, aber das sind trotz allem Angaben, die nicht genau genug sind, um in einer Statistik aufgeführt zu werden. Von Polen wissen wir, daß dort 829 040 Juden festgenommen wurden, sei es im Lande selbst, sei es auf der Flucht nach Westen. Aber von den 289 300, die es versuchten über den Donauweg zu emigrieren: wissen wir, wieviele davon in Ungarn oder Rumänien festgehalten worden sind? – So viele Fragen, auf die es unmöglich ist, zu antworten, und die man sich gleichermaßen für die Tschechoslowakei stellen kann, die nach Ungarn und für die Jugoslawen, die nach Italien flüchteten, usw....

Bevor ich eine Statistik nach Nationalitäten in Umlauf setze, deren Angaben zweifelhaft sind und so der Verwirrung, die durch die

Historiker und Statistiker der *Internationalen Zionistischen Bewegung* hervorgerufen wurde, eine weitere zufüge, ziehe ich es vor, in einer letzten Untersuchung auf der einzigen Ebene, auf der wir Gewißheit haben, nämlich der europäischen, aufzubauen. Hier gibt es keine irgendwie geartete Diskussion. Wir können bezeugen, daß es mindestens 4 416 108 europäischen Juden früh genug gelang auszuwandern, bevor sie festgehalten und in Konzentrationslager deportiert wurden. Und wir können diese denjenigen hinzufügen, die die Historiker und Statistiker der *Internationalen Zionistischen Bewegung* in Europa 1945 lebend wiedergefunden haben.

Hier also, was nach den Angaben des *Zeitgenössischen Jüdischen Weltdokumentationszentrums* bei den Erhebungen für Europa 1931 als vier Posten einzufügen wäre: die 300 000 deutschen Juden + 180 000 österreichische Juden, die uns als vor Hitler aus Europa flüchtend angegeben werden + der Million Juden aus der niemals von deutschen Truppen besetzten Zone Rußlands, und die es eigenmächtig zerstreute.

So also steht die Sache:

– Die Untersuchung der Statistik des *Zeitgenössischen Jüdischen Weltdokumentationszentrums* weist in seinen eigenen Angaben 1 593 292 europäische Juden auf, die durch die Verfolgung der Nazis in Konzentrationslagern und sonstwie umgekommen sind;

– die Untersuchung derjenigen des Herrn Raul Hilberg ergibt deren nur 991 392.

Das Drama der Juden Europas

Art der Angaben	1931	1945	Offizielle Verluste	wieder- gefundene Emigranten	tatsächliche Verluste
Gesamtzahl nach der Statistik auf S. 152	8 297 500	2 288 100	6 009 400	—	—
festgestellte deutsche Emigranten	300 000	300 000	—	—	—
festgestellte österreichische Emigranten	180 000	180 000	—	—	—
von der sowjetischen Regierung gerettete russische Juden	1 000 000	1 000 000	—	—	—
Tatsächliche Zahl des Zeitgenössischen jüdischen Weltdokumentationszentrums von 1945	9 777 500	3 768 100	6 009 400		
Tatsächliche Zahl nach den Ergebnissen dieser Studie	9 777 500	3 768 100	—	4 416 108	1 593 292

Die gleiche Statistik nach den Angaben des Herrn Raul Hilberg (Er hat Rußland nicht in zwei Zonen geteilt, aber auch er hat 300 000 deutsche und 180 000 österreichische emigrierte Juden anerkannt).

Art der Angaben	1931	1945	Offizielle Verluste	wieder-gefundene Emigranten	tatsächliche Verluste
Gesamtzahl nach der Statistik auf S. 153	9 190 000	3 782 500	5 407 500	—	—
festgestellte deutsche Emigranten	300 000	300 000	—	—	—
festgestellte österreichische Emigranten	180 000	180 000	—	—	—
Tatsächliche Zahl des Herrn Raul Hilberg von 1945	9 670 000	4 262 500	5 407 500	—	—
Tatsächliche Zahl nach den Ergebnissen dieser Studie	9 670 000	4 262 500	—	4 416 108	991 392

Ich habe mich bereits in zwei Wiederholungen selbst mit diesem Problem beschäftigt: In „*Was nun, Odysseus?*", 1960 in Frankreich veröffentlicht und in einer Mitteilung an die „*Deutsche Hochschullehrerzeitung*", Tübingen, Mitte Februar 1963. Ich hatte es jedesmal auf Grund der derzeitigen jüdischen Quellenangaben getan. Aber das erste Mal waren weder das Urteil des Jerusalemer Prozesses noch – vor allen Dingen – die Untersuchung von „*The Jewish Communities of the World*" vom Februar 1963 in Umlauf gesetzt worden. Und so war auf Grund des mir Bekannten meine Überzeugung gewesen, daß die Zahl der durch die Nazi-Verfolgungen in Konzentrationslagern oder sonstwie umgekommenen europäischen Juden etwa um eine Million herum betragen müßte, vielleicht etwas mehr, vielleicht etwas weniger. Das zweite Mal besaß ich den Richterspruch von Jerusalem, und ich hatte Tag für Tag die Debatten des Prozesses verfolgt. Ich hatte aber noch keine Kenntnis von der Untersuchung von „*The Jewish Communities of the World*", die damals noch nicht veröffentlicht war. Als Schlußfolgerung meiner Mitteilung an die „*Deutsche Hochschullehrerzeitung*" (op. cit. S. 61–62) hatte ich behauptet, daß wenn die Zahl höher als 1 000 000 wäre, sie doch nicht 1 655 300 Opfer übersteigen könne. Heute, nachdem ich alle damals fehlenden Dokumente in Händen habe, kann man sagen, daß – berechnet nach den internen Informationen des *Zeitgenössischen Jüdischen Weltdokumentationszentrums* die Zahl der Opfer 1 593 292 beträgt und nach denen des Herrn Raul Hilberg 991 392. Um zu noch größerer Genauigkeit zu gelangen, muß man abwarten, was zionistische Größen vom Typ Shalom Baron, Poliakov, Borwicz usw.... für neue Bekenntnisse ablegen, oder daß ein neuer Prozeß von der Art des Jerusalemer uns neues Licht in die Frage bringt. Indem ich dies sage, muß ich befürchten, den Leser lachen zu machen, denn so wie man das zionistische Milieu kennt, ist weder die eine noch die andere Annahme ausgeschlossen, ja, sie sind sogar alle beide mehr als wahrscheinlich. In diesem Milieu fehlt es in der Tat weder an leichtfertigen reklamesüchtigen Schwätzern, noch – leider! – an rachebesessenen Richtern. Ich setzte auch noch besonders auf zwei andere Vernunftgründe: Die schleichende und andauernde Entfremdung zwischen Herrn Ben Gurion und Nahum Goldmann sowie der plötzlich entstandene Wirrwar zwischen den Herren Chruschtschow und Mao-Tse-Tung.

Schon seit langem zeigt Herr Nahum Goldmann Ermüdung und Ungeduld über die Politik Ben Gurions gegenüber Deutschland. Man wußte schon, daß er öffentlich erklärt hatte, nichts mit der Gefangennahme Eichmanns und dem darauffolgenden Prozeß zu tun zu haben. Durch Indiskretionen hört man von Zeit zu Zeit, daß er nicht viel von all diesen in Deutschland geführten Prozessen gegen die Mitglieder der einen oder anderen Nazi-Organisation der Hitlerzeit hält. Selbst in Israel gibt es jedesmal große Auseinandersetzungen zwischen den Mitgliedern seiner Partei und der des Herrn Ben Gurion, wenn dieser wieder einmal einen deutschen Minister gefunden hat, der dumm genug ist, eine ihm zu dem einzigen Zweck übersandte Einladung anzunehmen, um ihn von seinen Parteigängern in Israel öffentlich beleidigen zu lassen, und so eine Möglichkeit zu haben, die Aufmerksamkeit der ganzen Welt auf die Schuld zu lenken, die Deutschland sich Hitlers wegen seit 1933 hinsichtlich Israels auf sich geladen habe.

Alles spielt sich so ab als ob – wenn er es auch nicht wage, öffentlich gegen Ben Gurion wegen seiner Politik gegenüber Deutschland Stellung zu nehmen – Herr Nahum Goldmann sich doch bemühe, einen Dämpfer auf dessen Zentralthema zu setzen. Und die Tatsache, daß hinsichtlich der Judenvernichtung, die Statisiken, die uns von der amerikanischen zionistischen Bewegung kommen, gewöhnlich gemäßigter sind als die, die von ihrer europäischen Zweigstelle geboten werden (z.B. die von Herrn Raul Hilberg im Gegensatz zu der des *Zeitgenössischen Jüdischen Weltdokumentationszentrums*), könnte wohl als Reflex der Entfremdung zwischen den beiden Männern angesehen werden. Dadurch würden sich die Widersprüche und Unstimmigkeiten in den Statistiken aus jüdischer Quelle aufklären.

Was nun den plötzlichen Wirrwar zwischen den Herren Chruschtschow und Mao-Tse-Tung anbelangt, könnte sie auf Grund der Tatsache zu Folgen führen, als die jüdische Bevölkerung Rußlands und die der Vereinigten Staaten das andere der beiden größten Rätsel ist, die auf der Lösung des Problems lasten. Das *Institut für jüdische Angelegenheiten* in London und *The Jewish Communities of the World* haben uns gesagt, daß es 1962 in Rußland 2,3 Millionen Juden gab. Aber Herr Raul Hilberg hat uns enthüllt, daß es 2 600 000 im Jahre 1964 waren, und diese Schätzung kann als von dem Journalisten David Bergelson als bestätigt angesehen werden (*Die Einheit*, 5. 12.

1942), und könnte auch der Wahrheit sehr viel näherkommen. In diesem Falle wären es nicht 2,3 Millionen Juden, die im Jahre 1962 in Rußland gewesen wären, sondern 2 600 000 +16 % = 3 016 000. Wenn man unseren alten Bekannten Shalom Baron beim Wort nehmen wollte, so wären es sogar 2 600 000 + 20 % = 3 120 000. Aber lassen wir uns nicht verleiten: 3 016 000. Lassen wir uns um so weniger verleiten, als es in Wirklichkeit sehr viel mehr sind als 3 016 000, denn der jüdische Journalist David Bergelson hat uns auch gesagt – und das wollen wir nicht vergessen –, daß 80 % der baltischen, polnischen und rumänischen Juden, die sich auf der Flucht vor den deutschen Truppen 1941–42 in den russischen Linien befanden, gerettet und von der sowjetischen Regierung auf den Weg nach Zentralasien gebracht worden wären. Gegen Ende 1942 schätzt er ungefähr 5,2 Millionen, von denen 3 Millionen russisch waren und sich auf sowjetischem Boden befanden, und hierin ist er einer Meinung mit dem bereits erwähnten Deutschen Korherr. Frage: Was ist aus den 2,2 Millionen nicht russischer Juden geworden? Antwort: Einem Teil davon ist es gelungen, entweder nach Amerika oder nach Israel zu entkommen und einem Teil noch nicht. Wie viele von dem einen oder anderen Teil?

Man kann es nicht sagen. Aber man kann versichern, daß es den nach Zentral-Asien geschafften Juden bestimmt nicht leicht gefallen ist, über China nach Amerika zu gelangen, solange die Herren Chruschtschow und Mao-Tse-Tung sich gut verstanden. Diejenigen, denen das noch gelang, können es nur sehr heimlich angefangen haben. Der Zwist der beiden großen Männer des Bolschewismus könnte zur Folge haben, daß Mao Tse-Tung den Juden ebenso half, das sowjetische Territorium zu verlassen, wie Tschiang-Kai-Chek ihnen vor dem zweiten Weltkrieg aus dem gleichen Grunde geholfen hatte. In solchem Falle wäre es durchaus möglich, daß eines Tages in allen Ländern des Kontinents Amerika, vielleicht sogar ebenso in Israel, eine bedeutende Anzahl Juden offenbar werden könnten. In dem Maße, wie dieses Ereignis nicht unter Verschluß gehalten werden könnte, würden eines Tages auch die letzten Statistiken der Größen einer Zionistischen Weltbewegung beleuchtet werden. Auch diese Mutmaßung ist nicht ausgeschlossen. Und wenn die Vereinigten Staaten endlich den Russen gegenüber eine vernunftgemäße Politik betrieben, so würde die Wahrheit Aufsehen erregend hervorbrechen.

Aber kommen wir zu unserem Problem innerhalb der Gegebenheiten zurück, in denen sie sich uns tatsächlich darstellen: Da die Zahl der europäischen Juden, die als Opfer der NaziVerfolgung gestorben sind, vom *Zeitgenössischen Jüdischen Weltdokumentationszentrum* mit 1 593 292 angegeben und der Feststellung des Jerusalemer Gerichts und der Untersuchung vom Februar 1963 von *The Jewish Communities of the World* mit 991 392 gegenübergestellt sind, und Herr Raul Hilberg einer gleichen Gegenüberstellung unterworfen ist, so bleibt uns nur noch die Frage, wie sich die 1945 noch lebenden 4 416 108 Juden über die anderen Länder der Erde verteilt haben, und die, da sie nicht unter dieser Überschrift in europäischen Statistiken aus jüdischer Quelle auftauchen, zwangsläufig als zwischen 1931 und 1945 aus Europa ausgewandert angesehen werden müssen. Dies ist das Problem der zweiten Statistik, von der ich im Geiste beabsichtigt hatte, daß man das Gefüge der jüdischen Weltbevölkerung von 1962 nach Staaten aufgegliedert geben könnte. Aber das ist ebenso unmöglich festzustellen wie bei der ersten Statistik.

Eines wissen wir wenigstens schon, was uns die Untersuchung der jüdischen Bevölkerung von Israel enthüllt hat, und das ist, daß sie 1 048 368 Juden enthält, die zwischen 1931 und 1962 nach Israel eingewandert sind (S. 193).

Bleiben auf den Rest der Erde zu unterteilen: 4 416 108 – 1 048 368 = 3 367 740 europäischer Juden. Und gerade bezüglich dieses letzten Gesichtspunktes sind die jüdischen Quellen außerordentlich verschwiegen. Besonders selten vertreten sind in den Untersuchungen von „*The Jewish Communities of the World*" und des „*World Almanac*" von 1963 jene nicht-europäischen Länder, wo die jüdische Bevölkerung zugegebenermaßen das natürliche Wachstum um ein Wesentliches gegenüber dem, was sie 1926–27 oder auch 28 (je nachdem) in der Statistik von Arthur Ruppin darstellte, überstiegen hat. Das Gleiche gilt für dort, wo das natürliche Wachstum nicht erreicht wurde, und das ist, wie man gesehen hat, in den Vereinigten Staaten der Fall, wo sie von 4 461 184 im Jahre 1926 nur auf 5 500 000 im Jahre 1962 gestiegen sein soll, falls man versucht sein sollte, den ehrenwerten Veröffentlichungen zu glauben. Zudem hat man gesehen (cf. S. 197), daß bei einem natürlichen Wachstum von 1 % nicht weniger als 6 067 210 Juden in den Vereinigten Staaten leben könnten, ja, bei einer Schätzung wie der des Prof. Shalom Baron müßten es sogar 6 745 310 sein (genauer 6 745 312, wenn man die beiden als sicher emigriert bekannten Frau Hannah Arendt und Herrn Robert W. Kempner hinzuzählt, aber alle jene nicht mitzählt, die wesentlich weniger Lärm machen, und über die wir wesentlich weniger Nachrichten haben). Kurzum: Als Länder anderer Kontinente als Europa, für die die *Internationale Zionistische Bewegung* 1962 eine stärkere Bevölkerung seit 1926 als die ihrem natürlichen Wachstum entsprechende, zugegeben hat, habe ich nur Argentinien, Kanada, Brasilien und Süd-Afrika vermerkt.

Für diese vier Länder gebe ich hier eine Statistik, die man aufstellen kann:

Länder	1926	Natürliches Wachstum 36 %	1962 Normal:	1962 zugegeben:	Emigration, nat. Wachstum einbegriffen:
Argentinien	240 000	86 400	326 400	450 000	123 600
Kanada	170 000	61 200	231 200	254 000	22 800
Brasilien	40 000	14 400	54 400	140 000	85 600
Süd-Afrika	60 000	21 600	81 600	110 000	28 400
Gesamtsumme:	510 000	183 600	693 600	954 000[1]	260 400

[1] Das Gesamtergebnis erlaubt es uns noch einmal mehr, die Ernsthaftigkeit der Statistiken aus jüdischer Quelle zu bewundern. Für Argentinien, Kanada und Brasilien, beträgt das Gesamtergebnis 844 000. Außerdem gibt es aber auch noch einige Juden in anderen Ländern des amerikanischen Kontinents, zum Beispiel in Mexiko (70 000), in Chile (15 000), in Uruguay (60 000), usw. Für diese Länder: 844 000 + 70 000 + 60 000 + 15 000 = 989 000. Für den gesamten amerikanischen Kontinent gibt uns die gleiche Statistik die Summe von 6,3 Millionen, die sich *Die Jerusalem Post Weekly* (19. 4. 63 *op. cit*) aus Licht zu bringen erlaubt. Zieht man von dieser Summe für den ganzen Kontinent die 989 000 Personen ab, so verbleiben für den Rest der Vereinigten Staaten 6 300 000 – 989 000 = 5 311 000, nicht aber 5,5 Millionen, wie die Veröffentlichungen des *Instituts für Jüdische Angelegenheiten* in London und der *World Almanac* von 1963 (S. 197) behaupten. So will man mit Gewalt die tatsächliche Höhe der jüdischen Bevölkerung der Vereinigten Staaten verschleiern und auch ohne Bedenken hinschreiben!

Abzüglich des Anwachsens muß das nicht sehr weit entfernt von 200 000 Emigranten für diese vier Länder ergeben. Vorausgesetzt, daß die von den Autoritäten der *Internationalen Zionistischen Bewegung* veröffentlichten Zahlen einwandfrei sind, und es wäre erstaunlich, wenn sie es wären. Wenn sie es sind, so bleibt uns noch die Aufteilung von 3 167 740 europäischen Juden. Um das zu können, müßte man für alle Länder der Erde die gleichen Berechnungen anstellen können wie für Argentinien, Kanada, Brasilien und Süd-Afrika. Aber das kann man nicht, da diese die einzigen sind, für die die *Internationale Zionistische Bewegung* eine Einwanderung kenntlich macht.

Aber schließlich müssen ja die 3 167 740 Juden, die 1945 noch gelebt haben, aber weder in Israel noch in Europa zu finden sind, irgendwo anders sein – samt der Anzahl von denen, um die sie sich in dieser Zeit auf natürliche Weise vermehrt haben!

Wo? Um das sagen zu können, muß man wiederum neue Enthüllungen abwarten, die diese gedankenlosen Schwätzer mangels Reklame für die *Internationale Zionistische Bewegung* nicht verfehlen werden, eines schönen Tages aus Versehen zu machen. Bis dahin kann man nichts vermuten, und das ist auch nicht meine Art. So kann ich mir also nur zu sagen erlauben, welches die Grundlagen sind, die die Richtung für meine Untersuchungen bestimmen, denen ich mich weiterhin widmen werde, und die die gleichen sind, die mich bisher geleitet haben:

1. Es ist nicht anzunehmen, aber es wäre möglich, daß im August 1945, dem Zeitpunkt an dem Herr Poliakov uns sagt (*Le III. Reich et le juifs,* op. cit., S. 196 frz. Ausg.), daß die europäischen jüdischen Gemeinden ihre Verluste für die Aufrechnung des Justice Jackson zusammengestellt und nicht mehr als 3 768 100 Überlebende (cf. S. 258) fanden laut *Internationalem Jüdischen Weltdokumentationszentrum* oder 4 262 500 laut Herrn Raul Hilberg (cf. S. 259). Wenn ich sage, daß es möglich ist, so geschieht das aus zweierlei Gründen: Das Chaos der *displaced persons* wie es zu jener Zeit in Europa herrschte, und das jede ernsthafte Aufstellung unmöglich machte, sowie auch die von den jüdischen Gemeinden angewandte Methode, die Juden nur in jedem Lande nach der Nationalität zu zählen, konnten solche abweichenden Resultate erzielen.

2. Selbst wenn diese Resultate nicht von einander abweichend gewesen wären (was ausgeschlossen ist), so ist es doch sicher, daß nicht alle Juden, die Europa zwischen 1931 und 1945 verlassen hatten, bereits im August 1945 zurückgekehrt waren. Viele von ihnen sind erst nachträglich wiedergekommen, wenigstens was das westliche Europa anbelangt, denn was das Europa jenseits des

Eisernen Vorhanges betrifft, so kann man mit ebensoviel Bestimmtheit annehmen, daß die Zurückgekehrten nur eine Ausnahme bilden werden. Frankreich bildet in dieser Hinsicht einen typischen Fall: 1939 waren es 300 000 Juden, zu Ende des Jahres 1962 waren es zwischen 450 000 und 500 000, nachdem 130 000 algerische Juden und etwa 20 000 marokkanische und tunesische Juden nach der Unabhängigkeitserklärung der drei Länder hier Schutz gesucht hatten: 300 000 bis 350 000 französischer Nationalität im Jahre 1962 ergäbe eine normale Zahl gegenüber der Bevölkerung von 1939. Aber die Statistik des *Zeitgenössischen Jüdischen Weltdokumentationszentrums* fährt fort, für die gesamte Erde: 180 000 + dem natürlichen Wachstum von 16 % = 208 800 (216 000, wenn man sich auf die alte Platte des natürlichen Wachstums von Professor Shalom Baron beziehen will)... zu behaupten. Es ist sehr leicht möglich, daß, wenn man sich die Mühe machte, man die gleichen Feststellungen für Belgien treffen könnte (wo mindestens 20 000 bis 25 000 Juden aus dem Kongo zurückgekommen sind). Das gleiche für Holland, Österreich, usw.... vielleicht sogar für Deutschland. Nun, alle diese Juden, die nach dem Monat August 1945 nach Europa zurückgekehrt sind, und von denen man nicht eher eine genaue Zahl wird angeben können, bis die *Internationale Zionistische Bewegung* sich nicht mehr weigern wird, sie uns von selbst zu geben (sie verweigert aber jegliche offizielle Zählung, um „den Zorn Gottes nicht heraufzubeschwören"), betragen sicher einige Hunderttausende, die in der Zahl von 3 167 740 enthalten sind, von der uns keine jüdische Quelle erlaubt festzustellen, woher sie stammen.

3. Das Problem der polnischen, baltischen und rumänischen Juden, die in den Jahren 1941 und 1942 nach Zentral-Asien evakuiert wurden und die, wenn man dem jüdischen Journalisten David Bergelson glauben will, etwa 2 bis 2,2 Millionen im Jahre 1942 betrugen, da es im Jahre 1939 in Rußland 3 Millionen Juden gab, und er zu Ende 1942 deren etwa 5,2 Millionen fand. Wieviel von diesen leben noch in „Zentral-Asien" (lies: Sibirien) mit ihren Nachkommen? Wievielen ist es gelungen, seit 16 Jahren von dort zu entkommen? Wo sind sie hingegangen? Alles deutet darauf hin, daß diejenigen, denen eine heimliche Flucht gelang, den amerikanischen Kontinent aufsuchten, der für sie am leichtesten zu erreichen war. Was diese anbetrifft, geht eine Vermutung in meinem Kopf herum, die nur das wert ist, was sie wert ist, und die ich mich hüten werde,

als Gewißheit zu verkünden: In 16 Jahren ist es möglich, daß es der Hälfte von ihnen unter zahllosen Schwierigkeiten gelang, Zentral-Asien mit dem amerikanischen Kontinent zu vertauschen. Da die *Internationale Zionistische Bewegung* sie weder in Argentinien, noch in Kanada, noch in Brasilien oder irgend einem anderen Lande dieses Kontinents aufführt, wäre es in diesem Falle möglich, daß sie sich notgedrungen in den Vereinigten Staaten aufhalten müßten, und so würde sich eine Statistik für Rußland und die Vereinigten Staaten etwa so darstellen:

A. *Rußland*
– 1945 von Herrn Raul Hilberg lebend wiedergefunden 2 600 000
– nach Herrn David Bergelson in Zentral-Asien lebend ± 2 200 000
Insgesamt 1945: 4 800 000
– vielleicht Zentral-Asien verlassen und nach den Vereinigten Staaten entkommen – 1 100 000
In Rußland verblieben 3 700 000
– Natürliches Wachstum von 16 % seit 1947 + 592 000
Insgesamt in Rußland 1962: 4 292 000

B. *Vereinigte Staaten*
– Statistik von 1926: 4 461 184
– Natürliches Wachstum von 36 % seit 1926 + 1 606 026
insgesamt 1942: 6 067 210
– wären seit 1946 aus Zentral-Asien gekommen:
– + natürlichem Wachstum von 16 % 1 100 000
176 000
Zusammen 1 276 000 + 1 276 000
Gesamtsumme 1962: 7 343 210

Aber diese Gesamtsumme umfaßt nur die Einwanderung aus Zentral-Asien und nicht diejenigen, die wie Frau Hannah Arendt und Herr Robert W. Kempner aus anderen Regionen Europas gekommenen, von denen man aber versichern kann, daß es mehr als zwei sind... Wieviel es von letzteren sind, weiß man nicht oder noch nicht. Alles was man hierüber sagen kann ist, daß es deren gibt, so daß die jüdische Bevölkerung der Vereinigten Staaten mehr beträgt als 7 343 210 Personen. Man kann auch mit einiger Zuverlässigkeit versichern, daß wenn der „*National Observer*" (op. cit. 2. 7. 1962, cf. hierüber S. 145) behauptet, daß es 1962 in den Vereinigten Staaten 12 Millionen Juden gab, es sich hier um eine umgekehrte Übertreibung handelt, die sichtlich vom Antisemitismus eingegeben ist und ebenso schamlos wie die des Zionismus. Aber ich wäre keineswegs überrascht, wenn eines Tages aus Versehen die Enthüllung einer zionistischen Größe offenbaren würde, daß 1962 etwa 8 Millionen Juden in den Vereinigten Staaten gelebt hätten.

Ich wiederhole, daß dies alles nur Vermutungen und keine Gewißheiten sind: Arbeitshypothesen, deren alle Forscher als Ausgangspunkte für ihre Nachforschungen bedürfen, und die die meinen leiten. In meinen Augen haben sie um so mehr Wahrscheinlichkeit und drücken um so mehr meine tiefste Überzeugung aus, da sie mich bislang in keinerlei Sackgasse und keinerlei Irrtum geführt haben. Darüber hinaus haben sie es mir erlaubt, mit zehn Jahren Vorsprung die Schlußfolgerungen, die sich aus dem Urteil von Jerusalem und den Studien von *The Jewish Communities of the World* ergeben, vorauszusagen.

4. Es handelt sich hier um eine Überlegung, die der Wirklichkeit sehr benachbart ist, wenigstens im Gefalle der Größenordnung: die jüdische Weltbevölkerung 1962. Mit den Mitteln der Statistik mit eigenem Datum für jedes Land, sei es 1926, 1927 oder 1928, je nach Fall, hat Arthur Ruppin insgesamt 15 800 000 Personen geschätzt. Man hat gesehen (S. 140) daß der *„World Almanac"* von 1951 für 1939 16 643 120 geschätzt hat, wobei das gesamte natürliche Wachstum der europäischen Juden zwischen 1925 und 1939 beträchtlich abgesunken ist (Poliakov dixit cf. hierüber S. 248). Verglichen mit der von Arthur Ruppin ist diese Schätzung annehmbar. Wenn man sie nach den korrigierten Angaben des *Zeitgenössischen jüdischen Weltdokumentationszentrums* berechnet, sah die jüdische Weltbevölkerung im Jahre 1962 folgendermaßen aus:

– Jüdische Weltbevölkerung 1939: 16 643 120
– Nazi-Opfer – 1 593 292
Blieben 1945[40] 15 049 828
– Natürliches Wachstum von 16 % seit 1946 + 2 407 972
Insgesamt 1962[41] 17 457 800

---

[40] „Zwischen 15 und 18 Millionen im Jahre 1947" hatte Hanson W. Baldwin gesagt (cf. hierüber S. 191).
[41] Man darf nicht vergessen, daß diese Gesamtsumme aus dem Studium von Statistiken aus jüdischer Quelle hervorgeht, d. h., wie sie von der zionistischen Weltbewegung oder dem Rabbinat nach Untersuchungen in den Synagogen gegeben worden sind. Aber wenn es stimmt, was Arthur Koestler behauptet (*À*

Und so war sie nach den korrigierten Angaben des Herrn Raul Hilberg berechnet:
- Jüdische Weltbevölkerung 1939: 16 643 120
- Nazi-Opfer – 991 392
Blieben 1946: 15 651 728
- Natürliches Wachstum von 16 % seit 1946 + 2 504 276
Insgesamt 18 156 004

So wären wir denn am Ende dieser Untersuchung angelangt. Es bleibt mir nur noch übrig, mich beim Leser zu entschuldigen. Alles dies ist offensichtlich recht langatmig und ein schwer zu bewältigender Lesestoff, wie alles, was technischen Charakter trägt. Aber eine demographische Untersuchung kann nur von technischem Charakter sein. Was mir der Leser verzeihen möge ist, daß ich meinte, daß bisher die Widersacher der offiziellen Thesen über die Kriegsgreuel, zu denen ich auch gehöre, diesen niemals anders als mit journalistischen, oftmals recht unbestimmten und halbwahren Schlußfolgerungen entgegentraten, woraus sich in der Hauptsache ihr Mißerfolg herleitete. Mit dieser Methode mußte gebrochen werden. Um aber mit einiger Aussicht auf Erfolg mit ihnen zu brechen, war es das einzige Mittel, ihnen mit den Schlußfolgerungen eines Fachmannes entgegenzutreten.

Das ist nunmehr geschehen.

---

l'ombre du dinosaure, op. cit), daß nicht mehr als 2/3 der Juden in der Welt in den Synagogen eingetragen sind, so hat man Anlaß zu denken, daß diese Zahl korrigiert werden muß, indem man sie im gleichen Verhältnis vermehrt.

DIE JAHRHUNDERT-PROVOKATION

Wie Deutschland in den Zweiten Weltkrieg getrieben wurde Mit einem Nachwort von David Irving.

VORWORT

»Ich würde Judas retten, wenn ich Jesus wäre.«

Victor Hugo

Der Verfasser dieser Abhandlung war ein Widerstandskämpfer der ersten Stunde. Zusammen mit Georges Bidault und zwei anderen ehrenhaften Männern, Henri Ribière und Kommandant Lierre, gründete er die Bewegung *Libération-Nord*. Als Gründungsmitglied wurde er 1943 von der Gestapo verhaftet und in deutsche Konzentrationslager geschleppt, wo er neunzehn Monate verbrachte. Er kam als Kriegsinvalide zurück und konnte sein Lehramt nicht mehr ausüben. Er erhielt die goldene Verdienstmedaille und das Abzeichen des Widerstands.

Er ist auch ein Sozialist. Er war fünfzehn Jahre lang Generalsekretär des sozialistischen Verbands im Territoire-de-Belfort und Abgeordneter der zweiten Assemblée Constituante (gesetzgebenden Versammlung). Innerhalb der Sozialistischen Partei gehörte er dem pazifistischen Flügel um Paul Faure an. Mit anderen Worten: er sprach sich für das Münchener Abkommen aus. Daher sind die von ihm verfochtenen Thesen weder die der Widerstandsbewegung noch die der jetzigen Sozialistischen Partei.

Für viele ist das ein Widerspruch.

Es ist nämlich schwer begreiflich, daß die ihm in den deutschen KZs zugefügten Leiden sich nicht auf die Überlegungen eines ehemaligen Deportierten auswirken und seine Gedankenführung nicht steuern. Der Verfasser muß zunächst festhalten, daß er ohne Rachsucht aus der Deportation zurückkehrte. Die Talionslehre (›Auge um Auge, Zahn um Zahn‹) ist eine primäre Reaktion, wenn nicht die eines Primitiven, und man muß sie den Anhängern des Alten Testaments überlassen.

Viel verlockender ist die Vergebung der Sünden. Der außerordentliche Reichtum des Neuen Testaments, das ebenso mythisch und unhistorisch ist wie das alte, rührt davon her, daß es diesen rationalen moralischen Wert zu seinem Grundgesetz erhob. So eröffnete es der Menschheit die Tore zur Brüderlichkeit und zog sie aus der betretenen Bahn der Rache und des Hasses heraus. Sollte die Sündenvergebung eines Tages zum Grundgesetz unserer Zivilisation werden, dann wird man dem — in manch anderer Hinsicht so anfechtbaren — Christentum danken müssen, sie ihr eingebracht zu haben.

Die Anwendung dieses Leitsatzes würde sofort erkennen lassen, daß nicht etwa die Menschen zu verdammen sind, sondern die Ereignisse, über die sie, die Unglücklichen, nicht Herr werden können. Im vorliegenden Fall war es der Krieg! Bedauern wir all diejenigen, die diese Grundwahrheit nicht begreifen! Lassen wir sie allein mit ihren primitiven Reaktionen und schreiten wir vorwärts in Richtung auf menschliche Brüderlichkeit!

Man müßte die Rinde des Sozialismus kaum abkratzen, um zu erkennen, daß ihm eine gleichgeartete Philosophie zugrunde liegt. Und wenn man weiß, daß die Essener, denen wir den Geist des Neuen Testaments verdanken, diese Lehre als erste in Anwendung brachten, kann man nicht umhin, einen Zusammenhang herzustellen. Viele taten es übrigens schon und behaupteten, Christus sei ›der erste Sozialist der Welt‹ gewesen.

Der Sozialismus ist in der Tat die Lehre der menschlichen Brüderlichkeit schlechthin. Er erkennt die Teilung der Menschen in Gesellschaftsklassen oder in rivalisierende Nationen nicht an: er leidet unter dieser Teilung und will sie abschaffen. Mit Gewalt? Der Brite Robert Owen (1771—1858), die Franzosen Saint-Simon (1760—1835), Fourier (1772—1837), Louis Blanc (1811—1882) und alle Sozialisten jener Zeit, denen man die dumme Bezeichnung ›utopistische Sozialisten‹ gab, waren Pazifisten. Erst Karl Marx, mit seiner Theorie des Klassenkampfes, der Machtergreifung auf den Barrikaden und der Diktatur des Proletariats, führte Gewalt und Haß in den Sozialismus ein.

Freilich baute Marx seine Theorie lediglich auf gesellschaftlicher Ebene auf und mit der Absicht, die armen Schichten zum Angriff auf die reichen zu bewegen: er arbeitete somit auf den Bürgerkrieg hin. Im Namen des Sozialismus dehnten ihn seine geistigen Erben auf die reichen und die armen Nationen aus: auf den Krieg überhaupt.

Der Sozialismus — als Denkgebäude und als Doktrin — hat mit alledem nichts zu tun, und keiner stellte besser als Jean Jaurès mit seinem Leben unter Beweis, daß der Sozialismus keine Lehre des Kampfes ist, sondern eine der Verständigung zwischen allen

Menschen und allen Völkern. Damals folgten ihm die Sozialisten nicht: sie traten in den Krieg ein. Aber bereits 1917 (Kienthal und Zimmerwald) waren sich viele ihres ideologischen Verrats bewußt, und alle hatten seine Fährte wiedergefunden, als sie sich gegen den Versailler Vertrag aussprachen.

Der Verfasser ist in dieser Fährte geblieben.

Er hat nie verstanden und wird bestimmt nie begreifen, daß die Sozialistische Partei Frankreichs innerhalb von zwanzig Jahren eine vollständige Kehrtwendung machen konnte. Am 14. Juli 1919 verfügte die Sozialistische Partei: »Der Versailler Vertrag geht aus dem wohl skandalösesten Mißbrauch der Geheimdiplomatie hervor, verletzt offen das Selbstbestimmungsrecht der Völker, knechtet ganze Nationen, erzeugt neue Kriegsgefahren und zieht Gewaltmaßnahmen gegen sämtliche Befreiungsbewegungen nach sich, nicht nur in Rußland, sondern auch in allen Ländern des früheren Habsburgischen Reichs, in Ungarn, im gesamten Orient und in Deutschland. Dieser Vertrag kann in keiner Weise die Zustimmung der Sozialistischen Partei erhalten. Er muß nicht teilweise geändert, sondern vollständig neu ausgearbeitet werden.« — 1938, auf dem Parteitag in Royan, beschloß sie, daß sie »die nationale Unabhängigkeit sowie die Unabhängigkeit aller Nationen verteidigen« werde, »die durch die Unterschrift Frankreichs geschützt sind«. Das heißt, sie werde den Versailler Vertrag, der damals »in keiner Weise die sozialistische Zustimmung erhalten« konnte, im ursprünglichen und vollständigen Wortlaut verteidigen. 1938, als alle Voraussetzungen zu einer Korrektur dieses Vertrags erfüllt waren, die sie 1919 forderte!

Es wäre eigentlich zutreffender zu behaupten, daß der Verfasser doch zu gut verstanden hat: 1938 wie heute hatten die Freimaurer (deren tatkräftiges Element die Juden ausmachen) die Mehrheit im Vorstand der Sozialistischen Partei, weil sie in der Partei selbst in der Mehrzahl waren. Und nur deshalb konnte Léon Blum diese antisozialistische Entschließung von dem Parteitag 1938 — freilich mit knapper Mehrheit — verabschieden lassen. Léon Blum ging es nicht darum, ein gerechtes Verhältnis zwischen den Nationen herzustellen, sondern Hitler wegen seiner Rassenpolitik niederzukämpfen, also wegen einer Ideologie, die zudem mit der damaligen Debatte nichts zu tun hatte.

Man hätte Léon Blum noch verstanden, wenn Verhandlungen mit Hitler nicht mehr möglich gewesen wären. Das war aber nicht der Fall. Es sei in diesem Zusammenhang daran erinnert, daß der Parteitag von Royan, auf dem er diese Entschließung verabschieden ließ, im Juni 1938 stattfand; die im September darauf abgehaltene Münchener Konferenz brachte indes wohl den Erweis, daß durchaus annehmbare Kompromisse aus den Gesprächen hervorgehen konnten, die man mit Hitler zu führen überhaupt gewillt war.

Einige Tage nach diesem berühmt-berüchtigten Parteitag hatte die internationale Konferenz von Evian (6. bis 15. Juli 1938) bestätigt, daß ein annehmbarer Kompromiß mit Hitler erzielt werden konnte — sogar über die Juden!

Die vorliegende Schrift will zeigen, daß eine angemessene Lösung der damals offenen europäischen Streitfragen durch Verhandlungen mit Hitler bis zum 3. September 1939 möglich war. Anhand der Dokumente will sie daher diejenigen nennen, die solche Verhandlungen verhinderten.

Sie geht aber weit über die Umstände hinaus, unter denen die Feindseligkeiten eröffnet wurden und die, wie in jedem Krieg, nur eine schlechte Zusammensetzung von Vorwänden sind. Der Überschrift liegt zweifellos die Absicht zugrunde, eine bestimmte Politik in Frage zu stellen und sie anders zu beleuchten, als es seit Kriegsende der Fall ist. Es ist zum Beispiel undenkbar, daß der Versailler Vertrag und seine Urheber nicht mehr die Hauptschuld am Zweiten Weltkrieg tragen: Alles rührte von dort her, der Verfasser zeigt es auf, und daher ist es nur verständlich, daß er diese übrigens vorsätzliche Unterlassung ausgleichen will. Die Sache wird meist gut ins Werk gesetzt: die lästigen Fakten werden einfach verschwiegen, und man gibt es bisweilen auch unbefangen zu. So legte René Rémont, Professor für Zeitgeschichte an der Pariser Sorbonne, eine Bibliographie des Zweiten Weltkriegs vor (*Bulletin de la Société des Professeurs d'histoire et de géographie de l'Enseignement public*, Oktober 1964) und bemerkte unverfroren, sie sei »lediglich der Ausdruck einer persönlichen Auswahl und einer Subjektivität«. Tatsächlich verweist diese Bibliographie nur auf solche Titel, die den offiziellen Thesen entgegenkommen.

Das hat, offen gestanden, mit Geschichte nichts mehr zu tun, das ist Politik, und die schlimmste dazu.

Die goldene Regel der Geschichtsschreibung und -wissenschaft ist die Sachlichkeit, und nicht die Subjektivität. Man muß mit solch schändlichen Methoden Schluß machen.

Das hat der Verfasser getan. Die Dokumente, auf die sich seine These stützt, spiegeln keine persönliche Auswahl wider: Er hat nämlich alle angeführt, die mit der Kriegsschuld zusammenhängen und bislang veröffentlicht wurden. Alle — was sie auch immer aussagen. Und somit spiegelt die Abhandlung die eigentliche Sachlage wider.

Paul Rassinier

Das Versailler Diktat rief eine unerträgliche Wirtschaftslage in Deutschland hervor. Die häufig geplünderten Lebensmittelläden stehen unter dem Schutz des Heeres.

ERSTER TEIL
DER VERSAILLER VERTRAG HITLER-DEUTSCHLAND UND DIE ALLGEMEINE ABRÜSTUNG

> »Der Vertrag ist eine der abscheulichsten Handlungen eines grausamen Krieges in der zivilisierten Geschichte.«
>
> John Maynard Keynes

I. DER VERSAILLER VERTRAG UND HITLERS MACHTÜBERNAHME IN DEUTSCHLAND

1. DIE WAHLEN VOM 14. SEPTEMBER 1930

Am 14. September 1930 wurden sich die traditionellen politischen Kreise in Deutschland erstmals der Gefahr bewußt, die die Nationalsozialistische Partei bzw. National-Sozialistische Deutsche Arbeiter-Partei und ihr Führer für die Staatsform darstellten. Bis dahin hatten sie sich eher aus Passivität denn aus Überzeugung zur republikanischen Form der Institutionen von den Bedingungen leiten lassen, unter denen der Erste Weltkrieg[42] für sie zu Ende gegangen war.

---

[42] Deutschland war verfassungsmäßig eine parlamentarische Republik. Das Wort »Republik« kam in der Verfassung, die in Weimar am 31. Juli verabschiedet und am 11. August 1919 unterzeichnet wurde, nur in Artikel 1 vor: »Das Deutsche Reich ist eine Republik. Die Staatsgewalt geht vom Volk aus.« Auf Vorschlag des Staatsrechtlers Prof. Hugo Preuß, der sie entworfen hatte, hatte das mit deren Ausarbeitung betraute Parlament den Begriff »Reich« vorgezogen. Die sogenannte Weimarer Republik war die Fortsetzung des Zweiten Reichs. Trotz republikanischer Staatsform war es Deutschland darauf angekommen, ein »Reich« zu bleiben, und seine Institutionen hatten die bisherigen Bezeichnungen beibehalten: Reichstag, Reichsrat, Reichspräsident, Reichskanzler und so weiter. Das war politisch erheblich und zeugte von einer nahezu allgemeinen Sehnsucht nach dem bisherigen Regierungssystem — auch bei den Sozialdemokraten. Als sie 1924, anläßlich der 1925 bevorstehenden Reichspräsidentenwahlen, eine

An jenem Tag hatten Wahlen stattgefunden, um einen plötzlich aufgetretenen Meinungsstreit zwischen Reichskanzler Brüning (Zentrum) und der Reichstagsmehrheit zu schlichten, also kurze Zeit, nachdem Brüning den Sozialdemokraten Müller am 30.3.1930 abgelöst hatte.

Zur allgemeinen Überraschung, auch Hitlers, erhielt die NSDAP 6 407 000 Stimmen (18,3% der Wählerschaft) und bildete im neuen Reichstag eine parlamentarische Fraktion mit 107 Abgeordneten. Bei den vorhergehenden Wahlen am 20 Mai 1928 hatte sie lediglich 810 000 Stimmen (2,6% der Wählerschaft) und 12 Mandate erhalten: dieser Sprung nach vorn war beeindruckend und konnte die Geister nur in Unruhe versetzen.

Es gab Ende 1930 allerdings auch wenige gute Geister in der Welt — zumindest unter ihren politischen Führern. Dafür hatte sie ganz andere Sorgen.

Ein Jahr zuvor, am 25. Oktober 1929, hatte sich in New York ein Ereignis abgespielt, das durch eine maßlose Entwicklung der Produktionsindustrie Amerikas hervorgerufen worden war sowie durch eine wilde Spekulation und eine so gewaltige Kreditinflation, daß der einheimische Verbrauch die Waren nicht mehr aufnehmen konnte: der Börsenkrach an der Wallstreet, der eine seit Jahren latente Wirtschaftskrise von noch nie dagewesenem Ausmaß ans Licht brachte. Das Ausmaß war so groß, daß die Krise sich auf die gesamte Welt, vor allem auf Europa, ausweitete, und bei allen Anstrengungen war es seitdem keinem Staat der Welt gelungen, ihrer Herr zu werden.

Die Krise gehorchte einem einfachen Mechanismus: Arbeitslosigkeit und Absatzflaute hatten den Wallstreet-Krach verursacht, weil die meisten, deren Einnahmen verringert oder gar auf Null gesunken waren, ihre Schulden nicht mehr mit den Mitteln des Kredits und dem Verkauf auf Abzahlung zurückzahlen konnten. In Europa war das ohnehin schon kritische Gleichgewicht zwischen Erzeugungsund Verbrauchsmöglichkeiten noch empfindlicher erschüttert worden als in den USA. Das durch den Ersten Weltkrieg zerrüttete Europa war zwangsläufig empfindlicher gegenüber der Krise als die Vereinigten Staaten, die der Krieg bereichert hatte und

---

verfassungsschützende Liga gegen den Nationalsozialismus und den Kommunismus gründeten, nannten sie sie bezeichnenderweise »Reichsbanner«. Der Begriff »Republik« tauchte in der deutschen Verfassung und in den Einrichtungen erst nach 1945, insbesondere 1949 auf.

die nicht nur schuldenfrei waren, sondern nahezu überall über bedeutende Kreditreserven verfügten. Die Absatzflaute, die weltweit Arbeitslosigkeit nach sich zog, welche ihrerseits wiederum, wie in einem Teufelskreis, diese Absatzflaute verstärkte, konnte nur noch schrecklichere Folgen haben. Genaue Statistiken darüber liegen nicht vor, aber man sprach von etwa dreißig Millionen Arbeitslosen in der damaligen industrialisierten Welt, und die Marxisten, die im Aufwind waren, verkündeten siegessicher deren baldigen Zusammenbruch in einer allgemeinen Krise des Kapitalismus...

In dieser unheilvollen Atmosphäre, die sich gleich einer Kettenreaktion zusehends verschlimmerte, war man einzig darauf bedacht, mit wirtschaftspolitischen Maßnahmen die Staatsform zu retten. Die deutschen Wahlen vom 14. September 1930 wertete die Weltöffentlichkeit, trotz des Blitzaufstiegs des Nationalsozialismus, insofern als nebensächliches Ereignis, als sie in dem Augenblick keine Beziehung zwischen ihnen und dem Wallstreet-Krach herstellte, da sie den Wahlausgang für ein ausschließlich politisches, streng lokales und daher leicht einzudämmendes Ereignis hielt. Die Erfahrung gab übrigens Anlaß, es nicht tragisch zu nehmen: am 4. Mai 1924 hatte die NSDAP schon einmal 1 918 000 Stimmen (6,6% der Wählerschaft) erhalten und 32 Abgeordnete in den Reichstag entsandt, und schon damals hatte es einen schönen Schreck gegeben. Am 7. Dezember desselben Jahres war sie allerdings auf 908 000 Stimmen (3% und 14 Sitze) zurückgefallen, am 20. Mai 1928 sogar auf 810 000 Stimmen (2,6% und 12 Sitze).

Nur die Deutschen teilten nicht diesen Optimismus: Seit zehn Jahren hatten sie mit den Schwierigkeiten zu kämpfen, die der Versailler Vertrag ihnen bereitet hatte. Sie hatten die Entwicklung genau verfolgen können und wußten, daß die deutschen Verhältnisse in den Jahren 1924 und 1930 miteinander nichts gemein hatten und auch nicht vergleichbar waren. Um ihre Einschätzung der Lage zu verstehen, muß man auf das Jahr 1914 zurückgehen.

Im Jahr 1914 war Deutschland ein blühendes, im Aufschwung befindliches Land. Seine Industrie, die durch den Umfang wie auch durch die Qualität ihrer Erzeugnisse an erster Stelle in der Welt stand, war fast zum Alleinlieferanten des Österreichisch-Ungarischen Reichs, der Mitteleuropaund Balkanländer, Rumäniens, Bulgarien sowie des Osmanischen Reichs geworden. Sie hatte sich in weiten Teilen Afrikas und bis zum Fernen Osten durchgesetzt. Sie griff auf

Nordund Südamerika über, forderte im eigenen Land Frankreich und sein Kolonialreich sowie England und sein Commonwealth heraus. Rußland erschloß sich ihr, ein Absatzmarkt, der mehrere Hundertmillionen von Verbrauchern zählte und sich ständig ausdehnte. Deutschland hatte den höchsten Lebensstandard der Welt, seine Sozialgesetze gehörten zu den fortschrittlichsten, und das erzeugte vielfach Neid.

Diesen riesengroßen Absatzmarkt hatte der Versailler Vertrag auseinandergenommen und ins Lager der Siegermächte übergehen lassen, namentlich der Briten, die sich mit USHilfe den Löwenanteil angeeignet hatten. Von vier Kriegsjahren erschöpft, kehrte Deutschland zu einer Friedenswirtschaft mit verminderten Produktionsmöglichkeiten zurück: gehemmt durch den Raub einiger rohstoffreicher Gebiete (Saarland, Ostoberschlesien), eines erheblichen Teils seiner Industrieausrüstung (Demontage der Fabriken, welche die Alliierten sich angeeignet hatten) und Verkehrsanlagen (Eisenbahn, Seeund Flußschiffahrt). Deutschland war außerdem um seine Kunden gebracht worden und nicht mehr in der Lage, irgend etwas irgendwohin zu exportieren. Seine nahezu unversehrte Arbeitskraft war durch die Schließung seiner Fabriken (mit Ausnahme jener Werke, die für die Kriegsentschädigungen arbeiteten) zur Arbeitslosigkeit verurteilt worden. Eine astronomische Kriegsschuld[43] erdrückte den Staat und zwang ihn zu Auslandsanleihen, um sie zu tilgen.

Es wird aber nur den Reichen geliehen. In den ersten Jahren fand Deutschland trotz der Bemühungen des US-Handelsministers Hoover, der die Gefahr erkannt hatte, kaum Geldgeber oder zu wenige, um den wirtschaftlichen Zusammenbruch im Jahre 1923 zu vermeiden, als seine Goldreserven erschöpft waren. Die infolge des Rapallo-Vertrags (16. April 1922) zurückgewonnene Kundschaft der Russen (die wegen ihres politischen Systems von dem Versailler Vertrag ferngehalten worden waren) hatte auch nicht zum Ausgleich der Handelsbilanz gereicht.

Nun half die Angst vor dem Bolschewismus den AngloAmerikanern zu begreifen, was Frankreich nie verstand: Sie

---

[43] Am 1. Mai 1921 hatte die im Rahmen des Versailler Vertrags gegründete Reparationskommission die deutsche Kriegsschuld auf insgesamt 132 Milliarden Goldmark festgesetzt.

eilten Deutschland zu Hilfe und investierten das zum Wiederaufbau seiner Wirtschaft notwendige Kapital.

Die Amerikaner waren übrigens auch am ehesten in der Lage, das zu tun. Sie waren als die großen Sieger aus dem Krieg hervorgegangen. Ihre Goldreserven hatten sich von 2930 Milliarden Dollar im Jahre 1913 auf 4283 im Jahre 1919 erhöht; der Überschuß ihrer Außenhandelsbilanz war von 691 Millionen auf 4 Milliarden Dollar gestiegen, und ihre Gesamtforderungen an die übrigen Staaten, die sich 1919 auf 8750 Millionen Dollar beliefen, hatten ständig zugenommen. England schuldete ihnen 21, Frankreich 14,5, Italien 8 Millionen als Kriegsentschädigung.[44] Die USA waren reich, sehr reich. Mit diesem vielen Geld konnten sie unter anderem ihre industrielle Ausrüstung weiter ausbauen, zur ersten Wirtschaftsmacht der Welt aufsteigen, im eigenen Land das Kreditwesen, das ihnen 1929 so abträglich wurde, in großem Maßstab entwickeln.

Außerdem konnten sie Geld ans Ausland leihen. Also gewährten sie Deutschland Kredite; zunächst, im Jahre 1924, mit Vorsicht, ab 1928 aber in verstärktem Maße. Aus Angst vor dem Bolschewismus folgten ihnen die Briten auf diesem Weg, aber vorsichtiger und behutsamer.

Im Jahre 1929 mußte Deutschland immer noch auf seine früheren Absatzmärkte verzichten und lebte nahezu ausschließlich mit Hilfe dieser Anleihen, die seit 1924 auf 7 Milliarden Dollar angewachsen waren...[45]

---

[44] Pierre Renouvin, *La politique intérieure et la vie économique après la guerre*, Paris 1924.
[45] W. L. Shirer, *Aufstieg und Fall des Dritten Reiches*, Köln—Berlin 1961, S. 116. — Seit 1945 wird behauptet, auch von W. L. Shirer, daß mit diesen Summen Deutschland seine Kriegsschuldzahlungen hätte leisten können. Statt dessen: Deutschland »nahm Anleihen auf, um seine riesigen für die Welt beispielhaften sozialen Einrichtungen auszubauen. Die Länder, die Städte, die Gemeinden finanzierten mit geborgtem Geld nicht allein notwendige Verbesserungen, sondern auch den Bau von Flugplätzen, Theatern, Sportstadien und prächtigen Schwimmbädern. Die Industrie, die durch die Inflation ihre Schulden losgeworden war, nahm Millionenkredite auf, um neue Maschinen anzuschaffen und ihre Produktion zu rationalisieren. Ihre Produktionsrate, die 1923 auf 55 Prozent gegenüber 1913 abgesunken war, stieg bis 1927 auf 122 Prozent an. Im Jahre 1928 unterschritt die Arbeitslosenzahl — 650 000 — zum erstenmal seit dem Kriege die Millionengrenze. Im selben Jahr verzeichnete der Einzelhandel eine Umsatzsteigerung von zwanzig Prozent gegenüber 1925, und im Jahr darauf betrugen die Durchschnittslöhne zehn Prozent mehr als in den vergangenen vier Jahren. Die Kleinbürger, aus denen Hitler seine Massenanhängerschaft rekrutieren

Zur selben Zeit hatten die Vereinigten Staaten das während des Krieges angehäufte Riesenvermögen ganz als Inlandsinvestitionen und Auslandsdarlehen angelegt. England, Frankreich und Italien, bei denen Deutschland vom DawesPlan zum Young-Plan seine restlichen Kriegsschulden nicht mehr begleichen konnte, konnten wiederum ihre eigenen Zahlungen nicht mehr leisten. Schließlich setzte der Wallstreet-Krach die USA nicht nur außerstande, im Ausland weiter zu investieren, sondern zwang sie zur Rückführung dieser Auslandsinvestitionen, um den Folgen im eigenen Land zu begegnen.

England, das der finanzielle Zusammensturz der Amerikaner zur Aufgabe der Goldwährung im Jahre 1931 veranlaßte, schloß sich dem amerikanischen Vorgehen an. Diese Zurückziehung der Gelder machte Deutschland sehr zu schaffen:

Am 1. Juli 1930 gab es laut offizieller Statistik wieder 1 061 000 Arbeitslose. Und es hatte außerdem nicht den Anschein, als könne sich die Lage so entscheidend verändern, daß die Hochkonjunktur in die USA sowie nach England zurückkehre; das Manna, das ihm bislang zum Überleben verholfen hatte, wurde ihm entzogen; der Schatten einer neuen Pleite lag für lange Zeit, wenn nicht für immer, auf der deutschen Zukunft.

Da entstand zum zweitenmal in Deutschlands politischen Führungskreisen wie in seiner Öffentlichkeit eine Strömung, die sich als unumkehrbar erweisen sollte: die Erkenntnis nämlich, daß man sich möglichst bald vom Versailler Vertrag loslösen müsse, dessen wirtschaftliche Klauseln die jetzige Lage verursacht hätten.

Und in der Tat verschlechterte sich die Lage. Der Wahlausgang vom 14. September 1930 trug auch dazu bei. Am anderen Ende des politischen Spektrums hatten die Kommunisten 1 325 000 Stimmen hinzugewonnen (4 590 000 gegen 3 265 000 am 20. Mai 1928) und zogen in den neuen Reichstag mit 77 Abgeordneten gegen früher 54 ein, die das Gegenstück zu den 107 Hitler-Abgeordneten bildeten. Dagegen hatten die Sozialdemokraten rund 500 000 Stimmen

---

mußte, die vielen Millionen Gehaltsempfänger und kleinen Ladenbesitzer hatten Teil an dem allgemeinen Wohlstand.« — Das stimmt so nicht: Im allgemeinen herrschte weiter die Not. Es erhebt sich zudem folgende Frage: Was hätte Deutschland ohne Absatzmärkte anders tun können, als einen inländischen Markt zu gründen, um seine Arbeitskräfte zu beschäftigen, die sonst in noch größerem Maße zur Arbeitslosigkeit verurteilt gewesen wären?

verloren (8 576 000 gegen 9 153 000) und nur noch 143 gegen früher 153 Sitze errungen. Hugenbergs Deutschnationale Partei, die nicht so rechts beheimatet war wie die NSDAP, fiel von 4 382 000 auf 2 458 000 Stimmen zurück und zählte nur noch 41 Mandate gegenüber 71. Nur das katholische Zentrum behauptete seine Position mit 4 127 000 (gegenüber 3 750 000) Stimmen und 68 (gegenüber 62) Abgeordneten. Die übrigen Stimmen entfielen auf zahlreiche Grüppchen — parteilose Demokraten, Konservative, Bauern usw. —, die sich kaum gegen den Einfluß erwehren konnten, den der Nationalsozialismus auf sie ausübte.

Der neue Reichstag zählte 577 Mitglieder.

Den parlamentarischen Spielregeln gemäß mußte die Sozialdemokratische Partei als stärkste Partei die neue Regierung bilden. Sie war es auch im alten Reichstag gewesen und hatte nach den Wahlen vom 20. Mai 1928 die Regierung um ihren Vorsitzenden, den neuen Reichskanzler Hermann Müller, gebildet. Angesichts des Rückzugs der anglo-amerikanischen Gelder und der nachfolgenden Arbeitslosigkeit waren am 29. März 1930 die politischen und wirtschaftlichen Führungsspitzen Deutschlands, die Vertrauten Präsident Hindenburgs, Reichsbankpräsident Schacht sowie die Großindustriellen, zu der Überzeugung gelangt, daß die Krise schlimm werden würde. Sie würde nur mit herkömmlichen Mitteln zu überwinden sein, und nicht mit denen der Sozialdemokratie: Diese war auf den Marxismus versessen, von der kommunistischen Demagogie gebannt und zu aufwendigen Ausgaben für die Arbeiterklasse geneigt, obwohl die damalige Konjunktur eine Sparpolitik verlangte.

Im Reichstag war das Müller-Kabinett einer Behelfskoalition (Hugenbergs Deutschnationaler Partei, katholischem Zentrum und Kommunisten) bei einer Abstimmung am 27. März 1930 unterlegen. Die Deutschnationale und die Kommunistische Partei, eine erstaunliche Vereinigung der Extreme, stimmten bei sämtlichen Abstimmungen grundsätzlich gegen alle Regierungen. Die schwache nationalsozialistische Vertretung und die parteilosen Abgeordneten hatten sich angeschlossen.[46] Der Fraktionsführer des Zentrums, H.

---

[46] Der Bruch zwischen der Sozialdemokratischen Partei und dem bislang in Kanzler Müllers Koalitionsmehrheit wirkenden katholischen Zentrum erfolgte wegen der Erhöhung der Arbeitslosenversicherung, die die einen befürworteten, während die anderen sie auf keinen Fall verabschieden wollten, da ihrer Ansicht nach alles noch

Brüning, der die Krise ausgelöst hatte, sollte am 29. 3. 1930 gemäß den parlamentarischen Spielregeln die Nachfolge antreten.

Nach dem Wahlausgang vom 14. September 1930 kam es nicht mehr in Frage, einen Sozialdemokraten mit der Regierungsbildung zu betrauen: Der neue Reichstag nahm zu den Sozialdemokraten von vornherein eine feindlichere Haltung als der bisherige ein; außerdem stand die SPD nicht mehr so hoch in der Gunst der Öffentlichkeit. Die Sozialdemokraten hatten insgeheim (offiziell wäre es eine Selbstverleugnung gewesen) erkennen müssen, daß die bisherige Politik von Reichskanzler Brüning besser an die Erfordernisse der Lage angepaßt war, und hatten sich am 29. März (zwei Tage nach dem Sturz der Regierung Müller) mit diesem Rückschlag leicht abgefunden: Sie hatten es dem katholischen Zentrum keineswegs übelgenommen, von den Regierungsgeschäften verdrängt worden zu sein, und waren sogar gefügig seiner Mehrheit beigetreten. Gerechtfertigt hatten sie ihre Haltung mit der Billigung nicht etwa seiner Politik, sondern der der Kommunistischen Partei, und mit dem Bestreben, die Bildung einer weiter rechts beheimateten Regierung (Hugenberg) zu verhindern. — Auch im September 1930 sollten sie sich nicht anders verhalten.

Der im September 1930 in seinem Amt bestätigte Kanzler Brüning wollte den Sozialdemokraten nicht zuviele Zugeständnisse machen, um nicht die verschiedenen Nationalen und Konservativen zu verlieren, die Hitler noch nicht endgültig für sich eingenommen hatte, durfte diesen wiederum auch nicht zuviele machen, wenn er jene nicht

---

Sparmaßnahmen forderte. Es hätte gereicht, daß die Kommunisten, auf deren Programm die Erhöhung stand, sie bewilligten, damit Kanzler Müller im Amt blieb. Aber die Kommunisten, die in den Sozialdemokraten ihre Erzfeinde sahen, dachten damals, sie würden eines Tages zwangsläufig zur Macht gelangen, wenn sie durch wiederholte Regierungskrisen die Empörung der Straße erzeugten. Sie waren außerdem der Ansicht, daß sie, sollte diese Taktik die äußerste Rechte an die Macht bringen, die Massen leichter gegen die äußerste Rechte als gegen die Sozialdemokratie aufwiegeln könnten. Auf diese Weise verlagerten sie von 1919 bis 1933 die parlamentarische Mehrheit immer mehr nach rechts. Sollte man eines Tages mit Sachlichkeit die Schuld an Hitlers Machtergreifung festlegen, so wird die der Kommunistischen Partei ganz oben stehen müssen — auch wenn sie vorgibt, stets und überall das Richtmaß der demokratischen Werte gewesen zu sein. Im vorliegenden Fall hat sie am 29. März 1930 Kanzler Hermann Müller von den Regierungsgeschäften verdrängt zugunsten des mehr rechts stehenden Brüning. Später, 1932, sollte sie auf die gleiche Art und Weise Brüning zugunsten Papens kaltstellen; dann Papen für Schleicher und zuletzt Schleicher für Hitler.

verlieren wollte. Auf diese Weise hatte er eine, wenn auch schwache Mehrheit im neuen Reichstag gefunden. Die Verlagerung von nur 23 Stimmen reichte allerdings, um in die Minderheit zu geraten. Dafür war die Mehrheit um so verständnisvoller: Als Kanzler Brüning in schwierigen Situationen mehrmals den Artikel 48 der Verfassung anwenden mußte, der den Notstand regelte und den Erlaß von Notverordnungen vorsah, erhob sie Proteste gegen das Verfahren nur in einer Form, die eher einer stillschweigenden Zustimmung gleichkam. Das trat vor allem dann ein, wenn die Sozialdemokraten, die nicht *für* ihn stimmen, ebensowenig *gegen* ihn stimmen konnten, sich der Stimme enthielten.

So erreichte man ohne große Mühe das Jahr 1932...

2. Die Reichspräsidentenwahlen vom 13. März 1932

Das Jahr 1932 wurde vor allem durch die Reichspräsidentenwahlen gekennzeichnet. Die Amtszeit des Reichspräsidenten Generalfeldmarschall Paul von Hindenburg ging zu Ende. Die Entwicklung der Lage wollte es, daß dieses Jahr außerdem durch zwei Reichstagswahlen geprägt wurde, die durch Auflösung des Gremiums notwendig wurden.

Seit 1930 hatte sich die Lage noch verschlechtert. Die Anglo-Amerikaner hatten mit immer mehr Schwierigkeiten zu kämpfen gehabt und ihre Gelder weiterhin zurückgezogen. Da die wirtschaftlichen Bestimmungen des Versailler Vertrags unantastbar waren (vor allem wegen Frankreich, dem ein gemeiner Gauner namens Klotz seine Ansichten aufgedrängt hatte), hatte Deutschland nicht den geringsten Absatzmarkt aus der Vorkriegszeit zurückgewonnen. Es konnte nur solche Erzeugnisse ausführen, die ausschließlich in Deutschland hergestellt wurden (Dieselmotoren), deren Qualität konkurrenzlos war (Osramlampen) oder die zu Luxusartikeln zählten (unter anderem Porzellan und Glaswaren). Das reichte aber nicht aus, um die deutschen Arbeiter und Fabriken zu beschäftigen, vor allem nicht im Bereich der Schwerindustrie. Der russische Markt, den der Vertrag von Rapallo erschlossen hatte, war durch die Möglichkeiten Rußlands sowie durch die bolschewistische Diktatur stark beschränkt und stellte daher nur einen schwachen

Beitrag dar. Seine Goldreserven waren wieder erschöpft. Reichskanzler Brüning bat vergeblich, man möge ihm den österreichischen Markt zurückgeben. Die von der Krise gleichermaßen betroffenen Österreicher waren damit einverstanden.

Am 24. März 1931 beschlossen beide Länder nach geheimen Verhandlungen ab September 1930 eine Zollunion zu gründen. Frankreich erhob großes Geschrei, als dies vorzeitig bekannt wurde: Das sei der erste Schritt zur Vereinigung beider Länder, zum *Anschluß*, den beide deutsche Staaten seit 1918 forderten, kurzum zu einem wieder erstarkten Deutschland. Frankreich wollte aber an seiner Seite ein schwaches, ewig schwaches Deutschland haben, um sich für immer vor einem Abenteuer wie dem Ersten Weltkrieg zu schützen. Die französische Regierung zog Deutschland und Österreich vor den Völkerbund, unter Berufung auf Artikel 48 des Vertrags von St. Germain, der die Unabhängigkeit Österreichs für unveräußerlich erklärte und den mittel- oder unmittelbaren Anschluß an einen anderen Staat ohne seine Zustimmung untersagte.[47] Aus Verlegenheit brachte der Völkerbund die Sache vor den Internationalen Gerichtshof in den Haag; aber noch ehe sich dieser Anfang September 1931 mit 8 gegen 7 Stimmen gegen die Zollunion ausgesprochen hatte, hatten Deutschland und Österreich ihren Plan fallengelassen.[48]

Daraufhin wandte sich der Reichspräsident an die Vereinigten Staaten und setzte sie in Kenntnis, daß Deutschland außerstande war, seine Kriegsschuldzahlungen zu leisten, auch wenn sie durch den Young-Plan erheblich erleichtert worden waren. Präsident Hoover nahm diese Mitteilung ernst und unterbreitete England, Frankreich und den Gläubigern des Reichs offiziell ein eventuell verlängerbares Zahlungsmoratorium zugunsten Deutschlands. Alle erklärten sich damit einverstanden, außer Frankreich, das immer noch an der Theorie des erbärmlichen Klotz festhielt: »Der Boche wird zahlen!«

---

[47] Trotz dieser Klausel im Vertrag von St. Germain sah der vorher beschlossene Artikel 61 der Weimarer Verfassung die Aufnahme österreichischer Vertreter in den Reichstag und Reichsrat vor, wenn Österreich an Deutschland wieder eingegliedert ist. In Versailles hatte sich die deutsche Delegation geweigert, diese Klausel anzuerkennen; der Verfassungstext wurde durch ein Protokoll vom 22. September 1919 außer Kraft gesetzt. Die österreichische Delegation hatte aber ihrerseits nachgegeben.

[48] Der Haager Gerichtshof entschied sich für die französische Auffassung, allerdings mit nur einer Stimme Mehrheit, so vernünftig kam ihm der Plan einer deutsch-österreichischen Zollunion vor.

Diesmal setzten sich jedoch die USA und England darüber hinweg: Das Moratorium trat in Kraft, brachte Deutschland aber nicht das benötigte Geld, so daß die Lage sich dort nicht verbesserte.

Die Kohlehalden wurden in Deutschland immer höher. Am 1. Januar 1932 waren offiziell 5 392 248 Arbeitslose[49] registriert. Durch ihren Wahlsieg vom 14. September 1930 ermutigt und durch das wachsende Elend gereizt, versuchten Nationalsozialisten und Kommunisten mit Gewalt die Herrschaft auf der Straße zu bekommen. Die Kommunisten waren sich jedoch nicht der Richtung bewußt, in die sich die Lage entwickelte, vertrauten auf ihre damalige Theorie der Radikalisierung der Massen und glaubten, deren Gunst sicher zu sein. Sie hatten sich daher vorgenommen, jede öffentliche Kundgebung der Nationalsozialisten zu unterbinden, und nicht umgekehrt die Nationalsozialisten, wie heute gewöhnlich angenommen wird.[50] Zwischen beiden Extremen, auch untereinander, und der Regierungsmehrheit wurde es immer lauter.

In dieser Stimmung fand am 13. März 1932 die erste Reichspräsidentenwahl statt.

Der betagte Generalfeldmarschall Paul von Hindenburg (86 Jahre alt), der 1925 den Sozialdemokraten Ebert abgelöst hatte, war ein konservativer, monarchistischer Junker aus dem deutschen Osten (Posen). 1925 hatte ihn eine vom Zentrum bis zur äußersten Rechten reichende Koalition gewählt unter dem Zeichen der marxistischen Gefahr, die Sozialdemokraten und Kommunisten darstellten. War das Zentrum damals der Ansicht gewesen, die SPD könnte vor der KPD schützen, so wurden diese von rechts gleich behandelt: die Sozialdemokraten würden das Bett für die Kommunisten machen. Die Sozialdemokraten hatten ihn daraufhin heftig bekämpft und unter anderem dessen beschuldigt, sich nach dem kaiserlichen Regime zu sehnen und ein Stützpfeiler der schlimmsten Reaktion zu sein. Trotzdem hatten sie nicht die Gunst der Kommunisten gewonnen, für die sie nach wie vor die eigentliche Grundsäule der Reaktion, nämlich Verräter an der Arbeiterklasse, Abtrünnige, Sozialfaschisten, waren.

---

[49] Gegen 1 061 570 am 1. Juli 1930. Siehe oben.
[50] Hitler hatte Schlüsse aus dem Fehlschlag vom 9. November 1923 (Münchener Putsch) gezogen und die Eroberung der Macht nur noch auf dem legalen Weg erwogen.

In Wirklichkeit verhielt sich Hindenburg — dieser Konservative und Monarchist, der sich in der Tat nach der alten Regierungsform sehnte und die aus dem Willen des Volkes hervorgegangenen Institutionen nur zwangsläufig angenommen hatte — dann als Reichspräsident sehr korrekt. Er nahm den Sozialdemokraten wegen ihrer schonungslosen Wahlkampagne nicht nur nichts übel, er kam, da die Sozialdemokratische Partei nach seiner Wahl mit der Regierungsbildung betraut worden war, mit ihren einzelnen Reichskanzlern sehr gut zurecht und trennte sich von dem letzten, Hermann Müller, erst, als dieser am 27. März 1930 im Reichstag überstimmt wurde und er, beziehungsweise ein anderer Sozialdemokrat, keine neue Mehrheit finden konnte. Und die Sozialdemokraten hatten das nicht vergessen.

Mittlerweile hatte sich die deutsche Öffentlichkeit den Extremen zugewandt, und die SPD hatte die Gefahr deutlich erkannt, die Nationalsozialismus und Kommunismus für die Demokratie darstellten. Sie war zu der Überzeugung gelangt, daß sie nur durch eine Koalition aller Parteien, die mit den demokratischen Institutionen verbunden waren, gebannt werden könne.

Unter dem Druck der Ereignisse verfielen die Sozialdemokraten auf den Gedanken, daß Hindenburg, der sich während seiner Amtszeit so gut verhalten hatte, Kandidat einer solchen Koalition sein könnte: vorausgesetzt, daß er darin einwilligte, als Bollwerk der demokratischen Institutionen gegen den Nationalsozialismus und den Kommunismus zu wirken, so wie er seit 1925 dem Marxismus-Bolschewismus entgegengewirkt hatte. Er sei erwiesenermaßen ein Ehrenmann: übernahm er eine Verpflichtung, so hielt er sie ein, man könne seinem Wort vertrauen. Und er willigte ein. Der Unglückliche wußte nicht, worauf er sich einließ und daß eines Tages mächtigere Ereignisse ihn zwingen würden, anders zu handeln. Die Sozialdemokraten verbreiteten die Idee seiner Kandidatur mit Hilfe des Reichsbanners »Schwarz-RotGold«.[51] (Diese Organisation hatten sie als Kampfverband der SPD 1924 gegründet, um auf die Öffentlichkeitsbereiche propagandistisch einzuwirken, die sich ihrem Einfluß entzogen.) Die gemäßigten und demokratischen Kreise, das katholische Zentrum hatten an dem Prinzip der Alleinkandidatur Hindenburgs nichts auszusetzen.

---

[51] Siehe Anmerkung 1.

Hitler ließ sofort und laut verkünden, daß, da sich die Bemühungen des Reichsbanners offiziell gegen ihn und die Kommunisten richteten, es den Kommunisten frei stehe, dem Reichsbanner beizutreten, dann seien die Maßnahmen vor allem gegen ihn gerichtet. Sie traten ihm nicht bei. Zahlreiche antikommunistische Wähler entdeckten aber dabei die Tugenden des Nationalsozialismus, und wenn es bei dieser Wahl nicht mehr NSDAP-Wähler gab, lag es einzig an dem Ansehen des alten Generalfeldmarschalls.

Die Wahlen vom 13. März erbrachten folgende Ergebnisse:
Hindenburg: 18 651 697 Stimmen, 49,6%
Hitler: 11 339 446 Stimmen, 30,1%
Thälmann: 4 983 341 Stimmen, 13,3%
Düsterberg: 2 447 729 Stimmen, 6,9%
Winter: 111 470 Stimmen, 0,3%[52]

Ein zweiter Wahlgang war erforderlich: Trotz seines Ansehens hatte der Marschall die absolute Mehrheit um 0,41% verpaßt, und das widersprach allen Erwartungen. Bei der Stichwahl am 10. April 1932 wurde er mit 19 359 633 Stimmen (53%) gewählt; mit nunmehr 13 418 051 Stimmen erzielte aber Hitler den größeren Stimmengewinn, das waren in etwa die Stimmen Düsterbergs, der zu Hitlers Gunsten zurückgetreten war. Gegenüber dem ersten Wahlgang verzeichnete Thälmann, der seine Kandidatur aufrechterhalten hatte, eine Einbuße von über einer Million Stimmen (etwa den Anteil, den Hindenburg hinzugewonnen hatte).

Für Hitler war dieser Wahlausgang mehr als ein Erfolg, er war ein Triumph. Gegenüber den Wahlen vom 14. September 1930 hatte er den Stimmenanteil der Nationalsozialistischen Partei verdoppelt. In allen Reichstagsfraktionen wurden die Gemüter erschüttert, vor allem aber in der Fraktion des katholischen Zentrums: der einflußreiche Baron von Papen wie der General Kurt von Schleicher, Abgeordneter und rechte Hand von Verteidigungsminister General Groener, fühlten sich zur NSDAP hingezogen. Die Vorstellung, man würde sich früher oder später mit Hitler abfinden müssen, breitete sich demnach sehr schnell aus.

---

[52] Düsterberg kandidierte für Hugenbergs Deutschnationale Partei, die mit Hitler um die Stimmen der äußersten Rechten rang. Er hatte sich geweigert, zugunsten Hitlers zurückzutreten.

Von nun an überstürzten sich die Ereignisse. Deutschland hätte mit der Unterstützung seiner früheren Feinde aus dieser tragischen Lage herauskommen können. Diese Hilfe verweigerten sie ihm aber trotz Präsident Hoovers Drängen und Englands Geneigtheit immer noch, weil Frankreich sein Veto eingelegt hatte. Deutschland versuchte trotzdem auszuhalten, indem es sein Schicksal eigenen Notmaßnahmen und dem sterilen Spiel der Politik überließ. Deutschland hoffte immer noch, Frankreich würde eines Tages begreifen, daß es sich hier nicht nur um das deutsche Schicksal handele, sondern um das der ganzen Alten Welt, und würde deswegen nachgeben.

Frankreich gab aber nicht nach. In Deutschland wurden Intrigen gesponnen, als Frucht geheimer Kontakte zwischen von Papen und von Schleicher einerseits, von Papen, von Schleicher und Hitler andererseits. Strittige Probleme und Spannungen tauchten auf, etwa die Auflösung der SA-Verbände (das waren 400 000 Mann, die bei NSDAP-Kundgebungen in militärischer Art für Ordnung sorgten) oder der staatliche Ankauf von Ländereien pleite gegangener Ostjunker, um das Land dann an Bauern ohne Grund und Boden zu verteilen. All das erzeugte zwischen Reichspräsident und Kanzler Spannungen, die von Papen und von Schleicher so geschickt nährten, daß sie nach dem Rücktritt von Reichswehrminister Groener (13. Mai) auch den Brünings (30. Mai) erwirkten, aber auch die Ernennung von Papens zum Nachfolger Brünings (1. Juni), die Auflösung des Reichstags (4. Juni) und schließlich neue Reichstagswahlen (31. Juli).

Nun setzte der letzte, unbändige Ansturm der Nationalsozialisten auf die Institutionen ein, der in sechs Monaten, auf den Tag genau, Hitler in die Reichskanzlei bringen sollte.

Das war die erste Folge von Frankreichs Starrsinn.

Die zweite Folge war später der Krieg. Denn nichts — nicht einmal der Krieg, als er ausgebrochen war — konnte jemals die französischen Führungsspitzen von der verbrecherischen Dummheit dieses ihres Starrsinns überzeugen, den die Wahl Roosevelts zum US-Präsidenten im November 1932 noch mehr verstärkte.

3. Die Reichstagswahlen vom 31. Juli und 6. November 1932

Bei den Reichstagswahlen vom 31. Juli 1932 konnten die Nationalsozialisten 230 Mandate (statt der bisherigen 107) erringen und mehr als 350 000 zusätzliche Stimmen gegenüber dem zweiten Wahlgang der Reichspräsidentenwahl auf sich vereinigen (13 779 000 gegen 13 418 000). Die Kommunisten gewannen 12 Sitze hinzu (89 gegen 77) und das katholische Zentrum 7 (75 gegen 68). Dagegen gingen die Sozialdemokraten von 143 auf 133 zurück. Es saßen 608 Abgeordnete im neuen Reichstag.[53] Die übrigen 81 verteilten sich auf die Bayerische Volkspartei, die Deutschnationale Partei sowie die liberal-demokratischen Parteien. Auf Hitler und seine Gegner verteilten sich deren Sympathien in etwa dem gleichen Maß.

Göring wurde zum Reichstagspräsidenten gewählt, mit den Stimmen der Deutschnationalen Partei, die sich der Hoffnung hingab, diese Einhaltung der parlamentarischen Spielregeln würde die Nationalsozialisten besänftigen. Mit ihrem Einzug in die Institutionen markierte die NSDAP jedenfalls einen entscheidenden Punkt: der Wolf im Schafstall.

Da die Kommunisten grundsätzlich gegen alle Regierungen stimmten, war eine gegen Hitler eingestellte Regierung im neuen Reichstag unvorstellbar: die Verbindung der Extreme (230 Nationalsozialisten + 89 Kommunisten) lag weit über der absoluten Mehrheit.

Wiederum war jede von Hitler gebildete Regierung ebensowenig denkbar (230 Nationalsozialisten + rund 30 Sympathisanten = 260 Abgeordnete). Hitler hätte die Zustimmung des katholischen Zentrums (75 Abgeordnete) gebraucht, um über eine Mehrheit von etwa 330 Abgeordneten zu verfügen. Im katholischen Zentrum waren aber die Geister, trotz der Bemühungen von Papens und von Schleichers, noch nicht reif für eine Koalitionszusage.

Alles in allem: ein »handlungsunfähiger« Reichstag.

---

[53] Die Zahl der Reichstagsabgeordneten schwankte: sie hing bei bestehendem Verhältniswahlrecht von der Zahl der abgegebenen Stimmen ab. Am 31. Juli 1932 gab es vier Millionen Wähler mehr als am 14. September 1930: weniger Stimmenthaltungen, neue Wahlberechtigte sowie die ununterbrochene Flut neuer Wähler, die aus jenen, durch den Versailler Vertrag entzogenen Gebieten (104 000 km^2) stammten und die automatisch die deutsche Staatsangehörigkeit erhielten, wenn sie sie bei ihrer Ankunft forderten. Von 491 am 14. September 1930 hatte sich die Zahl der Abgeordneten auf 608 am 31. Juli 1932 erhöht. Am 5. März 1933 wurden sogar insgesamt 640 Reichstagsmandate errungen.

Die Verkündung des Ausnahmezustands und der Artikel 48 der Verfassung hätten zwar die Bildung eines mit Notverordnungen regierenden Kabinetts ermöglicht. Wie sehr es unter Brüning auch möglich war, diesen Artikel gelegentlich und unter bestimmten Voraussetzungen anzuwenden, ohne die parlamentarischen Institutionen in Frage zu stellen, so durfte er doch nicht ständig in Anwendung gebracht werden. Es hieße sonst die Institutionen vorübergehend außer Kraft zu setzen. Die von den Nationalsozialisten geschürten Straßenunruhen hatten einen solchen Grad erreicht, daß dieses Vorgehen bestimmt zum Bürgerkrieg führen würde, einem Bürgerkrieg, den zu bändigen die Reichswehr ohnehin nicht mehr in der Lage wäre, da sie durch den Rücktritt General Groeners sehr verunsichert und über die Person Schleichers uneinig war.

Wenn der Artikel 48 der Verfassung präsidiale Notverordnungen zuließ, verfügte er aber, daß »der Reichspräsident diese Maßnahmen unverzüglich dem Reichstag zur Kenntnis zu geben« hatte und daß sie »auf Verlangen des Reichstags außer Kraft zu setzen« waren. Niemals würde der neue Reichstag einer präsidialen Verordnung zustimmen.

Kanzler Papen war somit zur Unbeweglichkeit verurteilt.

Angesichts dessen trat Schleicher, der zudem verärgert war, nicht zum Kanzler ernannt worden zu sein, mit Hitler in Verbindung. Dieser hatte am 5. August, also unmittelbar nach den Wahlen, seine Forderungen wissen lassen: die Kanzlerschaft und die gesamte Regierungsgewalt oder gar nichts. Ferner den Posten des preußischen Ministerpräsidenten, das Reichsund das Preußische Ministerium des Innern, das Landwirtschaftsund das Justizministerium für seine Partei sowie ein Propagandaministerium für Goebbels. Schleicher, der im Fall von Papens Rücktritt nach dem Amt des Reichskanzlers strebte, lehnte natürlich ab. Hitler ließ nicht locker. Er sah nicht, daß er die Reichskanzlei ohne weiteres von innen erobern könnte, wenn er nur darin einwilligte, einem Koalitionskabinett beizutreten, das mit der Zustimmung des Reichstags regieren würde. In diesem Fall könnte nämlich zwischen ihm und dem katholischen Zentrum ein Abkommen geschlossen werden. Am 15. August 1932 startete er einen neuen Angriff: Schleicher sagte ihm, daß er im besten Fall den Posten des Vizekanzlers übernehmen könnte, und da Hitler die Achseln zuckte, veranlaßte Schleicher, daß Hindenburg am nächsten

Tag Hitler zu sich rief. Der Marschall empfing ihn im Stehen, wiederholte sein Angebot und stellte ihm sogar die Kanzlerschaft in einer Koalitionsregierung, die im Einvernehmen mit dem Reichstag regiert hätte, in Aussicht. Schließlich appellierte er an sein Nationalgefühl. Hitler beharrte auf seinem Standpunkt. Noch am selben Abend veröffentlichte die Präsidialkanzlei ein Kommuniqué, das Goebbels' Propagandaapparat überrumpelte und erstmals nach langer Zeit Hitlers Sache einen empfindlichen Schlag versetzte: Das Kommunique »bedauert, daß Herr Hitler sich nicht in der Lage sehe, entsprechend seinen vor den Reichstagswahlen abgegebenen Erklärungen eine vom Vertrauen des Herrn Reichspräsidenten berufene Nationalregierung zu unterstützen«.[54]

Das war sehr geschickt für die öffentliche Meinung, blieb aber ohne jede Wirkung auf den Reichstag, in dem nur das Gesetz der Zahl regierte. Von Papen blieb Kanzler, eine neue Auflösung des Reichstags war aber offenbar unvermeidlich.

Sie erfolgte am 12. September 1932 infolge eines von den Kommunisten gestellten Mißtrauensantrags, dem die Nationalsozialisten zustimmten. Durch die Verbindung der Extreme überstimmt, entschloß sich Papen zum Rücktritt im Einverständnis mit Reichspräsident Hindenburg.[55] Diese Abstimmung verpaßte

---

[54] Fritz Poetzsch-Heffter, »Vom Staatsleben unter der Weimarer Verfassung,« 2. Teil, in *Jahrbuch des öffentlichen Rechts der Gegenwart*, 21 (1933) 34, S. 161.
[55] Reichspräsident und Kanzler waren überzeugt, daß die Nationalsozialisten und die Kommunisten mit vereinten Kräften die Regierung stürzen würden, und waren übereingekommen, den Reichstag noch vor der Abstimmung aufzulösen, damit das katholische Zentrum nicht mit einem parlamentarischen Mißerfolg vor die Wähler trete. Die Verordnung zur Auflösung des Reichstags hatte Hindenburg also unterzeichnet und sie Papen noch vor der Eröffnung der Sitzung überreicht; Papen hatte sie aber in der Reichskanzlei vergessen. Er ließ sie während der Beratungspause vor der Abstimmung holen. Als er sie nach Wiedereröffnung verlesen wollte, tat Reichstagspräsident Göring, als sähe er ihn nicht, und verweigerte ihm das Wort. Es wurde über diesen Zwischenfall viel gespottet und auf Papens Leichtsinn und Görings Machtmißbrauch hingewiesen. Zu Unrecht in bezug auf Görings Machtmißbrauch: da die Abstimmung vor der Beratungspause angekündigt worden war, ließ die Geschäftsordnung des Reichstags nicht zu, daß noch verhandelt wurde. Und Göring war durchaus berechtigt, Papen das Wort zu verweigern, auch wenn er ihn wahrnahm. Das war zugegeben nicht sehr fair, das ist alles. Wenn man eine Revolution macht, kümmert man sich meistens nicht um die guten Sitten.

Hitler insofern einen zweiten — besonders harten — Schlag, als nun von seiner Verbindung mit den Kommunisten die Rede war.

Bei den Wahlen vom 6. November 1932 verlor die NSDAP tatsächlich über zwei Millionen Stimmen und 34 Mandate im Reichstag, in dem Hitlers Partei künftig nur noch 196 Abgeordnete statt der bisherigen 230 entsenden konnte. Die Kommunisten verzeichneten einen Zuwachs von 700 000 Stimmen und brachten es von 89 auf 100 Sitze. Die Sozialdemokraten, die 700 000 Wähler an die Kommunisten verloren hatten, verfügten nur noch über 121 Sitze (gegenüber 133). Hugenbergs Deutschnationale Partei gewann rund eine Million Stimmen hinzu und ihre Stärke wuchs von 37 auf 52 Reichstagsmandate. Das katholische Zentrum hatte seinerseits nur leichte Einbuße: 70 Sitze gegen 75.

Im Hinblick auf die notwendige Regierungsmehrheit war die politische Landschaft des neuen Reichstags nicht besser als die bisherige: eine Mehrheit war ebenso unauffindbar. Es bestanden weiterhin nur zwei mögliche Gruppierungen. Eine links: sie würde Sozialdemokraten und Kommunisten um das katholische Zentrum, das sich angeschlossen hätte, vereinigen; und eine der äußersten Rechten, die um die NSDAP sowohl die Deutschnationale Partei Hugenbergs wie auch das katholische Zentrum zusammenschließen würde — mit der Einschränkung allerdings, daß im letzteren nur Papen und Schleicher sowie eine kleine ihnen ergebene Minderheit diese Konstellation angenommen hätten. Indem die Kommunisten die erste ablehnten, machten sie die zweite unvermeidlich.

Bei diesen Wahlergebnissen fiel besonders Hitlers Rückgang auf. Léon Blum schloß daraus, daß er »nunmehr von der Macht ausgeschlossen war, ja sogar von der Hoffnung, die Macht jemals zu ergreifen« (*Le Populaire*, 8. November 1932).

Dieser Rückgang erklärte sich durch Hitlers Ablehnung vom 14. August 1932, den Posten des Vizekanzlers oder des Kanzlers ohne die vollen Machtbefugnisse anzunehmen, durch seine Verbindung mit den Kommunisten, um das Papen-Kabinett am 12. September 1932 im Reichstag zu stürzen, und durch einen dritten Fehler, den er am 28. Oktober 1932, also acht Tage vor den Wahlen, beging. An diesem Tag tat sich die NSDAP ein zweites Mal mit den Kommunisten zusammen, die, der Meinung der Gewerkschaften und der Sozialdemokraten ungeachtet, einen Streik in den Berliner Verkehrsbetrieben ausgelöst hatten.

Hitlers Geldgeber aus der Industrie werteten seine erste Entscheidung so, als habe er durch seine Unnachgiebigkeit Deutschland in eine Sackgasse gebracht, und die beiden anderen, als habe er keinen anderen Ausweg gefunden, als es ins Chaos zu stürzen, zudem im Einverständnis mit den Kommunisten und im selben Stil. Gelder zu Propagandazwecken waren schwerer, in der letzten Woche kaum noch aufzutreiben: das war sozusagen eine Wahlkampagne mit »Nachlaß« — in einer Stimmung, die nicht nur durch den Rückgang der Parteispenden wegen der Hitler-Politik gekennzeichnet war, sondern auch durch immer mehr Bedenken in der Öffentlichkeit.

Hitlers abschlägige Antwort auf das Angebot des Reichspräsidenten vom 14. August 1932 hatte außerdem für viel Unmut innerhalb der eigenen Reihen gesorgt. Entstanden war eine Gegenströmung, die die Auswirkungen der Ablehnung auf die politische Ausrichtung der Partei (Anstiftung zu sozialen Unruhen, Zusammenarbeit mit der Kommunistischen Partei), auf ihre Propagandafonds und schließlich auf den Wahlausgang geahnt hatte. Und in dem Maße, wie sich ihre Ahnungen bestätigten, wurde diese Strömung stärker. An ihrer Spitze stand Gregor Strasser, der mit Joseph Goebbels zu den beiden wohl einflußreichsten Männern der Partei nach Hitler zählte. Ein bedeutender Teil des militanten Kaders — von einem Drittel war die Rede[56] — unterstützte Gregor Strasser, und im Reichstag waren es rund sechzig Abgeordnete.

Die Opponenten vertraten die Auffassung, daß es hauptsächlich um die Machtergreifung ging, und selbst wenn man dabei sein Versprechen nicht halten sollte; daß Hitler sich verpflichten konnte, entweder sich an einem Kabinett zu beteiligen oder selbst eines zu bilden, das im Einverständnis mit dem Reichstag regieren würde, und daß man dann immer noch sehen könnte. Dank dem Einfluß, den man im Lande hatte, würde man, einmal an der Macht, ob mit der ganzen oder nur einem Teil der Regierungsgewalt, ohnehin nach Belieben walten können.

Das war nicht schlecht gedacht. Jedenfalls war eine innerlich zerrissene, vor der Spaltung stehende Partei in den Wahlkampf gegangen. Zu dem Mangel an Tatkraft war ein Mangel an Geld hinzugekommen, und das alles hatte zu dieser von Gregor Strasser

---

[56] W. L. Shirer, *Aufstieg und Fall des Dritten Reiches*, aaO.

und seinen Anhängern so sehr befürchteten Wahlniederlage geführt, die sie aber in ihrer Überzeugung bestärkt hatte.

Mit solch einer zwiespältigen Partei und leeren Kassen, dachten — jeder für sich — der amtierende Kanzler Papen und sein Rivale Schleicher, könne Hitler nach den Wahlen vom 6. November 1932 nicht eine erneute Auflösung des Reichstags riskieren und gegebenenfalls wieder vor die Wähler treten. Bleibt er hartnäckig, so werden die etwa sechzig Abgeordneten, dachten sie, von ihm Abstand nehmen und sich an einer Regierungsmehrheit beteiligen, was die Auflösung ohnehin verhindern wird. Ein Auseinanderbrechen des Nationalsozialismus eröffnete außerdem herrliche Aussichten auf eine von allen Fallen befreite Zukunft, da die abklingende Anziehungskraft, die Hitler auf die öffentliche Meinung ausübte, ihn nicht überleben würde.

Da schaltete sich Msgr. Kaas, der Fraktionsvorsitzende des katholischen Zentrums, ein. Prälat Kaas schätzte die selbstische, intrigante Politik, die Papen und Schleicher hinter den Kulissen trieben, nicht besonders. Angesichts der Wahlergebnisse vom 6. November 1932 dachte er, der Augenblick sei gekommen, diese Politik durch eine Gruppenpolitik (im Hinblick auf »eine Regierung der nationalen Konzentration«) abzulösen.

Schon bei der ersten Sitzung seiner parlamentarischen Gruppe am 10. November gab er eine Übersicht über die politische Landschaft im neuen Reichstag und schloß daraus, wolle man schwere Unruhen vermeiden, so müsse Deutschland dringend zu der Regierungsstabilität zurückfinden, die es seit Brünings Rücktritt verloren hatte; jede andere Möglichkeit sei durch die Haltung der Kommunisten ausgeschlossen, und nur eine loyale Zusammenarbeit mit dem Nationalsozialismus komme in Frage. Das katholische Zentrum müsse seiner Ansicht nach die Voraussetzungen für diese loyale und nahezu einhellige Zusammenarbeit schaffen; seine Fraktion machte sich diese Auffassung zu eigen.[57]

---

[57] Man schloß daraus etwas voreilig, daß Msgr. Kaas die Auffassung der deutschen katholischen Hierarchie und des Vatikan zum Ausdruck brachte. In Wirklichkeit sprach er als Mann, der sich mit einem schwierigen Regierungsproblem auseinanderzusetzen hatte, und in der katholischen Hierarchie stand er mit seiner Meinung nahezu allein da. Am 28. Februar, also kurz vor den Wahlen vom 5. März 1933, exkommunizierte der in Fulda versammelte katholische Episkopat immer noch einstimmig die Kandidaten der NSDAP und empfahl den Wählern, nicht für

Daraufhin rief Präsident Hindenburg am 19. November 1932 Hitler wieder zu sich und wiederholte ihm sein Angebot vom 14. August, allem voran die Kanzlerschaft, unter der Voraussetzung, daß er sich nach der Verfassung richte. Wider Erwarten lehnte Hitler erneut ab. Dann bot er ihm den Posten des Vizekanzlers in einem Kabinett Papen an, das, wenn es sein müßte, mit präsidialen Notverordnungen regieren würde. Auch hier lehnte Hitler ab. Man stand, wollte man die Reichstagsauflösung verhindern, vor der Notwendigkeit, die Papen und Schleicher bereits in Betracht gezogen hatten, nämlich Gregor Strasser von Hitler loszulösen. Aber der Stellvertreter Hitlers zögerte, worauf Schleicher Präsident Hindenburg überzeugen konnte, daß Papen aus der Sackgasse schon deshalb nicht herauskomme, weil er das Vertrauen Strassers ebenso wenig habe wie das Hitlers, während er, von Schleicher...

Am 2. Dezember 1932 löste er von Papen in der Reichskanzlei ab. Vergeblich versuchte er den alten Marschall zu überzeugen, er könne sich mit der Erklärung des Staatsnotstands durchschlagen.

Am 23. Januar 1933, also 52 Tage nach Übernahme der Kanzlerschaft, war Schleicher an dem gleichen Punkt angelangt wie Papen am 2. Dezember 1932. Hitler hatte plötzlich Angst gehabt, er, Schleicher, könne eine Militärdiktatur einsetzen, hatte endlich seine Haltung gelockert und erkennen lassen, daß er unter bestimmten Bedingungen die Kanzlerschaft anzunehmen bereit sei, ohne die ganze Regierungsgewalt zu fordern; worauf Gregor Strasser ins Glied zurückgetreten war. Die NSDAP stand auf einmal einträchtig wie noch nie zuvor um ihren Führer, der sie wieder fest in der Hand hatte. Das Vertrauen der Geldgeber war allmählich zurückgekommen, und das Geld war wieder in die Kassen geflossen.

---

sie zu stimmen. Es ist bemerkenswert, daß man — vor allem seit Rolf Hochhuths *Stellvertreter* — die Entscheidung Msgr. Kaas' nicht etwa dem amtierenden Papst Pius XI. zur Last legte, sondern seinem Staatssekretär Kardinal Pacelli (dem zukünftigen Papst Pius XII.). In Wirklichkeit wurde Msgr. Kaas die Entscheidung durch die Haltung der Kommunisten diktiert. Die katholische Hierarchie schwenkte erst nach einer Rede um, die Hitler am 21. März hielt, und nicht für sehr lange: am 28. Oktober 1933 war sie wieder in der Opposition.

DIE JAHRHUNDERT-PROVOKATION

Gregor Strasser mit Goebbels Oktober 1931 beim Aufmarsch der SA-Gruppe Nord in Braunschweig

Hitler hatte einen glücklichen Einfall gehabt.

Denn an diesem 23. Januar 1933 ersuchte Reichskanzler Schleicher Präsident Hindenburg um die Erklärung des staatlichen Notstands, bei einer ganz neuen Auslegung von Artikel 48 der Reichsverfassung: Auflösung des Reichstags und Vollmachten, um Neuwahlen zu verhindern und diese angeblich vorübergehende Kaltstellung des Parlaments zu ermöglichen. Mit der Reichswehr, deren Unterstützung er sicher sei, werde die Operation schnell über die Bühne gehen.

Das hieß aber, von Hindenburg mehr zu verlangen, als er Papen verweigert hatte und Hitler noch verweigerte. Mit dem Unterschied, daß es sich hier um eine Militärdiktatur handelte, und nicht, wie bei Hitler, um eine auf paramilitärische Verbände gestützte. Der Reichspräsident lehnte den Vorschlag als verfassungswidrig ab und bat Schleicher, er möge doch noch einen Versuch starten in Richtung auf eine parlamentarische Regierung, wie er es ihm versprochen habe.

Hindenburg zweifelte aber am Erfolg seines Kanzlers und beauftragte daher Papen, die Möglichkeit einer Regierung mit Hitler als Kanzler und Papen als Vizekanzler, bei Einhaltung der Verfassung, zu erkunden; das war gerade die Formel, die Hitler mittlerweile anstrebte.

Nicht daß Hindenburg nun von Hitler ganz überzeugt war, im Gegenteil. Noch einen Tag zuvor hatte er verächtlich von »dem böhmischen Gefreiten« gesprochen. Aber seit sechs Monaten war Deutschland nicht mehr regiert worden, die Wirtschaftslage verschlechterte sich, die Zahl der Arbeitslosen wuchs, und damit die Straßenunruhen zu Gunsten Hitlers, die Lage war explosiv, und man mußte einfach daraus herauskommen. Über den Ausweg hatte er sich endlich der Auffassung Msgr. Kaas', des Fraktionsführers des katholischen Zentrums, angeschlossen. Außerdem war er gegen die Entwicklung zu nachgiebigeren politischen Positionen nicht gleichgültig gewesen, zumindest dem Anschein nach.

Fünf Tage lang schlug sich Schleicher in einer Atmosphäre herum, in der alles gegen ihn stand: am 28. Januar 1933 erfuhr er, daß das Kabinett Hitler—von Papen so gut wie gebildet war und daß die NSDAP Riesenkundgebungen in ganz Deutschland für den 30. Januar vorbereite. Es war nun ausgeschlossen, daß der Reichspräsident Hitler nicht zum Reichskanzler ernennen würde, und deshalb reichte Schleicher ihm seinen Rücktritt ein.

Alles spielte sich ab, wie Hitler es vorgesehen hatte: am 30. Januar, spätvormittags, war Hitler Reichskanzler, und am selben Abend wurde er am Balkon der Reichskanzlei bejubelt, im Freudentaumel eines ganzen Volkes.[58]

Und hier beginnt das eigentliche Drama.

Von den elf Mitgliedern der Regierung Hitler—von Papen waren nur drei Nationalsozialisten. Daran sieht man, zu welchen Zugeständnissen Hitler mittlerweile bereit gewesen war. Das Kabinett sollte im Rahmen der Verfassung regieren. Hitler war in der Minderheit: 3 gegen 8. Papen, der dessen *deus ex machina* gewesen war, dachte, er könnte Hitler beherrschen und um so leichter im Zaun halten, als er der Unterstützung Präsident Hindenburgs sicher war. In

---

[58] In der begeisterten Menge war Pastor Martin Niemöller, später verkappter Kommunist und graue Eminenz der bundesrepublikanischen »Reiniger«, zu erkennen in Begleitung seiner Frau und eines seiner Söhne. Er gehörte nicht zu denen, die wenig begeistert waren.

Wirklichkeit war es Hitler, der dort herrschte. Verfassungsrechtlich erreichte er die Auflösung des Reichstags und Neuwahlen am 5 März 1933, bei denen seine Partei 43,7% der abgegebenen Stimmen auf sich vereinigte und 288 Mandate errang. Sein Partner von Papen (Hugenberg) erzielte seinerseits 8,3% der Stimmen und 52 Sitze. Diese 340 Abgeordneten hatten im neuen Reichstag (646 Sitze) die absolute Mehrheit.

*Hitler am Balkon der Reichskanzlei, 30. Januar 1933.
Er grüßt den ihn huldigenden Fackelzug*

Ein Kabinett Hitler—von Papen, in dem der zweite diesmal in der Minderheit stand, stellte sich am 21. März 1933 dem Reichstag vor. Hitlers Erklärung zur Lage der Nation wurde mit 441 gegen 94 Stimmen (die der anwesenden Sozialdemokraten und einiger Einzelgänger; das katholische Zentrum hatte für Hitler gestimmt) gebilligt. Zwei Tage später, am 23. März, wurde ihm mit dem »Gesetz zur Behebung der Not von Volk und Reich« die Generalvollmacht gewährt mit 441 gegen 94 Stimmen (der Sozialdemokraten).

Die Kommunisten waren von dem Reichstag ausgeschlossen worden. Haftbefehle lagen vor. Manche von ihnen waren schon hinter Schloß und Riegel, die übrigen versteckten sich oder flohen ins Ausland. Auch ein Dutzend Sozialdemokraten waren verhaftet worden, oder sie nahmen an den Sitzungen nicht teil, da Haftbefehle gegen sie erlassen worden waren.

Die Hitler-Diktatur stand.

4. Hitler als Reichskanzler

Daß die Politik Hitlers umstritten war und immer noch umstritten ist, ist durchaus natürlich. Es ist zum einen unser angeborenes Recht, alles in Frage zu stellen, selbst die rationalste Politik, die auf den unbestrittensten moralischen Grundsätzen unserer Auffassung des Humanismus verankert ist; zum anderen war die Hitler-Politik für diesen Humanismus, angesichts der heiligsten und unantastbarsten Menschenrechte, höchst anfechtbar. Es ist nicht überflüssig, daran zu erinnern, daß der Verfasser zu denjenigen zählte die sie bis zur äußersten Grenze — bis zur Deportation — angefochten haben, und daß er von dieser Meinung nicht abgekommen ist, was seine Widersacher bei regelmäßigen Pressekampagnen auch immer behaupten mögen.

Eines ist dagegen unanfechtbar, zumindest in einer Welt, die nahezu allgemein[59] annimmt, daß die Regierung der Gesellschaftsverbände auf der Mehrheitsregel beruht: das ist die Legitimität Hitlers. Mindestens 52% der Wähler hatten ihn in die Reichskanzlei gebracht und waren von vornherein entschlossen, ihm die Generalvollmacht bedingungslos zu erteilen, nur unter der Voraussetzung, daß Papen sein Vizekanzler sein würde.[60]

---

[59] Nur die Anarchisten wollen es nicht einsehen. Da sie aber weder Proudhon, noch Bakunin, noch Kropotkin, noch Elisée Reclus kennen, sind ihre gegenwärtigen Vertreter so unbedeutend, daß dieses Prinzip als nahezu allgemein anerkannt gilt.

[60] Eigentlich wurde Hitler zum Reichskanzler von mehr als 52% der Wähler ernannt. Am 2. März 1933, also zwei Tage vor den Wahlen, hielt Msgr. Kaas eine große öffentliche Versammlung in Köln ab, und zwar unter dem Vorsitz des Bürgermeisters und späteren Bundeskanzlers Konrad Adenauer, der ihm damals warmherzig beipflichtete. Kaas erläuterte das Programm seiner Partei und sagte, es könne angesichts der Haltung der Kommunisten keinen anderen Kanzler als Hitler geben. Allerdings erteilte er ihm nicht bedingungslos die Generalvollmacht: Er habe von Hitler Zusicherungen in vierzehn Punkten erhalten, was einer Einhaltung der parlamentarischen Regeln gleichkomme. In ganz Deutschland wandten sich die Kandidaten des katholischen Zentrums in ähnlicher Weise an die Wählerschaft. Bei der Verabschiedung des Ermächtigungsgesetzes im Reichstag erteilten die Abgeordneten des katholischen Zentrums Hitler die Generalvollmacht auf Grund

Zumindest stand seine Wahlkampagne unter diesem Motto, und die Wählerschaft war gewarnt. Im Reichstag drückte sich diese Mehrheit mit 53,13% der Sitze (340 von 646) aus. Die Generalvollmacht erhielt er aber mit mehr als der Zweidrittelmehrheit: Freilich enthielt seine Reichstagsrede vom 23. März 1933, in der er sie forderte, folgende Stelle: »Die Regierung beabsichtigt dabei, von diesem Gesetz nur insoweit Gebrauch zu machen, als es zur Durchführung der lebensnotwendigen Maßnahmen erforderlich ist. Weder die Existenz des Reichstags noch des Reichsrats soll dadurch bedroht sein. Die Stellung und die Rechte des Herrn Reichspräsidenten bleiben unberührt; die innere Übereinstimmung mit seinem Willen herbeizuführen, wird stets die oberste Aufgabe der Regierung sein. Der Bestand der Länder wird nicht beseitigt, die Rechte der Kirchen werden nicht geschmälert, ihre Stellung im Staate nicht geändert. Die Zahl der Fälle, in denen eine innere Notwendigkeit vorliegt, zu einem solchen Gesetz die Zuflucht zu nehmen, ist an sich eine begrenzte.«

Und an die Adresse des katholischen Zentrums fügte er sogar hinzu, daß »die Reichsregierung, die im Christentum die unerschütterlichen Fundamente der Moral und Sittlichkeit des Volkes sieht, größten Wert auf freundschaftliche Beziehungen zum Heiligen Stuhl legt und sie auszugestalten sucht«.[61]

Man könnte die Meinung vertreten, daß das katholische Zentrum nicht für Hitler gestimmt hätte, wenn seine Erklärung diese Versicherungen nicht enthalten hätte, und man würde höchst wahrscheinlich richtig liegen. Damit Hitler im Reichstag überstimmt und seine Legitimität angefochten wurde, hätte auch Papens parlamentarische Fraktion gegen ihn stimmen müssen, und am 23. März 1933 war eine solche Möglichkeit völlig ausgeschlossen, selbst wenn Hitler diese beteuernde Erklärung nicht abgegeben hätte: Wir

---

seiner beteuernden Erklärung, in der er die Vollmacht nur in begrenztem Maße forderte.

[61] Auf Grund dieses öffentlich bekundeten Wunsches Hitlers unternahm die deutsche Diplomatie (durch die Vermittlung Vizekanzler Papens und Prälat Kaas') Schritte im Vatikan, die nach den dann eingeleiteten Verhandlungen schon bald zur Unterzeichnung des Konkordats führten, das der Vatikan schon seit Jahren erstrebt hatte. Diese Ergänzung gilt für alle, die mit Rolf Hochhuth immer noch der Auffassung sind, daß das damalige Konkordat auf die Initiative des Vatikan zurückgehe, insbesondere auf die Kardinal Pacellis in dessen Namen.

dürfen nämlich nicht vergessen, daß am 1. Dezember 1932 Papen mit weniger Garantien den Reichspräsidenten vergeblich um die Generalvollmacht ersucht hatte, daß am 23. Januar auch Schleicher sie, verbunden mit einer Kaltstellung des Reichstags, für sich gefordert hatte, daß beide durch diese Haltung aneinander gebunden waren und daß sie Hitler nicht verweigern konnten, was sie für sich verlangt hatten, selbst wenn sie gewußt hätten, daß Hitler wortbrüchig würde. Von Papen gehörte ohnehin der Regierung an, in deren Namen er sie forderte.

Selbst in der Annahme, daß Hitlers Erklärung besagte Versicherungen nicht enthalten hätte und die parlamentarische Fraktion von Papens sich dem katholischen Zentrum angeschlossen hätte, um ihn im Reichstag zu überstimmen, blieb immer noch der Volkswille, Quelle aller Legitimität in der demokratischen Staatsform. Da es hier nicht zur Reichstagsauflösung kam, wurde nicht auf ihn verwiesen: in der Geschichtsforschung darf man keine Schlüsse aus einem Ereignis ziehen, das ausgeblieben ist, im vorliegenden Fall also mutmaßen, wie das Volk reagiert hätte. Man kann dennoch annehmen, daß Hitler, zu diesem Zeitpunkt im Aufwind, aus Neuwahlen noch stärker hervorgetreten wäre — unter der Voraussetzung, daß Wahlen noch in geordneten Verhältnissen durchgeführt werden konnten was angesichts der Atmosphäre, in der die Wahlen vom 5. März 1933 stattfanden, allerdings sehr fraglich war.

Am 5. März zählte Deutschland über 6 Millionen Arbeitslose[62], das heißt mindestens 15% der berufstätigen Bevölkerung. Wenn man bedenkt, daß zeitgenössische Wirtschaftsexperten die 5%-Marke als Schwelle der sozialen Unruhen ansehen, war diese Schwelle weit überschritten. Unruhen hatten übrigens auch die letzte Wahlkampagne gekennzeichnet: am 27. Februar 1933 wurde der Reichstag von einem Geisteskranken oder Psychopathen in Brand gesteckt, und Hitler war geschickt genug, um den Kommunisten dieses Verbrechen anzulasten[63]; die meisten politischen

---

[62] Laut offizieller Statistik vom 1. Januar 1933 gab es 5 598 855 Arbeitslose.
[63] Die Kommunisten kehrten in den Reichstag mit nur 81 Mandaten (anstatt der bisherigen 100) zurück. Freilich wurden ihnen auf höheren Befehl vom 3. Februar 1933 alle öffentlichen Kundgebungen untersagt, und am 28. Februar, also unmittelbar nach dem Reichstagsbrand, hatte Hitler vom Reichspräsidenten Hindenburg eine präsidiale Verordnung erwirkt, die die Kommunistische Partei

Kundgebungen verwandelten sich in geordnete Feldschlachten: 18 Nationalsozialisten und 51 Nazi-Gegner wurden ermordet.[64]

Daß Neuwahlen zu einer von Hitler hoch gewonnenen Machtprobe auf der Straße geführt hätten, ist demnach keine gewagte Behauptung. Zumal er für die überwältigende Mehrheit der öffentlichen Meinung als ein vom Volk gewählter Reichskanzler erschienen wäre, dem der Reichstag den Posten verweigert hätte. Neuwahlen wären nichts anderes als ein Aufstand gegen die Entscheidung des Reichstags gewesen.

Wir dürfen uns nämlich keine Illusionen machen: waren die Parteimitglieder (10 bis 12% der Bevölkerung wie in allen Ländern) für alle innenpolitischen Fragen empfänglich, die Hitlers beteuernde Erklärung angeschnitten hatte, so war die Öffentlichkeit dagegen völlig gleichgültig. Nur eines beschäftigte sie: die sechs Millionen Arbeitslosen, die sie dem Versailler Vertrag zuschrieb, und ab 1930 stand dieses Thema im Mittelpunkt aller Wahlkampagnen. Für die meisten war Hitler offenbar der einzige, der sie von dieser Last befreien könnte.

Dieser nahezu allgemeinen Ansicht entsprach die Denkhaltung der Großindustriellen. Am 20. Februar 1933 fand im Amtsgebäude des Reichstagspräsidenten (Göring) eine geheime Zusammenkunft statt, an der, außer Göring und Hitler, Reichsbankpräsident Schacht, Krupp von Bohlen, Bosch und Schnitzler (I.G. Farben), Vögler (Vereinigte Stahlwerke), Thyssen und rund zwanzig weitere Magnate aus der Schwerindustrie teilnahmen. Alle zollten Hitler viel Beifall, als er erklärte, er würde unter anderem diesen teuflischen Wahlen, der Demokratie, den Wirtschaftsklauseln des Versailler Vertrags, der Abrüstung ein Ende machen. »Ich reichte ein Tablett und erhielt drei Millionen Reichsmark«, erklärte Hjalmar Schacht in Nürnberg.[65]

Diese Verbindung der Hochfinanz und der öffentlichen Meinung konnte Hitler nur zum Triumph verhelfen. Ohne auf das Heer zurückgreifen zu müssen, dessen Unterstützung General und Altkanzler von Schleicher ihm zugesagt hatte, da dieser ebenfalls auf

---

verbot. Außerdem konnte er nun alle Mitglieder der Opposition verhaften lassen, die seiner Ansicht nach die Staatssicherheit gefährdeten.

[64] Die Zahlen stammen von W. L. Shirer, *Aufstieg und Fall des Dritten Reiches*, aaO.

[65] Internationaler Militärgerichtshof, Nürnberg, Bd. 32, Dokument 3725-PS, Verhör Hjalmar Schachts vom 20. Juli 1945.

die Einheit des Reichs, die Wiederherstellung der inneren Ordnung sowie die Rückkehr zu den Grenzen vor 1914 bedacht war.

Hitler hielt bekanntlich sein Versprechen nicht. Innerhalb der drei folgenden Monate wurde Deutschland von einem Netz allmächtiger Kreis- und Gauleitern überzogen. Die Opposition wurde unter anderem durch eine unerbittliche Polizei, die errichteten Konzentrationslager geknebelt. Deutschland befand sich nun in folgender besonderer Lage. An seiner Spitze stand ein Kanzler, der *moralisch* eine Legitimität verloren hatte, die das Volk ihm aber *politisch* (der gesellschaftlich einzig geltende Standpunkt) nicht streitig zu machen gedachte. Deutschland gab der Hitler-Diktatur mehrmals seine Zustimmung: am 1. April 1933, angesichts der ersten Wirtschaftsmaßnahmen gegen die Juden, gab es seitens des Volkes keine Reaktion, wenn, dann der Zustimmung. Ebensowenig am 14. Juli 1933, als die NSDAP zur Einheitspartei erklärt und die anderen Parteien, wenn sie sich nicht schon vorher aufgelöst hatten, verboten oder aufgelöst wurden. Am 1. Mai 1933 schlossen sich die bislang opponierenden Gewerkschaften Hitler bei riesigen öffentlichen Kundgebungen an.

Die unbeugsamen Regimegegner versteckten sich aus Angst oder flohen ins Ausland (wo sie als Apostel des Jakobinismus auftraten, sich aber lächerlich machten durch ihr Unvermögen zu verhindern, was in Deutschland geschehen war, oder sie traten dort für den Krieg gegen das neue Regime ein, um ihr Versagen wettzumachen). Einen Abgeordneten Baudin gab es im Deutschland von 1933 nicht; und sollte es einen gegeben haben, erfuhr es niemand. Hitler war wirklich der Ausdruck des Volkswillens, und seine Legitimität wurde somit unbestreitbar. Ohnehin hatten alle Staaten der Welt seine Regierung anerkannt.

Man hat auch gesagt, daß die unter Hitlers Regie durchgeführten Wahlen vom 5. März 1933 nichts anderes als ein Druck der Macht auf die Wählerschaft gewesen seien. Dann muß man aber auch diesen Druck messen. Bei den Reichspräsidentenwahlen vom 13. März 1932, also während Brünings Kanzlerschaft, erzielte die NSDAP 30,1% der abgegebenen Stimmen und 37,3% bzw. 33,1% bei den Reichstagswahlen vom 31. Juli bzw. 6. November 1932. Durchschnittsquote: 33,5%. Bei den Wahlen vom 5. März 1933 vereinigte seine Partei 43,7% der Stimmen auf sich und wies damit eine Steigerung von 10,2% auf. Könnten wir zu diesen 10,2% all diejenigen zählen, die gern dem Sieg zu Hilfe eilen und nach dem Motto »wo Tauben sind, fliegen Tauben hin« für Hitlers Wahlkandidaten gestimmt haben, ohne daß irgendein Druck auf sie ausgeübt wurde, dürfte die Prozentzahl jener, die dem Druck gefolgt sind, alles in allem sehr gering sein.

Es ist nicht sinnvoll, Hitlers Machtergreifung in Deutschland länger zu kommentieren: man hat alles gesagt, zumindest das Wesentliche, wenn man festgestellt hat, daß er an der Macht mit dem Einverständnis des deutschen Volkes war, das ihm zehn Jahre lang (bis Stalingrad) ein außergewöhnliches Vertrauen entgegenbrachte, was er auch immer tat. Nur eine Frage bleibt offen: Ist ein Volk in einer Demokratie berechtigt, der Demokratie auf dem demokratischen Weg zu entsagen? Die Antwort ist einfach und deutlich: »Und wenn es mir behagt, geschlagen zu werden?«

Hier taucht eine Zusatzfrage auf: Da ein Volk niemals eine Entscheidung einstimmig trifft, welches Verhältnis muß dann zwischen Mehrheit und Minderheit bestehen? Meines Wissens ist diese Frage prinzipiell und unter Berücksichtigung der Menschenwürde einzig von P. J. Proudhon beantwortet worden, und zwar in *Du principe fédératif*, das eine Art Gesellschaftsvertrag ist, aber anspruchsund inhaltvoller als der Rousseausche, wenn auch etwas überladener. Was die Regierung der Gesellschaft anlangt, erlegt die Mehrheit praktisch überall der Minderheit ihr Gesetz auf und tut ihr Zwang an. Zwischen den einzelnen Regierungsformen bestehen heute nur noch feine Unterschiede, und sie betreffen nicht das Prinzip der Gewalt, welche die Mehrheit der Minderheit antut, sondern ihren Grad. Es gilt als stillschweigendes Übereinkommen, daß ein bestimmter Grad nicht überschritten werden darf. Dieser Grad ist aber nicht genau definiert, da in keinem Gesetz verankert. So ungenau er auch immer festgelegt war, hatte das Deutschland von 1933 ihn gegenüber allen Regimegegnern (Kommunisten, Sozialdemokraten, Juden usw.) bestimmt weit überschritten.

Es handelt sich aber um ein innenpolitisches Problem, und kein Volk war jemals berechtigt, sich in die inneren Angelegenheiten eines anderen einzumischen. Zumal ein vergleichbares Phänomen irgendwann im Verlauf der Geschichte anderer Völker, ja sogar als Begleiterscheinung, zu beobachten war: das demokratische Frankreich von 1944 stand jenem Deutschland von 1933 in nichts nach. Und Rußland vor und nach 1944? Und Jugoslawien seitdem?

Und China? und Kuba? Auch wenn wir die politische Haltung der meisten Deutschen von damals mißbilligen, müssen wir doch festhalten, daß die Besserwisser gerade diejenigen sind, die allen voran vor ihrer eigenen Tür kehren müßten. Die schlimmste aller Gewalten, die einem Menschen angetan wird, ist schließlich, ihm keine Arbeit zu geben oder ihn für einen ungebührlichen Lohn arbeiten zu lassen, und diese Gewalt hat Hitler zweifellos keinem Deutschen angetan, was auch zu seinem Erfolg beitrug.

Daß dies in theoretischer Hinsicht nicht ausreicht, um die anderen Gesichtspunkte seiner Innenpolitik gelten zu lassen, ist unbestreitbar. Es fragt sich aber, ob er nicht in der Praxis zu diesen Gesichtspunkten eben durch jene Lage gedrängt wurde, die die Politik der anderen Völker in Deutschland geschaffen hatte. Wahrscheinlich ist es noch zu früh, um diese Frage zu stellen: Die antideutsche Welle, die wegen einer angeblichen Wiedergeburt des Nazismus seit zwanzig Jahren (gesehen von 1967) überall in der Welt schlägt, trägt jedenfalls nicht dazu bei. Wir müssen nur hoffen, daß die künftigen Historiker und Soziologen — vor allem die Soziologen — diese Frage mit Anklang an dem Tag stellen, an dem die Gemüter sich beruhigt haben und Ruhe wieder eingekehrt ist.

Damit ist die durch Hitlers Machtübernahme aufgetretene Frage von den falschen Problemen befreit, die zu Propagandazwecken auf sie aufgepfropft wurden. Es ist nun möglich, das eigentliche Problem zu erörtern, angesichts dessen alle anderen — für den unparteiischen Beobachter — nur noch als Krimskrams erscheinen: den Zweiten Weltkrieg.

Fast dreißig Jahre (betrachtet von 1967) nach den Kriegsereignissen überwiegt weiterhin die Meinung, daß Hitler und das deutsche Volk allein die Schuld an diesem Weltkrieg trügen.[66] Wir leben in einer wahrlich seltenen geistigen Verwirrung: die Verfechter dieser Ansicht merken nicht einmal, daß die Kriegsschuld, wäre sie begründet, dann ganz auf diejenigen zurückfallen würde, die Hitler an die Macht gebracht haben, ich meine diejenigen, deren Politik das deutsche Volk zu dieser extremen Lösung gedrängt hat. Und gleich

---

[66] Zum Beispiel der angesehene französische Philosoph Wladimir Jankelevitch (in *Combat*, 9. Juni 1965): ». . . das furchtbare Blutbad, welches das ganze deutsche Volk zu verantworten hat: Ein Volk, das einhellig um seinen mit Begeisterung bestätigten Führer versammelt war«. Es vergeht kein Tag, an dem diese Ansicht in welcher Form und aus welcher Feder auch immer in der Großpresse nicht erscheint.

einem Bumerang würde sie ihnen aufs Gewissen zurückfallen, weil gerade sie diese Politik getrieben oder gefördert haben: Das Huhn ist für sein Ei verantwortlich.

Unsere Untersuchung, die die eigentlichen Urheber des Zweiten Weltkriegs nennen will, mußte zunächst den Aufstieg Hitlers zur Macht Schritt für Schritt verfolgen und ihn mit der Politik in Zusammenhang bringen, die ihm als Stütze diente. Wir glauben auf unwiderlegbare Weise gezeigt zu haben, daß die unter französischer Regie immer wieder bekräftigte Unantastbarkeit der Wirtschaftsklauseln im Versailler Vertrag diese Stütze abgab und daß dieser Vertrag äußerst hart und unbillig war. Es ist offenbar, daß Hitler niemals an die Macht gekommen wäre, wenn Frankreich, England und die USA nach dem Wallstreet-Krach 1929 Deutschland gegenüber die gebotene Solidaritätspolitik betrieben hätten, anstatt sich auf diese Unversöhnlichkeit zu versteifen.

Und als Hitler an der Macht war, kam es letztlich zum Krieg, weil Frankreich, England und die Vereinigten Staaten die Politik fortsetzten, die ihn an die Macht gebracht hatte.

Diese Politik hätte vertretbar sein müssen, wollte man dem deutschen Volk vorhalten, sein Schicksal Hitler anvertraut zu haben, nachdem alle eingeschlagenen Lösungswege sich als Sackgassen herausgestellt hatten, und ihm die Schuld am Zweiten Weltkrieg anlasten.

Sie war es aber nicht, so daß die Schuld nun sie — als Ursache — trifft. Wir haben nachgewiesen, daß sie Hitlers Aufstieg zur Macht verschuldete: Es läßt sich ebensogut nachweisen, daß der Zweite Weltkrieg nicht unvermeidlich war — auch mit Hitler an der Macht.

Das soll im folgenden geschehen, indem die Entwicklung der Lage eingehend untersucht wird.

II. Hitlers Außenpolitik

1. Vom Versailler Vertrag zur allgemeinen Abrüstung

Hitlers Außenpolitik hinsichtlich des Versailler Vertrags ging damals grundsätzlich von denselben Überlegungen aus wie die der Weimarer Republik — die nicht nationalsozialistisch war! — und setzte sie in der Praxis konsequent fort. Es gilt vor allen Dingen, die Grundzüge dieser Politik am 30. Januar 1933 festzuhalten, als Reichspräsident Hindenburg unter dem Druck der Ereignisse, die die Politik der Siegermächte in seinem Land hervorgerufen hatte, Hitler zum Reichskanzler ernannte.

Am 7. Mai 1919 war die deutsche Delegation nach Versailles zur feierlichen Übergabe des Vertrags eigens bestellt[67] worden. Nachdem der Delegationschef, Graf Brockdorff-Rantzau, die Friedensbedingungen zur Kenntnis genommen hatte, war er wie niedergeschmettert. Deutschland wurde von einer echten Panik ergriffen. Gerade hatten die Deutschen die zweifellos sechs düstersten Monate ihrer Geschichte, gelebt. Ende April, also einige Tage zuvor, hatte Kommissionspräsident Hoover[68] dafür gesorgt, daß die seit der Unterzeichnung des Waffenstillstands getroffenen

---

[67] Man mußte sie beinahe manu militari dorthin bringen. Die deutsche Regierung hatte die Aufforderung abgelehnt, eine Delegation zu dieser Zeremonie zu schicken. Sie gab vor, daß die Verpflichtungen, die Präsident Wilson im Namen der alliierten Mächte — in seiner Botschaft an den amerikanischen Kongreß vom 8. Januar 1918 (14 Punkte) und in früheren Erklärungen, insbesondere seiner Rede vom 27. September 1918 — eingegangen war, nicht erfüllt wurden. Nach diesen Erklärungen sollte der Friede auf der Grundlage des freien Selbstbestimmungsrechts der Völker abgeschlossen werden, und die Paragraphen des Vertrags sollten frei und ohne Unterschied zwischen Siegern und Besiegten erörtert werden; und sie hätten daher Deutschland dazu bewogen, die Waffen niederzulegen. Ferner sei Deutschland wider alles Erwarten von der Friedenskonferenz ferngehalten worden, und es habe keine Einwände erheben können. Unter diesen Umständen werde ein Bote durchaus genügen. Daraufhin wurden im alliierten Lager militärische Vorkehrungen getroffen, und der Vorsitzende der Friedenskonferenz richtete eine Drohnote an Deutschland, das nun nachgab.
[68] Vorsitzender der von der Friedenskonferenz gegründeten Kommission, die allen europäischen Völkern in Nahrungsnot helfen sollte.

Maßnahmen etwas gelockert wurden: Deutschland durfte 29 Millionen Goldmark ausführen, um Lebensmittel zu kaufen, einige seiner Schuldforderungen in den neutralen Staaten waren freigegeben worden, so daß es unter anderem Konserven in den skandinavischen Ländern und Weizen in Argentinien kaufen konnte.

Bis dahin war aber die Handelssperre unnachgiebig gewesen: Deutschland durfte nur unter Aufsicht der Alliierten ein- oder ausführen, die ebenso wachsam wie streng waren.[69]

Ohnehin war diese Sperrmaßnahme überflüssig: Das Embargo, das auf Deutschlands Goldreserven und seinen Schuldforderungen im Ausland lastete, lähmte das Wirtschaftsleben völlig, und da Deutschland nichts auszuführen hatte, konnte es ebensowenig etwas einführen. Schließlich hatten die alliierten Mächte ebenfalls seine Verkehrswege und -mittel in Beschlag genommen und die Lieferung der, in der Waffenstillstandsvereinbarung vorgesehenen, 5000 Loks und 150 000 Eisenbahnwagen gefordert, so daß im Lande selbst Lebensmittel und Rohstoffe nur in nahezu unbedeutendem Maße von den Erzeuger- zu den Verbrauchergebieten befördert werden konnten.

Im Winter 1918—19 hatten die Haushalte überall, mit Ausnahme des Ruhrgebiets, unter den mangelnden Kohlelieferungen gelitten. Alles in allem: vier Millionen Männer, die in keinen Bereich des wirtschaftlichen Lebens eingegliedert werden konnten, der Hunger, die Kälte, ein finsteres Elend; eine Revolution, die im Januar im Blut erstickt werden mußte, die im Mai aber immer noch schwelte, und der Bolschewismus vor der Tür...

Für die Deutschen konnte der Friedensvertrag nur hart sein: Die Waffenstillstandsvereinbarung und die ihnen seitdem auferlegten Bedingungen deuteten allzusehr darauf hin. Die Ende April getroffenen Entlastungsmaßnahmen hatten dennoch die Hoffnung aufkommen lassen, daß die vom Friedensvertrag geschaffene Lage, wie schwer auch immer, doch erträglich sein würde. Nun aber wurden die Handelssperre und das Embargo auf Deutschlands Goldreserven und seine ausländischen Schuldforderungen nicht nur nicht aufgehoben[70]; zu dem abzutretenden Eisenbahnmaterial kamen

---

[69] Die Hungerblockade wurde erst im Sommer 1919 gelockert. (d. Ü.)
[70] Sie sollte erst im folgenden Oktober aufgehoben werden. Ein genaues Datum stand aber nicht fest.

außerdem umfangreiche Lieferungen an Industrieund Landwirtschaftsmaschinen hinzu, und als Krönung wurden Deutschland alle auswärtigen Märkte (Österreich-Ungarn, Armenien, Afrika und Ferner Osten) weggenommen.

Darüber hinaus sollten die Deutschen als Entschädigung und Reparationen einen Betrag zahlen, der von einer Botschafterkonferenz zwar erst nach Prüfung festgesetzt werden, der aber den sehr harten Bedingungen des Vertrags entsprechen würde.[71] Als geborene Volkswirte und Meister bildhafter Darstellung erkannten die Deutschen sofort, daß ihr Land in eine Art Handelshaus, wohl gelegen in einer der verkehrsreichen Hauptstraßen der Welt, verwandelt war, an deren Toren aber Schildwachen standen, um eventuellen Kunden den Eintritt zu verbieten und sie zum Kauf in England aufzufordern. Alle ihnen entzogenen Märkte hatte nämlich England bekommen, bis auf einige Brosamen, die Frankreich zugestanden worden waren. Ein Land mit fünfundsechzig Millionen Einwohnern war zum Betteln verurteilt in einer Welt voller Ressentiments, die keine großzügigen Almosen geben würde und durch die militärischen Vertragsbestimmungen gedachte, ihm jederzeit ihren Willen aufzwingen zu können. Das Ergebnis waren Arbeitslosigkeit und Elend als Dauerzustand und obendrein die Hörigkeit!

---

[71] Am 24. Januar 1921 hatte die Botschafterkonferenz die Kriegsschuld auf 212 Milliarden Goldmark festgesetzt; sie wurde am 1. Mai auf 132 Milliarden Goldmark heruntergesetzt. Die Deutschen schlugen ihrerseits 30 Milliarden vor. (Siehe André François-Poncet, *Von Versailles bis Potsdam*, Mainz—Berlin 1949, S. 78).

DIE JAHRHUNDERT-PROVOKATION

Georges Clemenceau, Leiter der Friedenskonferenz, trifft in Versailles ein

In einem 443seitigen Buch, das heute noch als wertvolle volkswirtschaftliche Abhandlung und als Denkmal des gesunden Menschenverstands gilt, unterbreitete die deutsche Regierung unter Scheidemann Gegenvorschläge. Sie beeindruckten die britische Delegation, namentlich Premierminister Lloyd George, sowie die amerikanische und Präsident Wilsons Sekretär Lansing. Die von Clemenceau geleitete französische Delegation blieb dagegen unnachgiebig; die übrigen richteten sich, wenn auch widerwillig, nach Frankreich aus, und die deutsche Regierung erwirkte nichts.

Schließlich unterzeichnete sie den Vertrag am 28. Juni 1919, protestierte dabei aber leidenschaftlich, daß ihr das Messer an der Kehle sitze und sie nicht anders handeln könne.

Es sei bemerkt, daß der britische Nationalökonom Keynes diesen Vertrag als »eine Herausforderung der Gerechtigkeit und der Vernunft« bezeichnete, als »einen Versuch, Deutschland der Versklavung zuzuführen, als ein Gewebe von jesuitischen Auslegungen zur Bemäntelung von Ausraubungsund Unterdrückungsabsichten.«[72] Lloyd Georges selbst, so André

---

[72] Keynes, *Die wirtschaftlichen Folgen des Friedensvertrags*, München 1920.

François-Poncet[73], schwörte, »der Kaiser werde in einem Käfig durch die Straßen geführt und dann gehängt werden, und man werde Deutschland zur Wiedergutmachung der von ihm verursachten Schäden so auspressen »bis man die Knochen knacken hört«.« Die Amerikaner lehnten den Vertrag ihrerseits ab und schlossen am 25. August 1921 einen eigenen, etwas vernünftigeren und humaneren Friedensvertrag mit Deutschland.

Den Versailler Friedensvertrag griffen die Deutschen in der Zwischenkriegszeit nicht etwa mit Bezug auf die allgemeine, systematische Kritik eines Keynes oder Lloyd George, sondern neben den Gebietsabtretungen vor allem auf Grund seiner militärischen Klauseln an, und damit hatten sie meistens Erfolg bei den Engländern, den Amerikanern sowie in weiten Teilen der französischen Öffentlichkeit. Der Vertrag enthielt hierin nämlich eindeutige gegenseitige Verpflichtungen und bot, falls diese eingehalten würden, einen ausgezeichneten Zugang zum Kern des Problems.

Die militärischen Bestimmungen (Landheer, Marine, Luftstreitkräfte) umfassen den ganzen Teil V des Vertragswerks. Sie lassen sich in wenigen Punkten zusammenfassen: Berufsheer von 100 000 Mann für das Heer und 15 000 für die Marine; Zerstörung der Befestigungsanlangen und Kriegsfabriken; Ablieferung aller größeren Kriegsschiffe, U-Boote, fast aller Handelsschiffe; Materiallieferung an die Alliierten. Im Anhang sind Bürgschaften für die Durchführung verzeichnet: Besetzung des linken Rheinufers sowie der Brükkenköpfe Köln, Koblenz, Mainz und Kehl; allmähliche Räumung, je nachdem der Vertrag erfüllt wird; Saarland an den Völkerbund unter Frankreichs Verwaltung für fünfzehn Jahre, anschließend Volksabstimmung im Saargebiet über französische oder deutsche Zugehörigkeit; Pfändung weiterer Gebiete im Falle einer Nichterfüllung. Die gegenseitige Verpflichtung ist dem Teil V vorangestellt und lautet:

»Um die Einleitung einer allgemeinen Rüstungsbeschränkung aller Nationen zu ermöglichen, verpflichtet sich Deutschland, die im

---

[73] André François-Poncet, *Der Weg von Versailles nach Potsdam*, aaO., S. 69. — Siehe auch Paul Rassinier, *Le Véritable Procès Eichmann ou les Vainqueurs incorrigibles*, Paris 1962.

folgenden niedergelegten Bestimmungen über das Landheer, die Seemacht und die Luftfahrt genau innezuhalten.«

Das war klar: Die deutsche Abrüstung sollte einer allgemeinen Abrüstung vorausgehen. Das war um so klarer, als das der alliierten Antwort (Mantelnote) auf die deutschen Änderungsvorschläge beigelegte Schreiben Clemenceaus vom 16. Juni 1919 diese Verpflichtung erläuterte:

»Die Alliierten und Assoziierten Mächte betonen nachdrücklich, daß ihre Bedingungen bezüglich der deutschen Bewaffnung nicht nur darauf abzielen, Deutschland an einer Wiederaufnahme seiner Politik der militärischen Aggression zu hindern. Sie bilden auch den ersten Schritt zum Abbau und zur allgemeinen Begrenzung der Rüstung, die die bezeichneten Mächte als bestes Mittel, den Krieg zu verhüten, anstreben; dem Völkerbund wird es obliegen, diesen Abbau und diese Begrenzung als erstes zu verwirklichen. Es ist ebenso gerecht wie notwendig, mit der zwangsweisen Rüstungsbegrenzung bei dem Staat zu beginnen, der die Verantwortung für ihr Anwachsen trägt.«

Clemenceau, Leiter der französischen Delegation bei der Friedenskonferenz, sprach das nicht deutlich aus, und man kann diesen Text nur für das nehmen, was er aussagt — das taten die Deutschen übrigens auch. Clemenceaus Haltung während der Verhandlungen berechtigte aber zu der Ansicht, daß er die wirtschaftlichen Vertragsbestimmungen für völlig unverwirklichbar hielt. Daß sie dennoch Deutschland aufgezwungen würden, forderte er von den Engländern und Amerikanern, weil er bei Nichterfüllung einen juristischen Grund haben wollte, nicht nur der Räumung des linken Rheinufers und der Brückenköpfe zu entgehen, sondern auch weitere deutsche Gebiete zu pfänden.

Das ist zumindest, was unter »dem Gewebe von jesuitischen Auslegungen zur Bemäntelung von Ausraubungsund Unterdrückungsabsichten«, »vom Machthunger und Hegemoniestreben« zu verstehen ist, die Keynes und Lloyd George Frankreich zuschrieben.

Im Januar 1923 war Deutschland tatsächlich völlig entkräftet; die Parität seiner Währung zum Dollar war von vier zu eins im Oktober 1918 auf eintausendsechzig zu eins gefallen. Da Deutschland nicht mehr zahlen konnte, erteilte Poincaré den französischen Truppen unter General Degoutte den Befehl, am 11. Januar 1923 das Ruhrgebiet zu besetzen und die Bergbauproduktion zu beschlagnahmen. Gegen den Willen der Engländer und zur großen Entrüstung der Amerikaner erfolgte das.

Gemäß der Artikel 203 bis 210 des Versailler Vertrags ließ sich die ernannte Interalliierte Militärkontrollkommission (I. M. K. K.) unter Führung des französischen Generals Nollet am 16. September 1919 in Berlin nieder. Als erstes verteilte sie die 383 Offiziere sowie die 737 Unteroffiziere und Mannschaften, die sie umfaßte, auf ganz Deutschland, um die Durchführung seiner Entwaffnung zu überwachen.[74]

Am 16. Februar 1927 berichtete Marschall Foch vor dem Heeresausschuß der französischen Abgeordnetenkammer ausführlich über die Arbeiten dieser Kommission. Er habe sie aufmerksam verfolgt und an Ort und Stelle im Auftrag des Völkerbunds nachgeprüft. Er könne nun versichern, daß mit dem 31. Januar 1927 die Entwaffnung Deutschlands vollendet sei.

Am 28. Februar 1927 verließ die Interalliierte Kontrollkommission Deutschland.

Zwischenzeitlich hatte die Vollversammlung des Völkerbunds am 25. September 1925 beschlossen, eine »Vorbereitende Kommission für die Konferenz über die Beschränkung der nationalen Rüstungen auf ein mit der nationalen Sicherheit und der Erfüllung der sich aus einer gemeinschaftlichen Aktion ergebenden Verpflichtungen vereinbares Mindestmaß« zu gründen. Wie lang sie auch immer war, so lautete ihre Bezeichnung tatsächlich. Ihre Mitglieder waren am folgenden 12. Dezember ernannt worden.[75] Die erste, zum 15.

---

[74] Über die Arbeit dieser Kontrollkommission siehe Jacques Benoist-Méchin, *Geschichte der deutschen Militärmacht*, Bd. 2 *Jahre der Zwietracht*, Oldenburg 1965, S. 331—350.

[75] Folgende Staaten gehörten ihr an: Großbritannien, Frankreich, Italien und Japan, Belgien, Brasilien, Spanien, Schweden, die Tschechoslowakei, Uruguay, Argentinien, Bulgarien, Chile, die Vereinigten Staaten, Finnland, die Niederlande, Rumänien, Jugoslawien, die Türkei, China und Rußland (das ebenso wie die Vereinigten Staaten dem Völkerbund nicht angehörte, nach Gründung der Kommission aber an ihren Arbeiten teilzunehmen wünschte). Deutschland, das noch nicht Mitglied des Völkerbunds war, war zur Teilnahme aufgefordert worden und ernannte Graf Bernstorff, den früheren Botschafter des Reichs in Washington, zu seinem Vertreter.

Die Jahrhundert-Provokation

Inflation 1923: Mit Waschkörben und Lastwagen werden die Geldmassen transportiert. Wer sein Geld nicht sofort ausgab, hatte Stunden später nur noch wertloses Papier. Porto für einen Brief von Berlin nach London: 1 094 000 000 Mark.

6. Oktober 1923, Düsseldorf. Die Schupos werden von der französischen Besatzungstruppe aus der Stadt vertrieben.

Februar 1926 vorgesehene Versammlung konnte erst am 18. Mai 1926 stattfinden.
Und nun begannen die Schwierigkeiten.

2. Frankreich gegen die allgemeine Abrüstung

Nahezu fünf Jahre lang (18. Mai 1926 bis 24. Januar 1931) versuchte die Kommission vergeblich, die ihr gestellte Aufgabe zu bewältigen. Ihr Scheitern ist auf ihre Zusammensetzung und, bezüglich der Rüstungsbegrenzung, auf die besonderen Überlegungen der einzelnen Mitgliedsstaaten zurückzuführen. Die USA urteilten auf Grund des Streits, den sie mit Japan im Pazifik hatten, England ebenso; Japan war von seinen Konflikten mit China besessen, und China von seinen mit Rußland usw. Diese Differenzen konnten aber schlimmstenfalls nur örtlich begrenzte Konflikte hervorrufen, die sich auf dem Verhandlungsweg leicht vermeiden ließen: Offensichtlich konnte ein zweiter Weltkrieg nur aus den europäischen Streitfragen hervorgehen; waren diese von der deutschen Frage beherrscht, mußte letztere in den Mittelpunkt der Diskussion rücken.

Die im Versailler Vertrag verankerte gegenseitige Verpflichtung betraf ohnehin nur die deutsche Frage, und sie hatte außerdem die Gründung der Kommission veranlaßt. In allen Diskussionen und häufig nach langen weltpolitischen Abschweifungen kam man letzten Endes stets auf sie zurück, stieß immer alles auf sie. Es wurde daher ausschließlich über sie und die entsprechenden Stellungnahmen der Kommission debattiert.

Der russische Standpunkt wurde überhaupt nicht beachtet. Als die russische Abordnung in der vierten Sitzungsperiode vom 30. November bis 2. Dezember 1927 erstmals an der Diskussion teilnahm, forderte ihr Delegierter Litwinow unter anderem »die Entlassung sämtlicher Mannschaften der Landheere, der Flotten und der Luftwaffen..., die Zerstörung sämtlicher Waffen..., die Abschaffung jeder militärischen Ausbildung«.

Selbstverständlich gibt es für eine völlig abgerüstete Welt keine Kriegsgefahr, und auf eine solche Welt muß abgezielt werden. Zur Debatte stand aber die *Begrenzung* der Rüstungen, und nicht ihre *Abschaffung*. Der Vorschlag war einfach zu leicht abzuweisen. Möglicherweise verfolgten die Russen hierbei auch kein anderes Ziel.

Der deutsche Standpunkt war dagegen sehr fest. BenoistMéchin hat ihn höchst wahrscheinlich am deutlichsten dargelegt. Er faßt die erste Intervention, die Graf Bernstorff im Namen der deutschen Abordnung während der ersten Sitzungsperiode im Mai 1926 machte, wie folgt zusammen:

»Die Alliierten haben dem Reich ein 100 000 Mann-Heer aufgezwungen. Der Friedensvertrag, die Völkerbundssatzung und nunmehr die Schlußakte von Locarno[76] erkennen jedoch übereinstimmend an, daß die deutsche Entwaffnung den Weg zu einer allgemeinen Abrüstung frei machen soll. Zu einer solchen kann man nur auf drei Wegen gelangen: Entweder senken Sie Ihre Rüstungen auf den Deutschland zugebilligten Stand; oder Sie gestatten Deutschland, seine Rüstung auf Ihren Stand anzuheben; oder aber Sie verbinden beides miteinander, senken Ihre eigenen

---

[76] Am 16. Oktober 1925 in Locarno abgezeichnet und am 1. Dezember in London unterzeichnet. Deutschland hatte die Initiative ergriffen, mit einem Memorandum, das es am 9. Februar 1925 an die französische Regierung richtete:»Falls Frankreich, England, Belgien und Italien auf den Krieg als Mittel zur Verteidigung ihrer jeweiligen Grenzen verzichten und sich gegenseitig den ›Status quo‹ garantieren wollten, würde das Deutsche Reich einem solchen Abkommen gern beitreten.« England unterstütze diesen Vorschlag. Alle stimmten ihm zu, außer Frankreich, das zwei Forderungen stellte: Das Abkommen müsse im Rahmen des Völkerbunds abgeschlossen werden und Polen sowie die Tschechoslowakei miteinbeziehen. England erwiderte, es sei bereit, die belgische, französische und italienische Grenze zu garantieren, es weigere sich aber, jede Verpflichtung im Osten einzugehen. England hatte nämlich begriffen, daß Deutschlands Ostgrenzen nicht als endgültig betrachtet werden konnten, vor allem in bezug auf Polen (Danziger Korridor) und die Tschechoslowakei (Sudetenland). Italien stimmte dieser Auffassung zu. Belgien wiederum konnte nur in eigener Sache Verpflichtungen eingehen. Letztlich schloß sich Frankreich wider Willen diesem Standpunkt an, unter der Bedingung allerdings, daß das Abkommen durch einige bilaterale Verpflichtungen Deutschlands gegenüber Polen beziehungsweise der Tschechoslowakei ergänzt würde. Mit ihrer beharrlichen Politik der Einkreisung Deutschlands hatten letztere nämlich das hierbei versagende Rußland abgelöst, konnte gegebenenfalls eine zweite Front bilden, zumal zwei verstockte Deutschfeinde sich an ihrer Spitze befanden: Pilsudski und Benesch. Demnach enthielt der Locarno-Pakt zwei Teile: den eigentlichen, von allen unterzeichneten Rheinpakt, der die Westgrenze garantierte, und zwei Abkommen, die zwar keine Grenzen garantierten, aber im Streitfall die Verpflichtung beider Partien enthielten, eine schiedsrichterliche Einrichtung anzurufen.

Rüstungen und gestatten uns, die unseren zu verstärken, so daß wir uns in der Mitte treffen.«[77]

Außer Frankreich waren alle europäischen Staaten bereit abzurüsten. Frankreich wollte jedoch in der Lage bleiben, die Durchführung der im Versailler Vertrag enthaltenen wirtschaftlichen Bestimmungen mit Waffengewalt einzufordern. Folglich wollte es, daß Deutschland entwaffnet blieb, und es wollte dabei die Freiheit behalten, nach Lust und Laune zu rüsten. Und Rußland, das sich abwartend verhielt, war (noch) nicht da. Die Rede von Graf Bernstorff galt also nur Frankreich.

Der Leiter der französischen Delegation, Paul-Boncourt, der eine erprobte Deutschfeindlichkeit nie ablegte und Deutschland bei der ersten besten Gelegenheit zu ertappen gedachte, begriff es richtig. Er war aber überrumpelt, und seine Antwort fiel kläglich aus: »Was Sie von uns fordern«, erwiderte er, »ist nicht mehr und nicht weniger als die Erlaubnis, legal wiederaufzurüsten!«

Die anderen Delegationen mußten, im Besitz der Rede wohl einsehen, daß das nicht stimmte. Die Rede des Leiters der deutschen Abordnung hatte mit solcher Auslegung nämlich nichts gemein und war außerdem von einwandfreier Logik. Joseph Paul-Boncourt erkannte sofort, daß er die Kommission verstimmt hatte; daher ließ er sich weitschweifig über die Notwendigkeit aus, Bündnissysteme, gegenseitige Beistandspakte, schiedsrichterliche Stellen zu schaffen. Die Frage der kollektiven Sicherheit müsse gelöst werden, bevor irgendeine Abrüstungsmaßnahme getroffen werde.

»Das Kapitel der Sicherheit ist abgeschlossen!« erwiderte ihm trocken Lord Robert Cecil, der Leiter der britischen Delegation. »Sie haben den Völkerbundpakt und den Vertrag von Locarno, die Garantie Großbritanniens und Italiens, Vereinbarungen mit Polen und der Tschechoslowakei: Was wollen Sie mehr?«

Paul-Boncourt nörgelte, das sei nur ein Anfang und reiche nicht aus. Man müsse dieses System ausbauen, das die früheren Verträge nur flüchtig entworfen hätten...

Die Kommission verfing sich in dieser Spitzfindigkeit.

---

[77] J. Benoist-Méchin, *Geschichte der deutschen Militärmacht 1918—1946*, Bd. 2 *Jahre der Zwietracht*, aaO., S. 354f.; siehe auch *Deutschlands Kampf um Gleichberechtigung*, hrsg. von Richard Schmidt, Berlin 1934, und Karl Schwendemann, *Deutschlands Weg in der Abrüstungsfrage*, S. 18.

Der Locarno-Vertrag verfügte (Art. 10 des ihm zugrunde liegenden Rheinpakts), daß er in Kraft treten solle, »sobald Deutschland Mitglied des Völkerbunds geworden ist«. Deutschland mußte diesem also beitreten: Es stellte seinen Beitrittsantrag am 10. Februar 1926, der zunächst abgelehnt wurde. Erst beim zweiten Anlauf stimmte die Vollversammlung am 8. September 1926 zu, und am 10. September desselben Jahres wurde Deutschland im Laufe der VII. Vollversammlung feierlich aufgenommen. Die Aufnahme trug wesentlich zur Beruhigung der internationalen Beziehungen in Europa bei. Zur Fortsetzung dieses Weges eröffnete der französische Außenminister Briand Gespräche mit dem amerikanischen Außenminister Kellog, die am 27. August 1928 zum sogenannten Briand-Kellog-Pakt oder Pariser Vertrag führten. Dieser ergänzte den Locarno-Vertrag weitgehend und verurteilte »den Krieg als Mittel für die Lösung internationaler Streitfälle und als Werkzeug nationaler Politik«. Vierzehn Staaten, darunter Deutschland, unterzeichneten ihn noch am selben Tag und fast alle übrigen in der folgenden Zeit.

Aber seit seiner Aufnahme in den Völkerbund wollte Deutschland Vollmitglied sein, das heißt die gleichen Rechte wie die übrigen Mitglieder haben. Es wollte außerdem, daß die für alle geltenden Verbindlichkeiten des Versailler Vertrags, vor allem in Sachen Abrüstung, auch allen auferlegt würden, und nicht nur Deutschland.

Die Aufnahme Deutschlands in den Völkerbund verstärkte seinen Standpunkt um ein gewichtiges Argument: In einem demokratischen System wie dem dieser Organisation sollten wenigstens alle Mitglieder grundsätzlich gleichberechtigt sein, sollte es keine zweitrangigen Mitglieder geben; andernfalls besteht keine demokratische Gesellschaft, sondern eine feudale.

Aber jedesmal, wenn die Gleichheit der Rechte zur Debatte stand, tat jeder sein Möglichstes, um der Diskussion auszuweichen. Aus taktischen Gründen nahm Deutschland es nicht tragisch. Die Kontroverse verlor sich in vergebliche Palaver, ob man abrüsten müsse, um die Sicherheit zu gewährleisten, oder ob man zunächst die Sicherheit gewährleisten müsse, um abrüsten zu können: aus der Sackgasse kam man nicht heraus. Frankreich, das mit der These »Sicherheit geht vor« sämtliche Auswege versperrte, machte sich unbeliebt; Deutschland dagegen erfreute sich einer immer größeren Zuneigung vor allem seitens der kleinen Nationen. Nach vier Jahren Diskussionen, die die Sache um kein Jota weitergebracht hatten, erreichte man mit Ach und Krach den November 1930, und die siebte Sitzungsperiode der Kommission wurde eröffnet.

Plötzlich ereignete sich ein Zwischenfall: General von Seeckt, 1920 bis 1926 Oberbefehlshaber der Reichswehr, haute den Knoten durch. In einem Interview gegenüber der *United Press* erklärte er unter anderem: »Wenn die Hoffnung aufgegeben werden muß, alle großen Heere auf den Stand des deutschen Heeres zu verringern, wenn die Antwort der anderen Mächte unbefriedigend bleibt, dann bleibt dem Reich nichts anderes übrig als wiederaufzurüsten, da die anderen nicht abrüsten, auf der Grundlage einer Gleichheit, die der Stärke der Bevölkerung und seiner geographischen Lage entspricht.«

Frankreich tat, als wenn es den Konditionalis übersähe, ergriff die Gelegenheit und erwirkte von der leicht zu überlistenden Kommission eine Entscheidung, die die Unverletzbarkeit des Teiles V des Versailler Vertrags verkündete: daß die deutsche Entwaffnung als endgültiges, ein für allemal feststehendes Ergebnis anzusehen sei, da sie die »Conditio sine qua non« für die Abrüstung der anderen Nationen sei... Frankreich sagte aber kein Wort über die Absichten der anderen Nationen hinsichtlich ihrer Abrüstung.

Sofort erhob sich Graf Bernstorff und rief aus, der Teil V des Vertrags sei nicht einfach *eine* Bedingung für *einen* der Unterzeichnerstaaten, sondern enthalte die moralische und die juristische Verpflichtung für *alle anderen*. Es könne nicht zwei verschiedene Ellen und Gewichte geben, die Entschließung sei ja eine einseitige, einschränkende Auslegung, Deutschland wolle die gleichen Rechte wie alle anderen Mitglieder des Völkerbundes genießen. Schließlich werde er sie verantwortlich machen, wenn sie sich nicht seinen Standpunkt zu eigen machten.

An dieser Darlegung war weder moralisch noch juristisch etwas auszusetzen. Der Vorsitzende erwiderte lediglich, daß diese Forderung nicht in den Zuständigkeitsbereich der Kommission gehöre, sondern in den der Konferenz, die sie vorbereiten solle...

»Dann ruft meine Regierung«, unterbrach Graf Bernstorff, »schon jetzt die Konferenz an und wird an den Arbeiten nicht mehr teilnehmen.«

Daraufhin verließ er, von der deutschen Delegation gefolgt, den Sitzungssaal. Das bedeutete das Scheitern. Alle Delegationen sahen ein, daß sie zu weit gegangen waren. Man versuchte, die Sache wieder einzurenken, so gut es ging. Die Kommission unterbreitete den

Streitfall dem Völkerbundsrat, der am 24. Januar 1931 nicht etwa Sanktionen gegen Deutschland beschloß, sondern die Abrüstungskonferenz zum 2. Februar 1932 einberief.

Am 2. Februar 1932 waren zweiundsechzig Länder, und nicht mehr sechsundzwanzig, am grünen Tisch versammelt, und diese erhöhte Zahl, die mehr Standpunkte in die Diskussion einbrachte, trug nicht dazu bei, die Dinge zu vereinfachen. Außerdem waren es keine Delegierten mehr, die im Namen ihrer Regierungen ermitteln sollten: Sie waren beauftragt, Entscheidungen zu treffen. Dazu hatte die vorbereitende Abrüstungskommission nichts vorbereitet, und sie standen vor der Leere.

Von vornherein definierte der Vertreter des Reichs, Nadolny, den Zweck der Konferenz: die Gleichberechtigung. Arthur Henderson, der britische Vertreter, war dagegen der Ansicht, es sei besser, Maßnahmen zu einer effektiven Abrüstung zu vereinbaren, als über Grundsatzfragen zu debattieren; und weil man dies bislang versäumt habe, sei man in eine Sackgasse geraten. Er schlug daher vor, die Angriffs- und die Verteidigungswaffen zu definieren, um sodann die erste Waffenart abzuschaffen. Der französische Delegierte André Tardieu, meinte seinerseits, man müsse eher den Aggressor bestimmen, es gelte nämlich, nicht so sehr die Rüstungen zu begrenzen, als vielmehr die Möglichkeiten der Aggression zu beschränken. Waffen werde der Völkerbund ohnehin brauchen, um den — bestimmten — Angreifer zu bestrafen, falls er sich über die Konferenzbeschlüsse hinwegsetze. Man verlor sich wieder in endlose Diskussionen über nebensächliche Fragen.

Angesichts dessen legte der US-Vertreter Gibson am 22. Juni 1932 im Namen Präsident Hoovers einen Plan vor, der seiner Ansicht nach Deutschland Genugtuung leisten und die Konferenz zu positiveren Zielen zurückführen könne:

»1. Bezüglich der Landstreitkräfte: Verminderung um ein Drittel der Stärken, wobei im übrigen jedes Land das Recht auf eine Bereitschaftspolizei erhält, die im Durchschnitt der Stärke angepaßt ist, die Deutschland durch die Friedensverträge zugebilligt wurde. Vollständige Vernichtung der Panzerkampfwagen und der schweren Artillerie;

2. Bezüglich der Seestreitkräfte: Vernichtung eines Drittels der Tonnage und der Zahl der Schlachtschiffe, eines Viertels der Tonnage

der Flugzeugträger, der Kreuzer und der Zerstörer, eines Drittels der Tonnage der Unterseeboote;

3. Bezüglich der Luftstreitkräfte: Vernichtung aller Bombenflugzeuge und Verbot aller Luftbombardements.«

Und er hob die Größe der Opfer hervor, zu denen sein Land bereit sei, wenn dieser Plan angenommen würde: die USA würden sich verpflichten, 300 000 Tonnen an Kriegsschiffen, 1000 schwere Artilleriegeschütze, 900 Panzerkampfwagen und 300 Bombenflugzeuge zu vernichten.

Es handelte sich um den ersten seriösen Vorschlag seit sechs Jahren.

Deutschland und die UdSSR begrüßten ihn mit Begeisterung. Italien nahm ihn an, England stellte sein Urteil zurück, stand ihm aber nicht feindlich gegenüber. Dieser Plan wurde einmal mehr von Frankreich torpediert: »Die verführerische Einfachheit dieses Plans«, erklärte A. Tardieu, »trägt der Vielschichtigkeit der Probleme nicht genügend Rechnung. Und vor allem berücksichtigt er nicht die kollektive Sicherheit, auf die Frankreich so großen Wert legt.« Das war ein Gipfelpunkt höflicher Ablehnung.[78]

In Anbetracht von Präsident Hoovers hohem Ansehen konnte man aber nicht umhin, den Vorschlag zu beachten. Dank der Anstrengungen Frankreichs und der Unterstützung Beneschs erhielt er am 22. Juli folgenden Wortlaut:

»1. Es *soll* eine wesentliche Verminderung der Weltrüstungen durchgeführt werden, die in ihrer Gesamtheit durch eine allgemeine Übereinkunft auf die Rüstungen zu Lande, zur See und in der Luft ausgedehnt werden soll;

2. Ein wesentliches Ziel ist die Verringerung der Angriffsmittel.«

Man sprach wieder im Futur und fiel ins allgemeine Gerede zurück, aber auch ins Verfahrensdickicht, da nun eine Kommission ernannt werden mußte, die die Übereinkunft erarbeiten sollte. Die Konferenz befand sich wieder am Anfang. Alle Teilnehmer waren enttäuscht. Mit Besorgnis erwarteten sie die Reaktion Deutschlands: Diesen nichtssagenden Text werde es nur dann annehmen, wenn ihm ein Nachtrag die Gleichberechtigung zuerkenne. Frankreich sträubte sich; niemand stimmte ihm zu, aber niemand sagte auch etwas. Die

---

[78] J. Benoist-Méchin, *Geschichte der deutschen Militärmacht 1918—1946*, Bd. 3 *Auf dem Weg zur Macht*, Oldenburg—Hamburg 1965, S. 130.

Resolution wurde angenommen, ohne daß dem deutschen Gesuch Folge gegeben wurde. Daraufhin legte Deutschlands Vertreter Nadolny dem Konferenzrat folgende Erklärung vor:

»Die deutsche Regierung ist bereit, sich an den Arbeiten der Abrüstungskonferenz zu beteiligen, um mit all ihrer Kraft auf die Verwirklichung eines entscheidenden Schrittes zur allgemeinen Abrüstung hinzuarbeiten, im Sinne des Artikels 8 des Völkerbundsvertrages. Aber die Arbeit der deutschen Regierung ist nur möglich, wenn die endgültige Tätigkeit der Konferenz sich auf der Grundlage einer offenen und klaren Anerkennung der Gleichheit der Rechte unter den Nationen vollzieht.

Die deutsche Regierung sieht sich gezwungen bekanntzugeben, daß sie sich nicht zu einer weiteren Arbeit verpflichten kann, wenn nicht eine befriedigende Lösung dieses für Deutschland entscheidenden Punktes bei der Wiederaufnahme der Arbeiten der Konferenz gefunden wird.«

Achtundvierzig Stunden später hatte die deutsche Delegation Genf verlassen. Es wurde klar, daß man erneut zu weit gegangen war, daß man Deutschland aufs äußerste getrieben hatte, nur um Frankreichs unehrlichen Absichten nachzugeben. Hinter den Kulissen wurden nun Kunstgriffe angewandt, um die deutsche Delegation zurückzuholen. Am 29. August 1932 gab Reichsaußenminister von Neurath den dringenden Bitten der Engländer, Italiener und Amerikaner, die den deutschen Standpunkt billigten, nach und erklärte sich bereit, den ersten Schritt zu machen. Er richtete folgende Note an die französische Regierung:

»1. Die Entschließungen der Abrüstungskonferenz haben für Deutschland keine Bedeutung, da die Resolution vom 22. Juli die Frage, ob diese Entschließungen sich auch auf das Reich beziehen, völlig außer acht läßt;

2. Die von der Konferenz erarbeitete Abrüstungsvereinbarung muß für Deutschland den Teil V des Friedensvertrags von Versailles, der damit ungültig wird, ersetzen;

3. Deutschland fordert die Gleichheit der militärischen Rechte, das heißt das Recht, selbst die Form der Streitkräfte zu bestimmen, deren er zu seiner Sicherheit bedarf. Wenn anders gehandelt würde, bliebe Deutschland in der Stellung einer Nation zweiter Klasse;

4. Deutschland ist bereit, auf alle Waffen zu verzichten, auf welche die anderen Mächte gleichfalls verzichten.«

Am 11. September 1932 wies Frankreich diese Auffassung zurück. Am 14. September setzte von Neurath Henderson in Kenntnis, Deutschland könne »seinen Platz in der Konferenz so lange nicht wieder einnehmen, wie die Frage der Gleichberechtigung nicht gelöst worden ist«. Am 28. September wurde die 13. Sitzungsperiode des Völkerbunds in Genf eröffnet, in Abwesenheit Deutschlands... Auf das dringende Ersuchen Sir John Simons und Baron Aloisis hin willigte Frankreich ein, eine realistischere Haltung einzunehmen: Großbritannien, Italien und Frankreich erklärten in einem gemeinsamen Kommuniqué, daß »einer der Grundsätze für die Abwicklung der Abrüstungskonferenz die Bewilligung der Gleichberechtigung an Deutschland« sei, »daß die Modalitäten der Anwendung einer solchen Gleichheit der Rechte noch auf der Konferenz besprochen werden müssen«. Deutschland entschloß sich zurückzukommen.

Als aber die Abrüstungskonferenz im März 1933 ihre Arbeiten wiederaufnahm, hatten sich unterdessen zwei Ereignisse zugetragen: Hitler war Reichskanzler geworden, Roosevelt Präsident der Vereinigten Staaten.

3. Hitler schlägt die allgemeine Abrüstung vor

Von Hitlers Machtübernahme wurden die Engländer am stärksten ergriffen: nicht nur wegen seines Programms[79] (rassistisch, antidemokratisch und diktatorisch in der Innenpolitik; expansionistisch — siehe Lebensraum — in der Außenpolitik), sondern auch wegen seiner Methoden und Entschiedenheit, Forderungen zu stellen. Wenn man mit ihm die Dinge so anstehen lasse wie mit der Weimarer Republik, so werde der Krieg, dachten die Briten, früher oder später unvermeidlich ausbrechen. Und sie waren um so mehr davon überzeugt, daß ihm Zugeständnisse gemacht werden mußten, als er im Augenblick nur die Durchführung des Versailler Vertrags in seinen militärischen Klauseln sowie seine Revision in wirtschaftlicher und territorialer Hinsicht forderte, die sie

---

[79] Anläßlich des Parteitages vom 25. Februar 1920 in München ausgearbeitet, umfaßte das Programm 25 Punkte, die in der Folge keinerlei Veränderungen erfuhren.

(kraft Art. 19 des Pakts) bis zu einem gewissen Grad für legitim hielten.

Hitler nahm zu Frankreich schon deshalb eine sehr harte Haltung ein[80] ein, weil er es für den Versailler Vertrag und seine Auslegung verantwortlich machte. Seine Haltung zu England war dagegen eine ganz andere: Alle seine bisherigen Reden ließen den Weg frei für eine deutsch-britische Verständigung in Sachen Europa, und keine seiner Forderungen hatte jemals die britischen Interessen beeinträchtigt.[81] Alles trug zu der Ansicht bei, daß er sie nicht antasten werde. Und sollte er sie doch antasten, werde man schon sehen.

In den damaligen Zeitverhältnissen waren die Briten vor allem darauf bedacht, die Voraussetzungen zu einem zweiten Krieg in Europa, der wie der vorige nur weltweites Ausmaß haben könnte, zu unterbinden.

Während der Sitzungspause waren mehrere Pläne ausgearbeitet worden, darunter ein amerikanischer und ein französischer. Der erste übernahm die einzelnen Anordnungen des Hoover-Plans, nur daß er die Ernennung einer Ständigen Kommission an Stelle der Abrüstungskonferenz vorsah. Diese Kommission sollte innerhalb von drei Jahren die Frage der Gleichheit der Rechte sowie die der Sicherheit klären. Der Plan schob die Probleme auf, und es war ausgeschlossen, daß Deutschland ihn annahm. Da er sich außerdem auf den Hoover-Plan stützte, den die Abrüstungskonferenz bereits abgeschlagen hatte, würden ihn auch die anderen Delegationen kaum annehmen können. Der französische Vorschlag betonte seinerseits eine bislang für zweitrangig erachtete Frage, die Abrüstungskontrolle, und sah hierzu die Ernennung einer Kommission vor; und wenn nach einem — nicht festgesetzten — Zeitraum die Ermittlungen der Kommission Deutschland guten Willen bescheinigten, dann könnte

---

[80] »Der unerbittliche Todfeind des deutschen Volkes ist und bleibt Frankreich... Das Schlußziel ihrer außenpolitischen Tätigkeit wird immer der Versuch einer Besitzergreifung der Rheingrenze sein und einer Sicherung dieses Stromes für Frankreich durch ein aufgelöstes und zertrümmertes Deutschland.« (*Mein Kampf*, München 1937, S. 696)

[81] Da gibt es zwar den 3. Artikel des NSDAP-Programms, in dem Kolonien gefordert werden. Dieser 3. Punkt fordert aber nicht die früheren deutschen Kolonien, sondern Kolonien überhaupt, also nicht unbedingt diejenigen, die der Versailler Vertrag Deutschland abnahm und England zuteilte.

die Frage der Gleichberechtigung wieder geprüft werden. In diesem Fall stand ein Verfahrensdickicht und nicht ein Erfolg in Aussicht.

Angesichts dessen arbeitete der britische Premier MacDonald einen sehr genauen Plan aus und unterbreitete ihn persönlich der Abrüstungskonferenz am 16. März 1933. Der Vorschlag besagte in der Hauptsache: »Deutschland sollte berechtigt werden, seine Reichswehr zu verdoppeln, sie also auf 200 000 Mann zu bringen. Frankreich sollte aufgefordert werden, seinen Mannschaftsbestand auf das gleiche Niveau zu senken. Aber zu den 200 000 Mann der Heimatarmee sollten 200 000 weitere hinzukommen, die zur Verteidigung seiner Kolonien bestimmt waren. Italien würden ebenfalls 200 000 Mann für das Mutterland, dazu 50 000 Mann für seine überseeischen Besitzungen zugestanden. Polen — mit einer um die Hälfte kleineren Bevölkerung als Deutschland — sollte ebenfalls 200 000 Mann unter Waffen halten, die Tschechoslowakei 100 000 und die Sowjetunion 500 000 Mann. Rechnete man die Mannschaftsstärken aller mit Frankreich verbündeten Länder — Polens, Belgiens und der Kleinen Entente — zusammen, käme man auf eine Gesamtsumme von 1 025 000 Mann, denen 200 000 Soldaten der neuen deutschen Wehrmacht gegenüberstünden. Dieses Mißverhältnis sollte noch verstärkt werden durch die Tatsache, daß Deutschland keine Luftwaffe besitzen dürfte, während Frankreich 500, Polen 200, Belgien 150 und die Kleine Entente (Tschechoslowakei, Jugoslawien, Rumänien) zusammen 550 Flugzeuge besitzen sollten. Dieser Plan, vervollständigt durch eine Anzahl regionaler gegenseitiger Beistandspakte, könnte innerhalb einer Frist von fünfzehn Jahren in Etappen durchgeführt werden.«[82]

Alle stimmten ohne Vorbehalte zu, außer Italien, das sich zwar dem Vorschlag anschloß, die der Kleinen Entente zugebilligte Zahl an Flugzeugen dennoch zu hoch fand und ein stärkeres Kolonialkontingent haben wollte, und bis auf Frankreich, das, wie unten zu ersehen, streng dagegen war. Alle Teilnehmer fragten sich aber auch, wie Hitler auf diesen Vorschlag reagieren werde: er antwortete am 17. Mai 1933 mit einer Rede, die er vor dem eigens hierfür einberufenen Reichstag hielt.

---

[82] J. Benoist-Méchin, *Geschichte der deutschen Militärmacht 1918—1946*, Bd. 3 *Auf dem Weg zur Macht*, aaO., S. 140f. — Benoist-Méchin wird hier oft zitiert. Benoist-Méchin gehört zu den wenigen Historikern, die die Quellen immer wortgetreu wiedergaben und sie am besten zusammenfaßten und auslegten.

Am Tag zuvor hatte Präsident Roosevelt, der vor kurzem ins Weiße Haus eingezogen war, eine schwungvolle Botschaft an 44 Staatschefs gerichtet, in der er die Pläne und Hoffnungen der USA in Sachen Abrüstung und Frieden darlegte, die Abschaffung aller Angriffswaffen (Bombenflugzeuge, Panzer, motorisierte Schwerartillerie) forderte und im Fall einer Zustimmung die US-Garantie versprach. (Roosevelt wußte um den Anklang, den der Hoover-Plan in den USA gefunden hatte. Daher hatte er Hoover während der Kampagne zu den Präsidentschaftswahlen über innenpolitische Themen angegriffen, und nicht wegen seiner einhellig gebilligten Außenpolitik.) Hitler ging in seiner Rede ebenso auf die Vorschläge MacDonalds ein wie auf die Friedensbotschaft Roosevelts.

Die angelsächsische Welt jubelte vor Freude. An die Adresse MacDonalds und somit an die der Abrüstungskonferenz erklärte er:

»Die Deutsche Regierung sieht in dem englischen Plan eine mögliche Grundlage für die Lösung dieser Fragen... Ferner wird die deutsche Regierung kein Waffenverbot als zu einschneidend ablehnen, wenn es in gleicher Weise auch auf die anderen Staaten Anwendung findet...«

Und an die Adresse Präsident Roosevelts:

»Der Vorschlag des amerikanischen Präsidenten Roosevelt, von dem ich heute nacht Kenntnis erhielt, verpflichtet deshalb die deutsche Regierung zu warmem Danke. Sie ist bereit, dieser Methode zur Behebung der internationalen Krise zuzustimmen. Dieser Vorschlag bedeutet eine große Beruhigung für alle, die an der aufrichtigen Erhaltung des Friedens mitarbeiten wollen. Deutschland ist jederzeit bereit, auf Angriffswaffen zu verzichten, wenn auch die übrige Welt ein Gleiches tut. Deutschland ist auch ohne weiteres bereit, seine gesamte militärische Einrichtung überhaupt aufzulösen und den kleinen Rest der ihm verbliebenen Waffen zu zerstören, wenn die anliegenden Nationen ebenso restlos das gleiche tun würden. Deutschland ist bereit, jedem feierlichen Nichtangriffspakt beizutreten, denn Deutschland denkt nicht an einen Angriff, sondern an seine Sicherheit.«

Das Ganze gespickt mit Formeln über den Krieg, der »heller Wahnsinn« sei, der »zum Zusammenbruch der heutigen Gesellschaftsund Staatenordnung führen« würde. Eine Rede also, deren pazifistische Klänge die verworrene Welt von damals angenehm überraschten. Der Reichstag stimmte mit Zuruf einmütig zu, einschließlich der 81 Sozialdemokraten, die dort noch einen Sitz hatten. In der angelsächsischen Welt erklärte die Londoner *Times*, daß die Forderung des Reichs, mit den übrigen Staaten gleichgestellt zu werden, »unumstößlich« sei. Der der Labour Party nahestehende *Daily Herald* forderte, daß »man Hitler beim Wort nehmen« solle. Der konservativ eingestellte *Spectator* zog den Schluß, Hitler habe Roosevelt die Hand gereicht, und diese Geste gebe der geplagten Welt neue Hoffnung. In den USA Schwärmten die Zeitungen. Der Sprecher im Weißen Haus erklärte sogar: »Der Präsident war von der Art begeistert, wie Hitler seine Vorschläge annahm.«

Dennoch enthielt die Rede Hitlers eine Drohung:

»Jeder solcher Versuch, jeder Versuch einer Vergewaltigung Deutschlands auf dem Wege einer einfachen Majorisierung gegen den klaren Sinn der Verträge könnte nur durch die Absicht diktiert sein, uns von den Konferenzen zu entfernen. Das deutsche Volk besitzt aber heute Charakter genug, in einem solchen Falle seine Mitarbeit den anderen Nationen nicht aufoktroyieren zu wollen, sondern, wenn auch schweren Herzens, die dann einzig möglichen Konsequenzen zu ziehen. Als dauernd diffamiertes Volk würde es uns auch schwerfallen, noch weiterhin dem Völkerbund anzugehören.«

Sie stand im Konditional, und man hielt sie für selbstverständlich.

Diese Rede wirkte sich günstig aus: sie brachte Mussolini und den französischen Botschafter in Rom, Henry de Jouvenel, auf den Gedanken, einen Vier-Mächte-Pakt (Italien, Frankreich, Großbritannien und Deutschland) zu planen, der durch den Zusammenhalt dieser Staaten »das Vertrauen auf den Frieden bekräftigen« sollte. England sagte ohne weiteres zu. Frankreich war zurückhaltender und sagte nur deshalb zu, weil Mussolini damals Hitler feindlich gesonnen war (der Duce beschuldigte ihn, »ihn ungeschickt nachzuäffen«, und hielt ihm außerdem seine Anschlußpläne für Österreich, Italiens bewachtes Jagdrevier, vor) und weil es eine Zeitlang Mussolini gegen Hitler auszuspielen gedachte. Die Gespräche wurden zielstrebig geführt: bereits am 7. Juni 1933 setzten die im Palazzo Venezia versammelten Botschafter der vier Mächte ihre Unterschrift unter den Vertrag.[83]

---

[83] Seit dem 9. April 1933 führte Kardinal Pacelli, der Staatssekretär im Vatikan und künftige Papst Pius XII., Gespräche mit Hitlers Beauftragten im Hinblick auf die

Die Idee war gut. Leider hatte sie keine Folgen: der Pakt wurde niemals ratifiziert.

Denn Paul-Boncourt paßte auf: Da er Hitlers unanfechtbare Rede nicht angreifen konnte, kritisierte er den MacDonald-Plan. Dieser biete Frankreich keine ausreichenden Garantien, stelle die Zehntausenden von SA- und SS-Männern, die es neben der Reichswehr gäbe und im Falle einer Mobilmachung eine Masse ausgebildeter Reservisten darstellten, nicht in Rechnung, lasse die Seeabrüstung völlig außer acht und sehe schließlich keine Kontrollmöglichkeit für die Abrüstung vor, was für Frankreich von entscheidender Bedeutung sei.

Um diesen Punkt zu entschärfen, beschloß die Abrüstungskonferenz einen »Redaktionsausschuß« mit der Aufgabe zu betrauen, »die mit der Beachtung der nationalen Souveränität vereinbarten Kontrollmethoden zu ermitteln«. Und wiederum beschloß dieser Ausschuß, dessen Mitglieder sich über nichts einigen konnten, die Frage einem »Unterausschuß von Juristen« zu unterbreiten. Der deutsche Delegierte wurde angesichts dieses ablenkenden Verfahrens ungehalten, und am 5. Juni 1933 machte er darauf aufmerksam, daß man bedauerlicherweise auf Abwege gerate. Er habe nichts gegen eine Kontrolle, die selbstverständlich sei, wenn sie sich auf alle beziehe. Für Deutschland sei nicht die Frage der Kontrolle entscheidend, sondern die Gleichheit der Rechte, in die der MacDonald-Plan einmünde. Wenn diese Gleichheit der Rechte nicht innerhalb eines Jahres wirksam werde, dann werde Deutschland seine volle Handlungsfreiheit in Anspruch nehmen.

Um aus dieser Sackgasse herauszukommen, schlug der Vorsitzende der Abrüstungskonferenz, A. Henderson, vor, sie bis zum 16. Oktober zu vertagen. Alle Teilnehmer pflichteten ihm bei. Man hoffte damit, einen öffentlichen Skandal, der der Konferenz moralisch den Todesstoß versetzen würde, zu vermeiden und bis

---

Unterzeichnung eines Konkordats mit Deutschland. Die Gespräche waren von deutscher Seite angeregt worden. Man hat Kardinal Pacelli vorgehalten, in diese Gespräche eingewilligt zu haben, die am 10. Juli zum Abschluß eines Konkordats führten, und ihn der »Kollusion mit dem Faschismus und Nationalsozialismus« bezichtigt, vor allem in den jüdischen Kreisen. Einer solchen Verbindung wurde England oder Frankreich dagegen nie beschuldigt, obwohl der Viermächte-Pakt zur selben Zeit unterzeichnet wurde.

dahin, durch Gespräche zwischen den Staatskanzleien, einen Ausweg zu finden.

Dieser Ausweg wurde nicht gefunden: Frankreich bestand unverändert auf seiner Auffassung der vorrangigen Abrüstungskontrolle, in der Deutschland wiederum die Möglichkeit erkannte, die Gewährung der Gleichheit der Rechte auf den St. Nimmerleinstag zu verschieben. Auch diesmal wurde dem Drängen Frankreichs nachgegeben, und am 12. Oktober 1933, vier Tage vor dem vorgesehenen Sitzungsbeginn, setzte Sir John Simon, der Leiter der amerikanischen Delegation, seinen deutschen Kollegen Nadolny in Kenntnis von »der Unmöglichkeit, Deutschland eine Aufrüstung zuzugestehen, und der Notwendigkeit, vor die Kontrolle eine Prüfungszeit einzuschalten«. Diese Prüfungszeit wurde übrigens nicht festgesetzt. Über den MacDonald-Plan und die Abrüstung der übrigen Staaten fiel kein Wort.

Zwei Tage später, am 14. Oktober, trat der Konferenzausschuß zusammen, um die Vollversammlung vorzubereiten. Während der Sitzung erhielt Henderson ein Telegramm der deutschen Regierung, die ihm mitteilte, daß sie aus der Abrüstungskonferenz und zugleich aus dem Völkerbund ausscheiden werde.

Noch am selben Abend hielt Hitler eine große Rundfunkrede, um seine Entscheidung zu rechtfertigen. Die wohl wichtigste Stelle lautete:

»Wenn aber weiter der französische Ministerpräsident Daladier die Frage erhebt, wann denn Deutschland Waffen fordere, die doch später beseitigt werden müßten, so liegt hier ein Irrtum vor. Das deutsche Volk und die deutsche Regierung haben überhaupt keine Waffen, sondern die Gleichberechtigung gefordert. Wenn die Welt beschließt, daß sämtliche Waffen bis zum letzten Maschinengewehr beseitigt werden: Wir sind bereit, sofort einer solchen Vereinbarung beizutreten. Wenn die Welt beschließt, daß bestimmte Waffen zu vernichten sind, wir sind bereit, auf sie von vornherein zu verzichten. Wenn aber die Welt bestimmte Waffen jedem Volk billigt, sind wir nicht bereit, uns grundsätzlich als minderberechtigtes Volk davon ausschließen zu lassen.

Wir sind bereit, an allen Konferenzen teilzunehmen, wir sind bereit, alle Vereinbarungen zu unterschreiben — lediglich unter Bedingung gleicher Rechte. Als Privatmann würde ich mich niemals einer Gesellschaft anschließen, die meine Gegenwart nicht wünscht oder die mich als Menschen zweiten Ranges betrachtet. Ich habe niemals jemand gezwungen, mich zu empfangen, und das deutsche Volk hat nicht weniger Stolz als ich. Entweder genießen wir die gleichen Rechte wie alle, oder die Welt wird uns in Zukunft auf keiner Konferenz mehr sehen. Wir werden eine Volksabstimmung veranstalten, damit jeder Deutsche zum Ausdruck bringen kann, ob ich recht habe oder ob er mir widerspricht.«

Die Volksabstimmung fand am 12. November 1933 statt: mit 40 601 577 Stimmen, das waren 95% der Abstimmungs*berechtigten*[84] pflichtete Deutschland dem Führer bei, den es sich erwählt hatte. Man hat behauptet, dieses Wahlergebnis sei erzwungen worden: »Im KZ Dachau stimmten von 2242 Gefangenen 2154 für die Regierung, die sie verhaftet hatte«[85]. Und die waren doch abgehärtet. Ihre Abstimmung war übrigens nichts als die Antwort des Volkes auf die der sozialdemokratischen Abgeordneten, die am 17. Mai Hitlers Rede einmütig zugestimmt hatten — ohne daß irgendein Druck von seiten der Regierung auf sie ausgeübt wurde.

Diese Abstimmung war die eigentliche Inthronisation, die feierliche Einsetzung Hitlers durch das Volk. Noch am 5. März 1933 hatte er nur 43,7% der Stimmen erlangt und war auf die Unterstützung von Hugenbergs Partei angewiesen, um die 52%-Marke zu erreichen; das war schon außerordentlich. Diesmal hatte er aber nahezu das gesamte deutsche Volk hinter sich. Man konnte nicht mehr behaupten, er würde einem ganzen Volk seinen Willen mit Terrormitteln aufzwingen. Er war vielmehr von der Begeisterung eines ganzen Volkes »getragen«.

Die von den Alliierten gegen Deutschland getriebene Politik hatte zu Beginn des Jahres 1934 nur eines erreicht: Nachdem sie Hitler an die Macht gebracht hatte, festigte sie seine Stellung gerade durch die Vorkehrungen, die die Alliierten trafen, um ihn in Schwierigkeiten zu bringen.

4. Deutschlands wirtschaftlicher Wiederaufbau

Dank dem Finanzgenie von Dr. Schacht, dem früheren (1923-30) und neuen (ab 17.3.1933) Reichsbankpräsidenten und

---

[84] Und nicht der abgegebenen Stimmen, wie oft behauptet.
[85] W. L. Shirer, *Aufstieg und Fall des Dritten Reichs*, aaO.

Reichswirtschaftsminister (ab Juli 1934), konnte Deutschland mittlerweile wieder in Arbeit gebracht werden. Eine eingehende Darstellung des Schacht-Systems würde die vorliegende Untersuchung zweifellos zu weit führen. Darum sei es nur in Grundzügen vorgestellt.

Wie alle genialen Neuerungen und das Ei des Kolumbus beruhte dieses System auf einer offensichtlich sehr einfachen Idee: Im damaligen Deutschland, dessen Devisenquellen praktisch erschöpft waren, kam es eigentlich nur darauf an, durch eine sinnvolle Nutzung des Kredits möglichst langfristig bares Geld künstlich zu schaffen. Die staatlichen Devisenreserven waren zwar erschöpft, die der Hochfinanz und der Großindustrie dagegen nicht, zumindest nicht in Reichsmark und vielleicht auch nicht in versteckten Devisen. Das Vertrauen war bei der Hochfinanz und der Schwerindustrie wieder eingekehrt. Sie waren nunmehr der geordneten Verhältnisse sicher und vor einem kommunistischen Umsturz durch die neue Regierung geschützt. Hjalmar Schacht konnte daher im Mai 1933 eine Aktiengesellschaft, die »Metallurgische Forschungs-GmbH«, gründen, deren Startkapital von 1 Million RM sofort der Durchführung staatlicher Großprojekte (Autobahnen, Wohnungsprogramm, Ausrüstung der ländlichen Gebiete usw.) zugewiesen wurde, gegen eine der Kapitaleinlage entsprechende Schuldanerkennung: den Mefo-Wechsel. Dieses System trat bereits im Frühjahr 1933 in Kraft, war aber erst im April 1934 ausgereift. Nun willigte die Reichsbank ein, die Mefo-Wechsel unter der Bedingung zu diskontieren, daß Deutschland von den eigenen Ausfuhren lebe; und sie diskontierte sie zunächst auf vier Jahre, um der Industrie freien Spielraum zu geben. Schacht erlaubte demnach der *Mefo-Gesellschaft*, Wechsel auf die Arbeit Deutschlands in den kommenden Jahren zu ziehen.

Die Diskontierung der Mefo-Wechsel setzte gerade bei dieser Laufzeit voraus, daß eine von Gold und Devisen losgelöste Währung in Umlauf gebracht würde, die einen sehr hohen inländischen und, zumindest am Anfang, einen sehr niedrigen internationalen Wert hätte: die Rentenmark. So entstand der zweifache Wirtschaftsbereich, den nach dem Zweiten Weltkrieg nahezu alle Staaten übernahmen. (Die Devisenbewirtschaftung mit ihrem Clearing und Parallelmarkt verfährt nicht anders.) Dieser zweifache Wirtschaftsbereich führte im Inland zu einer Politik der Löhne mit hoher Kaufkraft, aber auch, durch die strengen Einfuhrbeschränkungen bedingt, zur Autarkie und zum Einheitsgericht (keine Butter, aber Kanonen) und letztlich zur Vollbeschäftigung. Am 1. Januar 1934 hatte Deutschland fast vier Millionen Arbeitslosen in die Produktions- und Konsumindustrie wieder eingegliedert. Am 1. Januar 1935 war die Arbeitslosigkeit unbedeutend gering.

Wir möchten aber nicht vorgreifen: der Wohlstand, der auf solch beeindruckende Weise in die Arbeiterfamilien zurückkehrte, die Schwerindustrie und die Hochfinanz, die nun von allen Liquiditätssorgen befreit waren, und der Wirtschaftsapparat, der in wiederhergestellter Ordnung reibungslos lief, stellten im November 1933 allen Deutschen unter Beweis, daß Hitler recht hatte. Und der anläßlich der Volksabstimmung erzielte Erfolg hing wohl mit dieser Entwicklung der Lage zusammen. Sogar die Politik der Einfuhrkontingentierung und des Einheitsgerichts beeinträchtigte in keiner Weise Hitlers Ansehen. Ob aus Furcht oder aus Sympathie, die mitteleuropäischen Staaten, namentlich Ungarn, Österreich, Rumänien und Polen, unterhielten weiterhin normale politische und wirtschaftliche Beziehungen zum Hitlerregime, die Rentenmark wurde dort zu einem ordentlichen Wert angenommen, und da England, die Schweiz und sogar die USA, ganz am Anfang, Verständnis zeigten, konnte dieses Einheitsgericht recht bald ausgiebig werden. Es dauerte übrigens nicht lange, bis die Rentenmark eine starke Währung in der ganzen Welt wurde, und alles kam wieder in Ordnung. Auf dem Weltmarkt war Deutschland schon der schärfste Konkurrent der USA zu einer Zeit, da deren Wirtschaft Einbuße verzeichnete, und das beunruhigte doch US-Präsident Roosevelt.

5. Präsident Roosevelts Politik

In den USA hatte F. D. Roosevelt den amtierenden Präsidenten Hoover bei den Wahlen im November 1932 besiegt und, dem Brauch gemäß, sein Amt im März 1933 angetreten: am Tag vor jener Reichstagswahl in Deutschland, die den Sieg des Tandems Hitler—von Papen bestätigte. Dies war auch eine der Folgen, und nicht die geringste des WallstreetKrachs im Jahre 1929 sowie der nachfolgenden, immer noch nicht ganz überwundenen Wirtschaftskrise für die Zukunft des Friedens. Der Republikaner

Hoover gedachte, sie mit klassischen Mitteln, darunter mit der Deflation, zu bekämpfen, und stellte seine Wahlkampagne unter dieses Motto. Als Demokrat baute Roosevelt seine Wahlkampagne auf dem New-Deal-Programm auf, das in vieler Hinsicht an das Programm der französischen Volksfront im Jahre 1936 erinnert: eine Politik der hohen Löhne, um die Warenbestände abzubauen und die Wirtschaft anzukurbeln, kräftige Arbeitslosenunterstützungen bis auf weiteres, eine Politik des Kredits, das Ganze mit einer scharfen, häufig demagogischen Kritik an der Hoover-Administration, deren überholte Ansichten, so Roosevelt, die amerikanische Wirtschaft lähmten und erstickten. Dieses Programm setzte die Inflation und die Abwertung des Dollars voraus; er hütete sich aber, letztere anzukündigen, die im Fall seines Wahlsieges unvermeidlich sein würde. Kaum hatte er die Regierungsgeschäfte übernommen, was bei solch reizvollem Programm nicht ausbleiben konnte, da nahm er diese Abwertung vor. Indem sie die amerikanische Wirtschaft und den Staat von Liquiditätssorgen befreite, ermöglichte sie die Wiederankurbelung der Geschäfte, den Rückgang der Arbeitslosigkeit und sicherte ihm sein Ansehen auf lange Zeit.

Der demokratische Präsident Roosevelt war auch Freimaurer[86]; demzufolge hatte er zahlreiche enge Beziehungen zur jüdisch-amerikanischen Welt. Seine nähere Umgebung war jüdisch, zumindest die meisten seiner wichtigsten Mitarbeiter. Morgenthau, sein Freund und Finanzminister, war Jude; seine einflußreichsten Berater Baruch und Weizmann ebenso; Cordell Hull vom State Department hatte eine jüdische Frau. Jude war ebenfalls Herbert Freis, auch vom State Department; ferner Lehman, Gouverneur des Staats New York, und La Guardia, Bürgermeister der Stadt; Sol Bloom, Vorsitzender der Auswärtigen Kommission im Repräsentantenhaus; die Repräsentanten Dickstein, Celler usw.; der

---

[86] Am 22. Juli 1941 veröffentlichte der Reichspropagandaminister Fotodokumente, die in einer norwegischen Loge entdeckt waren und die Roosevelt in Freimaurertracht zeigten (Saul Friedländer, *Auftakt zum Untergang*, Stuttgart 1965). Man erfuhr später, daß Roosevelt am 28. November 1911 in die Holland Lodge Nr. 8 aufgenommen worden war, dem 33. Grad des Schottischen Ritus angehörte und Erhabener Prinz des Royal Secret war. Seinen Briefwechsel mit den europäischen Logen veröffentlichte das »Comité de surveillance des activités maçonniques« (›Komitee zur Beaufsichtigung der freimaurerischen Aktivitäten‹) während der deutschen Besetzung. Siehe *Lectures françaises*, Sondernummer Juni 1957, über die Geheimursache des Zweiten Weltkriegs, von Jacques Béarn, S. 157ff.

Gewerkschaftsführer Sidney Hillmann, die Journalisten Lippmann (noch Jahrzehnte nach 1945 wirksam)[87], Lawrence, Meyer, Sulzberger, der Rundfunkkommentator Walter Winchell usw.[88] Sie alle hatten freien Zutritt ins Weiße Haus.

Außerdem, und dies erklärt jenes, umfaßte die seit 1880 ständig wachsende jüdische US-Gemeinde mehr als fünf Millionen Angehörige und verfügte über hundertelf Publikationen, davon fünfundsechzig in englischer, einundvierzig in jiddischer, drei in hebräischer und zwei in deutscher Sprache, die sich wie folgt verteilten: neun Tageszeitungen mit hohen Auflagen, achtundsechzig Wochen-, achtzehn Monatsund sechzehn Zweimonats-, Vierteljahresund Halbjahresschriften[89], von den oft mehrheitlichen finanziellen Beteiligungen in der nichtjüdischen Presse ganz zu schweigen. Der Journalist Lippmann zum Beispiel wurde beim *New York Herald Tribune* von den dort tonangebenden jüdischen Bankiers durchgesetzt.

Präsident Roosevelts Zugehörigkeit zur Freimaurerei zeigte zwar, daß er den Juden zugeneigt war, die deren stärkste und dynamischste Fraktion bildeten und alle seine politischen Stellungnahmen bestimmten. Aber selbst wenn er nicht Freimaurer gewesen wäre, hätte er sich kaum über den Einfluß hinwegsetzen können, den die eigene Presse mit jüdischer finanzieller Beteiligung auf die amerikanische Öffentlichkeit ausübte. Dadurch waren die Juden Wahlträger ersten Ranges. Besagte Presse hatte ohnehin nicht unwesentlich zu Roosevelts Sieg bei der US-Präsidentschaftswahl beigetragen, und man mußte bereits an die künftigen Wahlen denken. Gleich nach seiner Wahl ging Präsident Roosevelt tatsächlich, zunächst stillschweigend, dann offen, auf sämtliche Forderungen der jüdischen Politik ein.

Möglicherweise ist dies auf die Tatsache zurückzuführen, daß er schwerkrank war und seine Krankheit ihn nahezu völlig von seiner Frau abhängig machte. Letztere, die Ribbentrop einmal als »Megäre«

---

[87] Nach Saul Friedländer, *Auftakt zum Untergang*, aaO., S. 277.
[88] Walter Lippmann nahm ab 1917 an den vorbereitenden Arbeiten für die Friedensverhandlungen teil.
[89] Arthur Ruppin, *Die Juden der Gegenwart*, Berlin 1921. Arthur Ruppin war Jude und Professor für Soziologie an der hebräischen Universität Jerusalem.

bezeichnete⁹⁰, war politisch ungebildet, offenbar überspannt und der jüdischen Sache noch mehr verfallen als ihr Mann. Über Roosevelts Krankheit herrscht noch Unklarheit. Wegen seiner Rolle in einem Krieg, dessen Heiligkeit man unbedingt bewahren will, wird darüber geschwiegen. Von Poliomyelitis war die Rede. Laut *Larousse du vingtième siècle* handelte es sich um eine generalisierte Lähmung, die an den Beinen eingesetzt habe. Jedenfalls wurde dieser kräftige Bursche im Alter von 39 Jahren von einem plötzlichen Leiden befallen, das ihn nunmehr an den Rollwagen fesselte und ihn bis zu seinem Tod derart auszehrte, daß er bereits 1939 nur noch ein Schatten seiner selbst war. Angesichts Roosevelts diplomatischer Schnitzer (man denke vor allem an seinen Brief vom 14. April 1939 an Hitler und Mussolini, in dem er sie unverblümt beschuldigte, die einzigen Kriegshetzer in der Welt zu sein) scheute sich Göring nicht zu sagen, es sei »die Folge einer progressiven Paralyse«, und Mussolini, daß dieser Brief »den Beginn einer Geisteskrankheit« an den Tag lege. Die Frage erhebt sich: Hat der *Larousse du vingtième siècle* tatsächlich recht, daß Roosevelt erst an die Macht gekommen war, als die Krankheit seinen Körper bereits zerstört hatte und nun seine geistigen Fähigkeiten befiel?

Das würde manches erklären, vor allem sein Einvernehmen mit Churchill, von dem wir seit der Veröffentlichung der Memoiren seines Leibarztes, Lord Morand, wissen, daß er ebenso schwerkrank war, wenn auch in anderer Form. Ferner wäre der Einfluß verständlich, den seine Frau und seine jüdische Umgebung auf ihn ausübten.⁹¹ Die Geschichte dieses Zeitabschnitts würde zum

---

⁹⁰ Erklärung vom 4. Januar 1941 gegenüber Bogdan Filow, dem bulgarischen Ministerpräsidenten (Saul Friedländer, *Auftakt zum Untergang*, aaO., S. 112).

⁹¹ Saul Friedländer (*Auftakt zum Untergang*, aaO., S. 12) schreibt:
»Und die spontane Feindseligkeit, die das neue deutsche Regime in Übersee hervorrief, erklärte sich, wie man zu wissen glaubte, aus dem Einfluß der Juden. Amerika wurde mehr und mehr zu einem ›jüdischen Amerika‹, zu einer Antithese des germanischen Reichs.« In Wirklichkeit handelte es sich im Jahre 1933 erst um die Feindschaft Präsident Roosevelts, und nicht wie Saul Friedländer es behauptet, um die Feindschaft »in Übersee«. Und daran sollte sich noch lange nichts ändern: im September 1939 ließ eine Umfrage der Roper-Agentur (von der unten, S. 271, die Rede sein wird) erkennen, daß nur 2,8% des amerikanischen Volkes den sofortigen Eintritt der USA an der Seite Frankreichs und Englands befürworteten. Der Einfluß, den die Juden unmittelbar auf Roosevelt oder durch die Presse auf die Öffentlichkeit, also auf die weltweite Entwicklung zum Krieg, ausübten, wird

Kriminalroman, indem das Schicksal der Welt in den Händen zweier dem körperlichen Verfall ausgelieferter Geisteskranker gelegen hätte. Wir dürfen aber nicht zu sehr vorgreifen.

Das Programm der NSDAP sah vor, daß gleich nach der Machtübernahme die deutschen Juden nur noch als Ausländer angesehen würden, daß sie nicht mehr Rechte als die Ausländer in den anderen Staaten der Welt haben würden und daß sie, wie auch dort, ausgewiesen werden könnten. Die grundsätzlich getroffene Maßnahme, die es auf alle Juden lediglich auf Grund ihrer Rassenoder Religionszugehörigkeit anlegte, war eine schwere, unbestreitbare Verletzung des Völkerrechts. In den übrigen Ländern wurde sie nur in Einzelfällen und nur wegen Beeinträchtigung der inneren Staatssicherheit ergriffen. Die Deutschen rechtfertigten sie mit dem Umstand, daß die Juden insgesamt Schmarotzer seien, die nahezu ausschließlich von dem Geldgeschäft lebten (zum Nachweis erbrachten sie eine statistische Aufstellung der deutschen Juden nach Berufen), das heißt von der Arbeit der anderen. Sie würden sämtliche Wirtschaftsverflechtungen durcheinanderbringen, was den Staat in seiner Existenz gefährde (zum Nachweis behaupteten sie, die Juden hätten zu eigener Bereicherung bereits zweimal den wirtschaftlichen Zusammenbruch der Weimarer Republik verursacht, allerdings nur das erstemal, im Jahre 1923, Erfolg gehabt). Alles in allem würden alle Anstrengungen der Juden darauf abzielen, Deutschland regelrecht zu schröpfen. Außerdem sei ihre politische Forderung unannehmbar, Deutschland nur als Gastland zu betrachten, in dem sie ebenso leben müßten wie ihre Glaubensgenossen in anderen Ländern, seit Titus und Hadrian sie aus Palästina verjagt und in der ganzen Welt zerstreut hätten.[92] Unannehmbar sei ihre Forderung, ein Eigenvolk zu bleiben

---

dennoch von niemandem bestritten, nicht einmal von Saul Friedländer selbst. Saul Friedländer ist ein jüdischer Historiker (in Prag geboren, ist dieser Kommunist, beziehungsweise verkappter Anhänger des Kommunismus israelischer Bürger, residiert aber lieber in der Schweiz), der unter anderem hervortrat, als er entstelltes und tendenziöses Material zur Pius XII.-Affäre vorlegte. Siehe Saul Friedländer, *Pius XII. und das Dritte Reich*, Hamburg 1965.

[92] Die Diaspora ist in jüdischer Auslegung ein Mythos. Von jeher und aus freiem Willen waren die Juden in aller Welt zerstreut, und nur eine Minderheit von ihnen lebte in Palästina. In *L'affaire Jésus* (Paris 1964) behauptet Michel Plault, daß zur Zeit Jesu etwa 7 Millionen Juden in der Welt lebten, davon weniger als 3 Millionen in Palästina. Um an die Zahl von 7 bzw. 3 Millionen zu kommen, muß er allerdings als Juden sämtliche Einwohner Palästinas berechnen, das damals Syrien, Jordanien,

und in diesem Land die *nationale Minderheit* de jure zu bilden, die sie de facto auf unrechtmäßige Weise darstellten, indem sie alle Lücken der geltenden Gesetze ausnützten. Hätten sie dabei Erfolg, so würden sie einen Staat im Staat bilden und die Sicherheit des (per definitionem) *Einheits*staats stark gefährden. Kurz, man fand es durchaus normal, die Juden in Deutschland als Ausländer zu betrachten, da sie sich selbst als solche betrachteten.

Das Weltjudentum nahm diese Doktrin zur Kenntnis, die einen siebzig Millionen Einwohner-Staat dem jüdischen Finanzmarkt entzog. Statt aber einen um so leichteren Kompromiß zu suchen, als Hitler selbst einen solchen anstrebte, entfachten die Juden die Diskussion, indem sie sofort bekannten[93], sie befänden sich im Kriegszustand nicht nur mit der nationalsozialistischen Ideologie, was völlig legitim gewesen wäre und schlimmstenfalls nur eine akademische Diskussion nach sich gezogen hätte, sondern auch mit

---

den Irak, den Gaza-Streifen und den heutigen Staat Israel umfaßte und das, so der jüdische Historiker Flavius Josepho, tatsächlich mit etwa 3 bis 4 Millionen Einwohnern besiedelt war. Ben Gurion (*Volk und Staat Israel*, Olten 1960) spricht bescheidener von insgesamt 3 bis 4 Millionen Juden, davon weniger als eine Million in Palästina mitten unter 3 Millionen Arabern. Unter Berufung auf Flavius Josepho fügt er hinzu, daß damals »kein Land der Erde eine Gemeinde unserer Glaubensbrüder in sich schloß«. Das gleiche gilt für die heutige Zeit (1967): Es leben zur Zeit 17 bis 18 Millionen Juden in der Welt (die Juden behaupten, es wären 13 bis 14 Millionen, was aber nicht stimmt. Siehe hierzu Paul Rassinier, *Das Drama der Juden Europas*, Hannover, 1965) und lediglich etwa 2 500 000 im Staat Israel. Sie fordern Palästina, ziehen aber nicht hin, zum Glück übrigens, denn sonst ließe sich ein dritter Weltkrieg kaum vermeiden. »Der Zionismus«, sagte jemand, »besteht für den Juden darin, einen anderen nach Palästina zu schicken, auf Kosten eines dritten, wenn er ihn nicht auf Kosten eines Gois schicken kann.«

[93] »Die jüdischen Völker der ganzen Welt erklären Deutschland den Finanzund Wirtschaftskrieg« (*Daily Express*, 24. März 1933). — »Der jüdische Weltkongreß steht seit sieben Jahren im Krieg mit Deutschland« (*Toronto Evening Telegramm*, 8. Mai 1942). »Wir stehen im Krieg mit Deutschland seit Hitlers Machtübernahme« (*Jewish Chronicle*, 8. Mai 1942). »Seit Monaten führt jede jüdische Gemeinde den Kampf gegen Deutschland bei jedem Vortrag, bei jedem Kongreß, in den Gewerkschaften. Es gibt Gründe zu der Annahme, daß unser Beitrag zu diesem Kampf eine allgemeine Bedeutung hat. Wir werden zum geistigen und materiellen Angriff der gesamten Welt auf Deutschland einsetzen. Deutschland trachtet danach, wieder eine große Nation zu werden, seine verlorenen Gebiete und seine Kolonien wieder zu bekommen. Die jüdischen Interessen verlangen indes die totale Vernichtung Deutschlands. Im ganzen wie im einzelnen stellt Deutschland eine Gefahr für uns Juden dar.« (Wladimir Jabotinsky, Gründer des Irgun, in *Marcha Rjetsch*, 1. Januar 1934).

Deutschland, was eine militärische Intervention bedingte: In allen Ländern, wo sie einigen Einfluß hatten, versuchten sie, die Welt auf diesen Weg zu treiben. Präsident Roosevelt konnte ihnen auf diesem Weg nicht folgen: Das amerikanische Volk war entschieden gegen einen Krieg in Europa, wenn seine Interessen nicht unmittelbar gefährdet würden, was auch zutraf; Roosevelt hätte sonst seine Wiederwahl aufs Spiel gesetzt oder die Wahl desjenigen (oder derjenigen), den seine Partei zu seiner Nachfolge wählen würde. Und wiederum konnte er sich auch nicht gegen sie aussprechen, weil er sonst einen wertvollen Wahlhelfer verloren hätte und weil er ohnehin ihre Auffassung teilte. Also schwieg er. Und während die USA unter Präsident Hoover Friedenspläne auf der Abrüstungskonferenz (Hoover-Plan, Briand-Kellog-Pakt) vorlegten, unterbreiteten sie während der Roosevelt-Ära keine Vorschläge mehr.

6. Die Barthou-Note vom 17. April 1934

In der Haltung Präsident Roosevelts erkannte Frankreich — mit Recht — Berührungspunkte mit der eigenen Auffassung und glaubte, im Falle eines Krieges gegen Deutschland mit der amerikanischen Unterstützung rechnen zu können. Die französische Regierung verschanzte sich daher um so entschlossener hinter ihren Forderungen, tat nichts, was eine Wiederaufnahme der Gespräche, etwa durch die Rückkehr Deutschlands in den Völkerbund begünstigt hätte, arbeitete vielmehr darauf hin, daß Deutschland ferngehalten wurde und sich seine Beziehungen zum Völkerbund verschlimmerten. Offenbar gab Frankreich sich der albernen Hoffnung hin, daß, müßte sich Hitler eines Tages plötzlich zwischen Krieg und Nachgeben entscheiden, er sich fügen würde.

England war pessimistischer — die späteren Ereignisse gaben ihm recht; doch verlor es nicht den Mut.

Außer acht möchten wir den regen diplomatischen Schriftverkehr lassen, der nach dem Austritt Deutschlands aus dem Völkerbund einsetzte und zwischen Deutschland, England Frankreich sowie Italien stattfand (deutsches Memorandum vom 18. Dezember 1933, französische Antwort am 1. Januar 1934; erneut deutsches Memorandum am 19. Januar 1934 usw. usw.): Frankreich und Deutschland schrieben aneinander vorbei. Nur zwei Initiativen seien festgehalten: die britische Note vom 29. Januar 1934, die bis auf wenige Einzelheiten den MacDonald-Plan (siehe oben, S. 66) übernahm, sowie die von Barthou unterzeichnete französische Note, die den Dialog beendete.

Indem sie den inneren Zusammenhang der Sicherheitsund Abrüstungsfragen hervorhob, stellte die britische Note vom 29. Januar 1934 grundsätzlich fest, daß »man nicht gewisse Waffen einigen Staaten erlauben könne, während man sie anderen verbot«. Auf diese Art und Weise war die von Deutschland geforderte Gleichheit der Rechte anerkannt.

Hinsichtlich der deutschen Mannschaftsstärke regte England eine Zahl an, die zwischen den von MacDonald vorgeschlagenen 200 000 Mann und den 300 000 Mann, die Hitler forderte, lag. England, fuhr die Note fort, wünsche, daß die Gleichheit zwischen den Streitkräften Frankreichs, Deutschlands, Italiens und Polens verwirklicht werde und daß alle diese durch kurze Dienstzeit gekennzeichneten Heere ähnlich aufgebaut würden. Bezüglich der schweren Artillerie und der Panzer schlug es eine allgemeine Beschränkung bestimmter Typen vor. Frist zur Verwirklichung dieses Programms: fünf Jahre, mit Ausnahme der Luftwaffe, für die eine zweijährige Frist vorgesehen war, in der versucht werden sollte, überall die Luftstreitkräfte abzuschaffen. Scheiterte dieser Versuch, so sollte das Reich nach den zwei Jahren berechtigt sein, auch eine Luftflotte aufzubauen.

Um jedes Mißverständnis vorzubeugen, hielt Baldwin, der MacDonald im Amt des Premierministers gefolgt war, es für angebracht, den nüchternen Austausch diplomatischer Noten mit persönlichen Kontakten zu verbinden. Er beauftragte daher den britischen Lordsiegelbewahrer Eden, eine Rundreise durch die Hauptstädte zu machen.

Am 17. Februar 1934 hielt sich Eden in Paris auf, wo ihm Barthou einen ziemlich kühlen Empfang bereitete. Dieser war gegen die Deutschen noch feindlicher gesinnt als sein Vorgänger Paul-Boncourt.[94] Frankreich, so Barthou, sei der Auffassung, man müsse vor jeder Abrüstungsmaßnahme eine Stelle zur Kontrolle dieser eventuellen Abrüstung schaffen — das habe er ihm übrigens bereits am 14. Februar geschrieben —; die vom MacDonald-Programm vorgesehene fünfjährige Frist sei dann, nach Gründung und

---

[94] In der Zwischenzeit, am 6. Februar 1934, wurde das Kabinett Daladier gestürzt und durch ein Kabinett Doumergue abgelöst, in dem Barthou Außenminister war.

Einrichtung besagter Stelle, durchaus vernünftig, sie müsse aber eine dreijährige Probezeit zur Folge haben, nach der die Abrüstung erst wirksam und unwiderrufbar sein werde, wenn sich zeigt, daß Deutschland wirklich abgerüstet habe. Das setzte die tatsächliche Abrüstung um acht Jahre zurück; hinzu kam die Bereitstellung des Kontrollorgans, über dessen Aufbau noch keinerlei Meinungsaustausch stattgefunden hatte. Barthou machte außerdem Vorbehalte hinsichtlich der Gleichheit der Mannschaftsstärken (er berief sich auf die Existenz der SA und SS-Verbände neben dem eigentlichen deutschen Heer und behauptete, daß sich diese Gleichheit überhaupt auf die Heimatstreitkräfte beschränken müsse, unter Ausschluß der Kolonialtruppen), hinsichtlich der allgemeinen Beschränkung innerhalb der schweren Artillerie auf bestimmte Typen und zuletzt hinsichtlich der totalen Abschaffung der Luftstreitkräfte in allen Ländern.

Am 21. Februar 1934 weilte Eden in Berlin, wo Reichskanzler Hitler ihm erklärte, er nehme den britischen Plan unter der Voraussetzung kleiner Veränderungen an, die beide Gesprächspartner ohnehin für unwesentlich hielten: Wenn beispielsweise die Luftstreitkräfte sich nicht überall abschaffen ließen, könne das Reich nicht zwei Jahre warten, um seine Luftsicherheit herzustellen. Hierüber sei ein Kompromiß durchaus möglich. Als Eden den französischen Standpunkt bezüglich der SA und SS vorgetragen hatte, erklärte Hitler, er sei bereit, diese Verbände abzurüsten, das heißt, ihnen einen nichtmilitärischen Charakter zu verleihen, ja sogar die SA ganz abzuschaffen. Wenn er aber einverstanden sei, daß die Rüstung der anderen Länder auf das Niveau der deutschen erst nach einer Zeitspanne von fünf Jahren herabgesetzt werde, könne er den französischen Standpunkt keinesfalls teilen, der diese Zeitspanne um drei Jahre verlängere und sie mit der alleinigen Kontrolle der deutschen Rüstung koppele. Mit der Kontrolle sei er einverstanden, aber unter der Voraussetzung, daß alle sich ihr *nach* erfolgter Abrüstung unterwürfen, und nicht vorher, wo doch nichts zu kontrollieren sei.

Am 26. Februar 1934 war Eden in Rom, wo der britische Plan ebenfalls in großen Zügen angenommen wurde. Mussolini sagte Eden aber, daß er die Gleichstellung der deutschen, französischen, englischen und polnischen Heere, auch wenn er nichts dagegen habe, für unmöglich halte.

Einmal mehr nur Frankreich...

Die Folgerungen aus dem Eden-Bericht, den Baldwin allen Staatskanzleien zukommen ließ, dienten als Diskussionsgrundlage. Im Laufe der Gespräche sah sich die Reichsregierung angesichts der französischen Unnachgiebigkeit zu der Memorandum-Erklärung (13. März 1934) veranlaßt, Deutschland werde »auf keinen Fall mehr an einen Militärstatus, wie ihn der Frieden von Versailles vorschrieb, gefesselt bleiben«. Barthou antwortete am 17. März: »Der Teil V des Friedensvertrags muß unangetastet bleiben, und wir sind entschlossen, ihn aufrechtzuerhalten, möge kommen, was wolle.«

Und man ließ es dabei bewenden bis zum 17. April 1934: In der Zwischenzeit blieben sämtliche Versuche Englands, Barthou umzustimmen oder die Bedingungen für eine Meinungsänderung zu erfahren, erfolglos. Schließlich antwortete Barthou am 17. April 1934 auf die britische Note vom 10. April in zugleich entschiedenem und wütendem Ton, daß »die französische Regierung sich feierlich weigert, einer deutschen Wiederbewaffnung zuzustimmen«, daß »diese alle Verhandlungen unnütz machen würde« und »Frankreich von nun an seine Sicherheit mit eigenen Mitteln gewährleisten wird«.

Das war der endgültige, unwiderrufliche Bruch mit allen Folgen: zum einen die Gewißheit, daß Deutschland niemals in den Völkerbund zurückkehren würde; zum anderen der neue Start zum Rüstungswettlauf, der eindeutig zum Krieg führen würde.

Unabhängig von Jean Viénot, der diese Note als »Abweisung und Knüppelschlag« bezeichnete[95], von Lord Lothian, der sie als »Nein von verhängnisvoller historischer Tragweite« wertete, von Paul Reynaud, der sie dafür verantwortlich machte, daß »Frankreich in der Weltöffentlichkeit die Schuld am Rüstungswettlauf trage«[96], erklärte Lloyd George am 21. April 1934 im Unterhaus, sie rühre davon her, daß »Frankreich sich jahrelang, wenn nicht länger, weigere, seine Verpflichtung abzurüsten« (Anspielung auf die Präambel von Teil V des Versailler Vertrags) »einzuhalten und daß es auch nach Locarno seine Rüstung von Jahr zu Jahr verstärkte«.

Selbst Léon Blum sollte bedauern, daß Barthou eine solche Initiative ergriff, die Regierung scharf verurteilen, die ihn gewähren

---

[95] Jean Viénot, »Limitera-t-on les armements?«, in *L'Europe nouvelle*, 15. Dezember 1934, S. 1233ff.
[96] Paul Reynaud, *La France a sauvé l'Europe*, Paris, Bd. 1, S. 294.

ließ, und die Verantwortung Frankreichs betonen. »Glauben Sie«, äußerte er in der Abgeordnetenkammer, »daß Deutschland, ja sogar das Hitler-Deutschland, eine solche Freiheit wiederaufzurüsten gehabt hätte, daß es angesichts der ganzen Welt diese freie, wohl überlegte Initiative hätte ergreifen können, wenn eine gerechte Konvention über eine allgemeine Rüstungsbegrenzung zur gegebenen Zeit unterzeichnet worden wäre?«[97]

Damals hofften alle Völker tatsächlich auf diese »gerechte Konvention über eine allgemeine Rüstungsbegrenzung«, und statt dessen erhielten sie die Barthou-Note, die die Abrüstung verhinderte und dem Krieg Tür und Tor öffnete, indem sie die Wiederaufnahme des Rüstungswettlaufs gestattete.

Die Freunde des schwarzen Humors werden sich damit trösten, daß, mochten auf humanitärer Ebene die Beziehungen zwischen Deutschland und dem Völkerbund bzw. zwischen Deutschland und Frankreich abgebrochen sein, sie zwischen den Rüstungsindustriellen diesund jenseits des Rheins fortbestanden. Dank dem Segen beider Regierungen kamen Franzosen und Deutsche in diesem Bereich sehr gut miteinander zusammen. Das zeigt die Antwort auf eine Anfrage des Senators Paul Laffont, die im Staatsanzeiger vom 26. März 1938 abgedruckt wurde:

»Die Mengen an Eisenerz (Nr. 204 des Zolltarifs), die von Frankreich nach Deutschland in den Jahren 1934 bis 1937 ausgeführt wurden, sind nachstehend aufgelistet:

1934..............17 060 916 Doppelzentner
1935..............58 616 111 Doppelzentner
1936..............77 931 756 Doppelzentner
1937..............71 329 234 Doppelzentner

Damit trösten, schreibt *Le Crapouillot*[98], werden sich »alle beim Feldzug 1939—40 verwundeten französischen Frontkämpfer, wenn sie erfahren, daß die Geschütze, die sie verstümmelten, aus dem Eisenerz gegossen worden waren, das François de Wendel und seine Kollegen aus der Schwerindustrie im Departement Meurthe-et-Moselle aus patriotischen Überlegungen nach Deutschland exportierten«.

---

[97] Rede vom 14. Juni 1934 in der Abgeordnetenkammer.
[98] Galtier-Boissière, *Histoire de la Seconde Guerre Mondiale*, Le Crapouillot, Bd. 1.

Diese Zahlen beweisen nämlich, daß bei einer Annahme des britischen Plans François de Wendel und seine Kollegen weiterhin zum Vegetieren verurteilt gewesen wären: Deutschland war ihr wichtigster Abnehmer, ja sogar ihr einziger im Bereich der von ihnen erzeugten Rohstoffe, die sie wegen der Marktlage und der Ausrüstung der französischen Industrie nicht verarbeiten und nirgendwo anders absetzen konnten.

Frage: Stand Barthou im Sold François de Wendels und der anderen Stahlmagnaten im Departement Meurthe-et-Moselle?[99]

Wie dem auch sei, es hatten sich alle, die irgendeinen Einfluß in der Welt hatten, gegen den Frieden verschworen: die Juden aus ideologischen Gründen — zumindest vertuschten sie mittels einer Ideologie eindeutig materielle Interessen —, Präsident Roosevelt aus Ergebenheit ihnen gegenüber, die Rüstungsindustriellen aus Gewinnsucht, die französischen Politiker aus dem Bedürfnis, ihnen zu gefallen, oder aus beschränktem Nationalismus.

Und Hitler in alledem?

Er verfolgte die Entwicklung mit Aufmerksamkeit, bestimmte seine Haltung von Tag zu Tag, auf Grund der Haltung, die seine Gegner einnahmen.

Träte kein Umschwung ein, so würde man mit diesem Spielchen bestimmt eines Tages vor einem nicht mehr zu vermeidenden Krieg stehen. Was auch geschah.

---

[99] Laut François-Poncet (*Als Botschafter in Berlin 1931 bis 1938*, Berlin 1962) sei Barthou ebenfalls dafür gewesen, daß die Unterhandlungen mit Deutschland nicht abgebrochen würden. Diese Note, die Ministerpräsident Doumergue auf André Tardieus Empfehlung verfaßte, hatte er nur aus Gründen der Regierungssolidarität verantwortet. In diesem Fall wäre zu erfragen, ob nicht André Tardieu und Gaston Doumergue im Sold der lothringischen Großindustriellen und François de Wendels gestanden hätten. Bezüglich Tardieus Haltung vor dem Ersten Weltkrieg waren übrigens schon ähnliche Überlegungen angestellt worden.

III. DEM KRIEG ENTGEGEN

1. DER RÜSTUNGSWETTLAUF

Die Barthou-Note vom 17. April 1934, die das Scheitern der Abrüstungskonferenz besiegelte und jegliche Hoffnung auf Verständigung vereitelte, löste in der Welt eine Welle des Wahnsinns aus. In Sachen Rüstung hatten alle Völker nunmehr freie Hand.

Paradoxerweise ging diese Welle in den Vereinigten Staaten besonders hoch. Bei einer Ansprache, die Roosevelt am 23. Juli 1934 vor der Besatzung des Kreuzers »Houston« hielt, äußerte der US-Präsident, die amerikanische Flotte werde »bis zur äußersten Grenze ihrer Möglichkeiten ausgebaut«, und kündigte »den Bau von 300 000 Tonnen neuer Einheiten« an. Zur gleichen Zeit erklärte der Präsident der Luftfahrtkommission im Kriegsministerium, Newton Baker, Amerika brauche »eine Luftwaffe von mindestens 2320 Flugzeugen«. Solche Erklärungen waren durch die Haltung Japans motiviert, das am 26. März 1933 den Völkerbund verlassen hatte, dann zur Eroberung des von ihm selbst gegründeten Mandschukuo geschritten war und sich nun an der Äußeren Mongolei sowie an China vergriff, wo es die amerikanischen Interessen gefährdete. Beide Männer ließen erkennen, daß auch die Entwicklung der Lage in Europa die amerikanischen Interessen in dieser Gegend gefährden könne.

Am 19. August 1934 kündigte die britische Regierung ihre Absicht an, zweiundvierzig neue Luft-Geschwader aufzubauen.

In Frankreich hielt Marschall Pétain am 22. August 1934 eine Ansprache vor den Reserveoffizieren in Saint-Malo und warf die Rekrutenfrage auf. Auf diese Frage kam er am 9. September in Meaux zurück, bei einer Gedenkfeier zum Jahrestag der Marneschlacht, und brachte offiziell die Idee von einer zweijährigen Dienstzeit in Umlauf, die seit Mai in allen Militärzeitschriften und Zeitungen zu finden war.

»Der Krieg liegt in der Luft«, rief Mussolini bei der Rede aus, die er am 24. August 1934 vom Balkon des Palazzo Venezia hielt. Das Thema war: »Die Unterordnung allen Lebens der Nation unter die militärischen Notwendigkeiten.« Erst am 11. April 1935 ließ er durch den *Popolo d'Italia* verkünden, daß Italien ein Heer von 600 000 Mann mit den modernsten Waffen zu unterhalten gedenke, daß es »die

Entwicklung der Luftund Seeflotte beschleunigen« werde und die sofortige Kiellegung zweier Schlachtschiffe von 30 000 Tonnen beschlossen habe.

Auch Rußland traf militärische Vorkehrungen, aber nichts sickerte durch. Erst am 1. Januar 1935 ließ Marschall Tuchatschewski auf dem 7. Allrussischen Sowjetkongreß wissen, daß im Jahre 1934 die Stärke der russischen Armee von 600 000 auf 940 000 Mann erhöht wurde.

In Polen führte Marschall Pilsudski seinerseits am 24. September 1934 den allgemeinen Wehrdienst ein, zu dem alle Männer von 17 bis 60 Jahren und sogar Frauen verpflichtet wurden.

Sogar die Schweiz verlängerte am 6. Dezember 1934 die militärische Dienstzeit um einen Monat.

Deutschland hatte nun auch Handlungsfreiheit. Dennoch hat es aus diesem Umstand offenbar keinen übertriebenen Nutzen gezogen. Freilich wußte der Führer, daß der Bruch mit dem Völkerbund unabänderlich war, und die Entwicklung der öffentlichen Meinung in Frankreich (Marschalls Pétains Rede, der Pressechor usw.) zeugte in unbeherrschtem, sprich unzweideutigem Maße davon, daß die Regierung von dem in der Barthou-Note bezogenen Standpunkt nicht weichen werde. Im Jahre 1934 ließ Hitler eine Neugestaltung des deutschen Heeres und die Modernisierung ihrer Rüstung prüfen und ordnete den Bau von Flugzeugprototypen, Panzern und Marineeinheiten an, traf aber dabei keine aufsehenerregenden Maßnahmen. Es hatte den Anschein, als wollte er seinen Gegnern die Initiative überlassen, und seine Drohreden blieben letztlich nur Reden. Selbst die Einführung der allgemeinen Wehrpflicht in Polen für alle Männer von 17 bis 60 Jahren erschütterte ihn nicht sonderlich und veranlaßte ihn auch nicht, den Nichtangriffspakt, den er am 26. Januar 1934 mit Polen unterzeichnet hatte[100], in Frage zu stellen; sie wirkte sich auch nicht auf die militärischen Maßnahmen aus, die er gerade ausarbeiten ließ. Ende 1934 hatte seine Armee immer noch die vom britischen Plan vorgesehene Stärke von 200 000 bis 300 000 Mann. Spektakuläre Maßnahmen sollte er erst im März 1935 ergreifen, und sie wurden erst im Wehrgesetz vom 21. Mai 1935 — das heißt nach den Vorkehrungen aller anderen Staaten, nach denen

---

[100] Zu Frankreichs Schaden, das seit 1921 mit Polen verbündet war.

der USA, Italiens, Polens und sogar Englands[101] — endgültig festgehalten. Dieses Wehrgesetz sollte das Gesetz vom 6. März 1919 über die Vorläufige Reichswehr sowie das vom 23. März 1921 über die Berufsreichswehr ablösen.

In der Zwischenzeit hatten nämlich zwei folgenschwere Ereignisse in Europa stattgefunden: die Volksabstimmung vom 13. Januar 1935 an der Saar, die sich entscheidend auf die Wiedereinführung des zweijährigen Wehrdienstes in Frankreich auswirkte, sowie, im Mai 1935, die Verhandlungen zum französisch-sowjetischen Pakt, der eine Wiederaufnahme jener Politik der Einkreisung Deutschlands bedeutete. Diese von deutscher Seite getroffenen Maßnahmen (Erweiterung der Reichswehr, Wehrgesetz) waren zu rasche, zu genaue, zu vollständige Antworten, als daß man hätte annehmen können, sie seien nicht seit langer Zeit — frühestens seit dem 17. April 1934 — vorgesehen. Andererseits wußte Hitler erst seit diesem 17. April, daß die von der Barthou-Note geschaffene Situation unabänderlich war, daß er sie eines Tages ergreifen müßte, und er könnte dementsprechend Anstalten getroffen haben. Jedenfalls dienten ihm die Verlängerung der französischen Wehrpflicht auf zwei Jahre und der Auftakt zum französisch-sowjetischen Pakt wenigstens als Alibi.

1. Die Volksabstimmung an der Saar. Gegen die Auffassung Clemenceaus — der die sofortige Annektierung des Saargebiets an Frankreich forderte und sich darauf berief, daß »die große Mehrheit der Saarländer französischer Abstammung« sei und die »anderen mit dem Herzen zu Frankreich strebten« — hatte der Versailler Friedensvertrag verfügt, daß das Saargebiet als Völkerbundmandat fünfzehn Jahre lang unter französischer Verwaltung stehen sollte, wonach die Saarländer entscheiden sollten, ob sie endgültig an Frankreich angegliedert werden oder ins Reich zurückkehren oder gar selbständig bleiben wollten.

Nach Ablauf der fünfzehn Jahre wurde im September 1934 die Volksabstimmung auf den 13. Januar 1935 festgesetzt. Was die öffentliche Meinung im Saarland betraf, zehrte die französische Regierung immer noch von der Vorstellung, die Clemenceau 1919 hatte, und sie hielt an dieser Vorstellung derart fest, daß sie eine

---

[101] Der britische Wiederaufrüstungsplan für die Land-, See- und Luftstreitkräfte datiert, wie unten ersichtlich, vom 1. März 1935.

intensive antideutsche und seit 1930, vor allem seit 1933, antihitlerische Propaganda entfaltet hatte, bei der nichts ausgelassen worden war: weder die Judenverfolgung, noch die Konzentrationslager, noch die Fesseln, die Hitler der Meinungsfreiheit angelegt hatte, noch der Abscheu, den sein Regime der Weltöffentlichkeit einflößte. Sie hatte nun, dachte sie, die einmalige Gelegenheit, Hitler in Schach zu halten und seinem Ansehen in Deutschland einen Stoß zu versetzen, von dem er sich nicht erholen würde.

Hitler wußte indes um seine Machtstellung und war seiner Sache sicher. Als Hindenburg am 2. August 1934 gestorben war, hatte eine in der Reichskanzlei sofort abgehaltene Ministersitzung folgenden Beschluß gefaßt: »Das Amt des Reichspräsidenten wird mit dem des Reichskanzlers vereinigt. Infolgedessen gehen die bisherigen Befugnisse des Reichspräsidenten auf den Führer und Reichskanzler Hitler über. Er bestimmt seinen Stellvertreter.« An allen öffentlichen Reichsgebäuden angeschlagen und dem Volk zur Zustimmung vorgelegt, war der Beschluß am 19. August 1934 mit 38 362 760 Stimmen, das waren 88,9% der Wähler bei 96% Wahlbeteiligung, gebilligt worden: ein Zeichen, daß Hitler immer noch das breite Vertrauen des deutschen Volkes genoß. Außerdem hatte ihm sein Nachrichtendienst Unterlagen zugeleitet, aus denen hervorging, daß im Saargebiet wie in allen Ländern mit deutschsprachigen Minderheiten diese Bevölkerungen ihre Rückkehr in die Heimat forderten.

Hitler war darauf bedacht, daß die Leidenschaften, die die Volksabstimmung bestimmt erzeugen würde und seine Beziehungen zu Frankreich bei Vorverhandlungen nur verschlimmern könnten, nicht entfesselt würden. Unglücklicherweise überreichte er dem französischen Botschafter in Berlin, André François-Poncet, eine Note, die eine gütliche Einigung zwischen beiden Regierungen zur Lösung des Streitfalls vorschlug: Die Saar würde wieder deutsch, aber ein Wirtschaftsvertrag würde der französischen Industrie die Möglichkeit geben, ihre Rohstoffquellen unter denselben Bedingungen wie bisher auszunutzen. Dieser Vorschlag war vernünftig. Er löste in Frankreich eine breite zustimmende Strömung aus, mit Jules Romains an deren Spitze, der sich in einer Reihe von Vorträgen[102] für diesen Lösungsvorschlag einsetzte.

Die französische Regierung lehnte ihn dennoch ab. Sie wertete ihn als Eingeständnis der Ohnmacht Hitlers, der ihn nur deshalb unterbreitet habe, weil er die feindliche Gesinnung des saarländischen Volkes gegen Deutschland und das nationalsozialistische Regime erkannt habe.

Die Volksabstimmung fand statt, und die Ergebnisse wurden in der Nacht zum 14. Januar bekannt: 90,8% der Abstimmenden entschieden sich bei einer Wahlbeteiligung von über 97% für die Rückkehr ins Deutsche Reich, 8,8% stimmten für die Autonomie in Form des Status quo und nur 0,4% für den Anschluß an Frankreich. Es gab so gut wie keine Stimmenthaltungen.

London rechnete mit dem Wahlausgang. Es wäre übertrieben zu behaupten, daß man dort verstimmt war wegen des harten Schlags für Frankreich, das bislang sämtliche Abrüstungspläne zum Scheitern gebracht hatte.

In Paris machte sich Niedergeschlagenheit breit. Die Abstimmung im Saarland, die unter der Kontrolle des Völkerbunds stattfand, also ohne daß Deutschland in den Wahlvorgang oder in die Verkündung der Ergebnisse eingreifen konnte, gab Hitler den gleichen Stimmenanteil wie die in Deutschland abgehaltenen Volksabstimmungen, und man konnte nicht mehr behaupten, ihre Ergebnisse seien gefälscht worden. Der Volksentscheid an der Saar ließ eines deutlich erkennen: Wollte man vermeiden, daß andere deutsche Minderheiten (Sudetenland, Posen, Danzig oder sogar Staaten wie Österreich), die bestimmt in der gleichen Verfassung wie das Volk an der Saar waren, den Anschluß an das Deutsche Reich durchsetzten, so half nur noch Stärke, und man mußte darauf hinarbeiten, stark zu werden.

Am 1. März 1935 wurde die Verwaltung des Saargebietes offiziell den deutschen Behörden zurückgegeben, und Hitler erklärte vor dem Reichstag: »Deutschland verzichtet feierlich auf jeden Anspruch auf Elsaß-Lothringen: nach der Rückkehr der Saar ist die deutsch-französische Grenze endgültig festgelegt.« Am selben Tag veröffentlichte die Zeitschrift *Revue des deux Mondes* einen Artikel Marschall Pétains, der die Rückkehr zum zweijährigen Wehrdienst für

---

[102] Sie erschienen später unter dem Titel *Le couple France—Allemagne*.

notwendig hielt, und Pierre-Etienne Flandin legte der Abgeordnetenkammer einen Gesetzentwurf vor, der die längere Dienstzeit wiedereinführen sollte. Der Gesetzentwurf wurde am 16. März 1935 nach einer leidenschaftlichen Debatte angenommen. Noch am selben Abend — die Abstimmung im französischen Parlament stand angesichts der Entwicklung der Debatte so gut wie fest — überreichte Hitler dem Reichskabinett eine Verordnung, die die allgemeine Wehrpflicht wiedereinführte und ein ins einzelne gehendes Gesetz über ihre Regelung ankündigte. Sie hatte folgenden Wortlaut:

»§ 1 Der Dienst in der Wehrmacht erfolgt auf der Grundlage der allgemeinen Wehrpflicht;

§ 2 Das deutsche Friedensheer einschließlich der überführten Truppenpolizeien gliedert sich in 12 Korpskommandos und 36 Divisionen;

§ 3 Die ergänzenden Gesetze über die Regelung der allgemeinen Wehrpflicht sind durch den Reichsminister der Reichsregierung alsbald vorzulegen.«

Mit dieser Verordnung hatte Hitler alles zerrissen, was vom Teil V des Versailler Vertrags übriggeblieben war, bemerkt Benoist-Méchin.[103] Und der Deutsche Paul Semmler meint: »An diesem Tage hat der Führer die dem Reich durch den Friedensvertrag von Versailles angelegten Ketten zerrissen und hat dem deutschen Volk seine Ehre und seine Freiheit wiedergegeben.«[104]

Man kann die Ansicht vertreten, daß Hitler diesen Beschluß früher oder später gefaßt hätte, auch wenn Frankreich den zweijährigen Wehrdienst nicht wiedereingeführt hätte. Dem Anschein nach zumindest läßt die zeitliche Folge der Ereignisse eine solche Auffassung kaum zu, und man kann ebensogut behaupten, daß Hitler den für alle Fälle ausgearbeiteten Beschluß zurückgestellt hätte.

2. Der französisch-sowjetische Bündnispakt. Barthou hatte seine Note vom 17. April 1934 kaum verfaßt, als er sich anschickte, die Einkreisung Deutschlands durch die Aufnahme Rußlands in den Völkerbund zu erreichen. Ein solches Manöver war nicht leicht. Zum einen, weil Rußland den Völkerbund als »Banditenverein« betrachtete

---

[103] J. Benoist-Méchin, *Geschichte der deutschen Militärmacht 1918—1946*, Bd. 3: *Auf dem Weg zur Macht*, aaO., S. 223.
[104] Paul Semmler, *Wehrgesetz vom 21. Mai 1935*, S. 7.

und den Versailler Vertrag als »Diktat des Hasses und der Raubgier«, das es so früh wie möglich zu zerreißen galt. Zum anderen, weil die Sowjetunion mit einigen Mitgliedern des Völkerbundes, wie Polen, Rumänien und der Tschechoslowakei, ein Zerwürfnis hatte, die ihrer Ansicht nach nur ein Sicherheitskordon oder ein Stacheldraht waren, den der Völkerbund gegen die UdSSR richtete. Und schließlich empfahl sich Barthou nicht für diese Unternehmung: am 29. November 1932 hatten Herriot und Dougalewski, der sowjetische Botschafter in Paris, einen Freundschafts- und Beistandpakt zwischen Frankreich und Rußland abgeschlossen, und Barthou hatte sich unter dem Vorwand dagegen ausgesprochen, daß man mit dem Bolschewismus nicht paktiere. Barthous Selbstverleugnung vermochte aber nicht, ihn aufzuhalten.

Am 20. April 1934 machte er sich an die Arbeit. Als erstes begab er sich nach Prag und Warschau, dann sondierte er in Bukarest. Denn es galt zunächst, Prag, Warschau und Bukarest mit Moskau zu versöhnen. In Warschau wurde er von Marschall Pilsudski ziemlich trocken abgewiesen. Dagegen sprachen die Tschechoslowakei durch Benesch und Rumänien durch Titulescu am 9. Juni die *de jure*-Anerkennung der Sowjetrepublik aus.

Dieses Ergebnis mißfiel Stalin keineswegs. Er fühlte sich bedroht sowohl im Westen durch den Wiederaufstieg Deutschlands unter Hitler, der dem Bolschewismus den Krieg erklärt hatte, als auch im Osten durch die Stellung, die Japan im Mandschukuo und in der Mongolei erobert hatte. Er wäre demnach nicht böse, wenn er die ihn bedrohende Gefahr aus Deutschland auf den Westen abwälzen könnte, um seine Kräfte voll im Osten einzusetzen. Barthou wurde zu einem großen Mann. Als er Stalin anregte, seine Aufnahme in den Völkerbund auf dem diplomatischen Weg zu beantragen, ging der Russe natürlich sofort darauf ein.

Um sein Vorhaben zu vertuschen, unternahm Barthou ab 20. Juni 1934 eine zweite Rundreise durch Mitteleuropa und warb für den aussichtslosen Plan eines Ostpakts, der alle mitteleuropäischen Staaten, Deutschland und Rußland zusammenschließen sollte und eine Art Ost-Locarno zur glücklichen Ergänzung des West-Locarno, sprich des Rheinpakts, wäre. Am 10. September 1934 ließ Deutschland wissen, daß es keinen Vertrag zu unterzeichnen gedenke, der es verpflichten würde, der UdSSR beizustehen und das sowjetische Regime zu verteidigen, wenn dieses angegriffen würde.

Aber Barthou glaubte, den Schein gewahrt und den Nachweis erbracht zu haben, daß seine Bemühungen nicht gegen Deutschland gerichtet seien.

Am 18. September 1934 kam der Aufnahmeantrag der UdSSR vor dem Völkerbundsrat zur Diskussion und wurde mit 38 gegen drei Stimmen bei sieben Enthaltungen angenommen. Von nun an betrachteten die Kommunisten in aller Welt den Völkerbund nicht mehr als »Banditenverein«, und der Versailler Friedensvertrag wurde in ihren Augen ein hochschätzbarer Vertrag.

Am 9. Oktober 1934 empfing Barthou König Alexander von Jugoslawien zu einem Staatsbesuch in Marseille und wurde dabei von einem kroatischen Terroristen ermordet, der den König ebensowenig verfehlte. Die von Barthou eingeleiteten Verhandlungen setzte Pierre Laval, sein Nachfolger im Quai d'Orsay, fort. Sie verliefen erfolgreich, wie es sich gehörte, und zum Austausch der Ratifikationsurkunden fuhr er am 14. Mai 1935 nach Moskau. Von dort kam er mit Stalins berühmtem Ausspruch zurück, der die französische Kommunistische Partei in ihrem Kampf gegen die Verteidigungshaushalte entwaffnete und die übrigen KPs ins Lager der antideutschen Kriegshetzer versetzte: »Frankreich soll seine Rüstung an die Bedürfnisse seiner Sicherheit anpassen.«

Am 15. Juni 1935 wurde der französisch-sowjetische Bündnispakt um einen gleichartigen zwischen Rußland und der Tschechoslowakei ergänzt.

Als Antwort verkündete die Reichsregierung am 21. Mai 1935 das in der Verordnung vom 16. März über die Wiedererrichtung der Wehrmacht angekündigte Gesetz. Schwere Bomber vom Typ *Junker 52*, leichte vom Typ *Heinkel 70*, Seeaufklärer *Dornier 22* und Jäger *Arado 65* erschienen in der darauffolgenden Woche am Himmel. Die Schlachtschiffe *Graf Spree*, *Scharnhorst* und *Bismarck* wurden auf Kiel gelegt sowie fünf Zerstörer und elf weitere U-Boote.[105] Am 1. Oktober 1935 erreichte die Wehrmacht eine Stärke von 650 000 Mann.

---

[105] Bereits im April 1934 sah der Reichshaushalt zwar Mittel für den Bau dieser Kampfflugzeuge und Schlachtschiffe vor. Zum einen war aber Deutschland am 14. Oktober 1933 aus dem Völkerbund ausgetreten und hatte seine Freiheit wiedererlangt.
Zum anderen hatten alle übrigen Staaten, wie oben dargestellt, mindestens ebenso umfangreiche Rüstungsmaßnahmen zu Land, zur See und in der Luft vorgesehen oder gar getroffen.

Das waren die Ergebnisse französischer Politik Ende 1935. Danach wurde es noch schlimmer, denn die französische Regierung versteifte sich auf ihren Standpunkt, und sie versteifte sich um so mehr, als sie der Unterstützung der Tschechoslowakei, Rumäniens und Rußlands sicher war, die Einkreisung Deutschlands verwirklicht hatte und nun glaubte, sie würde dieses in der Zange haben und könnte es zum Nachgeben zwingen.

Das war auch der Grund des Vertrauens, das Männer, wie Barthou und Laval — wer hätte das gedacht? — plötzlich in den Bolschewismus setzten.

Die »Bismarck«: das stärkste Panzerschiff der damaligen Zeit. 29 Knoten, 8 x 380 mm-Geschütze, 12 x 150 mm-Geschütze, 32 Flak-Geschütze; 2 Flugzeuge Arado 196; 2200 Mann, 50 000 t bei voller Ladung

2. Englands Annäherung an Deutschland

Doch England mischte sich nicht in dieses Spiel ein.

Am 19. August 1934 hatte es zwar eine Erweiterung seiner Luftflotte um 42 neue Geschwader angekündigt. Diese Entscheidung war aber nicht etwa durch das Verhalten der Reichsregierung herbeigeführt worden, sondern durch die Tatsache, daß Japans expansionistische Politik die britischen Interessen im Fernen Osten gefährdete und England dort den Vereinigten Staaten nicht freie Hand lassen wollte. Am 23. Juli 1934 hatten die Vereinigten Staaten die Kiellegung von 360 000 Tonnen neuer Seeeinheiten sowie, kurz danach, den Bau von 2320 Flugzeugen bekannt gegeben, und England spürte daher ihre Konkurrenz in diesem Teil der Welt.

Am 1. März 1935 hatte auch Premierminister Baldwin der britischen Regierung einen umfangreichen Aufrüstungsplan in den drei Waffengattungen unterbreitet, für dessen Ausführung er nahezu unbegrenzte Geldmittel erhalten hatte. Dafür war der Grund, daß die italienisch-äthiopischen Beziehungen sich derart verschlechtert hatten, daß zwischen beiden Ländern der Kriegszustand erklärt worden war. Am 6. Februar 1935 hatte Italien ein Armeekorps nach Äthiopien entsandt, und zwei zusätzliche Divisionen am 11. des Monats. In Italien traten immer mehr Männer freiwillig in das Heer ein, und die Generalmobilmachung stand bevor. Die Nilquellen — ein weiterer Völkerbund, sagten die Humoristen —, auf die Ägypten, britisches Schutzgebiet, angewiesen war, waren in Gefahr.

Hitler hatte sich in dieser Frage nicht getäuscht.

England unterhielt zwar ausgezeichnete Beziehungen zu Italien: seine angesehensten Politiker konnten den Duce nicht genug loben. Frankreich übrigens auch, das ihn in die europäische antideutsche Front einzubinden und Mussolini gegen Hitler auszuspielen hoffte: am 4. Januar 1935 hatte Mussolini dem französischen Außenminister Pierre Laval einen festlichen Empfang in Rom bereitet, und am 7. des Monats war im Palazzo Venezia ein französisch-italienisches Abkommen[106] unterzeichnet worden, das laut der gemeinsamen Abschlußerklärung »eine Ära der engen Zusammenarbeit zwischen beiden Ländern eröffnen sollte«. Allerdings zu Léon Blums großem Verdruß, der in *Le Populaire* vom 6. Januar 1935 schrieb: »Zum ersten Mal ist ein französischer Minister bei dem Mörder Matteottis zu Gast; zum ersten Mal erkennt ein Vertreter der Französischen Republik

---

[106] Frankreich trat Italien die Randgebiete Libyens und Somalias ab, bestätigte die Privilegien der Italiener Tunesiens und sah regelmäßige Besprechungen zwischen beiden Regierungen und Generalstäben vor. Die Notwendigkeit der Unabhängigkeit Österreichs wurde außerdem bekräftigt.

Italiens Tyrannen als Staatsoberhaupt[107] an.« Mit seiner Ansicht stand er aber allein da; die gesamte französische Presse, *L'Humanité* und *Le Populaire* natürlich ausgenommen, hatte die Initiative Pierre Lavals aufs wärmste begrüßt.

Äthiopien war aber Mitgliedsstaat des Völkerbunds und wurde von einem weiteren Mitgliedsstaat angegriffen.[108] Außer der Drohung, die von Italien auf die Nilquellen fiel, warf dieser Angriff also rechtliche Fragen auf.

Mussolini war seinerzeit sehr empfänglich für die Freundschaftsbezeugungen Englands und Frankreichs. Er hatte Hitler am 14. Juni 1933 empfangen, hatte ihn aber für einen »Verrückten, einen Degenerierten und einen Sexualbesessenen« gehalten.

Er war mit Dollfuß befreundet gewesen und von dessen Tod beim Putsch der österreichischen Nationalisten am 25. Juli 1934 tief erschüttert worden. Außerdem befürwortete er die Unabhängigkeit Österreichs, und die deutschen Anschluß-Pläne riefen eine tiefe Kluft zwischen ihm und Hitler hervor. Am 11. Januar 1935 brachte eine auf französische Initiative einberufene Konferenz England (MacDonald und Sir John Simon), Frankreich (Pierre Laval und Pierre-Etienne Flandin) und Italien (Mussolini) in Stresa zusammen und führte zur sogenannten Stresa-Front: Mussolini nahm mit Begeisterung an dieser Konferenz teil, die durch die Zustimmung Südeuropas die Einkreisung Deutschlands[109] vollenden sollte, und nahm außerdem deren Beschlüsse an.[110]

---

[107] Es war übrigens nicht richtig: Frankreich hatte einen Botschafter in Rom.
[108] Äthiopien hatte — zugegeben — nichts getan, um es zu vermeiden. Am 17. November waren die Äthiopier in das italienische Konsulat zu Gondar eingedrungen und hatten am 5. Dezember die Italiener in Oual-Oual mit Maschinengewehr und Geschütz angegriffen; hinzu kamen unter anderem häufige Einfälle in italienisches Gebiet, Grenzstreitigkeiten.
[109] Die Zustimmung Osteuropas war zwar noch nicht erfolgt, befand sich aber auf gutem Wege, da die Tschechoslowakei und Rumänien am 9. Juni 1934 den Einkreisungsplan grundsätzlich angenommen hatten und Rußland seit dem 18. September 1934 dem Völkerbund angehörte. Die endgültige Zusage der Sowjetunion erfolgte erst am 14. Juni 1935 (siehe oben, S. 94)
[110] Die Stresa-Front sollte den italienisch-äthiopischen Krieg nicht überstehen und eine nur kurzlebige Erscheinung bleiben. Auf Englands Ersuchen wurden am 10. Oktober 1935 wirtschaftliche Sanktionen mit 50 gegen 4 Stimmen (Albanien, Ungarn, Österreich und Paraguay) gegen Italien verhängt. Sie traten am 18. November in Kraft. Bei der Suche nach einem Kompromiß zwischen Italien und

Aber England — und das hatte Frankreich übersehen — war überhaupt nicht geneigt, sich wegen Österreich, Polen oder der Tschechoslowakei in einen Konflikt mit hineinreißen zu lassen. Es war der Auffassung, Frankreich habe mit der Ablehnung des britischen Abrüstungsplans die Gelegenheit vorübergehen lassen und seine Politik in Mitteleuropa sei abenteuerlich. Ferner glaubte es nicht an die Möglichkeit einer Einkreisung Deutschlands, dessen Vorschläge auf der Abrüstungskonferenz im übrigen durchaus vernünftig gewesen seien. Schließlich hielt es den Nationalsozialismus für eine nicht zu unterdrückende Machtidee und war daher der Ansicht, Frankreich werde in zwei Tagen (am 13. Januar 1935) eine schöne Schlappe im Saarland erleiden. Kurz gesagt, England habe nichts dagegen, daß Deutschland zu seinen Ostgrenzen von 1914 zurückkehrte. Daher nahm es nur zögernd an der Konferenz teil und sprach lediglich ein Lippenbekenntnis zur Stresa-Front aus.

In dieser Stimmung legte Hitler am 21. Mai 1935 sein Gesetz über die Wiedererrichtung der Wehrmacht dem Reichstag vor und erläuterte gleichzeitig ein Programm mit dreizehn Punkten zur Wiederaufnahme der internationalen Verhandlungen in Genf. Die *Times* gab den Standpunkt der britischen Regierung wieder, wenn sie am nächsten Tag schrieb:

»Kein unvoreingenommener Kopf kann in Zweifel ziehen, daß die 13 Punkte Hitlers als Grundlage für eine endgültige Regelung unserer Beziehungen zu Deutschland dienen könnten.« Damit der Leser sich

---

England erwirkte Laval (zusammen mit Sir Samuel Hoare) nur... den Rücktritt des Hoare-Kabinetts (19. Dezember 1935) und dessen Ablösung durch Eden, einen erbitterten Gegner Mussolinis, aber auch seinen eigenen Rücktritt (23. Januar 1936) und seine Ablösung durch ein Kabinett Sarraut-Flandin: Die französische Öffentlichkeit hatte sich mittlerweile ebenfalls für den Negus ausgesprochen. Die Vereinigten Staaten schlossen sich den Sanktionen an; aber Österreich, Ungarn und vor allem Deutschland, das trotz Mussolinis harter Beurteilung von Hitler und dessen Politik, trotz seiner abweisenden Haltung gegenüber dem Anschluß und seiner Begeisterung für die Stresa-Front Partei für den Duce ergriffen hatte, machten diese Sanktionen unwirksam. Die Stresa-Front zerplatzte, Italien verließ den Völkerbund und kam Deutschland näher. Der Krieg ging weiter. Am 5. Mai 1936 zogen die italienischen Truppen in Addis-Abeba ein; am 7. Mai erhielt Mussolini das Großkreuz des Militärordens von Savoyen; am 9. Mai legte sich der italienische König den Titel »Kaiser von Äthiopien« zu. Vom Balkon des Palazzo Venezia aus begrüßte Mussolini vor einer »schwärmenden« Menge die Rückkehr des Kaisertums nach fünfzehn Jahrhunderten auf Roms heilige Hügel. Aber Italien war ins deutsche Lager übergewechselt.

eine Meinung bilden kann, seien diese dreizehn Punkte im folgenden aufgeführt.

»1. Die deutsche Reichsregierung lehnt die am 17. April[111] erfolgte Genfer Entscheidung ab. Sie erachtet es als notwendig, zwischen dem Vertrag von Versailles, der aufgebaut ist auf der Unterscheidung der Nationen in Sieger und Besiegte, und dem Völkerbund, der aufgebaut sein muß auf der Gleichwertung und Gleichberechtigung aller seiner Mitglieder, eine klare Trennung herbeizuführen.

2. Die deutsche Reichsregierung hat infolge der Nichterfüllung der Abrüstungsverpflichtungen durch die anderen Staaten sich ihrerseits losgesagt von den Artikeln, die infolge der nunmehr einseitigen vertragswidrigen Belastung Deutschlands eine Diskriminierung der deutschen Nation für unbegrenzte Zeit darstellen. Sie erklärt aber hiermit feierlichst... daß sie die sonstigen, das Zusammenleben der Nationen betreffenden Artikel einschließlich der territorialen Bestimmungen unbedingt respektieren und die im Wandel der Zeiten unvermeidlichen Revisionen nur auf dem Wege einer friedlichen Verständigung durchführen wird.

3. Die deutsche Reichsregierung hat die Absicht, keinen Vertrag zu unterzeichnen, der ihr unerfüllbar erscheint. Sie wird aber jeden freiwillig unterzeichneten Vertrag, auch wenn seine Abfassung vor ihrem Regierungsund Machtantritt stattfand, peinlich einhalten.

4. Die deutsche Reichsregierung ist jederzeit bereit, sich an einem System kollektiver Zusammenarbeit zur Sicherung des europäischen Friedens zu beteiligen.

5. Die deutsche Reichsregierung ist der Auffassung, daß der Neuaufbau einer europäischen Zusammenarbeit sich nicht in den Formen einseitig aufoktroyierter Bedingungen vollziehen kann.

6. Die deutsche Reichsregierung ist grundsätzlich bereit, Nichtangriffspakte mit ihren einzelnen Nachbarstaaten abzuschließen.

7. Die deutsche Reichsregierung ist bereit, zur Ergänzung des Locarnopaktes einem Luftabkommen zuzustimmen und in seine Erörterung einzutreten.

8. Die deutsche Reichsregierung hat das Ausmaß des Aufbaues der neuen deutschen Wehrmacht bekanntgegeben. Sie wird davon unter

---

[111] Aufrechterhaltung der Militärbestimmungen im Teil V des Versailler Vertrags, auf Barthous Ersuchen.

keinen Umständen abgehen... Sie ist aber jederzeit bereit, in ihrer Waffenrüstung jene Begrenzungen vorzunehmen, die von den anderen Staaten ebenfalls übernommen werden... Die Begrenzung der deutschen Marine liegt mit 35 Prozent der englischen noch 15 Prozent unter dem Gesamttonnagement der französischen Flotte. Da in den verschiedenen Pressekommentaren die Meinung besprochen wurde, daß diese Forderung nur ein Beginn sei und sich insbesondere mit dem Besitz von Kolonien erhöhen würde, erklärt die deutsche Reichsregierung bindend: Diese Forderung ist für Deutschland eine endgültige und bleibende.

Deutschland hat weder die Absicht noch die Notwendigkeit oder das Vermögen, in irgendeine neue Flottenrivalität einzutreten. Die deutsche Reichsregierung erkennt von sich aus die überragende Lebenswichtigkeit und damit die Berechtigung eines dominierenden Schutzes des Britischen Weltreiches zur See an, genauso wie wir umgekehrt entschlossen sind, alles Notwendige zum Schutze unserer eigenen kontinentalen Existenz und Freiheit zu tun. Die deutsche Reichsregierung hat die aufrichtige Absicht, alles zu veranlassen, um zum britischen Volk und Staat ein Verhältnis zu finden und zu erhalten, das eine Wiederholung des bisher einzigen Kampfes zwischen beiden Nationen für immer verhindern wird.

9. Die deutsche Reichsregierung ist bereit, sich an allen Bestrebungen aktiv zu beteiligen, die zu praktischen Begrenzungen uferloser Rüstungen führen können. Sie sieht den zur Zeit einzig möglichen Weg hierzu in einer Rückkehr zu den Prinzipien des Roten Kreuzes.

10. Die deutsche Reichsregierung ist bereit, jeder Beschränkung zuzustimmen, die zu einer Beseitigung der gerade für den Angriff besonders geeigneten schweren Waffen führt. Diese Waffen umfassen: 1. schwerste Artillerie und 2. schwerste Tanks. Angesichts der ungeheuren Befestigungen der französischen Grenze würde eine solche internationale Beseitigung der schwersten Angriffswaffen Frankreich mindestens automatisch in den Besitz einer geradezu hundertprozentigen Sicherheit bringen.

11. Deutschland erklärt sich bereit, jeder Begrenzung der Kaliberstärke der Artillerie der Schlachtschiffe, Kreuzer und Torpedoboote zuzustimmen. Desgleichen ist die deutsche Reichsregierung bereit, jede internationale Begrenzung der Schiffsgrößen zu akzeptieren. Und endlich ist die deutsche

Reichsregierung bereit, der Begrenzung des Tonnengehalts der U-Boote oder auch ihrer vollkommenen Beseitigung für den Fall einer international gleichen Regelung zuzustimmen.

12. Die deutsche Reichsregierung ist der Auffassung, daß alle Versuche, durch internationale oder mehrstaatliche Vereinbarungen eine wirksame Milderung gewisser Spannungen zwischen den einzelnen Staaten zu erreichen, vergeblich sein müssen, solange nicht durch geeignete Maßnahmen einer Vergiftung der öffentlichen Meinung der Völker durch unverantwortliche Elemente in Wort und Schrift, Film und Theater vorgebeugt wird.

13. Die deutsche Reichsregierung ist jederzeit bereit, einer internationalen Vereinbarung zuzustimmen, die in einer wirksamen Weise alle Versuche einer Einmischung von außen in andere Staaten unterbindet und unmöglich macht. Sie muß jedoch verlangen, daß eine solche Regelung international wirksam wird und allen Staaten zugute kommt... es erscheint notwendig, den Begriff ›Einmischung‹ einer genauen Definition zu unterziehen.«

Man kann den Nationalsozialismus noch so scharf verurteilen, ein noch so erbitterter Nazi-Gegner sein, ja sogar Hitler als Ausgeburt der Hölle betrachten, trotzdem kann man sich, wenn man ehrlich ist, jener Einschätzung der *Times*[112] nicht verschließen: Mit Ausnahme von Punkt 12 (staatliche Bevormundung der Meinungsfreiheit in allen Ländern) war dieses Programm sehr korrekt und bot eine ordentliche Grundlage für eine Wiederaufnahme der Gespräche mit Deutschland im Rahmen des Völkerbunds, ferner ermutigende Aussichten für die Erhaltung des Friedens durch die Rüstungsbegrenzung, vielleicht sogar durch eine allgemeine und tatsächliche Abrüstung.

Die französische Regierung weigerte sich aber, Verhandlungen auf dieser Grundlage wiederaufzunehmen. Der französisch-sowjetische Bündnispakt und die Hoffnungen, die sie in Richtung Italien hegte, bestärkten sie in der Auffassung.

Die Briten waren realistischer und entschlossen sich, die ihnen entgegengestreckte Hand zu ergreifen: am 25. Mai 1935 forderten sie die Reichsregierung auf, bilaterale Verhandlungen über die Aufrüstung zur See zu eröffnen. Und bereits am 18. Juli 1935, in einer Rekordzeit also, wurde trotz Frankreichs Warnungen und Protesten ein Vertrag zwischen dem Reich und Großbritannien unterzeichnet,

---

[112] Siehe oben.

nach dessen Wortlaut die deutsche Wiederbewaffnung zur See offiziell in der Höhe und in der Form anerkannt wurde, wie Hitler sie gefordert hatte.

Auf diesen Erfolg gestützt, versuchte von Ribbentrop, der die deutsche Delegation leitete, auf ein allgemeines Bündnis mit Großbritannien zuzusteuern. Dieses Bündnis, das die territoriale Unversehrtheit Hollands, Belgiens und Frankreichs garantieren sollte, enthielt ein verlockendes Angebot: Das Reich würde England zwölf Divisionen zur Verteidigung seines Kolonialreiches, vor allem in Indien, zur Verfügung stellen. Vergeblich: England wollte nicht darüber hinausgehen und gedachte nicht, Deutschland auf diesem Terrain zu folgen. Um Rüstung zur See handele es sich, und nur um Rüstung zur See.

Trotzdem hatte zum erstenmal eine der Signatarmächte des Versailler Vertrags die deutschen Thesen über die Aufrüstung anerkannt. In Paris löste das Flottenabkommen die heftigsten Reaktionen aus: wie kann man nun Deutschland tadeln, die Bestimmungen des Versailler Vertrags zu verwerfen, wenn England selbst es dabei unterstützt? Die französische Regierung erklärte die britische Entscheidung für »moralisch unzulässig und juristisch unhaltbar«.

Juristisch unhaltbar? Die Narren, die für die damalige französische Politik verantwortlich waren, übersahen — oder taten so, als wenn sie es übersähen —, daß Deutschland die im Teil V des Versailler Vertrags enthaltenen Militärbestimmungen *nur* deshalb übertrat und daß England es dabei *schon* deshalb unterstützte, weil Frankreich selbst dessen Präambel zuwider handelte, spätestens seit dem 16. Februar 1926, als Marschall Foch erkannte, daß Deutschland abgerüstet hatte. Nach dem Wortlaut des Vertrags hätte Frankreich damals abrüsten müssen. Sie vergaßen auch, daß Frankreich alle Initiativen derjenigen, insbesondere der Engländer und Amerikaner, zurückwies und torpedierte, die die Welt auf den Weg der Abrüstung bringen wollten. Sie vergaßen zuletzt, daß gerade diejenigen, die mit der Einhaltung eines Gesetzes beauftragt sind, dieses Gesetz am ehesten übertreten und daß das Gesetz des Dschungels herrscht, sobald keine Stelle mehr sie zur Einhaltung zwingen kann: dann kann nämlich jeder tun, was er will, und die Stärkeren siegen.

Dieselben Narren hatten ebensowenig vorausbedacht, daß Deutschland recht bald alle seine Rivalen auf die Plätze verweisen würde, wenn sie den Rüstungsbereich dem Gesetz des Faustrechts auslieferten. Zum Beispiel ließ das deutschbritische Flottenabkommen eine Erhöhung der deutschen Flotte von 108 000 auf 420 000 Tonnen zu. Wenn Frankreich das bestehende Kräfteverhältnis zu Deutschland aufrechterhalten wollte, hätte es seine Flotte von 628 000 auf 940 000 Tonnen steigern müssen. Es war aber nicht in der Lage, eine solche finanzielle Anstrengung zu machen.

Indem die französische Regierung England beschuldigte, »eine juristisch unhaltbare Entscheidung« getroffen zu haben, machte sie sich nur lächerlich. Sie hatte selbst diese Lage geschaffen, und es stand ihr ebenso schlecht an, sich darüber zu beschweren wie dem Reich ein Recht abzuerkennen, das sie sich selbst angemaßt hatte. Außerdem war keine Instanz mehr da, die die Frage hätte entscheiden können; die bestehende, der Völkerbund, hatte sich selbst disqualifiziert, als er außerstande war, ein Gesetz einhalten zu lassen, das die Alliierten — und damit er selbst — in den Versailler Vertrag eingefügt hatten. Die Reichsregierung weigerte sich, vor dem Völkerbundsrat als Angeklagte und zudem als einzige Angeklagte zu erscheinen, und beim damaligen Stand der Dinge konnte keine Macht in der Welt sie dazu zwingen, dort zu erscheinen. England hatte es wohl erkannt. Da es Deutschland nicht daran hindern konnte, eine vernünftig erscheinende Entscheidung zu treffen, hatte es wenigstens deren Auswirkungen insofern in Schranken gehalten, als die deutsche Tonnage künftig nur 35% der britischen betragen sollte.

Frankreich durfte nur noch hoffen, daß es eines Tages Deutschland vor eine ihm ergebene Instanz ziehen könnte.

Und Frankreich hoffte es.

3. Der französisch-sowjetische Bündnispakt

Die Entwicklung zum Krieg ließ sich noch aufhalten, wenn das französische Parlament den französisch-sowjetischen Pakt nicht ratifizieren würde. Eine ziemlich unwahrscheinliche Aussicht. Gemeint war allerdings von Frankreich in dem Pakt nicht irgendein Krieg, sondern nur ein solcher, in den Westeuropa nicht verwickelt wäre.

Im Osten lagen die Dinge anders: Zu den Richtlinien der Politik Hitlers gehörte an erster Stelle die Vernichtung der Juden und

Freimaurer, aber auch die des Bolschewismus, der seiner Ansicht nach einen jüdisch-freimaurerischen Grund habe, beziehungsweise von den Juden und den Freimaurern in aller Welt unterhalten werde.[113] Um so entschlossener machte er sich jene Politik des Drangs nach Osten zu eigen, die seit dem Deutschritterorden (1128), wenn nicht seit Karl dem Großen, die Aufgabe des deutschen Volkes war.

Man kann sich schwer vorstellen, wie er ohne Krieg diese Doktrin anders in die Tat umsetzen könnte als durch eine Unterstützung der Ukraine, die antibolschewistisch eingestellt war, sich aber passiv verhielt: 1917 hatte Petljura unter Beweis gestellt, daß das ukrainische Volk verbissen an seiner Unabhängigkeit hing und gegen das leninistische Regime feindlich gesinnt war. Hitler meinte daher, er könne es dazu bringen, sich von der Bevormundung Stalins loszulösen und von da an eine Freiheitsbewegung zu gründen, die sich bis zum gleichermaßen unterjochten Weißrußland ausbreiten und letztlich den Zusammensturz des Bolschewismus herbeiführen würde.

Die weiten osteuropäischen Räume stünden somit für die deutsche Ausbreitung offen. Vor allem *Mein Kampf* dokumentiert vielfach, daß Hitler derartige Hoffnungen hegte: Der bolschewistische Koloß habe tönerne Füße und halte sich nur durch den Polizeiterror und den orientalischen Fatalismus an der Macht. Es konnte aber auch sein, daß die Rechnung nicht aufging und Hitler eines Tages ein Hühnchen mit der Sowjetunion rupfen mußte. Er war demnach um so begieriger, für Frieden im Westen zu sorgen, als er hier keine Ambitionen — er beteuerte es ständig — hatte und im Fall einer Verwicklung im Osten es für notwendig hielt, die Hände frei zu haben, das heißt, nicht an zwei Fronten kämpfen zu müssen.

Dieser Politik, von den Signatarmächten in Locarno, namentlich England und Italien, in die Wege geleitet, stellte sich der französisch-sowjetische Bündnispakt nun als Hindernis entgegen. Mit dem gekoppelten russisch-tschechischen Vertrag führte er nicht nur den Bolschewismus in Mitteleuropa ein, sondern nahm auch Hitler jede Möglichkeit, Europa vor dieser Ideologie anders zu bewahren als durch den Krieg, und das an zwei Fronten. Diesen Pakt nahmen die Russen als Segen und Geschenk des Himmels auf.

---

[113] Er redet nur von Judeo-Marxisten, Judeo-Freimaurern usw.

Juristisch hatte Deutschland zum französisch-sowjetischen Bündnispakt folgende Stellung bezogen:

»1. Frankreich hat durch die Verpflichtung zum Eingreifen — gegen Deutschland, versteht sich, da weder Polen, noch die baltischen Länder, noch die Tschechoslowakei (die gerade ein Bündnis mit Rußland eingegangen war) es angreifen würden —, selbst wenn der Völkerbundsrat keine Empfehlung gibt oder nicht zu einem einstimmigen Votum[114] kommt, Pflichten gegenüber der Sowjetunion übernommen, die bei weitem die Pflichten überschreiten, die ihm durch den Völkerbundspakt auferlegt sind. Denn Frankreich behält sich auf diese Weise das Recht vor, aus eigener Machtvollkommenheit zu entscheiden, wer der Angreifer ist — was nach dem internationalen Recht nicht statthaft ist.

2. Durch den Vertrag von Locarno hat Frankreich sich verpflichtet, keine militärischen Operationen gegen Deutschland zu führen, es sei denn im Falle der rechtmäßigen Verteidigung oder der Notwehr oder im Falle, daß Polen und die Tschechoslowakei vom Deutschen Reich angegriffen werden. Abgesehen von den beiden genannten Fällen hat Frankreich auf jeden Waffengang gegen Deutschland verzichtet, nachdem das Reich ein gleiches Versprechen abgegeben und der Gründung einer entmilitarisierten Zone auf dem linken Rheinufer zugestimmt hatte.

3. Außer den im Locarno-Vertrag[115] festgelegten Umständen führt der französisch-sowjetische Bündnispakt, durch den Willen zweier seiner Mitglieder, also einer winzigen Minderheit, einen dritten Fall in das internationale Recht ein: Wenn sich Deutschland im Streit mit der Sowjetunion befände. In diesem Fall hätte Frankreich nicht nur das *Recht*, sondern auch die *Pflicht*, Deutschland anzugreifen.«

Am 25. Mai 1935 richtete die Reichsregierung daher eine Note an die französische Regierung, die diesen Standpunkt zusammenfaßte: »Jedes Eingreifen Frankreichs aufgrund des französisch-sowjetischen Vertrags steht im Gegensatz zu Artikel 16 des Völkerbundspakts und bedeutet eine Verletzung des Vertrages von Locarno.«

Am 25. Juni 1935 erwiderte Frankreich, daß der französisch-sowjetische Vertrag keine militärische Verpflichtung sei, was

---

[114] Das ist genau der Wortlaut des Vertrags.
[115] In seiner Reichstagsrede vom 21. Mai 1935 bezeichnete Hitler den Locarno-Vertrag als den einzigen klaren und wertvollen Vertrag in Europa.

lächerlich war und keiner Prüfung standhielt: Artikel 2 des Vertrages sagte nämlich ausdrücklich: »Falls... Frankreich oder die Sowjetunion... Ziel eines nicht provozierten Angriffs von Seiten eines europäischen Staates werden, verpflichten sich die Sowjetunion und Frankreich, sich unmittelbare Hilfe und Beistand zu leisten.« Daraufhin konsultierte Frankreich die Garantiemächte des Locarno-Vertrags über diese Antwort. Am 5. Juli antwortete England nach langem Ersuchen, daß »die Unterzeichnung des französisch-sowjetischen Vertrags an den von Großbritannien eingegangenen Verpflichtungen nichts« ändere, gab allerdings nicht seine Zustimmung; Italien am 15. und Belgien am 19. Juli 1935 antworteten genauso, als wenn sie sich mit England abgesprochen hätten. Deutschland war um so entschlossener, seinen übrigens juristisch unanfechtbaren Standpunkt zu behaupten. Da die Aussprache über den Pakt bald auf der Tagesordnung des französischen Parlaments stehen würde, teilte es Frankreich durch seinen Geschäftsträger in Paris mit, es werde »die Ratifikation des Sowjetpakts durch das französische Parlament als einen unfreundlichen Akt gegenüber Deutschland betrachten, der mit den Verpflichtungen von Locarno unvereinbar ist«.

Die Debatte über die Ratifikation begann in der französischen Abgeordnetenkammer am 12. Februar 1935. Sie dauerte fünfzehn Tage und lief oft in einer heftigen Atmosphäre ab, die von der Gründung der Volksfront ein Jahr zuvor sowie von den im Mai stattfindenden Wahlen zur Abgeordnetenkammer völlig beherrscht war.

Damals gab es noch eine Rechte und eine Linke, die sich durch genau festgelegte doktrinäre Programme stark gegeneinander abgrenzten. Das Programm der Linken fügte sich ebenso in die Doktrin der Linken ein, wie das Programm der Rechten in die Doktrin der Rechten gehörte — außer allerdings in Sachen Krieg, für den die Stellungnahmen der Linksparteien eigentlich in die Doktrin der Rechten gehörten, und umgekehrt. Seit der Französischen Revolution wurden sämtliche Kriege, in die Frankreich verwickelt war, tatsächlich von Linksregierungen erklärt — gegen die Meinung der Rechtsparteien. Das hierfür wohl bekannteste Beispiel liefert der Deutsch-Französische Krieg von 1870, den Emile Ollivier trotz Thiers' Einwände an Preußen erklärte. Erwähnt sei ebenfalls der Erste Weltkrieg (Ministerpräsident Viviani), ja sogar Frankreichs koloniale Unternehmungen im ausgehenden 19. Jahrhundert, für die Jules Ferry, genannt der »Tonkinese«, besonders eintrat.

Zwischen der Linken, die seit dem Ersten Weltkrieg im Aufwind war, und der Rechten war die Spanne sehr gering. Alle Legislaturperioden mit linker Mehrheit begannen mit Linksregierungen und endeten regelmäßig mit Rechtsregierungen oder Kabinetten der »Nationalunion«, die das Programm der Rechten übernahmen (1924, 1932...) und gewöhnlich nach zweijähriger Machtausübung durch die Linke die Regierung antraten. Im Jahre 1926 — das »Kartell der Linken« hatte gesiegt — war Poincaré Herriot im Amt gefolgt und 1934 Laval erneut Herriot, der die Wahlen zwei Jahre zuvor gewonnen hatte.

Am 23. Januar 1936 trat das Gegenteil ein: Laval, der durch seine Deflationspolitik und seine Stellungnahme zugunsten Mussolinis im Äthiopienkrieg unbeliebt geworden war, mußte zurücktreten und die Regierungsgeschäfte einem Kabinett Sarraut überlassen, einem waschechten radikalsozialistischen Kabinett, das heißt nach der üblichen Redewendung »rothäutig, aber innen weiß, wie die Radieschen«.

Stalin brauchte nun im französischen Parlament eine starke Mehrheit, die den französisch-sowjetischen Bündnispakt unterstützte. Doch waren die Kommunisten dazu nicht zahlreich genug. Das rührte daher, daß sie bei jedem zweiten Wahlgang ihre Kandidaten aufrechterhielten, statt sie zugunsten der aussichtsreichsten Linkspartei zurückzunehmen. Das war die »Klasse-gegen-Klasse«-Taktik, die sich an Jules Guesdes berühmte Formel anlehnte: »Linke oder Rechte, alle über einen Kamm scheren!«

Diese Taktik verhalf den Rechtskandidaten zum Sieg. Die KPF hatte auch deshalb wenig Abgeordnete, weil die Kandidaten der übrigen Linksparteien ebensowenig zurücktraten, wenn die Kommunisten nach dem ersten Wahlgang vorn lagen. Stalin wollte dieser Lage ein Ende setzen und brach mit der Taktik »Klasse gegen Klasse«: Künftig würden die kommunistischen Kandidaten zugunsten der besser plazierten Kandidaten der Linken zurücktreten, wenn diese genauso verführen.

Radikalsozialisten und Sozialisten begrüßten diese Entwicklung. Sie bot nämlich die unverhoffte Gelegenheit, eine sehr breite Linksmehrheit in die Abgeordnetenkammer einzubringen, wenn die Kommunisten sich nun dieser Mehrheit anschlossen. Die

Christdemokraten machten auch mit. Der Unternehmung leistete die Deflationspolitik der Kabinette Laval und Sarraut erheblichen Vorschub. Sie mündete in die feierliche Abmachung zur Zusammenarbeit vom 14. Juli 1935, die Radikalsozialisten, Sozialisten, Kommunisten, ferner die Christdemokraten um Champetier de Ribes feierlich abschlossen. Innenpolitisch kam das französisch-sowjetische Bündnis demnach nicht etwa Laval, der es unterzeichnet hatte, zugute, sondern seinen Gegnern.

Die Stellungnahmen der Linken gehorchten einem sehr einfachen Mechanismus: Um den Ausgang der Parlamentswahlen durch einen vorzeitigen Abgang der Kommunisten nicht zu gefährden, hielten Radikalsozialisten, Sozialisten und Christdemokraten ihren Schwur vom 14. Juli und schlossen sich dem von der Kommunistischen Partei bezogenen Standpunkt bezüglich des französisch-sowjetischen Vertrags an. Es war bezeichnend, daß vor allem die Sozialistische Partei ihre Entscheidung nicht auf Grund von Hitlers immer wieder bekräftigten Vorschlägen zur Ab- oder dann zur Wiederaufrüstung festlegte, die alle außenpolitischen Charakter hatten. Sie entschied sich vielmehr aufgrund seiner allgemeinen Politik, insbesondere gegenüber den Juden, die sehr zahl- und einflußreich in dieser Partei waren, aber natürlich auch auf Grund des Antifaschismus, des Antinazismus, des Antirassismus und anderer »metaphysischer Dirnen«, wie Jules Guesde solche Bewegungen einmal nannte.

Bereits 1933, also unmittelbar nach Hitlers Machtergreifung in Deutschland, brachte ein »Aufsichtskomitee der antifaschistischen Intellektuellen«, an dessen Spitze der Kommunist und Sorbonne-Professor Jean Perrin stand, diese Themen in Umlauf und fand Anklang bis in die entschlossensten Friedenskreise. In der Sozialistischen Partei wurde damals folgende Geschichte hinter vorgehaltener Hand erzählt: Generalsekretär Paul Faure, der die Leitung seiner Zeitung *Le Populaire* Léon Blum überlassen hatte und schon lange nicht mehr dort gewesen war, suchte eines Tages die Redaktion auf, weil er bestimmte Informationen für sein Referat auf dem bevorstehenden Parteitag brauchte. Von den früheren Mitarbeitern war keiner mehr da. Die neuen Redakteure stellten sich vor: Lévy, Meyer, Bloch usw. Plötzlich hörte er aber den Namen Dupont. Da ruft der Generalsekretär trokken aus: »Furchtbar! Diese Christen drängen sich überall ein!«

Es fanden sich dennoch Politiker sowohl links als auch bei den regierungsnahen Gemäßigten, die mit den Entscheidungen ihres Parteivorstands nicht einverstanden waren. Zu ihnen zählte Jacques Doriot, der im Februar 1934 als erster die Bildung einer Volksfront angeregt hatte; er durchschaute letztlich Stalins Spiel in der allgemeinen und in der Außenpolitik und ließ sich lieber aus der Kommunistischen Partei ausschließen. Bei den Sozialisten seien Zoretti, Le Bail genannt, in der Radikalsozialistischen Partei Jean Montigny. Die wenn auch nationalistisch eingestellte Rechte, die seit jeher alles daran gesetzt hatte, jeden Krieg zu vermeiden, sprach sich einmütig gegen den Bündnispakt aus, weil sie sich der aufkommenden Kriegsgefahr bewußt war. Am Rednerpult des Parlaments wurde die Opposition von Männern nahezu aller Parteien vertreten, was einer einsetzenden Zersplitterung gleichkam: Jacques Doriot, Jean Montigny, Pierre Taittinger, Philippe Henriot, Xavier Vallat, Oberkirch, Marcel Héraud usw.

Die Abweichler unter den Sozialisten schwiegen aus Parteidisziplin.

Angesichts dieser Entwicklung glaubte Hitler an die Möglichkeit, die Gemäßigten und Unentschlossenen umzustimmen. Am 21. Februar 1936 unternahm er einen letzten Versuch, Frankreich von der Ratifizierung dieses Bündnispakts abzubringen, und wandte sich unmittelbar an die französische Öffentlichkeit durch ein Interview, das er Bertrand de Jouvenel für die Zeitung *Paris-Midi* gab.

Hitlers Auslassungen über seine Person und die Gründe, weshalb das deutsche Volk ihm vertraue, unterbrechend, stellte Bertrand de Jouvenel plötzlich zwei Fragen, die die Diskussion ins rechte Licht rückten. Die erste lautete:

»Wenn wir Franzosen auch mit Befriedigung Ihre friedlichen Erklärungen lesen, sind wir trotzdem nicht wenig beunruhigt im Hinblick auf weniger ermutigende Anzeichen. So lassen Sie in *Mein Kampf* kein gutes Haar an Frankreich. Dieses Buch wird aber in ganz Deutschland wie eine politische Bibel betrachtet. Und es wird verbreitet, ohne daß Sie in den jüngsten Ausgaben auch nur die geringste Änderung ihrer Aussagen gegenüber Frankreich gemacht hätten.«[116]

---

[116] Siehe Hitlers Beschuldigungen gegen Frankreich in *Mein Kampf*, Kap. 2. Anmerk. 13.

Hitlers Antwort:

»Ich war Gefangener, als ich dieses Buch schrieb. Die französischen Truppen hatten die Ruhr besetzt. Das war der Augenblick der größten Spannungen zwischen unseren beiden Ländern. Ja, wir waren Feinde! Und ich war mit meinem Land gegen das Ihrige. Ebenso wie ich mit meinem Land gegen das Ihrige viereinhalb Jahre lang in den Schützengräbern gestanden habe!

Ich würde mich verachten, wenn ich nicht in erster Linie Deutscher wäre, wenn ein Konflikt kommt... Aber heute gibt es keinen Anlaß zu einem Konflikt. Sie möchten, daß ich Änderungen in meinem Buch vornehme, wie ein Schriftsteller, der eine neue Ausgabe seiner Werke vorbereitet? Aber ich bin kein Schriftsteller, ich bin ein Politiker. Meine Berichtigung? Ich bringe sie Tag für Tag in meiner auswärtigen Politik, die gänzlich auf eine Freundschaft mit Frankreich gerichtet ist!

Wenn ich die deutsch-französische Annäherung, wie ich es wünsche, erreicht habe, so wäre das eine Berichtigung, die meiner würdig ist! Meine Berichtigung schreibe ich in das große Buch der Geschichte ein!«

Bertrand de Jouvenel stellte nun seine zweite Frage:

»Sie wünschen die deutsch-französische Annäherung. Wird sie denn nicht durch den französisch-sowjetischen Vertrag gefährdet?«

»Meine persönlichen Bemühungen, eine solche Annäherung zu erreichen, werden weiter andauern. Aber auf dem Gebiet der Tatsachen würde dieser mehr als unheilvolle Vertrag natürlich eine neue Situation schaffen.

Sind Sie eigentlich klar darüber, was Sie tun? Sie lassen in das diplomatische Spiel eine Macht eindringen, die keinen anderen Wunsch hat, als zu ihren Gunsten die großen europäischen Nationen gegeneinander aufzuwiegeln. Man darf nicht übersehen, daß Sowjetrußland eine politische Macht ist, die über eine explosive revolutionäre Idee und gigantische Überzeugungsmittel verfügt. Als Deutscher habe ich die Pflicht, eine solche Lage zu berücksichtigen. Der Bolschewismus hat bei uns keine Aussicht auf Erfolg. Aber es gibt andere große Nationen, die gegen den bolschewistischen Virus weniger immun sind als wir.

Sie sollten über meine Bündnisangebote ernsthaft nachdenken. Niemals hat ein Mann an der Spitze Deutschlands Ihnen solche Vorschläge unterbreitet und bekräftigt. Und von wem stammen diese

Angebote? Von einem pazifistischen Scharlatan, der über die internationalen Beziehungen im Bilde ist? O nein, sondern von dem größten Nationalisten, den Deutschland jemals an seiner Spitze gehabt hat! Ich bringe Ihnen, was kein anderer vorher Ihnen hätte bringen können: ein Bündnis, das von 90% des deutschen Volkes gebilligt wird, von den 90%, die hinter mir stehen. Ich bitte Sie, noch folgendes zu beachten. Es gibt im Leben der Völker einmalige Gelegenheiten. Heute könnte Frankreich, wenn es wollte, für immer mit der deutschen Gefahr Schluß machen, die Ihre Kinder von Generation zu Generation fürchten lernen. Sie könnten die fürchterliche Hypothek beseitigen, die auf der Geschichte Frankreichs ruht. Diese Chance ist Ihnen gegeben! Ergreifen Sie sie nicht, so denken Sie daran, welche schwere Verantwortung Sie damit Ihren Kindern gegenüber auf sich nehmen. Sie haben vor sich ein Deutschland, in dem neun Zehntel aller Menschen volles Vertrauen zu ihrem Führer haben, und dieser Führer sagt zu Ihnen: Laßt uns Freunde sein!«[117]

Diese Erklärung war sehr geschickt und in Anbetracht der bisherigen Außenpolitik Hitlers offenbar ehrlich. Sie war jedenfalls geeignet, das Parlament zu einer anderen Entscheidung zu bewegen. Von dieser Erklärung erhielt aber niemand vor der Abstimmung Kenntnis, die am 27. Februar stattfand. Zuvor, am 21. und 25. Februar, hatte Herriot in zwei gleichartigen Reden alle ideologischen Gründe vorgetragen, die für eine Ratifikation sprachen — ungeachtet der bisher bekannten Vorschläge Hitlers. Der Vertrag wurde mit 353 gegen 164 Stimmen ratifiziert. Am nächsten Morgen, dem 28. Februar, erschien das Interview im *Paris-Midi*, zur großen Überraschung der Franzosen und zum großen Verdruß Hitlers, da nun der Eindruck aufkam, als hätte er angesichts der Abstimmung nachgegeben. In seiner *Histoire de la seconde Guerre mondiale* behauptet Galtier-Boissière, die Regierung habe die Leitung des *Paris-Midi* gedrängt, sie möge die Veröffentlichung des Interviews bis nach der Abstimmung zurückhalten. Das ist wohl möglich, aber nicht sicher. Ging das Manöver nicht von der Regierung aus, so ist die Initiative auf jeden Fall der Leitung des *Paris-Midi* zuzuschreiben. Wie dem

---

[117] »Le Chancelier nous dit...«, in *Paris-Midi*, 28. Februar 1936. Diesen wenn nicht völlig unbekannten, so doch vollkommen vergessenen Text hatte ich in *Le Véritable Procès Eichmann* ou les Vainqueurs incorrigibles, aaO., angeführt.

auch sei, der strategische Apparat war für den Fall eines Krieges mit Deutschland bereitgestellt: der gleiche Apparat übrigens, den die russisch-französische Militärkonvention von 1891—92 und der zwei Jahre später zwischen Frankreich und Rußland geschlossene Bund im Hinblick auf einen deutsch-französischen Krieg bereitgestellt hatten, der ohne die Weisheit eines Joseph Caillaux schon 1907 oder spätestens 1911 ausgebrochen wäre und schließlich erst 1914 ausbrach. Das war zumindest besorgniserregend.

Hitlers Antwort kam am 7. März 1936 mit der Wiederherstellung der deutschen Wehrhoheit auf dem linken Rheinufer. Diese stellte zweifellos eine Verletzung des Versailler Vertrags (Teil V) und des Locarno-Pakts dar, war aber lediglich die Antwort auf die vorherige Verletzung beider Verträge durch Frankreich.

Es wird heute allgemein angenommen, daß ein Eingreifen der alliierten Mächte Hitler gezwungen hätte, die Truppen zurückzunehmen, die auf seinen Befehl die Garnisonen der entmilitarisierten Zone bezogen hatten; daß von Neurath und die deutschen Generale eine solche Intervention befürchtet und heftigen Widerstand geleistet hatten; daß Hitler sie selbst befürchtet habe und gegebenenfalls den Rückzug seiner Truppen in Erwägung gezogen habe. Diese Meinung stützt sich einzig auf das Zeugnis Paul Schmidts in seinem Buch *Statist auf diplomatischer Bühne*. Paul Schmidt zählt indes zu den unglaubwürdigsten Zeugen: dieser überzeugte Nationalsozialist war zwölf Jahre lang der ergebene Dolmetscher Hitlers und war in vielen Dingen auf Nachsicht angewiesen. Um Gnade vor den Siegern zu finden, erzählte er nach 1945 alles Mögliche. Zum Beispiel folgendes:

»Hitler«, schreibt er, »hat eines Tages in meiner Gegenwart erklärt, daß die 24 Stunden, die dem Einmarsch der deutschen Truppen in das Rheinland folgten, die erregendsten seines Lebens gewesen seien. ›Wenn die Franzosen in Deutschland einmarschiert wären[118], wie ich es während der ersten 24 Stunden für möglich gehalten hatte‹, setzte

---

[118] In Nürnberg erklärte Keitel, er habe selbst diese Befürchtungen gehabt, und die meisten Generale mit ihm. Das stimmt; das schreibt auch Paul Schmidt: »Wenn Frankreich nur im geringsten um seine Sicherheit besorgt ist, muß es um jeden Preis handeln; das war die Meinung von uns allen in der Wilhelmstraße.« (*Statist auf diplomatischer Bühne*, aaO., S. 93) Er hätte hinzufügen können: und im Generalstab. Auf dieser Ebene ja; aber nicht auf der Hitlers oder Ribbentrops.

er hinzu, ›hätte ich mich zu meiner eigenen Schande zurückziehen müssen!‹«[119]

Wenn die deutschen Generale und von Neurath ihm tatsächlich ihre Befürchtungen eröffneten, erfolgte dies allerdings nicht in Form eines ausdrücklichen Widerspruchs. Und es stimmt nicht, daß Hitler ein Eingreifen Frankreichs für möglich gehalten habe. Durch die englische Note vom 5. und die italienische vom 15. Juli[120] wußte Hitler, daß beide Mächte nicht eingreifen würden, daß Frankreich Deutschland allein gegenüberstehen würde und nichts ausrichten könnte. Und tatsächlich erhielt Frankreich, als es soweit war, nur von Polen, Jugoslawien, Rumänien und der Tschechoslowakei die Zusage, daß sie ihm beistehen würden, vorausgesetzt allerdings, daß Frankreich die Sache in die Hand nehme und England sowie Italien nachfolgten.

England, wo der französisch-sowjetische Pakt Mißfallen in der Öffentlichkeit wie auch im Parlament und in der Regierung erregt hatte, antwortete am 7. März 1936 durch Lord Halifax, daß »Kanzler Hitler eine Reihe von Vorschlägen gemacht hat, von denen mindestens einige durchaus annehmbar sind«. Und am selben Tag erklärte Sir Anthony Eden gegenüber Außenminister Flandin, er habe »Auftrag von der britischen Regierung, die französische Regierung zu ersuchen, gegenüber Deutschland nichts zu unternehmen, was eine Kriegsgefahr hervorrufen könnte«. Am 12. März 1936 teilte Finanzminister und künftiger Premier Chamberlain demselben Flandin mit, »daß die britische Öffentlichkeit das Kabinett nicht unterstützen würde, wenn es sich zu Sanktionen verpflichtete«, und er fügte hinzu, daß die für den 14. März einberufene Sitzung des Völkerbundsrats entscheiden werde. Auf dieser mehrtägigen Sitzung, die in London stattfand, erklärte Eden am 18. März 1936: »Es ist offensichtlich, daß der Einmarsch der deutschen Truppen in das Rheinland eine Verletzung des Versailler Friedensvertrags darstellt. Dennoch stellt diese Aktion keine Bedrohung des Friedens dar und erfordert nicht den unmittelbaren Gegenvorschlag, der in gewissen Fällen im Locarno-Pakt vorgesehen ist. Zweifellos schwächt die

---

[119] Paul Schmidt, *Statist auf diplomatischer Bühne*, aaO., S. 93.
[120] Antwort Englands, Italiens und Belgiens auf die französische Anfrage (siehe oben, S. 106) bezüglich der Rechtsgültigkeit des französisch-sowjetischen Vertrags.

Wiederbesetzung des Rheinlandes die Macht Frankreichs; aber sie schwächt in keiner Weise seine Sicherheit.«

Das war eine klare Ablehnung.

Italien schloß sich dieser Haltung an und fügte hinzu, daß es im Völkerbundsrat kaum die Rolle des Richters spielen könne, wenn es sich bereits in der Lage eines Angeklagten befinde.

Deutschland, das um die Stärke seiner Position wußte, war der Ansicht, daß ihm die Tribüne des Völkerbunds als »ausgezeichnetes Werbeschild« dienen könne. Und da Deutschland aufgefordert worden war, vor dem Rat zu erscheinen, entsandte Hitler seinen Beauftragten von Ribbentrop, der am 19. März eintraf und folgende Erklärung ablegte:

»Der deutsche Reichskanzler hat der Welt eine ganze Reihe von Friedensangeboten gemacht. Man hat nicht ein einziges davon aufgegriffen:

Das Angebot zur absoluten Abrüstung; es wurde abgelehnt.

Das Angebot eines allgemeinen, gleichen 200 000 MannHeeres; es wurde abgelehnt.

Das Angebot eines 300 000 Mann-Heeres; es wurde abgelehnt.

Das Angebot eines Luftpaktes; es wurde abgelehnt.

Das Angebot zu einer großzügigen Befriedung Europas in seiner Rede vom 21. Mai 1935; es wurde einfach übergangen, ausgenommen jener Vorschlag, der dann später dem deutsch-englischen Flottenvertrag zugrunde gelegt wurde.

Wieder und wieder hat der deutsche Reichskanzler seine Angebote zur Erhaltung des Friedens unterbreitet, und — ich darf es hier sagen — er und ganz Deutschland hatten gehofft, daß der russisch-französische Vertrag nicht ratifiziert würde. Als diese Ratifizierung vor kurzem dennoch von der französischen Kammer vorgenommen wurde, hat der deutsche Reichskanzler im Bewußtsein der ihm obliegenden schweren Verantwortung für das Schicksal und die Sicherheit des ihm anvertrauten Volkes die einzig mögliche Folgerung aus diesem Vorgehen Frankreichs gezogen: Er hat die volle Souveränität des Reiches über das gesamte Reichsgebiet wieder hergestellt, maßgebend für diesen Entschluß der deutschen Regierung war die Berücksichtigung der Tatsache, daß

1. der Rheinpakt von Locarno durch das einseitige Vorgehen Frankreichs dem Buchstaben und dem geschichtlichen Sinne nach entwertet und damit aufgehoben wurde, und daß

2. im Hinblick auf die neue französisch-russische Militärallianz Deutschland ohne weiteren Verzug die primitivsten Rechte einer Nation zur Sicherung ihres eigenen Territoriums wieder herstellen mußte.

Die deutsche Regierung muß daher den Vorwurf, den Vertrag von Locarno einseitig verletzt zu haben, als unrecht und billig zurückweisen. Es war ihr gar nicht mehr möglich, einen Vertrag zu verletzen, der de facto durch die Handlungsweise des anderen Partners als erloschen zu betrachten war.

Der Inhalt und die Tragweite der deutschen Vorschläge bedürfen keines Kommentars. Sie sind so weitgespannt und umfassend, daß wohl jeder Staatsmann, dem das Wohl Europas am Herzen liegt, nur wünschen kann, sie bald verwirklicht zu sehen.

Möge angesichts dessen der Rat über die Empfindungen des Augenblicks hinweg die Tragweite der geschichtlichen Entscheidung erkennen, die in seine Hand gelegt ist und die mithelfen soll, dem friedlosen Europa den Weg in eine bessere Zukunft offenzuhalten.«[121]

Moralisch wie rechtlich war diese Erklärung unwiderlegbar.

Es fand keine Debatte statt: Alle Mitglieder des Rates waren verlegen. In ihrem Namen nahm der Vorsitzende Bruce von Ribbentrops Erklärung lediglich zur Kenntnis und hob die Sitzung auf. Nach Wiedereröffnung begnügte sich der nun in Abwesenheit des deutschen Beauftragten versammelte Rat damit, ohne vorherige Erörterung und weiteren Kommentar zu erklären, daß »Deutschland den Artikel 43 des Versailler Friedensvertrags verletzt« habe. Von einem militärischen Eingreifen war ebensowenig die Rede wie von Repressalien und Sanktionen irgendwelcher Art.

Vor Schluß der Sitzung hielt Bruce eine kurze Ansprache, in der er unter anderem feststellte: »Kanzler Hitler hat seinen Willen zur Zusammenarbeit erneuert; das ist uns heute morgen durch seinen persönlichen Vertreter versichert worden. Ich bin unter diesen Bedingungen überzeugt, daß eine Lösung gefunden werden wird.«

Für Hitler war das eine lobende Anerkennung.

Zehn Tage später, am 29. März 1936, stimmte bei einer Reichstagswahl das deutsche Volk »dem Werk, das der Führer und Reichskanzler im Laufe der letzten drei Jahre vollbracht hat«, zu, indem es die Liste der NSDAP, die es allein nur gab, mit 44 411 911

---

[121] Zeitschrift des Völkerbunds vom 27. März 1936.

Ja-Stimmen wählte; das waren 99 Prozent aller Stimmberechtigten, die stärkste Mehrheit, die Hitler jemals erhalten hatte.

Er hatte in allen Bereichen gewonnen, aber die Würfel waren gefallen. Und das milderte einigermaßen das unsägliche Mißgeschick der französischen Regierung, die trotz der gegen Italien beschlossenen Sanktionen infolge des äthiopischen Kriegs nach wie vor an die Möglichkeit glaubte, die Stresa-Front wieder zum Leben zu erwecken und somit die Einkreisung Deutschlands zu vollenden.

IV. Die Judenfrage

1. Hitler und die Juden

Die von den Reichsbehörden getroffenen Maßnahmen gegen Juden erregten die Weltöffentlichkeit. In den Ländern, wo nur noch vom Zusammensturz des Hitler-Regimes geträumt wurde, riefen sie letztlich ebenso durch ihre Darstellung in der Presse wie durch ihren tatsächlichen Inhalt eine Psychose hervor, welche die nun vor ernsthaften Protesten geschützten politischen Führungskreise instand setzten, den Kriegsapparat gegen Deutschland bereitzustellen. In allen Ländern, die gegen das Hitler-Regime feindlich gesinnt waren, waren die politischen Führungskreise nämlich zu dem Schluß gekommen, das sei überhaupt das letzte Mittel, diesen Zusammensturz herbeizuführen. Die in Deutschland durchgeführten Volksbefragungen und Wahlen stellten die Begeisterung und das unzerstörbare Vertrauen des deutschen Volkes in Hitler unter Beweis.

Es sei von vornherein gesagt, daß Hitlers Judenpolitik, selbst von allem sinnentstellenden Übertreibungen befreit, eine unbestreitbare Verletzung des Völkerrechts, »mehr ein Vergehen denn ein Verbrechen« war. Man muß aber gleichzeitig erkennen, daß die Forderung der Juden, in Deutschland — wie übrigens in allen anderen Ländern, die sie lediglich als »Gastländer« betrachteten — eine nationale Minderheit sein zu wollen, ebensowenig haltbar war. Das hieß für sie selbst, zuzugeben, daß sie in Deutschland Fremde waren, und sich das Recht abzusprechen zu protestieren, wenn Hitler sie tatsächlich als Fremde behandelte. Den anderen Staaten in aller Welt stand es frei, auf diese Forderung der Juden einzugehen: Das war eine innenpolitische Frage, die Hitler nichts anging. Die Juden Deutschlands sollten sich dort niederlassen, sagte er: das Dritte Reich war ein nationaler Staat und hatte keinen Platz für diese nationale Minderheit.

Aber die anderen Staaten wollten die Juden nicht. Hätten sie sie gewollt, so wäre die Politik Hitlers freilich eine Verletzung des Völkerrechts geblieben; sie wäre es aber nur prinzipiell geblieben und hätte nicht in der Praxis diesen grausamen Zug angenommen. Die Sache hätte durch eine Bevölkerungsumsiedlung und einen

Gütertransfer geregelt werden können, wie so oft schon in der Geschichte.[122] Und eben das schlug Hitler vor.

Leider, und so paradox es scheinen mag, konnte Hitler auf dieser Grundlage nur mit der *Jüdischen Agentur* eine Vereinbarung treffen: die Juden nannten dieses Abkommen »Haavarah« und die Deutschen Haavara oder »Chaïm-Arlossarofs Transfer Abkommen«. Es wurde am 7. August 1933 in Berlin unterzeichnet und sah die Auswanderung deutscher Juden nach Palästina, gemäß der Balfour-Erklärung vom 2. November 1917, vor. Und doch schränkten die Briten deren Umfang ein, um den Arabern, die keine Juden wollten, nicht zu mißfallen: Nur die Juden, die über 1000 Pfund Sterling[123] besaßen, die »Kapitalisten« also, konnten ungehindert nach Palästina auswandern. Die anderen, die »Werktägigen«, brauchten eine Arbeitsbescheinigung, wurden aber nur in einer Größenordnung von 1500 pro Monat zugelassen. Es gab 540 000 Juden in Deutschland. Es würde also 360 Monate oder 30 Jahre gedauert haben, bis sie alle in Palästina waren...

Bei 1000 Pfund Sterling pro Juden belief sich der Transfer der deutschen Juden auf 540 Millionen Pfund Sterling (das waren damals rund drei Milliarden Dollar oder 15 Milliarden Reichsmark), die Deutschland nur ausführen konnte, wenn ihm Verrechnungsabkommen auf mehrere Jahre gewährt würden. Und England hatte nicht gestattet, daß das »ChaïmArlossarofs Transfer Abkommen« solche Vereinbarungen vorsah. Ohnehin hätte kein Land der Welt auf einmal eine solche Summe ausführen können, die außerdem das von H. Schacht auf drei Milliarden Reichsmark geschätzte Vermögen der deutschen Juden weit übertraf.

Zwischen Juden und Nationalsozialisten, zwischen dieser winzigen Minderheit (nicht einmal 1 Prozent) und nahezu der Gesamtheit des deutschen Volkes, die von der Zunft der Nationen

---

[122] Siehe *Les transferts internationaux de populations*, (Hrsg. vom Institut national de la statistique et des études économiques; *Etudes et documents*, Serie 32, Paris 1946). Die Untersuchung nennt allein für den europäischen Raum 27 Fälle von Bevölkerungstransfers zwischen 1817 und 1944 (davon 14 vor und 13 nach 1939, die sämtlich völkerrechtswidrig waren und durch bilaterale Abkommen zustande kamen.

[123] In *Le mouvement sioniste* (Paris 1946, S. 212) erzählt Israël Cohen, wie diese 1000 Pfund Sterling durch die Londoner britisch-palästinensische Bank sowie die deutsch-jüdischen Banken Wassermann und Warburg nach Palästina überwiesen wurden und wie der Betroffene bei seiner Ankunft den Gegenwert erhielt. Im Besitz seines Geldes konnte er dann in ein anderes Land, zumeist in die USA, auswandern.

zum Zusammenleben verurteilt waren, konnte sich die Lage nur noch zuspitzen. Und wer erkannte, wie sehr sich die politische Diskussion verschärft hatte, der konnte auf alles gefaßt sein.

Hitlers Standpunkt ist bekannt: Er beschuldigte die Juden, die deutsche Niederlage im Ersten Weltkrieg insofern veranlaßt zu haben, als sie selbst der entscheidende Grund für den Einzug der USA in den Krieg gewesen seien. Wenn auch zutreffend, war diese Ansicht doch ziemlich oberflächlich: Für die Alliierten hatten die Juden andererseits die bolschewistische Revolution und die Kehrtwendung Rußlands angestiftet. Er erhob noch weitere Beschuldigungen gegen sie.

Sie seien die Hauptnutznießer des Versailler Vertrags gewesen und zu beträchtlichen Reichtümern auf den Ruinen Deutschlands gekommen; sie hätten, zur weiteren Bereicherung, den Wirtschafts- und Finanzkrach 1923 hervorgerufen und eine Neuauflage in den Jahren 1930—33 angestrebt; sie würden auf die Zersetzung des Nationalgeistes hinarbeiten; sie seien Schmarotzer, die von der Arbeit der anderen, hauptsächlich vom Handel lebten, wenn nicht ausschließlich vom Geldgeschäft.[124]

Schließlich brachte er anhand ihrer Schriften den Nachweis, sie würden in der ganzen Welt einen Krieg gegen Deutschland vorbereiten, um dieses zu vernichten.

Physisch seien sie Entartete, die sich die Würde eines »von Gott auserwählten Volkes« anmaßten. Ihre Gemeinden seien die Sammelstelle aller Krankheiten. Die Eheschließung innerhalb der Blutsverwandtschaft habe ihr Blut verdorben, und wie bei allen Entarteten würden Laster und moralische Verkommenheit sie beherrschen. Man müsse sie außerstande setzen, die deutsche Moral zu zerstören und das deutsche Blut zu verderben durch eheliche Verbindungen, die nur schädlich sein können. Hitlers Rassendoktrin lagen solche Überlegungen zugrunde, und er hatte sie in gedrängter Form in das am 24. Februar 1920 von ihm verkündete Programm der Nationalsozialistischen Deutschen Arbeiter-Partei hineinfließen lassen:

---

[124] Laut einer Statistik, die der Lehrstuhlinhaber für Soziologie an der jüdischen Universität Jerusalem veröffentlicht hatte, verteilte sich das Weltjudentum wie folgt auf die einzelnen Berufsbranchen: Handel: 38,6%, Industrieunternehmer und Handwerker: 36,4%, Rentiers: 12,7%, Freiberufe: 6,3%, Landwirte: 4%, Arbeiter: 2% (Arthur Ruppin, *Les Juifs dans le monde moderne*, aaO.).

»Staatsbürger kann nur sein, wer Volksgenosse[125] ist. Volksgenosse kann nur sein, wer deutschen Blutes ist, ohne Rücksichtnahme auf Konfession. Kein Jude kann daher Volksgenosse sein.« (Artikel 4)

»Wer nicht Staatsbürger ist, soll nur als Gast[126] in Deutschland leben können und muß unter Fremdengesetzgebung stehen.« (Artikel 5)

Die Juden entgegneten, Hitler sei unter anderem ein Paranoiker, ein gefährlicher Irrer, ein Degenerierter, ein Sexualbesessener. Von seinem Regierungsantritt an fanden Franzosen, Briten, Amerikaner jeden Morgen in ihrer Tageszeitung die ausführlichsten und grauenvollsten Berichte über die Nötigungen, die das nationalsozialistische Regime an Juden ausgeübt habe. Diese häufig mit Fotos illustrierten Berichte stammten meistens aus jüdischen Zeitungen. Erhärtet wurden sie durch die Zeugnisse der zahlreichen Juden, Sozialdemokraten und Kommunisten, die heimlich oder wie auch immer aus Deutschland geflohen waren. Sie gründeten sich zwar auf Wahrheit, waren aber maßlos aufgebauscht. In dieser revolutionären Zeit, da alle Instinkte losgelöst waren, ging die Ausnahme in fast allen Fällen eher aus einer Massenreaktion denn aus einer Regierungsinitiative hervor, wurde sie jedoch in der Presse stets als durchgehende Regel dargeboten. Zum Beispiel: der Jude, der unter dem Gespött der Menge und mit dem umgehängten Schild »Ich bin ein Jude« durch die Straßen geführt wurde. Am 28. März 1933 hatte die Parteileitung der NSDAP das Boykottieren aller jüdischen Geschäfte für den 1. April angeordnet[127], und bei dieser Gelegenheit trug sich die Szene sicherlich zu. Alle Zeitungen veröffentlichten das Foto mit der Legende: »Rassistische Szene in Deutschland«. Und sie gaben es regelmäßig wieder, mit etwas veränderter Legende: »Noch eine rassistische Szene in Deutschland«. Die öffentliche Meinung schloß daraus, daß sämtliche deutschen Juden dauernd in allen Straßen aller deutschen Städte herumgeführt würden. Nur

---

[125] Der Begriff »Volksgenosse« schließt den Boden und die Rasse ein. Für einen Ausländer bezeichnet er den »Landsmann«; der Deutsche gibt ihm dagegen die Bedeutung »von deutscher Rasse«.
[126] Siehe oben.
[127] Als Reaktion auf die jüdische Kriegserklärung vom 24. März 1933 im *Daily Express*. In der Anordnung wurde die Maßnahme als reiner »Abwehrkampf« gegen die »jüdischen Gewalttaten« bezeichnet und befohlen: »Krümmt auch weiterhin keinem Juden auch nur ein Haar.« (d. Ü.)

Unbefangene merkten, daß es sich stets um denselben Juden, um dieselbe Volksmenge handelte, und daher dürfte sich die Szene nicht allzu oft abgespielt haben.

Wie dem auch sei, Hitler mußte gleich nach der Machtübernahme sein Rassenprogramm in Anwendung bringen.[128] Zu den ersten getroffenen Maßnahmen gehörten das Verbot für Juden, bestimmte Berufe (Richter, Beamte) auszuüben, der Numerus clausus in anderen (Rechtsanwälte, Freiberufe, Studenten) und das Boykott der jüdischen Geschäfte (»Kauft nicht bei Juden!«). Hitler dachte, er könnte auf diese Weise 80 bis 90% von ihnen zur Arbeitslosigkeit verurteilen und sie zwingen, sich auf die manuellen Berufe zu beschränken oder heimlich auszuwandern, da die Zunft der Nationen ihnen diese Möglichkeit offen verwehrte. Auf sein Genie vertrauend, wußte er mit Sicherheit, daß sie die zweite Lösung der ersten vorziehen und Mittel und Wege finden würden, sie in die Tat umzusetzen. Und jener Dienststelle, die in Anwendung des »Chaïm-Arlossarofs Transfer Abkommens«[129] in Berlin gegründet worden war, erteilte er den Befehl, diese heimliche Auswanderung zu erleichtern oder zu ermöglichen. So konnten 330 000 Juden statt 108 000 Deutschland zwischen 1933 und 1939 verlassen[130], während England ihre Auswanderung nach Palästina auf monatlich 1500 (das waren 18 000 im Jahr) eingeschränkt hatte.

Erst 1935 unternahm Hitler einen neuen Vorstoß im seinem Kampf gegen die Juden.

2. Die Rassengesetze von September 1935

Im September 1935 fand der Reichsparteitag der NSDAP wie jedes Jahr in Nürnberg statt. Seitdem Hitler an der Macht war, nahm diese Veranstaltung einen überwältigenden Charakter an, zumal der Reichstag während dieser Zeit auch dort tagte und vor Ort die Gesetze verabschiedete, die sich aus den Diskussionen auf dem Parteitag ergaben. Ein Hauptthema des Kongresses war dieses Jahr die deutsche Staatsangehörigkeit, das heißt die Rasse, das heißt auch

---

[128] Erst nach der jüdischen Kriegserklärung, siehe oben. (d. Ü.)
[129] Jüdische Auswanderung Zentralstelle.
[130] Die Statistik stammt von der Internationalen Stelle für jüdische Dokumentation (siehe Léon Poliakov, *Das Dritte Reich und die Juden*. Dokumente und Aufsätze, Berlin 1955).

das »Blut«. Der Reichstag verabschiedete drei Gesetze, die sich aus den Parteibeschlüssen hierüber ergaben. Der eine Beschluß war harmlos: er betraf die Reichsfarben und die Hakenkreuzflagge, das nationale Emblem. Die beiden anderen wurden dagegen folgenschwer. Sie betrafen die Durchführung der Artikel 4 und 5[131] des am 24. Februar 1920 in München verkündeten Parteiprogramms der NSDAP und ihre Erhebung zu Reichsbürgergesetzen.

Das erste Gesetz ist das Staatsangehörigkeitsgesetz. Es hat folgenden Wortlaut:

»§ 1, 1. Staatsangehöriger ist, wer dem Schutzverband des Deutschen Reichs angehört und ihm dafür besonders verpflichtet ist.

2. Die Staatsangehörigkeit wird nach den Vorschriften des Reichsund Staatsangehörigkeitsgesetzes erworben.

§ 2, 1. Reichsbürger ist nur der Staatsangehörige deutschen oder artverwandten Blutes, der durch sein Verhalten beweist, daß er gewillt und geeignet ist, in Treue dem deutschen Volk und Reich zu dienen.

2. Das Reichsbürgerrecht wird durch Verleihung des Reichsbürgerbriefes erworben.

3. Der Reichsbürger ist der alleinige Träger der vollen politischen Rechte nach Maßgabe der Gesetze.«[132]

So wurden die Juden auf dem legalen Weg von den »vollen politischen Rechten« ausgeschlossen.

Das zweite »Gesetz zum Schütze des deutschen Blutes und der deutschen Ehre« lautete folgendermaßen:

»Durchdrungen von der Erkenntnis, daß die Reinheit des deutschen Blutes die Voraussetzung für den Fortbestand des deutschen Volkes ist, und beseelt von dem unbeugsamen Willen, die deutsche Nation für alle Zukunft zu sichern, hat der Reichstag einstimmig das folgende Gesetz beschlossen, das hiermit verkündet wird.

§ 1, 1. Eheschließungen zwischen Juden und Staatsangehörigen deutschen oder artverwandten Blutes sind verboten. Trotzdem geschlossene Ehen sind nichtig, auch wenn sie zur Umgehung dieses Gesetzes im Ausland geschlossen sind.

2. Die Nichtigkeitsklage kann nur der Staatsanwalt erheben.

---

[131] Siehe oben.
[132] Reichsgesetzblatt 1935, I, S. 1146, Reichsbürgergesetz, 15. November 1935.

§ 2. Außerehelicher Verkehr zwischen Juden und Staatsangehörigen deutschen oder artverwandten Blutes ist verboten.

§ 3. Juden dürfen weibliche Staatsangehörige deutschen oder artverwandten Blutes unter 45 Jahren in ihrem Haushalt nicht beschäftigen.

§ 4, 1. Juden ist das Hissen der Reichsund Nationalflagge und das Zeigen der Reichsfarben verboten.

2. Dagegen ist ihnen das Zeigen der jüdischen Farben gestattet. Die Ausübung dieser Befugnis steht unter staatlichem Schutz.

§ 5, 1. Wer dem Verbot des § 1 zuwiderhandelt, wird mit Zuchthaus bestraft.

2. Der Mann, der dem Verbot des § 2 zuwiderhandelt, wird mit Gefängnis oder mit Zuchthaus bestraft.

3. Wer den Bestimmungen der §§ 3 oder 4 zuwiderhandelt, wird mit Gefängnis bis zu einem Jahr und mit Geldstrafe oder einer dieser Strafen bestraft.«[133]

In Konzentrationslagern waren bis dahin nur solche Juden interniert, die bei irgendeiner oppositionellen Tätigkeit oder einer anderen Straftat (vor allem Schwarzmarktvergehen) auf frischer Tat ertappt oder gar einfach verdächtigt wurden — die Denunziationen strömten in die Polizeireviere. Nunmehr wurden auch diejenigen interniert, die bei der Verletzung dieses neuen Gesetzes auf frischer Tat ertappt oder einfach verdächtigt wurden — und die Anzeigen ergossen sich erst richtig. Und während ein Nichtjude unter Umständen nachweisen konnte, daß er zu Unrecht bezichtigt oder verdächtigt worden war, war dies für einen Juden nahezu unmöglich.

In allen jüdischen Gemeinden der Welt, die in diesem Gesetz die bevorstehende Rückkehr zu den mittelalterlichen Gettos sahen, machte sich ein einziger Aufschrei der Entrüstung breit. Infolge seiner Durchführung füllte sich die Großpresse Frankreichs, Englands und der USA mit den erschütterndsten und sadistischsten Bildern. Sie wurden aber nicht mehr allein Hitler und dem Nationalsozialismus vorgehalten, sondern nun auch dem deutschen Volk, das sie offenbar billigte und Deutschland als ein Land von Scheusalen hervortreten ließ.

Die psychologisch-hetzende Vorbereitung auf den Krieg gegen Deutschland hatte einen neuen Vorstoß gemacht.

---

[133] Ebenda.

3. Die Konferenz von Evian

Ihren Höhepunkt erreichte die jüdische Frage in Deutschland zweifellos 1938, in dem Jahr also, da der Anschluß Österreichs und des Sudetenlandes ohnehin für viele Wirren sorgten.

Eine Zeit lang gab es dennoch einen Hoffnungsschimmer. Seit seinem Einzug ins Weiße Haus hatte Präsident Roosevelt nur zweimal in die europäischen Angelegenheiten eingegriffen: Zunächst um die vom Völkerbund beschlossene Sanktionspolitik gegen Italien (Äthiopienkrieg) zu unterstützen; dann, am 5. Oktober 1937 in Chicago, mit seiner sogenannten »Quarantäne-Rede«, weil er »die Absonderung von zehn Prozent der Weltbevölkerung (Deutschland, Italien und Japan)« befürwortete, »die im Begriff sind, jede internationale Ordnung und jede Gerechtigkeit zu zerstören, und zwar durch die restlichen neunzig Prozent, die mit dem Frieden, der Sicherheit und der Freiheit verbunden sind«.

Im Juli 1938 regte er, bestimmt von der Hoffnung auf Wiedergutmachung geleitet, »eine Internationale Konferenz zur Erörterung der politischen und wirtschaftlichen Fragen, die durch die Vertreibung der Juden aus dem Großdeutschen Reich aufgetreten sind«, an.

1937 hatte die französische Presse plötzlich entdeckt, daß die Insel Madagaskar eine unterentwickelte, ja nahezu brachliegende Kolonie war. Von der Regierung ermutigt, war sie dafür eingetreten, daß Kolonisten sie kultivierten. Die Franzosen waren indes wenig geneigt, sich dort anzusiedeln. Angesichts dessen fragte Oberst Beck, Polens Ministerpräsident und Außenminister, seinen französischen Kollegen Delbos bei dessen offiziellem Besuch in Warschau im Dezember 1937 rundheraus, »ob er einverstanden wäre, daß alle polnischen Juden auf die Insel Madagaskar auswanderten«. Yvon Delbos antwortete lediglich mit einem Lächeln. Die davon unterrichtete deutsche Diplomatie, die in dieser Richtung Hoffnungen hegte, ließ sich das nicht zweimal sagen. Diesen Plan machte sie sich aber eigentlich erst nach Frankreichs vernichtender Niederlage im Juni 1940 zu eigen. Während seiner kurzen Regierungszeit (Dezember 1940—Februar 1941) ließ ihn Pierre-Etienne Flandin durch seine ablehnende Haltung scheitern. Bis zum 7. Dezember 1941 (das heißt bis zum Eintritt der USA in den Krieg, der das Projekt undurchführbar machte) ließ sich die deutsche Diplomatie jedoch nicht davon abbringen, daß diese Ablehnung nicht endgültig und unumkehrbar war.

Präsident Roosevelts Initiative gab der Sache neuen Auftrieb. Die Konferenz in Evian fand vom 6. bis 15. Juli 1938 statt. Es ging darum zu ermitteln, wie das »Chaïm-Arlossarofs Transfer Abkommen« hinsichtlich einer Überführung des Vermögens deutscher Juden auf andere Nationen und, wenn überhaupt, auf welche ausgedehnt werden könne. Deutschland entsandte nur einen Beobachter, da es in Anbetracht der schroffen, wirklichkeitsfremden Einstellung Großbritanniens von der Konferenz nichts erwartete.

In Abwesenheit eines offiziellen Vertreters wurde der deutsche Standpunkt nicht vorgetragen. Dieser ist aber bekannt: Ausweisung aller deutschen Juden und Übertragung ihrer pauschal geschätzten Güter — Deutschland sprach von drei Milliarden Reichsmark als Diskussionsgrundlage — an eine internationale Organisation, die die Gelder den betroffenen Staaten zuteilen würde, vorausgesetzt, daß Verrechnungsabkommen abgeschlossen würden, die die Zahlung in den Bereich des Warenaustauschs zwischen Deutschland und diesen Ländern übertragen und sich auf mehrere Jahre erstrecken würden.[134]

England legte seine Vorstellung dar: 1000 Pfund Sterling pro ausgewiesenen Juden, zahlbar auf der Stelle; kein Verrechnungsabkommen. Das war wahnsinnig: bei 6000 Dollar oder 27 bis 28 000 Reichsmark pro Juden belief sich die Gesamtforderung auf 15 bis 18 Milliarden Reichsmark: das entsprach dem deutschen Jahresetat!

Die USA wollten es nicht zum Bruch kommen lassen. Auf ihr Ansuchen beauftragte die Konferenz den Amerikaner Rublee, mit Deutschland zu verhandeln.

---

[134] Hans Habe, ein deutscher Jude, der die amerikanische Staatsangehörigkeit annahm, behauptet, daß auf der Evian-Konferenz Deutschland den Austausch deutscher Juden gegen 250 Dollars pro Kopf vorgeschlagen habe. Die meisten jüdischen Zeitungen der Welt und einige andere brachten diese These in letzter Zeit unter das Volk, indem sie sie als historische Wahrheit hinstellten: niemals wurde eine derart unverschämte Lüge so dreist in Umlauf gesetzt. Deutschland *forderte* kein Geld; es *bot* vielmehr welches. Und wenn man »pro Kopf« rechnen will, wie Hans Habe es tut, entfallen von insgesamt 3 Milliarden Reichsmark 5600 auf jeden Juden, das waren etwa 1000 bis 1200 Dollars.

Dann wurde nicht mehr davon gesprochen, außer einmal: Am 27. Dezember 1938 nahmen Schacht und Rublee, mit Hitlers Zustimmung, die Gespräche wieder auf, aber England torpedierte unnachgiebig die Unternehmung für immer.

4. Die Reichskristallnacht

Auch wenn ein Kompromiß möglich gewesen wäre, ließ ein Ereignis, das sich am 7. November 1938 in Paris abspielte, ohnehin alles endgültig scheitern: der Mord an dem Sekretär der deutschen Botschaft, Ernst vom Rath, der am 9. November an den Folgen des Attentats starb, durch den jungen polnischen Juden Herschel Grynszpan, dessen Eltern in Deutschland lebten.

Über diesen Mord wurde viel geschrieben, sogar, daß es sich um eine bloße Sittenaffäre gehandelt habe. Der gegenwärtigen, noch vorherrschenden Auffassung zufolge habe Grynszpan allein und aus eigenem Antrieb gehandelt. Beim jetzigen Stand der Dokumentation kann sie durch nichts entkräftet werden. Ich glaube das aber kaum: Es wurde auch behauptet, daß Gavrilo Princip und seine beiden Komplizen, die am 28. Juni 1914 den österreichischen Thronfolger in Sarajewo ermordeten, allein und auf eigene Faust gehandelt hätten, und man glaubte es lange Zeit. Heute wissen wir aber, daß unter anderen die serbische Regierung in diese Sache verwickelt war. Ähnliches trifft auf die meisten politischen Morde zu: Sie sind nahezu immer verabredet, und politische Gruppierungen, Staaten oder Parteien, denen es an einer Verschärfung der Dinge liegt, lenken die Hand des Mörders. Die These von einer bloßen Sittenaffäre (1938) wird jedenfalls dadurch entkräftet, daß nach dem Geständnis des Mörders nicht etwa der Legationsrat gemeint war, sondern der Botschafter selbst.

Warum aber vergifteten die polnischen Juden die Lage, und nicht etwa die Deutschen? Und warum Grynszpan?

Zahlreiche polnische Juden lebten in Deutschland, im Eichmann-Prozeß ist von 56 500 die Rede gewesen.[135] Sie lebten dort mit polnischem Paß. Das traf auch auf Grynszpans Vater zu; er selbst lebte bei einem Onkel in Frankreich, in schweren Verhältnissen übrigens, da er keine Arbeitsbescheinigung besaß. Im April 1938

---

[135] Léon Poliakov, *Le Procès de Jérusalem*, Paris 1963.

beschloß der polnische Außenminister Beck, allen Auslandsjuden die polnische Staatsangehörigkeit zu entziehen und ihren Paß nicht zu verlängern.[136] Sofort kündigte Deutschland an, daß es keine polnischen Juden mit abgelaufenem Paß auf seinem Staatsgebiet dulden werde. Ihre Lage war deshalb nicht unbedingt tragisch geworden. Vor Hitlers Rassengesetzen waren sie durch ihren Paß geschützt gewesen, sofern dieser gültig war; alle konnten Deutschland auf dem legalen Weg verlassen und in ein anderes Land als Polen ziehen, und die meisten hatten sich für diese Lösung entschieden. Im Sommer 1938, unmittelbar nach Oberst Becks Entscheidung, war Frankreich der Schauplatz einer richtigen Invasion polnischer Juden. Im Oktober 1938 wurden 1200 Juden, die trotz abgelaufenen Passes unbedingt in Deutschland bleiben wollten, von den deutschen Behörden verhaftet und Ende des Monats an die polnische Grenze gebracht: Eingekeilt zwischen Deutschland, das sie nicht mehr wollte, und Polen, das sich weigerte, sie wiederaufzunehmen, erlitten diese Unglücklichen ein tragisches Schicksal in der Kälte und sogar im Schnee. Viele kamen allein während der mehrtägigen deutsch-polnischen Unterhandlungen um. Gelöst wurde das Problem schließlich durch ihre Internierung in ein Konzentrationslager. Unter ihnen waren Grynszpans Vater und Familie...

Der Mord an dem 3. Sekretär der deutschen Botschaft in Paris hatte schreckliche Folgen: Ganz Deutschland wurde von einem Sturm äußerster Empörung gegen die Juden, von einem unbändigen Bedürfnis nach Repressalien hingerissen. Eigenmächtig organisierten die NSDAP-Verantwortlichen der einzelnen Gaue Vergeltungsschläge, sobald die Nachricht vom Mord sich dort verbreitete, nämlich am Morgen des 8. November. Die Vorbereitung des Gegenschlags nahm den 8. und 9. November in Anspruch. Die Aktion begann am Abend des 9. »Der Umfang der Zerstörungen läßt sich bisher ziffernmäßig noch nicht belegen. Die in den Berichten aufgeführten Ziffern: 815 zerstörte Geschäfte[137], 29 in Brand gesteckte oder sonst zerstörte Warenhäuser, 171 in Brand gesetzte oder zerstörte Wohnhäuser, geben, soweit es sich nicht um

---

[136] Der Entzug wurde am 5. Oktober 1938 als Gesetz in Warschau veröffentlicht. (d. Ü.)

[137] Sie wurde »Reichskristallnacht« genannt, weil die jüdischen Geschäfte die erste Zielscheibe der Demonstranten gewesen und Schaufenster in 815 Fällen zertrümmert worden waren.

Brandlegungen handelt, nur einen Teil der wirklich vorliegenden Zerstörungen wieder... An Synagogen wurden 191 in Brand gesteckt, weitere 76 vollständig demoliert. Ferner wurden 11 Gemeindehäuser, Friedhofskapellen und dergleichen in Brand gesetzt und weitere 3 völlig zerstört. Festgenommen wurden rund 20 000 Juden, ferner 7 Arier und 3 Ausländer. Letztere wurden zur eigenen Sicherheit in Haft genommen. An Todesfällen wurden 36, an Schwerverletzten ebenfalls 36 gemeldet. Die Getöteten, bzw. Verletzten sind Juden.«[138]

Die Machtträger des Dritten Reichs haben immer wieder beteuert, an der Organisation dieser Kundgebungen und an der Wendung, die sie nahmen, nicht beteiligt gewesen zu sein. Wir müssen zugeben, daß sie, dem Anschein nach wenigstens, recht haben.[139] Historisch haben sich die Dinge folgendermaßen zugetragen:

Am 9. November 1938 hielten sich die Gauleiter und Regierungsmitglieder wie alljährlich in München auf, um den Jahrestag des Putsches von 1923 zu begehen. Am späten Abend wurde Goebbels telefonisch unterrichtet, daß schlimme antijüdische Kundgebungen in den Gauen Hessen, Magdeburg sowie in nahezu ganz Deutschland im Gange seien. Nach einer kurzen Besprechung zwischen den höchsten, sämtlich überraschten Würdenträgern der Partei und dem Führer sandte Heydrich um 1 Uhr 20 ein Fernschreiben an alle Polizeistellen Deutschlands[140]: er ließ allen Polizeikommissaren die Weisung ergehen, mit den regionalen Parteidienststellen in Verbindung zu treten, damit die Juden nicht belästigt, ihre Geschäfte oder Wohnungen nicht geplündert würden, damit überhaupt Ordnung wiederkehre. Julius Streicher, Leiter des *Stürmers* und wohl einer der schärfsten Judengegner in Deutschland, erfuhr von den Kundgebungen erst beim Aufstehen. Er hatte nämlich München verlassen müssen, bevor Goebbels davon unterrichtet wurde. In Anbetracht der Zuspitzung wurden anschließend 174 Nationalsozialisten (Parteikader, Polizisten, Kommissare usw.) wegen

---

[138] Heydrichs Bericht an Göring vom 11. November 1938 (Internationaler Militärgerichtshof, Nürnberg, Dok. 3058-PS, Bd. 32, S. 1f.). Von Göring und allen Angeklagten in Nürnberg bestätigt.
[139] Siehe Ingrid Weckert, *Feuerzeichen*, »Die Reichskristallnacht«, Tübingen 3 1989.
[140] Internationaler Militärgerichtshof, Nürnberg, Bd. 31, Dok. 3051-PS, S. 515—519.

Ausschreitungen verhaftet, vor Gericht gestellt und in Konzentrationslager geschickt.[141]

Am 12. November 1938 rief Göring auf Hitlers Anweisung die Vertreter der Ministerien, die mit der Judenfrage zu tun hatten, zu einer Besprechung zusammen, um die Angelegenheit zu bereinigen: u. a. Goebbels (Propaganda), Heydrich (Polizei und Sicherheit), Frick (Innen), Funk (Wirtschaft), Schwerin-Krosigk (Finanz). Gleich zu Beginn der Sitzung sagte er ihnen folgendes:

»Meine Herren, diese Demonstrationen habe ich satt. Sie schädigen nicht den Juden, sondern schließlich mich, der ich die Wirtschaft als letzte Instanz zusammenzufassen habe. Wenn heute ein jüdisches Geschäft zertrümmert wird, wenn Waren auf die Straße geschmissen werden, dann ersetzt die Versicherung dem Juden den Schaden — er hat ihn gar nicht —, und zweitens sind Konsumgüter, Volksgüter zerstört worden. Wenn in Zukunft schon Demonstrationen, die unter Umständen notwendig sein mögen, stattfinden, dann bitte ich nun endgültig, sie so zu lenken, daß man sich nicht in das eigene Fleisch schneidet. Denn es ist irrsinnig, ein jüdisches Warenhaus auszuräumen und anzuzünden, und dann trägt eine deutsche Versicherungsgesellschaft den Schaden, und die Waren, die ich dringend brauche — ganze Abteilungen Kleider und was weiß ich alles —, werden verbrannt und fehlen mir hinten und vorn. Da kann ich gleich die Rohstoffe anzünden, wenn sie hereinkommen.«[142]

Aus materiellen (Göring) oder aus moralischen Gründen beklagten alle Anwesenden nicht die Kundgebungen an sich, sondern die Wendung, die sie genommen hatten — alle außer Goebbels, der sie entschuldigte.

Am 21. November 1945 legte der Amerikaner Justice Jackson die Sache im Nürnberger Prozeß allerdings folgendermaßen vor:

»Der Feldzug gegen die Juden in Deutschland steigerte sich zu besonderer Heftigkeit nach der Ermordung des deutschen Legationssekretärs vom Rath in Paris. Heydrich, der Chef der Geheimen Polizei, gab über den Fernschreiber an alle Dienststellen der Gestapo und des SD Anweisung ›spontane‹ Demonstrationen, die für die Nächte des 9. Und 10. November 1938 zu erwarten seien, so

---

[141] Internationaler Militärgerichtshof, Bd. 32, Dok. 3063-PS, S. 20—29, Dok. vom 13. Februar 1939.
[142] Internationaler Militärgerichtshof, Bd. 28, Dok. 1816-PS, S. 499—540 und Bd. IX, S. 561.

zu handhaben, daß die Zerstörung jüdischen Eigentums begünstigt und nur deutscher Besitz geschützt werde.«[143]

Quelle: Bundesarchiv Koblenz AZ: NS 6/231

Diese Auffassung wiegt immer noch vor.

Alles in allem legte sich die Konferenz grundsätzlich auf die drei Verordnungen fest, die Göring erlassen sollte. Mit der ersten wurden die Juden zu einer Geldstrafe in Höhe von einer Milliarde Reichsmark

---

[143] Internationaler Militärgerichtshof, Bd. 2, S. 130.

verurteilt.[144] Die zweite bezweckte ihre Ausschließung aus dem deutschen Wirtschaftsleben.[145] Die letzte verfügte, daß die Versicherungsgesellschaften den Ersatz für die den Juden in der Reichskristallnacht zugefügten Schäden nicht den Betroffenen, sondern dem Staat auszuzahlen hatten.[146]

Der Mord an dem Botschaftsrat in Paris hatte demnach ähnliche Wirkungen ausgelöst wie später jene seltsamen Widerstandskämpfer während der deutschen Besetzung in Frankreich. Wenn diese meistens aus persönlicher Rachsucht eine Apotheke oder eine Kneipe in die Luft sprengten oder einen deutschen Soldaten in einer dunklen, menschenleeren Straße ermordeten unter dem Vorwand, sie würden Deutschland und den Nationalsozialismus bekämpfen, bewirkten sie eigentlich nur, daß der Besatzungsstatus verschärft und Hunderte von Geiseln verhaftet wurden. Nach dem 7. November 1938 wurde das Leben der deutschen Juden, das internationale Verhandlungen auf der Grundlage vernünftiger Lösungsvorschläge zweifellos gerettet hätten, noch mehr erschwert durch ihren Ausschluß aus dem Wirtschaftsleben des Landes, durch die Konzentrationslager, die Enteignung und die Beschlagnahme ihrer Güter.

Verbunden mit den Greuelbildern der Kristallnacht, die die Weltpresse füllten, steigerten diese Maßnahmen die Erregung aufs höchste. Am 15. November 1938 schrieb der deutsche Botschafter in Washington, Dieckhoff, an Staatssekretär von Weizsäcker:

»Ich habe Ihnen berichtet, wie die spontanen und legalen Maßnahmen, die in Deutschland nach dem Mord am Legationssekretär vom Rath getroffen wurden, hier auf die öffentliche Meinung gewirkt haben. Es überrascht daher nicht, daß die Presse uns noch feindlicher (wenn das überhaupt möglich ist) gesinnt ist als bisher. Bedauernswert ist aber, daß die gemäßigten und verantwortlichen Kreise uns gegenüber ebenfalls eine feindliche Haltung einnehmen; sogar die leidenschaftlichsten Antisemiten möchten von solchen Methoden Abstand nehmen.«[147]

---

[144] Internationaler Militärgerichtshof, Dok. 1412-PS; ferner Reichsgesetzblatt 1938, I, S.1579.
[145] Internationaler Militärgerichtshof, Dok. 1875-PS; ferner Reichsgesetzblatt 1938, I, S.1580.
[146] Internationaler Militärgerichtshof, Dok. 2694-PS; ferner Reichsgesetzblatt 1938, I, S.1581.
[147] *Documents of Foreign German Policy.*

Da Präsident Roosevelt seinen Botschafter in Berlin abberufen hatte, antwortete die deutsche Regierung am nächsten Tag darauf mit der Abberufung Dieckhoffs. Zwischen den USA und Deutschland waren alle Brücken abgebrochen: eine Wiederaufnahme der Beziehungen sollte nicht erfolgen. Und als erstes stand die Konferenz von Evian nicht mehr zur Debatte.

Frankreich freute sich über die Haltung Roosevelts.

In England behielt man dagegen einen kühlen Kopf, bei allem Schmerzgeheul der jüdischen Presse. Die antideutsche Kampagne, die nach den Repressalien der Kristallnacht zu neuer Kraft gefunden hatte, brachte die Regierung nicht aus der Fassung. Churchills vorhergehende Erklärung vom 26. September 1938 hatte ebensowenig Erfolg: angesichts der jüngsten Krise in der Tschechoslowakei hatte er sich im Unterhaus laut für ein »offensives und defensives Großbündnis zwischen Frankreich, England und Rußland«[148] und damit gegen Chamberlains Verständigungspolitik ausgesprochen. Das galt ebenfalls für Clement Attlee, der am selben Tag im Namen der Labour Party auch die Absicht bekundete, »eine englisch-französisch-russische Einheitsfront« zu bilden. Trotzdem war diese Kristallnacht nervenaufreibend.

Das waren die Folgen des Mordes an dem Legationsrat durch den jungen Juden Grynszpan. Sie kamen den von jüdischer Seite verfolgten Zielen zu sehr entgegen, als daß die These von einer konzertierten Aktion mit Grynszpan als ausführendem Werkzeug ganz ausgeschlossen werden könnte, auch wenn der gegenwärtige Stand der Dokumentation eine solche These nicht erhärten kann.

Es sei schließlich betont, daß sich diese Ereignisse zu einer Zeit abspielten, als das soeben abgeschlossene Münchener Abkommen

---

[148] Auch wenn Roosevelt Chamberlains Verständigungspolitik unterstützte, befürwortete er in seiner Pressekonferenz vom 9. September 1938 den Churchill-Plan eines Großbündnisses: auf diese Zeit gehen die ersten Meinungsaustausche zwischen Churchill und Roosevelt zurück, die die Entwicklung des Krieges so sehr beeinflussen sollten. Gleich nach seinem Eintritt ins Weiße Haus hatte Präsident Roosevelt, der von Stalin zunehmend fasziniert war, die sowjetrussische Regierung anerkannt und in seiner Quarantäne-Rede vom 5. Oktober 1937 die UdSSR zu den »90 Prozent der Weltbevölkerung« gezählt, »die mit dem Frieden, der Sicherheit und der Freiheit verbunden sind«.

(29. September 1938) Europa wieder auf den Weg der Entspannung gebracht hatte und zu allen Hoffnungen berechtigte.

Schlüsselgestalten (v.l.n.r.) zur Vorgeschichte des Krieges. Italiens Botschafter Bernardo Attolico, Staatssekretär Ernst von Weizsäcker, Frankreichs Botschafter André François-Poncet und der britische Botschafter Nevile Henderson

Zweiter Teil
Zwischen Krieg und Frieden

»Präsident Roosevelt und die Juden in aller Welt übten Druck auf mich aus, damit ich von jeglicher Verständigung mit Hilter absehe.«

Neville Chamberlain,
15. Januar 1952 in *New Chronicle*

Einleitung: Das Jahr 1938

Das Jahr 1938 wurde von zwei Ereignissen geprägt, die das Gleichgewicht des europäischen Kontinents stark veränderten: dem Anschluß Österreichs im Frühjahr und der Wiedereingliederung des Sudetenlandes ins Deutsche Reich im Herbst. Sie schlossen eine Entwicklung der internationalen Lage ab, die von weiteren, mit der deutschen Wirklichkeit, wenn überhaupt, nur mittelbar zusammenhängenden Ereignissen gekennzeichnet worden war; dennoch waren sie den deutschen Vorstellungen entgegengekommen: der Austritt Japans aus dem Völkerbund (27. März 1933) und der sich daraus ergebende Antikominternpakt zwischen Japan und Deutschland (25. November 1936); die Völkerbundssanktionen gegen Italien (11. Oktober 1935), die Annäherung zwischen Italien und Deutschland (24.—25. Oktober 1936), die durch die Völkerbundsmaßnahmen herbeigeführt war, dann der Beitritt Italiens zum Antikominternpakt (6. November 1937); die Machtübernahme der Volksfront in Frankreich (3. Mai 1936); und schließlich der noch andauernde spanische Bürgerkrieg (18. Juli 1936—28. März 1939).

Merkwürdigerweise begann die Lage in Europa sich ernsthaft durch Unstimmigkeiten zu verschlechtern, die im Pazifik sowie in China zwischen Amerikanern und Japanern auftauchten. Eigentlich reichten diese Unstimmigkeiten weit zurück. 1914 war Japan auf seiten der Alliierten in den Krieg eingetreten, gegen das Versprechen Frankreichs und Englands, daß »ihm alle deutschen Besitzungen nördlich des Äquators zugestanden würden, vorausgesetzt, daß es sich ihrer bemächtige«. Japan erklärte Deutschland den Krieg, eroberte nacheinander sämtliche deutschen Besitzungen im Fernen Osten, vertrieb die deutsche Flotte aus dem Pazifik und zwang sie zur Flucht in den Atlantik, wo sie versenkt wurde, lieferte den Alliierten die Schiffe, die das australische und neuseeländische Truppenkontingent nach Ägypten sowie in die Dardanellen bringen sollten. Kurzum, sein Beitrag zum Sieg der Alliierten war erheblich — so erheblich, daß es als Gründungsmitglied des Völkerbunds angesehen wurde und neben Großbritannien, Frankreich und Italien eine der Vier Mächte war, die einen ständigen Sitz im Rat hatten.

Japan jagte Deutschland so schnell aus dem Pazifik und China hinaus, daß es bereits im Mai 1915 soweit war. Die USA, die bis dahin China als ihr Expansionsgebiet betrachteten, sahen nun ungern die Stellung, die Japan dort erobert hatte; zumal die Schnelligkeit, mit der es das vollbrachte, bewies, daß es künftig ein gefürchteter Konkurrent sein würde. Von den Versprechungen Frankreichs und Englands unterrichtet, erklärten die USA, sie würden niemals zulassen, daß sie eingehalten werden. Auf der Friedenskonferenz (1919) ließ Wilson nicht locker: Deutschlands insulare Besitzungen wurden zwar Japan zugeteilt, aber unter Völkerbundsmandat; die festländische ehemalige deutsche Kolonie (Shantung) ging an China, während andere — vorher nichtdeutsche — Häfen oder Inseln (Hongkong, Shanghai...) unter englischer, amerikanischer oder anglo-amerikanischer Aufsicht blieben. Dieser Wortbruch war der Beginn einer langen Feindschaft, die noch heute in Erinnerung ist.

Da die chinesische Republik in die Anarchie — es gab nämlich zwei Regierungen, je eine in Peking und in Nanking — versank, meuterten am 18. September 1931 120 000 chinesische Soldaten im Raum Mukden (Mandschurei) und gaben das Land der Plünderung preis, um den nicht mehr gezahlten Sold auszugleichen. Japan griff unter dem Vorwand ein, daß die mit dem Schutz der Eisenbahnstrecken beauftragten japanischen Verbände belästigt worden seien, stellte zur großen Freude der einheimischen Bevölkerung die Ordnung wieder her, eroberte die ganze Mandschurei, und die Angelegenheit wurde am 18. Februar 1932 beendet mit der Proklamation einer unabhängigen, allerdings unter japanischem Einfluß stehenden Mandschurei (Mandschukuo). Der Völkerbund befaßte sich aber mit dem Zwischenfall, erklärte am 25.

Februar 1933, mit 42 Stimmen gegen 1, Japan zum Aggressor und forderte es auf, »den von ihm ungebührend besetzten Teil chinesischen Gebiets baldmöglichst zu räumen«. Am 27. März 1933 erklärte Japan seinen offiziellen Austritt aus dem Völkerbund. Sodann drang es in China weiter vor, eroberte die Provinz Dschehol, die Mandschukuo einverleibt wurde. Am 29. Dezember 1933 kündigte es das PazifikFlottenabkommen auf und ordnete die Kiellegung von 650 000 Tonnen neuer Kriegsschiffe an.

Präsident Roosevelt sah rot: Er wurde aber noch wütender, als Japan den Antikominternpakt mit Deutschland am 25 November 1936 unterzeichnete: Japans Austritt aus dem Völkerbund brachte zwangsläufig eine Annäherung an Deutschland mit sich; Japan rechtfertigte seine China-Politik mit den erstaunlichen Fortschritten, die der Bolschewismus dort machte. Präsident Roosevelt hatte es gewittert: In einer Botschaft an den Kongreß hatte er am 3. Januar 1936 Japan, Deutschland und Italien in gleichem Maße getadelt, sie seien »zum Säbelgesetz und zu der phantastischen Vorstellung zurückgekehrt, sie allein hätten eine Mission zu erfüllen«.[149] Da die Japaner mittlerweile die Kontrolle über 2 Millionen Quadratkilometer chinesischen Bodens und 200 Millionen Chinesen hatten, drohte Roosevelt am 5. Oktober 1937 allen dreien mit wirtschaftlichen Repressalien: die »Quarantäne«.[150]

Daß er Japan drohte, war verständlich: Japan war der unmittelbare Konkurrent der USA und gefährdete ihre wirtschaftlichen Interessen in China. Ebenso begreiflich war die gegen Deutschland ausgesprochene Drohung: Deutschland hatte die US-Interessen niemals und nirgendwo in Gefahr gebracht, aber die Freimaurerei, der Roosevelt bekanntlich angehörte, und seine jüdische Umgebung nährten seine antideutsche Einstellung. Dagegen hatte Italien im Januar 1936 noch keine Annäherung an Deutschland angedeutet, gefährdete in keiner Weise die amerikanischen Interessen und hatte es nicht einmal den USA übelgenommen, die gegen Italien erlassene Völkerbundsmaßnahme begrüßt zu haben. Warum das?

Die Botschaft des US-Präsidenten vom 3. Januar 1936 an den Kongreß und seine Quarantäne-Rede vom 5. Oktober 1937 überzeugten Frankreich, daß im Fall eines Konflikts mit Deutschland

---

[149] *Peace and War:* United States Foreign Policy, 1931—41, S. 204—307.
[150] Siehe oben, Anmerkung 107.

die USA, wo Roosevelt ja einen großen Einfluß ausübte, ihre Kräfte und riesigen Ressourcen in die Waagschale werfen würden. Obwohl oder vielmehr weil die französische Regierung eine Volksfrontregierung war, die auf die Kommunisten angewiesen war und bei Roosevelt in Gunst stand, verschärfte Frankreich seine Haltung zu Deutschland, und von nun an verschlechterte sich die Lage in Europa erheblich.

Ihre Haltung verschärfte die französische Regierung aber nicht nur gegenüber Deutschland, sondern auch gegenüber Italien. Im Mittelpunkt ihrer Politik stand der Kampf gegen den Faschismus. Gleich nach dem Regierungsantritt der Volksfront wandten sich die französisch-italienischen Beziehungen zum Schlechten. Im Mai 1936 hielt sich der französische Journalist Bertrand de Jouvenel in Rom auf, und weil sein Vater, Henry de Jouvenel, Botschafter in Rom war und gute Beziehungen zu Mussolini unterhielt, wurde er im Palazzo Venezia empfangen:

»Was soll ich einem französischen Journalisten sagen?« fragte ihn Mussolini. »Sie sind im Begriff, sich eine Regierung zu geben, deren Hauptziel der Kampf gegen den Faschismus ist? Nun gut, kämpfen Sie!«

»Unsere neuen leitenden Männer«, bemerkte de Jouvenel, »werden das begreifen, wenn sie an der Regierung sind. Ich zweifle nicht daran, daß sie ihre parteiischen Vorurteile zurückstellen werden. Wenn aber unsere neue Regierung die französisch-italienische Annäherung wünscht — werden Sie diese Möglichkeit ausschlagen?«

»Nein«, antwortete der Duce, »ich liebe Ihr Land. Und ich verspreche als Gegenleistung eine ganz greifbare Möglichkeit. Sie haben aus Überheblichkeit oder aus Schwäche die Wiederbesetzung des Rheinlandes geschehen lassen. Die Deutschen werden es befestigen. Sie können in Mitteleuropa nicht mehr allein eingreifen. Aber durch meine Frankreich versprochene Zusammenarbeit kann ich Ihnen die Möglichkeit geben — die einzige Möglichkeit, die Sie jemals wieder haben werden —, um dort einzugreifen. Wenn Sie mit Unterstützung der italienischen Armee durch Piémont marschieren, können Sie die Verteidigung der Tschechoslowakei verstärken, und das ist die einzige Chance, die Ihnen bleibt. Mit Ihnen werde ich die Tschechoslowakei verteidigen, und mit mir werden Sie Österreich verteidigen!...«

Dieser Vorschlag war so bedeutend, daß Bertrand de Jouvenel den Botschafter in Rom, de Chambrun, und den französischen Regierungschef Léon Blum in Kenntnis setzte. Der Ministerpräsident ließ durch den stellvertretenden Generalsekretär im Quai d'Orsay Massigli antworten:

»Die Wahlversprechen, die Blum gegenüber den Sozialisten von Narbonne abgegeben hat, erlauben ihm ohne Zweifel nicht, diese Vorschläge in Erwägung zu ziehen.«[151]

Es ist nichts weiter darauf erfolgt: Als Antwort auf Mussolinis Entgegenkommen überhäufte die Pariser Presse den Duce mit solchen Beschimpfungen, daß die in Frankreich gegen ihn entfesselte Kampagne nie so heftig war.

Auf den Vorschlag Englands und der Commonwealth-Staaten (insbesondere Kanadas und Australiens) beschloß der Völkerbund zwar eine Aufhebung der gegen Italien verhängten Sanktionen (4. Juli 1936), aber weder England noch die Vereinigten hatten bis dahin die italienische Eroberung Äthiopiens anerkannt (England sollte es am 16. April 1938 tun, als Mussolini bereits ins andere Langer übergewechselt war, die USA dagegen nie), und Frankreich wies sie zurück.

Nun wandte sich Italien Deutschland zu, das ihm in der Äthiopien-Affäre als — fast — einziger Staat zu Hilfe geeilt war: Am 24. Oktober 1936 fuhr der italienische Außenminister Graf Ciano nach Berchtesgaden zu Hitler; am 23. April 1937 kam Göring nach Rom; am 25. September 1937 reiste Mussolini wiederum nach Deutschland, wo er einen triumphalen Empfang erlebte und neben dem Führer vor riesigen Volksmassen, in München und Berlin, sprach. Sechs Wochen später, am 6. November 1937, trat Italien dem Antikominternpakt bei. Die Achse Berlin-Tokio wurde zur Berlin—Rom—Tokio-Achse, dem Grundelement von Hitlers damaliger Außenpolitik.

Was das vierte Ereignis, den Spanischen Bürgerkrieg, betrifft, nahmen Italiener und Deutsche an der Seite von Francos Truppen teil, zunächst getrennt, dann, nach der Unterzeichnung des Antikominternpakts durch Italien, mit vereinten Kräften: weil es sich

---

[151] Von Bertrand de Jouvenel erst am 13. März 1938 in *La Liberté* bekannt gegeben. Zitiert nach J. Benoist-Méchin, *Geschichte der deutschen Militärmacht 1918—1946*, Bd. 4 *Wetterleuchten in der Weltpolitik*, Oldenburg—Hamburg 1966, S. 191ff.

um ein Vorgehen Francos gegen die Volksfrontregierung in Madrid und ihre Exzesse handelte; weil Rußland und sogar Léon Blums Volksfrontregierung, unter der Hand, die rotspanische Regierung unter anderem mit den berühmten internationalen Brigaden, mit Waffen und Flugzeugen unterstützt hatten; und weil Francos Vorgehen, wie übrigens das japanische in China, zum Kampf gegen die Ausbreitung des Bolschewismus in der Welt gehörte.

Die strategische Bedeutung dieses deutsch-italienischen Eingreifens entging niemandem. Gelang es ihnen, Franco an die Macht zu bringen, so hätten sie eine zweite Front gebildet, die im Fall eines Konflikts Frankreich im Rücken, an der südlichen Grenze, angreifen konnte. Die Macht Italiens im Mittelmeerraum wäre verstärkt, die Englands geschwächt, ja gar vernichtet, wenn Spanien es irgendwie aus Gibraltar vertriebe. So weit kam es aber nicht. Durch die deutsch-italienische Unterstützung an die Macht gebracht, zeigte sich Franco viel zurückhaltender und weniger dankbar, als seine Wohltäter es sich erhofften. Das wußten sie aber am Anfang nicht. Sie erfuhren es zu ihrer großen Enttäuschung erst 1940, zu einer Zeit, als Franco bereits seit März 1939 an der Macht war. Das war ohnehin eine Karte, die zu spielen war.

Und sie spielten sie aus; mit Erfolg, zugegeben, welche Enttäuschung sie ihnen in der Folge auch eingebracht haben mag.

Das war die Lage in Europa und in der Welt zu Beginn des Jahres 1938, als sich die Anschluß-Frage stellte.

In das Spiel Präsident Roosevelts und der französischen Regierung hatte sich England allerdings nicht eingeschaltet.

England tat es erst im September 1938, als die Wiedereingliederung des Sudetenlandes ins Deutsche Reich zur Debatte stand, was das Münchner Abkommen ermöglichte und den Krieg um ein Jahr aufschob.

Sehen wir nun aber, wie sich die Dinge im einzelnen zugetragen haben.

V. Der Anschluß

1. Die Sendung des deutschen Landes Österreich

Als der Erste Weltkrieg ausbrach, war die österreichisch ungarische Monarchie eine Doppelmonarchie, die gemäß dem Grundgesetz vom 21. September 1867 zwei von der Leitha, einem rechten Nebenfluß der Donau, getrennte Staaten umfaßte: das Kaiserreich Österreich (Hauptstadt Wien) und das Königreich Ungarn (Hauptstadt Budapest). Ersteres bestand aus 17 Königreichen bzw. Fürstentümern (Kronländer), an deren Spitze sich ein Vertreter des Kaisers befand und die weitgehend selbständig waren: Niederösterreich, Oberösterreich, Steiermark, Kärnten, Krain, Küstenland (Istrien, und Triest), Dalmatien, Tirol, Vorarlberg, Salzburg, Böhmen, Mähren, Schlesien, Galizien und Bukowina. Ungarn war in 63 Komitate und 25 freie Reichsstädte gegliedert. Komitate und Reichsstädte bildeten *Munizipien*, die jeweils von einem *Foïspan* (Präfekt) geleitet waren. Beide Staaten waren voneinander unabhängig mit Ausnahme der gemeinsamen Angelegenheiten: Außenpolitik, Kriegswesen und Finanzen. Ein Parlament saß in Wien (Abgeordnetenhaus und Herrenhaus), ein anderes in Budapest (Abgeordnetenhaus und Magnatentafel). In Ungarn hatte Kroatien—Slawonien 1868 seine Unabhängigkeit, bis auf die gemeinsamen Angelegenheiten, erlangt: es gab einen Landtag in Agram (Zagreb), 40 Abgeordnete im ungarischen Parlament. Seit 1908 gehörten Bosnien und Herzegowina, die bis dahin zugunsten des Sultans von einem österreichisch-ungarischen *Kondominium* (den gemeinsamen Ministern) verwaltet worden waren, zur Doppelmonarchie und wiesen eine ähnliche Regierungsform wie Kroatien—Slawonien auf, mit dem Unterschied, daß trotz Landtag und Landesregierung ein Militärgouverneur die oberste Gewalt im Namen des österreichischen Kaisers ausübte.

Dieses Staatenpuzzle spiegelte ein Mosaik von Nationalitäten und ethnischen Gruppen wider. Das ausschließlich deutsche Österreich beherrschte das Ganze; dagegen gehörten zu Ungarn unter anderen die Kroaten, Sorben (Serben), Slawonier, Slowaken, Madjaren, die sich — wie auch die Nichtdeutschen im österreichischen Teil — mit der österreichischen Vorherrschaft nur schwer abfinden konnten und die Unabhängigkeit anstrebten, insbesondere die Tschechen, die Slowaken und die Südslawen (Serben, Kroaten und Slowenen). Für den Zusammenhalt der Monarchie sorgte lediglich die nach der Revolution von 1848 erfolgte Eintracht zwischen den Deutschen und den Madjaren. Diese Eintracht bestand allerdings nur zwischen den Führungsschichten der beiden ethnischen Gruppen. Auf Volksebene war der durch die österreichische (deutsche) Vorherrschaft verursachte Unmut dagegen ein Dauerzustand.

Solche Vorherrschaft gründete in dem Umstand, daß Österreich im Laufe der Jahrhunderte durch Kriege und Verträge diese Völker zu diesem sonderbaren Staat zusammengeschlossen und somit eine ihm vor langer Zeit erteilte Aufgabe erfüllt hatte, an der es festhielt: Karl der Große, der im Norden bis zur Weichsel die Slawen im Zaum hielt, hatte hier nämlich um 800 eine Mark (Ostmark, später Österreich) errichtet, um den Slawen und Avaren den Einfall längst der Donau zu versperren.

Österreich hatte sie nicht nur zurückgehalten, sondern sie — dann auch die Türken nach deren Vorstoß — seitdem wieder nach Osten zurückgedrängt. Die tapfere Erfüllung dieser Aufgabe gegenüber den Ostvölkern hatte mit zur Gründung des Heiligen Römischen Reichs deutscher Nation geführt, das weitgehend auf die Gemeinschaft der germanischen Völker gewirkt hatte und zu deren Seele geworden war. Man kann ohne weiteres behaupten, daß Österreich das Wunder jener europäischen Einheit zuwege gebracht hatte, die leider auseinandergenommen wurde von der Politik Franz' I. von Frankreich, von der Reformation, Heinrich IV., Richelieu, Ludwig XIV., den Preußenkönigen und schließlich von dem englisch-französischen Konflikt, der vornehmlich mit den Napoleonischen Kriegen zu Tage trat. Trotzdem hatte Österreich diese Sendung weiterhin zugunsten der germanischen Völker erfüllt, deren Gemeinschaft anzugehören es überzeugt war. Die Zersetzung Europas durch das Erstarken der Nationalismen im Westen hatte Österreich betrübt, und es wurde zum Österreich-Ungarn, nachdem Bismarck es von dem Vorsitz des Deutschen Bundes und dann sogar aus diesem (Königgrätz, 1866) verdrangt hatte.

Und doch hatte es sich weiterhin als Mitglied dieses Bundes betrachtet. Nach Königgrätz hatte Bismarck gegen den Willen seiner Umgebung, ja sogar des Preußenkönigs selbst, davon abgesehen, es einfach zu annektieren. Er wußte, daß er hiermit die Abspaltung der

Madjaren und der Slawen verursachen würde, die Österreich unter seine Oberhoheit genommen hatte und die von einer preußischen Schutzherrschaft nichts wissen wollten. Preußen wäre dann mit ihnen unmittelbar aneinandergeraten, und Bismarck befürchtete das.

Nach dem Deutsch-Französischen Krieg von 1870—71 und der Gründung des Deutschen Kaiserreichs in Versailles (18. Januar 1871), mit dem Preußenkönig als Kaiser, hatte Bismarck sich bemüht, durch das Dreikaisertreffen und -abkommen (9. September 1872, 22. Oktober 1873), Beziehungen mit Österreich wiederaufzunehmen. Er erkannte es als deutschen Staat samt der Sendung an, die ihm seit Karl dem Großen zugewiesen war und mit der betraut zu sein es sich stets fühlte. Dieses Bündnis währte und wurde bis 1914 immer enger: die österreichische Außenpolitik war nicht nur darauf bedacht, die bestehenden Zugänge zur Adria zu bewahren, sie hatte sich auch als Ziel gesetzt, solche zum Schwarzen Meer und zum östlichen Mittelmeer zu bekommen.

Die Niederlage der Mittelmächte im Ersten Weltkrieg spaltete Österreich-Ungarn in die einzelnen Nationalitäten, die es zusammensetzten: die Tschechen und die Slowaken, die Madjaren (Ungarn) und die Südslawen gründeten der Reihe nach einen unabhängigen Staat. Die Alliierten förderten und unterstützten übrigens diese Entwicklung. Österreich blieb allein mit sich selbst und der Überzeugung, daß es nur noch ein deutscher, von den anderen deutschen Gebieten getrennter Staat sei: in der Öffentlichkeit trat nun aber eine starke Strömung zugunsten seiner Wiedereingliederung in die Gemeinschaft des deutschen Volkes hervor, das heißt zugunsten seines Anschlusses an Deutschland; eine um so stärkere Strömung, als Österreich das Gefühl hatte, daß es wirtschaftlich nicht lebensfähig war, da allein, unabhängig, von Deutschland abgesondert und nunmehr der Ressourcen beraubt, die die bisher unter seiner Führung zusammengeschlossenen Völker eingebracht hatten. So erwuchs der Anschlußgedanke, und die Sozialisten waren von vornherein seine eifrigsten Verfechter. Das Volk stimmte ihm nahezu einhellig zu.

Am 21. Oktober 1918 versammelten sich dann die rund 200 deutschstämmigen Abgeordneten des österreichischen Reichsrates und stellten die Auflösung von Österreich-Ungarn fest. Am 30. Oktober richteten sie eine Provisorische Nationalversammlung ein. Am 10. November sprach sich die Sozialistische Partei für die

Ausrufung der Republik aus. Am November dankte Kaiser Karl als Kaiser von Österreich ab, wollte aber König von Ungarn bleiben. Am 12. November wurde die Republik ausgerufen und ein Gesetz von der deutsch-österreichischen Nationalversammlung beschlossen, in dem es hieß: »Deutsch-Österreich ist eine demokratische Republik. Alle öffentlichen Gewalten werden vom Volk eingesetzt. Deutsch-Österreich ist ein Bestandteil der deutschen Republik.«[152]

Am nächsten Tag, dem 13. November, erklärte der damalige sozialdemokratische Staatskanzler Dr. Karl Renner vor der Versammlung:

»Unser großes Volk ist in Not und Unglück; das Volk, dessen Stolz es immer war, das Volk der Dichter und Denker zu heißen, unser deutsches Volk des Humanismus... ist im Unglück tief gebeugt! Aber gerade in dieser Stunde, da es so leicht und bequem und vielleicht auch so verführerisch wäre, seine Rechnung abgesondert zu stellen und vielleicht von der List der Feinde Vorteile zu erhaschen, in dieser Stunde soll unser Volk in allen Gauen wissen: wir sind ein Stamm und eine Schicksalsgemeinschaft.«[153]

Am 22. November 1918 nahm die Provisorische Nationalversammlung ein Gesetz über die Grenzen Deutsch-Österreichs an, erklärte die Zugehörigkeit Deutsch-Österreichs zum Deutschen Reich und bekräftigte ihre Meinung wie folgt:

»Der Deutsch-Österreichische Staat beansprucht die Gebietsgewalt über das ganze deutsche Siedlungsgebiet, insbesondere auch in den Sudetenländern. Jeder Annexion von Gebieten, die von deutschen Bauern, Arbeitern und Bürgern bewohnt werden, durch andere Nationen wird sich der deutsch-österreichische Staat widersetzen.«[154]

Wahlen fanden am 16. Februar 1919 statt; sie bestätigten den Sieg der Sozialistischen Partei. Am 4. März 1919 kam die neue Nationalversammlung zwar zusammen; von den 255 vorgesehenen Sitzen wurden aber nur 157 belegt: die Ententemächte hatten die Wahlen in den Gebieten (unter anderem im Sudetenland), die sie dem neuen Österreich entziehen wollten, nicht anerkannt. Ferner wurde

---

[152] Diplomatische Aktenstücke des österreichisch-ungarischen Ministeriums des Äußeren, Wien—Leipzig 1930. Siehe auch: Internationaler Militärgerichtshof, Nürnberg, Bd. 15, S.633ff.
[153] Ebenda.
[154] Internationaler Militärgerichtshof, Bd. 15, S. 666.

der einmütige Wunsch dieser 157 Abgeordneten nicht erfüllt: durch ihren Ältesten hatten sie den Anschluß an das Deutsche Reich gefordert. Artikel 88 des Vertrags von St. Germain (10. 9. 1919) erklärte die Unabhängigkeit Österreichs für unveräußerlich und untersagte ihm, sich ohne die Einwilligung des Völkerbunds mit einem anderen Staat mittelbar oder unmittelbar zu vereinigen — übrigens gegen das Selbstbestimmungsrecht der Völker, das in den 14 Punkten von Präsident Wilson enthalten war. Und zur großen Entrüstung des sozialistischen Staatskanzlers Karl Renner, der gegen diese Entscheidung zündende Worte aussprach und... sich fügte.[155]

Artikel 61 der Weimarer Verfassung (11. August 1919) sah die Aufnahme von Vertretern Österreichs in den Reichsrat vor, wenn das Land an das Deutsche Reich angeschlossen würde. Am 22. September 1919 wurde den Deutschen mitgeteilt, diese Verfügung widerspreche dem Artikel 88 des Vertrags von St. Germain; dagegen wandten sie ein, seine Durchführung komme ohne die Einwilligung des Völkerbunds nicht in Frage, und dieser werde nicht versäumen, das Selbstbestimmungsrecht der Völker zu achten, das zu seinen Grundsätzen gehöre. Man mußte sich mit dieser Erklärung abfinden: die Weimarer Verfassung wurde nicht geändert; allerdings durch ein Protokoll vom 22. September 1919 wurde dieser Absatz des Art. 61 außer Kraft gesetzt.

In Österreich waren nicht nur die Sozialisten für den Anschluß einig, sondern alle Parteien: Männer wie die künftigen Kanzler Dollfuß[156] und Schuschnigg erhoben ihn zum Dogma bis 1933, also bis zu Hitlers Machtübernahme in Deutschland. Die Christlichsozialen, die zu dessen Wortführern zählten, forderten ihn ständig. Reichsaußenminister Julius Curtius (der Nachfolger Stresemanns) und Österreichs Vizekanzler Johannes Schober versuchten 1931[157], zwischen beiden Ländern eine Wirtschaftsund Zollunion zu gründen, die, wie die Zielvorstellungen dieser Politiker auch sein mochten, bestimmt zum Anschluß geführt hätte; der Völkerbund, der sich nicht täuschen ließ, griff ein, um das Vorhaben

---

[155] Im Vertrag von St. Germain wurde auch verboten, daß sich »Deutsch-Österreich« weiterhin so nenne, nur »Republik Österreich« wurde zugelassen. (d. Ü.)
[156] Er war außerdem Anhänger des Rassisten Karl Lueger, der vor dem Ersten Weltkrieg Bürgermeister von Wien war.
[157] Auf Initiative der österreichischen Regierung.

zu vereiteln. Als die Führungsspitzen der österreichischen sozialdemokratischen und christlichsozialen Parteien sich, nach Hitlers Machtübernahme in Deutschland, gegen den Anschluß aussprachen, den sie bis dahin unterstützt hatten, war dessen Gedanke in der Öffentlichkeit so verankert, daß diese ihnen nicht folgte. Damals hatten die nationalsozialistischen Gruppierungen in Österreich, die seit 1926 als Reichsgau der NSDAP bestanden, größeren Erfolg, und mit dem Anschluß als Programm breiteten sie sich immer mehr aus.

Derart, daß die deutschen Truppen am 12. März 1938 mit umgehängtem Gewehr einmarschieren konnten. Die Panzer waren mit Grün geschmückt, die Flugzeuge flogen in geringer Höhe und warfen nicht etwa Bomben auf die Menge ab, sondern Flugblätter. Am 13. und 14. März 1938 konnten die deutschen Einheiten ihre Fahrt von Salzburg aus in Richtung Wien fortsetzen, unter den Jubelrufen von Tausenden, die sich auf beiden Straßenseiten zusammengedrängten. Frauen und junge Mädchen warfen ihnen Blumen oder Kußhände zu. Und wenn Hitler vorbeifuhr, geriet die Menge in einen Taumel der Begeisterung.

Derart, daß das am 10. April 1938 zur Abstimmung aufgeforderte österreichische Volk sich — mit noch größerer Mehrheit als das übrige Deutschland, das am selben Tag abstimmte — mit 4 273 884 Stimmen für und 9852 gegen den Ausschluß aussprach. Von 4 300 177 Wahlberechtigten hatten 4 284 795 gestimmt; die Ja-Stimmen machten somit 99,70% der abgegebenen Stimmen aus.

2. Österreich und der Nationalsozialismus

Wir müssen nun die Ereignisse, die zum Anschluß führten, im Zusammenhang betrachten und zwei Dinge vorwegnehmen. Unvermeidlich wurde der Anschluß nicht nur durch die Geisteshaltung der österreichischen Bevölkerung, sondern auch durch die seit 1931 in Österreich anhaltende Wirtschaftskrise (auch eine Folge des Wallstreet-Krachs). Mitentscheidend war ferner eine günstige internationale Lage, die sich hauptsächlich aus der politischen Entwicklung in Italien ergab.

In der Praxis hatte sich Österreich als wirtschaftlich nicht lebensfähiger Staat herausgestellt: 1933 belief sich sein Haushaltsdefizit auf 5 Milliarden Kronen, und es zählte fast 1 Million

Arbeitsloser (rund 25% der berufstätigen Bevölkerung). Gewiß, die Krise war noch nie so schlimm gewesen; seit der Unterzeichnung des Vertrags von St. Germain (10. 9. 1919) hatten aber anhaltendes Haushaltsdefizit und dauernde Arbeitslosigkeit die dortige Wirtschaftslage ständig gekennzeichnet. Den Sozialdemokraten, die 1919 sämtliche Machtstellen an sich gebracht hatten, war es nicht gelungen, diese Lage zu meistern, ebensowenig den Christlichsozialen, die ihnen an der Macht gefolgt waren und zunächst mit ihrer Unterstützung rechnen konnten. Dann aber erfolgte der Bruch zwischen beiden Parteien. Schließlich kam ein tatkräftiger Christlichsozialer, Engelbert Dollfuß, an die Macht (20. Mai 1932) und glaubte, mit autoritären Mitteln aus dieser verzwickten Lage herauszukommen: er schaltete den Nationalrat aus (7. März 1933) und schaffte Wahlen bis auf weiteres ab. Das war die Diktatur — eine noch vollkommenere als im Hitler-Deutschland, da hier Wahlen auch nach Hitlers Regierungsantritt durchgeführt wurden und Hitler nie eine wichtige Entscheidung traf, ohne sie vom deutschen Volk bestätigen zu lassen.

Der Anschluß: Wiener erwarten vor der Neuen Hofburg Hitler, März 1938

Die Lage in Österreich verbesserte sich nicht etwa, sie wurde schlimmer. Und während sie noch schlimmer wurde, konnte die Arbeiterklasse die großartigen Erfolge wahrnehmen, die Hitler im Reich in seinem Kampf gegen die Arbeitslosigkeit errungen hatte, und den Wohlstand, der in die deutschen Familien zurückgekehrt war. Die österreichischen Arbeiter blickten neiderfüllt auf den deutschen Arbeitnehmer. Es fanden sich nun genügend gute Geister, die ihnen erklärten, alle ihre Nöte rührten davon her, daß Österreich von Deutschland getrennt sei, und die österreichischen Arbeiter würden sich bei einem Anschluß zwangsläufig des gleichen Wohlstands erfreuen wie die deutschen. Und der Nationalsozialismus, seine Diktatur, seine Verstöße gegen die Freiheit, seine Rassenpolitik? Das seien lauter Erfindungen — um eine erneute Bildung der gesamten deutschen Gemeinschaft zu verhindern. Außerdem waren Hitlers Verstöße gegen die Freiheit geringer als die Dollfuß', den die österreichischen Sozialisten und die Demokraten in aller Welt im selben Maße geißelten wie Hitler. Und was die Juden betraf, so standen sie bei den Christsozialen Österreichs nicht im Geruch der Heiligkeit. Einer von diesen, Karl Lueger, der (ab 1897) Bürgermeister von Wien gewesen war und sich die Sympathie von ganz Österreich erworben hatte, hatte einst den Kampf gegen die Juden an die Spitze seines Programms gesetzt. Nun zählte vor allem, daß Hitler und der Nationalsozialismus den Wohlstand wieder nach Deutschland zurückgeholt hatten. Im übrigen waren die Saarländer nicht so dumm gewesen: Trotz der Anti-Hitler-Propaganda hatten sie sich am 13. Januar 1935 mit 90,8% der abgegebenen Stimmen für die Rückgliederung des Saarlands an das Deutsche Reich ausgesprochen.

Solche Argumente waren nicht ohne Schlagkraft. Auf die öffentliche Meinung wirkten sie allerdings nicht so unmittelbar, wie die österreichischen Nationalsozialisten es annahmen. Im Glauben, sie könnten die Macht an sich reißen, führten sie am 25. Juli 1934 einen Putsch aus, der unglücklicherweise mit der — von den Urhebern nicht vorgesehenen — Tötung Dollfuß' endete. Die Sache war offensichtlich schlecht vorbereitet gewesen: die Öffentlichkeit war den Putschisten nicht günstig gesonnen. Sie wurden verhaftet und zum großen Teil gehängt. Kurt Schuschnigg, ein weiterer Christlichsozialer, aber Anhänger von Salazar, folgte Dollfuß im Kanzleramt. Das Parlament wurde in seine Funktion nicht wiedereingesetzt, Wahlen wurden nicht in Betracht gezogen. Gleich nach seinem Regierungsantritt war Schuschnigg derselben — in Österreich heimlichen, im Lager der Demokraten erklärten — Feindschaft ausgesetzt wie Dollfuß. Ferner war Schuschnigg viel ungeschickter als dieser.

In Österreich war die Lage nicht reif für eine Machtergreifung durch die Nationalsozialisten; sie war es ebensowenig auf internationaler Ebene. Am 17. April 1934 hatten Österreich, Italien und Ungarn die Römischen Protokolle unterzeichnet, mit denen sie vereinbart hatten, »eine gemeinsame Politik zu treiben und die zu treffenden Entscheidungen zu beraten, jedesmal wenn eine der drei Regierungen es für nötig halten würde«. Außerdem war Mussolini mit Dollfuß befreundet; beide Familien verkehrten miteinander, und Frau Dollfuß und ihre Kinder hielten sich gerade bei Mussolini in Riccione auf, als sie von Dollfuß' Ermordung erfuhren: der Duce schickte sofort fünf Divisionen zum Brenner, die für alle Fälle bereitgestellt wurden, insbesondere in Österreich einzudringen, wenn deutsche Truppe einfielen.

Hitler gelang es trotzdem, sein von »einer Handvoll Exaltierter« gefährdetes Ansehen bei Mussolini wiederherzustellen. Sich unter dem Hagel duckend, beorderte er von Papen nach Wien, und die »Handvoll Exaltierter« wurde nicht nur verleugnet, sondern auch bestraft. Die Beziehungen zwischen Deutschland und Italien wurden dadurch nicht getrübt, und die Sanktionspolitik des Völkerbunds gegen Italien schloß beide bekanntlich ein Jahr später enger zusammen. Es ist nicht überflüssig, die einzelnen Etappen dieser Annäherung in Erinnerung zu bringen: 25. Oktober 1936 (Graf Ciano in Berchtesgaden), 23. April 1937 (Göring in Rom), 25.—28. September 1937 (Mussolini in München und Berlin), 6. November (Unterzeichnung des Antikominternpakts). Auf die Dauer sollte diese deutsch-italienische Annäherung zwangsläufig Mussolini Österreich entfremden. Anläßlich seines Rom-Besuchs im April 1937 hatte ihn Göring andeutungsweise über die Anschluß-Frage befragt, und Mussolini hatte lediglich mit einer ausweichenden Geste geantwortet.

Schuschniggs Ungeschick beschleunigte, im selben Maße wie die Unterzeichnung des Antikominternpakts und die daraus erfolgte Achse Berlin—Rom, Mussolinis Wendung zugunsten des Anschlusses. Trotz seiner Ermahnungen hatte Schuschnigg beispielsweise niemals einen annehmbaren Modus vivendi mit Berlin angestrebt. Am 11. Juli 1936 hatte er mit von Papen ein deutschösterreichisches Abkommen unterzeichnet, kraft dessen »die österreichische Bundesregierung ihre Politik im allgemeinen, wie insbesondere gegenüber dem Deutschen Reiche, stets auf jener grundsätzlichen Linie halten wird, die der Tatsache, daß Österreich sich als deutscher Staat bekennt, entspricht...«[158] Im Anhang folgte die Versprechung, »mit dem Zwecke, eine wirkliche Befriedung zu fördern, Vertreter der bisherigen sogenannten ›Nationalopposition in Österreich‹ zur Mitwirkung an der politischen Verantwortung heranzuziehen«. Schuschnigg wandte sich nicht an diese Vertreter der nationalen Opposition. Vielmehr noch, er erklärte in einer am 29. November in Klagenfurt gehaltenen Rede, daß die Vaterländische Front (in deren Namen er regierte) drei Feinde habe: den Kommunismus, den Defaitismus und den Nationalsozialismus. Er müsse demnach feststellen, »daß die österreichischen Nationalsozialisten der Regierung als geschworene Feinde gegenüberstehen«.

Mussolini begriff einfach nicht, daß man so ungeschickt sein konnte. Fast überall, in Linz, Graz, Salzburg, kam es zu Zwischenfällen zwischen Anhängern der Vaterländischen Front Schuschniggs und Nationalsozialisten, später zwischen diesen und den Behörden: sie erzeugten Spannungen zwischen der deutschen und der österreichischen Regierung.

Sein folgenschwerstes Mißgeschick beging Schuschnigg aber kurz nach einer Aussprache, die er mit Hitler am 12. Februar 1938 in Berchtesgaden hatte.

An diesem Tag wollte Hitler mit Österreich und der Politik seiner Regierung, die er als fortwährende Demütigung des Deutschen Reichs empfand, zweifellos ein Ende machen. Er wußte, daß Mussolini wenig von Schuschnigg hielt und daß die Beziehungen zwischen beiden Männern ziemlich kühl waren. Er war ferner dessen sicher, daß England nicht in den Streit eingreifen würde, da es bezüglich des Hoheitsrechts Österreichs international niemals Verpflichtungen eingehen wollte, und die führenden Politiker der britischen Regierung: MacDonald, Sir John Simon, Eden, Chamberlain, Halifax und andere waren überzeugt, daß Österreich

---

[158] Dokumente der Deutschen Politik und Geschichte von 1848 bis zur Gegenwart, hrsg. von Klaus Hohlfeld, Bd. 4 und 5: *Die Zeit der nationalsozialistischen Diktatur 1933—45*, o. J., S.296f.

zum Deutschen Reich zurückkehren müsse. Schließlich waren die Beziehungen zwischen Deutschland und England ausgezeichnet, vor allem seit der Unterzeichnung des deutsch-englischen Flottenabkommens am 18. Juni 1935. Wenn England nicht eingriffe, würde Frankreich auch nicht eingreifen, ebensowenig die Tschechoslowakei. Hitlers Beziehungen zu Polen waren die besten. Er konnte sich alles erlauben.

Gewiß, Hitler hätte Österreich lieber mit anderen Methoden einverleibt: die Öffentlichkeit mit Massenkundgebungen zu gewinnen, die Mehrheit der Parlamentssitze zu erringen, einen Kanzler an die Macht zu bringen, der kraft des Selbstbestimmungsrechts der Völker die Vereinigung von Österreich und Deutschland verkünden würde, so daß die ausländischen Mächte sich ihr nicht widersetzen und die Demokratien nicht dieses zusätzliche Argument beim Feldzug geltend machen könnten, den sie gegen ihn führten. Es wäre ihm zweifelsohne gelungen; in Österreich fanden aber keine Wahlen statt. Und die Zwischenfälle, die sich dort im Laufe des Jahres 1937—38 ereignet hatten, ließen ihm keine Zeit mehr.

Zu einem offiziellen Besuch in Österreich eingeladen, war Konstantin von Neurath dort am 22. Februar eingetroffen. Die österreichischen Nationalsozialisten hatten beschlossen, ihre Macht unter Beweis zu stellen: Vom Bahnhof aus fuhr sein Wagen durch menschenerfüllte Straßen; Tausende und Abertausende zwangen ihn, nur im Schrittempo weiterzufahren unter den Jubelrufen der Menge, die im Chor skandierte: »Heil Hitler! Heil Deutschland! Heil Hitler! Anschluß!« Der Ordnungsdienst war völlig überrannt. Gedemütigt beschloß Schuschnigg, dem Reichsaußenminister zu zeigen, daß es in Wien nicht nur »Nazis« gebe, und mobilisiert die Vaterländische Front für den nächsten Tag. Die Straßen waren nun ebenso schwarz von Menschen, aber diesmal erreichte der Wagen den Bahnhof unter dem Brüllen der Menschenmenge: »Heil Schuschnigg! Heil Österreich! Nieder mit Hitler!«

Ein weiteres Beispiel: Unter dem Druck der öffentlichen Meinung fand sich Schuschnigg letztlich darein, Nationale, insbesondere Seyß-Inquart, der seit Juni 1937 Staatsrat war, in sein Kabinett aufzunehmen (18. Februar 1938); das hinderte ihn aber nicht, die Nationalsozialisten weiterhin zu verfolgen, ihre Geschäftszimmer zu durchsuchen, manche zu verhaften und so weiter. Zwischen

Die Jahrhundert-Provokation

Nationalsozialisten und Mitgliedern der Vaterländischen Front mehrten sich die Zwischenfälle. Die Nationalsozialisten verwahrten sich dagegen, und seitdem Seyß-Inquart Minister war, war die Presse für ihre Proteste empfänglich. Die Stimmung verschlimmerte sich zusehends.

Am 1. Mai 1937 durften die in Österreich lebenden Reichsdeutschen die Fahne ihres Landes hinaushängen: in einem kleinen Dorf der Steiermark befahl ein Polizist, die deutsche Nationalflagge herunterzureißen. Für Hitler bedeutete dies in der Tat eine noch größere Schmach als die Art und Weise, wie von Neurath im Februar in Wien »heimgeleuchtet« worden war.

Im Juli 1937 gingen in der kleinen Stadt Wels die Gewehre der Polizei »ganz von allein« los bei einem Zusammenstoß mit ehemaligen Frontkämpfern, die »Deutschland, Deutschland über alles« ausriefen.

»Eine schamlose Angelegenheit!« äußerte Hitler gegenüber von Papen.[159]

Von Neurath seinerseits:

»Glaubt Herr Schuschnigg wirklich, daß er fortfahren kann, rücksichtslose Maßnahmen gegen den Nationalsozialismus zu ergreifen und gleichzeitig einen gemeinsamen Kurs mit dem Reich zu verfolgen?«[160]

Am 12. Februar 1938 war Hitlers Geduld am Ende. Die Lage hatte sich verschlechtert, die Zwischenfälle hatten überhandgenommen, ohne daß Schuschnigg das geringste Anzeichen einer geänderten Haltung erkennen ließ. Es kam zu einer heftigen Unterredung in Berchtesgaden: Hitler stellte Schuschnigg ein regelrechtes Ultimatum hinsichtlich der Zusammensetzung eines ihm ergebenen Regierungskabinetts.

Für ein demokratisches Land, wo die Regierung die öffentliche Meinung widerspiegelt, war das unannehmbar. Österreich war aber kein demokratisches Land: Schuschnigg hatte dort Dollfuß an der Macht abgelöst, der sie mit einem Putsch ergriffen hatte, und das Volk war niemals befragt worden. Die österreichischen Nationalsozialisten behaupteten, daß der Bundeskanzler nicht mehr als 18% der Wählerschaft hinter sich habe und daß er sich nicht nur durch die

---

[159] Franz von Papen, *Der Wahrheit eine Gasse*, München 1952, S. 449.
[160] Ebenda.

Apathie des österreichischen Volkes an der Macht halte, sondern weil sie, die Nationalsozialisten, nicht die radikale Politik trieben, die ihn aus der Regierungsgeschäften verdrängen würde: sie möchten Hitler aber keine Schwierigkeiten auf internationaler Ebene bereiten. Es trifft wahrscheinlich zu: In dieser Angelegenheit haben die österreichischen Nationalsozialisten Hitler anscheinend freie Hand gelassen.

Wie dem auch sei, Schuschnigg hatte nachgegeben: Am 15. bis 18. Februar 1938 waren die im deutsch-österreichischen Abkommen vom 12. vorgesehenen Maßnahmen getroffen worden. Aber am 5. März erhob Hitler eine neue Forderung: das Finanzministerium, das er nicht beansprucht hatte, solle den Nationalen zufallen. Nun blieb nichts mehr übrig, womit Österreich, oder zumindest Schuschnigg, seine Unabhängigkeit behaupten konnte. Das bedeutete praktisch den Anschluß. Das ging zu weit: Am 9. März beschloß Schuschnigg plötzlich, daß die Frage der Unabhängigkeit Österreichs Gegenstand einer Volksabstimmung sein solle, die am 13. März stattfinden würde. Drei Tage, um eine Volksbefragung in einem Land zustande zu bringen, in dem es nicht einmal Wahllisten gab! Außerdem sahen die Durchführungsbestimmungen vor:

»1. In den Abstimmungslokalen dürfen sich außer den Mitgliedern der Abstimmungskommission, die der Vaterländischen Front angehören müssen, keine weiteren Personen aufhalten, damit der Abstimmungsvorgang nicht gestört werden kann.

2. Da Wahllisten nicht geführt werden, gelten als Abstimmungsdokumente die Mitgliedskarte der Vaterländischen Front, die Mitgliedskarte des Bauernbundes, das österreichische Gewerbebuch und das Gewerkschaftsbuch oder Erkennungskarten, Heimatscheine oder Meldezettel, jedenfalls nur Dokumente, die die Identität nachweisen. Wer der Abstimmungskommission persönlich bekannt ist, kann auch ohne Dokument zur Abstimmung zugelassen werden. Dort, wo der Landeshauptmann es anordnet, kann eine Liste derjenigen Personen, die die Abstimmung vollzogen haben, angefertigt werden.

Kanzler Schuschnigg. Am 9. März 1938 gibt er eine Volksabstimmung bekannt.

In Wien verbrennen Österreicher das Symbol des Schuschnigg-Regimes

12. März 1938: der Führer auf der Straße nach Linz

Der Dollfuß-Platz (seit 1934) in Wien wird am 14. März zum Adolf-Hitler-Platz

3. Der offizielle Abstimmungszettel ist ein Zettel in der Größe 5 mal 8 Zentimeter, der auf der einen Seite mit dem Worte ›Ja‹ bedruckt ist. Wer mit ›Nein‹ stimmen will, muß sich einen Zettel in genau der gleichen Größe mitbringen und mit dem Worte ›Nein‹ beschreiben.

Die Abstimmung wird öffentlich durchgeführt, doch ist die Benutzung eines Briefumschlags auf Wunsch erlaubt.«[161]

Unter solchen Bedingungen, die dem Betrug Tür und Tor öffneten, konnte die Volksabstimmung nur für Schuschnigg günstig ausfallen: Man mußte nicht bei Sinnen sein, um anzunehmen, daß Hitler sich damit einverstanden erklären würde. Tatsächlich forderte er Schuschnigg auf, diese Volksbefragung abzusetzen und sie durch eine andere zu ersetzen, die nach dem Modell der Saar-Abstimmung durchgeführt und deren Vorbereitung allerdings längere Fristen erfordern würde. Die österreichischen Nationalsozialisten schlugen den 10. April 1938 vor.

Schuschnigg lehnte ab und wandte sich an Mussolini. Dieser riet, von dem Projekt Volksabstimmung abzusehen. Schuschnigg lehnte erneut ab. Darauf erklärte der Duce: »Man kann kaum dümmer sein. Unter diesen Umständen interessiert mich Österreich nicht mehr...«

Die Folgen kennen wir.[162]

3. SKRUPELLOSE POLEMIKER

Im Verlauf der beißenden, übrigens noch anhaltenden Kontroverse, die Rolf Hochhuths Stück *Der Stellvertreter* hervorrief, wurde den österreichischen Kardinälen und Bischöfen — auch von seiten des Evangelischen und verkappten Kommunisten Hochhuth — eine öffentliche Erklärung zugunsten des Anschlusses aufs heftigste vorgehalten. Man sah in ihr das geheime Einverständnis zwischen der katholischen Kirche und dem Nationalsozialismus und schrieb sie dem späteren Papst Pius XII. zu. Der Hauptinhalt dieser Erklärung vom 18. März 1938 sei im folgenden wiedergegeben:

»Aus innerster Überzeugung und mit freiem Willen erklären wir unterzeichneten Bischöfe der österreichischen Kirchenprovinz anläßlich der großen geschichtlichen Geschehnisse in Deutsch-Österreich:

Wir erkennen freudig an, daß die nationalsozialistische Bewegung auf dem Gebiet des völkischen und wirtschaftlichen Aufbaues sowie der Sozial-Politik für das deutsche Reich und Volk und namentlich

---

[161] Kurzbericht, herausgegeben im Auftrage des akademischen Austauschdienstes, 28. März 1938, S. 66.
[162] Siehe oben.

für die ärmsten Schichten des Volkes Hervorragendes geleistet hat und leistet. Wir sind auch der Überzeugung, daß durch das Wirken der nationalsozialistischen Bewegung die Gefahr des alles zerstörenden gottlosen Bolschewismus abgewehrt wurde.

Die Bischöfe begleiten dieses Wirken für die Zukunft mit ihren besten Segenswünschen und werden auch die Gläubigen in diesem Sinne ermahnen.

Am Tage der Volksabstimmung ist es für uns Bischöfe selbstverständliche nationale Pflicht, uns als Deutsche zum Deutschen Reich zu bekennen, und wir erwarten auch von allen gläubigen Christen, daß sie wissen, was sie ihrem Volke schuldig sind.[163]

Wien, am 18. März 1938 gez.: Th. Innitzer, Kardinal-Erzbischof von Wien; Adam Hefter, Fürst-Bischof von Klagenfurt; Ferd. Pawlikowski, Fürst-Bischof von Sankt-Pölten; Michael Menelauer, Bischof von Seckau-Graz, S. Waitz, Fürst-Erzbischof von Salzburg; Johannes Maria Gföllner, Bischof von Linz.«

Wie man über die Erklärung auch denken mag, man kann sie jedenfalls nicht Papst Pius XII. oder gar dem Vatikan zuschreiben. Der damalige Papst hieß nicht Pius XII., sondern Pius XI., und dieser verwarf sie, nicht wegen ihres Inhalts im ganzen, sondern weil sie dem Nationalsozialismus vertraute, »die Gefahr des alles zerstörenden gottlosen Bolschewismus« von uns abzuwehren. Die Politik des Vatikans ging nämlich davon aus, daß der Nationalsozialismus prinzipiell ebenso zu mißbilligen sei wie der Bolschewismus (siehe hierfür die Enzykliken *Mit brennender Sorge* und *Divini Redemptoris*). Schließlich wurde Papst Pius' XI. Ablehnung dem Kardinal-Bischof Th. Innitzer, Primas von Österreich und Initiator der Erklärung, übermittelt, und zwar durch im gleichen Wortlaut verfaßten Brief von Kardinal Pacelli, dem damaligen Staatssekretär im Vatikan und künftigen Papst Pius XII.

Meistens wird aber verschwiegen, daß der Erklärung der katholischen Bischöfe Österreichs ein Aufruf der evangelischen Bischöfe vorausgegangen war, in dem es hieß:

»Die Evangelische Kirche Deutsch-Österreichs steht voll Freude einmütig und entschlossen zu der geschichtlichen Stunde, die das

---

[163] DNB vom 28. März 1938.

deutsche Volk Österreichs in die Lebens- und Schicksalsgemeinschaft des Deutschen Reiches zurückführt.

Wir glauben, daß diese Stunde von Gott gesegnet ist.

Nach Jahren des Kampfes bekennen wir uns erneut zum treuesten Dienst an unserem Volk und zu der Deutschen Evangelischen Kirche als der Mutterkirche der deutschen Reformation, von der uns nichts mehr scheiden wird.[164]

Wien, am 12. März 1938

Die Superintendenten des Konsistoriums (gez.): Beyer, Eder, Heinzelmann, Zwernemann.«

Von einer Verbindung der evangelischen Kirche Österreichs mit dem Nationalsozialismus war niemals die Rede, und vor allem nicht bei Rolf Hochhuth.

Selbst die Sozialdemokraten stimmten dem Anschluß zu, durch ihren Führer Dr. Karl Renner, der am 3. April 1938 folgende Erklärung im *Neuen Wiener Tageblatt* abgab:

»Als Sozialdemokrat und somit als Verfechter des Selbstbestimmungsrechts der Nationen, als erster Kanzler der Republik Deutsch-Österreich und als gewesener Präsident ihrer Friedensdelegation zu Saint-Germain werde ich mit ›Ja‹ stimmen.«[165]

Dr. Karl Renner wurde ebensowenig der Zusammenarbeit mit dem Nationalsozialismus bezichtigt. Mehr noch: Diese Erklärung hinderte ihn nicht daran, ab 27. April 1945 als provisorischer Bundeskanzler zu regieren und am 20. Dezember 1945 zum Präsidenten der Zweiten Österreichischen Republik gewählt zu werden.

Keiner dieser Männer war übrigens zu tadeln: Nicht etwa für den Nationalsozialismus sprachen sie sich aus (die meisten stellten es später unter Beweis), sondern für den Anschluß, der, wenn auch vom Nationalsozialismus vorgeschlagen, ein demokratischer, gerechter und vernünftiger Gedanke war.

Da die Abstimmungsfrage die Führungskräfte aller Parteien auf sich vereinigte, konnte der Volksentscheid Hitler nur den Erfolg bringen, den er ihm verschaffte.

---

[164] DNB vom 14. März 1938. (Die Erklärung der katholischen Bischöfe wurde am 18. März 1938 verfaßt, aber erst am 27. März verkündet.)
[165] Internationaler Militärgerichtshof, Bd. 40, Dok. Neurath-130, S. 523.

Wie Hitler es vorausgesehen hatte, blieben die Reaktionen auf internationaler Ebene aus. Am 10. März 1938 hatte Schuschnigg seinen Botschafter in London, Baron von Franckenstein, damit beauftragt, der Downing Street die Zusage eines bewaffneten Eingreifens abzuringen. Das einzige, was dieser erreichte, war eine höfliche, aber klare Abweisung. In Paris gab es keine Regierung: Am 10. März war das Kabinett Chautemps zurückgetreten. Mit der Erledigung der laufenden Geschäfte beauftragt, bat der zurückgetretene Ministerpräsident immerhin Außenminister Yvon Delbos, Kontakt mit Rom und London aufzunehmen, um die notwendigen militärischen Maßnahmen zu besprechen, falls Hitler in Österreich einfallen würde. In Rom wurde er abgewiesen; in London erfuhr er, daß England Schuschnigg geraten habe nachzugeben.

Frankreich und England warteten nicht einmal die Ergebnisse der Volksbefragung ab, um die Einverleibung Österreichs in das Deutsche Reich *de facto* anzuerkennen: Sie taten es in gemeinsamem Einverständnis bereits am 2. April, also acht Tage vorher.

Ironie des Schicksals: Französischer Ministerpräsident war damals Léon Blum!

So mächtig waren noch in Frankreich die öffentliche Meinung und ihr Wille zum Frieden.[166]

---

[166] Die 1936 gewählte Volksfrontmehrheit war völlig verwirrt: ihr rechter Flügel — erschrocken über die kommunistischen Forderungen, angesichts deren Léon Blum Standhaftigkeit hatte vermissen lassen — hatte sich letztlich ebenso aus innen- wie außenpolitischen Gründen vom Sozialismus distanziert. Im Parlament hatte Léon Blum die Regierung, die das Kabinett Chautemps ablöste, nur gegen das Versprechen und gegen seinen Willen bilden können, weder in Österreich noch in Spanien einzugreifen.

VI. Die Sudetengebiete

1. Ein Mosaik von Minderheiten

Im Jahre 1938 bildete die Tschechoslowakei einen Staat in Mitteleuropa, der sich auf 121 891 km² erstreckte und 13 836 000 Einwohner zählte. Nach der Volkszählung des Jahres 1921 setzte sich die Bevölkerung wie folgt zusammen: 6 727 038 Tschechen, 3 122 390 Deutsche, 2 010 295 Slowaken, 734 935 Ungarn oder Madjaren, 459 346 Ruthenen, 180 322 Juden, 75 656 Polen und 238 727 sonstige Fremdstämmige. Die Tschechen bildeten nicht die Mehrheit. Ebensowenig territoriale Einheit wie natürliche Grenzen: im Westen das böhmische Viereck, das die Mährische Höhe von der Slowakei trennte; im Osten die wurstförmig gestreckte Slowakei, die von einem Teil der Ukraine, Ruthenien, verlängert wurde.

»Dies Land«, äußerte einmal Mussolini, »hat das widerliche Aussehen eines Darms.«

Bei einer Länge von rund 650 km war sie nämlich nur an wenigen Stellen breiter als 80 bis 120 km. Die Alliierten, die 1919 die Zerstückelung von Österreich-Ungarn betrieben, schlossen diese bislang zu Österreich-Ungarn gehörenden Gebiete und Bevölkerungen zu einem Staat zusammen und legten seinen Status in den Verträgen von Versailles (Art. 27 und 81 bis 86), von Saint-Germain (Art. 27 und 53 bis 58) und von Trianon (Art. 27 und 48 bis 52) fest. Alle diese Verträge betonten, daß der neue Staat ein Bundesstaat sei, innerhalb dessen jede Minderheit ihre innere Autonomie genießen solle.

Mit diesem Beschluß erklärten sich lediglich die Tschechen und die Slowaken einverstanden. Nicht, daß sie zusammengehört hätten. Der einzige Berührungspunkt war ihre feindliche Gesinnung gegen den österreichisch-ungarischen Staat. Die ersten, die zu Österreich gehörten, hatten unter den Vergünstigungen gelitten, die die deutschen Österreicher in Böhmen genossen; diese bekämpften die tschechische Kultur und Tradition mit der Unterstützung der Wiener Behörden und verdeutschten allmählich das Land. Die zweiten, die ihrerseits dem Königreich Ungarn angehörten, hatten unter der dort waltenden Madjarisierung gelitten. Und diese hatte zu einer beträchtlichen Auswanderung, insbesondere nach Frankreich, nach Rußland und in die Vereinigten Staaten geführt.

Als der Krieg 1914 ausbrach, hatten sich Tschechen und Slowaken, vor allem die Emigranten, für die Alliierten ausgesprochen; nicht, weil deren Sache ihnen gerecht vorkam, sondern, weil sie sich vom Krieg die völlige Zerschlagung Österreich-Ungarns sowie ihre Unabhängigkeit erhofften. Trotz geringer Zusammengehörigkeit waren die Emigranten beider Volksgruppen am 30. Mai 1918 in Pittsburgh (USA) zusammengekommen und hatten einen Vertrag unterschrieben. Dieser sah die Gründung eines tschechoslowakischen Staats vor, in dem die Slowaken ihre eigene Verwaltung, ihr eigenes Parlament, ihre eigene Sprache und ihre eigene Magistratsbehörde haben sollten. Unter diesen Bedingungen schlossen sich die Slowaken den Tschechen an und nahmen später die Verträge von Versailles, Saint-Germain und Trianon nur deshalb an, weil diese Bedingungen dort enthalten waren.

Von den übrigen Nationalitäten, die den Tschechen und Slowaken im tschechoslowakischen Staat zugeordnet wurden, war in Pittsburgh keine Rede gewesen: man sprach zwar von Böhmen, Mähren, Ruthenien, ohne allerdings ihre Umrisse näher zu bestimmen...

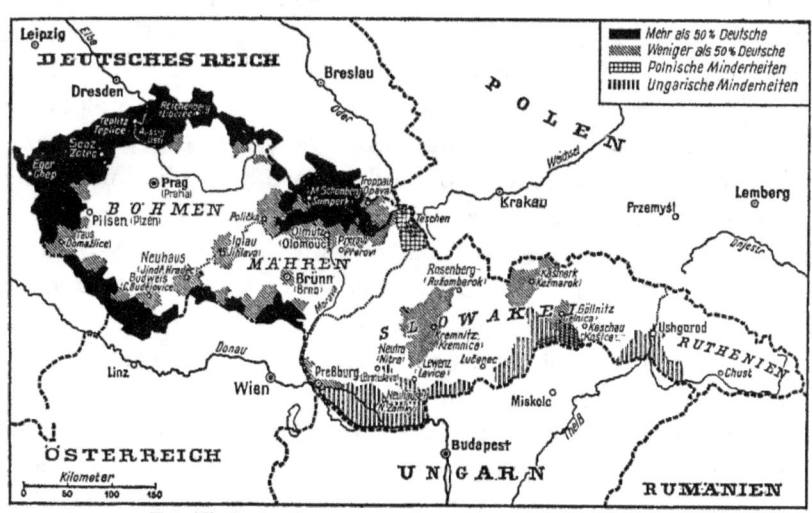

Die Tschechoslowakische Republik (1919—1938)

Die Sache hatten die Tschechen nicht ohne feste und ehrgeizige Gedanken hinsichtlich der Grenzen des neuen Staates in die Hand genommen, vor allem drei von ihnen, die Emigranten, Freimaurer, fanatisch deutsch-österreichfeindlich und nicht weniger russenfreundlich, besonders nach der russischen Revolution von 1917, waren: Masaryk, Benesch und Stefanik. Letzterer, ein Astronom aus Meudon, hatte sogar die französische Staatsangehörigkeit angenommen und war Oberleutnant in der französischen Armee während des Krieges.

Ihr Hauptquartier befand sich in Paris; die beiden ersten reisten aber häufig in die Schweiz, nach England, Italien (nach seinem Eintritt in den Krieg) und in die Vereinigten Staaten, wo sie ab 1917 enge Beziehungen zu Präsident Wilson unterhielten. Die Alliierten, die an der Schaffung einer fünften Kolonne in Österreich-Ungarn interessiert waren, förderten ihre Umtriebe. In Frankreich wurde ein tschechoslowakischer Nationalrat gegründet, der Verzweigungen in den Vereinigten Staaten hatte und letztlich am 30. Juni 1918 durch einen Brief des französischen Außenministers Pichon anerkannt wurde »als Verwalter sämtlicher Interessen der Nation, als Grundlage der künftigen tschechoslowakischen Regierung«. Außerdem versprach dieser Brief, daß »die französische Regierung sich dafür einsetzen wird, die Hoffnungen des tschechoslowakischen Volkes auf Unabhängigkeit in seinen historischen Grenzen zu erfüllen«. England (13. August 1918), Italien und die Vereinigten Staaten (3. September 1918) richteten sich an dieser Erklärung aus.

»Die historischen Grenzen des tschechoslowakischen Volkes« war eine Formel, die nichts Historisches an sich hatte. Es hatte niemals ein tschechoslowakisches Volk oder einen tschechoslowakischen Staat gegeben. Diese Formel war um so klarer in den Köpfen der Herren Masaryk, Benesch und Stefanik: sie umfaßte Böhmen, Deutsche inbegriffen, und alles, was sie von dem Österreichisch-Ungarischen Kaiserreich würden abtrennen können. Im übrigen versprachen sie den Slowaken die innere Autonomie und akzeptierten eine entsprechende Aufnahme in die Verträge, nur um ihre Einwilligung in den neuen Staat zu bekommen, den unter ihre diktatorische Vorherrschaft zu bringen sie wohl entschlossen waren. Und sie bezogen die Deutschen schon deshalb ein, weil die von diesen besiedelten Gebiete stark industrialisiert waren und die Tschechen andernfalls auf ein von der Ausrüstung her zurückgebliebenes Agrarland angewiesen gewesen wären; und weil sie bei etwaigen Unternehmungen des Deutschen Reichs durch die

Höhen des Böhmerwalds und des Erzgebirges, die sie dann zu verschanzen beabsichtigten, geschützt wären.

Mit dem Segen der Alliierten gründeten die Pariser Tschechen eine provisorische tschechoslowakische Regierung am 3. September 1918. Am 16. Oktober verkündete Kaiser Karl I in einem Manifest, daß Österreich ein Bundesstaat werde.[167] Am 18. September 1918 übernahm ein sogenannter tschechoslowakischer Ausschuß die Macht in Prag. Am 9. November erhob er sich zum Nationalrat, nachdem er sich durch Zuberufung erweitert hatte. Am 14. verkündete er die Absetzung des Habsburgerhauses sowie die Unabhängigkeit der Tschechei und der Slowakei. Dann schickte er die Tschechen auf die Eroberung Deutsch-Böhmens — der Verordnung Kaiser Karls vom 21. Mai 1918 zum Trotz —, der Slowakei, Ungarns und Polens, das eben seine Unabhängigkeit proklamiert hatte. Sie drangen sogar in Ruthenien ein. Richtung Polen und Ungarn wurden sie von alliierten Militärmissionen gestoppt, in Ruthenien von der damals die Ukraine besetzenden Roten Armee.

Als die Pariser Friedenskonferenz am 18. Januar 1919 begann, war die Autorität der Tschechen de facto im gesamten Gebiet anerkannt, das sie erobert hatten. Auf dieser Konferenz wurde der neue tschechoslowakische Staat ohnehin durch Tschechen vertreten.

Die Slowaken sagten nichts, auch wenn sie an der in Aussicht gestellten föderativen Staatsform zu zweifeln begannen. Das galt jedoch nicht für die anderen Nationalitäten: die Ruthenen wollten der Ukraine angegliedert werden (sie empfanden sich übrigens nicht als Ruthenen, sondern als Ukrainer); da aber die Ukraine von der Roten Armee besetzt war, gingen sie nur widerwillig darauf ein, dem tschechoslowakischen Staat einverleibt zu werden — gegen das Versprechen der inneren Autonomie und in der Hoffnung auf bessere Zeiten; die Polen wollten zwar Polen angeschlossen werden, sie waren aber zu wenig, um ihre Forderung geltend zu machen, und man setzte sich über sie hinweg; die Ungarn ihrerseits wollten von den anderen Ungarn nicht getrennt werden, und obwohl ihre Zahl bei 800 000 lag, wurde dieser Wunsch ebenfalls übergangen.

---

[167] Am 21. Mai 1918 hatte er angesichts schlimmer Vorkommnisse zwischen den Tschechen und deutschen Böhmens bereits eine Verordnung erlassen, der zufolge die deutschen und tschechischen Gebiete voneinander getrennt werden und eine gewisse innere Autonomie erhalten sollten.

Die Deutschen leisteten zweifellos den hartnäckigsten Widerstand, denn sie wollten mit aller Entschiedenheit dem Schicksal Österreichs folgen und mit ihm in das Deutsche Reich zurückkehren. Außerdem empfanden sie die alliierten Bemühungen als beleidigend, sie einem unter tschechischer Bevormundung stehenden Staat einzuverleiben, zumal die Kultur und Zivilisation der Tschechen um Jahrhunderte zurückstanden: eine vergleichbare Beleidigung widerfuhr in den sechziger Jahren den Weißen Rhodesiens, die das Weltgewissen angeblich aus Demokratie und Antirassismus unter die Vormundschaft der Neger stellte.

Und schließlich konnten sie die Tschechen — seit der Unterzeichnung des Waffenstillstands, die diesen Blankovollmacht gab — im Einsatz beobachten.

Zur wirksameren Abwehr gegen die Einverleibung schlossen sich diese Deutschen, die am Rande Böhmens Deutschböhmen, Südmähren, den Böhmerwaldgau und das Gebiet der Sudeten besiedelten, unter der selbst und einmütig gewählten Sammelbezeichnung »Sudetendeutsche« zusammen.

Auf der Friedenskonferenz trat der sozialistische österreichische Bundeskanzler Karl Renner, der den Anschluß Österreichs an Deutschland befürwortete, ebenfalls als Wortführer des Sudetenlandes auf. Er berief sich auf das Selbstbestimmungsrecht der Völker, das, hinsichtlich der Neugestaltung Europas, der wichtigste Grundsatz in Wilsons »14 Punkten« war und überhaupt der alliierten Doktrin zugrunde lag. Man antwortete ihm, daß dieser Punkt sich nicht auf die Besiegten beziehe. Am 16. Februar 1919 sollten allgemeine Wahlen in Österreich stattfinden: Die Alliierten untersagten sie im Sudetenland.

Bis zur Unterzeichnung des Friedensvertrags von SaintGermain sollte Staatskanzler Karl Renner dafür kämpfen, daß der alliierten Doktrin gemäß das Sudetenland einem Volksentscheid unterworfen werde. Vergebens: Den Herren Masaryk und Benesch waren Versprechungen gemacht worden, und man scheute nicht die Verletzung des eigenen Gesetzes.

Die 3 122 390 Deutschen wurden der Tschechoslowakei einverleibt. Keine Bevölkerungsumsiedlung wurde vorgesehen: diese 3 122 390 Deutsche waren nunmehr der tschechischen Verfolgung ausgeliefert. Die Tschechen ließen sich nicht entgehen, ihnen die

Macht reichlich zu vergelten, die das österreichisch-ungarische Kaiserreich auf sie ausgeübt hatte, als sie zu ihm gehörten.

Die anderen Nationalitäten wurden dem tschechoslowakischen Staat auf die gleiche Weise einverleibt — mit Gewalt und ohne weitere Befragung. Für England sei immerhin folgendes erwähnt: Lloyd George empörte sich gegen Clemenceau, der mit der Unterstützung Präsident Wilsons, bestimmt aus freimaurerischer Solidarität[168] mit Masaryk und Benesch, den Ton angab, stimmte letztlich aber doch zu.[169]

Gegen die Macht hilft kein Widerstand: Alle schickten sich darein, zu Tode betrübt, aber mit empörtem Herzen.

Wenn auch in geringerem Maßstab, war die Tschechoslowakei nichts als ein anderes Österreich-Ungarn, das irgendwann, mit oder ohne Krieg, zur gleichen Zersplitterung bestimmt war.

Am 15. Juni 1919 richtete Staatskanzler Karl Renner einen langen Brief an den Präsidenten der Friedenskonferenz Georges Clemenceau, der folgende prophetische Warnung enthielt:

»Die alliierten und assoziierten Mächte sind bezüglich der Bevölkerung der genannten Gebiete und aller DeutschÖsterreicher im Begriffe, ein klar zutage liegendes Unrecht zu begehen, sowie das tschechoslowakische Volk zu einer abenteuerlichen und äußerst gefährlichen Politik zu verleiten... Die Mächte würden auf diese Weise im Zentrum Europas einen Herd des Bürgerkriegs schaffen, dessen Glut für die ganze Welt und ihren sozialen Aufschwung noch gefährlicher werden könnte, als es die ständigen Gärungen auf dem Balkan waren...«

---

[168] Beim Internationalen Kongreß der Freimaurerei, der vom 19. bis 22. Juni 1917 in Zürich stattfand, stand die Friedensfrage im Mittelpunkt der Tagesordnung. Der von Masaryk und Benesch vertretene Standpunkt wurde angenommen. Außerdem war Philippe Berthelot, Generalsekretär im Quai d'Orsay und Großmeister der französischen Außenpolitik, ebenfalls Freimaurer. Er hatte Masaryk und Benesch Außenminister Pichon vorgestellt und diesen zum berühmten Brief vom 29. Juni 1918 an Benesch bewogen. So wurde Frankreich auf der St.-Germain-Konferenz zum Wortführer einer der größten Ungerechtigkeiten in der Geschichte.

[169] In einer am 7. Oktober 1928 in der Guild Hall gehaltenen Rede erklärte Lloyd George, wie er dazu gebracht wurde, nachzugeben: »Die ganze Dokumentation, die manche unserer Alliierten uns im Verlauf der Versailler Verhandlungen beisteuerten, war verlogen und gefälscht. Wir haben auf Grund von Fälschungen entschieden.« (Zitiert bei G. Champeaux, *La croisade des démocraties*, 1941, Bd. 2, S.9.)

1938 gärte die Tschechoslowakei seit bald zwanzig Jahren; nun war sie aber zu einem Herd des Weltkrieges, und nicht des Burgerkriegs geworden.

2. Hitler und die tschechoslowakische Frage

Aus dem Vorstehenden hat der Leser bestimmt schon gefolgert, daß die Tschechoslowakei seit zwanzig Jahren nur deshalb unter Druck stand, weil die als größte Volksgruppe, aber nicht in der Mehrheit vorhandenen Tschechen sich dort, von den Gesetzen der Demokratie geschützt, wie in einem eroberten Land benommen hatten. Unter Bruch ihrer Versprechungen und unter Verletzung der Friedensverträge von Versailles, Saint-Germain und Trianon, in die sie eingewilligt hatten, hatten sie keinen die Rechte der einzelnen Nationalitäten anerkennenden Bundesstaat gegründet, sondern einen einheitlichen, stark zentralisierten Staat, dessen Getriebe sich in ihren Händen befand: tschechisch war nicht nur die Verwaltung, sondern auch die Polizei, die Gendarmerie, die Heereskader und so weiter.

Originell war diese Staatsform nur insofern, als ein Minister für slowakische Angelegenheiten in der Regierung saß: das war die tschechische Art, ihnen die innere Autonomie zuzuerkennen. Die Slowaken, eine sanft-gutmütige, naiv-einfältige Volksgruppe, gaben sich lange Zeit damit zufrieden.

Im Jahre 1938 hatten die Tschechen im Schutz dieses Ministeriums so viele Erpressungen verübt, daß beide Volksgruppen vor dem Bruch standen.

Die anderen Nationalitäten kannte die Verfassung nicht, und da sie diesen Umstand schlechter vertrugen als die Slowaken, wurden sie einer strengeren Überwachung unterzogen und viel mehr schikaniert. Sah der Staatshaushalt einen Posten für die Förderung des Schulwesens vor? Das war für die tschechischen Schulen. Arbeitslosengeld? Nur für die Tschechen. Gegen die Regierung zu stimmen, war eine Heldentat: Man verlor dabei seine Arbeit… Auf sich selbst gestellt, ohne Hoffnung auf irgendwelche Hilfe von außen, duckten die Minderheiten sich unter dem Hagel. Unter diesen Bevölkerungen gab es sogar Strömungen, die sich für eine Zusammenarbeit mit den Tschechen aussprachen, um diese zu besänftigen.

Im Fall der Sudetendeutschen (dem wohl bekanntesten, da er Ursprung der Tragödie war) gab es vor 1935 nie mehr als 30%, die sich für Konrad Henleins Sudetendeutsche Partei aussprachen, die den systematischen Widerstand empfahl. Alles änderte sich, als Hitler im Januar 1933 an die Macht in Deutschland kam und sämtliche Nationalitäten in der Tschechoslowakei auf den Gedanken brachte, daß eine Hilfe doch von außen kommen könnte: Die Remilitarisierung des Rheinlandes hatte seine Stärke unter Beweis gestellt, und der Anschluß hatte gezeigt, daß er seine Stärke zur Befreiung der Völker anwandte, die ebenso wie sie vom Versailler Vertrag unterdrückt wurden. Unter den Sudetendeutschen gewann die grundsätzliche Opposition ständig an Boden: 50% im Jahre 1935, 66% 1936 und 83% 1938. Bei den Wahlen vom 19. Mai 1935 errang die SdP die höchste Stimmenzahl aller Parteien im Lande und im Juli 1936 errang die Henlein-Partei vierundvierzig Abgeordnetensitze: die stärkste parlamentarische Gruppe im ganzen Prager Parlament. Trotz Polizeidruck. Sie hatten sogar einen Teil der tschechischen Wählerschaft für sich gewonnen.

Im Parlament war die zweitstärkste Fraktion die Agrarpartei mit vorwiegend slowakischer Beteiligung, deren Generalsekretär, der Slowake Hodscha, die interne Autonomie innerhalb eines Bundesstaates, wenn auch heimlich, befürwortete. Milan Hodscha wurde zum Ministerpräsidenten ernannt. Drei Sudetendeutsche gehörten dieser Regierung ebenfalls an: F. Spina, Vorsitzender vom Bund der Landwirte, R. Mayr-Harting, ein Christsozialer, und der Sozialdemokrat L. Czech.

Die Lage zog sich noch etwas hinaus, aber im Jahre 1938, während der Krise, war der Bruch zwischen Tschechen und Slowaken vollzogen. Die Politik der Annäherung mit Moskau, der die Slowaken und alle anderen Nationalitäten grundsätzlich entgegentraten, hatte bei den Tschechen an Boden gewonnen: Durch das russisch-tschechische Abkommen vom 16. Mai 1935 eingeleitet, war diese Politik das Werk der internationalen Freimaurerei, deren Wortführer in der Tschechoslowakei Benesch war. Aber nicht alle Tschechen waren Kommunisten oder Freimaurer. Hitlers Erfolge hatten gleichzeitig viele von ihnen davon überzeugt, daß eine Verständigung mit ihm ihre Unabhängigkeit eher schützen würde als ein offener, frontaler Kampf, daß eine verständnisvollere Politik gegenüber den Minderheiten geboten war. Diese sonderten sich ab, so daß

Staatspräsident E. Benesch nunmehr in der Minderheit war.[170] Er ließ sich trotzdem nicht erweichen.

Und Hitler?

Am 11. März 1938, am Tag vor dem Einzug der deutschen Truppen in Österreich, versicherte Göring V. Mastny, Beneschs Botschafter in Berlin, daß »die Tschechoslowakei nicht den geringsten Grund zur Beunruhigung (zu) haben« brauche. Am 13. März auf den Hradschin bestellt, wiederholte E. Eisenlohr, der deutsche Gesandte in Prag, diese Äußerung gegenüber Benesch.

Doch im März 1939 stellte Hitler selbst die Weltöffentlichkeit mit dem Eingriff der deutschen Truppen in die Tschechoslowakei vor eine erneute Frage, und man schloß daraus, daß Hitler seine Verpflichtungen nicht einhielt. Einmal mehr, fügte man gern hinzu: Man hätte aber schwerlich ein anderes Beispiel heranziehen können, wo das der übernommenen Verpflichtung widersprechende Verhalten Hitlers nicht durch Vertragsbruch eines seiner Gegner hervorgerufen worden wäre.

Was den vorliegenden Fall betrifft, so forderten am 11. März 1938 die Sudetendeutschen immer noch die interne Autonomie innerhalb des tschechoslowakischen Staats, und auch wenn Hitler diese Forderung offen unterstützte, hatte er keinen Grund zum Eingreifen. Ende August 1938 forderten Teile der Sudetendeutschen nicht mehr die Selbstverwaltung, sondern die Angliederung an das Reich, und sie baten ihn um Unterstützung. Zum anderen hatte ein Zwischenfall am 20. Mai die deutsch-tschechischen Beziehungen weiterhin vergiftet: Benesch ließ die Nachricht verbreiten, Hitler habe gegen die Tschechoslowakei mobilisiert, was ihn wiederum zur Mobilmachung bewogen habe. Nun aber hatte Hitler nicht mobilisiert; alle ausländischen Gesandtschaften, unter anderem A. François-Poncet und der französische Militärattaché in Berlin, Hauptmann Stehlin[171], bestätigten es nach eingehender Überprüfung. Das war lediglich ein

---

[170] In der Nationalversammlung hatte sich die Lage seit 1935 geändert: Von den 71 Sitzen, die auf deutsche Abgeordnete entfielen, besaß die Sudetendeutsche Partei 55 im März 1938 gegenüber 44; die Zahl ihrer Senatssitze erhöhte sich von 26 auf 37; die zweitstärkste Partei, die M. Hodschas, verfügte über 43 und 33 im Senat; die Sozialdemokraten über 11 und 6 im Senat; die Kommunisten über 5 in beiden Kammern.
[171] Paul Stehlin, *Témoignages pour l'histoire*, S. 79.

Gerücht, das Benesch in die Welt gesetzt hatte, um einen Vorwand zu haben, und Hitler hielt dieses Geschehnis für eine Provokation.

Aus der Tatsache, daß Hitler am 21. April 1938 Keitel befohlen hatte, einen Plan zum militärischen Eingreifen in die Tschechoslowakei auszuarbeiten, schloß man ebenfalls, daß er sich, unter allen Umständen noch vor dem Herbst, zum Einfall in die Tschechoslowakei anschicke, da man mit Bestimmtheit wisse, er werde den Krieg auslösen. Diesen Krieg wünsche er herbei, so sagte man, und der beste Beweis sei, daß er sich auf ihn vorbereite. Und ein allgemeiner Krieg setzte eben die Zerschlagung dieser in seiner Flanke steckenden Bastion voraus, die die rumänischen Erdölfelder, die Getreidefelder der Ukraine und die riesigen Ebenen Osteuropas verriegelte.

Zur Untermauerung dieser These wurde jene Militärkonferenz herangezogen, die Hitler vor seinen Generalen am 5. November 1937 in der Berliner Reichskanzlei hielt und die uns durch die sogenannte Hoßbach-Niederschrift überliefert wurde, nach dem Namen von Hitlers Adjutanten, der diese Besprechung aufzeichnete.[172]

Daß Hitler am 21. April 1938 Keitel beauftragte, einen Plan zum militärischen Eingreifen in der Tschechei auszuarbeiten, und dieses Eingreifen bis spätestens zum 1. Oktober erwartete, beweist keineswegs, daß er den Krieg herbeiwünschte und ihn noch vor diesem Datum auslösen könnte. Er gedachte vielmehr, und alle seine Reden bezeugen es, die Tschechei-Frage ähnlich wie die Remilitarisierung des Rheinlandes und den Anschluß zu lösen, das heißt ohne Krieg. Aber er mußte — das ist überhaupt die Doktrin aller Staaten — stark sein, um seine Gegner davon abzubringen, ihm den Krieg zu machen. Und wenn die Sudetendeutschen, wie wohl anzunehmen, es schafften, die These von der Angliederung an das Deutsche Reich vor dem 1. Oktober geltend zu machen, mußte er von seiten seiner Gegner ebenfalls Reaktionen erwarten, die ihn zu einem militärischen Eingreifen zwingen würden, mußte er bereit sein. Er suchte aber keineswegs, wie behauptet wurde, die Dinge zu überstürzen; einen Beweis dafür liefert jene Äußerung, die er gegenüber Jodl unmittelbar nach dem Anschluß machte, und die der General in seinem Tagebuch folgendermaßen festhielt:

---

[172] Internationaler Militärgerichtshof, Bd. 25, Dok. 386-PS, S. 402—413.

»Führer äußert nach Einverleibung Österreichs, daß ihm die Bereinigung der tschechischen Frage nicht eilt.«[173]

Daß Hitler auf die rumänischen Erdölfelder, die Getreidefelder der Ukraine, die riesigen Ebenen des Osten abzielte, steht außer Zweifel, und *Mein Kampf* bestreitet es nicht. Daß er dachte, er müsse Krieg führen, ist ebenso gewiß. Aber alles, was wir von ihm wissen, läßt erkennen, daß er niemals dachte, er müßte wegen der Tschechoslowakei Krieg führen. Indem er sich auf die Erklärungen von Chamberlain, Eden und Halifax und anderen stützte, war er sicher, daß England, und dadurch auch Frankreich, nicht eingreifen würde, ebensowenig wegen Danzig und des polnischen Korridors (er stand sehr gut mit Oberst J. Beck), auch nicht wegen der rumänischen Ölfelder (die er durch Verhandlungen zu bekommen meinte, indem er Rumänien gegen England, das sie besaß, antreiben würde), oder wegen Memel (Litauen hatte nämlich seine Politik auf die polnische ausgerichtet). Für Hitler kam der Krieg demnach erst für den Tag in Frage, an dem er eine gemeinsame Grenze zu Rußland haben und mit diesem unmittelbar konfrontiert sein würde. Und doch hoffte er noch, Polen von Rußland (durch Pflege und Förderung seiner wohlbekannten Feindlichkeit gegen den Bolschewismus) trennen sowie den Zusammensturz Rußlands von außen hervorrufen zu können, und nur beim Fehlschlagen dieses Planes zum Krieg schreiten zu müssen.

Die erwähnte Hoßbach-Niederschrift, die zur Bekräftigung der These, Hitler habe den Krieg um jeden Preis gewollt, benutzt wird, ist übrigens eine höchst wahrscheinlich bestellte Belastungsurkunde von zweifelhaftem Beweiswert. Ihr Verfasser selbst konnte für ihre Echtheit nicht bürgen: er hatte Aufzeichnungen handschriftlich angefertigt. Was in Nürnberg vorgelegt wurde, ist aber nicht der Originaltext, der nach wie vor als verschollen gilt, sondern eine nicht unterschriebene Schreibmaschinenabschrift, die nicht von ihm stammte. In Nürnberg sagte er aus, daß er »nicht mehr mit Sicherheit sagen könne, ob es sich bei der Photokopie um eine genaue, wörtliche Wiedergabe meiner Niederschrift handele«.[174] Über Hitlers Absichten hinsichtlich des Krieges schreibt der belgische Historiker de Launay:

---

[173] Internationaler Militärgerichtshof, Bd. 28, Dok. 1780-PS, S. 345—390.
[174] Internationaler Militärgerichtshof, Bd. 42, S. 229, Affidavit Generalstab.

»Hitler war schwer zu durchschauen, nicht immer konsequent und gegen Ratschläge von außen nicht ganz gefeit. War er am 5. November 1937 tatsächlich entschlossen, das Risiko eines Krieges einzugehen, nur um seine phantastischen Vorstellungen zu verwirklichen, die mit den eigentlichen politischen wie militärischen Voraussetzungen und Möglichkeiten unvereinbar waren? Die Antwort auf diese Frage wird Historiker und Psychologen noch lange Zeit beschäftigen.«[175]

Wir möchten hinzufügen, daß, auch wenn dieses Dokument Hitlers entschiedenen Willen zum Krieg bereits am 5. November 1937 unbestreitbar begründete, er jedenfalls nicht zu dem Krieg gezwungen wurde, an den er dachte. Das Dokument besagt nämlich ausdrücklich, daß er 1943 als Zeitraum für einen solchen Krieg in Betracht zog. Außerdem stellt das Dokument diesen Krieg, nicht weniger ausdrücklich, als »eventuell« hin und schreibt Hitler die Hoffnung zu, die deutsche Frage noch politisch lösen zu können.

Es hat schließlich den Anschein, als hätte jene Konferenz vom 5. November 1937 nichts anderes bezweckt, als Druck auf Fritsch auszuüben — zur Beschleunigung der Wiederaufrüstung. Diese Meinung teilten Göring, Raeder, Blomberg und Fritsch selbst. Zur Begründung: die Hoßbach-Niederschrift (die der Führer nicht einmal durchzulesen bereit war!) war zu keiner Zeit ein Grunddokument in den Unterlagen des deutschen Generalstabs (wo sie niemals aufgenommen wurde), und die deutschen Generale arbeiteten keinen einzigen Plan aufgrund ihres Inhalts aus. Jacques de Launay schließt seine Untersuchung mit den Worten: »Nur die Nürnberger Richter haben sie ernstgenommen.«[176] Das ist kein Lob für diese Richter.

Jacques de Launays These, der sich heutzutage alle seriösen und objektiven Historiker anschließen, herrscht allerdings nicht in der öffentlichen Meinung vor: Neben seriösen und objektiven Historikern gibt es auch solche, die gesteuert sind. Das sind die meisten, und sie finden ein geneigtes Ohr bei der Regierung und der Presse aller Länder der Welt. Wir haben das einer ganzen Literatur zu verdanken, die unter anderem den deutschen Widerstand gegen die Politik Hitlers, seine Großtaten, die Verschwörung der Generale ins

---

[175] Äußerung des belgischen Historikers Jacques de Launey in *Les Grandes Controverses de l'histoire contemporaine*, Lausanne 1964, S. 269—275.
[176] Ebenda, S. 274.

Licht setzte und maßlos übertrieb. Sie stützt sich auf die Aussagen zweifelhafter Männer, wie der deutschen Polizisten Gisevius[177] und Schellenberg[178] oder des Dolmetschers Paul Schmidt, der wegen seiner langjährigen Ergebenheit für Hitler auf Nachsicht angewiesen war[179], oder solcher, deren Pläne Hitler vereitelt hatte, etwa seines Finanzministers Schacht[180] und General Halders, der als Generalstabschef der OKW die Geschichte[181] des Führers erzählte, usw.

Daß jene akademischen Versager, die im Zug des alliierten Sieges die Presse überschwemmten, die nachträglich als *pro domo*-Plädoyers verfaßten Zeugnisse dieser Leute gegen bares Geld annahmen, mag noch angehen: Schließlich schreiben diese Bedürftigen für die Leute, die sie bezahlen. Daß aber die Geschichtsschreiber sie nicht durch das Sieb der Geschichte rührten, ist unfaßbar.

Ach! diese deutschen Widerstandskämpfer!... Es schickt sich beispielsweise zu behaupten, Hitler sei auf harten Widerstand seitens seiner Gegner gestoßen, als die tschechoslowakische Frage und damit die Frage nach einem eventuellen militärischen Eingriff sich stellten. Es stimmt zwar, daß sich eine stattliche Anzahl von Generalen gegen Hitler auflehnte; das geschah aber erst am 20. Juli 1944, nach Stalingrad und dem Ärger, den Hitlers erste folgenschwere taktische Fehler bei ihnen hervorriefen: Jener Angriff in Richtung Moskau und die anschließende Abweichung in Richtung Stalingrad, mitten im Krieg, ließen jeden Zusammenhang vermissen. Aus der Sicht der Generale mußte man sich von vornherein für Moskau oder für Stalingrad entscheiden, und viele unter ihnen waren der Auffassung, daß Stalingrad und der Kaukasus insofern Moskau vorzuziehen seien, als das Unternehmen Rußland von seinem lebenswichtigen Zentrum, dem Kaukasus, abgeschnitten hätte, während es, auf Moskau ausgerichtet, nur eine ausschließlich politische Wirkung erreichen konnte.

---

[177] Sein Zeugnis (Hans Bernd Gisevius, *Bis zum bitteren Ende.* Bd. 1: *Vom Reichstagsbrand zur Fritsch-Krise.* Bd. 2: *Vom Münchner Abkommen zum 20. Juli 1944*, Zürich 1946) entpuppten die deutschen Gerichte als Betrug.
[178] Schellenberg, Walter, *Memoiren*, Köln 1959.
[179] Paul Schmidt, *Statist auf diplomatischer Bühne*, aaO.
[180] Hjalmar Schacht, *Abrechnung mit Hitler*, Berlin 1949.
[181] General Halder, *Hitler als Feldherr*, München 1949.

Nachdem Hitler, durch Änderung des Operationsziels mitten im Kampf, den Angriff auf Moskau hatte scheitern lassen entschied er sich für Stalingrad. Es war aber zu spät: Die von den Amerikanern unterstützte russische Armee hatte sich wieder aufgerappelt. Das Debakel am 2. Februar 1943 (Kapitulation von Stalingrad) traf die Gesamtheit der Generale, die an Hitlers Fähigkeiten zu zweifeln begannen und nunmehr wünschten, daß künftig Fachleute mit der Führung der Operationen betraut würden. Die Verschwörung vom 20. Juli 1944 ist nur damit zu erklären, daß sie erfolglos geblieben waren. Hinzu kam der Überdruß an einem schon fünf Jahre dauernden Krieg, dessen Ausgang kaum vorauszusehen war, wenn Hitler an der Spitze der Nation bliebe, und weitere taktische Fehler, die er in der Folge beging. Heute wissen wir aber, daß sich 1938 nur ein einziger Gegner unter den Generalen befand: General Beck, Chef des Generalstabs. Auf Becks Wunsch fand am 4. August 1938 in Berlin eine Besprechung aller Armeeführer und Korpskommandeure statt — in Abwesenheit des Führers. Von einem seiner Adjutanten, General Adam, abgesehen, sprach sich Beck als einziger gegen Hitlers Pläne bezüglich der Tschechoslowakei aus.[182]

Beck war der Auffassung, daß die Unterstützung der Sudetendeutschen nicht bis zum militärischen Eingreifen gehen solle, da diese einen allgemeinen Krieg hervorrufen werde. Diese Auffassung hatte er bereits 1936 aus demselben Grund im Fall der Wiederbesetzung des Rheinlandes vertreten, und erst vor einigen Monate im Hinblick auf den Anschluß Österreichs. Bedenkt man die offiziellen Erklärungen Englands, an dessen Politik sich Frankreich — Äußerungen mehrerer französischen Minister in der Öffentlichkeit belegen es — ausrichten mußte, so läßt sich die Stellungnahme eines so erfahrenen Mannes wie General Beck nur mit Hintergedanken erklären, und wir sind hierbei auf Vermutungen angewiesen.

Auf folgende zum Beispiel: General Beck war mit Hjalmar Schacht eng befreundet. Schacht war Freimaurer. Als Präsident Roosevelt am 2. Januar 1936 Japan, Italien und Deutschland mit dem Bannfluch belegte, richteten sich alle Freimaurer der Welt nach ihm aus. Von

---

[182] Über die Besprechung besitzen wir lediglich das Zeugnis von General Adam, das er sieben Jahre später für den Nürnberger Prozeß verfaßte (Internationaler Militärgerichtshof, Bd. 21, S 407). Er bemerkte, daß alle Generale »betroffen« waren, daß er aber allein zu General Beck stand.

nun an — Zufall? — setzte der Streit zwischen Schacht und Hitler ein. Präsident Roosevelt war gegen die Wiederbesetzung des Rheinlands und berief sich auf die Einhaltung der Verträge; Schacht war es auch mit dem Hinweis auf die nötige Vorsicht, und Beck folgte. Präsident Roosevelts feindliche Einstellung gegen Hitler verschärfte sich, die von Schacht ebenfalls. Jener hielt am 5. Oktober 1937 seine berühmte Quarantäne-Rede in Chicago; dieser informierte Hitler, daß er aller Wahrscheinlichkeit nach die Mefo-Effekte nicht verlängern könnte, was Deutschland um seine Liquidität gebracht hätte. Und Schacht legte sein Ministeramt nieder. Im Februar—März 1938 war er gegen den Anschluß — ebenso wie Präsident Roosevelt, der sich hierüber allerdings nicht mehr öffentlich äußerte, da N. Chamberlain ihn darum gebeten hatte (siehe unten, S. 184), sich nicht mehr in die europäischen Angelegenheiten einzumischen. Das hinderte ihn aber nicht, es im Freundeskreis laut zu tun. Wenn auch nicht mehr amtierender Minister (nominell bis 1943), war Schacht bestrebt — und seine Memoiren bestätigen es —, Unruhe in den Militärkreisen zu stiften, auch zum Zeitpunkt der tschechoslowakischen Affäre. General Beck lief mit; er folgte immer noch Schacht, als jene Verschwörung stattfand. Es hat den Anschein, als sei der Freimaurer Schacht bei allen diesen Affären das Trojanische Pferd des Freimaurers Roosevelt in Deutschland gewesen. Kein Dokument zeugt von einer Verbindung zwischen beiden Männern; die Umstände stimmen aber zu sehr miteinander überein, als daß diese Auffassung von vornherein abgewiesen werden könnte. Es ist, wie gesagt, lediglich eine Vermutung, und sie gilt nur, was sie wert ist.

Das sind die Voraussetzungen, unter denen Hitler die tschechoslowakische Frage anging. Da Beck es nicht geschafft hatte, die Generale gegen Hitler umzustimmen, legte er sein Amt mit der Hoffnung nieder, daß man ihn nachahmen würde. General Halder, der nach dem Krieg soviele Dinge über Hitler schrieb, damals aber mit ihm übereinstimmte, erklärte sich damit einverstanden, Beck abzulösen. General Adam wurde kaltgestellt, und das war alles.

3. Chamberlains Kampf für den Frieden

Die internationale Lage entwickelte sich für Hitler ebenso günstig, wie er es vorhergesehen hatte: England hielt an seinem Standpunkt fest, nicht in der Tschechoslowakei einzugreifen, und zur Überraschung aller richtete sich Präsident Roosevelt nach England aus. Seine Haltung läßt sich heute erklären.

Am 11. Januar 1938, die Anschluß-und Sudetenfrage war bereits akut, hatte er Chamberlain davon unterrichtet, daß er die Einberufung einer internationalen Konferenz plane, »um die großen Linien eines gemeinsamen Vorgehens zugunsten des Friedens festzulegen«. Chamberlain betrachtete Roosevelt als impulsiven Wirrkopf, den man aus den europäischen Angelegenheiten heraushalten müsse; er fürchtete nämlich, ihm eine Tribüne zu stellen, von der aus er seine Anschuldigungen vom 2. Januar 1936 und vom 5. Oktober 1937 fortsetzen könnte. Außerdem war er der Ansicht, daß die europäischen Angelegenheiten Sache der Europäer seien, und befürwortete eine Viererkonferenz: mit England, Italien, Frankreich und Deutschland. Seine Antwort vom 14. Januar 1938 hatte folgenden Wortlaut:

»Vermutlich werden die Regierungen Italiens und Deutschlands, von denen wir Zugeständnisse erwarten, nur unter der Bedingung zustimmen, daß die behandelten Fragen begrenzt und konkret sind und sich nicht in allzu fernen[183] Problemen verlieren, die der Präsident in ihrer Gesamtheit geregelt wissen möchte.

Es wäre nach meiner Ansicht bedauerlich, wenn ein Vorgehen, dem der Präsident einen ähnlichen Charakter wie dem unseren geben will, die Fortschritte behindern würde, die wir mühsam im Laufe der letzten Monate errungen haben. Deshalb frage ich mich, ob es für den Präsidenten nicht klüger wäre, sich jeder Geste zu enthalten, bis wir die weiteren Fortschritte in der Behandlung der uns berührenden Probleme ermessen können.«[184]

Präsident Roosevelt ging am 17. Januar auf diesen Brief ein:

»In Anbetracht der Meinungen und Überlegungen des Premierministers verzichte ich gern auf einen neuen Vorschlag, bis die Regierung seiner Majestät überblicken kann, welche Fortschritte in den bevorstehenden Verhandlungen zu erzielen sind. Es wäre wünschenswert, mich über die Entwicklung der direkten

---

[183] In seinem Brief hatte sich der amerikanische Präsident zu Japan, China, dem Pazifik, dem Faschismus und dem Nationalsozialismus geäußert.
[184] Brief Premierminister Chamberlains an Präsident Roosevelt vom 14. Januar 1938. Vertrauliche Akte M.S., State Department, 74000/264A.

Verhandlungen mit Deutschland und Italien auf dem laufenden zu halten.«[185]

Und er ließ es sich nicht zweimal sagen. So wurde 1938 Roosevelts Kreuzzug gegen die Diktaturen vorübergehend abgebrochen: In der Anschlußund Sudetenfrage stimmte er seine Haltung (siehe seine Mitteilung vom 9. September 1938 sowie die beiden Botschaften, die er am 28. September 1938 an Hitler und Mussolini richtete) auf den von Chamberlain bezogenen Standpunkt ab. Die Unterstützung des britischen Premiers brauchte er nämlich im pazifischen Raum gegen Japan.

Englands Haltung bedarf einer Erklärung. Unmittelbar nach Unterzeichnung des Versailler Vertrags erkannte England, daß die Frage der mitteleuropäischen Minderheiten schlecht gelöst worden sei; es sei überhaupt ein schwerer Fehler gewesen, das Selbstbestimmungsrecht der Völker, das immerhin Bestandteil seiner und Präsident Wilsons Doktrin war, nicht auf Österreich, die Tschechoslowakei, den polnischen Korridor, Memel, Danzig und andere angewandt zu haben. Früher oder später müßten diese deutschen Minderheiten zu Recht, ob Hitler oder nicht Hitler, an Deutschland zurückfallen; das würde zweifellos zum Frieden beitragen. 1925 hatte England in Locarno keine Verpflichtungen bezüglich der in Versailles geschaffenen Kunststaaten eingehen wollen. Seitdem machte es sich aber Gedanken über den Bolschewismus und billigte nicht Frankreichs osteuropäische Politik, vor allem den französisch-sowjetischen Bündnispakt. Seit 1935 redete es wiederholt auf Präsident Benesch ein, er solle sich gegenüber Hitler mäßigen, und erklärte, daß es ihm im Fall eines Konflikts nicht beistehen werde. Seitdem stand es sehr gut mit Deutschland, mit dem es den Flottenvertrag vom 18. Juni 1935 unterzeichnet hatte, und weder der Anschluß noch die in der Sudetenfrage von Deutschland bezogene Stellung hatten diese freundlichen Beziehungen gestört. Am 17. Juli 1938 hatte Halifax Hauptmann Wiedemann, einem Gesandten Hitlers, noch beteuert:

»Sagen Sie Ihrem Führer, daß ich noch vor meinem Tode die Verwirklichung des Zieles aller meiner Arbeit erleben möchte: Zu sehen, wie der Reichskanzler vom König von England empfangen

---

[185] Ebenda, 17. Januar 1938, 74000/264B.

wird und wie er auf dem Balkon des Buckingham-Palastes begeistert von den Londonern begrüßt wird.«[186]

In dieser Stimmung gab Chamberlain am 26. Juli 1938 die Entsendung einer Untersuchungs- und Vermittlungskommission nach Prag bekannt, die Lord Runciman leiten sollte: die rund 350 000 Sudetendeutschen standen kurz vor dem Aufruhr, ihre drei Vertreter in der Hodscha-Regierung waren zurückgetreten, Auseinandersetzungen auf den Straßen mehrten sich, die Verhaftung Konrad Henleins stand bevor und Hitler hatte angekündigt, daß er auf Wunsch der Sudetendeutschen Partei[187] ohnehin spätestens am 1. Oktober militärisch intervenieren werde. Am 10. September ließ Beneschs Starrsinn die Mission scheitern. Lord Runciman empfahl den Anschluß des Sudetenlandes an das Reich. Dem von der Möglichkeit eines Krieges besessenen Chamberlain blieb nichts anderes übrig, als gemeinsam mit Hitler eine vernünftige Lösung anzustreben, die er befürworten könnte und danach Benesch, mochte dieser damit einverstanden sein oder nicht, auferlegen würde, unabhängig davon, ob Frankreich und Rußland, die durch den französisch-sowjetischen Pakt verbunden waren, ihre Zustimmung gaben. (Es sei hierzu bemerkt, daß Frankreich am 25. Januar 1924 ein

---

[186] Fritz Wiedemann, *Der Mann der Feldherr werden wollte*, Velbert 1964. Im Ersten Weltkrieg war Wiedemann Vorgesetzter des Gefreiten Hitlers; er wurde danach zu einem seiner Vertrauensleute.

[187] In einem Bericht, den er am 19. November 1938 an Hitler richtete, erklärte Konrad Henlein, daß die sudetendeutsche Partei bis 1938 lediglich die interne Autonomie gefordert hatte, und nicht den erst danach angestrebten Anschluß an das Deutsche Reich. In diesem Bericht heißt es unter anderem: »Die Sudetendeutsche Partei muß ihr Bekenntnis zum Nationalsozialismus als Weltanschauung und als politisches Prinzip tarnen. Als Partei im demokratisch-parlamentarischen System der Tschechoslowakei muß sie sich nach außen, in mündlichen und schriftlichen Äußerungen, in Kundgebungen und in der Presse, im Parlament, in ihrem eigenen Aufbau und bei der Organisation des Sudetendeutschtums der demokratischen Terminologie und demokratisch-parlamentarischer Methoden bedienen. Sie kann deshalb nichteingeweihten reichsdeutschen Kreisen als zwiespältig und unverläßlich erscheinen. Diese Zwiespältigkeit ist aber solange nicht zu vermeiden, als die Notwendigkeit einer legalen Partei besteht und der Bestand einer solchen in der Tschechoslowakei das Bekenntnis zur Demokratie voraussetzt. Die Zwiespältigkeit im äußeren Bild der SdP wird vertieft durch den Umstand, daß sie innerlich nichts mehr ersehnt als die Einverleibung des sudetendeutschen Gebietes, ja des ganzen böhmisch-mährisch-schlesischen Raumes in das Reich...« (*Akten zur Deutschen Auswärtigen Politik*, BadenBaden 1951, Serie D, Band 2, Nr. 23).

Bündnis mit der Tschechoslowakei geschlossen hatte, das am 16. Oktober 1925 bekräftigt wurde; das galt auch für Rußland mit dem tschechisch-sowjetischen Beistandspakt vom 16. Mai 1935.)

So kam in Chamberlain der Gedanke auf, Hitler persönlich aufzusuchen, was zu den Unterredungen von Berchtesgaden (16. September) und Godesberg (22.—23. September 1938) führte.

Chamberlain wußte um den Widerstand gegen seine Politik seitens Churchills, der sich nach der Politik der französischen Kriegshetzer Reynaud und Mandel ausgerichtet hatte, und seitens der Labour Party, die sich dem von der Sozialistischen Partei Frankreichs eingeschlagenen Kurs[188] angeschlossen hatte. Er wollte nicht, daß sein Unternehmen bekannt werde und eine Polemik hervorrufe, die es vereitelt hätte. Daher bereitete er dieses Unternehmen in der Stille seines Kabinetts vor, allein mit Lord Halifax, der es sofort gutgeheißen hatte. Seine anderen Minister setzte er erst in Kenntnis, als Hitler das erste Treffen (15. September) zusagte. Sowie sie von seinem Vorhaben unterrichtet wurden, gratulierten sie alle Chamberlain.

Man muß diese Zeit erlebt und Chamberlains Bemühungen schrittweise verfolgt haben, wenn man ermessen will, wie er trotz

---

[188] Auf dem Parteitag der Sozialistischen Partei, der 1938 zu Pfingsten in Royan abgehalten wurde, hatte Léon Blum gegen Generalsekretär Paul Faure, wenn auch mit knapper Mehrheit, durchgesetzt, daß folgender Satz in die außenpolitische Resolution aufgenommen werde: »Der französische Sozialismus will den Frieden, sogar mit den totalitären Imperialismen; er ist aber nicht gewillt, sich ihren Übergriffen zu beugen. In diesem äußersten Fall, dem er mit allen Mitteln vorbeugen würde, würde er schon die *nationale Unabhängigkeit sowie die Unabhängigkeit aller Nationen verteidigen, die durch die Unterschrift Frankreichs geschützt sind.*« (Hervorhebung durch den Verfasser. Dieser war damals Mitglied der Sozialistischen Partei Frankreichs: als Verbandssekretär im Departement Territoirede-Belfort gehörte er der Strömung um Paul Faure an.) Mit der Unterschrift Frankreichs war der Versailler Vertrag gemeint, den Blum seinerzeit heftig bekämpft hatte aus den Gründen, die der sozialdemokratische Staatskanzler Österreichs, Karl Renner, geltend machte (siehe oben, S. 165 und 172; siehe auch die Rede des Sozialisten Jean Longuet am 18. September 1919 im Abgeordnetenhaus, Staatsanzeiger vom 19. September 1919, Parlamentarische Debatten). Und zu den Staaten, die Frankreich mit seiner Unterschrift beschützte, gehörte die Tschechoslowakei. Diese kriegshetzerische Politik, die sich an der kommunistisch geprägten Volksfront ausrichtete, betrieb L. Blum eigentlich schon lange als Regierungschef, bevor die Sozialistische Partei diese Resolution faßte (Spanischer Krieg) und sie dadurch bestätigte.

allseitig auftretender Hindernisse sein Unternehmen doch erfolgreich führte: zu jenen Münchener Verträgen (29.—30. September 1938) nämlich, die seit Kriegsende so verschrien wurden, die aber, man muß es einsehen, wieder für gerechte Verhältnisse in Mitteleuropa sorgten, indem sie Deutschland Gebiete und Bevölkerungen zurückerstatteten, von dem sie niemals hätten getrennt werden dürfen. Ohne Nachteile, da sie den Viermächte-Pakt neu belebten, der den Frieden in Europa für Jahrhunderte gesichert hätte, wenn man diesen Weg fortgesetzt hätte.

Am 15. September, in Berchtesgaden, war Chamberlain mit Hitler, nicht ohne Mühe, über die Sudetengebiete einig geworden, die an das Deutsche Reich zurückfallen sollten, sowie über die Räumungsfristen für die tschechische Verwaltung, Armee und Polizei. Das war aber nur eine persönliche Übereinkunft, die dem englischen Ministerkabinett vorgelegt werden und, wenn möglich, die Zustimmung der französischen Regierung finden mußte. Daher vereinbarten die beiden Männer, sich erneut am 23. September zu treffen.

Kaum hatte er sich, nach London zurückgekehrt, von den Reisestrapazen erholt, als er eine Entschließung auf seinem Schreibtisch vorfand, die der jüdische Weltkongreß am 18. September 1938 angenommen hatte. Sie lautete:

»Es ist unsere Pflicht, Sie von der zunehmenden Sorge zu unterrichten, die Millionen Juden angesichts der deutschen Bemühungen, weitere, von Juden[189] besiedelte Gebiete zu erwerben, haben.

Die Juden der ganzen Welt haben die unmenschliche Behandlung nicht vergessen, die den Juden des Saarlands und Österreichs zuteil wurde.[190]

Die Exekutive des jüdischen Weltkongresses bittet daher, auf keine Regelungen einzugehen, die die Rechte der Juden nicht uneingeschränkt sicherstellen.«

---

[189] Als wenn Hitler sie nur deshalb zurückgefordert hätte, weil sie von Juden, und nur von Juden besiedelt waren.
[190] Die deutschen Rassengesetze wurde im Saarland und in Österreich erst am 3. Dezember 1938, durch eine Verfügung von Himmler, eingeführt.

Später sollte er zugeben, daß während dieser ganzen Zeit »die Juden starken Druck auf mich ausübten, um mich von jeder Abmachung mit dem Führer abzubringen«.[191]

Am 16. September 1938 hatte das britische Ministerkabinett die Abmachung Chamberlain—Hitler einstimmig gebilligt: allerdings mußte die Zustimmung der französischen Regierung noch erwirkt werden. Georges Bonnet war von vornherein gewonnen. Am 15. September, noch bevor Chamberlain zurückgekehrt war, hatte er in London mitgeteilt, daß die französische Regierung alle Vorschläge Chamberlains bezüglich der Tschechoslowakei unterstützen werde, die Hitler annehmen würde. Und er hatte seinen Gesandten in Prag, L. de Lacroix, darum gebeten, Benesch mitzuteilen, es werde »der französischen Regierung im Fall eines Krieges gegen Deutschland nicht leicht sein, die ganze Öffentlichkeit hinter sich zu bringen, wenn Frankreich nicht angegriffen wird und auch nicht die Gewißheit hat, daß sich Großbritannien an seine Seite stellt«.[192] Daladier war zurückhaltender: Er mußte nämlich bedenken, daß Mitglieder seiner Regierung, etwa Chautemps, Queuille de Monzie, Pomaret, Marchandeau, zwar genauso wie Bonnet für eine Verständigung waren, daß aber die Minister Reynaud, Mandel, Campinchi, Jean Zay, de Chappedelaine und Champetier de Ribes ihr feindlich gegenüberstanden und es überall ausposaunten.

Schließlich erklärten sich Daladier und Bonnet, die am 18. September 1938 nach London bestellt worden waren, mit dem Chamberlain-Hitler-Plan unter zwei Bedingungen einverstanden.[193] Die neue Grenze sollte durch eine internationale Kommission unter tschechischer Beteiligung festgelegt und von England gegen jeden neuen Angriff garantiert werden. Dann reisten sie nach Paris zurück. Am 19. September sprach sich der französische Ministerrat für diese Lösung aus. Es war allerdings eine nur scheinbare Einmütigkeit: Die einen stimmten dem nunmehr französisch-englischen Plan nur deshalb zu, weil sie ihn für das einzige Mittel hielten, den Frieden zu retten; die anderen, weil sie überzeugt waren, daß Prag nicht darauf

---

[191] *New Chronicle*, 15. Januar 1952.
[192] Georges Bonnet, *Le Quai d'Orsay sous trois républiques*, Paris 1964.
[193] P. Rassinier kannte noch nicht die Necas-Dokumente, wonach Benesch seinen Minister Necas am 17. September 1938 nach Paris und London gesandt hatte, damit England und Frankreich ihn zur Abtretung des Sudetenlandes öffentlich zwingen sollten, wobei seine Urheberschaft geheim bleiben sollte (d. Ü.)

eingehen werde. Sie taten übrigens alles, damit Prag nicht darauf einging: der Plan, mit der französischen und der britischen Unterschrift versehen, war dem Gesandten der Tschechoslowakei in Paris Osusky bereits am Nachmittag übergeben worden; Churchill, der gegen die Politik Chamberlains tobte, raste am 20. September nach Paris, um Mandel und Reynaud zu warnen; und von seinem Zureden ermutigt, rief Mandel Benesch in Prag an und trug ihm folgendes vor:

»Sie stehen an der Spitze eines freien und unabhängigen Volkes. Weder Paris noch London haben das Recht, Ihnen Ihre Haltung zu diktieren. Wenn Ihr Gebiet verletzt wird, sollten Sie keine Sekunde zögern, den Befehl an Ihre Armee zu geben, die Heimat zu verteidigen. Wenn Sie es tun, retten Sie Europa vor dem Hitlerismus, denn ich kann Ihnen sagen, wenn Sie in der Notwehr den ersten Schuß abgeben, wird der Widerhall in der Welt gewaltig sein. Die Kanonen Frankreichs, Großbritanniens und auch Sowjetrußlands werden wie von selbst zu schießen beginnen! Die ganze Welt wird ihnen folgen, und Deutschland wird innerhalb von sechs Monaten ohne Mussolini und innerhalb von drei Monaten mit Mussolini geschlagen.«[194]

G. Mandel hieß eigentlich Jéroboam Rothschild, wenn auch mit den Rothschilds nicht verwandt, und war Minister. Adel verpflichtet: In dem Amt, das er bekleidete, mußte sein Verhalten in einer Linie stehen mit der Bittschrift des jüdischen Weltrats an Chamberlain. Alle Glaubensgenossen Mandels teilten seine Auffassung, oder fast alle. Meines Wissens soll es in Frankreich eine einzige Ausnahme von Rang gegeben haben: Emmanuel Berl. Ihm gebührt unsere Anerkennung.

---

[194] Von diesem Gespräch berichtete Robert Bollack, ein Freund und Mitarbeiter Mandels, in *L'Intransigeant* vom 10. Mai 1948. Er sei zugegen gewesen, wußte aber keinen genauen Zeitpunkt anzugeben. Als G. Bonnet von Mandels Einmischung in die auswärtigen Angelegenheiten, die nicht zu seinem Ressort gehörten, erfuhr, protestierte er bei Daladier am 22. September. Henri Noguères (*Munich ou la drôle de paix*, Paris, S. 154) folgert daraus, daß das Gespräch vorher, also am 21. September, stattfand. Benoist-Méchin versichert ferner, daß in München Hitler zu Daladier gesagt haben soll, er habe das Gespräch auf Platten, aufgenommen vom Deutschen Abhördienst, da das Telefonkabel Paris—Prag durch das Reichsgebiet lief (*Geschichte der deutschen Militärmacht 1918—1946*, Bd. 6 *Am Rande des Krieges*, Oldenburg—Hamburg 1967, S. 276).

Dann traten die Schwierigkeiten auf, die Benesch Chamberlain in den Weg legte: Am 21. September hat er den französisch-englischen Plan zwar angenommen, aber am 23., 22.30 Uhr, verkündete er die allgemeine Mobilmachung in der Tschechoslowakei... Offensichtlich hat er den Rat Mandels befolgt und geglaubt, daß »beim ersten Schuß, den er abgeben würde, der Widerhall in der Welt gewaltig sein werde und daß die Kanonen Frankreichs, Großbritanniens und auch Sowjetrußlands wie von selbst zu schießen beginnen würden«. Tatsächlich, Frankreich mobilisierte sofort 600 000 Mann. Benesch jubelte. Er setzte auf eine Strömung innerhalb der Öffentlichkeit, die eine Ablösung von Daladier—Bonnet durch eine neue Regierungsmannschaft Mandel—Reynaud erzwingen sollte, in England den Rücktritt Chamberlains zugunsten Churchills. In der Nacht zum 22. September eröffnete einer seiner Minister telefonisch diesen Wunsch dem französischen Journalisten Rosenfeld, einem Freund und Mitarbeiter des regierenden Léon Blum: er antwortete ihm, man dürfe nicht »mit einem so raschen Umschwung Frankreichs und seiner Regierung rechnen«[195], aber anscheinend hat er ihm nicht geglaubt.

Mussolini mobilisierte seine Kriegsmarine und zog mehrere Divisionen in den Alpen, nach Frankreich gerichtet, zusammen. Belgien, Polen und Ungarn trafen militärische Vorkehrungen. Europa war in Waffen: Wenn Hitler hart blieb, werde es Krieg geben. Einziger dunkler Punkt war: Trotz des französisch-sowjetischen Bündnispakts und des sowjetischtschechischen Abkommens hat sich Rußland nicht gerührt, unter dem übrigens begründeten Vorwand, es könne schon deshalb keine Hilfe leisten, weil Polen und Rumänien den russischen Truppen den Durchmarsch durch ihre Gebiete verboten hätten. Hinzu kam, daß Polen (wegen Teschen) und Ungarn (wegen Ruthenien) eigentlich gegen die Tschechoslowakei militärische Vorkehrungen getroffen hatten.

E. Benesch nahm sich aber der Polen und der Ungarn an. Er war außerdem sicher, daß Mussolini militärische Vorkehrungen nur pro forma getroffen habe und daß er nicht eingreifen werde. Die Absage Rußlands mochte ihn betrüben, doch nicht übermäßig: Frankreich und England würden schon mit vereinten Kräften Deutschland niederkämpfen, zumal er als Freimaurer um die Abtrünnigkeit

---

[195] Henri Noguères, *Munich ou la drôle de paix*, aaO., S. 153.

Schachts und Becks wußte, ja sogar wähnte, die deutsche Öffentlichkeit und das Heer seien zum erstenmal uneins. Er glaubte nämlich immer noch an ein Eingreifen Frankreichs und Englands: Frankreich hatte bereits mobilisiert, England werde sich, von Frankreich mitgerissen, ebenfalls dazu entschließen. Mandel hatte recht. Getäuscht hatte er sich lediglich über Rußland, das, vor die vollendete Tatsache gestellt, bestimmt auch mitgerissen werde, und wenn es nur wegen der stillen Wünsche wäre, die es in bezug auf Polen hegte. Daher bestärkte sich Benesch in seinem Standpunkt.

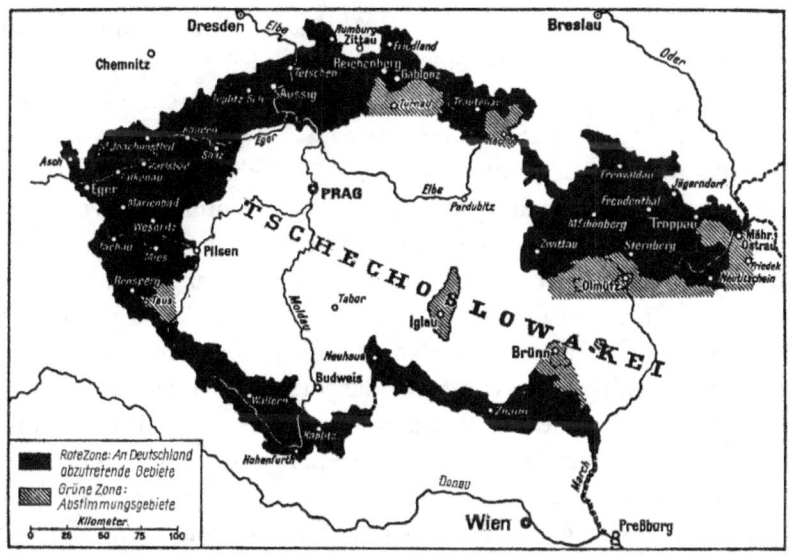

Karte zum deutschen Memorandum von Bad Godesberg (23. September 1938)

Als Chamberlain von der allgemeinen Mobilmachung in der Tschechoslowakei erfuhr, hielt er sich in Godesberg, bei Hitler, auf. Die Unterredung war sehr heikel. Von vornherein hatte er Hitler mitgeteilt, daß der britisch-französische Plan eine neue Grenzziehung durch eine internationale Kommission mit tschechischer Beteiligung vorsehe; außerdem müßten die Signatarmächte diese Grenze garantieren. Schließlich müßten Fristen für die Räumung der tschechischen Verwaltung, Polizei, Armee, ja gar Bevölkerung aus den Sudetengebieten festgesetzt werden. Der Führer hatte sich sofort dagegen gesträubt: Von einer internationalen Kommission, der die Tschechoslowakei zwecks neuer Grenzziehung angehören würde, wollte er nichts wissen; er wolle durchaus mit Briten, Franzosen oder

Italienern verhandeln, aber nicht mit den Tschechen und den Russen. Diese neue Grenze gedenke er erst zu garantieren, wenn die Tschechoslowakei ihre Differenzen mit Polen und Ungarn beigelegt habe. Schließlich seien die Räumungsfristen zu lang. Sofort müßten die Sudetengebiete deutsch werden, da Benesch den französisch-englischen Plan angenommen habe, andernfalls werde Benesch Mittel und Wege finden, während der Frist alles in Frage zu stellen, und für Deutschland wie ebenso für das Sudetenland würden Mittel und Wege gefunden werden, ein weiteres Mal hereingelegt zu werden.[196] Chamberlain geriet daraufhin in Harnisch, die Verhandlungen standen unmittelbar vor dem Abbruch. Die Sitzung wurde geschlossen, doch verabredete man sich auf den nächsten Tag.

Am nächsten Tag fand sich Chamberlain nicht ein. Unterdessen hatte er nachgedacht und stellte Bedingungen für die Wiederaufnahme der Unterredung. Schließlich schien sich die Lage zum Guten zu wenden, und die beiden Männer trafen wieder zusammen. Hitler zauberte einen Plan hervor über die innerhalb von 48 Stunden abzutretenden Gebiete sowie über eine andere, am 15. September nicht vorgesehene Zone, in der eine Volksabstimmung stattfinden solle. Hitlers Plan klang wie ein Ultimatum; das bedeutete einen erneuten Bruch, als plötzlich die Nachricht von der allgemeinen Mobilmachung in der Tschechoslowakei eintraf. Beide Männer schauten sich versteinert an: Zweifellos war der Krieg nun unvermeidlich. Totenstille. Hitler ging mit sich selbst zu Rate. Nach einer scheinbar nicht enden wollenden Zeitspanne sagte Hitler auf einmal: »Meine Zusage, daß ich während der Verhandlungen nicht gegen die Tschechoslowakei vorgehen werde, halte ich trotz dieser unerhörten Provokation selbstverständlich aufrecht, zum mindesten solange Sie, Herr Chamberlain, sich noch auf deutschem Boden befinden.«[197]

Die Atmosphäre entspannte sich; die Unterredung wurde fortgesetzt, Hitler erklärte sich bereit, über die Räumungsfristen zu sprechen. Daraufhin sagte er: »Ihnen zuliebe, Herr Chamberlain, will ich in der Zeitfrage eine Konzession machen. Sie sind einer der

---

[196] Der einzige Augenzeugenbericht, den wir besitzen, ist *Statist auf diplomatischer Bühne* von Hitlers Dolmetscher Paul Schmidt. Allerdings verschweigt Schmidt diesen Aspekt, um Hitlers Unnachgiebigkeit und Kriegslust herauszustellen.
[197] Paul Schmidt, *Statist auf diplomatischer Bühne*, aaO.; und Benoist-Méchin, *Geschichte der deutschen Militärmacht 1918—1946*, Bd. 6 *Am Rande des Krieges*, aaO., S. 303.

wenigen Männer, denen gegenüber ich das jemals getan habe. Der 1. Oktober soll mir als Räumungstermin noch recht sein.«[198] Dann nahm er noch einige Änderungsvorschläge bezüglich der Form an, wodurch sein Plan schon eher die Bezeichnung »Memorandum« beanspruchen konnte, bestand allerdings auf einer Volksabstimmung in den Gebieten, mit deren fristgemäßer Räumung er nicht rechnete. Zuletzt erklärte sich Chamberlain bereit, diese Denkschrift der tschechischen Regierung zu übermitteln, wollte sich jedoch auf deren Inhalt noch nicht festlegen.

Die beiden Männer nahmen nun voneinander Abschied. Hoch erfreut zeigte sich Hitler sehr gesprächig. Als er den englischen Premier hinausbegleitete, äußerte er sich beruhigend über das Ausbleiben von Reibungspunkten in den deutsch-britischen Beziehungen, über Deutschlands unwiderrufbaren Entschluß, den außereuropäischen Interessen Englands nicht im Wege zu stehen, sowie über die Gefahrlosigkeit, ihm in Mittel- und Osteuropa freie Hand zu lassen.

Chamberlain antwortete nicht: offenbar machte ihn sein Versprechen besorgt, Hitlers Memorandum der tschechischen Regierung zu übermitteln, wahrscheinlich aber noch mehr der Empfang, den ihm Benesch — der eben mobilisiert hatte! — sowie die französische und britische Regierung bereiten würden.

4. Das Münchener Abkommen

Die letzte Phase der Verhandlung war voller Dramatik. Benesch, dem das deutsche Memorandum am Nachmittag des 24. September übergeben wurde, beauftragte seinen Gesandten in London, Jan Masaryk (Sohn des ersten, inzwischen verstorbenen Präsidenten der tschechischen Republik), Lord Halifax seine ablehnende Antwort zu überreichen. Er begründete sie mit folgenden Überlegungen: »Den englisch-französischen Plan haben wir nur durch äußersten Druck und Zwang (gemeint sind England und Frankreich) angenommen... Das deutsche Memorandum ist in Wirklichkeit ein Ultimatum... Meine Regierung ist bestürzt über seinen Inhalt, es geht weit über den englisch-französischen Plan hinaus...«

Er schloß mit den Worten:

---

[198] Ebenda, S. 303.

»Meine Regierung wünscht durch mich in aller Feierlichkeit zu erklären, daß Herrn Hitlers Forderungen in ihrer gegenwärtigen Form absolut und bedingungslos unannehmbar für meine Regierung sind. Diesen und neuen grausamen Forderungen gegenüber fühlt sich meine Regierung verpflichtet, äußersten Widerstand zu leisten, und wir werden das tun, so wahr uns Gott helfe. Die Nation von St. Wenzeslaus, Johann Hus und Thomas Masaryk will keine Nation von Sklaven sein. Wir verlassen uns auf die beiden großen westlichen Demokratien, deren Wünschen wir sehr gegen unser eigenes Urteil gefolgt sind, daß sie uns in diesen Schicksalsstunden beistehen.«[199]

Im Besitz dieser Antwort, die ihm Lord Halifax sofort hatte zukommen lassen, bat Chamberlain die Herren Daladier und Bonnet zu einer weiteren Unterredung nach London und rief den Ministerrat zusammen, um diesen auf dem laufenden zu halten: die Mitglieder seines Kabinetts waren über den Inhalt des deutschen Memorandums bestürzt und beschlossen einstimmig, es nicht zu verbürgen.

Churchill und die Mitglieder der Labour Party, die von diesem Text Kenntnis genommen und darin unter anderem gelesen hatten, Benesch habe den englisch-französischen Plan nur durch Druck von seiten der beiden Mächte angenommen, waren in Hitze geraten: wie konnte man das wagen! Es war skandalös! Am 26. September begab sich Churchill in die Downing Street, um Protest zu erheben und sich leidenschaftlich für sein Projekt einer »großen Allianz« (Frankreich, England, Rußland) einzusetzen; was die Labour Party anbetrifft, faßte ihr Exekutivbüro am selben Tag eine ähnlich quertreibende Entschließung.

Am 25. September, um 15 Uhr, unterrichtete Daladier seinen im Elysée-Palast versammelten Ministerrat von diesem Memorandum und der Einladung Chamberlains. Alle waren ebenfalls darüber einig, es nicht zu verbürgen — bis auf Georges Bonnet (einige Punkte seien zwar unannehmbar, über andere könnte jedoch verhandelt werden) und A. de Monzie, der von Daladier wissen wollte, welche Antwort er den Engländern geben würde, wenn diese ihn »nach der Haltung Frankreichs im Fall eines deutschen Angriffs auf die Tschechoslowakei fragten«. Daladier sagte ihm: »Ich bin bereit, alle möglichen Zugeständnisse zu machen; aber bei einer nichtprovozierten Aggression müssen wir unsere Verpflichtungen erfüllen.

---

[199] *Documents on British Foreign Policy*, Bd. 2, Dok. 1092.

Ich bleibe ihnen treu.« Darauf erwiderte er: »Wir sind einige, die sich mit dem Krieg nicht abfinden wollen.«[200] Der Ministerrat war, wie am 19. September geteilter Meinung.[201]

Um 17.30 Uhr flogen Daladier und Bonnet nach London, wo sie gegen 21 Uhr in der Downing Street eintrafen; dort wurden sie von Chamberlain, Lord Halifax, Sir John Simon, Sir Samuel Hoare, Sir Horace Wilson, Sir Robert Vansittart und Sir Alexander Cadogan empfangen.

Die Unterredung wurde von Überlegungen beherrscht, die eine echte Gewissensfrage stellten. Franzosen und Engländer konnten Benesch nicht empfehlen, das deutsche Memorandum anzunehmen, weil sie mit dem Umfang der abzutretenden Gebiete und der Zone, in der eine Volksabstimmung stattfinden sollte, nicht einverstanden waren. Da die Volksabstimmung zugunsten der Deutschen ausfallen werde, und Polen sowie Ungarn ebenfalls eine forderten, wäre ein völliges Auseinanderbrechen des tschechischen Staats und somit seine Wegradierung von der Europakarte die Folge. Und schließlich verfügten sie nicht über die militärischen Mittel, um Hitler zum Weichen zu bringen oder ihn niederzukämpfen, falls er auf seinem Standpunkt beharrte. Sie konnten Benesch auch nicht zu einer Ablehnung raten, da sie ihn nicht unterstützen konnten, ohne sich selbst in ein kriegerisches Abenteuer zu stürzen, bei dem sie von vornherein als Verlierer gelten würden. Zumindest waren die Engländer dieser Ansicht.

---

[200] Anatole de Monzie, *Ci-devant*, S. 37, und Jean Zay, *Carnets*, S. 11ff.
[201] Siehe oben.

26. September 1938: Daladier und Bonnet verlassen die Downing Street

Die Franzosen waren hierüber geteilter Meinung. Daladier glaubte, daß man mit Englands Unterstützung Hitler schlagen könne, wenn er hartnäckig bleibe. Georges Bonnet war dagegen skeptischer. Er wußte um die mangelnde Vorbereitung des französischen Heeres sowie um den englischen Beitrag, sollte Frankreich der Tschechoslowakei zu Hilfe eilen: Zwei nichtmotorisierte Divisionen und hundertfünfzig Flugzeuge in den ersten sechs Kriegsmonaten.[202]

Eine dritte Lösung gab es: nämlich die Verhandlungen fortzusetzen, damit Hitler seine Forderungen herabschraube und Benesch eine nachgiebigere Haltung einnehme. Offensichtlich hatte Daladier die nur geringe Hilfe nicht beachtet, die England Frankreich leisten könnte, wenn sich dieses hinter Benesch ins Abenteuer stürzte. Chamberlain wies ihn darauf hin. Dann steuerte er das Gespräch so, daß Daladier wiederum die mangelhafte Vorbereitung des französischen Heeres und dadurch sein Bemühen um eine Fortsetzung der Verhandlungen unterstützte: »Ich habe höchst alarmierende Nachrichten erhalten über den Stand der französischen Luftrüstung und über das Unvermögen Ihrer Industrie, die in den

---

[202] Lord Halifax' Antwort vom 12. September auf die Frage, die Georges Bonnet ihm diesbezüglich gestellt hatte. Georges Bonnet, *Vor der Katastrophe*, Köln 1951, S. 298.

ersten Kriegstagen verlorenen Flugzeuge schnell zu ersetzen. Wenn sich ein Bombenregen sofort über Paris ergießt, auf die Flugplätze, die Bahnhöfe, die Eisenbahnknotenpunkte — wird Frankreich dann in der Lage sein, sich zu verteidigen und einen Gegenangriff zu starten?«[203]

Der hinzugezogene General Gamelin ging auf Chamberlains Frage ein und machte folgendes geltend: Die Stärke der französischen Infanterie; die deutschen Schwächen: Mangel an militärischen Führern, Mangel an Rohstoffen, Nichtvollendung der Siegfriedlinie; die Unfähigkeit Italiens, Deutschland im Krieg beizustehen; die Macht der tschechischen Armee, die im Norden und im Süden Mährens »standhalten« könne, und so weiter.[204]

Chamberlain war nicht überzeugt. Schließlich regte er ein Mittel an, das seines Erachtens die Verhandlungen wieder in Gang bringen könnte: Sir Horace Wilson werde nach Berlin mit dem Auftrag fliegen, Hitler eine Botschaft zu überbringen, in der er ihm mitteile, daß die Regierung sein Memorandum abgelehnt habe, und ihn gleichzeitig dränge, weiter zu verhandeln und nicht Gewalt anzuwenden. Lehne er ab, so solle Sir Horace Wilson ihm folgende Erklärung abgeben:

»Die französische Regierung hat uns davon in Kenntnis gesetzt, daß sie im Falle eines deutschen Angriffs gegen die Tschechoslowakei ihre Verpflichtungen genau erfüllen wird. Wenn Frankreich in Ausführung seiner vertraglichen Verpflichtungen in einen Krieg mit Deutschland gerät, wird das Vereinigte Königreich sich verpflichtet fühlen, ihm Hilfe zu leisten.«[205]

Die Franzosen verließen London und erreichten Paris am Nachmittag des 26. September 1938. Sie standen dem Ausgang des Verfahrens, dem sie soeben zugestimmt hatten, sehr skeptisch gegenüber. »Ich fürchte, der Krieg ist jetzt nicht mehr zu vermeiden...«, erklärte Georges Bonnet den am Quai d'Orsay wartenden Journalisten.[206]

Sir Horace Wilson traf am Abend in Berlin ein. Sir Ivone Kirkpatrick und Sir Nevile Henderson begleiteten ihn. Sie wurden in der Reichskanzlei in Gegenwart Ribbentrops empfangen. Hitler war

---

[203] Georges Bonnet, *Vor der Katastrophe*, aaO., S. 104.
[204] General Gamelin, *Servir*, Bd. 2, S. 351f.
[205] Georges Bonnet, *Vor der Katastrophe*, aaO., S. 105.
[206] *Paris-Soir*, 26. September 1938.

zornig, im höchsten Grade verärgert über die tschechische Mobilmachung, die nach seinem Nachrichtendienst auf vollen Touren lief. Dieser bezog sich auf eine Erklärung, die der tschechische Außenminister, Krofta, am 24. September vor einer Gruppe ausländischer Diplomaten abgegeben hatte, sowie eine am selben Tag eingetroffene Information aus Polen.

Kroftas Erklärung lautete wie folgt: »Nachdem unsere Mobilmachung angelaufen ist, sind weitere Zugeständnisse von unserer Seite nicht mehr möglich. Wir haben das gefährliche Stadium hinter uns gebracht, die militärische Lage ist gut. Wir hatten gestern einen ersten Angriff der Luftwaffe erwartet, der die Zusammenziehung unserer Truppen verhindern sollte. Er hat nicht stattgefunden. Man muß diese Zurückhaltung in Berlin als ein Zeichen der Schwäche auslegen. Wenn unsere Mobilmachung morgen und übermorgen normal verläuft, werden 40 tschechische Divisionen 80 deutschen Divisionen gegenüberstehen.«[207]

Die aus Polen erhaltene Information hatte folgenden Inhalt: der Präsident der Polnischen Republik, I. Moscicki, habe ein persönliches Schreiben Beneschs erhalten, das »eine Regelung der Grenzstreitigkeiten« vorschlage und mit der Hoffnung auf eine »aktivere Zusammenarbeit der beiden Länder«[208] ende. Hitler vermutete, daß der Kreml, der den Durchmarsch seiner Truppen durch Polen erreichen möchte, Benesch diese Initiative nahelegte.

»Es hat überhaupt keinen Zweck mehr, noch weiter zu verhandeln!« brüllte er, als Paul Schmidt den Brief Chamberlains übersetzt hatte. Dann verfluchte er unter anderen Benesch, die Tschechen, Moskau usw. Paul Schmidt berichtet, daß er ihn noch nie in einem solchen Zustand erlebt habe. Zum Schluß rief dieser aus: »Am 1. Oktober werde ich die Tschechen so weit haben, wie ich sie haben will!«

Daraufhin bat Sir Horace Wilson ihn leise — er soll eine dünne Stimme haben —, die tschechischen Unterhändler doch zu empfangen.

Während niemand mit einem solchen Ausgang rechnete, schrie Hitler plötzlich: »Nun gut also! Ich werde sie empfangen. Aber unter zwei Bedingungen. Die tschechische Regierung muß mein

---

[207] Fritz Berber, *Europäische Politik 1933—1945 im Spiegel der Prager Akten*, S. 172.
[208] Oberst Beck, *Dernier Rapport*, Lausanne 1951, S. 342ff.

Memorandum annehmen, und sie muß mir am 1. Oktober die abzutretenden Gebiete übergeben. Ich erwarte die Antwort der Tschechen bis zum 28. September, 14 Uhr.«[209]

Chamberlain hatte einen Punkt markiert: jetzt müßten sich die Tschechen einfinden. Er wollte darauf hinarbeiten. Wer weiß? So entgegengesetzt die Standpunkte auch sein mochten, könnten die Verhandlungen wiederaufgenommen werden.

Am selben Abend (26. September 1938), im Sportpalast, hielt Hitler eine gegen die Tschechen hetzende Rede, die dennoch warmherzige Worte an die Adresse Chamberlains enthielt. Der britische Premier erhaschte die Gelegenheit im Flug: Spät in der Nacht hielt er im Londoner Rundfunk eine versöhnliche Ansprache, die dem deutschen Reichskanzler ebenso Höflichkeit bezeigte und ihm versicherte, daß die »Vereinigung der Sudetendeutschen mit dem Reich ohne Blutvergießen« erfolgen könne. Dann beauftragte er Sir Horace Wilson, der sich noch in Berlin aufhielt, Hitler am nächsten Morgen, dem 27. September, aufzusuchen und ihm mitzuteilen, England sei bereit, »die Erfüllung der Prager Versprechen zu garantieren, unter der Bedingung, daß Deutschland nicht zu den Waffen greift.« Das war psychologisch hervorragend gedacht, aber leider!...

Am 27. September, kurz vor Mittag, wurde Sir Horace Wilson von Hitler empfangen: sehr schlecht. Aus einer Flut von Beschimpfungen und Drohungen, die schrecklicher als am Vortag waren, konnte er lediglich entnehmen, daß es nur noch eine Alternative gab: entweder nehme Prag seinen Vorschlag an, oder es lehne ihn ab. Im ersten Fall erwartet er die tschechische Antwort am nächsten Tag, vor vierzehn Uhr; im zweiten werde er an der Spitze der deutschen Wehrmacht in das Sudetenland einrücken.

»Unter diesen Umständen«, sagte Sir Horace Wilson, »habe ich mich noch eines weiteren Auftrages des Premierministers zu entledigen.«

Und er las ihm den Text vor, über den die französischen und britischen Minister einen Tag zuvor in London einig geworden waren. »Wenn Frankreich bei der Erfüllung seiner vertraglichen Verpflichtungen aktiv in Feindseligkeiten gegen Deutschland

---

[209] Bei Paul Schmidt, *Statist auf diplomatischer Bühne*, aaO., S. 408ff.

verwickelt werden sollte, so würde sich das Vereinigte Königreich für verpflichtet halten, Frankreich Hilfe zu leisten.«

Ohne Wirkung. Hitler nahm diese Mitteilung mit beißendem Spott zur Kenntnis und sagte, er sei auf alle Eventualitäten vorbereitet, die Haltung Englands und Frankreichs sei ihm gleichgültig und der Gedanke, daß »wir uns eben alle miteinander in der nächsten Woche im Kriege befinden« werden, erschrecke ihn kaum.

Vergebliche Mühe. Benesch blieb ebenso unbeugsam wie Hitler. Am Abend hielt Chamberlain erneut eine Ansprache im britischen Rundfunk. Es war eine Aufforderung sowohl an die Tschechen als auch an die Franzosen. Den ersten sagte er, man könne keinen Krieg erwägen »in einem fernen Land zwischen Völkern, von denen wir kaum etwas wissen«. Den zweiten: »Wie sehr auch immer unsere Sympathien auf der Seite einer kleinen Nation sein mögen, die sich einem mächtigen Nachbarn gegenübersieht, so steht doch außer Frage, das britische Weltreich unter allen Umständen in einen Krieg für diese kleine Nation zu verwickeln.«

In Prag war man bestürzt. Benesch änderte aber nicht deshalb seine Haltung: er glaubte nach wie vor an die Versicherungen, die Mandel ihm gegeben hatte. Auf Georges Bonnets Hinweis, Frankreich befinde sich in einem Zustande der Unterlegenheit, habe der französische Kolonialminister geantwortet: »Ich weiß es, aber die Demokratien bereiten die Kriege erst nach deren Erklärung vor. Daher müssen wir zuerst den Krieg erklären.«[210] Erst der Krieg, dann könne man immer noch sehen...

In Paris atmeten Daladier und Bonnet auf: sie würden die Haltung Englands vorschieben können. Das Lager um Reynaud-Mandel war nicht weniger bestürzt als die Regierung in Prag. In England breitete sich Empörung bei Churchill und der Labour Party aus.

Von Berlin aus dankte der Führer Chamberlain für seine Bemühungen zur Rettung des Friedens. Er könne diese Bemühungen fortsetzen, er selbst aber glaube nicht mehr daran und könne auch nichts mehr dafür tun. In New York glaubte Roosevelt, der Zeitpunkt sei günstig für seinen neuen Auftritt auf der Weltbühne, um »eine internationale Konferenz aller am Streitfall interessierten Staaten

---

[210] Jean Montigny, *Complot contre la Paix*, Paris.

einzuberufen«[211] — aller am Streitfall, und nicht am Problem interessierten Staaten: das hieße, daß Rußland...

Schon in der Nacht zum 26. September 1938, nach Hitlers Ansprache im Sportpalast, schickte Roosevelt dem Reichskanzler ein Telegramm, in dem er ihn um Mäßigung bat und die Verantwortung hervorhob, die er auf sich lud. Hitler nahm es ihm übel und antwortete ihm trocken, er müsse »seine Vorhaltungen nicht an ihn, sondern an Prag richten«. In der Nacht zum 28. ging der US-Präsident erneut, diesmal etwas geschickter, zum Angriff über: »Sollten Sie einer friedlichen Lösung zustimmen, werden Hunderte Millionen in der ganzen Welt Ihre Tat als einen hervorragenden historischen Dienst gegenüber der gesamten Menschheit anerkennen.«[212]

»Diese Mahnung«, erklärte Georges Bonnet[213], »ist in der ganzen Welt mit Begeisterung und Dankbarkeit aufgenommen worden.«

Die Kriegstreiber schätzten sich glücklich darüber; sie waren der Ansicht, Hitler werde Roosevelt nicht nachgeben, und es wäre endlich soweit: der US-Präsident werde im Fall eines Krieges auf dem Plan erscheinen.

In Wirklichkeit gab Hitler nicht Roosevelt nach, sondern Mussolini. Dieser stach nämlich den US-Präsidenten aus und hielt ihn von den europäischen Angelegenheiten ein weiteres Mal fern, in die einzugreifen Roosevelt sich seit Januar 1938 leidenschaftlich bemüht hatte.

Während der Nacht vom 27. auf den 28. September entwikkelten das Foreign Office und der Quai d'Orsay fieberhafte Tätigkeit in Richtung Rom. Mussolini schien ihnen nämlich der einzige zu sein, der Einfluß auf den Führer ausüben könne. Roosevelt sandte dem Duce einen Telegramm, in dem er ihn untertänigst bat, alle Mittel zum Zustandekommen einer Konferenz aufzubieten. Alle südamerikanischen Staaten taten dasselbe. Am Morgen des 28. September — da die ganze Welt mit Entsetzen zusah, wie der Zeiger auf die verhängnisvollen 14 Uhr unaufhaltsam zuging — beauftragte der Duce seinen Botschafter in Berlin zu einem Gespräch mit dem Führer. Er solle ihm mitteilen, daß, »was Sie auch beschließen mögen, das faschistische Italien hinter Ihnen« steht, ihn bitten, »den Beginn

---

[211] *Foreign Relations of the United States*, 1938, Bd. 1, S. 675.
[212] Ebenda.
[213] Georges Bonnet, *Vor der Katastrophe*, aaO., S. 116.

der Operationen um 24 Stunden zu verschieben«, und seine Vermittlung anbieten.

Im selben Augenblick traf Sir Nevile Henderson mit einer weiteren Botschaft Chamberlains ein. »Die meisten deutschen Forderungen«, lautete die Botschaft, »können ohne Krieg und unverzüglich erfüllt werden... Ich bin bereit, selbst sofort nach Berlin zu kommen, um mit Ihnen und Vertretern der tschechischen Regierung sowie mit Vertretern Frankreichs und Italiens alle Fragen bezüglich der Abtretung zu bereden.«

Das Treffen Hitler-Chamberlain (links Reichsaußenminister von Ribbentrop). Der britische Premier glaubt, durch Nachgeben in der Sudetenfrage Hitler von weiteren territorialen Forderungen abhalten zu können.

München, 29. 9. 1938 im »Führerbau« am Königsplatz: Der französische Ministerpräsident Daladier begrüßt Mussolini: dahinter Hitler und Dolmetscher Dr. Paul Schmidt

Hitler hatte den Vorschlag Mussolinis bereits angenommen. »Sagen Sie Herrn Chamberlain, daß ich auf Wunsch meines großen italienischen Bundesgenossen die deutsche Mobilmachung um 24 Stunden verschoben habe. Ich muß mich jetzt mit ihm in Verbindung setzen.«

Die Partie war gewonnen: einige Stunden später wurden Daladier und Chamberlain eingeladen, mit Hitler und dem Duce in München zu konferieren.

So kam es zum Münchener Abkommen.

Ein letztes Wort

Wir haben von der Anschluß- und Sudetenaffäre so aufwendig berichtet — was man uns möglicherweise vorhalten könnte — um Neville Chamberlain die ihm gebührende Ehre zu bezeigen. Dieser Konservative stellte eine lobenswerte Hartnäckigkeit in den Dienst zweier fortschrittlicher (im wörtlichen Sinne) Ideen: des Selbstbestimmungsrechts der Völker und der Verteidigung des Friedens. Wenn auch alt und schon krank, legte er außerdem eine erstaunliche sowohl geistige als auch körperliche Kraft an den Tag. Damit wollten wir auch sein Verhalten dem zahlreicher sogenannter Fortschrittler gegenüberstellen, die sich so schmählich mit den eigenen Grundsätzen und der eigenen Doktrin in Widerspruch setzten; wir denken unter anderem an die französischen Sozialisten und die Mitglieder der englischen Labour Party, von den Kommunisten ganz zu schweigen, bei denen alles nur Taktik und Scheindoktrin ist.

Am 18. September 1919 hatte sich Jean Longuet in der französischen Abgeordnetenkammer gegen die Ratifizierung des Versailler Vertrags ausgesprochen, und zwar im Namen der einmütigen sozialistischen Fraktion. Seine Rede war hervorragend aufgebaut. Er berief sich unter anderem auf Ernest Renan:

»Eine Nation ist ein großer Zusammenhalt, gebildet von dem Bewußtsein, Opfer gebracht zu haben, und der Bereitschaft, noch weitere zu bringen. Dieser Zusammenhalt setzt eine Vergangenheit voraus; er äußert sich aber in der Gegenwart durch eine unantastbare Tatsache: den Willen, den deutlich ausgesprochenen Wunsch, das gemeinsame Leben fortzusetzen. Die Existenz einer Nation ist ein tägliches Plebiszit, so wie die Existenz des Menschen eine ständige Lebensbehauptung ist. Ja, ich weiß es, das ist weniger metaphysisch als das Recht von Gottes Gnaden, weniger brutal als das sogenannte historische Recht. In diesem Zusammenhang ist eine Nation ebensowenig wie ein König berechtigt, einer Provinz zu sagen: ›Du gehörst mir, ich nehme Dich!‹ Eine Provinz sind für uns in erster Linie die Einwohner. Wenn in dieser Angelegenheit jemand befragt werden darf, dann der Einwohner. Eine Nation ist eigentlich nie daran interessiert, ein Land wider Willen festzuhalten. Der Wunsch der Völker ist letztlich das einzige vertretbare Kriterium, ein Prüfstein, den wiedereinzuführen es gilt.«[214]

Daraus ersieht man, daß Renan lange vor Präsident Wilson das Selbstbestimmungsrecht der Völker erfunden hatte, auch wenn er es nicht beim Wort nannte.

Jean Longuet übertrug ins Literarische eine Entschließung, die der Vorstand der Sozialistischen Partei am 13. Und 14. Juli desselben Jahres gefaßt hatte. Sie lautete:

»Dieser Vertrag kann in keiner Weise die Zustimmung der Sozialistischen Partei erhalten: er ging aus dem wohl skandalösesten Mißbrauch der Geheimdiplomatie hervor, verletzt offen das Selbstbestimmungsrecht der Völker, knechtet ganze Nationen, erzeugt neue Kriegsgefahren und zieht Gewaltmaßnahmen gegen sämtliche Befreiungsbewegungen nach sich, nicht nur in Rußland, sondern auch in allen Ländern des früheren Habsburgischen Reichs, in Ungarn, im gesamten Orient und in Deutschland.«

Diese Resolution hatte der Vorstand aus Liebe zur Gerechtigkeit, zur Demokratie und zum Frieden gefaßt. Das war nämlich Sozialismus.

Im Jahre 1938, auf dem Parteitag in Royan, ließ Léon Blum in der außenpolitischen Resolution festhalten, daß »der Sozialismus die nationale Unabhängigkeit sowie die aller mit französischer Unterschrift geschützten Nationen zu wahren wüßte«. Es sei daran erinnert, daß diese Unterschrift unter einen Vertrag gesetzt worden war, von dem die Sozialistische Partei und er selber 1919 mit Recht sagten, er könne in keiner Weise »die Zustimmung der Sozialistischen Partei erhalten«. Der Durchschnittsmensch wird sich, falls er beide Stellungnahmen gegeneinanderhält, bestimmt fragen, warum 1919 soviel Aufhebens um die Sache gemacht wurde. Unseres Erachtens kann man daraus den geistigen Zusammenbruch ersehen, dem die Sozialistische Partei zum Opfer fiel, und daß Léon Blums Hauptinteressen den Grundsätzen und der Lehre des Sozialismus völlig fremd waren.

Und wenn wir hinzufügen, daß sie ihn durch die immer wieder bekräftigten Stellungnahmen des Weltjudentums eingeflößt wurden, sind wir von der Wahrheit bestimmt nicht allzu entfernt. Der

---

[214] Ernest Renan, *Qu'est-ce qu'une nation?* Paris 1867; Staatsanzeiger, Parlamentarische Debatten, 19. Juli 1919.

Zusammenbruch war zu auffallend, die Selbstverleugnung zu grob, als daß es hätte anders sein können. Diese politische Einstellung vertrat er übrigens erst seit 1933, seit Hitlers Machtergreifung in Deutschland. Nach der Abstimmung auf dem Parteitag in Royan durfte er sie im Namen der Sozialistischen Partei verfechten.

Dem Verfasser und Sozialisten fällt es besonders schwer, erkennen zu müssen, daß 1938, in der Anschlußund Sudetenfrage, der Konservative Chamberlain und der Rassist Hitler die Grundpositionen des Sozialismus in Sachen EuropaPolitik verfochten.

Das gleiche trifft auf die Kommunistische Partei zu. Auf dem 5. Weltkongreß der Kommunistischen Internationalen in Moskau (1924) enthielt die allgemeinpolitische Resolution folgende Stelle: »Der Kongreß stellt fest, daß es keine tschechoslowakische Nation gibt; der tschechoslowakische Staat umfaßt außer der tschechischen Volksgruppe Slowaken, Ungarn, ukrainische Ruthenen und Polen. Der Kongreß hält es für notwendig, daß die tschechoslowakische KP in bezug auf diese Minderheiten das Selbstbestimmungsrecht der Völker anwendet, einschließlich das Recht, sich zu trennen.«[215]

Noch am 14. November 1933, Hitler war bereits an der Macht, erklärte Gabriel Péri vor der französischen Abgeordnetenkammer (hinsichtlich einer Sympathiekundgebung, die die französische Regierung an die tschechoslowakische zu richten gedachte): »Die kommunistische Fraktion schließt sich nicht dem Votum an, das von Ihnen verlangt wird. Unsere Sympathie gilt ganz den arbeitenden Klassen in der Tschechoslowakei, den slowakischen, deutschen, jüdischen, ungarischen, ukrainischen Nationalminderheiten, die von der Prager Zentralgewalt unterdrückt werden.«[216]

Es lag Gabriel Péri natürlich fern, eine Sympathiekundgebung an die von Moskau gleichermaßen unterdrückten russischen Minderheiten zu richten, ebensowenig der Kommunistischen Internationalen, ihnen das Selbstbestimmungsrecht der Völker zuzuerkennen, das sie für die Minderheiten in der Tschechoslowakei forderte, aber das war immer schon etwas...

---

[215] Der 5. Weltkongreß der Kommunistischen Internationalen, in *Geschichte der deutschen Arbeiterbewegung* in acht Bänden, hg. v. Institut für Marxismus-Leninismus beim ZK der SED, Bd. 4: *Von 1924 bis Januar 1933*, Berlin 1966.
[216] Staatsanzeiger, Parlamentarische Debatten, 15. November 1933.

Am 17. März 1938 erklärte Litwinow, sowjetischer Volkskommissar für Auswärtige Angelegenheiten, gegenüber den zugelassenen Korrespondenten der ausländischen Presse:

»Seit vier Jahren ist die Sowjetunion jetzt schon zur Aufrechterhaltung des Friedens im Rahmen der kollektiven Sicherheit bemüht. In diesen vier Jahren hat sie unaufhörlich auf die Gefahren hingewiesen, die eine passive Haltung gegenüber den Aggressoren in sich birgt. Der Fall Österreich beweist, daß unsere Warnungen nicht gehört worden sind. Wann wird man sich endlich entschließen, den Diktatoren Schach zu bieten? Verhandlungen mit Hitler führen zu nichts, denn sein Hunger ist unersättlich. Gestern war es Österreich, morgen wird es die Tschechoslowakei sein. Diese ständigen Aggressionen werden zum Ausbruch eines neuen Weltkrieges führen. Die Sowjetunion ist bereit, ihrerseits mit den anderen Mächten zu beraten, sei es im Rahmen des Völkerbundes, sei es außerhalb desselben, um alle nur denkbaren Maßnahmen zur Sicherung des Friedens zu erörtern.«[217]

Jeder Kommentar ist überflüssig! Es ist nur allzu offenkundig, daß es sich hier nicht um Grundsätze oder eine Doktrin handelt, sondern um eine zu diesen in Widerspruch stehende Politik, die lediglich darauf abzielt, jegliche Verständigung zwischen dem Reich und den westlichen Demokratien zu verhindern. Sonst könnte sich das Reich gegen die Sowjetunion wenden, und Japan, das die Sowjetunion an ihrer Ostgrenze bedroht, würde sie bei der Abrechnung dazu verurteilen, gleich an zwei Fronten zu kämpfen. Der selbst unaufgeklärte Geist weiß wohl, daß es hierbei nicht um die »Bekämpfung der Diktaturen« geht, sondern um das Selbstbestimmungsrecht der Völker, um Krieg oder Frieden. Im Fall Österreich wurde die Diktatur vielmehr von dem Völkerbund ausgeübt, bei den Sudetengebieten von den Tschechen.

Zum Schluß seien drei Äußerungen Churchills in Beziehung gebracht, die der Debatte eine clowneske Wendung gäben, wenn sie nicht auf so tragische Weise geendet hätte:

---

[217] *Documents on British Foreign Policy*, Bd. 1, S. 90. — Am selben Tag erklärte Ministerpräsident Léon Blum vor der Abgeordnetenkammer: »Im Falle eines europäischen Konfliktes wird die UdSSR bestimmt an der Seite Frankreichs sein.« (Staatsanzeiger, Parlamentarische Debatten, 18. März 1938) Diese Äußerung stellt unter Beweis, daß er ebenso ein scharfsinniger Politiker wie ein aufrichtiger Sozialist war!

1. »Eines Tages sagte mir Präsident Roosevelt, daß er die Öffentlichkeit um Anregungen ersuche, wie der Krieg benannt werden solle. Ich erwiderte sofort: ›Der unnötige Krieg‹. Niemals hätte sich ein Krieg leichter verhindern lassen als dieser, der eben alles vernichtet hat, was von der Welt nach dem vorangegangenen Kampf noch übriggeblieben war.«[218]

2. »Die zweite große Tragödie war die vollständige Zertrümmerung des Österreichisch-Ungarischen Reiches durch die Verträge von St. Germain und Trianon. Jahrhundertelang hatte dieser letzte lebende Überrest des Heiligen Römischen Reiches einer großen Zahl von Völkern, zum Vorteil von Handel und Sicherheit, ein gemeinsames Leben ermöglicht, und keines dieser Völker besaß in unserer Zeit die Kraft oder Lebensenergie, um sich allein gegen den Druck eines wiederauflebenden Deutschland oder Rußland zu behaupten... Es gibt keine einzige Völkerschaft oder Provinz des Habsburgischen Reiches, der das Erlangen der Unabhängigkeit nicht die Qualen gebracht hätte, wie sie von den alten Dichtern und Theologen für die Verdammten der Hölle vorgesehen sind. Die edle Hauptstadt Wien, die Heimstätte so großer, langverteidigter Kultur und Tradition, der Knotenpunkt so vieler Straßen, Wasserwege und Bahnlinien, blieb elend und hungernd liegen wie ein mächtiges Kaufhaus in einem verarmten Viertel, dessen Bewohner zum größten Teil fortgezogen sind.«[219]

3. »Die wirtschaftlichen Bestimmungen des Versailler Vertrags waren so bösartig und töricht, daß sie offensichtlich jede Wirkung verloren... Niemand in führender Stellung besaß den Geist, die Überlegenheit oder die Unabhängigkeit von der öffentlichen Verblendung, um den wahlberechtigten Mitbürgern diese grundlegenden, brutalen Tatsachen auseinanderzusetzen... Die siegreichen Alliierten versicherten nach wie vor, daß sie Deutschland ausquetschen würden, ›bis die Kerne krachen‹. Das alles übte auf das Gedeihen der Welt und auf die Stimmung des deutschen Volkes gewaltigen Einfluß aus.«[220]

Nein, es fand sich niemand in führender Stellung, nicht einmal Herr Churchill!

---

[218] Winston S. Churchill, *Der Zweite Weltkrieg*, Bern—Stuttgart 1954, S. 10.
[219] Winston S. Churchill, *Der Zweite Weltkrieg*, aaO., S. 15.
[220] Winston S. Churchill, *Der Zweite Weltkrieg*, aaO., S. 14.

Im Grunde genommen: Churchill durch sich selbst abgeurteilt und zu den Dummköpfen in die Schar der allgemeinen Dämlichkeit abgeschoben.

Heute gibt es keine einzige nichtdeutsche Nation, keine einzige nichtdeutsche Provinz des früheren Habsburgischen Reiches, der die Pax sovietica unter dem Deckmantel der Unabhängigkeit, »nicht die Qualen gebracht hätte, wie sie von den alten Dichtern und Theologen für die Verdammten der Hölle vorgesehen sind«.

Es erübrigt sich nicht hinzufügen, daß man (Roosevelt, Churchill und Co.) bei diesen Qualen, die für die Verdammten der Hölle vorgesehen waren, 50 Millionen Menschen hat umkommen lassen, um dieses Ergebnis zu erzielen.

Und daß sich in unserer Welt immer noch nicht jemand in führender Stellung gefunden hat, »der den Geist, die Überlegenheit oder die Unabhängigkeit von der öffentlichen Verblendung besaß, um den wahlberechtigten Mitbürgern diese grundlegenden, brutalen Tatsachen auseinanderzusetzen«.

DRITTER TEIL
DEM KRIEG ENTGEGEN

»Ich weiß es, aber die Demokraten bereiten die Kriege erst nach deren Erklärung vor. Daher müssen wir zunächst den Krieg erklären.«

Georges Mandel,
französischer Kolonialminister

VII. DIE TEILUNG DER TSCHECHOSLOWAKEI

1. AM TAG NACH MÜNCHEN

Bei ihrer Rückkehr aus München wurden Chamberlain und Daladier, jeweils in London und Paris, von Hunderttausenden jubelnder Menschen empfangen, die ihnen ihre Dankbarkeit zuriefen. In Rom brandete die der Italiener um Mussolini empor. Vor seinem Rückflug hatte die Münchener Bevölkerung Chamberlain gefeiert, in dem sie zu Recht den Schmied des wiedererlangten Friedens erkannt hatte. Ganz Europa jubelte. Die Öffentlichkeit glaubte, alle Vorbedingungen seien nun gegeben zur Wiederauflebung jenes Viermächteabkommens (Frankreich, Deutschland, England und Italien), das Mussolini im Juni 1933 angeregt hatte. Chamberlain hatte einen deutsch-englischen Nichtangriffspakt aus München mitgebracht; er forderte Frankreich auf, ebenso zu verfahren, und Frankreich nahm das an.[221] Er hatte im April 1938 Frieden mit Italien geschlossen (Anerkennung des

---

[221] Der deutsch-französische Nichtangriffspakt wurde in Paris am 6. November 1938 unterzeichnet. Die KPF und die ihr nahe stehende Gewerkschaft CGT beschlossen einen Allgemeinstreik für den 30. November, für den Tag, an dem der Vertrag ursprünglich unterzeichnet werden sollte. Der Unterzeichnungstermin wurde daher auf den 6. November vorverlegt; und am 6. November versuchte die KPF, allerdings ohne Erfolg, die französische Öffentlichkeit gegen den Besuch Ribbentrops in Paris zu mobilisieren. Der Streik vom 30. November erwies sich übrigens als Mißerfolg.

italienischen Königs als Kaiser von Äthiopien), und Frankreich könne das gleiche tun. Leider befanden sich Frankreichs Parlament und Generalstab nicht in derselben Verfassung wie in England. In Deutschland und Italien waren indes beide Diktatoren auf der Hut. Der Viermächte-Pakt sollte nicht wiederaufleben.

In Frankreich trat der Ministerrat unter dem Vorsitz Albert Lebruns gleich nach Daladiers Rückkehr zusammen und sprach diesem einstimmig seine Glückwünsche aus, in die Außenminister Bonnet eingeschlossen wurde. Am 4. Oktober billigte die Abgeordnetenkammer das Münchener Abkommen mit 535 gegen 75 Stimmen: 73 Kommunisten und zwei Hysteriker, Jean Boulay, sozialistischer Abgeordneter des Departements Côte d'Or, und Henri de Kérilis. Das Lager um Mandel/Reynaud bzw. Léon Blum hatte, wenn auch enttäuscht, es für politisch unangemessen gehalten, die Öffentlichkeit vor den Kopf zu stoßen. Die Kommunisten hatten nicht solche Sorgen: sie wußten, daß sie sich bei jeder Gelegenheit ohne weiteres nach Moskau ausrichten konnten, und deshalb hatten sie einmütig dagegen gestimmt. Manche ihrer Anhänger, etwa die Professoren Joliot-Curie und Langevin, die Künstler Picasso und Chagall, schickten als Protest ihre Auszeichnungen zurück oder legten mit Krach ihr Amt nieder. Die kommunistische Zeitung *L'Humanité* setzte alle Hebel in Bewegung. Ihr folgen die Zeitungen *L'Esprit* des verkappten Kommunisten und Katholiken Emmanuel Mounier, *Ordre* von Emile Buré, *Temps présent* von Gabriel Marcel sowie einige weitere Autoren, die ebenso geringen Einfluß auf die öffentliche Meinung ausübten. In diesem Lager traf man nicht ohne Verwunderung den Schriftsteller Henry de Montherlant, der in einem Interview vom »Abflauen der nationalen Energie« sprach... Diese Stimmen gingen allerdings im allgemeinen Jubel unter.

In England sah es schlimmer aus. Am 5. Oktober passierte Chamberlain im Unterhaus ein Mißgeschick, das sich folgenschwer auf Hitlers spätere Haltung auswirken sollte: er verband die Billigung des Münchener Abkommens mit der Annahme eines umfangreichen Rüstungsprogramms, das den Bau von 3000 Flugzeugen noch vor Jahresende und von 8000 weiteren im Laufe des Jahres 1939, eine Erhöhung der Militärkredite von 400 auf 800 Millionen Pfund Sterling, die Verstärkung der Feuerkraft der Flotte, sechs reguläre Divisionen, darunter zwei Panzer-, und dreizehn Territorialdivisionen, vorsah.

Dieses Programm wurde einstimmig angenommen. Als es jedoch darum ging, Stellung zum Münchener Abkommen zu nehmen, ergriff Churchill das Wort, sprach von der »Niederlage erster Ordnung, die Frankreich und England erlitten haben, von der Straße, die vom Donautal zum Schwarzen Meer und zur Türkei führt«, von der Notwendigkeit, »die Nazimacht durch ein Bündnis niederzuschlagen, das unter anderem Frankreich, England, Rußland, die Vereinigten Staaten einschließen würde«. Als er wieder Platz nahm, erhielt er langhaltenden Beifall von der Labour Party (137 Abgeordneten) und einigen Persönlichkeiten des Zentrums und der Rechten. Bei der Abstimmung wurden die Münchener Verträge mit 369 gegen 150 Stimmen gebilligt: 137 Labour-Abgeordnete und 13 aus verschiedenen Fraktionen. Zu ihnen gehörten natürlich Churchill, Eden sowie der Erste Lord der Admiralität, Duff Cooper, der übrigens zurücktrat.

Was sich im Unterhaus zugetragen hatte, machte Hitler aufmerksam. Am 9. Oktober 1938 hielt er in Saarbrücken eine Rede, in der er es wie folgt zur Kenntnis nahm: »Die Staatsmänner, die uns gegenüberstehen, wollen — das müssen wir ihnen glauben — den Frieden. Allein sie regieren in Ländern, deren innere Konstruktion es möglich macht, daß sie jederzeit abgelöst werden können, um anderen Platz zu machen, die den Frieden nicht so sehr im Auge haben. Und diese anderen sind da! Es braucht nur in England statt Chamberlain Herr Duff Cooper oder Herr Eden oder Herr Churchill zur Macht zu kommen, so wissen wir genau, daß es das Ziel dieser Männer wäre, sofort einen neuen Weltkrieg zu beginnen. Sie machen gar kein Hehl, sie sprechen das offen aus.«

Der im Unterhaus einstimmig angenommene Rüstungsplan Chamberlains war ihm nicht ganz geheuer: war es ein einfaches Manöver, um seine Opposition zu erweichen, oder etwa eine Maßnahme, die ein gewisses Mißtrauen gegen Deutschland offenbaren würde? Bei den drei Gesprächen, die er in München mit Chamberlain führte, glaubte er vor allem in der abschließenden, den deutsch-britischen Nichtangriffspakt besiegelnden Unterredung verstanden zu haben, daß England ihm freie Hand im Osten, auf dem Festland, lassen würde, vorausgesetzt, daß er ihm im Westen die Seeherrschaft überließe: Würde Chamberlain vorsorgen, um zur gegebenen Zeit seine Ostpolitik durchkreuzen zu können? Das waren die offenen Fragen.

Was sich ferner in der neuen Tschechoslowakei abspielte, beunruhigte ihn aufs höchste. In München hatte er Zugeständnisse gemacht: er hatte unter anderem auf eine Volksabstimmung in den unentschiedenen Gebieten verzichtet; er habe damit vermeiden wollen, daß die anderen Minderheiten, vom Beispiel ermutigt, ebenfalls eine Abstimmung forderten und daß die Tschechoslowakei nicht völlig auseinandergenommen werde. Demnach hatte er weniger bekommen als ursprünglich verlangt, und etwa 300 000 Deutsche waren unter tschechischem Joch geblieben. Allerdings kamen mit den Sudetendeutschen rund 200 000 Tschechen unter deutsche Herrschaft. Daraus erwuchsen Zusammenstöße zwischen Tschechen und Deutschen in den betreffenden Gebieten. Und Hitler war der Ansicht, daß diese Lage nicht länger dauern dürfe, da sie die Zusammenstöße auf das Reich und die neue Tschechoslowakei übertragen könne.

Präsident Benesch erklärte zwar seinen Rücktritt und zog sich auf sein böhmisches Gut zurück; die Regierungsgeschäfte übernahm aber General Sirovy, der eine provisorische Regierung bildete, bis das Land sich neue Einrichtungen gab. Für General Sirovy hatte Hitler nicht viel übrig: dieses willenlose Werkzeug Beneschs baute nämlich die gesamte Politik des tschechischen Heeres auf dem tschechisch-sowjetischen Pakt auf, zu dem er wesentlich beigetragen hatte, sowie auf dem französisch-sowjetischen Bündnispakt. Außerdem mehrten sich — laut Reichsnachrichtendienst — die Informationen, wonach die Rüstungsfabriken Böhmens (unter anderem die Pilsener Skodawerke) weiterhin auf vollen Touren arbeiten würden, keine Maßnahme zwecks Demobilisierung verkündet worden sei, die Armee sich auf der Grundlage ihrer früheren Stärke reorganisiere, die neue Tschechoslowakei, nach den Worten Hitlers, höchst wahrscheinlich »ein auf Deutschland gerichteter Flugzeugträger« bleiben werde.[222]

---

[222] Als die deutschen Truppen am 15. März 1939 in die Tschechoslowakei einmarschierten, fanden sie Dokumente vor, die auf eine Truppenstärke von 150 000 Mann hinwiesen. Nach diesen Dokumenten verfügte das tschechoslowakische Heer über 1582 Flugzeuge, 501 Flakgeschütze, 2175 Geschütze, 785 Minenwerfer, 469 Panzerkampfwagen, 43 876 Maschinengewehre, 114 000 Pistolen, 1 090 000 Gewehre, Infanteriemunition über 1 Milliarde Schuß, Artillerie- und Gasmunition über 3 Millionen Schuß, ferner ein riesiges Kriegsgerät aller Art (siehe Hitlers Reichstagsrede vom 28. April 1939).

Da aber Churchill am 16. Oktober sich erneut im Rundfunk gegen die Münchener Verträge ausgesprochen hatte, dachte Hitler sich, daß die Lage in England sich nur verschlechtern könne; der sanfte Chamberlain von den Regierungsgeschäften werde verdrängt werden, England und General Sirovy würden sich verständigen. Man müsse also Maßnahmen erwägen: am 21. Oktober entschied er sich für Maßnahmen »zur Verstärkung der Sicherung der Grenzen des Reiches«. »Es muß möglich sein, die Rest-Tschechei jederzeit zerschlagen zu können, wenn sie etwa eine deutschfeindliche Politik betreiben würde.« Das waren zwar nur Vorbeugungsmaßnahmen für alle Fälle, die durch das Verhalten seiner Gegner begründet waren. Im Westen bekanntgeworden, riefen sie aber Bestürzung hervor: Was war aus den Versprechungen geworden, die er Chamberlain in Berchtesgaden, Godesberg und München wiederholte?: die Sudeten »sind die letzte territoriale Forderung, die ich in Europa zu stellen habe« und »wir wollen gar keine Tschechen!« Es wurde zu schnell übersehen, daß diese Maßnahmen durch die englische Aufrüstung und die Haltung von General Sirovy bedingt wurden, und nicht umgekehrt.

Daraufhin machte Hitler einen ersten schweren Fehler. Im Münchener Abkommen war vorgesehen, daß die Regierungschefs der vier Mächte zusammentreten sollten, »wenn das Problem der ungarischen und der polnischen Minderheit in der Tschechoslowakei nicht innerhalb von drei Monaten durch eine Vereinbarung unter den betreffenden Regierungen geregelt wird«.[223]

Teschen war zu Polen zurückgekommen, aber die polnische Regierung war ehrgeiziger. Um die ruthenischen Ukrainer, die bei den polnischen Ukrainern einen ständigen Unruheherd nährten, zu bändigen, forderte sie deren Anschluß an Polen, und nicht an die Tschechoslowakei, wie im Münchener Abkommen vorgesehen, sowie eine gemeinsame Grenze zu Ungarn. Die Frage blieb also offen. Was Ungarn und die Tschechoslowakei betraf, konnten sich die Vertreter beider

Regierungen am 7. Oktober nicht einigen, und alles sprach dafür, daß sie die Frage in den nächsten drei Monaten nicht würden lösen können, da sie von ihrem Standpunkt offenbar nicht abrücken wollten.

---

[223] Wortlaut des Münchener Abkommens, Anhang II.

Nun wurde Hitler mit Mussolini, der weiterhin eine Rolle in Mitteleuropa spielen wollte, über die Gründung einer deutsch-italienischen Schiedskommission einig, die den Streitfall, ohne London und Paris zu konsultieren, schlichten sollte.

Die Kommission trat am 2. November in Wien zusammen und gab Ungarn einen langen Gebietsstreifen zurück, der sich von Ost nach West erstreckte und in dem rund 750 000 Ungarn (Magyaren) lebten. Paris und London, die nicht zu Rate gezogen wurden, faßten diesen Schiedsspruch, unabhängig von seinem durchaus vernünftigen Inhalt, als ausgesprochene Verletzung der Münchener Verträge auf und protestierten heftig.

Fünf Tage später wurde der dritte Sekretär der Deutschen Botschaft in Paris, Ernst vom Rath, in der rue de Lille ermordet. Der Täter war ein junger Jude namens Grynszpan. Dann erfolgte in Deutschland die Nacht der Repressalien gegen die Juden zum 10. November.[224] Der Wiener Schiedsspruch erhielt eine neue Beleuchtung: in Frankreich, England und den Vereinigten Staaten war die Entrüstung allgemein, und die beiden Angelegenheiten, auf dieselbe Stufe gestellt, wurden gleichermaßen mißbilligt. Niemandem fiel ein, daß der Zornausbruch, der ganz Deutschland erschütterte, und die Repressalien durch den Mord hervorgerufen wurden: nicht einmal ein Vorwurf an die Adresse des Mörders, die Umstände wurden kaum untersucht, es fehlte nicht viel, daß man ihn beglückwünschte.

Der Sachverhalt wurde in der Presse so dargelegt, daß nach kurzer Zeit die Öffentlichkeit überzeugt war, der Jude Grynszpan habe vom Rath ermordet, um seine Glaubensbrüder für die Mißhandlungen zu rächen, die ihnen die Nazis in der Nacht zum 10. November zufügten!

Moralisch war die Front der Demokratien gegen Deutschland wiederhergestellt An ihre Spitze setzte sich Präsident Roosevelt, überglücklich, sich endlich wieder in die europäischen Angelegenheiten einmischen zu können, ohne daß Chamberlain, der ihn ferngehalten hatte, protestieren konnte, wenn er die Öffentlichkeit nicht vor den Kopf stoßen wollte: Am 14. November bekräftigte er öffentlich seine Entscheidung, den US-Botschafter in

---

[224] Siehe oben.

Berlin abzuberufen und den Bau von 10 000 Flugzeugen zu erwägen, mit dem, was sich soeben in Deutschland zugetragen hatte...

Leidenschaftlich sprach er sich dafür aus, daß die Amerikaner alle deutschen Waren boykottierten, und wirkte auf England ein, damit es seine Verständigungspolitik mit Deutschland aufgebe. Er bat sogar den Kongreß, das 1936 auf seine Empfehlung hin verabschiedete Neutralitätsgesetz abzuändern und seine »Cash-and-Carry-Klausel durch ein Pacht-und-Leih-System« abzulösen. Der Kongreß folgte ihm nicht. Und England wich dem Druck offenbar nicht. Im Februar 1939 hatte es immer noch nicht nachgegeben.

Präsident Roosevelt ließ sich deshalb nicht entmutigen. Im September 1939 fanden die Deutschen im Warschauer Außenministerium unter anderen Dokumenten einen Brief des polnischen Botschafters in Paris, J. Lukasiewicz. Am 7. Februar 1939 schrieb er, der US-Botschafter Bullitt habe ihm gegenüber die Haltung Englands bedauert und gleich hinzugefügt: »Die Vereinigten Staaten verfügen England gegenüber über verschiedene und ungeheuer bedeutsame Zwangsmittel. Allein die Drohung ihrer Anwendung dürfte genügen, England von einer Kompromißpolitik auf Kosten Frankreichs zurückzuhalten.«[225] Hatte Präsident Roosevelt es noch nicht getan, so war er demnach wohl entschlossen, diese Mittel anzuwenden.

Dieser Text steht im selben Zusammenhang wie jener Brief, den Graf Potocki, polnischer Botschafter in Washington, am 12. Januar 1939 an Oberst Beck richtete: »Die antisemitischen Ausschreitungen, die kürzlich in Deutschland stattgefunden haben, haben hier zu einer antideutschen Stimmungsmache von seltener Heftigkeit geführt. An ihr haben sich verschiedene jüdische Intellektuelle und Finanzleute beteiligt, wie Bernard Baruch, der Bundesrichter Frankfurter, Finanzminister Morgenthau und andere, die mit Roosevelt freundschaftliche Beziehungen unterhalten. Dieser Personenkreis, der die höchsten Stellungen in der amerikanischen Regierung bekleidet, ist unlösbar mit der Jüdischen Internationale verbunden.«[226]

Nunmehr hatte Europa den Weg des Krieges unumkehrbar eingeschlagen. Der Mord eines jungen Juden an einem deutschen

---

[225] *Deutsches Weißbuch*, Nr. 3, hg. vom Auswärtigen Amt nach dem Polenfeldzug, Berlin 1940, Dok. Nr. 9, S. 23—24.
[226] Ebenda. Siehe oben, S. 134 den Brief, den von Dieckhoff, deutscher Botschafter in Washington, am 13. November 1938 an Staatssekretär von Weizsäcker richtete.

Botschaftssekretär in Paris hatte eine Kettenreaktion ausgelöst und zu diesem Ergebnis geführt.

Im März 1939 sollte Hitler bei der wieder auflodernden Tschechoslowakei-Affäre einen zweiten, angesichts des politischen Klimas noch schwereren Fehler begehen, der die Unternehmung begünstigen sollte.

2. Die Tschechen verletzen die Münchener Verträge

Der Wiener Schiedsspruch vom 2. November 1938 hatte Ungarn den von Magyaren bewohnten südlichen Teil der Slowakei zurückgegeben. Somit umfaßte die Tschechoslowakei nach dem Münchener Abkommen noch drei große Volksgruppen: die Tschechen (die laut Statistik 6 727 038 Angehörige zählten), die Slowaken (2 010 295) und die Ruthenen (459 346).

Es war vereinbart worden, daß der neue Staat föderativ sein und daß jede dieser drei Volksgruppen über die interne Autonomie verfügen sollte. Die Tschechen, die sich in der Mehrzahl befanden, zeigten keinen besonderen Eifer, die Münchener Klauseln einzuhalten. General Sirovy hatte das Heer fest in der Hand und war zudem Innenminister. Die Slowakei und Ruthenien standen unter tschechischer Verwaltung und Polizei.

Am 6. Oktober bildeten sich provisorische Landtage im slowakischen Preßburg und in Uzgorod (im Zuge des Wieners Schiedsspruchs nach Chust verlegt) für Ruthenien. Aus diesen Landtagen gingen provisorische Regierungen hervor, an deren Spitze Msgr. Tiso in der Slowakei und Msgr. Woloschin in Ruthenien gestellt wurden.

Die Tschechen nahmen das übel und verhielten sich, als wenn diese Einrichtungen nicht bestünden. Ermutigt wurden sie dabei von Benesch, der am 22. Oktober 1938 auf Bitten der neuen Regierung nach London emigrierte und mit General Sirovy in Verbindung blieb, und von C. Gottwald, dem Führer der tschechischen KP., der seinerseits Zuflucht in Moskau fand. Flugblätter, in denen es hieß: »Haltet aus! Der Tag, an dem die französischen, englischen und russischen Heere Euch erlösen, rückt näher!«, wurden in den Kasernen, in der Polizei und in der Verwaltung verteilt.

Schließlich kamen Msgr. Tiso und Msgr. Woloschin auf den Einfall, den tschechischen Behörden Widerstand zu leisten, indem sie sich auf den Volkswillen stützten. Sie veranstalteten Wahlen, die am 2. Februar 1939 in Ruthenien und am 23. Februar in der Slowakei abgehalten wurden, wobei jeweils 92,4% und 98% der Wähler sich für die Autonomie und die jeweiligen Führer aussprachen. Somit hatte das Volk Tiso und Woloschin Vollmacht erteilt.

Die Prager Regierung war zunächst überrascht. Am 10. März 1939 setzte sie Msgr. Tiso ab und bildete eine neue slowakische Regierung, gegen die die gesamte Bevölkerung sich auflehnte. Nach Ruthenien beorderte sie gar das Militär...

Es entstand ein großes Durcheinander im ganzen Land, ja sogar bei den Tschechen im Böhmisch-Mährischen, wo etwa 350 000 Deutsche im Zuge des Münchener Abkommens nicht in das Vaterland hatten eingegliedert werden können, entweder weil ihr Anteil an der Bevölkerung zu niedrig war oder weil die geographische Lage dieser Gebiete es nicht zuließ. Seit sechs Monaten waren sie höchst diskriminierenden und kränkenden Maßnahmen seitens der Tschechen ausgesetzt: Entlassung aus den Fabriken, Streichung der Arbeitslosenunterstützung, polizeiliche Überwachung. Sie meinten, der Augenblick sei gekommen, wo sie das Haupt wieder erheben könnten, und es kam zu unzähligen Zusammenstößen.

In der Nacht zum 14. März, gegen 1.30 Uhr, begab sich Msgr. Woloschin in Begleitung seiner Kabinettsmitglieder zum deutschen Konsul nach Chust und übergab ihm folgende Erklärung: »Im Namen der Regierung der KarpatoUkraine (= Ruthenien) bitte ich zur Kenntnis zu nehmen die Erklärung unserer Selbständigkeit unter dem Schutz des Deutschen Reichs. (gez.) Premierminister Dr. Woloschin.«

Am 14. März, 10 Uhr, beauftragte das Parlament in Preßburg Msgr. Tiso, der am Vortag in Berlin gewesen war, folgendes Telegramm an Göring zu schicken:

»Ich bitte Sie, folgendes dem Führer und Reichskanzler zur Kenntnis zu bringen:

In starkem Vertrauen auf Sie, den Führer und Reichskanzler des Großdeutschen Reichs, unterstellt sich der slowakische Staat Ihrem Schutz. Der slowakische Staat bittet Sie, diesen Schutz zu übernehmen. (gez.) Tiso.«

Hitler antwortete umgehend, daß er annehme.

Die Prager Regierung war nicht mehr Herr der Lage. Staatspräsident Hacha, der nicht mehr wußte, wo ihm der Kopf stand, bat um eine Unterredung mit Hitler. Dieser erklärte sich bereit, diese Unterredung am selben Abend zu führen. Präsident Hacha traf in Begleitung seines Außenministers, F. Chvalkowsky, gegen 23 Uhr in Berlin ein und wurde am 15. März gegen 1 Uhr nachts in der Reichskanzlei empfangen. Hier mußte er erfahren, daß der Führer den Einmarsch der deutschen Armee in die Tschechoslowakei gerade für diesen 15. März, um 6 Uhr morgens, beschlossen habe und daß die Wehrmacht dann sofort in Richtung Prag vorstoßen werde. Er hoffte, dieser Vorstoß werde ohne Zwischenfälle verlaufen und die tschechische Armee keinen Widerstand leisten, sonst...

Präsident Hacha und sein Minister Chvalkowsky waren wie vor den Kopf geschlagen. Sie begriffen nicht, oder taten, als würden sie nicht begreifen, daß gerade ihre Politik Hitler zu dieser Entscheidung brachte und daß er sie auf Wunsch der Slowaken und der Ruthenen schon deshalb traf, weil beide die Münchener Verträge verletzt hatten. André François-Poncet, der keiner Zuneigung für das nationalsozialistische Regime verdächtigt werden kann, hat die Schuld ein für allemal festgelegt: »Innerhalb des tschechoslowakischen Staates hatten die von Monsignore Tiso geführten Slowaken die Autonomie erhalten. Aber die Tschechen weigerten sich, das Land als selbständigen Bundesstaat anzuerkennen. Prag forderte die Absetzung der slowakischen Minister wegen ihrer separatistischen Politik. Hitler ergriff, um seine Absichten zu verwirklichen, für die Slowaken Partei. Am 13. März 1939[227] eilte Monsignore Tiso nach Berlin und rief den Schutz des Führers an.«[228]

Es steht fest, daß die Münchener Verträge in erster Linie von den Tschechen verletzt wurden, und nicht von Hitler. Trotzdem machte Hitler seinen zweiten folgenschweren Fehler.

Das Münchner Abkommen war bekanntlich mit einem deutschbritischen (30. September 1938) und einem deutschfranzösischen (6. Dezember 1938) Pakt gekoppelt. In beiden hieß es: »Beide Regierungen sind entschlossen, vorbehaltlich ihrer besonderen Beziehungen zu dritten Mächten, in allen ihre beiden Ländern

---

[227] Fehler von A. François-Poncet; gemeint ist der 10. März.
[228] André François-Poncet, *Von Versailles bis Potsdam*, Mainz— Berlin 1949, S. 211.
— François-Poncet läßt den Fall der Ruthenen außer acht und legt lediglich den Streit zwischen Tschechen und Slowaken dar.

angehenden Fragen in Fühlung miteinander zu bleiben und in eine Beratung einzutreten, wenn die künftige Entwicklung dieser Fragen zu internationalen Schwierigkeiten führen sollte.« Wenn überhaupt eine Frage zu internationalen Schwierigkeiten führen konnte, dann wohl diese: Hitler war also verpflichtet, Frankreich und England zu konsultieren.

Als Hitler merkte, daß die Verletzung der Münchener Verträge von Benesch aus London sowie von Gottwald aus Moskau ferngesteuert wurde, hätte er den Fall sofort Frankreich und England vorlegen müssen. Und als sich Slowaken und Ruthenen unter seinen Schutz begaben, hätte er sie sofort darauf aufmerksam machen müssen, daß sie sich unter den Schutz der Münchener Garantiemächte zu stellen hätten, und nicht nur unter seinen. Wir wissen nicht, was daraus geworden wäre: eine Konferenz der Münchener Vier Mächte, bei der Polen und Ungarn, die an Ruthenien interessiert waren, zugezogen worden wären? Auf jeden Fall hätten die westlichen Mächte diese Lage kaum in die Länge ziehen, hätten sich über die Beschwerden Hitlers, der Slowaken und Ruthenen schwerlich hinwegsetzen können, ohne sich in der Weltöffentlichkeit bloßzustellen. Hitler hätte den Eindruck erweckt, als würde er seinen Verpflichtungen nachkommen und bestrebt sein, den Vier-Mächte-Pakt zu konsolidieren, seinen Fehler beim Wiener Abkommen (2. November 1938) wiedergutzumachen — Und wer weiß? Es wäre ihm möglicherweise gelungen, die Stimmung umzukippen, die der Mord Grynszpans und die in Deutschland nachfolgenden Repressalien geschaffen hatten.

Statt dessen handelte er allein und löste die Frage eigenmächtig und auf seine Weise: die deutschen Truppen rückten in die Tschechoslowakei am 15. März, 6 Uhr morgens, ein, besetzten Prag und das übrige Land noch im Verlauf des Tages; die Slowakei wurde zu einem unabhängigen Staat erhoben unter dem Schutz des Deutschen Reichs; Ruthenien kam an Ungarn, das es sofort besetzte (die Polen hatten dieses Gebiet zwar nicht erhalten, aber so doch die geforderte gemeinsame Grenze zu Ungarn); Präsident Hacha und Chvalkowsky waren vorher zu der Erklärung gezwungen worden, sie hätten selber diese Lösung befürwortet und das »Schicksal des tschechischen Volkes und Landes vertrauensvoll in die Hände des Führers des Deutschen Reichs« gelegt; Böhmen und Mähren bekamen einen in Prag residierenden Statthalter (K. von Neurath), und die deutsche Wehrmacht rückte nicht mehr ab.

In England, Frankreich und den Vereinigten Staaten war die Presse ein einziger Aufschrei der Entrüstung: jene Repressalien in der Nacht zum 10. November, ausgelöst durch die Tat Grynszpans, wurden mit der Auslöschung der Tschechoslowakei durch Hitler in Zusammenhang gebracht und loderten auf der politischen Bühne wieder auf. In der wiedergeschaffenen feindlichen Stimmung gegen Deutschland bekamen in Frankreich das Tandem Reynaud/Mandel und Léon Blum neuen Auftrieb, in England Churchill/Eden, Duff Cooper und die Labour Party, in den Vereinigten Staaten die jüdischen Vertrauten Roosevelts und der Präsident selbst.

Prag, Burg Hradschin. April 1939: Feierliche Übergabe des Reichsprotektorats an Freiherr von Neurath

Zunächst begnügte sich der gute alte Chamberlain folgende Erklärung im Unterhaus abzugeben:

»Unserer Ansicht nach hat sich die Lage von Grund auf geändert, seit der slowakische Landtag die Unabhängigkeit der Slowakei erklärt hat. Diese Erklärung hatte die Wirkung, daß der Staat, dessen

Grenzen wir zu garantieren beabsichtigen, von innen her zerbrach und so ein Ende fand, und demgemäß hat die Sachlage, die wir schon immer als nur vorübergehend ansahen, nun aufgehört zu bestehen, und Seiner Regierung kann sich infolgedessen nicht mehr länger an diese Verpflichtung gebunden halten... Ich bedaure das, was geschehen ist, zutiefst, doch ist das kein Grund dafür, von dem Wege, dem wir bis jetzt gefolgt sind, abzuweichen... Wir hoffen, dessen eingedenk zu sein, daß die Wünsche aller Völker der Erde sich auch jetzt noch auf die Friedenshoffnungen richten.«[229]

Was sich in Europa gerade abgespielt hatte, hatte in Chamberlains Mehrheit viel Staub aufgewirbelt. Selbst Lord Halifax, seine treueste und sicherste Stütze in dem Kampf, den er im September 1938 geliefert hatte, wechselte das Lager. Er unterrichtete den Premier, daß seine Erklärung einen außerordentlich schlechten Eindruck im Unterhaus gemacht habe und daß er sich nach der allgemeinen Mißbilligung richten müsse, wolle er nicht den Sturz der Regierung herbeiführen. Von Lord Halifax stark beeindruckt, hielt er am 17. März in Birmingham eine Rede ganz anderen Inhalts: »Kann irgend jemand außerhalb Deutschlands die Idee ernst nehmen, daß die Tschechoslowakei eine Gefahr für dieses große Land bildete?... Deutschland hat der Welt unter seinem jetzigen Regime eine Serie von unangenehmen Überraschungen bereitet: das Rheinland, der Anschluß Österreichs, die Lostrennung des Sudetengebietes — alle diese Dinge erregten und empörten die öffentliche Meinung der ganzen Welt. Jedoch, soviel wir auch einwenden mögen gegen die Methoden, die in jedem einzelnen dieser Fälle angewandt wurden, etwas ließ sich doch sagen zugunsten der Notwendigkeit einer Änderung der vorhandenen Lage. Aber die Dinge, die sich diese Woche unter voller Mißachtung der von der Deutschen Regierung selbst aufgestellten Grundsätze ereignet haben, scheinen einer anderen Kategorie anzugehören, und sie müssen uns allen die Frage nahelegen: ›Ist dies das Ende eines alten Abenteuers, oder ist es der Anfang eines neuen?‹ ›Ist dies der letzte Angriff auf einen kleinen

---

[229] Auszug aus dem *Blaubuch der Britischen Regierung* über die deutsch-polnischen Beziehungen und den Ausbruch der Feindseligkeiten zwischen Großbritannien und Deutschland am 3. September 1939; von der britischen Regierung autorisierte, ungekürzte und unveränderte Übersetzung, Basel 1939, Dok. Nr. 9, S. 5ff. — Beide Erklärungen werden von Benoist-Méchin, aaO., Bd. 7, *Wollte Adolf Hitler den Krieg*, S. 82 bzw. 84, ausführlicher zitiert.

Staat, oder sollen ihm noch weitere folgen?‹ ›Ist dies sogar ein Schritt in Richtung auf den Versuch, die Welt durch Gewalt zu beherrschen?‹... Ich fühle mich verpflichtet zu wiederholen, daß ich zwar nicht bereit bin, unser Land durch neue, nicht spezifizierte und unter nicht voraussehbaren Bedingungen funktionierende Verpflichtungen zu binden, daß aber kein größerer Fehler begangen werden könnte als der, zu glauben, unsere Nation habe, weil sie den Krieg für eine sinnlose und grausame Sache hält, so sehr ihr Mark verloren, daß sie nicht bis zur Erschöpfung ihrer Kraft einer solcher Herausforderung entgegentreten werde, sollte sie jemals erfolgen. Für diese Erklärung habe ich, davon bin ich überzeugt, nicht nur die Unterstützung, die Sympathie und das Vertrauen meiner Mitbürger und Mitbürgerinnen, sondern ich werde auch die Zustimmung des gesamten Britischen Weltreiches und aller anderen Nationen haben, die zwar den Frieden hochschätzen, aber die Freiheit noch höher.«[230]

Das war das Totengeläute für Englands Verständigungspolitik.

Aus Paris richtete Georges Bonnet an den neuen französischen Botschafter in Berlin (François-Poncet war nach dem Münchener Abkommen nach Rom beordert worden), R. Coulondre, folgende Note mit der Bitte, sie dem Auswärtigen Amt weiterzuleiten: »Die Regierung der Französischen Republik ist der Ansicht, daß das Vorgehen der Reichsregierung gegen die Tschecho-Slowakei eine klare Verletzung des Geistes und des Buchstabens der am 29. September 1938 in München unterzeichneten Verträge bedeutet.

Die Umstände, unter denen das Abkommen vom 15. März den Leitern der Tschecho-Slowakischen Republik aufgezwungen wurde, vermögen in den Augen der Regierung der Französischen Republik dem in dem Abkommen verzeichneten Tatbestand keine Rechtskraft zu verleihen.

Der französische Botschafter beehrt sich daher, Seine Exzellenz, den Herrn Reichsaußenminister davon in Kenntnis zu setzen, daß unter diesen Umständen die Regierung der Französischen Republik die Rechtmäßigkeit der neuen, durch das Vorgehen des Reiches in der Tschecho-Slowakei geschaffenen Lage nicht anerkennen kann.«[231]

---

[230] Amtliche Übersetzung, abgedruckt in *Dokumente der deutschen Politik und Geschichte*, Bd. 5, hg. von Johannes Hohlfeld, Berlin — München, o. J.
[231] *Französisches Gelbbuch*, 17. März 1938, Dok. Nr. 76, S. 99.

Dann, ohne auch nur eine Minute zu verlieren, bestellte er den Botschafter der UdSSR, Suritz, und teilte ihm mit, es sei jetzt »ein günstiger Augenblick gegeben, daß Paris und Moskau sich miteinander abstimmen und sich bereitfinden, gemeinsam jedem neuen Aggressionsversuch Hitlers entgegenzutreten«.[232] Denn G. Bonnet, der wahrhaftig wenig Sympathie für den Bolschewismus empfand, fühlte sich dazu gezwungen, ihn zu Hilfe zu rufen... Daran sieht man, wie verwirrt die damaligen Politiker, auch die scharfsinnigsten, waren.

Aus London erteilte Lord Halifax dem britischen Botschafter in Berlin, Sir Nevile Henderson, die gleichen Anweisungen.

Im Weißen Haus veröffentlichte das State Department bereits am 16. März folgendes Kommuniqué:

»Die Regierung der Vereinigten Staaten, die sich auf die Grundsätze der menschlichen Freiheit und der Demokratie gründet und sich ihnen geweiht hat, kann nicht umhin, öffentlich auszusprechen, daß unser Land all die Geschehnisse verdammt, die zu der zeitweiligen Auslöschung der Freiheiten eines freien und unabhängigen Volkes geführt haben, mit dem das Volk der Vereinigten Staaten seit der Gründung der Tschechoslowakischen Republik besonders enge und freundschaftliche Beziehungen unterhalten hat... Es ist offenkundig, daß solche Handlungen zügelloser Gesetzlosigkeit und willkürlicher Gewalt den Weltfrieden und selbst das Gefüge der modernen Zivilisation bedrohen.«[233]

Der deutsche Geschäftsführer in Washington, der am selben Tag das State Department von der Errichtung des Protektorats Böhmen und Mähren unterrichtet hatte, erhielt am 20. März folgende Antwort aus der Feder Cordell Hulls:

»Die Regierung der Vereinigten Staaten hat zur Kenntnis genommen, daß die erwähnten Länder (Böhmen und Mähren) nunmehr unter der De-facto-Verwaltung der deutschen Behörden stehen. Die Regierung der Vereinigten Staaten erkennt nicht an, daß irgendeine legale Grundlage für den bezeichneten Status besteht.«[234]

Natürlich wies die Reichsregierung diese Argumentation als unbegründet zurück.

---

[232] Georges Bonnet, *Vor der Katastrophe*, aaO., S. 187.
[233] United States Foreign Policy *(Peace and War)*, 1943, Dok. Nr. 126, S. 454ff.
[234] Ebenda, Dok. Nr. 127.

Der Kriegsmechanismus stellte sich auf psychologischer Ebene allmählich ein, indem er sich an das unglückliche Los der deutschen Juden (die nach dem Vorschlag Hitlers[235] übrigens ohne weiteres in die demokratischen Staaten hätten ausreisen können) knüpfte. Eingestellt war dieser Kriegsmechanismus nunmehr ebenfalls auf diplomatischer Ebene.

Am 18. März 1939 erklärte Cordell Hull dem belgischen Sonderbeauftragten in Washington, Prinz de Ligne: »Wenn an Ihren Grenzen ein Krieg ausbricht, können Sie gewiß sein, daß wir dann eingreifen werden! Ich kann Ihnen jetzt noch nicht sagen, ob das nach drei Tagen, drei Wochen oder drei Monaten sein wird, aber wir werden marschieren!«[236]

Es fehlte nur noch ein Vorwand. Da stellte sich die polnische Frage.

3. Die polnische Kehrtwendung

Bis dahin kamen Deutsche und Polen sehr gut miteinander aus. Zwischen ihnen bestand seit dem 26. Januar 1934 ein Verständigungsabkommen, das bestens lief, und ihre Beziehungen konnten nicht freundlicher sein. Wir erfahren es durch André François-Poncet:

»Oberst Beck stand mit Göring auf vertrautem Fuß, und dieser folgte jedes Jahr einer Einladung zur Jagd in den polnischen Wäldern. Bei diesen freundschaftlichen Zusammenkünften sprach man natürlich auch über die Danziger Frage und den polnischen Korridor, also über Probleme, die eines Tages im Interesse der guten Beziehungen der beiden Länder gelöst werden mußten. Oberst Beck gab zu verstehen, Polen werde sich nicht weigern, Danzig an das Reich zurückzugeben, wenn es dort wirtschaftliche Vorrechte beibehielte. Auch würde sich Polen mit einer exterritorialen Autobahn und Eisenbahnlinie, also einer direkten Verbindung zwischen West- und Ostpreußen einverstanden erklären.«[237]

---

[235] Siehe oben.
[236] *Deutsches Weißbuch*, 1940, III, Dok. Nr. 20. — Dieses Buch gibt die im Brüsseler Innenministerium vorgefundenen Dokumente wieder.
[237] André François-Poncet, *Von Versailles bis Potsdam*, aaO., S. 213.

Am 20. September 1938 trug der polnische Botschafter in Berlin, J. Lipski, Hitler dieselben Überlegungen vor und fragte ihn sicherheitshalber, ob er immer noch nichts dagegen habe, daß Polen sich die Sudetenkrise zunutze mache und das Teschengebiet wiedererlange. Und am 24. wiederholte er sie gegenüber Ribbentrop. Das war alles, was Hitler damals forderte. Und da er davon ausging, daß der Oberst seine Meinung nicht ändern würde, war er aufrichtig, als er gegenüber Chamberlain äußerte, die Sudeten seien die letzte territoriale Forderung, die er Europa zu stellen habe.

Seine Einstellung zu Polen war im übrigen bekannt: es wäre seines Erachtens unsinnig, Polen dem Deutschen Reich einverleiben zu wollen; Polen müsse als Pufferstaat zwischen Deutschland und Sowjetrußland fortbestehen; es sei kein künstlicher Staat; seine Widerstandskraft habe drei Teilungen im Laufe der Geschichte verkraftet; die Danzig- und Korridorfrage müsse zwar irgendwann eine Lösung finden, dies könne aber auf dem gütlichen Weg erfolgen. In bezug auf letzteren Punkt hoffte er, Polen einen Teil der unter bolschewistischer Herrschaft stehenden Ukraine geben zu können, gegen eine bilaterale Übereinkunft, die seine wirtschaftliche Entwicklung in keiner Weise gefährden würde. Alle diese Überlegungen hatte er in *Mein Kampf* festgehalten und Carl Burckhardt, dem Hochkommissar des Völkerbundes in Danzig, wiederholt.[238]

Beide Seiten stimmten somit überein.

---

[238] Carl Burckhardt, *Meine Danziger Mission 1937—1939*, München 1960.

Die Jahrhundert-Provokation

Hermann Göring und der polnische Außenminister Beck

Als aber von Ribbentrop am 21. März Lipski 1939 vorschlug, diplomatische Gespräche zur offiziellen Bestätigung dieser Übereinkunft einzuleiten, fuhr der Botschafter nach Warschau und kehrte am 26. mit einer negativen Antwort zurück. Außerdem unterrichtete von Moltke, deutscher Botschafter in Warschau bereits am 24. März Berlin, daß beunruhigende Gerüchte hinsichtlich der deutschen Absichten auf Polen umgingen, und unterstrich dadurch die ganze Bedeutung dieser negativen Antwort: Am nächsten Tag, dem 25., meldete Admiral Canaris die Mobilmachung von drei Reservistenjahrgängen sowie die Zusammenziehung polnischer Truppenteile um Danzig.

Was war nun geschehen?

Hier stehen wir vor einer der dunkelsten Machenschaften der Geschichte. Die rumänische Regierung hatte ihren Gesandten in London, V. Tilea, damit beauftragt, mit England über eine Anleihe in Höhe von zehn Millionen Pfund Sterling zu verhandeln. Er war aber ein überspannter Kopf und wußte nicht recht, wie er sich anstellen sollte. In Bukarest fanden gerade zur selben Zeit Verhandlungen zwischen Deutschland und Rumänien statt. Nun nutzte er die allgemeine Verwirrung, die der deutsche Einmarsch in die Tschechoslowakei hervorrief, und sprach am 16. März in der Downing Street vor. Obwohl er keinen Auftrag seitens seiner

Regierung habe, möchte er das Foreign Office in Kenntnis setzen, die deutsche Delegation habe der rumänischen solch übertriebene Forderungen gestellt, daß sie nichts anderes als ein Ultimatum seien. Er fragte daher, ob im Fall einer deutschen Aggression England bereit wäre, Rumänien eine Anleihe in Höhe von zehn Millionen Pfund Sterling zu gewähren, damit sein Land Kriegsmaterial anderswo als in Deutschland kaufen könne.

Das war idiotisch: Deutschland und Rumänien hatten nicht nur keine gemeinsame Grenze, es lagen gar über 400 km zwischen beiden.

Trotzdem nahm Lord Halifax die Sache ernst: Er wußte, daß die City, die eine Mehrheitsbeteiligung an den rumänischen Ölfeldern besaß, für alles empfänglich war, was sich Richtung Bukarest abspielte, und daß er bei einem solchen Thema die britische Öffentlichkeit leicht in Bewegung setzen könnte.

Er wollte aber sicher gehen, und am 17. März bat er V. Tilea, ihm zu bestätigen, was er einen Tag zuvor gesagt hatte: Tilea bestätigte.

Am nächsten Tag, dem 18. März, erschien die Meldung in der *Times* und dem *Daily Telegraph*. Man hat behauptet, Sir Robert Vansittart habe sie ihren diplomatischen Redakteuren, MacDonald und Gordon Lennox, zum Abdruck weitergeleitet, in der Hoffnung, Öl ins Feuer zu gießen. Das mag möglich sein; Lord Halifax kann es aber ebensogut gewesen sein. Auf jeden Fall wurde sie ihnen von jemandem zugeschoben.

In Bukarest, wo die Meldung großes Aufsehen erregte, gab Außenminister Gafencu ein offizielles Dementi heraus:

»Die deutsch-rumänischen Verhandlungen verlaufen weiterhin normal. Die Meldungen über ein deutsches Ultimatum entbehren jeglicher Grundlage. Die bezüglichen Behauptungen sind einfach lächerlich.«[239]

Sir Reginald Hoare, der britische Botschafter in Bukarest, dementierte ebenfalls.[240] Der Gesandte der Vereinigten Staaten in Bukarest, Günther, telegraphierte Cordell Hull: »Herr Gafencu ist wütend. Er hat Herrn Tilea einen strengen Verweis erteilt und würde ihn gern aus London abberufen, wenn er nicht befürchtete, Lord Halifax zu verärgern.«[241] In Paris ließ Georges Bonnet den

---

[239] Documents on British Foreign Policy, Bd. 4, Dok. Nr. 399.
[240] Ebenda, Dok. Nr. 397.
[241] *Foreign Relations of the United States*, 1939, Bd. 1, S. 7409.

rumänischen Gesandten Tatarescu kommen und erfuhr, daß »die deutsch-rumänischen Besprechungen zu einem Handelsabkommen geführt haben, das bald unterzeichnet werden soll«, und daß es zu keiner Zeit ein Ultimatum gegeben habe, höchstens einen kleinen Zwischenfall am Anfang.[242]

Diese Flut von Dementis wurde der Presse nicht mitgeteilt: Die Londoner Abendzeitungen, die französischen und amerikanischen Zeitungen meldeten am nächsten Morgen, daß der Einmarsch der deutschen Truppen in Rumänien bevorstehe. Sie meldeten sogar auf Grund eines Drahtberichts des französischen Gesandten in Bukarest, Thierry, an Georges Bonnet, daß »Rumänien, das jeden Augenblick mit einem Einmarsch der Wehrmacht rechne, in der Mobilmachung begriffen sei«.[243] Da keiner sich in Geographie auskannte, glaubte jeder dran: der Leser der *Times*, des *Daily Telegraph*, des *New York Herald Tribune* und von *Paris-Soir* ebenso wie die am besten unterrichteten Politiker. Georges Bonnet schrieb nachträglich, daß er »erst 1944 von Gafencu die Versicherung erhielt, es habe in Bukarest kein deutsches Ultimatum gegeben«. Trotzdem ist es schwer zu glauben, daß er als Außenminister Gafencus amtliches Dementi vom 18. März 1939 nicht zur Kenntnis genommen habe.[244]

Noch am selben Abend suchte der Brite Sir Erich Phipps den französischen Ministerpräsidenten Daladier im Abgeordnetenhaus auf und bat ihn um eine dringende Aussprache: wir wissen nicht, worüber sich die beiden Männer unterhalten haben, aber Daladier rief seine Minister auf der Stelle zusammen und unterrichtete sie, daß »Großbritannien sich entschlossen hat, die Grenzen Rumäniens zu garantieren«, und legte ihnen die Gründe dar, die zu dieser Entscheidung geführt haben: »An dem Tag, an dem Deutschland Herr über das rumänische Petroleum ist, könnte es mit ganz Europa Krieg führen, denn es könnte dann ohne Zweifel jahrelang durchhalten.«[245] Der Ministerrat beschloß, sich nach der englischen Haltung auszurichten. Das war aus der Luft gegriffen: Großbritannien hat niemals die rumänischen Grenzen garantiert, Rumänien hat es auch niemals darum gebeten; außerdem traf der

---

[242] Georges Bonnet, *Vor der Katastrophe*, aaO., S. 186.
[243] Georges Bonnet, *Vor der Katastrophe*, aaO., S. 187f.
[244] Siehe dieses Telegramm, S. 233.
[245] Georges Bonnet, *Vor der Katastrophe*, aaO., S. 187.

englische Ministerrat, der die Frage erörterte, erst am nächsten Tag, dem 19. März, zusammen.

Bei dieser Sitzung stellte Lord Halifax die »Pleite der Verständigungspolitik« fest, die »in Prag zu Grabe getragen wurde«, erklärte, es dürfe »nicht zu einem polnischen München kommen« (obwohl noch nichts dafür sprach, daß Polen gefährdet sei), man müsse nun »Verpflichtungen in Osteuropa übernehmen und die Grenzen Polens und Rumäniens garantieren, selbst wenn man sich Churchills Projekt einer »Großen Allianz« zum Vorbild nähme«. Der Ministerrat pflichtete diesem Standpunkt bei.

Auf der Stelle richtete Lord Halifax eine Note an die Regierungen in Paris, Warschau und Moskau — allerdings nicht in Bukarest: er wußte um seinen Schwindel und ahnte die Antwort, die ihm die rumänische Regierung darauf geben würde — und forderte sie auf, »sich über die Maßnahmen zu beraten, die im Falle einer neuen Aktion gegen die Unabhängigkeit eines osteuropäischen Staates getroffen werden müßten«.[246] Am Tag zuvor hatte Litwinow in Moskau eine Rede gehalten, in der er »eine europäische Konferenz zu dem Zweck, Hitler Einhalt zu gebieten, vorgeschlagen (hatte), diesmal unter Teilnahme Frankreichs, Englands, Polens, Rußlands, Rumäniens und der Türkei«.[247]

Am folgenden Tag, dem 20. März, erklärte Lord Halifax im Oberhaus: »Seiner Majestät Regierung hat nicht verfehlt, die Folgerungen aus den Ereignissen zu ziehen. Sie ist entschlossen, allen ehrgeizigen Weltherrschaftsbestrebungen den Weg zu verlegen, und hat mit mehreren Regierungen Konsultationen aufgenommen und ihnen vorgeschlagen, einen Pakt abzuschließen, in dem sie sich zu einem gemeinsamen Widerstand gegen jede neue Bedrohung eines europäischen Landes verpflichten.«[248]

Am 21. März 1939 trafen der französische Staatschef, Albert Lebrun, und sein Außenminister, Georges Bonnet, zu einem offiziellen Besuch in London ein: Lord Halifax unterbreitete ihnen seinen Plan, und Georges Bonnet, der dem sowjetischen Botschafter in Paris, Suritz, bereits am 16. einen ähnlichen vorgelegt hatte, konnte nur zustimmen. Bemerkenswert ist, daß alle darüber einig waren, die

---

[246] *Documents on British Foreign Policy*, Bd. 14.
[247] W. L. Shirer, *Aufstieg und Fall des Dritten Reichs*, aaO., S. 428.
[248] *Britisches Blaubuch*.

UdSSR wieder an den europäischen Angelegenheiten zu beteiligen, von denen sie in München ferngehalten worden war.

In Polen war man allerdings anderer Auffassung. Nach Empfang von Lord Halifax' Note rief Oberst Beck seinen Ministerrat zusammen, und alle erklärten einmütig, sie hätten nichts dagegen, daß man Gespräche mit England führe zum Abschluß eines — mit dem französisch-polnischen aus dem Jahr 1921 vergleichbaren — Paktes; zum selben Zweck Gespräche mit Sowjetrußland zu führen sei aber nicht denkbar, schon wegen der damals gespannten Beziehungen zwischen beiden Ländern, und weil dies den Zorn der Deutschen hervorrufen würde, die als Repressalie einen ganz anderen Ton bei den bevorstehenden Gesprächen über Danzig und den Korridor anschlagen könnten. Anläßlich einer Zusammenkunft am 5. Januar 1939 in Berchtesgaden habe Hitler Beck gesagt, man müsse auf eine baldige Lösung des Problems bedacht sein, und der Gedanke daran erschreckte den Oberst.

Daher kam ihm die britische Garantie recht gelegen, und er erkannte sofort die Vorteile, die er daraus ziehen könnte: den Gesprächen zu entgehen. Am 24. März gab er deshalb seinem Botschafter in London, Raczynski, folgenden Auftrag:

»Ich bitte Sie, Lord Halifax zu fragen, ob nicht die englische Regierung angesichts der Schwierigkeiten, der unvermeidlichen Komplikationen und des Zeitverlustes, der mit einer multilateralen Verhandlung verbunden wäre, und andererseits angesichts des raschen Ablaufs der Ereignisse... die Möglichkeit ins Auge fassen könnte, mit uns unverzüglich ein zweiseitiges Abkommen zu schließen.«[249]

Lord Halifax fürchtete, er könne dadurch Rußland verstimmen; gedrängt von Chamberlain, der sich um eine Annäherung an Rußland keineswegs bemühte, ging er schließlich doch auf Becks Anliegen ein.

Und der polnische Gesandte in Berlin, Lipski, der sich seit dem 21. März in Warschau aufhielt, konnte am 26. in die Reichshauptstadt mit einer negativen Antwort zurückkehren...

So ist die Kehrtwendung von Oberst Beck zu erklären. Gerade die Zeit, um Unterschriften auszutauschen.

Am 31. März erklärte Chamberlain im Unterhaus:

---

[249] Grigore Gafencu, *Europas letzte Tage*, S. 57f.

»Ich habe dem Haus jetzt mitzuteilen, daß im Falle einer Aktion, welche die polnische Unabhängigkeit klar bedrohen und gegen welche die polnische Regierung entsprechend den Widerstand mit ihrer nationalen Wehrmacht als unerläßlich ansehen würde, Seiner Majestät Regierung sich während dieser Zeit verpflichtet fühlen würde, sofort der polnischen Regierung alle in ihrer Macht liegende Unterstützung zu gewähren.«[250]

Am 6. April 1939 war Beck in London, und das Abkommen wurde bekanntgegeben.

Hitler leitete trotzdem, wenn auch ohne große Illusionen, noch einige Schritte in Richtung Oberst Beck ein. Er mußte aber erkennen, daß er seine Zeit verlor, und hielt am 28. April vor dem Reichstag eine Ansprache, in der er sowohl das deutsch-polnische Verständigungsabkommen vom 26. Januar 1934 als auch den deutsch-englischen Flottenvertrag vom 18. Juni 1935 aufkündigte.

In derselben Ansprache ging er auf eine der ungeschicktesten Interventionen ein, die Roosevelt am 15. April bei ihm und Mussolini gemacht hatte und die er dem US-Präsidenten sehr übelgenommen hatte.

Was hatte Präsident Roosevelt Hitler und Mussolini also geschrieben?

Die Zurückweisung der britischen und französischen Proteste gegen die Zerteilung der Tschechoslowakei hatte zunächst Roosevelts Zorn entfesselt. Als Mussolini am 7. April in Albanien eindrang und König Viktor Emanuel die Krone Albaniens überreichte, konnte Roosevelt sich nicht mehr beherrschen.

Albanien war ein armes Land — ein Land von Schäfern, das keinerlei wirtschaftliche Bedeutung hatte. Es bildete aber eine strategische Drehscheibe, von wo aus man Jugoslawien, Bulgarien und Griechenland seinen Willen aufnötigen konnte. Wer Albanien beherrschte, beherrschte auch die Balkanländer. König Achmed Zogu I., der dessen Schicksal lenkte, war eine Art Gangster, der laut linksorientierter Zeitungen »sich bis zum Thron hinauf drängte durch eine sinnvolle Dosierung von Korruption, Intrigen und Morden«. Als er vom Einmarsch der italienischen Truppen hörte, floh er sofort nach Griechenland, in Begleitung seiner Frau, Königin Geraldine. Die Eindringlinge empfing die albanische Bevölkerung mit offenen

---

[250] *Documents on British Foreign Policy*, Bd. 4. Dok. Nr. 417.

Armen; sie verdankte ihnen ja ihre Straßen, ihre wenigen Eisenbahnstrecken und seltene Industrien. Der Abgang des Königs wurde von seinen ehemaligen Untertanen nicht als Verlust angesehen, im Gegenteil.

Das waren doch keine Manieren! Mussolini hatte einen Gangster in die Flucht gejagt, hatte sich aber gleichzeitig ein Land mit Gangstermethoden angeeignet.

Pius XII., der am 2. März 1939 als Papst gewählt wurde, hielt seine erste Papsthomelie, *Quoniam Paschalia*, am Ostersonntag und zeigte sich »sehr besorgt über die Gefahren, die die Arbeitslosigkeit, das Elend, die Nichteinhaltung der eingegangenen Verpflichtungen, die Verachtung — in manchen Ländern — der unveräußerlichen Menschenrechte in Europa erzeugten«.[251] Die Intervention des Papstes erfolgte auf moralischer Ebene. Jeder wußte, daß diese Worte Hitler und Mussolini galten und sich insbesondere auf die jüngsten Ereignisse in der Tschechoslowakei und in Albanien bezogen. Hitler und Mussolini hatten es wohl verstanden.

Auf der diplomatischen Bühne hatte Jugoslawien nicht gemurrt. Bulgarien und die Türkei auch nicht. Frankreich und England protestierten nur der Form wegen und so, daß sie ihre Hoffnung, Mussolini und Hitler zu entzweien, nicht vereitelten. Nur die Russen und Präsident Roosevelt tobten.

Hätte Präsident Roosevelt in seinem Telegramm vom 15. April 1939 gegen die jüngste Entwicklung in der Tschechoslowakei und in Albanien protestiert, so hätte man schon verstanden, daß er nur auf Hitler und Mussolini anspielte. Aber seine Botschaft berichtete lediglich von »hoffentlich unbegründeten Gerüchten, denen zufolge neue Angriffsakte gegen weitere unabhängige Nationen erwogen würden«. »Sich nur an zwei der betroffenen Parteien zu wenden, hieß sie von vornherein auf die Anklagebank schicken«, bemerkt Msgr. Giovanetti über Präsident Roosevelts Initiative.[252] Zumal der US-Präsident sie, und nur sie, ohne Umschweife fragte:

»Können Sie mir versichern, daß Ihre Truppen weder die Hoheitsgebiete noch die Besitzungen der im folgenden aufgezählten Nationen angreifen werden?« Davon zählte er einunddreißig auf. Und er schloß mit der »Hoffnung, daß eine solche Versicherung zehn

---

[251] *Acta Apostolicae Sedis*, XXXI, S. 145.
[252] Msgr. Giovanetti, *Der Vatikan und der Krieg*, Köln 1961.

Jahre, ja gar ein Vierteljahrhundert Frieden bedeuten könnte«, und im Falle einer positiven Antwort versprach er »die Beteiligung Amerikas an internationalen Diskussionen, die die Welt von der erdrückenden Rüstungslast befreien sollten«.[253]

Das war mehr als ein Verstoß gegen die diplomatischen Gepflogenheiten, das war eine Grobheit, wenn nicht eine Provokation.

Seitdem ich Robert E. Sherwood, einen der Vertrauten Roosevelts, gelesen habe, habe ich darüber keine Zweifel mehr. Robert E. Sherwood behauptet nämlich, daß der Präsident überzeugt war, »die Grenze der Vereinigten Staaten befinde sich am Rhein«[254], und »er zweifellos Friedensverhandlungen, ein neues München, am meisten befürchtete«.[255]

Mussolini konferierte in Rom mit Göring und Ciano, als ihm diese Botschaft überreicht wurde, und da stellte er seine berühmte Diagnose: »Folge einer progressiven Lähmung«, worauf Göring übereinstimmend antwortete: »Beginn von Geisteskrankheit«.[256] Hitlers Reaktion war überaus scharf.

---

[253] *Foreign Relations of the United States*, 1932, Bd. 1, S. 129.
[254] Robert E. Sherwood, *Roosevelt und Hopkins*, Hamburg 1950.
[255] Ebenda.
[256] Tagebuch von Graf Ciano, Eintragung vom 14. April 1939.

DIE JAHRHUNDERT-PROVOKATION

MANDEL zu BENESCH (unten): »Erklären Sie Deutschland den Krieg, und die Kanonen Frankreichs, Englands und der Sowjetunion werden von selbst losgehen...«

ROOSEVELT: »Was ich am meisten befürchte, das sind Friedensverhandlungen, ein neues München!«

CHURCHILL: »Niemals hätte sich ein Krieg leichter verhindern lassen als dieser.«

Am 17. April 1939 beauftragte er Ribbentrop, bei allen von Roosevelt genannten Staaten (mit Ausnahme Polens, natürlich, Frankreichs, Rußlands und Großbritanniens, dessen öffentlich vielfach wiederholte Absichten er kannte) anzufragen, ob sie sich von Deutschland bedroht fühlten und ob sie Roosevelt darum gebeten hätten, dieses Ersuchen in dieser Form zu richten. Die siebenundzwanzig angesprochenen Staaten antworteten einmütig mit einem doppelten *Nein*. Für Hitler war dies ein beispielloser diplomatischer Erfolg, den er in seiner äußerst redegewandten[257] Reichstagsansprache vom 28. April bestens auszunutzen wußte, indem er mitten im Gelächter und unter dröhnendem Beifall die siebenundzwanzig Antworten vorlas. Außerdem regte er erneut eine internationale Konferenz an, die den Versailler Vertrag oder das, was von ihm noch bestand, abändern sollte.

Seinen Schritt hatte Präsident Roosevelt damit gerechtfertigt, »daß die Möglichkeit eines Konflikts das amerikanische Volk, in dessen Namen ich spreche, mit großer Sorge erfüllt«. Den Beifall und das Gelächter steigerte Hitler zur Tollheit mit der ironischen Bemerkung: »Und hier erkläre ich feierlich, daß alle irgendwie verbreiteten Behauptungen über einen beabsichtigten deutschen Angriff oder Eingriff auf oder in amerikanische Gebiete plumper Schwindel oder grobe Unwahrheit sind. Ganz abgesehen davon, daß solche Behauptungen übrigens auch vom militärischen Standpunkt aus nur einer albernen Phantasie entstammen können«.[258]

In Frankreich, England und Polen, wo die Reaktionen nur noch von der Leidenschaft gesteuert wurden, fand Roosevelts Initiative herzlichen Beifall. In Rußland blieb jegliche Reaktion aus: man konnte ihr nicht beipflichten, da sie diplomatisch unhaltbar war, man konnte sie aber auch nicht mißbilligen, da es noch verfrüht war, die Welt von der Wiederaufnahme (3. Oktober 1938) der Gespräche zwischen Deutschland und Rußland in Kenntnis zu setzen, die bekanntlich zum deutsch-sowjetischen Pakt vom 23. August 1939 führten. In allen übrigen Staaten, vor allem in den von Präsident Roosevelt genannten, ging dessen Vorschlag mit viel Lächerlichkeit und Mißbilligung unter.

Unmittelbare Folge: Am 6. Mai 1939 hielt sich von Ribbentrop in Mailand zu einem offiziellen Besuch auf. Diese Stadt wählte Mussolini schon deshalb zum Ort der deutschitalienischen Zusammenkunft, weil die ausländische Presse zu wiederholten Malen von der angeblich antideutschen Stimmung in der lombardischen Hauptstadt berichtet hatte, und er wollte beweisen, daß dem nicht so sei.

---

[257] W. L. Shirer (*Aufstieg und Fall des Dritten Reichs*, aaO., S. 438): »... die brillanteste, die er gehalten hat...«
[258] Adolf Hitler, Reichstagsrede vom 28. April 1939.

Nach einem ersten Gedankenaustausch mit Graf Ciano aßen beide Minister am Abend im Hotel »Continentale«: Mussolini erteilte seinem Außenminister telefonisch den Auftrag, die Gelegenheit auszunützen und von Ribbentrop um die Unterzeichnung eines Militärbündnisses mit Deutschland zu ersuchen.[259] Zwischen beiden Ländern waren noch keine Gespräche hinsichtlich eines solchen Bündnisses eingeleitet worden. Einen derartigen Pakt hatte von Ribbentrop bereits ein Jahr zuvor angeregt: Hitler hielt sich damals (3.—9. Mai 1938), unmittelbar nach dem Anschluß Österreichs, in Rom auf. Im Namen Mussolinis hatte Ciano allerdings damals das Angebot abgelehnt. Diesmal war es beschlossene Sache: Präsident Roosevelts Telegramm hatte dazu beigetragen, dem Reichskanzler Mussolini wieder zuzutreiben, den von ihm zu lösen England und Frankreich bestrebt gewesen waren (Chamberlains und Lord Halifax' Staatsbesuch in Rom am 11. Januar 1939; Paul Baudouins Mission bei Mussolini am 2. Februar 1939).

Der Stahlpakt, wie dieses Militärbündnis anschaulich genannt wurde, wurde am 22. Mai 1939 in Berlin unterzeichnet. Artikel 3 besagt: »Wenn es entgegen den Wünschen und Hoffnungen der vertragschließenden Teile dazu kommen sollte, daß einer von ihnen in kriegerische Verwicklungen mit einer anderen Macht oder mit anderen Mächten gerät, wird ihm der andere Vertragschließende sofort als Bundesgenosse zur Seite stehen und ihm mit allen seinen militärischen Kräften zu Lande, zur See und in der Luft unterstützen.« Einzige Bedingung: beide Parteien müssen sich vorerst beraten.[260]

Erst am 30. Mai 1939 richtete Mussolini ein vertrauliches Schreiben an Hitler mit folgendem Wortlaut:

»Die europäischen Achsenmächte benötigen eine Friedenszeit von nicht weniger als drei Jahren. Erst vom Jahre 1943 an wird eine kriegerische Anstrengung die größten Aussichten auf Erfolg haben. Aus diesen Gründen wünscht das faschistische Italien nicht, einen europäischen Krieg zu beschleunigen, obwohl es von der Unvermeidbarkeit eines solchen Krieges überzeugt ist. Italien kann eine verhältnismäßig größere Zahl von Männern mobilisieren als

---

[259] Max Gallo, *L'Italie de Mussolini*, Paris 1964, S. 375.
[260] »Freundschafts- und Bündnispakt zwischen Deutschland und Italien«, in *Akten zur Deutschen Auswärtigen Politik*, Serie D, Bd. 6, Dok Nr. 426, S. 466ff.

Deutschland. Dieser Fülle von Männern entspricht eine Bescheidenheit von Mitteln...«[261]

Mit anderen Worten: Italien wird erst 1943 kriegsbereit sein. Das war zwar eine Bremse; bei der Besprechung, die der Führer am 5. November 1937 mit seinen Heeresführern hatte, rechnete er mit dem Krieg ohnehin nicht vor diesem Datum.

Für Ende Mai 1939 läßt sich die Weltlage wie folgt zusammenfassen: Hitler hatte mit Polen und England gebrochen (Kündigung des deutsch-englischen Flottenabkommens vom Juni 1935 sowie des deutsch-polnischen Verständigungsabkommens vom 26. Januar 1934); am 18. Dezember 1938 hatte Mussolini seinerseits den französisch-italienischen Vertrag vom 8. Januar 1935[262] aufgekündigt, und zwischen beiden Diktatoren war der Stahlpakt gerade abgeschlossen worden. Auf der einen Seite stand Hitler, der nun der Unterstützung Mussolinis sicher war und angesichts der Entwicklung der deutsch-sowjetischen Gespräche mit der Neutralität Stalins rechnen durfte; auf der anderen befanden sich England und Frankreich mit ihrem neuen Verbündeten Polen, die der Unterstützung Roosevelts sowie des riesigen amerikanischen Potentials sicher waren und ebenfalls auf Stalin hofften.

In Anbetracht der Wendung, die jene Roosevelt-Botschaft an Hitler und Mussolini der Diskussion gegeben hatte, waren die Aussichten auf ein neues München sehr gering: Roosevelts Wünsche, Robert E. Sherwood zufolge, waren damit erfüllt. Verfolgte er wirklich dieses Ziel, so hatte er es ganz und gar erreicht.

Die Lage war explosiv geworden.

---

[261] Ebenda, Dok. Nr. 459, S. 514—516.
[262] Von Pierre Laval unterzeichnet. Der Bruch erfolgte bei einem Zwischenfall in der italienischen Abgeordnetenkammer am 30. November 1938, in Anwesenheit des neuen französischen Gesandten in Italien, A. François-Poncet. Während einer Rede Cianos waren die Abgeordneten aufgestanden und hatten gerufen: »Wir wollen Nizza, Korsika, Tunis, Dschibuti!« Nach den Vorhaltungen Frankreichs hatten sich die französisch-italienischen Beziehungen verschlechtert, und schließlich hatte der Duce, und nicht Frankreich, diesen Vertrag aufgekündigt, der einen Sonderstatus für die Italiener in Tunis, Dschibuti und Nordafrika vorsah; ferner legte er den endgültigen Verzicht Italiens auf Korsika und Nizza fest. Mit der Aufkündigung des Vertrags stellte der Duce die Tunis, Dschibuti und Nizza betreffenden Bestimmungen in Frage, erhob er erneut Italiens Ansprüche auf diese Gebiete.

4. Die Intervention Pius' XII.

In dieser Atmosphäre entfesselter Leidenschaften blieb ein Mann kaltblütig und hielt nicht den Frieden für verloren: Papst Pius XII. Da Präsident Roosevelts tiefe Befürchtung eines neuen Münchens erst nach dem Krieg bekannt gemacht wurde[263], unterstellte ihm Pius XII. zweifellos keine machiavellistische

Absicht, hielt sein Eingreifen in die Debatte nicht für eine Provokation. Bestimmt aber für eine Ungeschicklichkeit: nicht nur, weil er sein anklagendes Schreiben lediglich an Hitler und Mussolini gerichtet hatte, sondern auch, weil seine Pläne einer Weltkonferenz so weitgreifend waren, daß sie sämtliche internationalen Fragen mit der europäischen vermengten und diese dadurch verwässerten; und vor allem, weil diese Pläne von ideologischen Überlegungen (Quarantäne-Rede vom 5. Oktober 1937) getragen waren, die mit der Kriegs-Friedensproblematik nichts zu tun hatten.

Als Berufsdiplomat wußte der Papst, daß man Fragen nacheinander in Betracht ziehen muß. Er wußte auch, daß die Gefahr eines Krieges in Europa am größten war. Daher kam er auf den Gedanken, zunächst alle europäischen Streitfragen unter Europäern zu lösen. Die Reichstagsrede, die Hitler am 28. April 1939 als Antwort auf Roosevelt gehalten hatte, hatte ihn außerdem davon überzeugt, daß die Zeit drängte. Als geistiger Vater und Oberhaupt von 500 Millionen Menschen war er der Auffassung, daß er befugt und verpflichtet war einzugreifen. Nicht etwa wie Präsident Roosevelt aus Furcht vor einem neuen München, sondern zugunsten eines Treffens, das als einziges die Welt vor einer Katastrophe, das heißt in seinen Augen vor dem Ende der Christenheit und der Zivilisation, bewahren konnte.

Die europäischen Staaten, die Streitfragen unter sich auszuhandeln hatten, waren fünf an der Zahl: England, Frankreich, Italien, Deutschland und Polen. Deutschland natürlich mit Polen; Italien mit Frankreich (italienische Forderungen in Nordafrika, in Dschibuti, auf Korsika und sogar in Nizza); England mit Deutschland (Aufkündigung des deutsch-britischen Flottenabkommens von 1935, Garantie für Polen) und Italien (Suezkanal); Frankreich mit Deutschland (Proteste gegen seine Politik in Mitteleuropa, polnische

---

[263] Siehe oben.

Garantie). Italien und Deutschland gehörten nicht mehr dem Völkerbund an; eine allgemeine Regelung durch den Völkerbund war deswegen ausgeschlossen, da er sie ohne die beiden Nationen verhandelt hätte. Für eine Regelung blieb nur noch eine Konferenz mit den fünf betroffenen Staaten.

Warum nicht mit Rußland?, fragten später Pius' XII. Widersacher, vor allem Saul Friedländer anläßlich jener Polemik, die Hochhuths Stück *Der Stellvertreter* hervorrief. Pius' Vorgehen läge, meinten sie, an »einer persönlichen Abneigung gegen den Kommunismus, die auf seine ›Kontakte‹ mit den bayerischen Sowjets im Jahre 1919 zurückgeht«.[264] Die Antwort ist eigentlich viel einfacher: Rußland war von keiner der damaligen Streitfragen betroffen, und das war auch der Grund, weshalb es von der Münchener Konferenz ferngehalten worden war. Daß Papst Pius XII. dem Kommunismus feindlich gesinnt war, steht außer Zweifel; Pius' XI. Enzyklika *Divina Redemptoris*, die für ihn maßgebend war, drückte es deutlich aus. Zu behaupten, daß er Rußland, wäre es in die europäischen Streitfragen verwickelt gewesen, nicht berücksichtigt hätte, ist dagegen reine Hypothese. Aus demselben Grund hatte er die Vereinigten Staaten ebensowenig berücksichtigt. Bemerkenswert ist, daß dieselben, die Pius' XII. Haltung seiner feindlichen Gesinnung gegenüber dem Kommunismus zuschrieben, ihn gleichzeitig beschuldigten, mit dem Nationalsozialismus zu sympathisieren und deshalb einzugreifen, weil er Angst hatte, der Nationalsozialismus, in seinen Augen einziges Bollwerk gegen den Kommunismus, könnte von dem damals vorangetriebenen Riesenbündnis gegen Deutschland zerschmettert werden. *O Sancta Simplicitas!* (Heilige Einfalt!)

Bevor Papst Pius XII. seinen Plan den betroffenen Staaten unterbreitete, ließ er seinen diplomatischen Dienst vorfühlen. Er wollte sicher sein, daß er bei niemandem Anstoß erregen würde. So sind die Dinge verlaufen.

1. Am 1. Mai 1939 empfing Mussolini Pater Tacchi Venturi, seinen persönlichen Freund und Mitglied der Gesellschaft Jesu, der ihn im Namen des Papstes um seine Meinung fragen sollte. Mussolini erbat sich zwei Tage Bedenkzeit. Wie versprochen gab er am 2. Mai seine Antwort; es war eine uneingeschränkte Zustimmung. Auf die Frage

---

[264] Saul Friedländer, *Pius XII. und das Dritte Reich*. Eine Dokumentation, Hamburg 1965, S.28.

des päpstlichen Gesandten, wie der Führer seiner Ansicht nach reagieren werde, antwortete er: »Ich neige zu der Meinung, daß der Führer das Angebot nicht zurückweisen wird.« Allerdings, fügte er hinzu, »sollte man in der Einladung darauf hinweisen, daß eine pazifistische Lösung der Streitpunkte zwischen den fünf Staaten sowie der Nebenfragen angestrebt wird«.[265]

2. Mit diesem Zuspruch ausgerüstet, unterbreitete der Staatssekretär des Vatikan, Msgr. Maglione, den päpstlichen Vorschlag einen Tag später den Nuntien von Berlin, Paris, Warschau und London. Am 5. Mai wurde der Nuntius zu Berlin, Msgr. Orsenigo, von Hitler und Ribbentrop in Berchtesgaden empfangen. Aus seinem Bericht an das Staatssekretariat des Vatikans sowie aus dem die Unterredung zusammenfassenden Memorandum[266] geht hervor, daß Hitler eigentlich »nicht an eine Kriegsgefahr glaube, da die gespannte Stimmung mehr auf Hetze als auf Tatsachen zurückzuführen sei«, und daß er sich mit Mussolini in Verbindung setzen müsse, bevor er eine endgültige Antwort geben könne. Er werde nämlich nichts unternehmen ohne dessen Einverständnis, und er fügte hinzu: »Der Duce und ich werden immer einstimmig handeln.«

Am 5. Mai 1939 sah die Sache folgendermaßen aus: Mussolini war auf den Vorschlag des Papstes eingegangen, und Hitler, der keine Einwände vorzubringen hatte, hatte gesagt, seine offizielle Antwort könne erst nach einer Beratung mit Mussolini erfolgen.

Seitens der Diktaturen war die Sache auf gutem Weg.

3. Am 6. Mai empfing Außenminister Georges Bonnet Msgr. Valerio Valeri, Nuntius in Paris. Er sagte ihm, er müsse sich zunächst mit Ministerpräsident Daladier und dem Generalsekretär des Quai d'Orsay, Alexis Léger[267], besprechen, bevor er ihm eine Antwort geben könne. Am Abend ließ er ihn ins Ministerium kommen und

---

[265] Msgr. Giovanetti, *Der Vatikan und der Krieg*, aaO. — Die Chronologie von Papst Pius' XII. Mißerfolg wird nach Alberto Giovanetti, der beteiligt war, wiedergegeben.

[266] *Documents on German Foreign Policy*, Bd. 1, 1939, S. 435.

[267] Alexis Léger war bestimmt nicht sehr stolz über die Rolle, die er in dieser Affäre spielte: Er riet nämlich Daladier und Bonnet davon ab, auf das Angebot des Papstes einzugehen, und verhärtete später stets ihren Standpunkt bei internationalen Gesprächen. Nach dem Zweiten Weltkrieg veröffentlichte er unter dem Pseudonym Saint John Perse Gedichte, die alle Kriegshetzer der Welt aus Dankbarkeit lobhudel(te)n. Dafür erhielt er 1960 den Nobelpreis für Literatur!

teilte ihm mit, daß »die französische Regierung den Schritt für unangebracht« halte. Er äußerte außerdem die Bitte, der Kardinal-Staatssekretär möge »die Veröffentlichung der Botschaft bis auf weiteres zurückstellen«. Seine Meinung zu dem eben unternommenen Schritt teilte Msgr. Valerio Valeri dem Staatssekretariat des Vatikan erst am 12. Mai, nach dem Scheitern der päpstliche Friedensaktion, mit:

»Die Staaten, die als Demokratien zu bezeichnen sind, möchten zur Zeit die diplomatischen Schritte offenbar nicht intensivieren, sondern dem Aufschwung der totalitären Staaten eine Schranke setzen, sie erweitern und festigen. Sie sind im übrigen überzeugt, daß in wenigen Monaten die Waage der einander gegenüberstehenden Kräfte ganz auf ihre Seite sinken wird. Das sagte Außenminister Bonnet und bestätigte der US-Botschafter in Paris, Bullitt. Dieser verbarg nicht seine Genugtuung zu erfahren, daß die Friedensaktion des Papstes eine Eintagsfliege war. Nach seiner Auffassung müssen die totalitären Staaten an die Wand gedrückt werden. Erst wenn sie sich dafür verbürgen, worauf Roosevelt in seiner Botschaft anspielte[268], werden neue Gespräche möglich sein.«

Am 7. Mai hatte ihm Alexis Léger, alias Saint John Perse, seine Einwände gegen das Prinzip einer Konferenz mit ähnlichen Worten vorgetragen.

4. Der Londoner Nuntius Msgr. Godfrey wurde seinerseits am 5. Mai von Lord Halifax empfangen, um den Standpunkt der britischen Regierung zu erfahren: »Seine Heiligkeit möge Seine guten Dienste getrennt und hintereinander Polen und Deutschland, Frankreich und Italien anbieten.«[269]

Auch hier wurde das Vermittlungsangebot abgelehnt.

5. Die Antworten aus Paris und London, die Msgr. Maglione bereits am 7. Mai vorlagen, vernichteten alle Hoffnungen, die Italien und Deutschland bei dem Staatssekretär und dem Papst hervorgerufen hatten. Am 8. Mai 1939 traf die Antwort Polens ein: selbstverständlich war sie auf die französische und die britische abgestimmt.

---

[268] Siehe oben.
[269] Telegramm von Halifax an Osborne, den britischen Botschafter im Vatikan, vom 5. Mai 1939, in *Documents on British Foreign Policy*, 3. Serie, Bd. 5, S. 435.

Die Mächte der Achse gaben eine gemeinsame offizielle und endgültige Antwort. Sie traf als letzte, am 9. Mai, ein. In Anbetracht der negativen Stellungnahmen Frankreichs, Englands und Polens stellte sie fest: Eine Konferenz der fünf Mächte zur Verbesserung der internationalen Lage sei verfrüht und im Augenblick überflüssig, schon deshalb, um den hohen Einfluß des Papstes nicht in Frage zu stellen.[270]

Ohne es zu wollen, hatte Papst Pius XII. den Erweis gebracht, daß diejenigen, die gegen eine Lösung der europäischen Streitfragen durch internationale Verhandlungen waren, weder Hitler noch Mussolini hießen, sondern Frankreich, England und Polen.

Mit diesem Erweis setzte die Feindschaft ein, die ihm die leidenschaftlichen Kriegstreiber, man kann sie verstehen, ständig entgegenbrachten. Sie arbeiteten nicht auf die Lösung der europäischen Streitfragen, sondern auf den Sturz des nationalsozialistischen Regimes in Deutschland hin, und sie wußten, daß sie dieses Ziel nur über den Krieg erreichen könnten. Deshalb wollten sie auf keinen Fall eine Neuauflage der Münchener Konferenz. Sie wollten weiterhin den Glauben pflegen, daß Hitler selbst jede Wiederaufnahme der internationalen Gespräche verhinderte. Nach der Intervention Papst Pius' XII. konnten sie es allerdings nicht mehr.

In der Folge machten sie sich weitere Gesichtspunkte der päpstlichen Haltung zunutze: Pius' XII. Appell vom 24. August 1939, unmittelbar nach der Unterzeichnung des deutsch-sowjetischen Abkommens, sowie seine letzte Friedensbemühung am 31. August, um 13 Uhr.

Der deutsch-sowjetische Pakt vom 23. August hatte den Papst erschüttert: Der allgemeine Krieg samt seinen Greueln schien ihm unvermeidlich. In der Ansprache, die er an diesem Tag hielt, war er darauf bedacht, »die Bestrebungen der Völker und den Verstand der Regierenden« gegenüberzustellen, und zwar auf eine Weise, die niemanden kränke:

»Wir schließen die vielen gutwilligen Seelen in unser Gebet ein, die zwar außerhalb der Kirche leben, dennoch nach Frieden trachten,

---

[270] Msgr. Giovanetti, *Der Vatikan und der Krieg*, aaO. Ferner: *Akten zur Deutschen Auswärtigen Politik*, aaO., Bd. 8, von Weizsäckers Telegramm vom 9. Mai 1939 an Bergen.

und wir wollen Gott anflehen, er möge alle Menschen vor der Plage neuer blutiger und entsetzlicherer Konflikte bewahren. Durch die Macht der Vernunft, und nicht durch die Macht der Waffen wird die Gerechtigkeit ihren Weg gehen. Ein Reich, das nicht auf der Gerechtigkeit gründet, ist nicht gottgesegnet... Es ist noch Zeit, daß die Menschen sich wieder verständigen und wieder verhandeln... Sie werden erkennen, daß ein achtbarer Erfolg nie von ehrlichen Verhandlungen ausgeschlossen ist... Mit dem Frieden ist nichts verloren, alles kann es aber mit dem Krieg sein...«[271]

Am 31. August, 13 Uhr, hatte sich noch kein polnischer Bevollmächtigter in der Wilhelmstraße eingefunden, obwohl die von Hitler gesetzte Frist — er hatte sie seit dem 26. August ständig verlängert — um Mitternacht zu Ende gegangen war. In Anbetracht dessen hatte Papst Pius XII. einen letzten Schritt unternommen und den Botschaftern Deutschlands, Polens, Großbritanniens, Frankreichs und Italiens folgende Note überreichen lassen:

«Seine Heiligkeit *bittet* im Namen Gottes inständig die Regierungen Deutschlands und Polens, alles zu tun, um irgendeinen Zwischenfall zu vermeiden, von jeder Maßnahme Abstand zu nehmen, die geeignet wäre, die gegenwärtige Spannung zu verschärfen. Sie bittet die britische, französische und italienische Regierung, seine Ersuchen zu unterstützen.«[272]

Der beigefügte »Friedensplan« sah folgendes vor:

»1. Zwischen Deutschland und Polen wird ein Waffenstillstand für die Dauer von zehn bis vierzehn Tagen vereinbart.

2. In dieser Zeit wird eine internationale Konferenz zusammentreten, an der Frankreich, England, Italien, Polen, Rußland[273], Belgien, Holland und die Schweiz teilnehmen. Die Vereinigten Staaten und der Vatikan werden ihrerseits Beobachter entsenden.

---

[271] *Dokumente des Heiligen Stuhles bezüglich des Zweiten Weltkriegs*, Libreria Vaticana, Bd. 1, S.270ff.
[272] *Akten zur Deutschen Auswärtigen Politik*, aaO., Bd. 7, S. 384, Dok. Nr. 474.
[273] Ein Beweis, daß entgegen Saul Friedländers Behauptung (siehe oben, S. 245) Papst Pius XII. Rußland nicht wegen seiner feindlichen Einstellung zum Bolschewismus ausschloß.

3. Diese Konferenz wird das Ziel haben, eine friedliche Revision des Versailler Vertrages vorzunehmen und eine allgemeine Nichtangriffs-Vereinbarung auszuarbeiten.«[274]

Für die Kriegsanhänger war dies der Beweis, daß Pius XII. die Vernichtung Deutschlands durch das — trotz deutsch-sowjetischen Pakts und russischer Absage — noch ziemlich starkes Bündnis der demokratischen Mächte um jeden Preis vermeiden wollte und daß sein Schritt von seiner Hinneigung zum Nationalsozialismus gelenkt wurde.

Als der Krieg da war, fanden sie diese Meinung durch eine Reihe von Fakten bestätigt: Pius' XII. Starrsinn, sämtliche Kriegsgreuel, und nicht nur die deutschen, zu verurteilen; seine Sorge um alle Kriegsopfer, welches ihre Staatsangehörigkeit, ihre Rasse oder ihre Religion auch sein mochten und unabhängig davon, ob sie der katholischen Kirche angehörten (diese Auffassung brachte ihm den Unmut der Juden ein, die ihm vorhielten, sie nicht *expressis verbis* genannt zu haben); seine ablehnende Haltung gegen die These von der bedingungslosen Kapitulation Deutschlands, die den Krieg um mindestens zwei Jahre verlängerte usw.

Diese offenbar von einem echten Pazifismus beseelte Haltung wurde von den Kriegsanhängern nach Belieben entstellt. Durch Textdeutelei schafften sie es nach dem Krieg, vor allem aber seit seinem Tod, jene Niederträchtigkeit anzustiften, die ich als *L'Opération »Vicaire«* (»Die Operation ›Stellvertreter‹«)[275] bezeichnete und mit der sie Pius XII. zum Nazi-Papst stempeln wollten. Da sie das Werk inhaltlich nicht angreifen konnten, ohne ihr Spiel aufzudecken und die öffentliche Meinung zu verärgern, suchten sie es mittelbar zu diskreditieren, indem sie den Mann durch Beleidigung und Verleumdung in Verruf brachten.

5. Der deutsch-sowjetische Pakt

Die Russen währenddessen...

---

[274] Mussolini, der am selben Tage eine Vier-Mächte-Konferenz (England, Italien, Frankreich und Deutschland) für den 5. September angeregt hatte, begrüßte die päpstliche Initiative von ganzem Herzen.
[275] Paul Rassinier, *Die Operation »Stellvertreter«*, München 1966.

Am 23. August 1939 wunderte sich die ganze Welt über die Unterzeichnung des deutsch-sowjetischen Pakts. Außer Boris Souvarine, dessen ausgezeichnete *Stalin*-Abhandlung[276] seinerzeit nahezu unbeachtet blieb, hatte nämlich niemand das eigentliche Wesen des Bolschewismus erkannt und folglich die eigentlichen Gründe jenes französisch-sowjetischen Bündnispakts (2.—14. Mai 1935) sowie der Volksfront durchschaut, die ihn vorbereitet hatte.

Links glaubte man, die Haltung Stalins sei von doktrinären Überlegungen bestimmt: Sozialismus, Kommunismus, Antinazismus, Antirassismus, Schutz der Freiheit u. a. Im Grunde sei er ein Demokrat, und die sogenannte Diktatur des Proletariats, der er Sowjetrußland unterwarf, sei nur eine durch die Verhältnisse bedingte vorübergehende Erscheinung. Schließlich hatte Marx selbst die zeitweilige Notwendigkeit dieser Diktatur des Proletariats eingesehen.[277]

Rechts glaubte man es auch, und wenn man dagegen war, dann nur, weil gegen den Marxismus eingestellt. Außerdem sah man in diesem Pakt eine Neuauflage der Einkreisung Deutschlands durch das französisch-russische Bündnis von 1891 und wie damals die Aufstellung eines Kriegsmechanismus gegen Deutschland. Daher das Schlagwort: Volksfront plus französisch-sowjetischer Bündnispakt gleich Krieg! Jedenfalls dachte die Rechte zu keiner Zeit, das Abenteuer würde mit einem Abkommen zwischen den nationalsozialistischen Deutschen und den bolschewistischen Russen enden; auch sie glaubte an die Gebote der Doktrinen und Ideologien. Vor das Ereignis gestellt, sah sie in ihm nur ein Argument, das dazu beitragen könnte, diesen Krieg, den sie nicht wollte, zu vermeiden, und kurzsichtig erklärte sie es lediglich mit der wohlbekannten Immoralität des Bolschewismus.

Der Pakt war aber nun in der Logik der Dinge. Wie von Boris Souvarine verfochten, ließ sich der Bolschewismus an der Macht niemals von der geringsten doktrinären Überlegung leiten, welches Verhältnis zum Kommunismus sie auch gehabt haben mag, in der Innenebenso wie in der Außenpolitik. Im ersten Fall ersetzte er das Feudalwesen, das 1917 noch das Regierungssystem Rußlands war,

---

[276] Boris Souvarine, *Stalin*. Anmerkungen zur Geschichte des Bolschewismus, München 1980.
[277] Brief vom 13. Mai 1889 an Kugelmann.

durch den Staatskapitalismus. Im zweiten machte er sich die Zarenpolitik im Fernen Osten (China) und in Europa (Baltische Länder, Polen, Balkan) zu eigen: den Panslawismus.

Diese Absichten wurden kurz nach der Unterzeichnung des Waffenstillstands vom 11. November 1918 offenbar, als die Bevölkerungen Weißrußlands, Finnlands, Estlands, Lettlands, Litauens, Polens und der Ukraine, die schon unter den Zaren ihre Unabhängigkeit forderten, diese nun verkünden wollten und mit der Roten Armee zusammenstießen. Es gelang der Roten Armee, ihr Gesetz in Weißrußland und in einem großen Teil der Ukraine zu behaupten. Der Bolschewismus begehrte, alle Völker, die unter der Fuchtel der Zaren gestanden hatten, unter der eigenen zu behalten. Das Selbstbestimmungsrecht der Völker, das zur kommunistischen Lehre gehörte, kam gleich nach seinem Machtantritt in die Abfallgrube der Geschichte und war nur noch ein Exportartikel für den äußerlichen Gebrauch. Einmal hatte die Rote Armee es sogar auf Rumänien und Ungarn abgesehen: das Unternehmen scheiterte nur knapp.

Außerhalb der Grenzen des früheren Zarenreichs streckte der Bolschewismus aber seine Fangarme aus, und zwar mit Hilfe der kommunistischen Parteien, deren Aufgabe ab 1920 nicht nur die Machtergreifung durch die Eroberung der öffentlichen Meinung unter dem Deckmantel der Weltrevolution war, sondern auch das Entfachen von sozialen Unruhen und Gewalt, der Aufruf zur Revolte.

In der Zwischenkriegszeit merkten die wenigsten, daß die kommunistischen Parteien nichts als die fünfte Kolonne des Panslawismus in der freien Welt waren. Zu wenige sind heute noch diejenigen, die es erkennen. Und dennoch erzielte der Panslawismus im Zuge des Zweiten Weltkrieges beachtliche Erfolge: seine Grenzen liegen nunmehr fünfzig Kilometer von Hamburg entfernt, er hat die Hand auf Mitteleuropa, mit Ausnahme Österreichs, und dem Balkan, mit Ausnahme Griechenlands. Die Unabhängigkeit Litauens, Lettlands, Estlands und Finnlands tat Moskau immer sehr weh: der einzige Zugang zur Ostsee, den die Sowjetunion mit der Hafenstadt Leningrad behielt, wurde nunmehr am Ausgang des Finnischen Meerbusens jeweils von Finnland und Estland kontrolliert. Ein neues Gibraltar im Grunde genommen. Außerdem hatten die Kommunisten Riga zugunsten Lettlands verloren. Aber nicht nur diese Fesseln, die der Versailler Vertrag ihrem Seehandel angelegt hatte, machten ihnen zu schaffen. Sie konnten noch weniger die Bodenschätze verschmerzen, die ihnen durch die Errichtung des Herzogtums Warschau zum polnischen Staat entzogen worden waren: jährlich 90 Millionen Tonnen Kohle, Eisen, Zink, Uranium; eine Huttenindustrie mit Warschau als Zentrum. Zu keiner Zeit hatten sie sich in diese Amputation und die Abtrennung der baltischen Länder gefügt.

Deutschland hatte sich seinerseits ebensowenig mit dem Verlust des polnischen Korridors, Posens und des einen Teils Schlesiens abgefunden. Berührungspunkte waren damit vorhanden. Als den Bolschewiken zur Gewißheit wurde, daß die deutsche Revolution gescheitert war, betrieben sie schon Anfang 1922 eine Politik der Verständigung mit Deutschland in der Hoffnung, hierdurch eine neue Teilung Polens zu veranlassen. Es kam zum Rapallo-Vertrag vom 16. April 1922 und, wie eins das andere gibt, zum Austausch von Militärmissionen.

Während dieser Zeit gegenseitiger Verständigung konnte sich Stalin den von Japan gefährdeten russischen Interessen im Fernen Osten in aller Ruhe widmen: Er durfte nämlich mit Frieden an seinen Westgrenzen rechnen, die Deutschland ohnehin, da ins Joch des Versailler Vertrags gespannt, nicht hätte bedrohen können, wenn es überhaupt die Absicht dazu gehabt hätte.

Alles änderte sich 1933 mit dem Regierungsantritt Hitlers: dieser war stark, pfiff auf Versailles und hatte dem Bolschewismus den Krieg erklärt. Im Oktober 1933 verließ er den Völkerbund mit Krach, und Stalin war sofort auf der Hut. Er begriff, daß eine Annäherung zwischen Deutschland und Japan, das den Völkerbund im März desselben Jahres verlassen hatte, nunmehr unvermeidlich war und daß er eines Tages möglicherweise an zwei Fronten zu kämpfen haben würde.

Als ein Nichtangriffspakt zwischen Polen und Deutschland am 26. Januar 1934 unterzeichnet wurde, gab es keinen Zweifel mehr: der deutsch-polnische Block hatte eine gemeinsame Grenze zu Rußland. Stalin zog daher die entgegenkommenden Schritte in Betracht, die Frankreich, vor allem Barthou[278], in seine Richtung machte. Er tat es nicht aus Liebe zum Frieden; er wollte vielmehr Hitler

---

[278] Siehe oben.

Schwierigkeiten im Westen bereiten und ihn in die Zwangslage versetzen, an zwei Fronten kämpfen zu müssen, sollte er je die Absicht bekunden, sich an den Grenzen Rußlands zu vergreifen.

Das sind die wahren Gründe, die Stalin zunächst zum Völkerbund-Beitritt, dann zur Unterzeichnung des französischsowjetischen Bündnispakts bewogen: die Zwangsvorstellung, an zwei Fronten kämpfen zu müssen. Die Zaren hätten nicht anders reagiert. Er hoffte außerdem, dieser Bündnispakt würde einen derartigen Spannungszustand zwischen den Westdemokratien und Hitler-Deutschland schaffen, daß die Lage von selbst in einen Krieg im Westen einmünden und Hitler von Rußland ablenken würde: ein Krieg, bei dem Rußland nicht einzugreifen hätte, da es mit dem Reich keine gemeinsame Grenze besaß, und nach dessen Ausgang er, Stalin, gegenüber den beiden abgekämpften Gegnern der starke Mann in Europa wäre.

Stalin hatte richtig gesehen: 1939 war die Lage zwischen Deutschland und den Westdemokratien explosiv, und das ausgerechnet wegen Polen. Er hatte also die Wahl: 1. den französisch-sowjetischen Pakt mit einem Militärbündnis zu erweitern und unter dem Vorwand, Polen zu beschützen, dort seine Truppen mit dem Einverständnis der Westdemokratien einmarschieren zu lassen; in diesem Fall würde er zwar das Großherzogtum Warschau wiederbekommen, bei einem Krieg allerdings mit Deutschland zusammenstoßen. 2. dieses Großherzogtum Warschau durch ein Abkommen mit Deutschland, das heißt ohne Krieg, wiederzuerlangen.

Es gab keinen Grund zu zögern. Die Zeitumstände kamen ihm entgegen. Da war zunächst die Münchener Konferenz, von der Stalin ferngehalten war, was die französisch-sowjetischen Beziehungen erheblich störte. Dann England, das sich bis zum 31. März 1939 gegen ein Bündnis mit Sowjetrußland aussprach und sich erst im Laufe des Monats April, seinen Ärger verbeißend, damit abfand. Zuletzt Polen, das keinem Bündnis an der Seite des Bolschewismus beitreten wollte. Es dachte, mit Recht übrigens, daß ein solches Bündnis sofort einen deutschen Einfall in den westlichen Teil des Landes nach sich ziehen würde, während die Rote Armee mit Deutschlands Einverständnis in die östlichen Gebiete eindringen würde, unter dem Vorwand, es zu beschützen. Die Operation würde mit einer gütlichen, alles lösenden Teilung Polens zwischen Deutschland und Rußland enden. Und es gäbe kein Polen mehr.

Oberst Beck war nämlich davon überzeugt, daß Stalin, einmal in Berührung mit den deutschen Truppen und nach Wiedererlangung des Großherzogtums Warschau, mit Hitler verhandeln würde. Deutschland hätte nur noch mit den Westmächten zu tun, und Stalin hätte nicht mehr zu befürchten, gleich an zwei Fronten kämpfen zu müssen. In dem Abkommen, das dieser mit Hitler schließen würde, hätte er außerdem bestimmt freie Hand in den baltischen Staaten, mit Ausnahme vielleicht Litauens wegen Memel, in Rumänien, im Balkan, alles Gebiete, auf die Rußland es seit jeher abgesehen hatte.

Das waren die Überlegungen von Oberst Beck, und in diesem Zusammenhang drängen sich drei merkwürdige Feststellungen auf:

1. Es sind genau die Bedingungen, die im geheimen, dem deutsch sowjetischen Vertrag beigefügten »Zusatz-Protokoll« vom 23. August 1939 enthalten sind. Was die Teilung Polens (wörtlich: »die territorial-politische Umgestaltung der zum polnischen Staat gehörenden Gebiete«) betrifft, sollte die Grenzlinie zwischen deutscher und russischer Interessensphäre »ungefähr« den Flüssen Narew, Weichsel und San folgen. Das Interesse Sowjetrußlands an Bessarabien wurde anerkannt.

2. Auf diese Bedingungen bezogen sich die Gespräche, die am 14. April 1939 zwischen einerseits Rußland und andererseits England und Frankreich eröffnet wurden. Rußland war es gelungen, sie durchzusetzen, nur daß »Durchgangserlaubnis für die sowjetischen Truppen durch Polen« für den Ausdruck »Teilung« bzw. »Umgestaltung Polens« stand. Man konnte sicher sein, daß das russische Heer, einmal in Polen, nicht mehr von dort abziehen würde, und in beiden Fällen lief es auf dasselbe hinaus. Und selbst wenn Polen darauf eingegangen wäre, hätte Stalin, wie bereits angedeutet, höchstwahrscheinlich mit Hitler verhandelt, sobald er mit den deutschen Truppen in Berührung gekommen wäre, und somit hätte er sein Ziel erreicht, ohne den Krieg zu führen, und die Westmächte gegen Deutschland getrieben. Stalin rechnete damit, daß er am Kriegsende der starke Mann in Europa sein würde, unversehrt und in der Lage, den erschöpften kriegführenden Nationen seinen Willen aufzuzwingen.

3. Man wundert sich, daß bei einer so klaren Einsicht in seine Lage Oberst Beck es nicht vorzog, mit Hitler zu verhandeln, dessen

Angebot die territoriale Integrität Polens unangetastet ließ: Hitler forderte nämlich nur Danzig (das Freie Stadt und nicht polnisches Gebiet war), eine Straße sowie eine Eisenbahnlinie, beide mit exterritorialem Charakter, durch den Korridor.[279]

Man wundert sich, doch kennt man die Gründe: Beck glaubte, das polnische Heer könne die deutsche Wehrmacht in Schach halten, die Gewandtheit seiner Kavallerie sei der Starrheit der deutschen Panzer überlegen, und Polen werde innerhalb weniger Tage Ostpreußen besetzt haben. Außerdem war er der Überzeugung, daß die deutsche Wehrmacht in Aufruhr sei: die polnischen Truppen würden Berlin erreichen wie bei einem Spaziergang. Sein Gesandter in Berlin, J. Lipski, sagte es jedem, der es hören wollte: »Seit fünfeinhalb Jahren lebe ich in diesem Land. Ich weiß sehr wohl, was sich dort abspielt. Kommt es zu einem Krieg zwischen Polen und Deutschland, so wird

---

[279] Hitler hatte folgenden Vorschlag unterbreitet:
»1. Danzig kehrt als Freistaat in den Rahmen des Deutschen Reiches zurück.
2. Deutschland erhält durch den Korridor eine Straße und eine Eisenbahnlinie zur eigenen Verfügung mit dem gleichen exterritorialen Charakter für Deutschland, wie der Korridor ihn für Polen besitzt.
Dafür ist Deutschland bereit:
1. sämtliche wirtschaftlichen Rechte Polens in Danzig anzuerkennen;
2. Polen in Danzig einen Freihafen beliebiger Größe und bei vollständig freiem Zugang sicherzustellen;
3. damit die Grenzen zwischen Deutschland und Polen endgültig als gegeben hinzunehmen und zu akzeptieren;
4. einen fünfundzwanzigjährigen Nichtangriffspakt mit Polen abzuschließen, also einen Pakt, der weit über mein eigenes Leben hinausreichen würde...« (Auszug aus der Rede Hitlers vor dem Reichstag am 28. April 1939). Nach Oberst Becks Ablehnung war Hitlers Angebot ein einziges Mal, am 30. August, abgeändert worden. Im Korridor würde eine Volksabstimmung durchgeführt; spricht sich der Korridor für Deutschland aus, so erhält Polen eine exterritoriale Straße und Eisenbahn zwischen Bromberg und Gdingen; fällt die Abstimmung zugunsten Polens aus, erhält Deutschland seinerseits eine Straße und eine Eisenbahnlinie mit gleichem exterritorialen Charakter, die Bütow und Dirschau, das heißt Ostpreußen und Pommern, miteinander verbinden.
Und weil Oberst Beck erneut ablehnte, kam es zum Kampf. Während, zugegeben, Hitlers zweiter Vorschlag strittig war (die Volksabstimmung konnte nämlich die anderen polnischen Minderheiten dazu bewegen, das gleiche Privilegium zu beanspruchen, und zur Teilung des polnischen Staats führen), war der erste durchaus vernünftig. Es sei trotzdem bemerkt, daß dieser mit dem Selbstbestimmungsrecht der Völker zusammenhängende zweite Vorschlag zwar schädlich für jene fiktive polnische Nation aus Deutschen, Slawen, Ukrainern und Kaschuben sein konnte, dennoch keineswegs antidemokratisch und unmoralisch war.

eine Revolution in Deutschland ausbrechen, und unsere Truppen werden auf Berlin marschieren.«[280]

Oberst Beck und sein Botschafter waren nicht die einzigen, die sich solchen Illusionen hingaben. Robert Coulondre, der französische Gesandte in Berlin, sagte es nach in einem Brief, den er hinter Georges Bonnets Rücken an Ministerpräsident Daladier richtete: »Die Kraftprobe schlägt zu unseren Gunsten aus. Aus sicherer Quelle erfahre ich daß Hitler sich seit fünf Tagen abwartend verhält, die Parteigrößen schwankend geworden sind und die Berichte von einer wachsenden Unzufriedenheit in der Bevölkerung sprechen... Nach wie vor müssen wir fest bleiben, fest bleiben und nochmals fest bleiben... Nach dem, was mir gesagt worden ist, legt Herr Hitler sich heute die Frage vor, wie er aus der Sackgasse wieder herauskommen soll... Nun, der Fisch hängt am Haken...«[281] Frau Geneviève Tabouis schrieb, daß »hundertfünfzig gegen Hitler rebellierende Generale zurückgetreten sind«.[282]

Bei einer privaten Unterhaltung äußerte General Gamelin: »Das ist recht einfach! An dem Tage, an dem Deutschland der Krieg erklärt wird, wird Hitler stürzen. Anstatt die Grenzen des Reichs zu verteidigen, wird die deutsche Armee auf Berlin marschieren müssen, um die Unruhen, die dort ausbrechen werden, niederzuschlagen. Die im Westwall stehenden Truppen werden nur geringen Widerstand leisten. Wir werden in das Deutsche Reich hineinstoßen wie in Butter.«[283] Für alle sei das deutsche Angebot an Moskau ein Beweis dafür, daß Deutschland sich in einer verzweifelten Lage befinde.

In England gingen ähnliche Gerüchte um. Sie stammten von E. Raczynski, dem polnischen Gesandten in London, und wurden von dem deutschen Botschaftsrat Erich Kordt, der Hitler feindlich gesinnt war, bestätigt. Winston Churchill, Sir Antony Eden, Duff Cooper, Duncan Sandys u. a. sorgten ihrerseits dafür, daß sie auf Chamberlains Schreibtisch gelangten. Es war sogar von einer deutschen Widerstandsbewegung die Rede, an deren Spitze die Generale Halder, Beck, von Witzleben, ferner Dr. Schacht stünden

---

[280] Äußerung gegenüber Dahlerus. Dahlerus' Aussage unter Eid am 19. März 1946 in Nürnberg, Internationaler Militärgerichtshof, Bd. 9, S. 521.
[281] Robert Coulondre, *Von Moskau nach Berlin*, Bonn 1950, S. 440.
[282] *L'Œuvre*, 27. August 1939; fünfspaltige Überschrift.
[283] Benoist-Méchin, *Geschichte der deutschen Militärmacht 1918—1946*, Bd. 7, *Wollte Hitler den Krieg*, aaO., S. 347.

und die nur auf eine Hilfe von außen in Form einer Kriegserklärung an Deutschland warten würde, um zur Tat zu schreiten und Hitler abzusetzen. Solche Gerüchte waren erfunden: Nie hielten die Generale mit Hitler so zusammen wie in der polnischen Angelegenheit. Sie trugen allerdings dazu bei, die öffentliche Meinung zu konditionieren und den Standpunkt der Regierungen Frankreichs, Englands und Polens zu verhärten.

Diese Gerüchte, die angeblich aus guter Quelle stammten, waren zweifellos auch der Grund, weshalb weder England noch Frankreich bedachten, daß sie Polen nur mit einem mittelbaren Eingreifen an der deutschen Westgrenze helfen konnten, daß diese Intervention eine ähnliche Aktion Rußlands an der Ostgrenze voraussetzte, daß das militärische Kräfteverhältnis zwischen beiden Staaten und Deutschland eine solche Hilfe nicht zuließ und daß sie dann nur noch Luft wäre.

Diese strategischen Überlegungen waren natürlich überflüssig. Da es offenbar genügte, Deutschland den Krieg zu erklären, damit sein Regime zusammenstürze, würde es keinen Krieg geben. Man ging beinahe davon aus, daß die Wehrmacht den französischen, englischen und polnischen Truppen helfen würde, Deutschland zu erobern! Man brauchte nicht einmal Rußland!

Einfach bestürzend.

Nachdem Stalins Beweggründe und die Illusionen der Westdemokratien dargelegt sind, ist es möglicherweise nicht belanglos, den Leser über die Art und Weise zu unterrichten, wie Stalin seine Täuschung ins Werk setzte: er entfaltete dabei nicht viel Geist. Man kann sogar behaupten, daß die westlichen Demokratien voll guten Willens waren, sich täuschen zu lassen.

Am 3. Oktober 1938, kurz nach der Münchener Konferenz, unterrichtete die deutsche Botschaft in Moskau die Reichsregierung, »Stalin habe manche Schlüsse aus der Regelung der Sudetenfrage, von der er ausgeschlossen worden war, gezogen und könnte eine *positivere* Haltung gegenüber Deutschland einnehmen«.[284] Zwischen Deutschland und Sowjetrußland bestand eine Art Handelsabkommen, das außer Gebrauch gekommen war und zum Jahresende ablief. Am 4. November 1938 ordnete Göring an, man müsse die Gelegenheit ausnützen und »die Handelsbeziehungen zu

---

[284] *Documents on German Foreign Policy*, Bd. 4, S. 602ff.

Rußland wieder ins Leben rufen, insofern es sich um Rohstoffe handelte«.[285] Im Schatten dieser Vertragsverlängerung wurden die Geheimgespräche eröffnet, die am 23. August folgenden Jahres zur Unterzeichnung des deutsch-sowjetischen Nichtangriffsvertrags führten.

Am 12. Januar 1939, beim Neujahresempfang des diplomatischen Korps in der Reichskanzlei, beehrte Hitler den sowjetischen Botschafter mit einem langen, freundlichen Gespräch: In den Jahren zuvor hatte sich der Führer damit begnügt, ihm wortlos die Hand zu drücken. Den anwesenden Diplomaten war es aufgefallen, und sie hatten sofort ihre Regierungen von diesem ihres Erachtens kennzeichnenden Umschwung unterrichtet. Vergebens: die Regierungen nahmen diese Mahnungen nicht ernst.

Am 10. März hielt Stalin vor dem 18. Kongreß der KPdSU eine Rede, in der die bisherigen Kritiken an dem Nationalsozialismus sich nun gegen die demokratischen Staaten richteten. Sie enthielt außerdem folgende befremdende Äußerung: »Die Sowjetunion hat nicht die geringste Absicht, für die Westdemokratien die Kastanien aus dem Feuer zu holen. Im Gegenteil, die sowjetische Regierung ist einer Verbesserung ihrer Beziehungen zum Reich grundsätzlich nicht abgeneigt.«[286] Demnach wußte Hitler, daß er von den Russen nichts zu fürchten brauchte, als er sich entschloß, am 15. März in Prag einzumarschieren. Die westlichen Demokratien merkten nichts.

Hitler erwiderte diese Höflichkeit: seine Reichstagsrede vom 28. April, mit der er Roosevelt antwortete und sowohl den deutsch-britischen Flottenvertrag vom 18. Juni 1935 als auch das deutsch-polnische Verständigungsabkommen vom 26. Januar 1934 offiziell aufkündigte, enthielt nichts Nachteiliges über den Bolschewismus.

Am 3. Mai setzte Stalin Litwinow ab und ernannte Molotow zum neuen Volkskommissar für die Auswärtigen Angelegenheiten: Litwinow war Jude. Nach dem Krieg behaupteten verschiedene Autoren, Göring habe einige Tage zuvor auf die Bemerkung eines Gesprächspartners, es sei im Interesse Deutschlands, diplomatische Unterhandlungen mit Rußland einzuleiten, geantwortet: »Sie glauben doch nicht im Ernst, daß Hitler sich mit einem Juden verständigen

---

[285] Ebenda, S. 608 ff.
[286] Der 18. Kongreß der KPdSU, in *Geschichte der KPdSU in 6 Bänden*, Hrsg. Institut für Marxismus-Leninismus beim ZK der KPdSU, Moskau 1969.

werde!« Die Quellen, auf die sie sich berufen, widersprechen zwar einander, es ist aber durchaus anzunehmen, daß Stalin den Zeitpunkt für richtig hielt, den Gesprächen mit Deutschland eine konkretere Wendung zu geben, sie auf die diplomatische Bühne zu bringen, wo Litwinow als Jude zweifellos ein unüberbrückbares Hindernis darstellte.

Léon Blum, der auch Jude war, ließ sich nicht täuschen. In *Le Populaire* vom 5. Mai 1939 äußerte er, ohne auf Litwinows jüdische Zugehörigkeit zu deuten, seine Besorgnis und »die Hoffnung, daß diese Absetzung keine Kursänderung in der Politik der Sowjetunion nach sich ziehen wird«. In New York war das jüdische Lager um Roosevelt sich dessen bewußt, einen wichtigen Trumpf verloren zu haben. Aus Berlin teilte der französische Botschafter Coulondre Außenminister Georges Bonnet mit: »Dieser Wechsel hat ganz andere Ursachen. Herr Litwinow war zu starr in seiner Haltung in der Frage der kollektiven Sicherheit. Außerdem hegte er Polen gegenüber eine zu deutliche Abneigung. Wenn man ihm die Wahl zwischen Berlin und Warschau gegeben hätte, dann wäre er imstande gewesen, Berlin den Vorzug zu geben. Mit Molotow, einem Mitglied des Politbüros und bestem Kenner der Gedanken Stalins, kann die sowjetische Außenpolitik nur an Klarheit und Bestimmtheit gewinnen. Frankreich und Großbritannien werden den Wechsel nicht zu bedauern haben!«[287]

Herr Coulondre war ein feiner Diplomat!

In London, New York und Warschau sprachen die russischen Botschafter ihm nach: man war wieder beruhigt.

Im Mai 1939 standen London und Paris in Verhandlungen mit Moskau seit dem 14. April. Die politischen Bedingungen eines Bündnisses wurden immer noch erörtert, und das dauerte an. London und Paris merkten nicht, daß Moskau nur nach einem Anlaß suchte, die Unterhandlungen abzubrechen. Sie schleppten sich bis zum 24. Juli hin: jedesmal, wenn die Russen einen Punkt durchsetzten, schoben sie den nächsten vor, in der Hoffnung, die Briten und Franzosen würden ihn nicht annehmen, so daß sie ihnen das Scheitern der Unterhandlungen anlasten könnten. Vergebens: Die Briten und Franzosen nahmen alles hin, ja sogar die Einbeziehungen der baltischen Staaten in die russische Einflußsphäre, die russische

---

[287] Georges Bonnet, *Vor der Katastrophe*, aaO., S. 203.

These von der »mittelbaren Aggression«[288], die Unterordnung des politischen Vertrags unter ein Militärabkommen, den Ausschluß Hollands aus der gemeinsamen Garantieerklärung. Die Engländer äußerten zwar ihre Unzufriedenheit, und Lord Halifax war mehrmals drauf und dran, die Verhandlungen abzubrechen. Doch bei jeder neuen russischen Forderung sprach der französische Botschafter in London, Corbin, bei ihm vor und ersuchte ihn im Auftrag Georges Bonnets, die Forderungen anzunehmen. Präsident Roosevelt, der ungeduldig zusah, wie sich die Dinge in die Länge zogen, rief außerdem jeden Tag seinen Botschafter in London, Joseph Kennedy, an und sagte ihm, er solle »Chamberlain die Pistole auf die Brust setzen«.[289] Joseph Kennedy war nicht einverstanden, doch plauderte er diese Dinge bei Lord Halifax aus. Und Lord Halifax, der die russischen Forderungen für unannehmbar — und sie waren es wahrlich! — hielt, gab nach, um Georges Bonnet und vor allem Präsident Roosevelt nicht zu verstimmen.

Am 24. Juli 1939 hatten die westlichen Demokratien ihren ganzen Ärger heruntergeschluckt, und es konnte nun das Militärabkommen paraphiert werden, mit dem die Russen eigentlich beginnen wollten. Auf diesem Gebiet war es nämlich leichter, wenn nicht die westlichen Demokratien, so doch Polen für den Abbruch der Verhandlungen verantwortlich zu machen. Außerdem wäre dieser Abbruch um so schneller erfolgt. Die Russen wußten zu gut, daß Oberst Beck den wenn auch notwendigen Durchgang der Sowjetischen Truppen durch das polnische Gebiet niemals dulden würde. Das traf auch ein: Der Abbruch erfolgte am 19. August, nachdem Oberst Beck ein Ersuchen Lord Halifax' und Georges Bonnets, auf diese Forderung einzugehen, entschieden abgelehnt und beide Politiker sofort die polnische Antwort Moskau übermittelt hatten.

---

[288] Unter »mittelbarer Aggression« verstanden die Russen einen von einer antikommunistischen Fraktion verübten Staatsstreich. Und sie dehnten die Definition auf eine Regierungskrise aus, die einen Regierungswechsel im selben Sinne hervorgerufen hätte. Eine einfache Regierungskrise in den baltischen Ländern berechtigte sie also zu der Annahme, daß es sich um »eine mittelbare Aggression« handelte, und daher zu einer Intervention mit der Zustimmung Englands und Frankreichs. Mit anderen Worten: In Osteuropa mußte man Kommunist sein.
[289] Vertrauliche Mitteilung Joseph Kennedys an James Forrestal, den früheren amerikanischen Verteidigungsminister, in *The Forrestal Diaries*, New York 1951, S. 121.

Die Russen erhofften sich nichts anderes. Seit dem 15. August waren sie mit den Deutschen über einen offiziellen Besuch von Ribbentrops nach Moskau grundsätzlich einig. Über den Zweck dieser Reise geben zwei bezeichnende Dokumente Auskunft. Es sind die Berichte des deutschen Botschafters in Moskau, Graf von der Schulenburg, über zwei Unterredungen mit Molotow.[290]

Bei der ersten Unterredung vom 4. August 1939 hatte von der Schulenburg Molotow mitgeteilt[291], daß Deutschland bereit sei, seine Beziehungen zur Sowjetunion völlig neu zu gestalten, wenn diese jede Einmischung in Deutschlands innere Angelegenheiten unterließe und außenpolitisch auf jeden Angriff gegen die Interessen des Reiches verzichtete. Er hatte sogar hinzugefügt, daß es im Falle einer Einigung »kein Problem zwischen der Ostsee und dem Schwarzen Meer« gebe, »das zwischen uns nicht gelöst werden könnte«, und angeregt, »daß wir uns schon jetzt über das Schicksal dieses Landes (= Polen) verständigen«. Das war wohl der Beweis, daß beide Staaten, um dahin zu kommen, schon lange im Gespräch waren. Molotow habe sich, so von der Schulenburg »ungewöhnlich aufgeschlossen« gezeigt.

Von diesem Empfang ermutigt, beriet der deutsche Botschafter mit seiner Regierung und unterrichtete Molotow am 15. August, Reichsaußenminister von Ribbentrop sei bereit, mit ihm in Moskau die Fragen zu erörtern, die den Gegenstand ihrer Unterredung am 4. August gebildet hatten. Er dürfe ihm außerdem mitteilen, daß »Deutschland bereit sei, seinen Einfluß auf Japan geltend zu machen, um eine Verbesserung und Festigung der russisch-japanischen Beziehungen zu bewerkstelligen«.

Molotows Antwort: »Ich würde es begrüßen, mich persönlich mit dem Herrn Reichsaußenminister unterhalten zu können. Ich werde sofort die Vorbereitungen für seine Reise treffen.«

Molotow hatte allerdings noch nicht Becks abschlägige Antwort in der Hand, das heißt noch keinen triftigen Grund, mit der französisch-britischen Militärmission abzubrechen, die sich seit dem 11. August in Moskau aufhielt, um gemeinsam mit der russischen Mission das Abkommen auszuarbeiten. Das Durchgangsrecht der sowjetischen Truppen durch polnisches Gebiet, an dem die Gespräche nach seiner

---

[290] *Akten zur Deutschen Auswärtigen Politik*, Bd. 6, Dok. Nr. 766, S. 892ff., sowie Bd. 7, Dok. Nr. 70, S. 63f.
[291] Siehe Karl Höffkes, *Deutsch-sowjetische Geheimverbindungen*, Tübingen 1988.

Überzeugung scheitern würden, war nämlich erst einen Tag zuvor auf die Tagesordnung der drei Delegationen gesetzt worden.

Als Becks ablehnende Antwort eintraf, wurde die Angelegenheit rasch erledigt: Stalin rief die Mitglieder des Politbüros zusammen und teilte ihnen mit, er habe beschlossen, einen Nichtangriffspakt mit Deutschland zu unterzeichnen, und sein Vorschlag wurde einstimmig angenommen.

Noch am selben Abend (19. August 1939) wurde ein neues Handelsabkommen zwischen beiden Staaten unterzeichnet: Deutschland gewährte Rußland einen Kredit in Höhe von 200 Millionen Mark auf sieben Jahre und zu 5% Zinssatz. Dafür verpflichtete sich die Sowjetunion, dem Reich ab sofort Baumwolle, Schmiermittel, Phosphate, Manganerz, Asbest und Rohleder im Wert von 180 Millionen Reichsmark gegen 125 Millionen Reichsmark Werkzeugmaschinen zu liefern.

Joachim von Ribbentrop und Stalin anläßlich der Unterzeichnung des deutschsowjetischen Nichtangriffspaktes am 23. April 1939 in Moskau. Der Inhalt des damit verbundenen Geheimabkommens wurde sofort aus der deutschen Botschaft in Moskau an die USA verraten.

Immer noch am selben Abend bat Molotow Botschafter Schulenburg, dem Reichsaußenminister den Entwurf zu einem deutsch-sowjetischen Pakt zu überreichen...

In den zwei oder drei darauffolgenden Tagen waren Ribbentrop und Molotow einerseits, Hitler und Stalin andererseits bestrebt, auf dem brieflichen und auf dem telegraphischen Weg den Tag der Zusammenkunft und den Wortlaut des Paktes festzulegen.

Am Morgen des 23. August platzte die Nachricht wie ein Donnerschlag in der Weltpresse:

»Die Deutsche Reichsregierung und die Regierung der Sowjetunion haben beschlossen, einen Nichtangriffspakt zu schließen. Reichsaußenminister von Ribbentrop ist zur Vertragsunterzeichnung auf dem Weg nach Moskau.«

Oberst Beck behauptet, Stalin habe seine Entscheidung vor dem Politbüro folgendermaßen gerechtfertigt:

»Nehmen wir das deutsche Angebot an, einen Nichtangriffspakt zu schließen, so wird Deutschland bestimmt Polen überfallen, und das Eingreifen Englands und Frankreichs in diesem Krieg wird unvermeidlich sein. Bei diesen Umständen haben wir gute Aussichten, von dem Konflikt verschont zu bleiben, und können vorteilhaft warten, bis wir dran sind. Wir werden nicht nur an der Westgrenze durch den Pakt geschützt sein, sondern auch im Fernen Osten durch den Einfluß, den Deutschland aus Dankbarkeit bestimmt auf Japan ausüben wird... Demnach haben wir keine andere Wahl! Wir müssen das deutsche Angebot annehmen und die französisch-britische Mission mit einer höflichen Ablehnung nach Hause schicken.«[292]

Dieser Text taucht in keinem Dokument der Kommunistischen Partei Sowjetrußlands auf; er spiegelt aber unbestreitbar die Einstellung Stalins wider.

Natürlich stellten alle kommunistischen Zeitungen der Welt den deutsch-sowjetischen Pakt als Friedensbeitrag der UdSSR hin und stimmten Lobgesänge auf den »genialen Stalin« an.

---

[292] Oberst Beck, *Dernier Rapport*, aaO., S. 322.

VIII. Die letzten Tage

Die russische Kehrtwendung veranlaßte weder England, noch Frankreich, noch Polen, ihre Politik gegen Deutschland zu überdenken.

Freilich wußte England, daß die geographische Lage Polens eine unmittelbare Hilfe von britischer oder französischer Seite unmöglich machte. Darüber waren sich alle einig: Nur Rußland hätte es vermocht. Die Engländer waren der Auffassung, daß der Pakt, der Rußland und Deutschland miteinander verband, ein Nichtangriffsund kein Beistandspakt war; außerdem kam es zu keinem Zusatzabkommen im militärischen Bereich. Folglich werde sich Rußland neutral verhalten, und nicht an der Seite Deutschlands eingreifen. Sie wußten aber nicht, oder wollten nicht wissen,[293] daß ein Geheimes Zusatzprotokoll die Teilung Polens zwischen Deutschland und Rußland vorsah und daß Polen von beiden Mächten bedroht war, nicht nur von Deutschland. Außerdem vertrauten sie auf Frankreich für eine mittelbare Unterstützung zu Land im Westen. Am 15., 16. und 17. Mai 1939 hatte General Gamelin in Paris Besprechungen mit dem polnischen Kriegsminister Kasprzycki gehabt und ihm versprochen, im Fall eines Krieges mit Deutschland eine Luftaktion bereits in den ersten Tagen, Offensivaktionen mit begrenzten Zielen am dritten Tag, eine Offensivaktion gegen Deutschland mit dem Gros der Truppen am fünfzehnten.[294] England glaubte, daß die französische Armee nach wie vor die stärkste in der Welt sei. Im Osten äußerte sich Oberst Beck beruhigend über die Tüchtigkeit des polnischen Heeres, das der deutschen Wehrmacht überlegen sei. Und die Seeherrschaft Englands war unumstritten. Da gab es zwar seine Luftwaffe, die nicht hervorragend war, aber immerhin war sie wacker und hatte seit dem 1. Januar 1939 erstaunliche Fortschritte gemacht.

Das alles hatte Hand und Fuß; leider waren alle Angaben, auf die sich die britischen Überlegungen stützten, falsch. Da England es nicht wußte, erhielt es seine Garantieerklärung zugunsten Polens aufrecht

---

[293] Verrat des Geheimabkommens noch am 23. August 1939, und zwar aus der deutschen Botschaft in Moskau, an Roosevelt, der es wohl an England weitergab. (d. Ü.)

[294] Oberst Beck, *Dernier Rapport*, aaO., S. 345.

und schloß einen Beistandspakt am 25. August 1939 nach, der am 6. April 1939 von Oberst Beck in London vereinbart worden war.

In Frankreich rechtfertigte General Gamelin die Versprechungen, die er den polnischen Kriegsministern machte, folgendermaßen: »Frankreich kann den 200 deutschen Divisionen etwa 120 Divisionen entgegensetzen. Deshalb muß es sich die Unterstützung durch die 80 polnische Divisionen erhalten... Die polnische Armee wird der deutschen ehrenhaft Widerstand leisten. Kälte und schlechtes Wetter werden die Feindseligkeiten schnell zum Stehen bringen, so daß die Schlacht im Frühjahr 1940 im Osten noch weitergehen wird. In diesem Augenblick wird die französische Armee durch zahlreiche britische Divisionen, die auf dem Festland gelandet werden, verstärkt sein... Im Frühjahr 1940 wird Frankreich daher auf die 240 Divisionen rechnen dürfen, die die französischen und polnischen Streitkräfte zusammen ergeben, zu denen dann noch etwa 40 britische Divisionen hinzukommen werden. Falls Deutschland außerdem die holländische und die belgische Neutralität verletzen sollte, würde es damit zusätzlich noch 30 holländische und belgische Divisionen auf unsere Seite bringen, womit dann insgesamt 270 alliierte gegen 200 deutsche Divisionen stehen würden.«[295]

Das war auch gut durchdacht, beruhte aber auf ebenso falschen Angaben wie die britische Darstellung. Die Ereignisse würden es unter Beweis stellen: Gleich nach der Kriegserklärung sollte die französische Armee sowohl zu Land als auch in der Luft (der Riom-Prozeß brachte an den Tag, daß Frankreich weniger als 1000 Flugzeuge zur Verfügung hatte gegen 12 000 auf deutscher Seite) handlungsunfähig sein, auch am dritten und am fünfzehnten Tag; der polnische Feldzug sollte innerhalb von 17 Tagen abgeschlossen, und das schlechte Wetter sollte die Feindseligkeiten nicht bis zum Frühling zum Stehen bringen; und schließlich würde England im Frühjahr 1940 nicht 40 Divisionen in Frankreich landen, sondern lediglich neun.

General Gamelin schaffte es trotzdem, die meisten Minister davon zu überzeugen, daß seine Gedankenführung lükkenlos war. Georges Bonnet und Anatole de Monzie waren die einzigen, die seinen Optimismus nicht teilten. Im Abgeordnetenlager schlossen sich Jean

---

[295] Georges Bonnet, *Vor der Katastrophe,* aaO., S. 264ff.

Montigny, Frot, Bergery, Xavier Vallat, L. O. Frossard, François Pietri und einige andere ihrem Standpunkt an.

Mandel wußte auch, daß das französische Heer noch nicht kriegsbereit war. Wir kennen aber bereits die zynische Antwort, die er Georges Bonnet gab, als dieser ihn darauf aufmerksam machte: zunächst den Krieg erklären, dann ihn vorbereiten.[296]

Dieser Standpunkt setzte sich durch.

Die Krone setzte aber Polen auf: Oberst Beck war nicht nur überzeugt, daß das polnische Heer die deutsche Wehrmacht zerschlagen könne, wie 1410 in Tannenberg; er war auch sicher, daß die deutschen Generale nur noch auf Unterstützung von außen, etwa in Form einer Kriegserklärung an Deutschland warteten, um Hitler abzusetzen, wodurch eine allgemeine Verwirrung in Deutschland entstehen werde. Da General Gamelin ihm ein Eingreifen der französischen Luftwaffe am ersten Kriegstag, Aktionen mit begrenzten Zielen am dritten sowie den Einmarsch der französischen Truppen in Deutschland bereits am fünfzehnten in Aussicht gestellt hatte, malte er sich schon die Zusammenkunft der polnischen und französischen Heere in Berlin aus.[297]

Beck war der Ansicht, Hitler habe einen Pakt mit Rußland nur deshalb geschlossen, weil er sich in einer verzweifelten Lage befinde. Er stützte seine Meinung auf die Berichte seiner Gesandten in Berlin und London. Wir wissen, daß letzterer in enger Verbindung zu Erich Kordt, einem deutschen Botschaftsrat in London, stand, der diese Meinung ebenfalls vertrat.[298] Daher ging Beck nicht auf die Verhandlungsangebote ein, die ihm Hitler seit dem 5. Januar 1939 unterbreitete, ja er provozierte ihn sogar: Ultimatum in Danzig, Flakbeschuß auf deutsche Flugzeuge und anderes. Er hatte zwar eine Teilung Polens zwischen Deutschland und Rußland befürchtet, glaubte aber nicht, daß der deutsch-sowjetische Pakt eine solche Teilung vorsehe[299]; und natürlich war er nicht der Ansicht, daß er ihr nur entgehen könne, indem er sich mit Deutschland verständigte.

---

[296] Ebenda; siehe auch Jean Montigny, *Complot contre la paix*, aaO.
[297] Es soll ein Bild existieren, das Beck als Sieger vor dem Brandenburger Tor in Berlin darstellt. (d. Ü.)
[298] Siehe oben.
[299] Warum unterrichtete Roosevelt, der schon am 23. August 1939 über den deutsch-sowjetischen Geheimvertrag durch Verrat aus der deutschen Botschaft Bescheid wußte, nicht Beck? Ein Hinweis hätte Beck wohl aus seinen Illusionen

Besorgniserregend war vor allem der Wortlaut der britischen Garantieerklärung:

»Im Falle einer Aktion, welche die polnische Unabhängigkeit klar bedrohen und gegen welche die polnische Regierung entsprechend den Widerstand mit ihrer nationalen Wehrmacht als unerläßlich ansehen würde...« Es stand also Polen frei zu entscheiden, ob Widerstand geleistet werden müsse. Ein Blankoscheck also. Beck nützte es aus, und bei der vollkommenen Verblendung, die er an den Tag legte, hatte die Welt kaum noch Aussichten, dem Krieg zu entgehen, wenn England den Wortlaut seiner Verpflichtung nicht abänderte.

Alle Gerüchte bezüglich der verzweifelten Lage, in der sich Hitler befinde, waren bekanntlich aus der Luft gegriffen; die sie verbreitende Pressekampagne war aber so gut aufgezogen, die polnischen Kreise waren so geneigt, Wunsch und Wirklichkeit zu vertauschen, daß sich allmählich die Auffassung durchsetzte, nur die Verständigungspolitik halte den Führer in Deutschland an der Macht.

Es wurde allgemein geschrieben, daß Hitler deshalb noch an der Macht sei, weil die französische und die britische Regierung keine Gelegenheit lieferten, ihn abzusetzen, und zwar den deutschen Generalen, die seit langer Zeit dazu bereit gewesen seien und nur auf diese Hilfe gewartet hätten, um zur Tat zu schreiten. Eine Kriegserklärung an Deutschland bei der Remilitarisierung des Rheinlands (März 1936), dem Anschluß Österreichs (März 1938), der Sudetenfrage (September 1938, München) oder der Besetzung und Zerstückelung der Tschechoslowakei (März 1939) hätte eine solche Gelegenheit abgeben können.

Als der Brief des französischen Botschafters in Berlin, Coulondre, am 30. August in Paris eintraf[300], stürzten die letzten Antikriegsbastionen zusammen: diesmal würde man sich die Gelegenheit nicht entgehen lassen. Im übrigen komme es nicht mehr darauf an, eine gerechte Lösung für die deutsch-polnische Frage anzustreben. Chamberlain sollte es am 1. September 1939

---

gerissen, ihn verhandlungsbereit gemacht und die Ursache für den Kriegsbeginn am 1. September aus der Welt geschafft. (d. Ü.)

[300] »Die Kraftprobe schlägt zu unseren Gunsten aus. Aus sicherer Quelle erfahre ich, daß... die Parteigrößen schwankend geworden sind und die Berichte von einer wachsenden Unzufriedenheit in der Bevölkerung sprechen... Der Fisch hängt am Haken... Wir müssen fest bleiben...«

unbefangen zugeben, als er in seiner Unterhaus-Rede ankündigte, daß ein Ultimatum an Deutschland unmittelbar bevorstehe: »Wir haben keinen Grund zum Streit mit dem deutschen Volk, außer, daß es sich von einem Nazi-Regime regieren läßt.«[301] Die Rede, mit der Daladier am 2. September die Aushändigung des französischen Ultimatums ankündigte, klang genauso: »Handelt es sich nicht nur um einen deutsch-polnischen Konflikt? Nein, meine Herren. Es ist ein neuer Schritt der Hitler-Diktatur auf dem Weg zur Europaund Weltherrschaft.«[302] Damit war die Friedensund Kriegsfrage in den Bereich der Ideologie übertragen worden.

In den Vereinigten Staaten wollte Präsident Roosevelt »sich ranhalten« und eine Weltkriegsstimmung schaffen. Als er von der Unterzeichnung des deutsch-sowjetischen Pakts erfuhr, berief er gleich den Kongreß zu einer Sondersitzung ein, um das vom Neutralitätsgesetz vorgeschriebene Waffenembargo zugunsten Frankreichs, Englands und Polens aufheben zu lassen. Die Sicherheit der Vereinigten Staaten und ihre demokratischen Einrichtungen seien nämlich in Gefahr. Zur selben Zeit forderte der Oppositionsführer und Senator Vandenberg ebenfalls eine sofortige Sitzung des Kongresses, allerdings, »um die Kontrolle des Parlaments über die autokratischen Entscheidungen des Präsidenten zu verstärken« und um zu vermeiden, daß er »die Umstände zu einem seiner gewohnten provokatorischen Akte ausnützt«.[303] Der Antrag auf Aufhebung des Waffenembargos wurde nahezu einstimmig abgelehnt, und diese Entscheidung entsprach dem Wunsch der amerikanischen Öffentlichkeit, wenn man der Umfrage Glauben schenkt, die die New Yorker Roper Agentur am 4. September durchführte:

– Für Kriegsbeteiligung an der Seite Englands und Polens 2,5 %

– Für völlige Abseitsstellung und Verkauf an jedermann nach dem Cash-and-Carry-Prinzip 37,5 %

– Für Abseitsstellung und Verkauf ausschließlich an Frankreich, England und Polen 8,9 %

– Für Abseitsstellung so lange wie möglich und Kriegseintritt an der Seite Englands, Frankreichs und Polens, falls diese Nationen Gefahr laufen, besiegt zu werden.

---

[301] *Britisches Blaubuch.*
[302] *Französischer Staatsanzeiger*, parlamentarische Debatten, 3. September 1939.
[303] *Britisches Blaubuch*, S. 169.

Zwischenzeitliche Unterstützung mit Lebensmittelund Waffenlieferungen 14,7 %
– Für Abseitsstellung ohne jede Lieferung 29,9 %
– Pro-Alliierte 0,6 %
– Pro-Deutsche 0 %[304]

Eine andere Einstellung legte Amerika erst im Dezember 1941 an den Tag, als die Japaner Pearl Harbor angriffen und Deutschland am 11. Dezember ihm den Krieg erklärte. Bis dahin hatte sich das amerikanische Volk nie von Deutschland bedroht gefühlt, weder in seiner Sicherheit noch in seinen demokratischen Einrichtungen. Seit seinem Machtantritt wiederholte Hitler immer wieder, er habe keine Absichten auf dem amerikanischen Kontinent, und er müßte verrückt sein, überhaupt welche zu haben. Der Politik Roosevelts, dessen Handlungen als Präsident indessen von einer systematischen Feindschaft gegen Deutschland zeugten, hatte die GegenPropaganda der Senatoren Vandenberg, Borah, Clark und des berühmten Obersten Lindberg keine Mühe, den Rang abzulaufen.

Roosevelt war aber an der Macht, was ihm mehr Handhabe auf die Ereignisse verschaffte als seinen Gegnern. Außerdem übten seine israelitischen Freunde einen starken Einfluß auf die Presse aus. Noch lange vor Pearl Harbor erwirkten sie mit vereinigten Kräften eine sichtbare Veränderung der Denkhaltung in der Öffentlichkeit. Am 3. November 1939 gewährte der Kongreß Präsident Roosevelt die Aufhebung des Waffenembargos, gegen die er sich zwei Monate zuvor ausgesprochen hatte, und am 11. März 1940 wurde die Cash-and-Carry-Klausel durch das Pachtund Leihgesetz abgelöst. Durch diese Änderungen konnte Roosevelt nun den Westmächten alles liefern, was sie brauchten.

Im August 1939 war er allerdings noch nicht so weit: Von dem Kongreß zur Untätigkeit verurteilt, versuchte Roosevelt durch Briefe und Botschaften, die er an den italienischen König, Hitler, den polnischen Staatschef, seine Botschafter in London und Paris richtete, sich in die europäischen Angelegenheiten einzumischen und dort Mitspracherecht zu bekommen, damit er deren Entwicklung beeinflussen könne. Den drei ersten schrieb er, daß »die Regierung der Vereinigten Staaten jederzeit bereit ist, zur Lösung der Probleme beizutragen, die den Weltfrieden gefährden«. Seinen Botschafter in

---

[304] R. E. Sherwood, *Roosevelt und Hopkins*, aaO.

London, Joseph Kennedy, bedrängte er, er solle »Chamberlain die Pistole auf die Brust setzen«.[305]

Dergleichen brauchte er nicht mit William Bullitt zu tun: Sein Botschafter in Paris war ebenso geschäftig und stellte der französischen Regierung immer wieder eine US-Unterstützung in Aussicht. Bei allen Kontakten mit Roosevelt beteuerte er, man müsse »Deutschland in der Polen-Angelegenheit stoppen«.

Über die Aktivität des US-Präsidenten während dieser Zeit äußerte Joseph Kennedy gegenüber James Forrestal, dem früheren amerikanischen Verteidigungsminister, unter anderem:

»Niemals hätte Frankreich oder England ohne diese ständigen Nadelstiche aus Washington einen casus belli aus Polen gemacht... Chamberlain habe ihm (Kennedy) gegenüber versichert, Amerika und die Juden der ganzen Welt hätten England in den Krieg getrieben... An der Meinung Kennedys, wonach der Angriff Hitlers auf Rußland hätte abgelenkt werden können, war unbestreitbar Richtiges.«[306]

In Deutschland wartete Hitler, seines guten Rechts und seiner Macht sicher, daß Polen auf seine Vorschläge hinsichtlich bilateraler Verhandlungen über Danzig und den Korridor eingehe. Die Vorschläge hatte er am 5. Januar desselben Jahres angekündigt, am 5. März in gehöriger Form unterbreitet und am 28. April öffentlich wiederholt.[307] Antwortete Polen nicht bis zum 31. August, 24 Uhr, so werde er am darauffolgenden Morgen in das Land einfallen, hatte er Anfang Mai beschlossen, und zu Beginn des Monats hat er die Frist auf den 26. August neu festgelegt. Wir haben den 23. August, und als Antwort hatte sich Polen für den Status quo ausgesprochen und damit Hitlers Aufforderung abgeschlagen.

Hitlers gutes Recht war unbestreitbar. Er forderte Danzig und den Durchgang durch den Korridor, die Menschen dort forderten ihrerseits den Anschluß an Deutschland. Wie alle bereits einverleibten Gebiete waren sie sich bewußt, zum Reich zu gehören und diesem nur durch den Versailler Vertrag entrissen worden zu sein. Und überhaupt verlangte Hitler in der Korridor-Frage und gegen den Wunsch der Bewohner lediglich eine Autobahn sowie eine Eisenbahnstrecke mit exterritorialem Charakter, um eine Verbindung

---

[305] Siehe oben.
[306] *The Forrestal Diaries*, aaO., S. 122.
[307] Siehe oben, Anmerkung 238.

zwischen dem übrigen Reich und Ostpreußen zu schaffen. Vernünftiger konnte man nicht sein. Was seine Macht anbetraf, so hatte sein Nachrichtendienst ihn davon überzeugt, daß Deutschland militärisch starker war als England, Frankreich und Polen zusammen. Und das stimmte.

In Italien schätzte man sich glücklich über das Meisterstück, das Hitler mit dem deutsch-sowjetischen Pakt vollbracht hatte. Ja, man frohlockte: diesmal lägen die Demokratien auf den Knien, und es sei vorbei mit dem triumphierenden Antifaschismus.

Moskau schließlich betrachtete die Verwirrung der in die Kapitulation oder den Krieg getriebenen westlichen Demokratien. Jedenfalls glaubte man, mit ihnen das Spiel so weit getrieben zu haben, daß sie nicht mehr zurück konnten und sich für den Krieg entschieden. Und man frohlockte ebenfalls.

Das war die Stimmung, die an diesem 23. August 1939 in allen betroffenen Hauptstädten herrschte, in London wie in Paris, Warschau, New York, Berlin, Rom und Moskau. Man kann die Schuld am Ausbruch des Krieges nicht besser beleuchten, als die Ereignisse der letzten zehn Tage vor dessen Erklärung in zeitlicher Abfolge wiederzugeben.

23. August 1939

Um 13 Uhr trifft der britische Botschafter in Berlin, Sir Nevile Henderson, in Berchtesgaden ein. Er soll Hitler eine Botschaft überreichen, die Chamberlain einen Tag zuvor, als er vom Abbruch der Gespräche zwischen Moskau und der französisch-britischen Delegation erfuhr, verfaßt hat. Mit bisweilen rührenden Worten schlägt er Hitler vor, »mit ihm Voraussetzungen zu schaffen, die für die Aufnahme von direkten Verhandlungen zwischen Deutschland und Polen« geeignet wären. Er stellt nur eine Bedingung: »daß ein zu erreichendes Abkommen bei seinem Abschluß von anderen Mächten garantiert werde«. Und er teilt ihm mit, daß »nötigenfalls Seiner Majestät Regierung entschlossen und bereit ist, alle ihr zur Verfügung stehenden Kräfte unverzüglich einzusetzen«. Ferner einen geschickten Vorschlag, der Hitler erweichen könnte: »gleichzeitig jene größeren, zukünftige internationale Beziehungen berührenden Probleme zu erörtern, einschließlich die uns und Eure Exzellenz interessierenden Angelegenheiten«.[308] Die Freundschaft Englands im Grunde genommen.

Um 18 Uhr überreicht Hitler Sir Nevile Henderson seine Antwort eigenhändig. »Deutschland hat niemals Konflikte mit England gesucht und sich nie in englische Interessen eingemischt. Es hat sich im Gegenteil — wenn auch leider vergebens — jahrelang bemüht, die englische Freundschaft zu erwerben.« Dies als Antwort auf das Angebot umfassender Verhandlungen.

Er fährt fort: »Deutschland war bereit, die Frage Danzigs und die des Korridors durch einen wahrhaft einmaligen großzügigen Vorschlag auf dem Weg von Verhandlungen zu lösen. Die von England ausgestreuten Behauptungen über eine deutsche Mobilmachung gegenüber Polen, die Behauptung von Aggressionsbestrebungen gegenüber Rumänien, Ungarn usw. sowie die später abgegebenen sogenannten Garantieerklärungen hatten die Geneigtheit der Polen zu Verhandlungen auf einer solchen auch für Deutschland tragbaren Basis beseitigt... Deutschland ist — wenn es von England angegriffen wird — darauf vorbereitet und dazu entschlossen... Die Frage der Behandlung der europäischen Probleme in friedlichem Sinne kann nicht von Deutschland entschieden werden, sondern in erster Linie von jenen, die sich seit den Verbrechen des Versailler Diktats jeder friedlichen Revision beharrlich und konsequent widersetzt haben.«[309]

Sir Nevile Henderson findet bei der Übergabe der Chamberlain-Botschaft und beim Empfang der Antwort zwar keine sehr gute Aufnahme, aber die Gespräche, so wie sie zwischen beiden Regierungen eingeleitet sind, lassen glückliche Entwicklungen erhoffen.

Präsident Roosevelt, der nicht recht weiß, wie er bei der Erörterung der europäischen Frage mitreden könnte, teilt am selben Tag dem König von Italien mit, daß »die Vereinigten Staaten gerne an friedlichen Unterhandlungen teilnehmen würden« und daß er

---

[308] Sir Nevile Henderson, *Fehlschlag einer Mission*, Berlin 1937 bis 1939, Zürich 1953, S. 295ff, sowie Anhang II, S. 347ff.
[309] Antwortschreiben des Reichskanzlers an den britischen Premierminister, dem Botschafter Seiner Majestät am 23. August 1939 eigenhändig überreicht, *Akten zur Deutschen Auswärtigen Politik*, Serie D, Bd. 7, Dok. Nr. 201, S. 181ff.

»Vorschläge für eine friedliche Lösung der gegenwärtigen Krise... unterbreiten«[310] möge.

Die Antwort bleibt aus: Möglicherweise hat der König von Italien diesen Brief als Versuch bewertet, Spannungen zwischen den Achsenmächten zu schaffen. Am späten Abend meldet die Londoner BBC, »der Ministerrat Seiner Majestät habe angesichts der durch die Unterzeichnung des deutschsowjetischen Paktes nun geschaffenen Lage beschlossen, das Unterhaus um Vollmachten zu bitten, damit er alle erforderlichen politischen und militärischen Maßnahmen treffen kann«.

In Danzig beschließt der Senat einstimmig, den Gauleiter und NSDAP-Chef Forster zum Staatsoberhaupt der Freien Stadt Danzig zu erklären.[311]

24. AUGUST

Präsident Roosevelt bittet Hitler und den polnischen Staatspräsidenten Moscicki inständig, »für eine bestimmte Zeit jegliche Aggression zu unterlassen und ihre Streitfragen nach Absprache auf einem der drei Wege beizulegen: direkte Verhandlungen, Schiedsgerichtsbarkeit oder Verständigung«.[312] Zum Schluß bietet er natürlich seine guten Dienste an.

Offenbar hat Hitler diesen Appell unbeantwortet gelassen.

Staatspräsident Moscicki dagegen antwortet: »Die Schiedsgerichtsbarkeit und direkte Verhandlungen sind unbestreitbar die geeignetsten Mittel zur Lösung internationaler Schwierigkeiten... Ich erachte es jedoch als meine Pflicht, zu betonen, daß es nicht Polen ist, das in dieser Krise Forderungen stellt und Zugeständnisse von einer anderen Nation verlangt. Es ist deshalb ganz selbstverständlich, daß Polen sich einverstanden erklärt, sich jeder feindseligen Handlung unter der Voraussetzung zu enthalten, daß die andere Partei ebenfalls einwilligt, sich jeder ähnlichen mittelbaren oder unmittelbaren Handlung zu enthalten.«[313] Kein Wort über Danzig und den Korridor.

---

[310] *Britisches Blaubuch*, Dok. Nr. 122.
[311] *Akten zur deutschen Auswärtigen Politik*, Bd. 7, Dok. Nr. 179.
[312] *Britisches Blaubuch*, Dok. Nr. 124 und 125, S. 226ff.
[313] Antwort des Präsidenten Moscicki an Roosevelt vom 25. August 1939, *Polnisches Weißbuch*, Dok. Nr. 90, S. 133f.

Papst Pius XII. richtet seinen Appell an die Welt.[314]

In London hält Chamberlain seine am Tag zuvor angekündigte Rede vor dem Unterhaus: dabei paraphrasiert er die Botschaft, die er Hitler zukommen ließ. Er bekräftigt erneut die Entschlossenheit Englands, Polen zu unterstützen, läßt aber die Türen zu Verhandlungen offen.

In Berlin meint Göring, der Chamberlains Botschaft und Hitlers Antwortschreiben zur Kenntnis genommen hat, daß die Sache nicht schlecht abgelaufen sei und daß der bei diesem Schriftwechsel angeschlagene Ton hoffen lasse. Einziger dunkler Punkt: von Ribbentrop. Göring hält nicht viel von dem diplomatischen Vermögen des Reichsaußenministers und glaubt nicht, daß er mit seinem barschen Auftritt und seiner Adjutantenstarrheit der rechte Mann für eine so heikle Lage sei: Ribbentrop könne keine engen Beziehungen zu den Briten mit dem nötigen Fairplay unterhalten. Deshalb erwägt er, mit der englischen Regierung heimlich in Verbindung zu treten. Persönlich kann er es freilich nicht; durch eine Mittelsperson könnte er aber vielleicht das Unvermögen, wenn nicht die Böswilligkeit von Ribbentrops vertuschen und zwischen Deutschland und England den vertraulichen Kontakt herstellen, den er für unerläßlich hält.

Der schwedische Industrielle Birger Dahlerus

---

[314] Siehe oben.

Er kennt seit 1934 einen schwedischen Industriellen namens Birger Dahlerus, der zahlreiche Beziehungen zu den politischen sowie unternehmerischen Kreisen Großbritanniens und Deutschlands hat und darum bemüht ist, sie durch häufige Zusammenkünfte zueinander zu bringen. Die letzte fand am 7. August 1939 in einer kleinen nordfriesischen Ortschaft statt. Bei dieser Zusammenkunft waren außer Göring und General Bodenschatz noch zwei oder drei deutsche Persönlichkeiten anwesend, darunter Staatssekretär Körner. Britischerseits nahmen auch einige politische Persönlichkeiten, etwa Charles F. Spencer, ein einflußreiches Mitglied der Konservativen Partei, an der Besprechung teil. Die Stimmung konnte kaum herzlicher sein. Zwischen England und Deutschland bestehen feste Kontakte, und Göring ist der Ansicht, daß keiner sie besser ausnützen könnte als Birger Dahlerus.

Chamberlains Unterhaus-Rede, die er mittlerweile kennt, hat ihn in seiner Überzeugung bestärkt, daß seine Idee gut sei.

Gegen Mitternacht startet ein Sonderflugzeug in Tempelhof mit Birger Dahlerus an Bord. Er soll im Auftrag Görings Chamberlain mitteilen, daß seine Unterhaus-Rede in Berlin aufmerksam gelesen werde, daß nichts verloren sei, solange das Unwiderrufliche nicht geschehen sei, und daß Göring alles tun werde, was in seinen Kräften stehe, um den Krieg zu verhüten.

25. August

Der Einmarsch in Polen sollte am folgenden Tag im Morgengrauen stattfinden: Hitler hat angeordnet, man müsse die Operation so vorbereiten, daß die Marschbefehle jederzeit und bis zur letzten Minute rückgängig gemacht werden könnten. Er rechnet damit, daß Oberst Beck, wenn überhaupt, erst in der letzter Minute nachgeben werde...

In den ersten Morgenstunden verfaßt er einen Brief an Mussolini, der diesen taktvoll an den Stahlpakt erinnern soll:

»Ich darf Ihnen noch versichern, Duce, daß ich in einer ähnlichen Situation das völlige Verständnis für Italien aufbringen werde und Sie von vornherein in jedem solchen Falle meiner Haltung sicher sein können!«³¹⁵ Zuvor hat er ihm mitgeteilt, daß Polen durch zahlreiche Provokationen eine unerträgliche Lage in Danzig geschaffen habe und daß der Krieg nunmehr unvermeidlich sei.

Vormittags erhält er zwei Nachrichten. Die erste, von Roosevelt, teilt ihm mit, daß der polnische Staatspräsident bereit sei, die Streitfrage durch direkte Verhandlungen beizulegen: das stimmte nicht³¹⁶, und Hitler beachtet sie nicht. Die zweite kommt von der Deutschen Botschaft in London. Sie setzt ihn in Kenntnis, »daß das englische Volk geschlossen hinter der Regierung steht... Das Gesamtbild ist das ruhiger Bereitschaft und Zuversicht gegenüber einem Krieg, den man nicht wünscht, jedoch als kaum mehr vermeidbar betrachtet«.³¹⁷ Diese Nachricht macht Hitler nachdenklich: er kann nicht verstehen, daß England, nach dessen Freundschaft er immer wieder getrachtet hat, ihm so feindlich gesonnen ist. Und er leidet darunter: gerade die Engländer, die er für ein arisches Volk hält! Plötzlich kommt er auf einen Gedanken: der Ton des Schriftwechsels mit Chamberlain erlaubt ihm, dem britischen Premier ein so großzügiges Angebot zu unterbreiten, daß er nicht abschlagen kann.

Er bestellt Sir Nevile Henderson auf 13 Uhr 30.

Dann ruft er Keitel an: »Verschieben Sie bis 15 Uhr die Truppenbewegungen für den morgigen Einmarsch in Polen!«

Sir Nevile Henderson macht er folgendes Angebot: ein Bündnis mit England, falls dieses ihm bei der Rückgewinnung Danzigs und des Korridors behilflich ist; eine deutsche Garantie für die neuen Grenzen Polens, ein Abkommen über die deutschen Kolonien, Garantien für die deutschen Minderheiten in Polen, eine deutsche Hilfeleistung bei der Verteidigung des Britischen Empires in allen Teilen der Welt.³¹⁸

Die Unterredung ist freundlich gewesen: Sir Nevile Henderson entschließt sich, nach London zu fliegen.

Kurz vor 15 Uhr drahtet der Londoner Vertreter des Deutschen Nachrichten-Büros nach Berlin, daß die britische und die polnische

---

[315] Brief Hitlers an Mussolini vom 25. August 1939, *Akten zur Deutschen Auswärtigen Politik*, Serie D, Band 7, Dok. Nr. 226, S. 239.
[316] Siehe die Antwort des polnischen Staatspräsidenten, S. 276.
[317] *Akten zur Deutschen Auswärtigen Politik*, Bd. 7, Dok. Nr. 287, S. 248.
[318] Internationaler Militärgerichtshof, Bd. 9, Sitzungsbericht vom 19. März 1946: Aussage von Birger Dahlerus, S. 515 f.

Regierung soeben ein gegenseitiges Bündnisabkommen unterzeichnet hätten, für den Fall einer deutschen Angriffsaktion entweder gegen Polen oder gegen England. Der Wortlaut dieses Bündnisses deutet auf eine bedingungslose Hilfeleistung hin.[319]

Hitler, von Ribbentrop und Göring sind verblüfft: Oberst Beck kann nun allein über Krieg und Frieden entscheiden, England steht in Polens Gewalt. Unglaublich!

Hitlers Reaktion: Er beauftragt Keitel, unverzüglich alle Vorbereitungen für den Einmarsch in Polen wieder in Gang zu setzen.

Dann bestellt er den französischen Botschafter Coulondre und bittet ihn, Daladier folgendes zu übermitteln: Die Provokationen seien unerträglich geworden; er werde intervenieren; er habe keine feindseligen Gefühle gegen Frankreich; es würde ihn schmerzen, wegen Polens mit seinem Land (Frankreich) kämpfen zu müssen; er sei aber auch auf einen Angriff Frankreichs vorbereitet und werde in diesem Fall dementsprechend reagieren.

Mittlerweile ist es 17.30 Uhr.

Um 18 Uhr trifft Mussolinis Antwort ein: Italien ist nicht kriegsbereit. Wie schon bei der Unterzeichnung des Stahlpakts angedeutet, wird es erst 1943 an die Seite Hitlers in den Krieg eintreten können. Italien werde lediglich, im Rahmen des Möglichen, ihn unterstützen und sich neutral verhalten. Mussolini bedauert, daß die Sache so stehe, aber Italien verfüge nicht über die notwendigen Rohstoffe und Waffen. Wenn ihm Deutschland diese Waffen und Rohstoffe lieferte, sähe es ganz anders aus, und es könnte unverzüglich eingreifen.[320]

Hitler ist bestürzt: Besprechung mit Ribbentrop und Göring.

Um 19.30 Uhr läßt er den Vormarsch-Befehl erneut widerrufen: die deutschen Generale verstehen nichts mehr.

Dann verfaßt er für alle Fälle einen zweiten Brief an Mussolini und bittet ihn, alles aufzulisten, was er bei einem unverzüglichen Eintritt in den Krieg brauche.

---

[319] Oberst Beck, *Dernier Rapport*, aaO., S. 349, sowie *Britisches Blaubuch*, Dok. Nr. 19, S. 46ff.
[320] Schreiben Mussolinis an Hitler vom 25. August 1939, um 18 Uhr von Attolico übergeben, *Akten zur Deutschen Auswärtigen Politik*, Serie D., Bd. 7, Dok. Nr. 271, S. 238f.

26. August

Um 7.50 fliegt Sir Nevile Henderson nach London.

In der Mittagszeit trifft die von Hitler gewünschte Liste der italienischen Anforderungen in der Reichskanzlei ein:

»Wir stellten die Liste aus«, vermerkt Ciano in seinem Tagebuch. »Sie würde einen Stier töten, wenn er sie lesen könnte.«[321] Mussolini bleibt bei seiner Entschuldigung, nicht in den Krieg einzutreten: »Wenn Sie glauben, daß es noch irgendeine Möglichkeit der Lösung auf politischem Gebiet gibt, bin ich bereit, Ihnen — wie schon früher — meine volle Solidarität zu leihen und die Initiative, die Sie zu diesem Zweck für nützlich halten können, zu ergreifen.«[322]

Um 15 Uhr übergibt der britische Geschäftsträger in Berlin, Sir Ogilvie-Forbes[323], Staatssekretär von Weizsäcker folgende Note:

»Seiner Majestät Regierung prüft heute nachmittag gemeinsam mit Sir Nevile Henderson sorgfältig Herrn Hitlers Botschaft. Die Antwort der Regierung Seiner Majestät ist in Vorbereitung und wird in einer Vollsitzung des Kabinetts besprochen werden. Sir Nevile Henderson wird am Sonntag, dem 27. August, nachmittags mit dem endgültigen Text der Antwort nach Deutschland zurückkehren.«[324]

Zur selben Zeit trifft Dahlerus in Berlin ein. Er bringt eine von Lord Halifax verfaßte Mitteilung an Göring mit. Dahlerus wird sie später »als ausgezeichneten Brief« bewerten, »in dem er (Lord Halifax) den Wunsch Seiner Majestät Regierung, zu einer friedlichen Lösung zu kommen, klar und deutlich ausdrückte«.[325]

Um 17 Uhr sind die deutschen Wirtschaftsfachleute mit der Prüfung der italienischen Anforderungen hinsichtlich Rohstoffen und Waffen fertig; Hitler schreibt Mussolini, er könne seinen Wünschen nicht entsprechen, und bitte ihn nur darum, »die mir in Aussicht gestellte Bindung englisch-französischer Kräfte durch eine aktive Propaganda und geeignete militärische Demonstrationen herbeiführen zu wollen«.[326]

---

[321] Graf Galeazzo Ciano, *Tagebuch* aaO., S. 131f., Eintragung vom 26. August 1939.
[322] *Akten zur Deutschen Auswärtigen Politik*, Serie D, Bd. 7.
[323] Der britische Botschafter hält sich zu diesem Zeitpunkt in London auf.
[324] *Akten zur Deutschen Auswärtigen Politik*, Serie D, Bd. 7. Dok. Nr. 326, S. 277.
[325] Dahlerus' Erklärung unter Eid in Nürnberg, Internationaler Militärgerichtshof, Bd. 9.
[326] *Akten zur Deutschen Auswärtigen Politik*, Serie D., Bd. 7. Dok. Nr. 307, S. 262f.

Kurz vor 19 Uhr trifft Mussolinis Antwort auf diesen Brief in der Reichskanzlei ein: Mussolini beteuert erneut seine Niedergeschlagenheit, »gezwungen zu werden, durch Kräfte, die stärker sind als mein Wille, Ihnen im Augenblick der Aktion meine positive Solidarität nicht beweisen zu können«, und bekräftigt seine Überzeugung, daß eine politische Lösung, »die ich noch für möglich halte, Deutschland völlige moralische und materielle Genugtuung gewähren kann«.[327]

Hitler geht von der Bestürzung zur Erbitterung über.

Um 19.30 Uhr überbringt ihm Coulondre die Antwort Daladiers auf seine mündlichen Ausführungen des Vortages: es handelt sich um eine schriftliche Botschaft:

»In einer so schweren Stunde«, schreibt er, »glaube ich aufrichtig, daß kein edelgesinnter Mensch es verstehen könnte, daß ein Krieg der Zerstörung unternommen würde, ohne daß ein letzter Versuch einer friedlichen Lösung zwischen Deutschland und Polen stattfindet... Ich als Chef der französischen Regierung... bin bereit, alle Anstrengungen zu machen, die ein aufrichtiger Mensch unternehmen kann, um diesen Versuch zu einem guten Ende zu führen.«[328]

Hitler teilt dem französischen Botschafter mit, er werde Daladier schriftlich antworten.

Der Tag endet mit einem Zwischenfall, an dem Göring und von Ribbentrop beteiligt sind. Die geheime Dienststelle für die Entzifferung und das Auffangen von Funksprüchen hat sämtliche Telefongespräche von Dahlerus aufgenommen, sein ganzes Kommen und Gehen registriert und auftragsgemäß die Wilhelmstraße in Kenntnis gesetzt. Ribbentrop gerät in Zorn, als er merkt, daß Göring hinter seinem Rücken jemanden nach London geschickt hat. Und als Krönung hat die Direktion der Lufthansa zu Beginn des Nachmittags dem Reichsaußenminister gemeldet, daß die Lufthansa-Maschine aus London um 17.30 in Tempelhof landen würde, mit Herrn Dahlerus, einem »Mitarbeiter des Foreign Office«[329] an Bord. Von Ribbentrop erblickt darin den Beweis, daß Dahlerus ein Agent des Intelligence Service sei, und sucht Hitler, mit dem Beweis

---

[327] Ebenda. Siehe auch Walther Hofer, *Die Entfesselung des Zweiten Weltkrieges*, Frankfurt/M.—Hamburg 1960, S. 258f.
[328] *Französisches Gelbbuch*, Dok. Nr. 253, S. 336f.; *Deutsches Weißbuch*, Dok. Nr. 460.
[329] *Akten zur Deutschen Auswärtigen Politik*, Serie D, Bd. 7. Dok. Nr. 267.

in der Hand, auf. Es kommt zu einem heftigen Wortwechsel zwischen Hitler, von Ribbentrop und Göring...

Gegen Mitternacht melden sich zwei Gestapo-Beamte in Dahlerus' Hotel und begleiten den schwedischen Industriellen zu Hitler, der ihn in Begleitung Görings erwartet; daraus ersieht man, daß letzterer sich gegen von Ribbentrop durchgesetzt hat. Es beginnt ein langer Vortrag von Hitler: »Polen verhält sich nur so, weil es Englands bedingungslose Garantie-Erklärung besitzt... Seit sechs Monaten schlage ich ihm Verhandlungen vor... Ich habe England ein großzügiges Angebot gemacht... Offenbar hat es sich für Polen und den Krieg entschieden. Ich werde Polen vernichten... Ich werde Flugzeuge, Flugzeuge und immer noch Flugzeuge bauen, UBoote, U-Boote und immer noch U-Boote...«

Zum Schluß ruft er gegenüber Dahlerus aus: »Herr Dahlerus! Sie haben meine Auffassung gehört. Sie müssen sofort nach England reisen, um sie der englischen Regierung mitzuteilen. Ich glaube nicht, daß Henderson mich verstanden hat, und wünsche aufrichtig, daß eine Verständigung zustande kommt!«[330]

27. AUGUST

Das bedeutendste Ereignis dieses Tages ist Birger Dahlerus' Treffen in London mit Chamberlain, Lord Halifax, Sir Horace Wilson, Sir Alexander Cadogan und Sir Robert Vansittart, zunächst einzeln, dann zusammen in einer Art Sondersitzung des Ministerrats. Im Mittelpunkt dieser Besprechungen steht der Umstand, daß am Vortag, dem 26. August, der von Hitler vorgesehene Einmarsch in Polen ausgeblieben ist; man schließt daraus, daß Englands Politik der Unnachgiebigkeit ihn zum Weichen bringe, und man ist um so mehr entschlossen, noch unnachgiebiger zu sein. Dennoch sind die Briten realistisch. Die Tatsache, daß Hitler die deutsche Wehrmacht in den Dienst des britischen Empires, falls es bedroht würde, zu stellen bereit ist, ärgert sie zwar und kränkt offenbar ihr Ansehen und Ehrgefühlt, aber sein Vorschlag einer deutsch-britischen Gesamtregelung enthält anscheinend zu viele positive Gesichtspunkte, um ihn nicht einer sorgfältigen Prüfung zu unterziehen. Sie sind mit ihm grundsätzlich einverstanden.

---

[330] Birger Dahlerus, *Der letzte Versuch*, München 1948, S. 61f.

Mittags in London eingetroffen, landet Dahlerus um Mitternacht wieder in Berlin: Göring erwartet ihn am Flughafen. Der Schwede zeigt dem Generalfeldmarschall ein Memorandum, das die Briten ihm übergeben haben:

1. »Die Regierung Seiner Majestät wiederholt feierlich ihren Wunsch, die guten Beziehungen zu Deutschland aufrechtzuerhalten. Kein Mitglied der Regierung vertritt eine andere Ansicht.

2. Großbritannien fühlt sich mit seiner Ehre dazu verpflichtet, seine Verpflichtungen gegenüber Polen einzuhalten.

3. Der deutsch-polnische Streitfall muß auf friedlichem Wege bereinigt werden. Wenn eine solche Lösung erreicht werden kann, werden sich daraus sofort bessere Beziehungen (zwischen Deutschland und England) ergeben.«[331]

Am 28. August, um 2 Uhr morgens, teilt Göring Dahlerus fernmündlich mit, daß Hitler den britischen Standpunkt anerkenne: er sei natürlich damit einverstanden, die Danzig- und Korridorfrage auf friedlichem Wege durch direkte Verhandlungen mit Warschau zu regeln, da er Oberst Beck bereits am 5. Januar 1939 solche Verhandlungen vorgeschlagen habe. Es gelte nun, Oberst Beck dazu zu bewegen, daß er ebenfalls einwillige.

Dahlerus telegraphiert sofort mit der britischen Botschaft in Berlin. Außerdem berichtet er, wie Göring und Hitler auf den Verlauf seiner Unterredung in London reagiert hätten. Beide hätten viel Verständnis für den britischen Standpunkt gezeigt. Ein Satz ist dennoch bemerkenswert: Großbritannien muß Polen überzeugen, daß es mit Deutschland sofort verhandelt, und »es ist äußerst wünschenswert, daß in der von Sir Nevile Henderson zu überbringenden Antwort diese Verpflichtung zur Überredung der Polen enthalten ist«.[332]

Davon ist in der Aufzeichnung, die Dahlerus Göring überbrachte, nicht die Rede.

Die übrigen Tagesereignisse sind als Erledigung der laufenden Angelegenheiten zu bezeichnen: Hitler schreibt Mussolini und Daladier. Den ersten bittet er lediglich um die Entsendung von Arbeitskräften für seine Landwirtschaft und Industrie. Dem zweiten

---

[331] Protokoll der Sitzung im Foreign Office vom 27. August 1939, an der der Premierminister, Lord Halifax und Birger Dahlerus teilnahmen.
[332] *Britisches Blaubuch*. Siehe auch Michael Freund, *Geschichte des 2. Weltkriegs in Dokumenten*, Bd. 3, Dok. Nr. 108, S. 298ff.

bekräftigt er erneut seinen Abscheu vor dem Krieg und seinen Standpunkt in der deutsch-polnischen Streitfrage.[333]

Zwei weitere Begebenheiten seien noch erwähnt: eine Unterredung des Polen Graf Lubienski, Kabinettschef von Oberst Beck, mit Peter Kleist, einem Angehörigen des Auswärtigen Amts, sowie eine in Paris zwischen dem italienischen Botschafter Guariglia und Georges Bonnet.

Ersterer, ein besonnener Pole, legt Peter Kleist dar, Oberst Beck sei an die Armee und die öffentliche Meinung gebunden, er würde gern verhandeln, man müsse ihm aber Zeit lassen, mit denen fertig zu werden, die ihn mitreißen. Man müßte dies von Ribbentrop und Hitler begreiflich machen. Von Ribbentrop leitet den Bericht Hitler zu, der ihn allerdings auf sich beruhen läßt.[334]

Aus seiner Unterredung mit Georges Bonnet hat Guariglia den Eindruck gewonnen, daß der französische Außenminister es begrüßen würde, wenn Mussolini eine Vermittlerrolle übernähme.[335]

28. August

Am frühen Vormittag steht in allen Staatskanzleien das politische Barometer auf »schön Wetter«. In Warschau hat sich der deutsche Geschäftsträger ins Auswärtige Amt begeben, um Beschwerde gegen die wiederholten Überfälle der polnischen Flak auf deutsche Flugzeuge zu führen. Während er damit rechnete, daß der Protest zurückgewiesen würde, erhält er das Versprechen, man werde die Vorwürfe einer sorgfältigen Prüfung unterziehen. In allen sofort benachrichtigten Hauptstädten bahnt sich eine Entspannung an.

In London haben die Reaktionen Hitlers und Görings auf das von Dahlerus überbrachte britische Angebot Lord Halifax günstig beeindruckt. Dieser nahm sie spät in der Nacht zur Kenntnis. Dann führte er ein Gespräch mit dem polnischen Botschafter. Er sagte ihm, er habe interessante Angebote von Hitler erhalten und Oberst Beck dürfe nicht alles durch übermäßigen Starrsinn gefährden.

---

[333] *Deutsches Weißbuch*, Bd. 2, Dok. Nr. 461.
[334] Peter Kleist, *Zwischen Hitler und Stalin*, Bonn 1950.
[335] Drahtbericht des deutschen Geschäftsträgers in Paris, Bräuer vom 27. August 1939, *Akten zur Deutschen Auswärtigen Politik*, Serie D, Bd. 7, Dok. Nr. 351, S. 296.

Anschließend schickte er dem britischen Botschafter in Warschau, Howard Kennard, folgendes Telegramm:

»Ich übersende Ihnen mit meinem nächsten Telegramm in großen Zügen unsere Antwort an Hitler. Bitte bemühen Sie sich, Herrn Beck, sobald Sie diese erhalten haben, zu sehen, und melden Sie sofort telefonisch dessen Antwort. Wenn er uns zur gewünschten Zeit eine positive Antwort gibt, werden wir Hitler mitteilen, die polnische Regierung sei bereit, auf der genannten Grundlage in Unterhandlungen mit dem Reich einzutreten.«[336]

Um 16 Uhr trifft die Antwort von Oberst Beck ein:

»Oberst Beck ist äußerst dankbar für die vorgeschlagene Antwort an Hitler und ermächtigt Seiner Majestät Regierung, die deutsche Regierung zu informieren, daß Polen bereit ist, sogleich in direkte Verhandlungen mit dem Reich einzutreten. Er würde sich jedoch freuen, in gebührender Frist zu erfahren, welche Form einer internationalen Garantie ins Auge gefaßt worden wäre.«[337]

Auf Dahlerus' Veranlassung meldet die britische Botschaft in Berlin dem Foreign Office zur selben Zeit, daß der Einmarsch in Polen für die Nacht zum 1. September vorgesehen sei, und es sei demnach dringend, daß die britische Antwort auf die Vorschläge Hitlers vom 25. August und auf die Dahlerus' vom Vortrag der deutschen Regierung zukomme.

Sie braucht nur noch fertiggestellt zu werden. Um 17 Uhr kann Sir Nevile Henderson nach Berlin zurückfliegen. Um 18 Uhr ruft Lord Halifax den britischen Geschäftsträger in Berlin Sir Ogilvie-Forbes an, der in Abwesenheit Sir Nevile Hendersons als Botschafter wirkt; er soll die Wilhelmstraße benachrichtigen, daß Sir Nevile Henderson sich von 21 Uhr an Reichskanzler Hitler zur Verfügung halten werde.

Bei seiner Landung in Berlin um 20.30 Uhr erfährt der britische Botschafter, daß Hitler ihn um 22 Uhr erwarte, läßt aber die Unterredung auf 22.30 Uhr verschieben. Er will die britische Antwort erst ins Deutsche übersetzen lassen, bevor er sie Hitler überreicht.

Um 22.30 Uhr wird er in der Reichskanzlei mit den Ehren empfangen, die sonst nur Staatschefs vorbehalten sind; so sehr will Hitler seinen guten Willen und die Bedeutung, die er dem Ereignis beimißt, unterstreichen. Diese außergewöhnliche Feierlichkeit soll

---

[336] *Documents on British Foreign Policy*, Bd. 7, Dok. Nr. 430, S. 333.
[337] Ebenda, Dok. Nr. 420, S. 328.

unter Beweis stellen, daß er sicher ist, die englische Antwort werde seinen Erwartungen entsprechen und eine neue Ära in den deutsch-britischen Beziehungen einleiten.

Die Unterredung, die eineinviertel Stunden dauert, verläuft von Anfang bis zum Ende in ruhiger und würdiger Atmosphäre.[338]

Hitler werde die englische Note aufmerksam studieren und am nächsten Tag eine schriftliche Antwort geben.

Gegen 1 Uhr morgens wird Dahlerus durch einen Ordonnanzoffizier benachrichtigt, daß die Prüfung der britischen Note Göring in der Reichskanzlei aufgehalten habe und daß dieser ihn dadurch nicht am Abend, wie vorgesehen, treffen konnte. Er lasse ihm ferner mitteilen, die Aussichten für den Frieden seien ausgezeichnet und er werde ihn am nächsten Morgen sprechen.[339]

Das Stimmungsbarometer hat den ganzen Tag auf schön gestanden.

In Rom ist Mussolini, der von seinem Botschafter in Berlin Stunde für Stunde auf dem laufenden gehalten wird, immer mehr geneigt, als Vermittler aufzutreten. Am Abend läßt er der Wilhelmstraße mitteilen, daß seiner Ansicht nach das deutsche Anrecht auf Danzig grundsätzlich anerkannt werden müsse und daß er für das übrige (Kolonien, Rohstoffe, Rüstungsbeschränkung) eine Vier- bzw. eine Fünferkonferenz anrege.

29. AUGUST

Eine allgemeine Mobilmachung prägt diesen Tag. In Frankreich sind 600 000 Mann in ihre Kasernen eingerückt. In Italien hat Mussolini die Truppen an der französisch-italienischen Grenze zusammengezogen und seine Luftwaffe überall (Libyen, Äthiopien, Sardinen, Sizilien) in Alarmbereitschaft gesetzt. In der Slowakei hat die Regierung das Staatsgebiet der Wehrmacht zur Verfügung gestellt. In Belgien sind zwölf Divisionen wiedereinberufen worden. In Spanien befestigt General Franco die Pyrenäen-Grenze. Ungarn macht mobil gegen Rumänien, und umgekehrt. Sogar die Schweiz ordnet die Einberufung der Grenzschutztruppen an.

---

[338] Nevile Henderson, *Fehlschlag einer Mission*, aaO.
[339] Dahlerus' Erklärung unter Eid in Nürnberg, Internationaler Militärgerichtshof, Bd. 9, S.519.

Die besorgniserregendste Mobilmachung wird aber in Polen am frühen Nachmittag verfügt. Am Vortag hat Beck den Engländern versprochen, direkte Verhandlungen mit Berlin zu eröffnen, und heute... Beide Haltungen sind nicht vereinbar: ein Beweis, daß der Oberst keine klaren Absichten hat.

Die entrüsteten Botschafter Frankreichs und Englands, Léon Noël und Sir Howard Kennard, sagen es ihm auch und legen scharfen Protest ein. Vergebens.

In Berlin sorgt diese Generalmobilmachung für eine um so größere Erregung, als im Laufe der Nacht alarmierende Berichte über Übergriffe der polnischen Flak gegen deutsche Flugzeuge und Grenzvorfälle sich auf Hitlers Schreibtisch gehäuft haben. Die deutschen Generale sind höchst besorgt, man müsse sofort handeln, oder dann die ganze Sache auf das nächste Frühjahr verschieben. Sie sind eher für eine sofortige Aktion: Polen werde nicht nachgeben. Auf jeden Fall dürfe kein Befehl erteilt werden, der wie in den fünf letzten Tagen durch einen Gegenbefehl aufgehoben werde. Es werde bald Winter, der die Operationen stoppen könnte, noch bevor sie erfolgreich zu Ende geführt seien. Hitler, der die Forderungen seiner Generale nicht zu berücksichtigen pflegt, hört diesmal auf sie. Falls die Verhandlungen nicht innerhalb von achtundvierzig Stunden zum Ziel führen, werde er mit Polen abrechnen.

Die Generale gehen zufrieden.

Am frühen Nachmittag bieten sich der König der Belgier und die Königin der Niederlande als Vermittler an.

Um 16.40 Uhr bietet auch Mussolini seine Dienste für eine Vermittlungsaktion an: »Wenn Deutschland will, daß Italien in London etwas unternimmt oder sagen soll, so ist der Duce vollständig zur Verfügung des Führers.«[340]

In Berlin wird Sir Nevile Henderson in der Reichskanzlei um 19.15 bestellt, um Hitlers Antwort auf die britische Note entgegenzunehmen. Der Ton ist versöhnlich, wenn auch fest. Sie enthält folgenden Satz: »Die deutsche Regierung rechnet mit dem Eintreffen dieser Persönlichkeit (des polnischen Bevollmächtigten) für Mittwoch, den 30. August 1939.«[341]

---

[340] *Akten zur Deutschen Auswärtigen Politik*, Serie D, Bd. 7, Dok. Nr. 418, S. 343.
[341] *Akten zur Deutschen Auswärtigen Politik*, Serie D, Bd. 7, Dok. Nr. 421, S. 345ff; siehe auch *Documents on British Foreign Policy*.

Der britische Botschafter fährt hoch: die Frist ist viel zu kurz; in vierundzwanzig oder höchstens dreißig Stunden wird England Oberst Beck niemals dazu veranlassen können, einen Unterhändler nach Berlin zu schicken.

Die daraufhin einsetzende Diskussion wird sehr bald heftig und endet mit einem Eklat: Hitler versteift sich auf den Termin: am 28. August, 16 Uhr, habe sich Beck bereit erklärt, »sogleich in direkte Verhandlungen mit dem Reich einzutreten«[342], und wenn er es ehrlich meine, so müsse er Vorbereitungen getroffen haben. Sir Nevile Henderson beharrt ebenfalls auf seinem Sinn. Es kommt zum Wortwechsel. Die beiden Männer nehmen frostig voneinander Abschied.

Wenn auch sehr niedergeschlagen, weil er alles für verloren hält, bittet Sir Nevile Henderson den polnischen Botschafter Lipski, ihn aufzusuchen: er unterrichtet ihn über seine Unterredung mit Hitler und beschwört ihn, auf Oberst Beck einzudringen, daß er einen Unterhändler nach Berlin zum festgesetzten Zeitpunkt schicke. Er setzt sich danach mit dem französischen Botschafter Coulondre in Verbindung, berichtet ebenfalls von seiner Unterredung mit Hitler und bittet ihn dringend, der französischen Regierung eine Intervention in Warschau zu empfehlen. Dann ist der italienische Botschafter Attolico an der Reihe; er soll Mussolini auffordern, ebenfalls in Warschau zu intervenieren. Schließlich läßt er Lord Halifax einen Bericht über sein Gespräch mit Hitler zukommen: Er bedauert, daß die Frist so kurz sei, legt aber Nachdruck darauf, daß das Eintreffen eines polnischen Bevollmächtigten in Berlin die einzige Chance sei, den Krieg zu vermeiden.[343]

Um 22.30 sucht Sir Ogilvie-Forbes von der britischen Botschaft Dahlerus in seinem Hotel auf und berichtet ihm, daß die Unterredung zwischen Hitler und Henderson schlecht verlaufen sei und daß beide Männer nach einem heftigen Streit auseinandergegangen seien. Er ist völlig niedergeschlagen und fragt ihn, wie der Schaden wiedergutzumachen sei. Mitten im Gespräch Anruf von Göring: Dahlerus soll sofort nach London fliegen mit dem Auftrag, der britischen Regierung den unglücklichen Zwischenfall zu erklären. Er soll außerdem betonen, daß der Führer gerade Vorschläge ausarbeite,

---

[342] Siehe oben.
[343] *Documents on British Foreign Policy*, Bd. 7, Dok. Nr. 565.

die er am nächsten Tag dem polnischen Bevollmächtigten unterbreiten werde, und daß diese Forderungen die Engländer durch ihre Mäßigung überraschen würden.[344]

30. AUGUST

Um 4 Uhr morgens empfängt Sir Nevile Henderson ein Telegramm von Lord Halifax, das dieser am Abend um 22.25 Uhr verfaßt hat. Er teilt ihm mit, daß die deutsche Note sorgfältig geprüft werde, daß man aber nicht damit rechnen dürfe, die britische Regierung werde binnen 24 Stunden einen polnischen Bevollmächtigten in Berlin zur Stelle schaffen. Henderson solle die Reichsregierung in Kenntnis setzen.[345]

Um 5 Uhr fliegt Dahlerus nach London und landet dort um 8.30 Uhr.

In der Reichskanzlei ist Hitler zusammen mit mehreren Juristen und Diplomaten den ganzen Vormittag beschäftigt, die Bedingungen auszuarbeiten, die er dem polnischen Unterhändler auszuhändigen gedenkt. Er verlängert die Frist für die Annahme durch die polnische Regierung auf den 31. August, 24 Uhr. Sie sind alles andere als maßlos: Er hat auf die Provinz Posen verzichtet und eine von Göring empfohlene Volksabstimmung im Korridor akzeptiert.[346]

Nach Benoist-Méchin fand Lady Duff Cooper, die Gattin des einstigen Ersten Lords der Admiralität, diese Vorschläge achtundvierzig Stunden später »so vernünftig, daß ihr Mann entsetzt war, die britische öffentliche Meinung könne der gleichen Auffassung wie seine Frau sein.«[347] Eines scheint jedenfalls festzustehen: Hätten das französische und das britische Volk am 30. August von diesen Vorschlägen Kenntnis gehabt, so hätten Paris und London kaum den

---

[344] Dahlerus' Erklärung unter Eid in Nürnberg, Internationaler Militärgerichtshof, Bd. 9, S.519, Sitzungsbericht vom 19. März 1946. — An diesem 29. August 1939 empfahl der britische Botschafter in Warschau, Kennard, Beck, Hitlers Verhandlungsangebot nicht anzunehmen. Siehe Hoggan, *Der erzwungene Krieg*, Tübingen [13]1988, S. 716.

[345] *Documents on British Foreign Policy*, Bd. 7, sowie *Britisches Blaubuch*, Dok. Nr. 81, S. 174.

[346] Für diese Bedingungen, siehe oben, Anmerkung 238, S. 338.

[347] Benoist-Méchin, *Geschichte der deutschen Militärmacht 1918—1946*, Bd. 7, *Wollte Hitler den Krieg*, aaO., S. 486, Anmerkung 8.

Krieg an Deutschland erklären können, ohne einen Sturm der Entrüstung hervorzurufen, der den Frieden durchgesetzt hätte.

Um 10 Uhr trifft Dahlerus mit Chamberlain, Lord Halifax, Sir Horace Wilson und Sir Alexander Cadogan im Foreign Office zusammen. Er sagt ihnen, daß Hitler den Zwischenfall mit Nevile Henderson am Vorabend nicht tragisch genommen habe. Sie auch nicht.

Auf Wunsch Lord Halifax', der eine offizielle Bestätigung von Dahlerus' Ausführungen will und weitere Angaben braucht, führt der Schwede ab 12.30 Uhr mehrere Telefonate mit Göring in Berlin. Und jedesmal ist Lord Halifax mit den deutschen Rückäußerungen zufrieden.

Um 13 Uhr erhält der Chef des Foreign Office die Antwort auf ein Telegramm, das er am Abend zuvor seinem Botschafter in Warschau, Sir Howard Kennard, aufgesetzt hat: Er unterrichtete ihn unter anderem von der Frist, die Hitler für das Eintreffen eines polnischen Unterhändlers in Berlin gesetzt hatte. Sir Howard Kennard ist sicher, daß Oberst Beck eher kämpfen oder untergehen werde, als jemanden nach Berlin schicken oder selbst dort das demütigende Schicksal eines Hacha erfahren. Er schlägt daher vor, daß die Verhandlungen in einem neutralen Land oder in Italien stattfinden, damit sie zwischen gleichberechtigten Partnern ablaufen und die Sicherheit des polnischen Vertreters gewährleistet wird.[348] Hitler besteht aber darauf, daß sie in Berlin stattfinden.

Seit Mittag liegen die deutschen Vorschläge bereit. Hitler wird den ganzen Tag vergeblich warten, daß ein polnischer Unterhändler sie zur Kenntnis nimmt.

Dieser 30. August ist aber auch der Tag, an dem die Gerüchte über Hitlers verzweifelte Lage ihren Höhepunkt erreichen. An diesem Tag schreibt der französische Botschafter Präsident Daladier, daß »der Fisch am Haken« hänge.[349]

In Warschau ist Oberst Beck überzeugt, daß Hitler blufffte, als er drohte, er werde am 26. August in Polen einmarschieren und daß es lediglich ein Einschütterungsmanöver war: Wir schreiben bereits den 30. August, und nichts dergleichen ist eingetroffen. Er ist überzeugt,

---

[348] *Documents on British Foreign Policy*, Bd. 7; sowie *Britisches Blaubuch*, Dok. Nr. 84, S. 175f.
[349] Siehe oben, Anmerkung 240.

daß Hitler immer noch blufft, wenn er diesen Einmarsch für den 1. September 1939, in den frühen Morgenstunden, ankündigt. In Wirklichkeit, denkt er, muß Hitler eine noch nie dagewesene innere Krise überwinden. Die Informationen, die er aus Deutschland erhalten hat, sprechen von der Unzufriedenheit der Generale, aber auch vom Rücktritt des Generalstabschefs Halder, der oppositionellen Haltung von Brauchitschs, einem Nervenzusammenbruch des Führers, dem Staatsstreich, den die Generale vorbereiten und unmittelbar nach der Kriegserklärung Frankreichs und Englands auszulösen gedenken. Ein Deutscher, der sich als Angehöriger der deutschen Opposition ausgibt, hat diese Dinge Sir Nevile Henderson in Berlin erzählt[350], und dieser hat sie Lord Halifax weitergegeben: Der Chef vom Foreign Office selbst ist erschüttert, obwohl Sir Nevile Henderson ihn darauf aufmerksam gemacht hat, es könne sich um einen agent provocateur handeln.

Oberst Beck ist der Ansicht, daß man sich dem Ziel nähere und nur noch 24 Stunden durchzuhalten habe: Er wird nicht nach Berlin gehen und auch niemanden dorthin schicken.

Um 23 Uhr rechnet von Ribbentrop nicht mehr mit dem Eintreffen eines polnischen Bevollmächtigten. Er bittet Sir Nevile Henderson, ihn aufzusuchen. Sie verabreden sich für 23.30 Uhr; der Botschafter Großbritanniens wird in letzter Minute aufgehalten und kann erst kurz nach Mitternacht in der Reichskanzlei eintreffen.

Von Ribbentrop legt ein ungemein anmaßendes Verhalten an den Tag. Einmal stehen sich die beiden Männer wie zwei Kampfhähne gegenüber und sind bereit, aufeinander loszugehen. Zum Schluß stellt der Reichsaußenminister in sarkastischem Ton fest, daß die gesetzte Frist für das Eintreffen eines polnischen Unterhändlers abgelaufen ist. Trotzdem verliest er Sir Nevile Henderson die sechzehn Punkt-Bedingungen, die Deutschland Polen zur Beilegung ihres Streits unterbreitet hatte. Nach Verlesung bittet der britische Botschafter von Ribbentrop, ihm die Note zu übergeben, damit er sie in aller Ruhe studiere und sie seiner Regierung weiterleiten könne. Ein einmaliger Vorfall in den diplomatischen Annalen: von Ribbentrop weigert sich, das zu tun. Sir Nevile Henderson ist so überrascht, daß

---

[350] Das war tatsächlich ein agent provocateur, dessen Name allerdings nicht verraten wurde.

er verdutzt dasteht, glaubt, nicht richtig verstanden zu haben, und wiederholt seine Bitte:

»Übrigens ist es ja sowieso überholt, da Mitternacht schon vorbei ist und kein polnischer Unterhändler zu der gesetzten Frist erschienen ist«, antwortet von Ribbentrop grimmig.

»So war denn die in Ihrer Note vom 29. August gesetzte Frist von vierundzwanzig Stunden doch ein regelrechtes Ultimatum?«[351]

Mit diesen Worten geht die Unterredung zu Ende. Sir Nevile Henderson zieht sich schweigend zurück und ist überzeugt, daß die letzte Friedenshoffnung nunmehr geschwunden sei.

Um Mitternacht hält sich Dahlerus, der soeben aus London zurückgekommen ist, bei Göring auf. Beide Männer gratulieren einander und freuen sich über den Ton sowie den Inhalt von Hitlers Vorschlägen: damit ist der Frieden gerettet!

Dahlerus, der Sir Ogilvie-Forbes an seiner Freude teilnehmen lassen will, ruft ihn an und erfährt, was sich soeben zwischen Sir Nevile Henderson und von Ribbentrop abgespielt hat. Er ist niedergeschmettert. In Kenntnis gesetzt, ist Göring es nicht weniger. Er entscheidet eigenmächtig, daß Dahlerus Ogilvie-Forbes die Note am Telefon vorlese, was unverzüglich erfolgt. Hoffentlich ist noch nicht alles verloren, denken die beiden Männer.

Sofort von Göring über den Zwischenfall unterrichtet, spricht Hitler dem Feldmarschall seine Anerkennung aus.

Es ist mittlerweile zwei Uhr morgens.

Als aber Sir Ogilvie-Forbes dem britischen Botschafter den Text der deutschen Note mitteilen will, ist Sir Nevile Henderson unauffindbar: Er hat die Botschaft verlassen, ohne jemandem Bescheid zu sagen. Sir Ogilvie-Forbes bleibt nichts anderes übrig, als den Text auf seinen Schreibtisch zu legen.

Sir Nevile Henderson muß ein besonders Lob gezollt werden: So niedergeschlagen er nach dem Wortwechsel mit Ribbentrop auch war, hatte er, um sein Gewissen zu beruhigen, den polnischen Botschafter, wenn auch ohne Illusionen, aufgesucht. Er sagt ihm, daß die deutschen Vorschläge, soweit er übersehen könnte, lediglich die Abtretung Danzigs und eine Volksabstimmung im Korridor vorsähen und daß sie demnach nicht allzu unvernünftig seien. Angesichts der äußerst kritischen Lage solle Lipski seiner Regierung eine

---

[351] Nevile Henderson, *Fehlschlag einer Mission*, aaO., S. 314.

Zusammenkunft zwischen Göring und Ridz-Smigly anempfehlen. Er fügt hinzu, daß irgendwelche mit Ribbentrop geführten Verhandlungen seiner Ansicht nach überhaupt keine Aussicht auf Erfolg hätten.[352]

Lipski verspricht weiterzuleiten.

Sir Nevile Henderson war ein gewissenhafter Mensch und ein großartiger Botschafter: verglichen mit Coulondre...

31. AUGUST

Die Morgenzeitungen melden, daß Papst Pius XII. einen pathetischen Appell an Hitler und Staatspräsident Moscicki gerichtet und sie inständig gebeten habe, »alles zu tun, um irgendeinen Zwischenfall zu vermeiden und von jeder Maßnahme Abstand zu nehmen, die geeignet wäre, die gegenwärtige Spannung zu verschärfen«.[353] Sie melden ebenfalls, daß Mussolini angeboten habe, zwischen Deutschland und Polen zu vermitteln.

Um 9 Uhr findet Sir Nevile Henderson in seinem Arbeitszimmer das Schreiben vor, das Sir Ogilvie-Forbes um zwei Uhr morgens hingelegt hat. Er ruft Dahlerus an, um sich bei ihm zu bedanken. Damit diese Note schneller an die Polen komme, regt er an, daß Dahlerus sie persönlich in die polnische Botschaft bringe.

Um 10 Uhr begibt sich Dahlerus in Begleitung von Sir Ogilvie-Forbes zur polnischen Botschaft: »Ich habe kein Interesse«, antwortet ihnen Lipski, »wenn es zu einem Krieg kommt, wird eine Revolution in Deutschland ausbrechen, und die polnischen Truppen werden dann auf Berlin marschieren, dann...«[354] Offenbar ist Lipski von jenem Angehörigen der deutschen Opposition aufgesucht worden, der ebenfalls bei Sir Nevile Henderson war. Allerdings hat er sich nicht gefragt, ob es sich um einen agent provocateur handeln könne: Er hat ihm geglaubt.

In Paris, London, Rom und Warschau steht das Telefon nicht still. Aus Berlin unterrichtet Coulondre, der seinen Optimismus vom Vortag verloren hat, Außenminister Bonnet in Paris, daß es gut wäre,

---

[352] Ebenda.
[353] *Akten zur Deutschen Auswärtigen Politik*, Serie D, Bd. 7, Dok. Nr. 473, S. 384.
[354] Dahlerus' Erklärung unter Eid in Nürnberg, Internationaler Militärgerichtshof, Bd. 9, S.521.

wenn er Druck auf Warschau ausübe. Aus Rom gibt François-Poncet die gleiche Anregung. Ließe sich Polen, fügt er hinzu, zur Aufgabe Danzigs bewegen, so würde Mussolini möglicherweise in Berlin intervenieren, und der Krieg könnte noch verhütet werden. Georges Bonnet gibt weiter nach London und bekommt Lord Halifax' Zustimmung. Beide Politiker setzen sich in diesem Sinne sofort mit ihren Botschaftern in Warschau telefonisch in Verbindung.

Um 11 Uhr suchen Léon Noël und Howard Kennard Oberst Beck auf. Nach einer lebhaften Unterredung willigt dieser ein, daß Lipski sich in die Wilhelmstraße begebe. Diese Nachricht wird sofort allen Hauptstädten überbracht. Sie trifft um 13.30 Uhr bei Hitler ein, da dieser sich anschickt, die Weisung Nr. 1 für die Kriegführung zu unterzeichnen. Er legt die Feder wieder zurück und beschließt, noch bis zum Ende des Tages zu warten.

Zur gleichen Zeit ruft François-Poncet Georges Bonnet ans Telefon und teilt ihm mit, Mussolini habe das Angebot gemacht, falls Frankreich und England annehmen, Deutschland zu einer Konferenz einzuladen, die am 5. September stattfinden und die Klauseln des Versailler Vertrags als Ursprung der Krise überprüfen sollte. Bonnet stimmt zu. Die zu Rate gezogenen Briten sind der Auffassung, es handle sich um eine Falle; es wäre aber zweifellos ungeschickt abzulehnen, und man müsse nur unter der Bedingung annehmen, daß Hitler sich mit der vorhergehenden Demobilisierung aller Armeen in allen Ländern einverstanden erkläre, was Hitler ihrer Meinung nach abschlagen werde. Außenminister Bonnet antwortet, daß der französische Ministerrat entscheiden werde.[355]

Auch zur gleichen Zeit trifft in allen Staatskanzleien der Vorschlag Papst Pius' XII. ein.[356]

Um 14 Uhr sind die Instruktionen von Oberst Beck in den Händen des polnischen Botschafters in Berlin. Sie enthalten unglücklicherweise folgenden Zusatz:

»Lassen Sie sich unter keinen Umständen in sachliche Diskussionen ein; wenn die Reichsregierung mündliche oder schriftliche Vorschläge macht, müssen Sie erklären, daß Sie keinerlei Vollmachten haben, solche Vorschläge entgegenzunehmen oder zu diskutieren, und daß Sie ausschließlich obige Mitteilung Ihrer

---

[355] Georges Bonnet, *Vor der Katastrophe*, aaO., S. 283.
[356] Siehe oben.

Regierung zu übermitteln und erst weitere Instruktionen einzuholen haben.«[357]

Das sogenannte »Reichsforschungsinstitut«, das auf die Entzifferung von Funksprüchen spezialisiert ist, hat diese Instruktionen aufgefangen: von Ribbentrop weiß also schon, daß er anstelle der erwarteten bevollmächtigten Delegation einen einfachen Boten empfangen wird, wenn Lipski in die Wilhelmstraße kommt. Die polnische Regierung wolle nach seiner Einschätzung die Dinge hinhalten und sie in das Verfahrensdickicht verstricken. Und er hat recht.

Um 16 Uhr sucht Lipski um eine Audienz bei Ribbentrop nach: er wird für 18.30 Uhr bestellt.

Um 18 Uhr beschließt der unter dem Vorsitz Albert Lebruns zusammengetretene französische Ministerrat, folgendes Telegramm an Mussolini zu richten:

»Die Französische Regierung weist darauf hin, daß angesichts der Tatsache, daß direkte deutsch-polnische Gespräche aufgenommen worden sind, die Konferenz erst dann einberufen werden sollte, wenn diese Besprechungen gescheitert sind.«[358]

Zuvor möchte Georges Bonnet Chamberlain diesen Wortlaut vorlegen, damit beide Regierungen sich auf eine gemeinsame Aktion abstimmen: Chamberlains Einverständniserklärung wird nie eintreffen, und die französische Antwort kann daher erst am nächsten Tag nach Rom abgesandt werden, und außerdem in einem ganz anderen Wortlaut, da die Lage sich in der Zwischenzeit gewandelt hat. England wird diesen Schritt übrigens nicht unterstützen.

Um 18.30 Uhr findet sich Lipski in der Wilhelmstraße ein. Der Reichsaußenminister empfängt ihn stehend. Die Unterredung dauert nur einige Minuten und beschränkt sich auf eine Frage und eine Antwort: Von Ribbentrop fragt den polnischen Botschafter, ob er eine Vollmacht habe, und auf dessen negative Antwort läßt er ihn von einem Bediensteten hinausbegleiten.[359]

Nun ist alles aus.

Um 19 Uhr sucht der italienische Botschafter in Berlin Attolico, Hitler auf und fragt, ob er es für wünschenswert halte, daß der Duce

---

[357] Dahlerus' Erklärung unter Eid in Nürnberg, Internationaler Militärgerichtshof, Bd. 9, S. 521.
[358] Georges Bonnet, *Vor der Katastrophe*, S. 287.
[359] Paul Schmidt, *Statist auf diplomatischer Bühne*, aaO., S. 460.

seine Bemühungen um eine Vermittlungsaktion fortsetzt. Hitler äußert sich ablehnend.

Um 21.15 Uhr gibt der Reichsrundfunk den Wortlaut des deutschen Angebots bekannt und versieht ihn mit folgendem Kommentar:

»Somit haben der Führer und die Deutsche Reichsregierung nun zwei Tage vergeblich auf das Eintreffen eines bevollmächtigten polnischen Unterhändlers gewartet. Unter diesen Umständen sieht die Deutsche Regierung auch diesmal ihre Vorschläge praktisch als abgelehnt an, obwohl sie der Meinung ist, daß diese in der Form, in der sie auch der Englischen Regierung bekanntgegeben worden sind, mehr als loyal, fair und erfüllbar gewesen wären.«[360]

Um 21.15 Uhr wird Sir Nevile Henderson in die Wilhelmstraße gebeten; der französische Botschafter Coulondre seinerseits um 21.25 Uhr: beiden übergibt Staatssekretär von Weizsäcker die deutschen Bedingungen.

Um 21.30 Uhr unterzeichnet Hitler die Weisung Nr. 1 für die Kriegführung: die deutsche Truppen werden Polen am nächsten Morgen, um 4.45 Uhr, angreifen.

1. September

Um 4.45 Uhr setzen sich die deutschen Truppen also in Bewegung. An allen Fronten warteten sie auf den Einmarschbefehl: in Ostpreußen, Pommern, Schlesien und sogar in den Beskiden. Um 8 Uhr ist die polnische Front überall zusammengebrochen, die deutsche Luftwaffe belegt sämtliche Waffendepots, Flugplätze, Bahnhöfe, Straßen sowie Eisenbahnknotenpunkte mit schwerem Feuer. Der Führer hat lediglich 53 Divisionen von den 120 zur Verfügung stehenden eingesetzt. Er glaubt zwar nicht an ein französisch-britisches Eingreifen im Westen, dennoch hat er die übrigen für einen solchen Fall vorgesehen. Ab Mittag stoßen die deutschen Verbände in das polnische Gebiet, nach General Gamelins Formulierung, »wie in Butter« hinein. Die 80 polnischen Divisionen leisten Widerstand nur im Prinzip.

In London, Paris und Warschau ist man doppelt überrascht. Man hätte zum einen nie geglaubt, daß Hitler das wagen würde, zum

---

[360] *Deutsches Weißbuch*, Bd. 2, Dok. Nr. 469, S. 306f.

anderen, daß die polnischen Armeen einen so schwachen Widerstand leisten würden. Auch hinsichtlich eines Staatsstreichs durch die deutschen Generale tritt sehr bald Ernüchterung ein. Die deutschen Generale, selbst diejenigen unter ihnen, die Hitler feindlich gesonnen sind, sind einmütig der Auffassung, man müsse die polnische Frage eher mit den Mitteln des Krieges regeln als auf dem Verhandlungsweg. Warum? Um die Verhandlungen nicht zu gefährden, hatte Hitler bekanntlich auf die Provinz Posen verzichtet, und sie werfen es ihm vor. Durch den Krieg werden sie diese Provinz zurückbekommen können. Und sie sind daher hocherfreut. Bei ihnen überwiegt ausnahmslos das nationale Interesse die Ideologie.

Paris und London übersehen ganz und gar diesen Gesichtspunkt. Man stellt lediglich fest, daß der Staatsstreich ausgeblieben ist, sucht aber nicht nach den Gründen. Man rechnet immer noch damit und ist nicht weniger entschlossen, Polen zu helfen.

Um 8 Uhr verkündet das Danziger Senat den Anschluß der Freien Stadt sowie der umliegenden Gebiete an das Reich. Sowohl im Senat als auch auf den Straßen der Stadt ist die Begeisterung unbeschreiblich.

Um 10 Uhr spricht Hitler vor dem Reichstag: Er gibt seine Entscheidung bekannt und stellt sie in den historischen Zusammenhang. Der Reichstag ist ebenso begeistert.

Währenddessen hat sich die diplomatische Aktivität auf die Achse Paris—London verlagert. In Paris sind Daladier und Bonnet im Kriegsministerium zusammengekommen. Sie berufen den Ministerrat ein, um die Generalmobilmachung zu sanktionieren, sowie die Kammern, um die einzunehmende Haltung zu erwägen, und beschließen ferner, auf das italienische Vermittlungsangebot zu antworten.

Über diese Antwort sind Paris und London nicht einig. Für London sei dieses Vorhaben überholt und die von Mussolini angestrebte Konferenz nur unter der Voraussetzung möglich, daß Hitler die Feindseligkeiten einstelle und seine Truppen hinter die polnischen Grenzen zurückbeordere.

Charles Corbin, der französische Botschafter in London, weist um 11 Uhr Georges Bonnet darauf hin, im Auftrag Lord Halifax'. Er teilt ihm außerdem mit, daß das britische Parlament um 16 Uhr zusammentreten werde, um in diesem Sinne eine »letzte Ermahnung« an Deutschland zu verabschieden.

Um 11.50 Uhr läßt Außenminister Bonnet André François-Poncet in Rom wissen, daß Frankreich den italienischen Vermittlungsplan annehme.

Lord Halifax ruft ihn um 17 Uhr an. Es geht nicht mehr um die britische Antwort an Mussolini, sondern nur noch um die »letzte Ermahnung«, die das britische Parlament soeben gutgeheißen hat. Lord Halifax verliest Bonnet deren Wortlaut und regt an, daß der französische Botschafter sie von Ribbentrop am Abend, zusammen mit seinem britischen Kollegen, überbringe und daß beide Männer anschließend ihre Pässe forderten. Auch wenn er es nicht ausdrücklich sagt, ist diese »letzte Ermahnung« ein *Ultimatum*, das zum Abbruch der diplomatischen Beziehungen führen müsse.

Georges Bonnet will nicht, daß der französische Botschafter um seine Pässe nachsucht, bevor das französische Parlament, das am nächsten Tag um 15 Uhr zusammentreten soll, Stellung nimmt. Die französische Verfassung schreibt es vor. Mit dem Wortlaut der Ermahnung ist er allerdings einverstanden. Die beiden Politiker haben Schwierigkeiten, Einvernehmen herzustellen, aber sie werden schließlich doch einig: Sie werden eine »Note« überreichen lassen. Offenbar hat G. Bonnet dabei nicht bedacht, daß nach Überreichung dieser Note die von Mussolini geplante Konferenz nicht mehr möglich sein würde und daß es nun um einen Waffenstillstand zwischen Deutschland und Polen gehe, der allein diese Konferenz ermöglichen könnte. Die »Note« ist aber nicht darauf angelegt.

Ferner ist Oberst Beck nicht gewillt, Deutschland einen Waffenstillstand anzubieten, und nichts kann ohne sein Einverständnis unternommen werden. Zu diesem Zeitpunkt kennt Georges Bonnet außerdem noch nicht folgende Stellungnahme: Als Botschafter Noël Beck gegen 20 Uhr aufsuchte, um mit ihm die von Mussolini geplante Konferenz zu erörtern, hatte der polnische Außenminister geantwortet:

»Wir sind im Krieg infolge eines nichtprovozierten Angriffs. Nicht eine Konferenz steht also in Frage, sondern die konzertierte Aktion der alliierten Mächte, um diesen Angriff zurückzuschlagen.«[361]

Léon Noëls Telegramm, das diese Information brachte, war erst um 21.41 Uhr in Warschau übermittelt worden und um 2.15 Uhr (also am 2. September) in Paris eingetroffen.

---

[361] *Französisches Gelbbuch*, Dok. Nr. 343, S. 388.

In der Kriegsgeschichte schließlich ist der Fall noch nie dagewesen, daß derjenige, dem ein Waffenstillstand meistens angeboten wird, weil er der stärkere ist und weil seine Truppen im gegnerischen Gebiet vorrücken, seine Truppen bis hinter die eigenen Grenzen zurückzieht, *bevor* die Gespräche eingeleitet worden sind: die Einstellung der Feindseligkeiten erfolgt stets durch ein Anhalten der Truppen auf der Stelle, und sie ziehen sich erst nach Unterzeichnung des Waffenstillstandsabkommens zurück, und zwar gemäß einem Plan, den das Abkommen vorsieht. Es ist eine Regel, die noch keine Ausnahme erlebt hat. Als Marschall Pétain 1940 um den Waffenstillstand nachsuchte, wäre er nie auf den Gedanken verfallen zu fordern, daß die deutschen Truppen sich vorher bis zum Rhein zurückziehen. Und das versteht sich: Ein Waffenstillstand bedeutet nicht den Frieden; es kann sein, daß man keine Einigung erreicht, und die Kämpfe können wiederaufgenommen werden.

Setzte demnach die Wiederaufnahme der Gespräche den Rückzug der deutschen Truppen auf ihre ursprünglichen Stellungen voraus, so war jede Einigung von vornherein ausgeschlossen; denn es war ausgeschlossen, daß Hitler diese absolut unannehmbare Bedingung annahm. Mit anderen Worten: Man wollte nicht oder nicht mehr verhandeln. Es hätte ganz anders ausgesehen, wenn statt dieser ultimativen »Note« Frankreich und England einen *Vorschlag* zur Einstellung der Feindseligkeiten auf der Stelle unterbreitet hätten, verbunden mit jener von Mussolini geplanten und von Papst Pius XII. angeregten Konferenz. Übrigens wäre ein solcher Vorschlag für beide Staaten kein Hindernis gewesen, ihr Mißfallen zu bekunden.

Um 21.30 Uhr überreicht Sir Nevile Henderson von Ribbentrop die englische »Note«. Um 22 Uhr übergibt ihm Robert Coulondre die französische. Beide schließen mit den Worten:

»Ich bin beauftragt, Euer Exzellenz mitzuteilen, daß die Französische Regierung[362] ohne Zögern ihre Verpflichtungen gegenüber Polen erfüllen wird, wenn nicht die deutsche Regierung bereit ist, der Französischen Regierung befriedigende Zusicherungen dahingehend abzugeben, daß die Deutsche Regierung jegliche Angriffshandlung gegen Polen eingestellt hat und bereit ist, ihre Truppen unverzüglich aus polnischem Gebiet zurückzuziehen.«[363]

---

[362] Die englische Note lautet an dieser Stelle: »die britische Regierung«.
[363] *Französisches Gelbbuch*, Dok. Nr. 345, S. 390.

Man kann behaupten, diese Note sei kein Ultimatum gewesen; das hieße aber, mit den Worten zu spielen: Es fehlt nur eine Antwortfrist, damit sie ein richtiges wird... Ein feiner Unterschied.

Beiden Diplomaten sagt von Ribbentrop lediglich, er werde alles dem Führer weiterleiten und ihnen dessen Antwort zukommen lassen, sobald er sie erhalten habe.

2. SEPTEMBER

Die Lage Polens ist verzweifelt: seine Befestigungen sind durchbrochen, sein Eisenbahnnetz und seine Luftwaffe halb zerstört. Die polnischen Botschafter in London und Paris fordern die in Aussicht gestellte Unterstützung »gleich nach Kriegserklärung«. Auch Oberst Beck bemüht sich darum.

Um 8 Uhr gibt die Havas-Agentur folgende Mitteilung heraus:

»Der Französischen Regierung, neben anderen, wurde gestern ein italienischer Vorschlag zur Lösung der europäischen Probleme vorgelegt. Nach dessen Erörterung hat sie sich positiv geäußert.«

Die Meldung kommt aus Rom und stützt sich auf die Zusage, die Bonnet am Tag zuvor, um 11.50 Uhr Botschafter François-Poncet gab.

Um 8.30 Uhr hat Graf Ciano mit seinem Botschafter in Paris Guariglia telefoniert, um zu erfahren, ob die am Vorabend Ribbentrop überreichte Note ultimativ gewesen sei: nein.

Um 10 Uhr beauftragt Mussolini seinen Botschafter in Paris, Attolico, Hitler folgende Mitteilung zu überbringen:

»Zur Information läßt Italien wissen, natürlich jede Entscheidung dem Führer überlassend, daß es noch die Möglichkeit hätte, von Frankreich, England und Polen eine Konferenz auf folgenden Grundlagen annehmen zu lassen:

1. Waffenstillstand, der die Armeen läßt wo sie sind;

2. Einberufung der Konferenz in zwei bis drei Tagen;

3. Lösung des deutsch-polnischen Streits, welche, wie die Sachen heute liegen, sicher günstig für Deutschland sein würde.«[364]

Als sich Attolico um 12.30 Uhr in der Wilhelmstraße einfindet, schickt sich von Ribbentrop gerade an, die Note zurückzuweisen, die ihm die Botschafter Englands und Frankreichs am Tag zuvor

---

[364] *Akten zur Deutschen Auswärtigen Politik*, Bd. 7, S. 425.

überreicht haben; er sei zwar bereit, seine Entscheidung noch hinauszuschieben, man müsse ihm aber garantieren, daß sie keine Ultimaten sind. Andernfalls werde er eine abschlägige Antwort geben.

Attolico holt ihm diese Garantien bei Sir Nevile Henderson und bringt sie um 12.50 Uhr.

Um 14.15 Uhr ruft Graf Ciano Außenminister Bonnet an. Er teilt ihm mit, daß Hitler dem italienischen Plan nicht abgeneigt sei und Polen zur Konferenz eingeladen werde. Er bittet ihn außerdem um Bestätigung, daß die französische Note kein Ultimatum war. Bonnet bestätigt. Was die Konferenz betrifft, müsse er angesichts der veränderten Lage allerdings mit Daladier und der britischen Regierung beraten, bevor er sich endgültig festlege. Er werde Graf Ciano zurückrufen, sobald er Bescheid wisse. Er könne augenblicklich nur sagen, daß er persönlich den italienischen Plan gutheiße.

Um 14.45 Uhr steht Graf Ciano mit London in Verbindung. Unterrichtet über die vielversprechende Antwort Ribbentrops und die Zusage Bonnets, antwortet Lord Halifax, daß »auf den Vorschlag des Duce nur dann eingegangen werden kann, wenn die deutschen Truppen sich bis zur Grenze zurückziehen und die letzte Parzelle polnischen Staatsgebiet räumen«. Er werde dennoch mit dem Premierminister sprechen, der seinem auf 16 Uhr bestellten Ministerrat den Vorschlag zweifellos unterbreiten werde, worauf er Graf Ciano zurückrufen werde, um ihm die endgültige britische Antwort mitzuteilen.[365]

Um 15 Uhr tritt das französische Parlament zusammen. Es soll die Absendung eines regelrechten Ultimatums an Deutschland billigen. Von seiten des Senats ist Daladier unbesorgt. Man erwartet, daß der Beschluß dort nahezu einstimmig gefaßt werde. Bei der Abgeordnetenkammer ist es anders. Er fürchtet weniger, keine Mehrheit zu finden, als auf eine starke Minderheit zu stoßen. Seiner Ansicht werden alle, die in der vorigen Legislaturperiode gegen den französisch-sowjetischen Pakt gestimmt hatten, weil dieser Pakt den Krieg bedeute, ihre Meinung nicht ändern, wenn jetzt der Krieg da ist. Am 27. Februar 1936 waren es 164 Parlamentarier, von denen etwa 130 die letzten Wahlen zur Abgeordnetenkammer im Mai 1936 überstanden. Bei einer innenpolitischen Frage würde er daher über

---

[365] *Documents on British Foreign Policy*, Dok. Nr. 710.

eine starke Mehrheit verfügen. Bei einer so ernsten Frage wie dem Krieg oder einem Ultimatum an Deutschland ist es allerdings eine starke Minderheit, und sie zeugt von der Zerrissenheit der Nation.

Außerdem gibt es die Kommunisten. Seit der Unterzeichnung des deutsch-sowjetischen Pakts befürworten sie eine Politik der Versöhnung mit Deutschland, und sie setzen sich dafür ein, daß Frankreich sich zur Rettung des Friedens mit Deutschland und Rußland verbinde. Sie werden dagegen stimmen, und sie sind 72. Bei annähernd 200 Gegenstimmen nimmt die Minderheit katastrophale Ausmaße an. Eine Abstimmung muß irgendwie verhindert werden.

Es gilt aber auch, eine Debatte zu vermeiden. Auf der Gegenseite sind ja Dickköpfe: Gaston Bergery, François Piétri, Jean Montigny, Frot, Xavier Vallat. Zwar hat die Regierung von dem italienischen Vorschlag nichts in die Presse sickern lassen.[366] Und die Havas-Agentur hat sogar ihre am Morgen herausgegebene Mitteilung über die Zusage der französischen Regierung dementiert, aber gerade die genannten Politiker wissen Bescheid. Wird die Öffentlichkeit durch sie in Kenntnis gesetzt, so kann eine starke Anti-Ultimatum-Bewegung dort großen Schaden anrichten. Die Bedingungen, unter denen die Mobilmachung stattfindet, bezeugen hinlänglich, daß die Öffentlichkeit nicht sehr scharf auf den Krieg ist. Man rückt zwar in die Mobilisierungszentren ein, vor allem aber, weil man an den Krieg nicht glaubt. Der Nachrichtendienst der Polizei (R.G.) läßt dem Innenministerium Informationen zukommen, die eine starke pazifistische Strömung offenbaren...

Zur Vermeidung einer Debatte, hat Präsident Herriot von den einzelnen Fraktionsvorsitzenden die Zusicherung erhalten, es werde keine geben, und um der Abstimmung aus dem Weg zu gehen, daß die zur Diskussion gestellte Frage nicht das Ultimatum an Deutschland sein werde, sondern »ein Kredit in Höhe von 75 Milliarden Franken zur Erfüllung unserer Bündnisverbindlichkeiten«, den Präsident Herriot per Handaufheben ohne Gegenprobe durchsetzen soll.

---

[366] Es sei an jenes Interview erinnert, das Hitler am 21. Februar 1936, anläßlich der Ratifizierung des französisch-sowjetischen Pakts, Bertrand de Jouvenel gab und erst am 28. Februar in *Paris-Midi* zu lesen war, nachdem der Vertrag am Tag zuvor gebilligt worden war. — Ähnlich hier wird die französische Presse vom italienischen Vorschlag erst am 3. September berichten, einen Tag nach der Abstimmung in der Abgeordnetenkammer.

Die Abgeordneten Frot und Piétri, die die Falle erkannt haben, verlangen von Daladier die Zusicherung, daß »diese Abstimmung ihn nicht zur Erklärung des Krieges ermächtigt und daß er ihn, wenn überhaupt, erst dann erklären wird, nachdem er das Parlament erneut zu Rate gezogen hat«.[367]

Er verspricht.

Die Aktion findet wie vorgesehen statt, nach einer Rede von Ministerpräsident Daladier, die keinerlei Zweifel über seine Absichten aufkommen läßt. »Der Krieg wurde anonym und auf die Schnelle beschlossen; er war es nicht, und war es doch«, schreibt Jean Montigny.[368] Die Formulierung der zur Diskussion gestellten Frage erlaubt den Kommunisten — die den Krieg wollen, weil Stalin ihn will —, die Hand mit der Mehrheit hochzuheben. Sie sollten später behaupten, sie hätten den Militärkredit bewilligt, wie ihr Patriotismus es verlangte, und kein Memorandum oder den Krieg.

Ebenfalls später sollte Daladier, sein Versprechen vergessend oder leugnend, seinerseits behaupten, diese Abstimmung habe ihn dazu ermächtigt, Deutschland ein Ultimatum zu stellen und den Krieg zu erklären. Die Frage bleibt offen: Der Verfasser ist der Ansicht, daß der Krieg Deutschland nicht verfassungsgemäß erklärt wurde, und schon deshalb nicht, weil die Regierung den italienischen Vorschlag der Öffentlichkeit vorenthalten hatte, die mit aller Gewalt gegen den Krieg aufbegehrt hätte. Freilich ist die Meinung subjektiv; die von der Regierung angewandte Methode, die Zustimmung des Parlaments auf Schleichwegen zu erzielen, beweist indes, daß das auch ihre — durch die Informationen des Nachrichtendienstes erhärtete — Überzeugung war. Außerdem erscheinen die Zeitungen am Morgen dieses 2. September mit riesigen »Lücken«, auch in ihren Kommentaren, bis sie am 3. September endlich darüber berichten dürfen!

Um 17 Uhr setzt Sir Alexander Cadogan Georges Bonnet in Kenntnis, »die Regierung Seiner Majestät könne in die von Mussolini vorgeschlagene Konferenz nur unter der Bedingung einwilligen, daß Deutschland mit der Räumung aller besetzten polnischen Gebiete, *einschließlich Danzig*, beginnt«. Sir Alexander Cadogan fügt hinzu, daß am selben Abend »die Regierung seiner Majestät Deutschland ein

---

[367] *Staatsanzeiger*, Parlamentarische Debatten, 3. September 1939.
[368] Jean Montigny, *Complot contre la paix*, aaO.

Ultimatum zu stellen gedenkt, mit der Aufforderung, seine Truppen unverzüglich aus Polen abzuziehen; andernfalls würden die Feindseligkeiten um Mitternacht eröffnet«.[369]

Georges Bonnet wirft die Arme hoch und erwidert, General Gamelin habe ihm noch am Morgen mitgeteilt, er könne eine Eröffnung der Feindseligkeiten erst am 4. September, 21 Uhr, ins Auge fassen.

Um 18.38 Uhr setzt Lord Halifax Graf Ciano über diese Entscheidung in Kenntnis.[370]

Um 20.30 Uhr telefoniert Georges Bonnet seinerseits mit Graf Ciano, um ihm die endgültige Antwort der französischen Regierung durchzugeben: Vorherige Rücknahme aller deutschen Truppen aus dem polnischen Staatsgebiet, *einschließlich Danzig*. Enttäuscht antwortet ihm Graf Ciano, der Duce könne Hitler unter diesen Umständen einen solchen Vorschlag nicht unterbreiten.

Es wird keine Konferenz stattfinden.

Die Ereignisse setzen ihren unerbittlichen Lauf fort.

3. September

Paris und London haben die Nacht am Telefon verbracht. Grund: die festzusetzende Ablauffrist in dem Ultimatum an Deutschland.

Als Sir Alexander Cadogan, nach seinem tags zuvor geführten Telefonat mit Georges Bonnet, die Mitglieder der britischen Regierung unterrichtete, daß Frankreich eine 48 Stunden-Frist brauche und eine Eröffnung der Feindseligkeiten erst am folgenden Tag um 21 Uhr wahrnehmen könne, fielen ihm die Arme vom Leib herunter. Das war wohl ein Fall, mit dem sie nicht gerechnet hatten: daß Frankreich sich nach einer britischen Entscheidung nicht ausrichtet, hatte es seit der Entente Cordiale (1904) nicht mehr gegeben. Eine Revolution!

Damit rechneten sie so wenig, daß sie das Parlament auf 18 Uhr bestellt hatten und die Überreichung um 21 Uhr eines um Mitternacht ablaufenden Ultimatums an Deutschland ankündigen wollten. Welche Figur würden sie dort abgeben? Zumal das britische Parlament, wie entfesselt, blutrünstig war und fürchtete, Chamberlain

---
[369] *Documents on British Foreign Policy*, Dok. Nr. 718.
[370] Ebenda, Dok. Nr. 728.

könnte in Hoffnung auf ein neues München die Dinge in die Länge ziehen oder ziehen lassen. Das Parlament brauchte den Krieg, so bald wie möglich, um so bald wie möglich sicher zu sein, daß es kein neues München geben würde. Alle Zeugnisse, die wir aus dieser Zeit besitzen, lassen erkennen, daß die wenigsten Parlamentarier Großbritanniens anderer Ansicht waren.

In einer solchen Stimmung gelang es Chamberlain nicht ohne Mühe, das Unterhaus davon zu überzeugen, daß er den Wortlaut des Ultimatums an Deutschland nur deshalb nicht verlesen könne, weil er mit Frankreich über den Fristablauf noch uneinig sei. Er erwarte jeden Augenblick die französische Antwort, und wenn das ehrenwerte Unterhaus in eine Vertagung der Sitzung auf den nächsten Vormittag um 11 Uhr — also heute, den 3. September — einwillige, würde er bis dahin zweifellos im Besitz der französischen Antwort sein, und beide Staaten könnten dann wie vorgesehen mit vereinten Kräften handeln.

Das hoffte er zumindest. Beim Verlassen des Unterhauses wissen Chamberlain und Lord Halifax indes mit Sicherheit, daß das Kabinett weggefegt würde, wenn sie nicht das Ultimatum in gehöriger Form am 3. September, 11 Uhr, herbeischafften. Leider! Am frühen Morgen haben sie Frankreich dazu bringen können, daß der Fristablauf des Ultimatums auf den 4. September, 5 Uhr morgens, festgesetzt werde.

Frankreich bringt solide Argumente vor: die Mobilmachung kann nicht früher abgeschlossen werden, und sie verzögert sich außerdem infolge der vollgestopften Bahnhöfe und Straßen. Die Zivilisten der Grenzgebiete, aber auch diejenigen, die aus den gefährdeten Großstädten fliehen, müssen evakuiert werden; bei einem Luftangriff stünden ganze Bevölkerungen vor einem Massaker...

Chamberlain und Lord Halifax sehen wohl ein, daß Frankreich nicht kneift, sondern vorsorgt. In der Überzeugung, daß das französische Ultimatum innerhalb von vierundzwanzig Stunden folgen wird, beschließen sie, auf eigene Faust zu handeln: Das britische Ultimatum soll Deutschland um 9 Uhr überreicht werden und um 11 Uhr ablaufen. Dieselben Briten, die damals die 24 Stunden-Frist für das Eintreffen eines polnischen Bevollmächtigten für zu kurz hielten, empfinden es als normal, Deutschland nur zwei Stunden für die Antwort zu gewähren: kaum die materielle Zeit, um die Antwort aufzusetzen!

Frankreich wird sein Ultimatum bereits am Mittag überreichen. In letzter Minute informiert General Gamelin Daladier, daß die Mobilmachung besser verlaufe, die Straßen und Bahnhöfe weniger verstopft seien als vorgesehen; daher könnten die Feindseligkeiten bereits am selben Tag, um 17 Uhr, eröffnet werden.

Um 9 Uhr findet sich Sir Nevile Henderson in der Wilhelmstraße ein. Seltene Ungezogenheit: von Ribbentrop läßt ihn von Dr. Schmidt empfangen, wie einen Diener. Der britische Botschafter überreicht ihm sein Ultimatum. Schmidt bringt es in das Arbeitszimmer des Führers, der es, in Anwesenheit des Reichsaußenministers, zur Kenntnis nimmt. Sir Nevile Henderson wird sofort auf 11.30 Uhr bestellt, um die Antwort in Empfang zu nehmen.

Um 11.30 Uhr händigt ihm von Ribbentrop eine lange, in heftigem Ton verfaßte Note aus, die mit folgender Erklärung beginnt:

»Die Deutsche Reichsregierung und das deutsche Volk lehnen es ab, Forderungen in Form von Ultimaten von der britischen Regierung entgegenzunehmen, zu akzeptieren, geschweige denn zu erfüllen...«

Die Unterredung währt nicht lange: Sir Nevile Henderson sagt lediglich, daß die Geschichte entscheiden werde, auf welcher Seite die eigentliche Schuld sich befinde.

Ribbentrop seinerseits: die Geschichte habe bereits entschieden, niemand habe so verbissen wie Hitler an der Herstellung guter Beziehungen zwischen Deutschland und England gearbeitet, letzteres habe es aber vorgezogen, alle seine durchaus sehr vernünftigen Vorschläge zurückzuweisen.

Darauf sucht Sir Nevile Henderson um seine Pässe nach[371] und zieht sich zurück.

Um 11.15 Uhr verliest Chamberlain im Unterhaus das Ultimatum an Deutschland, und die Versammlung sanktioniert es — in der Begeisterung — einstimmig. Sogar der alte Lloyd George, der seit zwanzig Jahren seinen Pazifismus so oft unter Beweis stellte, unterstützt den britischen Schritt.

Um 11.30 Uhr erklärt Chamberlain im Rundfunk, daß »Großbritannien und Deutschland im Krieg stehen, da die Reichsregierung das englische Ultimatum nicht vor 11 Uhr angenommen hat...«

---

[371] Nevile Henderson, *Fehlschlag einer Mission*, aaO., S. 327.

DIE JAHRHUNDERT-PROVOKATION

Um 12.30 Uhr wird Robert Coulondre von Ribbentrop persönlich empfangen. Der Reichsaußenminister erklärt ihm von vornherein, daß die verzögerte Beantwortung der um 22 Uhr übergebenen Note auf die, ebenfalls von französischer Seite begrüßte, italienische Initiative zurückzuführen sei; daß England ihm um 9 Uhr ein unannehmbares, bereits zurückgewiesenes Ultimatum überreicht habe und daß er nur bedauern könne, wenn Frankreich sich nach England glaube richten zu müssen.

Darauf antwortet Coulondre:

»Unter diesen Umständen muß ich Sie im Namen meiner Regierung ein letztes Mal auf die schwere Verantwortung hinweisen, welche die Reichsregierung auf sich genommen hat, indem sie ohne Kriegserklärung die Feindseligkeiten gegen Polen eröffnete und den Noten keine Beachtung schenkte, in denen die Regierungen Frankreichs und Sr. Britischen Majestät sie gebeten hatten, jede aggressive Haltung gegenüber Polen einzustellen und sich bereit zu erklären, ihre Streitkräfte unverzüglich aus dem polnischen Gebiet zurückzuziehen. Ich habe den unangenehmen Auftrag, Sie davon in Kenntnis zu setzen, daß ab heute, dem 3. September 17 Uhr, die französische Regierung sich genötigt sehen wird, ihre der deutschen Regierung bekannten vertraglichen Verpflichtungen gegenüber Polen zu erfüllen«.[372]

Von Ribbentrop antwortet ihm lediglich, daß Frankreich in diesem Fall der Aggressor sein werde. Coulondre: die Geschichte werde selbst entscheiden. Worauf die beiden Männer Abschied nehmen.

Nach den Angaben Dahlerus' habe der schwedische Industrielle zwischen 10 und 11 Uhr einen allerletzten Versuch unternommen, einen Kompromiß mit England, auf der Grundlage einer Einstellung der Feindseligkeiten auf der Stelle, zu erzielen. Göring habe von Hitler die offizielle Erlaubnis bekommen, einen Kompromiß auf dieser Grundlage mit dem britischen Kabinett auszuhandeln. Das Chartern eines Flugzeugs sei sogar angeordnet worden; die britische Regierung habe allerdings geantwortet, sie könne der Anregung nicht Folge leisten und »diesen Vorschlag nicht vor einer schriftlichen Antwort auf das Ultimatum in Erwägung ziehen«.[373]

---

[372] Robert Coulondre, *Zwischen Stalin und Hitler*, aaO., S. 469.
[373] Dahlerus' Erklärung unter Eid in Nürnberg, Internationaler Militärgerichtshof, Bd. 9, S.523.

Die Würfel sind geworfen. Um 13 Uhr unterschreibt der Führer die Weisung Nr. 2[374] für die Kriegführung...

---

[374] Text in Walther Hubatsch, *Hitlers Weisungen für die Kriegführung 1936—1945*, Koblenz 1983, S. 22f.

NACHWORT

WIE DIE WELTKRIEGE BEGANNEN
VON DAVID IRVING

In einer Zeit, in der die Geschichtsschreibung gefährlich politisiert worden ist und die marxistisch-leninistische Sichtweise allmählich die traditionelleren Ansichten und Werte ablöst, ist jede andersartige Betrachtung der Ereignisse in Europa aus der ersten Hälfte unseres Jahrhunderts zu begrüßen. Nicht ein einzelnes Buch kann eine wirklichkeitstreue Darstellung eines geschichtlichen Vorgangs bieten: man braucht zwei oder mehr Bücher, möglichst von sehr verschiedenen Standpunkten, so wie der Seemann weit auseinanderliegende Fixsterne und Planeten zum Navigieren benötigt. Und man braucht auch nicht mit allem übereinzustimmen, was ein Buch aussagt. Nur selten ist ein Navigator wirklich gezwungen, nach *einem* Stern zu steuern, meist muß er alle wichtigen Sternachsen und Fixpunkte im Auge haben.

Ebenso ist es mit der Geschichte. Jeder Mensch, jeder Leser bevorzugt seine eigene Erklärung der Geschehnisse — aber er benötigt sehr verschiedenartige, mit Verantwortung geschriebene Werke, um seine Meinung zu bilden.

Der Verfasser dieses Buches, der verstorbene Paul Rassinier, ist ein solch weitleuchtender Stern. Ein Pazifist, ein Sozialist, ein Angehöriger der Resistance gegen Hitler, ein früherer Insasse eines deutschen Konzentrationslagers. Es gibt Geschichtsbücher von Menschen mit eben diesen bezeichnenden Eigenschaften — und dennoch Rassinier wagte, das Undenkbare zu denken.

Der Zweite Weltkrieg begann auf eine schier unglaubliche Weise: er entstand im wesentlichen aus einer Reihe örtlicher Streitigkeiten, an denen keiner der späteren Gegner überhaupt ein Interesse hatte. Es gab seit 1933 einen Streit zwischen Nationalsozialisten und Juden sowohl innerhalb wie außerhalb Deutschlands. Jede der beiden Gruppen hatte scharfe Boykotts gegen die andere verhängt. Dieser aufreizende, häßliche, unbedeutende Streit wurde seit Anfang 1939 durch den weit größeren Konflikt aufgesogen, der zwischen Deutschland und Polen entstand. Bei diesem Streit handelte es sich, rückblickend betrachtet, um nichts weiteres als um unbedeutende Grenzspielereien — um frühere deutsche Gebiete, die Hitler im Namen des inzwischen erheblich erstarkten deutschen Volkes zurückforderte. In jedem Fall fanden sich die mächtigen internationalen Zuschauer — Frankreich, Britannien und dann die Sowjetunion sowie die Vereinigten Staaten — irgendwie in diese fernen Streitereien hineingezogen. Befriedigend war das Ergebnis von 1945 nur für die Vereinigten Staaten und die Sowjetunion auf der einen Seite und für das, was später der Staat Israel wurde, auf der anderen. Das unglückliche Polen wurde zweimal zu Boden gestampft, wobei seine Intelligenzschicht und sein Offizierskorps in den ersten Monaten von Hitlers und Stalins Schergen ermordet wurden. Die Franzosen verloren ihr Kolonialreich, Britannien war im Dezember 1940 bankrott, mußte alle seine überseeischen Anlagen verpfänden — zur ungeheuren Befriedigung und zum Vorteil seiner amerikanischen Vettern — und verlor bald darauf sein Empire auch.

Wo liegt der Ursprung von alledem? In dem haßerfüllten Klassenkampf, zu dem die Marxisten und, in einem zunehmend gewalttätigen Umfang, die Sozialisten getrieben hatten? Oder hatte der Rassenkampf den Klassenkampf um 1933 verdrängt, als das Weltjudentum — mit französischen Politikern wie Léon Blum und Georges Mandel an der Spitze — sich für einen Kreuzzug der Rache gegen Hitler und seine Anhänger wappnete, einen unbarmherzigen Kreuzzug, der mit den Heeren anderer Völker und mit dem Blut anderer Völker ausgefochten werden sollte? Mehr als alles andere erschütterte mich ein Brief, den ich entdeckte, als ich die Biographie von Winston Churchill schrieb — ein Brief in den Archiven von Churchills grauer Eminenz Chaim Weizmann (der spätere Präsident des Staates Israel). Indem Weizmann beim britischen Premierminister sich dafür einsetzte, daß die jüdische Einwanderung nach Palästina verstärkt und eine jüdische Armee erlaubt werde, bot er ein politisches Geschenk an: Er schrieb, Churchill erinnernd, am 10. September 1941, daß die jüdische Gemeinschaft in den Vereinigten Staaten die größte ethnische Gruppe sei, die noch Britanniens Krieg gegen Hitler unterstütze; er betonte, daß allein diese jüdische Gemeinschaft die Vereinigten Staaten 1917 an der Seite Britanniens in den Ersten Weltkrieg gebracht habe; und er versprach, daß sie das wieder tun könnte, was sie vorher getan hatte. (David Irvings

Churchill-Biographie erscheint im Herbst 1990 bei der Verlagsgruppe Ullstein-Langen Müller.)

Daher ist es eine Verleumdung, Hitler und seine großartige Strategie allein als den einzigen Ursprung des europäischen Unglücks anzusehen. Was können wir mit Gewißheit über Hitler aussagen — wenn wir die zunehmend absurderen Standpunkte übersehen, die von den halbblinden Professoren eingenommen werden, die gegenwärtig Geschichte an den westdeutschen Geschichtsinstituten lehren? Erstens, daß Adolf Hitler ein Patriot war — vom Anfang bis zum Ende war er bestrebt, die frühere Einheit, Größe und Pracht Deutschlands wiederherzustellen. Nachdem er 1933 an die Macht gekommen war, setzte er das Programm durch, dessen Verwirklichung er seit 1922 versprochen hatte: er stellte das Vertrauen in die zentrale Reichsregierung wieder her; er baute die deutsche Wirtschaft wieder auf; er beseitigte die Arbeitslosigkeit; er baute die abgerüstete Wehrmacht wieder auf, und dann benützte er diese neugewonnene Stärke, um Deutschlands Souveränität wiederzuerlangen, und er ließ sich auf sein Abenteuer der Gewinnung von Lebensraum im Osten ein. Er hatte keinerlei böse Absichten gegenüber Britannien und seinem Empire, ganz im Gegenteil. Doch dies hinderte die lügenden deutschen Emigranten, die nach Britannien geflohen waren, nicht daran, allen, die zuhören wollen — oder die zum Zuhören gebracht werden konnten — zu verkünden, daß das britische Empire in Gefahr sei.

Hitlers Außenpolitik wurde von dem Wunsch nach sicheren Grenzen geleitet und von der Notwendigkeit einer Ausdehnung nach dem Osten: Hitler hatte wenig Interesse an Südtirol, überhaupt keines am Elsaß und an Lothringen. Er rechtfertigte die Wiederaufrüstung Deutschlands unter Verletzung des Versailler Vertrages mit dem Hinweis auf die Unterlassung der anderen Vertragsunterzeichner, ihre Abrüstungsverpflichtungen zu erfüllen.

Der Krieg hatte seinen Ursprung in den schlecht gezogenen Grenzen in Europa, die Überbleibsel des Versailler Vertrages waren. Deutsche waren von Deutschen getrennt worden, und es war Hitlers Wille, daß sie wieder vereinigt werden sollten. Im Fall des Rheinlandes war es leicht: Hitler konnte vollendete Tatsachen schaffen und es erhalten. Was Österreich betraf, war es ebenso leicht: wie Sir Alexander Cadogan, Staatssekretär im britischen Foreign Office, vertraulich schrieb, hatte man Deutschland und Österreich aus Haß getrennt gehalten — das Foreign Office war völlig falsch unterrichtet über die Stärke der prodeutschen Gefühle Österreichs. (Der österreichische Gesandte in London, Georg Franckenstein, beschloß, in Britannien zu bleiben: er trat dem britischen Geheimdienst, dem M. I. 6, bei; und er wurde »Sir George Franckenstein« noch vor Kriegsende!)

Die Kräfte, die Deutschland in den Krieg trieben, saßen gerade nicht in Berlin. Joseph Stalin hoffte auf einen europäischen Konflikt, aus dem die Sowjetunion als lachender Dritter hervorgehen würde, während der Rest von Europa in Trümmern liege. Als Franklin D. Roosevelt im September 1938 gefragt wurde, ob ein europäischer Krieg für die Vereinigten Staaten nützlich sei, erklärte er seinem Kabinett (wie das private Tagebuch von Innenminister Harold F. Ickes ausweist): »Ein Krieg in Europa kann für uns nur gut sein. Sie müssen ihre Waffen und Munition von uns kaufen. Das Gold von Europa fließt schon so schnell zu uns, daß wir nicht genug Kriegsschiffe haben, um es über den Atlantik zu bringen!« Später, im Jahre 1939, sollten Hitlers Truppen in Warschauer Archiven die Telegramme der polnischen Botschafter in London, Paris und Washington finden, aus denen hervorging, wie F. D. Roosevelt damals jene Regierungen zum Krieg gegen Deutschland trieb, während er sich als Friedensmacher hinstellte. Als das deutsche Auswärtige Amt 1940 die gefundenen polnischen Telegramme veröffentlichte, verneinte Graf Zerzy Potocki, der polnische Gesandte in Washington, daß sie authentisch seien; aber sie waren es — ich habe selbst die Durchschläge in seinem Nachlaß im HooverArchiv in Kalifornien gesehen.

Ähnliche Kräfte kämpften in Britannien gegen den Frieden. Winston Churchill, allein und ohne Kabinettsamt seit 1930, hatte nach dem Krieg gegen jemanden — irgend jemanden — seit Jahren gerufen. Vom Juli 1936 an, als die Londoner jüdische Gemeinde (mit der starken Rückendeckung durch die amerikanischen jüdischen Gruppen) begann, ihn finanziell in einem wesentlichen Umfang zu unterstützen, richtete Churchill seine haßtriefenden feurigen Reden und Veröffentlichungen einzig gegen Deutschland. In diesem Kreuzzug fand er bereiten und oftmals finanziell vermögenden Beistand bei den Emigranten, die nach Britannien strömten. Wie der Zeitungskönig Lord Beaverbroock (später Minister im Churchill-Kabinett, dennoch ein stimmgewaltiger Kritiker) im März 1938 schrieb, »gibt es zwanzigtausend deutsche Juden in England — als Ärzte und Anwälte, bei Ermittlungsbehörden, in der chemischen Industrie usw. Sie arbeiten alle gegen eine Verständigung (mit Deutschland).«

»Die Juden«, bemerkte derselbe Presselord in einem anderen Brief aus London, »haben in der hiesigen Presse eine wichtige Stellung eingenommen... Schließlich bin ich erschüttert. Die Juden können uns in den Krieg treiben. Ich denke nicht, mit irgendeinem bewußten Vorsatz, das zu tun. Sie beabsichtigen zwar nicht, es zu tun. Aber unbewußt... bewegt uns ihr politischer Einfluß in jene Richtung.« (in D. Irving, aaO.) Das war auch die Ansicht von Britanniens Premierminister Neville Chamberlain; es war auch die Ansicht des US-Botschafters in Britannien, Joseph P. Kennedy.

Vielleicht war dies eine Übertreibung, eine Übervereinfachung. Vielleicht ist es gerechter zu sagen, daß es Nationen gab, deren ausgedörrte Wirtschaft nach Krieg dürstete. Alles, was wir nun mit Sicherheit sagen können, seitdem wir vollkommenen Zugang zu den Archiven haben, ist, daß bis München 1938 Deutschland in der Lage war, seine verlorenen Besitzungen zurückzuerhalten, ohne zum Krieg Zuflucht zu nehmen. Sogar nach Prag im März 1939 waren Mr. Chamberlain und die Franzosen zunächst geneigt, nur die Achseln zu zucken und Hitler diese Maßlosigkeit auch noch zu erlauben. Aber fast gleichzeitig warfen die latenten Kräfte der Anti-Hitler-Koalition — die britische Presse, die jüdischen Emigranten, die ausländischen Regierungen, die Finanzgewaltigen und Waffenhersteller — die letzten Fesseln der Zurückhaltung ab. Unter dem Druck von einigen oder allen diesen Kreisen verkündete Chamberlain Ende März 1939 eine verhängnisvolle Garantie für die Polen. Am 25. August 1939 wurde sie vom britischen Unterhaus ratifiziert. Da ihre Haltung auf diese Weise im letzten Augenblick versteift worden war, weigerten sich die Polen, die deutsche Forderungen anzuhören, und der Krieg wurde unvermeidlich.

Es war so, als ob der Frieden, immer ein gebrechlicher Schwimmer im Ozean der nationalen Konflikte, damit in eine plötzliche Strömung — eine verborgene Untiefe — gekommen sei, und er verschwand aus dem Blickfeld für die nächsten sechs Jahre.

London, im September 1989
David Irving

Der Übersetzer dankt Herrn Dr. Rolf Kosiek für seine wertvolle fachliche Unterstützung.

DIE JAHRHUNDERT-PROVOKATION

BEREITS VERÖFFENTLICHT

www.omnia-veritas.com

www.ingramcontent.com/pod-product-compliance
Lightning Source LLC
Chambersburg PA
CBHW060311230426
43663CB00009B/1670